DE LA NATURE

DE RERVM NATVRA

La littérature grecque et latine
dans la même collection

ARISTOPHANE, *Théâtre complet.*

CÉSAR, *La Guerre des Gaules.*

CICÉRON, *De la République. Des Lois.*

ESCHYLE, *Théâtre complet.*

ÉSOPE, *Fables.*

EURIPIDE, *Théâtre complet.*

HOMÈRE, *L'Iliade. — L'Odyssée.*

HORACE, *Œuvres.*

LONGUS, *Daphnis et Chloé.* MUSÉE, *Héro et Léandre.*

LUCRÈCE, *De la nature. — De la nature* (bilingue).

MARC AURÈLE, *Pensées pour moi-même.*

OVIDE, *Les Métamorphoses.*

PÉTRONE, *Satyricon.*

PLAUTE, *L'Aululaire. Amphitryon. Le Soldat fanfaron. — Amphitryon* (bilingue, édition avec dossier).

PLUTARQUE, *Vies parallèles.*

Le Roman d'Alexandre.

SAINT-AUGUSTIN, *Les Confessions.*

SALLUSTE, *Conjuration de Catilina. Guerre de Jugurtha. Histoires.*

SÉNÈQUE, *Lettres à Lucius. — Médée* (édition avec dossier).

SOPHOCLE, *Théâtre complet.*

SUÉTONE, *Vies des douze Césars.*

TACITE, *Annales.*

TÉRENCE, *Héautontimorouménos. Les Adelphes. Phormion.*

THUCYDIDE, *Histoire de la guerre du Péloponnèse.*

TITE-LIVE, *De la fondation de Rome à l'invasion gauloise* (Histoire romaine, Livres I à V). — *La Conquête de l'Italie* (Histoire romaine, Livres VI à X). — *La Seconde Guerre punique* I (Histoire romaine, Livres XXI à XXV). — *La Seconde Guerre punique* II (Histoire romaine, Livres XXVI à XXX). — *La Libération de la Grèce* (Histoire romaine, Livres XXXI à XXXV). — *Les Progrès de l'hégémonie romaine* I (Histoire romaine, Livres XXXVI à XL).

VIRGILE, *L'Énéide. — Les Bucoliques. Les Géorgiques.*

LUCRÈCE

DE LA NATURE

DE RERVM NATVRA

Traduction, introduction et notes de José Kany-Turpin

Traduit avec le concours du Centre national du livre

GF Flammarion

La présente traduction a obtenu, en 1993, le prix Nelly Sachs, décerné à Arles par les Assises de la Traduction.

Édition revue, 1998

ISBN : 2-08-070993-3
Printed in France

Remerciements

Cette traduction et le commentaire proposé dans les notes n'auraient pas été menés à terme sans le concours de nombreuses personnes qui, à diverses étapes de la rédaction, ont bien voulu m'aider de leur science ou de leur art. Je les en remercie, et particulièrement ceux qui, amis et collègues, sont pour ainsi dire associés à ce travail, tant leurs critiques et leurs conseils lui furent profitables : Bernard Besnier, William Anthony Caswell, Catherine Dalimier, Hubert Lucot, Pierre Pellegrin, Maryse Quibel. Enfin, merci à mes étudiants de philologie.

INTRODUCTION

Dans son *De rerum natura*, Lucrèce crée un univers poétique tout autant qu'il définit la nature du monde. Son génie concilie deux domaines et deux types d'initiation habituellement séparés [1]. L'élément esthétique soutient la pensée discursive et stimule sa capacité d'invention. La tension entre poésie et raison n'est cependant pas abolie. Elle confère un caractère parfois tragique à cette œuvre. Dans ma traduction, je souhaite avoir préservé l'impression de mystère que donne la poésie lucrétienne dans sa quête obstinée du secret des choses. Par sa vocation initiatique, proclamée à maintes reprises, ce poème invite le lecteur à devenir actif, interprète enjoué et créateur lui-même. Cette introduction n'impose donc aucune clé de lecture ; elle présente Lucrèce et situe son œuvre en son temps ainsi que dans la tradition philosophique et littéraire.

1. Bien évidemment, la poésie ne constitue pas une initiation à la physique comme chez les romantiques allemands ou chez certains poètes contemporains. La maxime de F. Schlegel : « Veux-tu pénétrer dans l'intimité de la physique, fais-toi initier aux mystères de la poésie » deviendrait plutôt, si l'on considère Lucrèce : « Veux-tu pénétrer dans l'intimité de la poésie, fais-toi initier aux mystères de la nature » ; ainsi inversée, elle correspond à certaines tendances de la physique et de la cosmologie contemporaines, qui cependant ont dû renoncer à la forme poétique ; cf. E. Morin, « La relation anthropo-bio-cosmique », *Encyclopédie philosophique universelle*, vol. I, *L'Univers philosophique*, Paris, P.U.F., 1989, p. 387.

Énigmes biographiques.

Les notices sur la vie de Lucrèce sont très rares et peu fiables. La principale est un passage de la *Chronique* de saint Jérôme, rédigée entre 325 et 378. L'auteur consigne à l'année 96 avant notre ère (94 ou 93 selon d'autres manuscrits) la naissance de « Titus Lucretius, le poète qui, rendu fou par un philtre amoureux, rédigea dans les intervalles de sa maladie quelques livres, corrigés ensuite par Cicéron, et se donna la mort dans sa quarante-quatrième année ». Selon la date adoptée pour sa naissance, le poète serait donc mort en 53, 51 ou 50; le grammairien Donat (IVe siècle), dans sa *Vie de Virgile*, affirme que Lucrèce « est mort à quarante-quatre ans, le jour où Virgile prit la toge virile à dix-sept ans », ce qui donnerait la date de 53; Lucrèce serait donc né en 97, mais Donat se contredit en ajoutant qu'à la mort de Lucrèce les consuls étaient Pompée et Crassus : ils furent consuls en 55, ce qui fixerait à 99 avant notre ère la naissance de Lucrèce. Les incertitudes sur les dates mêmes de sa vie sont peut-être l'indice qu'il suivit l'injonction de « vivre caché » : *lathe biōsas*, due à son maître Épicure.

Le résumé de la vie de Lucrèce par saint Jérôme est de ces textes auxquels les éditeurs se réfèrent avec crainte et tremblement. Alfred Ernout, plus que tout autre, manifesta son indignation pour ce qu'il considérait essentiellement comme une fable recueillie afin de disqualifier un poète dont les théories sur l'amour et la mort, le refus de croire à la survie de l'âme, à la création divine, à l'influence des dieux sur le monde et sur l'homme avaient dû frapper l'imagination populaire, peut-être même la choquer; quant aux chrétiens, ces théories les scandalisèrent. Ainsi, la légende du philtre d'amour et du suicide procéderait d'une vengeance.

La réputation même de folie peut s'ancrer dans une conception déformée de l'inspiration : la création poétique suppose en effet, selon une tradition largement divulguée dans l'Antiquité, une part d'exaltation et de « folie », auxquelles Platon attribue une origine divine; c'est en ce sens que le poète latin Stace pouvait parler du *furor arduus* de Lucrèce. D'autres exégètes, pour justifier le récit de saint Jérôme, allèguent notamment l'existence de drogues causant la folie, mais le critère décisif demeure subjectif et repose sur une question pernicieuse dans la mesure où elle présume que la pathologie peut expliquer certains caractères philosophiques et littéraires du *De rerum natura* : le poème porte-t-il la trace d'un déséquilibre psychique ? La question elle-même s'autorise de la notice suspecte qu'elle prétend mettre à l'épreuve. Du moins ce débat manifeste-t-il *a contrario* le caractère « dérangeant » du poème de Lucrèce. La thèse du suicide a connu beaucoup de défenseurs parmi les modernes, mais il paraît étrange qu'elle n'ait pas trouvé d'écho auprès des auteurs chrétiens antérieurs à saint Jérôme, qui condamnent tous cette forme de mort, et notamment auprès de Lactance qui connaît bien l'œuvre de Lucrèce et cite de nombreux suicides de philosophes. Bref, ce document principal est, comme bien d'autres notices biographiques de l'Antiquité, fort suspect.

Reste l'allusion à Cicéron ; sur ce point, du moins, la critique accepte généralement le témoignage de saint Jérôme, mais comprend diversement le rôle de Cicéron, défini par le verbe *emendavit* : la plupart des exégètes considèrent qu'il corrigea le manuscrit en vue de sa diffusion après la mort de Lucrèce. Pourtant Cicéron, qui attaque souvent les thèses épicuriennes dans ses traités philosophiques, ne cite jamais Lucrèce. Seules deux lignes d'une lettre à son frère Quintus, datée de février 54, attestent qu'il connaît l'œuvre : « Les poèmes de Lucrèce sont bien, comme tu l'écris, riches de l'éclat de l'esprit, mais riches aussi de l'art. » Quelques commentateurs, dont Cyril Bailey, inclinent à penser que Cicéron donna des conseils littéraires à Lucrèce pour corriger, « amender » son manuscrit ; ils s'appuient sur une notice d'origine inconnue parue dans une édition de Lucrèce du XVe siècle (cette édition ayant appartenu à l'humaniste Girolamo Borgia, la notice, republiée en 1894, fut désignée sous le nom de *Vita Borgiana*) : « Lucrèce vécut dans une grande intimité avec Titus Pomponius Atticus, Cicéron, Marcus

Brutus, Caius Cassius. A Cicéron il montrait ses derniers vers, recherchant ses corrections; au cours des lectures, celui-ci l'avertit un jour d'observer de la retenue dans ses métaphores et l'on cite surtout deux passages, *Neptuni lacunas* et *caeli cavernas.* » Mais l'authenticité et l'ancienneté de la notice sont loin d'être assurées. Ainsi, le grand cicéronien Pierre Boyancé la rejeta comme une « historiette » inventée à partir d'une interprétation fautive du terme *emendavit* utilisé par saint Jérôme et il défendit avec vigueur la thèse selon laquelle Cicéron fut le véritable éditeur de Lucrèce[1]. Et, s'il faut accepter quelque chose dans la notice de Jérôme, pourquoi refuser à Cicéron la gloire d'avoir transmis une œuvre dont la philosophie fut une des rares à choquer son éclectisme? *Se non è vero, è ben trovato.*

Le poème lui-même a été sollicité pour obtenir des renseignements sur Lucrèce; sans grand résultat. Certaines descriptions, comme celles des parades militaires au Champ de Mars, ou les allusions aux luttes du Forum sont trop habituelles aux moralistes pour que l'on en conclue, comme on l'a souvent fait, que Lucrèce vivait à Rome; à l'inverse, ni les inscriptions de la *gens Lucretia* retrouvées en Campanie, ni le fait que cette région était un centre de la culture épicurienne ne prouvent que Lucrèce y naquit; sa connaissance de la littérature et surtout de la philosophie grecques et latines révèle une culture raffinée : appartenait-il pour autant à la branche patricienne de l'illustre *gens Lucretia*, l'une des plus anciennes de Rome? Cette question a fait l'objet de débats non dépourvus de passion mais peu convaincants. Enfin, ses relations d'amitié avec le dédicataire du poème restent obscures. Celui-ci est d'ordinaire identifié à C. Memmius, orateur de talent et personnalité politique liée à César ; deux poètes, Catulle et Helvius Cinna, l'accompagnèrent en Bithynie, dont il fut gouverneur en 57 ; Pline le Jeune mentionne sa poésie érotique dont il subsiste un fragment. Mais voici le point le plus

1. P. Boyancé, *Lucrèce et l'épicurisme*, Paris, P.U.F., 1963, p. 22-25. On trouvera dans cet ouvrage une présentation claire des différents problèmes biographiques et des discussions auxquelles ils ont prêté.

épineux : rien n'atteste que ce personnage ait jamais été épicurien. Son projet de bâtir en 54 un édifice de rapport sur les ruines de la maison d'Épicure à Athènes, où il vivait en exil, souleva l'indignation des fidèles du Jardin. Cicéron, sur les instances de son ami épicurien Atticus, s'entremit en leur faveur et sa lettre à Memmius suggère que cet étrange « promoteur » n'était pas épicurien, tant Cicéron affiche de mépris pour les vestiges sacrés : « je ne sais quels petits murets », et met d'insistance à nier qu'Atticus, un homme « très cultivé », soit épicurien[1]. Cependant, quand les injonctions de Lucrèce à Memmius montrent l'infinie patience de l'amitié, sans laquelle, dit Épicure, la vie ne vaut pas la peine d'être vécue, peut-être n'est-ce point par une ironie gratuite que l'histoire littéraire, souvent moralisatrice, l'a identifié à un affairiste cultivé qui dédaignait les traductions latines de la philosophie grecque.

Contexte historique et culturel; l'épicurisme en Italie.

Aucun événement contemporain n'est nommément évoqué par Lucrèce, mais on peut raisonnablement penser que sa violente critique de la guerre, de l'ambition politique ou des rivalités criminelles fait écho à la violence même de l'époque troublée qui fut la sienne : guerre « sociale » (90-88) qui se traduisit par la dure répression des peuples alliés de Rome *(socii)* dont l'aristocratie dirigeante refusait les revendications; massacres de Marius; proscriptions et dictature de Sylla (82-79) : dès 88, il était entré avec son armée dans Rome et avait fait assassiner un grand nombre de ses adversaires; révolte de Spartacus, qui entraîna avec lui des milliers d'esclaves (73-71); guerre en Orient : après plusieurs expéditions très meurtrières et coûteuses, elle s'acheva par la victoire de Pompée sur Mithridate en 63; menées subversives de Catilina (63-62); guerre civile résultant des ambitions des triumvirs : plu-

1. Cicéron, *Ad fam.*, XIII, 1.

sieurs milliers d'hommes tués sur le Forum durant un après-midi d'émeute.

Dès le IIe siècle avant J.-C., la République romaine avait connu de profonds changements, liés à la paupérisation des paysans dépossédés par les guerres et à l'enrichissement de Rome — qui établissait progressivement sa domination sur le monde méditerranéen — et de sa classe dirigeante. L'idéal de *virtus*, qui comptait parmi ses valeurs cardinales le courage, la loyauté et la modération, se trouva mis en cause et souvent bafoué; or il avait cimenté la société, et le stoïcisme, si influent à Rome, lui avait apporté son appui doctrinal. Salluste puis Tite-Live analyseront les facteurs d'une dégradation qui culmine au Ier siècle avant J.-C. Lucrèce la décrit plusieurs fois dans sa brutalité :

> Nuit et jour ils s'efforcent par un labeur intense
> d'atteindre à l'opulence [...].
> Car l'ignoble mépris et la dure indigence
> paraissent s'opposer à la vie douce et stable,
> on croit déjà subir une lente agonie.
> Une vaine terreur s'emparant donc des hommes,
> ils veulent fuir au loin, bien loin s'en écarter,
> du sang des citoyens ils s'engraissent, avides,
> ils doublent leur fortune, entassant crime sur crime,
> féroces ils jubilent aux tristes funérailles d'un frère,
> ils haïssent et craignent la table de leurs proches[1].

Ainsi, aux troubles des guerres et des luttes intestines correspondent un bouleversement de la vie sociale et une crise des valeurs traditionnelles d'une ampleur sans précédent. Ces facteurs ont contribué au vaste mouvement culturel qui se développa vers le milieu du siècle : la volonté de rompre avec l'idéal ancien fut affichée par les poètes qui se paraient du nom grec de *neōteroi*, « nouveaux », tel Catulle, un de leurs premiers représentants. La dureté de l'histoire entraînait un mouvement de repli sur soi : ils choisirent surtout l'élégie, l'épigramme et la

1. Lucrèce, III, 62-63 et 65-73.

fantaisie mythologique. Ils défendaient l'art pour l'art et adoptaient des mètres grecs. Leur poésie s'opposait à celle de Lucrèce que Catulle jugeait surannée. Pourtant Lucrèce, comme les *neōteroi*, se réclamait de l'idéal du poète alexandrin Callimaque, auquel il emprunte l'image de la source nouvelle :

> Des Piérides je parcours les lointaines contrées
> que nul n'explora. Joie d'aller aux sources vierges
> boire à longs traits [...][1].

Lucrèce ouvre à la poésie des domaines ignorés même de Callimaque, le novateur, mais l'inspirateur demeure un Grec, Épicure.

L'art oratoire, l'histoire, la philosophie se transforment sous l'influence grandissante des modèles grecs. La revanche des vaincus sur leurs vainqueurs, dont on a fait un poncif, garde quelque vérité dans le domaine culturel : les jeunes Romains aisés allaient terminer leurs humanités en Grèce où ils écoutaient de préférence les leçons des philosophes. Cicéron entreprendra de divulguer plus largement la philosophie grecque à Rome. Cette sorte de conquête en retour rencontra une résistance farouche, incarnée notamment par le vieux Caton ; la doctrine d'Épicure, dont le poète Lucilius, dès le IIe siècle avant J.-C., mentionne les *idoles* et les *atomes*, ne fut pas épargnée. Deux Grecs, Alkios et Philiskos, qui tentèrent d'établir une école épicurienne à Rome, en furent aussitôt chassés en 154 (ou, moins probablement, en 173). Le premier disciple qui traduisit des écrits d'Épicure en latin fut sans doute Amafinius, auteur d'un traité sur la physique (*Physica*), rédigé « sans aucun art[2] ». Un correspondant de Cicéron juge Amafinius et un certain Catius « mauvais interprètes ». Ce Catius, mort en 45, avait écrit quatre

1. Lucrèce, I, 926-928 (= IV, 1-3).
2. Cicéron, *Académiques secondes*, I, 5. Les commentateurs modernes sont partagés sur la date de ce traité d'Amafinius : fin du IIe siècle avant notre ère (ce qui paraît le plus probable) ou début du Ier, ou même peu antérieur à 46-45.

traités de philosophie épicurienne sur la « nature des choses » (*De rerum natura*) et le « souverain bien » (*De summo bono*) [1]. Quintilien affirme notamment qu'il est sans consistance. Mauvais interprètes, écrivains médiocres : ces traits, émergeant des deux figures effacées, semblent révéler « en négatif » les qualités de Lucrèce. Cicéron propose, en 45 avant notre ère, ce réjouissant panorama : « nos épicuriens ne savent guère le grec, et les épicuriens grecs guère le latin ; ceux-ci sont donc sourds au langage de ceux-là, et réciproquement [2] » ; des épicuriens latins, il affirme tout aussi aimablement qu'il ne les a pas lus... parce qu'ils sont illisibles, écrivant, de leur propre aveu, « sans netteté, sans ordre, sans élégance et sans ornement [3] ». Cependant, parmi les cercles de la noblesse, la philosophie décriée se répandait [4] ; dans le *De finibus*, Cicéron fait défendre les thèses épicuriennes par Torquatus, qui appartenait à l'une des familles les plus illustres de Rome. Enfin, Calpurnius Pison, consul en 58, était l'ami et le protecteur du Syrien Philodème de Gadara, philosophe épicurien écrivant en grec. La somptueuse villa que Pison possédait à Herculanum constituait probablement le centre du cercle épicurien animé par Philodème puisque au XVIIIe siècle, lors de fouilles de cette villa ensevelie par l'éruption du Vésuve en 79 de notre ère, on découvrit une très riche bibliothèque contenant notamment des papyrus du traité d'Épicure *Sur la nature* et de traités dus à ses disciples, d'infimes fragments du *De rerum natura*, enfin de nombreux ouvrages de Philodème. Les fragments de ses écrits consacrés à la philosophie, et surtout les traités *Sur les signes* et *Sur les dieux*, relatent des discussions d'école très techniques, parfois ésotériques dans le traité sur les dieux, et témoignent de la culture éclectique de Philodème que Cicéron qualifiait d'*eruditissimus* : s'il défend les vues

1. Cf. Porphyre, dans son commentaire d'une satire d'Horace, II, 4, 1.
2. Cicéron, *Tusculanes*, V, 116.
3. Cicéron, *ibid.*, II, 7.
4. Cf. P. Grimal, « L'épicurisme romain », *Actes du VIIIe congrès de l'association Guillaume Budé*, Paris, Belles Lettres, 1970, p. 139-168.

d'Épicure, il les confronte à d'autres hypothèses et aux critiques des adversaires de l'épicurisme. Plus qu'à Rome, c'est donc en Campanie, région de culture grecque, que la philosophie épicurienne s'implanta.

Lucrèce « traducteur » d'Épicure.

Le but de Lucrèce n'est pas de faire œuvre de philosophe, mais de « traducteur » : selon le sens ancien du terme *traducere*, il veut *transmettre* le système épicurien qui, dit-il, a été découvert récemment. Affirmation exagérée puisque Épicure (341-270) vécut plus de deux cents ans avant lui, mais elle est révélatrice du caractère nouveau que revêtait sa philosophie à Rome. Alors que le stoïcisme y avait promu un code des devoirs du citoyen et contribué à élaborer une théorie de l'État[1], l'épicurisme recommandait d'éviter la politique et ses tracas. Du fait que toute l'éducation des jeunes patriciens les préparait à exercer les charges de la République, cet aspect de l'épicurisme avait paru révolutionnaire. Mais, en un temps où la crise du citoyen encourageait l'individualisme, cette abstention n'était plus scandaleuse et pouvait même attirer la sympathie. Elle n'était qu'un des nombreux traits par lesquels l'épicurisme se différenciait des autres philosophies diffusées à Rome : le platonisme ; son héritière, la philosophie néo-académicienne privilégiant le doute socratique ; l'aristotélisme ; enfin et surtout le stoïcisme[2]. Aux yeux de certains contemporains de Lucrèce, ces écoles paraissaient assez proches pour qu'ils tentent leur conciliation[3]. L'originalité du Jardin en ressortait donc plus massivement.

1. Sur le statut et le rôle politiques des philosophies, cf. J.-L. Ferrary, *Philhellénisme et Impérialisme*, École française de Rome, 1988, notamment le chapitre : « Historiens et philosophes grecs face à l'empire romain » ; et, pour éclairer les rapports des dirigeants romains avec certains stoïciens : « Scipion Émilien et Panétius », p. 589-615.

2. Cf. J.-M. André, *La Philosophie à Rome*, Paris, P.U.F., 1977.

3. C'est la tentative de Varron dans les *Académiques secondes* de Cicéron. Varron représente aussi le point de vue d'Antiochus d'Ascalon.

Tout d'abord, Épicure ne s'accordait pas avec ces doctrines sur la définition de la vie heureuse, but ultime de la philosophie. Sa conception naturaliste du bonheur refusait tout idéalisme moral; le bonheur ne consiste donc plus en la vertu, comme chez Platon et chez les stoïciens, ou en la perfection de la vie raisonnable, comme chez Aristote, mais dans la seule absence de douleur et de troubles. Aussi Épicure pouvait-il dire : « Je crache sur la moralité et sur les creuses admirations qu'on lui décerne, quand elle ne produit aucun plaisir[1]. » Il rompt avec l'hédonisme ancien, celui d'Aristippe, en soutenant, à partir d'une analyse physique des sensations, que l'absence de trouble équivaut au plaisir; il n'existe donc pas d'état intermédiaire entre le plaisir et la douleur. Le plaisir n'est plus, comme chez Aristippe, un mouvement, mais un repos dû à l'équilibre de notre être, tout entier corporel. Les trois parties traditionnelles de la philosophie sont bousculées. Épicure remplace la *logique* par une *canonique*, c'est-à-dire un ensemble de règles méthodologiques favorisant l'inférence et la simplicité des définitions. Innovation plus importante, le principal critère de vérité devient la sensation. La *morale*, qui, selon Épicure, doit définir les moyens d'accéder durablement au plaisir, est évidemment primordiale dans son système. La *physique* a pour unique but de supprimer les « terreurs et ténèbres de l'esprit », sources de troubles. Enfin, si les bases de cette physique demeuraient l'atomisme de Leucippe et de Démocrite (ve siècle avant J.-C.), ainsi que leur théorie de l'univers infini et de la pluralité des mondes, Épicure refusait le déterminisme qu'admettaient jusqu'alors tous les philosophes de la nature; il assumait, contre le scepticisme de Démocrite, la vérité des observations empiriques et niait l'intervention des dieux dans le monde. Toutes ces positions présentaient l'aspect de la nouveauté au regard des philosophies « établies ».

C'est donc cette philosophie « nouvelle » que Lucrèce entreprend de transmettre. Il s'est voulu simple disciple; il

1. *Athénée*, XII, p. 547 a (= Usener, 512), trad. L. Robin.

dit avoir imprimé ses pas dans les traces mêmes d'Épicure, mais avoue que sa tâche est ardue, le latin étant une langue particulièrement pauvre. Avant d'évoquer la prodigieuse réussite de cet « élève », il convient de se rappeler que la notion même de traduction est chez les Latins extrêmement différente de la nôtre. Le verbe « traduire » et ses dérivés n'apparaîtront qu'à la Renaissance, à partir d'une interprétation fautive de *traducere*. Le « traducteur », au sens moderne du terme, est désigné en latin par le mot *interpres*, « interprète ». Même lorsque les écrivains latins se veulent fidèles, la littéralité leur paraît au pis une monstruosité, au mieux une impolitesse : Cicéron s'excuse de traduire mot à mot des passages d'Épicure. Il faut avant tout faire comprendre l'esprit d'un texte en l'adaptant au génie de la langue latine. Qu'en est-il de Lucrèce?

Bien particulier est le rapport que Lucrèce entretient avec Épicure : celui-ci est non seulement un maître, mais encore un père, un héros, un dieu; les passages qui le célèbrent adoptent le ton de l'épopée; Épicure est le bienfaiteur de l'humanité. Comme l'a souligné J. Brunschwig, « l'un des grands intérêts du poème de Lucrèce est qu'il exprime le point de vue d'un consommateur de philosophie, non d'un producteur; il lui est essentiel que la philosophie soit celle d'un autre; elle est à lui ce qu'est l'eau à un assoiffé » : Épicure demeure donc « la source ». Ce qui expliquerait, selon J. Brunschwig, la plupart des différences entre Épicure et Lucrèce : « A défendre et illustrer cette doctrine qui l'a sauvé, il met une âpreté nouvelle, une logique entêtée, une sombre ardeur. A l'argumentation paisible, souvent abstraite et prosaïque de son maître, il substitue la violence polémique et la poésie visionnaire; à la comédie de la nature, le drame cosmologique[1]. »

Quels textes d'Épicure Lucrèce a-t-il utilisés? Question fort discutée et qui n'a pas reçu de réponse satisfaisante. Aucun de ceux qui nous sont parvenus (ni les trois *Lettres*,

1. J. Brunschwig, « Lucrèce », *Dictionnaire des philosophes* (éd. D. Huisman), Paris, P.U.F., 1984, t. II, p. 1642.

ni cette sorte de catéchisme épicurien que constituaient les *Maximes capitales*, ni enfin les fragments du grand traité *Sur la nature* en trente-sept livres) ne correspond à l'exposé lucrétien, même si les passages traitant du même thème montrent peu de divergences fondamentales. Quant à l'hypothèse, assez répandue aujourd'hui, selon laquelle Lucrèce aurait utilisé le *Grand Abrégé*, ouvrage dont nous ne connaissons que le titre, elle est invérifiable et s'accorde mal avec ce que le poète affirme au début du troisième chant :

> O père, ô découvreur de l'univers, tu nous prodigues
> tes préceptes paternels et dans tes livres, ô prince,
> pareils à des abeilles dans les vallons en fleurs,
> nous butinons tes paroles d'or, toutes d'or[1].

Ces vers semblent attester que Lucrèce a utilisé assez librement divers textes; ils permettent aussi de comprendre pourquoi les exposés du *De rerum natura* ont souvent, malgré leur ampleur, un caractère moins technique que les fragments de *Sur la nature* ou même que la *Lettre à Hérodote*. Le propos n'est pas de transmettre le détail de discussions savantes, mais d'en extraire le suc, les arguments essentiels à la compréhension de la doctrine épicurienne; ainsi, pour les parties minimales de l'atome, Lucrèce n'évoque pas la résolution subtile de l'aporie concernant la limite[2]. De même, il simplifie certaines présentations à des fins vraisemblablement polémiques : ainsi, au chant I, les trois doctrines présocratiques relatives aux éléments de la matière, doctrines dont quelques fragments du traité *Sur la nature* donnent un aperçu moins réducteur. En revanche, il amplifie certains arguments par des développements moraux et rhétoriques : ainsi la réfutation de l'immortalité de l'âme, la critique de l'attitude face à la mort au chant III. Très souvent, il illustre ses démonstrations par le spectacle du monde et de l'univers, source privilégiée de sa poésie.

1. Lucrèce, III, 9-12. J'utilise dans l'introduction le terme traditionnel de « chant » pour désigner chacun des 6 livres du *De rerum natura*.
2. Cf. note 58 du chant I.

Ce que l'exposé perd en technicité, il le gagne en persuasion et en clarté :

> [...] sur un sujet obscur, je compose des vers
> si lumineux [...][1].

Sujet obscur, en effet : parler de la nature signifie non seulement traiter de la génération et de la corruption, puisque la nature, et plus encore la *physis*, désigne d'abord le principe caché d'où procède toute naissance[2], mais encore observer le déploiement, le « visage » qui apparaît grâce à ce principe de changement, enfin décrypter ce que les Latins appellent volontiers les secrets de la nature, entendue cette fois, en un sens que développe la philosophie hellénistique, comme l'ensemble des choses qui forment le monde et l'univers. En outre, les écrits d'Épicure, qui faisait peu de cas de la rhétorique, étaient, de l'aveu des Anciens, d'une lecture difficile, ce que confirment les *Lettres* et les fragments du traité *Sur la nature* : le style est nerveux, les phrases sont souvent « hachées », parfois elliptiques ou asymétriques. Aussi la clarté dont témoigne généralement l'œuvre de Lucrèce est-elle doublement méritoire. Que cette clarté n'entraîne pas *ipso facto* une simplification abusive des théories, voilà ce que prouve à l'évidence la présentation des points de la doctrine qui ne figurent pas dans les textes préservés d'Épicure et pour lesquels Lucrèce est notre principale source. Ainsi, l'exposé du *clinamen* ou « déclinaison » des atomes : cette déviation minimale, régie par le hasard, joue un rôle essentiel dans la cosmologie puisqu'elle explique la rencontre des atomes tombant à vitesse égale dans le vide et donc la formation des mondes dans l'univers infini; un rôle tout aussi essentiel dans la psychologie puisqu'elle permet de préserver la liberté et la volonté dans la conduite humaine. Cet exposé qui a nourri de nombreuses et subtiles discussions[3] montre l'aptitude de Lucrèce à rendre compte des théories les plus complexes. Parfois, le disciple

1. Lucrèce, I, 933-934 (= IV, 8-9).
2. *Physis* et *natura* se réfèrent étymologiquement à la naissance.
3. Cf. les longues notes 17, 19 et 24 du chant II.

a su compléter ou infléchir la doctrine du maître en utilisant des sources postérieures, par exemple quand il explique le mouvement des astres. Bref, Lucrèce est un imitateur original. Enfin, la disposition en six chants permet de développer avec solennité les grands thèmes de la physique épicurienne : le chant I assoit les principes de la doctrine et démontre notamment l'existence des atomes; le chant II en précise les caractères et modalités : forme, vitesse, etc.; le chant III soutient la composition atomique de l'âme et sa mortalité, pour en conclure que rien ne subsiste de nous après la dissolution de l'âme et du corps, hormis des atomes sans mémoire; le chant IV explique les perceptions et la pensée par l'afflux des atomes; le chant V traite de l'univers infini, de notre monde périssable et de l'histoire de l'humanité; le chant VI présente les causes des phénomènes météorologiques qui semblent défier les lois de la nature. Mais, avec ce plan, nous abordons la part d'élaboration du poète, puisque les commentateurs s'accordent à reconnaître que la distribution générale des thèmes et leur ordonnance à l'intérieur des chants sont l'œuvre de Lucrèce.

Lucrèce poète matinal, passeur de mondes.

Le choix de la forme poétique est d'abord justifié par un souci de pédagogie. Lucrèce, se comparant au médecin, veut rendre moins amère sa potion salvatrice, la doctrine d'Épicure, en « l'imprégnant du doux miel de la poésie »; mais il est encore une raison avouée :

> [...] d'un coup de son thyrse un grand espoir de gloire
> m'a violemment percé le cœur et mon âme
> se laissa pénétrer du doux amour des Muses[1].

L'image du poète guidé sur son char par la Muse et franchissant vainqueur la ligne blanche de l'arrivée précise sans doute le caractère de son ambition : en reprenant un motif qui figure notamment chez Empédocle, Lucrèce suggérerait qu'il veut égaler les présocratiques qui compo-

1. Lucrèce, I, 923-925.

sèrent en vers des ouvrages sur la nature. Se poser en rival d'Empédocle, figure admirée entre toutes, relevait d'une double gageure : d'une part, son œuvre alimentait les critiques à l'intérieur du Jardin [1], d'autre part Épicure et ses disciples méprisaient toute élaboration littéraire ; à cet égard, le titre (seul conservé) d'un pamphlet d'Épicure est instructif : *Contre qui prétend que la science de la nature fait devenir bon rhéteur* [2]. Il écrit à son disciple Pythoclès que « non seulement lui-même mais ses élèves, hommes et femmes, lui recommandent de fuir avec soin ces études [littéraires] chères à l'école opposée, de se boucher les oreilles avec de la cire comme l'Ulysse d'Homère, de fuir à pleines voiles, pour ne pas céder aux incantations des Sirènes de la poésie [3] ». Toute poésie qui n'était pas un pur divertissement, il l'écartait « comme étant la séduction pernicieuse des mythes [4] ». Philodème, au Ier siècle avant J.-C., fut peut-être le premier épicurien à écrire un ouvrage sur la poésie et à accorder une place à la rhétorique en tant qu'art [5]. A la même époque, Cicéron, dans son *De oratore*, clôt pour quelques siècles cette vieille querelle entre rhétorique et philosophie en affirmant que la rhétorique n'est pas seulement la servante indispensable de la philosophie mais qu'elle doit aussi la parachever et la couronner.

Il existait assurément des modèles plus proches de Lucrèce que ne l'était Empédocle : le fondateur de la poésie latine, Ennius (239-169), avait composé un poème philosophique, aujourd'hui perdu, *Épicharme*, nom d'un

1. Hermaque écrivit des « Dissertations épistolaires sur Empédocle ».

2. Le pamphlet était sans doute dirigé contre Nausiphane, dont Épicure écouta les leçons. (Philodème l'attribue à Métrodore.)

3. Usener, 163 (trad. P. Boyancé, *op. cit.*, p. 58).

4. Usener, 229.

5. Diogène Laërce mentionne cependant un traité d'Épicure : *Sur la rhétorique*. Il y eut sans doute un conflit au sein même de l'École sur la valeur de la rhétorique. Zénon de Sidon, le maître de Philodème (scolarque du Jardin de 110 à 75), tenta de montrer qu'Épicure ne fuyait pas la culture traditionnelle (dont fait partie la rhétorique). Sur ces problèmes, cf. *Filodemo, Agli amici di scuola*, éd. A. Angeli, Naples, Bibliopolis, 1988, notamment l'introduction, p. 62-76.

philosophe pythagoricien du Ve siècle avant J.-C. Mais Lucrèce se déclare violemment hostile à la doctrine de la métempsychose, d'origine pythagoricienne, que défendait Ennius et il évoque avec ironie sa prétendue révélation de la « nature des choses ». Cependant, le style de Lucrèce, ample et parfois rocailleux, affectionnant les archaïsmes, paraît très influencé par celui d'Ennius[1].

Parmi tous ces poèmes philosophiques, le seul qui nous parvint en totalité fut donc celui de Lucrèce; son témoignage est d'autant plus précieux qu'il survit au naufrage des œuvres des penseurs « matinaux », auxquels d'une certaine manière il se rattache, non seulement par une communauté de sujet, mais aussi et surtout par une parenté d'inspiration et par le génie. Sa parole révèle le monde et l'univers; Lucrèce souligne souvent le caractère efficace de son verbe : je te dirai, je te révélerai; ce caractère est celui de la philosophie présocratique. La nature y accède à la présence par le *logos*. Cette parole ne se donne pas comme un « discours sur », mais comme la manifestation même de la réalité : les vents, ces corps aveugles, disent l'existence des atomes; existence tourbillonnaire, dont témoignait déjà leur *dinos*, le tourbillon créateur du cosmos chez Empédocle, des divers mondes chez Démocrite :

> C'est ainsi que doit courir le souffle du vent :
> partout où il s'abat, tel un fleuve puissant,
> il pousse et renverse tout à force d'assauts,
> ou bien en tourbillon engouffre une proie
> et soudain l'emporte dans les vrilles de sa trombe.
> Les vents, encore une fois, sont donc des corps aveugles
> puisque seules leurs actions et leurs mœurs les révèlent
> émules des grands fleuves dont le corps est visible[2].

Le mouvement des atomes, quoique invisible, se révèle dans les rayons du soleil perçant l'obscurité :

1. Cf. le commentaire du *De rerum natura* par A. Ernout et L. Robin, Paris, Belles Lettres, 1925, où l'on trouvera de nombreux rapprochements entre les vers du *De rerum natura* et ceux de l'œuvre d'Ennius dont il subsiste d'importants fragments.

2. Lucrèce, I, 290-297.

Quand les lumières, quand les rayons du soleil
se glissent dans l'obscurité d'une chambre, contemple.
Tu verras parmi le vide maints corps minuscules
se mêler de maintes façons dans les rais de lumière
et comme les soldats d'une guerre éternelle
se livrer par escadrons batailles et combats
sans s'accorder de trêve et toujours s'agitant,
au gré des alliances et séparations multiples[1].

Ce mouvement évoque les *rysmoi* dont parlait aussi Démocrite[2], l'ensemble « rythmé » des flux alternatifs des atomes à l'intérieur des choses, l'ensemble des mouvements opposés et complémentaires qui règlent leur existence. De la vitesse des atomes témoigne l'aurore :

Quand l'aube éclabousse les terres de clarté nouvelle
et qu'au fond des bois les oiseaux diaprés s'envolent,
emplissant l'air subtil de leurs chants limpides,
avec quelle rapidité le soleil qui se lève alors
de sa lumière enrobe et baigne toute chose,
nous en avons chacun le spectacle sous les yeux.

La conclusion est que les atomes volant à travers le vide doivent,

le temps que les rayons solaires traversent le ciel,
franchir plusieurs fois la même distance[3].

Ainsi donc, les rayons du soleil, quand la parole poétique révèle en eux ou par eux un certain aspect de la nature, peuvent dissiper les ténèbres de l'âme.

Tous les spectacles de la nature ont en commun, chez Lucrèce, de se présenter dans la fraîcheur, la nouveauté de leur *species*, c'est-à-dire de leur aspect ou de leur visage brusquement dévoilé, comme se dévoile, se déclôt le premier jour printanier quand soudain Vénus, la *Voluptas* créatrice des espèces animées, signifie sa présence; mais

1. Lucrèce, II, 114-120.
2. Cf. C. Dalimier, « Émile Benveniste, Platon et le rythme des flots », *LINX*, n° 26, 1992, 1, p. 151-157.
3. Lucrèce, II, 144-149 et 162-163.

species traduit aussi le grec *eidos*; c'est donc la forme changeante de la nature, ses multiples « espèces » qu'il faut regarder : seule l'habitude, dit Lucrèce, nous empêche de voir le caractère inouï des choses. Aussi, le poète, « juvénile à jamais », les montre dans leur prime nouveauté. Cette révélation est totale : « Je vois dans le vide infini s'accomplir toutes choses », et revêt un caractère sacré puisque cette connaissance est celle-là même que la tradition attribuait aux dieux; or elle englobe désormais les dieux eux-mêmes :

> Apparaît la majesté des dieux, en leurs calmes séjours.
> [...]
> Tout est sans cesse offert aux dieux par la nature,
> aucun trouble jamais n'effleure la paix de leur âme.
> Les contrées de l'Achéron nulle part n'apparaissent
> et la terre n'empêche plus de voir sous nos pieds
> tout ce qui s'accomplit dans l'espace inférieur.
> A ce spectacle une sorte de volupté divine,
> un frisson m'envahit, tant la nature est visible,
> par ton génie enfin tout entière dévoilée[1].

La volupté se double d'une sorte d'effroi; et peut-être convient-il de rappeler la parole d'Héraclite : « La nature aime à se cacher. »

Le projet même de définir la totalité de la nature signifie-t-il qu'elle acquiert chez Épicure et Lucrèce le statut d'un objet, statut qu'elle ne possédait pas dans la première philosophie grecque? Comment, dans cette hypothèse, concevoir le rapport de l'homme à la nature? Peut-on déjà le penser en termes d'opposition entre un sujet et un objet, comme le fera la philosophie moderne? Le texte de Lucrèce, foisonnant et complexe, pose plus de questions sur la nature qu'il n'en résout. Mais ces questions demeurent fondamentales.

Il apparaît sans conteste dans le *De rerum natura* que l'homme a acquis la qualité de sujet moral face à la nature. En choisissant le nom de « pactes » (*foedera*) pour désigner les lois et les limites de la nature, Lucrèce signifie que

1. Lucrèce, III, 18 et 23-30.

l'homme doit connaître et accepter ces lois, révélées par Épicure, mais l'expression dépasse aussi la thématique du Jardin et suggère pour la première fois dans l'histoire occidentale que le contractant peut rompre ce « pacte ». Bien qu'elle résulte d'une intuition proprement lucrétienne, cette perspective nouvelle doit aussi être reliée à certains aspects de l'époque où elle surgit. Dans la religion romaine, le dépassement des limites de la nature définissait un « prodige » par lequel les dieux signifiaient à l'homme qu'il avait rompu, par une faute, le pacte conclu avec eux. Mais puisque, selon la doctrine épicurienne, les dieux sont indifférents à nos destins, la relation ternaire (dieux-hommes-nature) se transforme en une relation entre la nature et les hommes. Lucrèce rejette la notion religieuse de prodige mais non celle de pacte, fondamentale dans la culture latine. C'est donc avec la nature même que l'homme entretient un rapport de contractant. Sa responsabilité morale n'en devient pas moins lourde, malgré le caractère désormais obscurci de l'enjeu et du risque. Ainsi, Lucrèce, poète visionnaire, fait surgir des interrogations qui, si elles dépassent le champ du discours rationnel et immédiat, s'ancrent néanmoins dans une perception aiguë et parfois tragique de la réalité ; car déjà certains passages du *De rerum natura* indiquent clairement la transformation du rapport de l'homme à la nature. Briser « les forts verrous des portes de la nature », comme l'a fait Épicure, pour dépasser notre monde et parcourir par la pensée l'univers infini, c'est non seulement braver la religion traditionnelle et « son regard hideux », mais encore ouvrir le chemin vers un nouveau concept de la nature, préparer un temps où elle ne se cachera plus et donc ne se révélera plus [1], un temps où elle deviendra un objet de savoir et une conquête de l'homme. Du moins les mots de Lucrèce dans son éloge d'Épicure invitent-ils à cette interprétation : « la

1. Sur la complémentarité des deux mouvements, cf. M. Heidegger, *Die Physis bei Aristoteles*, 1958, éd. V. Klostermann, Francfort-sur-le-Main, 1967 ; trad. française par F. Fédier, *Ce qu'est et comment se détermine la Physis*, *Questions II*, Paris, Gallimard, 1re éd., 1968, 2e éd., 1990.

nature conçue par ton esprit divin ». Nous sommes au point limite, à la frontière entre deux mondes. La physique au sens ancien, celle dont Aristote aura été la dernière et sublime figure, cède la place aux grands systèmes hellénistiques : l'homme, « l'animal le plus conforme à la nature », disait Aristote, tend à s'en séparer pour se retrouver face à elle et en faire un objet. Or Épicure a refusé de franchir totalement le pas. Il condamne avec fermeté les prétentions de la science à faire de la « nature des choses » un objet et une « assise », *hypokeimenon*. La conquête de l'univers, c'est d'abord pour Épicure celle des lois de la nature universelle :

> Vainqueur, il revient nous dire ce qui peut naître
> ou non, pourquoi enfin est assigné à chaque chose
> un pouvoir limité, une borne immuable[1].

En cela, Épicure est resté fidèle à l'idéal ancien, à la volonté de connaître le principe de génération et de corruption, cette *natura naturans* que l'on opposera au début de l'âge moderne à la nature passive, l'état des choses. Ainsi s'explique que la nature puisse, chez Lucrèce, être personnifiée. Épicure, enfin, refuse la tendance de la science et de la philosophie à faire de la nature un tout doué d'un ordre et d'un déterminisme uniques. Une conception globale et totalisante risquait en effet de réintroduire, sous une forme ou une autre, le lien caractéristique de la religion dont Épicure désirait avant tout, comme Lucrèce se plaît à le répéter, délivrer les hommes. C'est pourquoi il rejeta les théories mathématiques sur les mouvements des astres, théories qui justifiaient leur apparente irrégularité par la combinaison de mouvements réguliers, supposés tels afin qu'ils puissent correspondre à un plan et à un ordre divins du cosmos. Ce rejet explique la naïveté de la plupart de ses hypothèses sur le cours des étoiles et des planètes ; à cet égard, certains passages du *De rerum natura* constituent de purs chefs-d'œuvre du langage, d'un *logos* qui « révèle » les différentes possibilités d'une nature active, « poétique » donc :

1. Lucrèce, I, 75-77.

Chantons maintenant la cause du mouvement des astres.
Tout d'abord, si l'orbe, le grand orbe céleste tournoie,

si la sphère céleste tourne, elle est mue par un courant extérieur, inférieur ou supérieur, et entraîne avec elle la ronde des astres; si elle est immobile, les astres sont poussés par les courants de l'éther qui,

[...] tournant à la ronde en quête d'une issue,
roulent les feux parmi les régions nocturnes du ciel;

ou bien un air « soufflant [...] de l'extérieur » peut mouvoir les astres,

ou bien spontanément ils peuvent serpenter
pour se rendre chacun à l'appel de sa nourriture,
corps enflammés paissant çà et là dans le ciel[1].

Ces fantaisies rappellent celles des présocratiques et paraissent faire injure aux progrès de l'astronomie à l'époque d'Épicure; la part d'élaboration poétique dans ce domaine revient à Lucrèce, mais les « théories » sont généralement conformes à celles d'Épicure dans sa *Lettre à Pythoclès*. Pourtant, il serait injuste de négliger les apports de la physique d'Épicure à l'évolution du concept de nature pour ne retenir que des réticences qui se légitiment, comme nous le verrons, à partir de l'éthique de cette philosophie.

L'atomisme ancien et celui d'Épicure reposent sur la plus ancienne conception de la nature dans la philosophie grecque, celle des Milésiens. Thalès en plaçant l'eau au commencement de tout, Anaximène en y plaçant l'air « tiennent ces éléments pour la forme originelle de la réalité ou de la force primitive, force naturelle et non surnaturelle, dont le développement s'achèvera en Nature[2] ». Un élément concret est donc la première incarnation de « la *physis*, chemin vers la *physis* », selon l'expression d'Aristote, c'est-à-dire du principe caché qui

1. Lucrèce, V, 509-510, 520-521, 523-525.
2. J.-P. Dumont, *Les Présocratiques*, Paris, Gallimard, 1988, préface, p. XIII.

permet d'expliquer le déploiement de la nature, sa manifestation dans la totalité des choses. L'identification de ce principe à un substrat matériel se retrouve dans la physique des atomistes. Et le reproche essentiel que Lucrèce adresse à Héraclite est d'avoir, en choisissant comme élément primordial le feu, donné au substrat une qualité particulière qui demeure et ne peut se métamorphoser dans les choses. L'atome, au contraire, ne possède aucune qualité, aucune « nature » propre. Anaximandre, sans doute, avait déjà envisagé le principe des formations physiques sous l'aspect de l'illimité ou de l'infini : ce que l'on appellera à partir d'Aristote la « matière » était ainsi une pure indétermination. Héraclite, pour qui le feu est la matière universelle, semble donc renouer avec Thalès et la plus ancienne philosophie ionienne, mais, en considérant le feu comme la forme première du *logos*, il introduit face au principe matériel un principe actif, Verbe ou Raison. Ce principe rend compte d'une sorte de dialectique de la nature qui permet au feu de « façonner ce qui n'est plus tout à fait lui », par un « dépassement contradictoire de lui-même [1] ». La dichotomie persistera chez les philosophes de la nature, à l'exception des Éléates. Ainsi, pour Empédocle, parler de la nature signifie parler « de manière double » ; en effet, dans sa physique, le principe qui régit le cycle de transformation de l'un et du multiple diffère des quatre éléments matériels : c'est la haine alternant avec l'amitié. Le *noûs* d'Anaxagore, « intellect » ordonnateur qui permet aux choses, primitivement mêlées dans une sorte de chaos, d'apparaître par dissociation, ne semble pas, lui non plus, avoir le même statut ontologique que les choses elles-mêmes.

Leucippe et Démocrite l'Abdéritain maintiennent la dualité des principes : pour eux, la nature est constituée par le vide et les atomes. Mais, en définissant l'atome comme l'« être », le vide comme le « non-être », ils se plaçaient également dans la filiation éléatique [2], même s'ils

1. J.-P. Dumont, *op. cit.*, préface, p. XIV.

2. Sur la filiation éléatique des atomistes, cf. Aristote, *De gen. et cor.*, I, 8, 325 a, 25-32.

ne pouvaient entendre le « non-être » au sens de Parménide, celui d'un principe annihilant que précisément l'Éléate excluait de la nature, définie comme « ce qui est ». Épicure abolira cette distinction dont les historiens de la philosophie ont montré l'importance dans le système de Démocrite. En supprimant le « non-être », Épicure donne aux « atomes » ou « corps » et au « vide » le même statut ontologique. C'est là désormais la différence essentielle de l'atomisme avec la physique d'Empédocle et d'Anaxagore, grandes figures évoquées au chant I. Lucrèce désignera les « corps » et le « vide » comme des « choses » (*res*) qui se délimitent l'une l'autre à l'infini. L'atome devient donc le principe caché de la nature, celle-ci n'étant que la manifestation, dans notre monde, de l'unité de ses deux constituants; dans l'univers, cette totalité, « la somme des sommes », est par définition infinie.

> Donc, en plus du vide et des corps, il ne demeure
> au nombre des choses aucune autre nature
> qui tombe jamais sous nos sens ou qu'un esprit
> parvienne à découvrir par le raisonnement.
> Car, sous les divers noms, tout se réfère à ces deux
> [choses[1].

Cependant la distinction de la matière et d'un principe informant les choses s'était répandue parmi les physiciens grecs. Elle reçut son élaboration la plus achevée dans la physique d'Aristote (384-322). La matière (*hylē*) est un substrat conçu comme une potentialité; elle peut donc recevoir des attributs différents. Le principe même de cette différenciation est la forme (*morphē* ou *eidos*)[2]. Pour Aristote, cette forme est en même temps la « fin », c'est-à-dire le but et l'achèvement du processus qui la produit. Épicure s'oppose donc radicalement à la physique finaliste d'Aristote.

1. Lucrèce, I, 445-449. Les corps désignent ici les atomes.
2. Cependant, il faut ajouter la causalité motrice ou efficiente qui permet que ce qui n'est différencié qu'en puissance le soit en acte.

En attribuant à l'être lui-même, c'est-à-dire à l'atome, le mouvement de la génération et le changement qui permet le passage d'un *étant* à un autre, « la nature réparant toute chose par une autre », Épicure ne se présente pas seulement comme l'héritier passif de Démocrite ou d'Antiphon, qu'Aristote critiqua pour leur conception de la nature, mais le fondateur du Jardin se pose en adversaire d'Aristote lui-même puisqu'il nie la cause finale et la « forme », du moins dans sa définition aristotélicienne ; il rejette ainsi une conception de la physique dont Cicéron montrera l'importance en refusant d'admettre Épicure au nombre des physiciens, précisément parce qu'il supprime la cause finale et soumet la cause efficiente au hasard de la rencontre des atomes. L'ordonnance de la nature, « sa figure bien coiffée », selon l'expression de Lucrèce, ne dépend donc pas d'un principe organisateur ni de quelque finalité, mais procède de l'architecture des atomes en leurs « mouvements appropriés » et des « pactes » mystérieux par lesquels la nature se fixe des limites. Si Lucrèce justifie l'ordre premier du monde dans la cosmogonie du chant V, il n'explique pas autrement que par ces mouvements et ces « pactes », fondés sur la régularité des phénomènes[1], le fait que la mécanique des atomes puisse continuellement « organiser » la nature ou en maintenir l'agencement primitif ; en revanche, il ne cesse de montrer cette mécanique à l'œuvre.

La présentation de la physique d'Épicure lui donne l'apparence d'une machine dont les multiples engrenages partent des atomes et se propagent aux choses pour gagner l'univers, tandis que, par un mouvement inverse, les atomes ne cessent d'aller de l'univers au monde jusque dans l'intimité des choses. Ce mouvement qui règne quasi obsessionnellement dans les chants I et II se retrouve dans une moindre mesure au chant III, revient en force avec les émanations d'atomes qui expliquent la sensation au chant IV, puis domine la cosmogonie et la *machina mundi*, le rouage de notre monde et des mondes innombrables

1. En effet, ces « pactes » symbolisent aussi la liaison entre la *natura naturans* et la *natura naturata*.

décrit dans le chant V, enfin les phénomènes météorologiques du chant VI, puisque le ciel est un lieu privilégié de ces échanges. Les vivants, ces *choses* animées, participent de cette fabrication universelle. Non seulement la construction lucrétienne mais aussi le vocabulaire servent à l'amplification de ce mécanisme : le terme *res*, qui désigne les choses au sens de composés, peut aussi désigner le monde ou l'univers, parfois même les atomes ; le vide enfin est défini comme une « chose ». Il est donc parfois difficile de décider si un raisonnement s'applique à la constitution atomique des « choses », aux choses comme phénomènes ou à l'univers. Mais cette ambiguïté elle-même concourt à une étrange « poétique ». Si la réussite esthétique est évidente, cette présentation de la causalité de la matière, affranchie de toute finalité, dévoile plus crucialement au lecteur l'enjeu de l'atomisme [1]. La nature « créatrice des choses », garante de la « majesté du réel », n'est autre qu'une force aveugle. Lucrèce « le plus risqué », disait Victor Hugo.

L'atome est donc, avec le vide, le seul principe de la nature. Cependant, loin de sacrifier la diversité des choses à la simplicité du schéma de leur création qu'impose l'atomisme, Lucrèce met en évidence et magnifie la variété naturelle. Ce principe est le moteur du gai savoir de Lucrèce. La corrélation entre la *simplicité absolue* — telle est la définition de l'atome qu'il propose — et la multiplicité universelle est une des plus dynamiques qui soit, source intarissable d'allégresse. L'atome, parfait solide, crée les divers mondes. Sa déviation, sans fin ni commencement dans le temps infini, est le trait commun de la cosmologie et de la psychologie. La réalité, dans le *De rerum natura*, est plus fantastique que toutes les fables. Lucrèce rejette la théorie traditionnelle selon laquelle le rayon visuel provient de l'œil ; la vue et la pensée sont expliquées par les flux d'atomes émanant des choses : « à tout instant en tout lieu, toute espèce d'image est à notre

1. Cf. J. Moreau, « Le mécanisme épicurien et l'ordre de la nature », *Les Études philosophiques*, vol. XXX, n° 4, 1975, p. 467-486. L'auteur y propose des rapprochements avec certaines théories modernes.

disposition ». Les minces pellicules des choses peuvent se joindre dans les airs et venir nous frapper de leurs chimères : elles sont à l'origine des croyances mythologiques, honnies par les épicuriens. Face au Zeus des stoïciens, immanent à la nature, les dieux épicuriens innombrables vivent dans les intermondes d'où ils nous envoient continûment les images de leur béatitude. Les phénomènes météorologiques (tonnerre, foudre, tremblement de terre, etc.), que la tradition attribuait aux dieux, reçoivent diverses explications physiques. Les lieux anciens des prodiges se transforment en champs d'expérimentation des atomes tourbillonnaires et de l'intuitionnisme épicurien[1]. Ces quelques exemples attestent combien cette philosophie embrasse de paradigmes divers sous le nom d'atomisme.

Que les fondements du mécanisme universel décrit par Lucrèce soient compatibles avec certaines théories modernes, diverses études se sont attachées à le montrer. La plus remarquée et la plus cohérente, puisqu'elle analyse l'ensemble du *De rerum natura* et non pas simplement la « modernité » de certains aspects de la physique d'Épicure, est celle de Michel Serres. La déclinaison, souvent considérée comme une absurdité, constituerait en fait l'amorce d'un « tourbillon dans un écoulement hydraulique ». Examinant donc l'atomisme « dans le cadre d'une mécanique des fluides », Michel Serres a notamment montré comment pouvait se former un équilibre « au milieu des fluences », équilibre permettant à la terre, à l'eau, à l'air de se renouveler et de ne pas être emportés par le tourbillon incessant de la matière. « La totalité des fluxions se tient ensemble dans une fixité relative[2] » jusqu'à ce qu'un monde périsse. Aucun texte d'Épicure,

1. Sur la méthode « intuitionniste » d'Épicure, qui, sous certaines conditions, niait le principe logique du « tiers exclu » selon lequel toute proposition est nécessairement vraie ou fausse, cf. J. Vuillemin, *Nécessité ou contingence. L'aporie de Diodore et les systèmes philosophiques*, Paris, Minuit, 1984, chap. VII, p. 189-229.

2. M. Serres, *La Naissance de la physique dans le texte de Lucrèce*, Paris, Minuit, 1977, p. 73.

cependant, ne se réfère aux fluides pour rendre compte de la genèse du monde et des choses ou pour expliquer leur équilibre. Lucrèce, par ses multiples références aux tourbillons, demeure la source de cette interprétation. N'a-t-il pas, de son propre chef, privilégié le mouvement et son travail de désagrégation aux dépens de la stabilité ?

L'équilibre, la stabilité se trouvent en effet au cœur de la morale d'Épicure qui en évince tout idéal transcendant, comme il exclut la cause formelle de la nature. Le plaisir consiste dans la santé, « l'équilibre stable de la chair[1] ». Le bonheur est donc accessible à quiconque peut apaiser la douleur physique, la soif, la faim, le froid, et sait bannir de son esprit les terreurs imaginaires dont nous délivre, dit Lucrèce, la raison, le « raisonnement vrai » et non la Vérité. Ce raisonnement se confond avec la parole d'Épicure et son explication de la nature. Selon le fondateur du Jardin, l'ambition de la science devait se limiter à calmer nos inquiétudes, à asseoir notre bonheur. Le disciple transmet donc cette explication, à charge pour lui de nous dévoiler le visage de la nature, *naturae species ratioque*. Ce qu'il fait, lumineusement, dès les premiers vers et tout au long du poème. Dès l'« Hymne à Vénus », nature et volupté sont associées. Puis Lucrèce, pour présenter l'idéal du bonheur, inventa le *locus amoenus*, ce « lieu agréable » où l'on se retrouve « entre amis, couchés dans l'herbe tendre ». Les cinq vers qui, au début du chant II, décrivent ce bonheur eurent une grande fortune et le *locus amoenus* devint rapidement un lieu commun de la littérature latine avant d'inspirer les poètes de la Renaissance. Se trouver « entre soi », dit exactement Lucrèce. Pour le sage, nulle solitude ; des amis l'entourent ; selon le modèle divin, ils sont tout à la fois proches et différents dans le plaisir de l'échange sans identification. Cet espace du bonheur paraît limité, sorte de jardin clos. Peut-on, sans dommage, le quitter pour le monde, pour l'univers ? Il semble que non : au-dehors règne la violence, dont résonne, du début à la fin, le *De rerum natura*. Du haut de

1. Plutarque, *Contra Epic. beat.*, 4, 1089 d (= Usener, 68).

sa forteresse, le sage observe le désarroi et la folie des hommes rivalisant d'ambition et de cupidité ; tout près, retentit le fracas des armes : parades et exercices au Champ de Mars pour préparer des guerres utilisant des techniques atroces, ces guerres que Lucrèce décrit, terrifiantes. Est-ce enfin sa propre « anxiété » qu'expriment certaines descriptions de l'amour, dans lesquelles sa syntaxe se désarticule ? L'adolescent Rimbaud était-il lui aussi anxieux ou avait-il trop bien lu le *De rerum natura* ?

> C'est une bonne farce et le monde ricane
> au nom doux et sacré de la grande Vénus.

La joie du divers, incarnée par Vénus, cède devant son contraire, l'angoisse liée à l'obsession de certains simulacres identiques engendrant la cupidité, la violence, la passion.

Comme nos vies, le monde est menacé par la violence, cet excès qui s'oppose à la pluralité, à la gamme harmonieuse des choses. Quand il s'ouvre trop largement aux flux de l'univers, les germes peuvent l'attaquer et le livrer à la mort, son destin naturel : cataclysmes qui entraîneront un jour l'éclatement de notre monde ; épidémies régionales comme la peste d'Athènes. Là, même au fort de la maladie incurable, le pire demeure la trahison de l'amitié ou l'irrespect de la *pietas* dont l'homme est désormais le seul objet. La fin tragique du *De rerum natura*, ultime combat pour les « corps » (*corpora*, non plus les atomes de la science, qu'ils désignent généralement, mais les cadavres), est peut-être sa vraie fin [1]. Lucrèce a pris le risque de quitter son jardin pour se porter, avec une rare humanité, à la rencontre de l'autre, qui pour un Latin n'est jamais un étranger.

« Les épicuriens, dit Michel Serres, critiquent la science comme nous le ferions aujourd'hui. Non pas la science comme telle, mais cette science ou raison qui attire ou suit,

1. On a souvent supposé que le *De rerum natura* était inachevé ; cf. le résumé des opinions sur le « finale lucrétien » dans J. Salem, *La mort n'est rien pour nous. Lucrèce et l'éthique*, Paris, Vrin, 1990, p. 238-246.

sur les chemins de la totalisation, la force, la maîtrise et l'empire. Ils cherchent donc une autre science et une autre raison finalisée par le plaisir et le bonheur [1]. » Lucrèce a transmis les germes, les *semina* de cette science avec une sorte de jubilation ; il a passé, vainqueur, « les remparts enflammés du monde », désirant nous entraîner pour notre bonheur dans cette quête des secrets du monde et de l'univers. Prosélytisme habituel aux épicuriens ? Qu'importe ! Pour la dernière fois, un poète aura révélé un monde encore illuminé par la pensée grecque. Cependant, tout comme il sait que la simplicité des temps primitifs a depuis longtemps disparu, il perçoit que le crépuscule gagne peu à peu ce monde. C'est là sans doute la raison majeure de son interrogation cruelle et pressante sur la conduite humaine, les enjeux de la technique, le rapport de l'homme à la nature ; c'est là une des sources des jeux d'ombre et de lumière dans le *De rerum natura*, dont les chants se terminent alternativement par l'évocation de l'aube et du jour ou, inversement, des ténèbres et de leur cortège inévitable dans la poésie lucrétienne, le trouble et la peine.

La « fortune » de Lucrèce.

L'influence de Lucrèce jusqu'à la Renaissance ne se laisse pas facilement cerner : « elle n'apparaît clairement qu'à de rares intervalles, si bien que l'histoire de son œuvre n'est guère moins obscure que celle de sa vie [2] ». Ses successeurs immédiats ne mentionnent guère Lucrèce et l'utilisent peu, sauf Virgile, sur lequel il semble avoir exercé une influence profonde, même si le poète fait rarement écho à la doctrine du Jardin à laquelle l'épicurien Siron l'avait initié ; quelques allusions sont disséminées dans ses œuvres : la 6e bucolique (v. 31-40) présente, dans

1. M. Serres, *La Naissance de la physique...*, *op. cit.*, p. 236.

2. J. Philippe, « Lucrèce dans la théologie chrétienne du IIIe au XIIIe siècle », *Revue de l'histoire des religions*, t. XXXII, 1895, p. 285 ; cf. aussi Hadzsits, *Lucretius and his Influence*, New York, 1935.

la bouche de Silène, un étonnant pastiche de la création du monde chez Lucrèce, on peut reconnaître une parenté spirituelle dans certains passages des *Géorgiques*, mais l'essentiel demeure les très nombreuses formules lucrétiennes, parfois à peine remaniées, qui émaillent l'œuvre de Virgile. Le premier poète qui le célébra fut Ovide :

> Les vers du sublime Lucrèce périront
> quand un jour livrera les terres à la mort[1].

Vitruve, à l'époque d'Auguste, affirme qu'un temps viendra où les hommes liront le *De rerum natura* « pour discuter comme face à face avec Lucrèce de la nature des choses[2] ». Pourtant, au Ier siècle de notre ère, la philosophie de Lucrèce ne semble guère susciter d'intérêt. Au début du IIe siècle, dans le *Dialogue des orateurs* de Tacite, un des interlocuteurs, porte-parole des « Modernes », se plaint de ce que certains préfèrent Lucrèce à Virgile, mais cette préférence se fonde sur le style et non sur le contenu de l'œuvre. Le « professeur » Quintilien juge Lucrèce bien inférieur à Virgile ; il en recommande cependant la lecture à ses élèves : quoique « difficile », il est « élégant ». Bref, les témoignages d'un véritable intérêt pour l'œuvre sont si rares que l'on a pu parler de « conspiration du silence ». Le terme est peut-être outré : Lucrèce semble surtout victime du discrédit dans lequel est alors tombée la philosophie naturelle, discrédit dont témoigne le poète satirique Perse quand il voit dans les formules « rien ne naît de rien », « rien ne retourne à rien » des « rêveries de vieillard égrotant[3] ».

Les écrivains chrétiens sont les premiers à relever, autrement que pour quelques maximes, l'aspect philosophique de l'œuvre ; ils s'opposent aux thèses épicuriennes : ainsi Tertullien (155-222 ?) et surtout Lactance ; mais ils utilisent aussi les arguments de Lucrèce contre la religion païenne : c'est le cas notamment d'Arnobe, le

1. Ovide, *Amores*, I, 15, 23-24.
2. Vitruve, *De architectura*, IX, *praef.*, 17.
3. Perse, *Satires*, III, 83.

maître de Lactance, à la fin du IIIe siècle. Lactance, dont l'œuvre montre une connaissance approfondie de Lucrèce, est le premier auteur qui jette l'anathème sur la volupté parce qu'elle « mène à la mort ». Pour de longs siècles, la « vertu divine » devient ainsi l'ennemie de la volupté. Cependant la doctrine du « voluptueux » Épicure (épithète due à Lactance) ne trouve plus de défenseur. A l'époque d'Augustin (354-430), les épicuriens ont disparu. Jusqu'au IXe siècle, la survie du *De rerum natura* est attestée presque uniquement par les commentateurs, les lexicographes, les grammairiens, qui continuent de citer les vers de Lucrèce, notamment Priscien dans son ouvrage de grammaire (491-518) écrit à Constantinople, Isidore de Séville dans ses *Étymologies* ou *Origines* au début du VIIe siècle. En revanche, le *De natura rerum* d'Isidore, qui connut un grand succès pendant tout le Moyen Age, ne cite que deux fois Lucrèce : sa pensée était presque tombée dans l'oubli ; l'œuvre ne ressurgit qu'à la Renaissance.

Un humaniste italien, Pogge, découvrit en 1417, sans doute dans la bibliothèque du monastère de Murbach en Alsace, un manuscrit de Lucrèce ; il en envoya une copie (aujourd'hui disparue) à un ami, Niccolò Niccoli, qui la transcrivit avec soin (L) ; la copie du manuscrit et cette transcription furent à leur tour sources d'autres copies : les manuscrits dits « italiens », enfin l'édition princeps de Brescia, vers 1473. La poésie de Lucrèce suscita en Italie l'admiration de trois grands humanistes et poètes du XVe siècle : Pontano, dont les *Amours* et l'*Urania* contiennent de nombreux échos de Lucrèce, Marulle et Politien.

En France, la première édition, parue à Paris en 1514, reproduit l'édition bolognaise de Baptista Pius (1511) ; son commentaire latin, confus, est violemment hostile aux thèses épicuriennes. La diffusion de l'œuvre se fit essentiellement grâce à l'édition de Lambin, professeur de littérature grecque au Collège royal, achevée en 1563, parue en 1563-1564 à Paris. Elle repose sur la collation de plusieurs manuscrits et présente un remarquable travail philologique ; le commentaire latin éclaire certaines difficultés du texte, mais lui oppose surtout les théories aristotéliciennes ; dans sa préface latine, Lambin qualifie ainsi la philosophie du *De rerum natura* : « délirante et sur bien des points impie », mais il admire le sensualisme de Lucrèce et son style. Bien que les poètes de la Pléiade citent peu Lucrèce, ils transposent souvent ses vers et trouvent dans le *De rerum natura* matière à renouveler certains thèmes familiers : c'est notamment le cas de Ronsard, à qui Lambin dédia le deuxième chant de son édition de Lucrèce. *Les Amours*, les *Mascarades et Bergeries* « détournent » avec bonheur maints thèmes lucrétiens :

> Toute chose s'égaye à ta belle venuë,
> L'air n'est plus attristé d'une fascheuse nuë,
> La mer rid en ses flotz, sans orage est le vent
> Et les Astres au Ciel luisent mieux que devant[1].

L'« Hymne à Vénus » est allégrement pillé par les poètes de la Renaissance ; Du Bellay le traduit en alexandrins. Grâce à Ronsard, on découvre les « petitz corps culbutans de travers » qui,

> Parmy leur cheute en byais vagabonde,
> Heurtez ensemble, ont composé le monde,
> S'entracrochans d'acrochementz divers[2].

Les « petits corps » en « voltigeant çà et là » *(passim volitantes)* lui suggèrent cette prompte définition de sa jeunesse : « J'errais à la volée. » Une traditionnelle *Reverdie* ouvre soudain sur le monde de Lucrèce :

> Et toute chose rire en la saison nouvelle.

Ronsard n'emprunte pas seulement quelques ornements à Lucrèce, qui écrivit « des frénésies [...] sages selon sa secte », mais aussi « quelques vers non seulement excellents mais divins » ; certains aspects du *De rerum natura* influencent plus profondément sa poésie, comme on le voit dans l'*Hymne de la mort* dont les thèmes lucrétiens s'accordent parfois mal avec la doctrine chrétienne, du moins telle qu'elle est enseignée à cette époque :

1. *Mascarades et Bergeries* (1565), XII, 599-602 (éd. Laumonnier).
2. *Les Amours* (1552), XXXVII, 1-4 (éd. Laumonnier).

Et ne fust de Venus l'âme générative,
Qui tes fautes répare, et rend la forme vive,
Le monde périroit : mais son germe en refait
Autant de son costé, que ton dard en deffait [1].

Désormais, la philosophie de Lucrèce, en quelque sorte ravivée, féconde d'autres œuvres poétiques [2]. Guillaume du Bartas s'inspire de la physique de Lucrèce dans son grand poème *La Sepmaine*, celle de la création divine selon la Genèse. L'emprunt d'une vingtaine de vers scrupuleusement traduits du chant I sur le thème « rien ne naît de rien » entraîne dans le récit du « second jour » une étonnante distorsion par rapport à la tradition biblique où Dieu, précisément, crée non à partir d'une semence déterminée mais à partir du chaos [3].

Dans ses *Essais*, Montaigne fait quelque cent cinquante citations du *De rerum natura* ; c'est à travers leur lecture que bon nombre d'écrivains du XVIIe siècle s'initieront à la pensée de Lucrèce. On doit à Montaigne la plus belle définition de la vigueur et de la sensualité de sa poésie [4].

1. *Hymne de la mort* (1555), 325-328.

2. Cf. S. Fraisse, *Une conquête du rationalisme. L'Influence de Lucrèce en France au XVIe siècle*, Paris, Nizet, 1962.

3. Cf. J. Kany-Turpin, « Une réinvention de Lucrèce par Guillaume du Bartas », *La Littérature et ses avatars. Discrédits, déformations et réhabilitations dans l'histoire de la littérature* (éd. Y. Bellenger), Paris, Klincksieck, 1991, p. 31-39.

4. Montaigne, *Essais*, III, v, 118 (1588, éd. P. Villey) ; le jugement s'appuie sur l'évocation des amours de Mars et de Vénus au début du poème : « Quand je rumine ce *rejicit, pascit* [...] cette noble *circunfusa*, mère du gentil *infusus*, j'ay desdain de ces menues pointes et allusions verballes qui nasquirent depuis. A ces bonnes gens, il ne falloit pas d'aiguë et subtile rencontre, leur langage est tout plein et gros d'une vigueur naturelle et constante. Ils sont tout épigramme, non la queuë seulement, mais la teste, l'estomac et les pieds [...]. Ce n'est pas une éloquence molle et seulement sans offence : elle est nerveuse et solide, qui ne plaist pas tant comme elle remplit et ravit le plus les plus forts esprits. Quand je voy ces braves formes de s'expliquer, si vifves, si profondes, je ne dicts pas que c'est bien dire, je dicts que c'est bien penser. C'est la gaillardise de l'imagination qui esleve et enfle les parolles. »

Parmi les philosophes, certains se servent de Lucrèce pour s'opposer au platonisme, encore très influent, et surtout à la doctrine d'Aristote. Giordano Bruno, fervent admirateur de Lucrèce qu'il cite volontiers, soutient l'infinité des mondes et l'identité de leur matière. En 1600, à Rome, il est condamné au bûcher pour hérésie : sa théorie des mondes, notamment, était contraire à la doctrine que l'Église avait fini par adopter en se fondant essentiellement sur Aristote.

Au XVIIe et au XVIIIe siècle, en France, l'histoire de la « fortune » de Lucrèce paraît souvent se confondre avec celle de quelques grands courants philosophiques et littéraires, mais l'œuvre connaît désormais une large diffusion, même si elle n'est pas consacrée comme « classique » : Bossuet l'explique à ses élèves princiers, la fin du chant III trouve un écho tragique dans les *Pensées* de Pascal et, selon une légende tenace, Molière aurait traduit l'ensemble de l'œuvre. Les écrivains « libertins » reprennent certains thèmes lucrétiens : ainsi Théophile dans sa *Satire première* sur la mort ou La Fontaine dans des fables comme *Le Songe d'un habitant du Mogol* ou *Un animal dans la lune*[1]. Au début de son long poème didactique *Le Quinquina*, La Fontaine, qui forme alors le projet d'une œuvre scientifique, déclare :

> Qu'à des sujets profonds j'occupe mon génie,
> Disciple de Lucrèce une seconde fois.

L'édition avec traduction et commentaire en latin des *Lettres et Maximes* d'Épicure par Gassendi parut en 1649. Ce premier vrai travail philologique, qui propose en parallèle les textes de Lucrèce, permit d'aborder directement l'épicurisme, enfin débarrassé du crible d'interprétations hostiles; il a considérablement aidé à sa diffusion. Dans son œuvre monumentale, Gassendi entreprit de montrer que maints aspects de cette doctrine sont compatibles avec

1. L'influence de Lucrèce sur La Fontaine est surtout manifeste dans les livres VIII et IX des *Fables*. Elle se conjugue parfois avec celle de Gassendi (cf. *Un animal dans la lune*). L'« Hymne à Vénus » est transposé dans *Les Amours de Psyché*. La philosophie de La Fontaine, au-delà d'emprunts ponctuels, est souvent lucrétienne.

la religion chrétienne. Cette conciliation permettait à l'illustre chanoine de Digne de mieux s'opposer aux aristotéliciens et scolastiques d'une part, à la philosophie de Descartes d'autre part. Ainsi, au XVIIe siècle, s'accentue une tendance apparue dès la redécouverte de Lucrèce : le recours à l'épicurisme marque souvent la résistance à un courant de pensée dominant. En 1650, la première traduction française complète du *De rerum natura* est signée par un traducteur renommé, l'abbé de Marolles. Dans *L'Autre Monde* de Cyrano, ami de Gassendi, les thèmes épicuriens ou lucrétiens sont mêlés à d'autres qui leur sont concurrents pour multiplier les « images de la Nature » qui « se mettent à jouer entre elles » dans un immense « kaléidoscope [1] ». Dans cet univers sceptique, les différentes conceptions de la nature des choses et du monde sont enfin réconciliées.

Mais cet irénisme ne fit pas loi. La belle traduction italienne de Marchetti, publiée à Londres en 1717, après sa mort (1714), fut mise à l'index l'année suivante. En 1747, le cardinal Melchior de Polignac publie une longue réfutation en vers latins (neuf livres) du *De rerum natura*, intitulée *Anti-Lucretius, sive De Deo et Natura*, bientôt traduite en français, en anglais et en italien. Elle suscita l'admiration de Voltaire, qui s'opposera violemment au système lucrétien [2]. Mais l'influence de Lucrèce continuait de grandir en France, notamment dans le cercle des Encyclopédistes, qui reprennent sa critique de la religion. Ses exposés sur la mortalité de l'âme inspirent La Mettrie dont l'*Histoire naturelle de l'âme* paraît en 1745. Diderot, grand lecteur de Lucrèce, défend beaucoup de ses thèses, notamment dans la *Lettre sur les aveugles*, mais, en adoptant une conception

1. Cf. J.-C. Darmon, « Cyrano de Bergerac et les images de la Nature », *Littératures classiques*, n° 17, 1992, p. 158 et 165-175.

2. Notamment dans les *Dialogues entre Lucrèce et Posidonius* (1756), les *Singularités de la Nature* (1762) et la troisième *Lettre de Memmius à Cicéron* (1771) ; cf. l'étude de C.-A. Fusil, « Lucrèce et les philosophes du XVIIIe siècle », *Revue d'histoire littéraire de la France*, t. XXXV, 1928, p. 194-210. Voltaire est « finaliste » ; l'Être suprême ordonne l'univers.

vitaliste de la matière, il s'éloignera de l'atomisme. Le *Système de la nature* de D'Holbach, livre condamné à être brûlé l'année même de sa parution (1770), est accusé, selon les termes du réquisitoire, de « renouveler le système de Lucrèce, auquel l'auteur n'a fait, pour ainsi dire, que donner plus d'étendue ». Pourtant d'Holbach, comme la plupart des philosophes du XVIIIe, rejette certaines des théories fondamentales de Lucrèce : « Parler du concours fortuit des atomes ou attribuer quelques effets au hasard, c'est ne rien dire, sinon que l'on ignore l'origine des lois par lesquelles les corps agissent, se rencontrent, se combinent et se séparent[1]. » Son hostilité à la métaphysique, qui est alors largement partagée, lui fait dire : « Tenez-vous-en aux causes secondes; laissez aux théologiens leur cause première dont la nature n'a pas besoin pour produire les effets que vous voyez. » Bref, la philosophie des Lumières ne se reconnaît aucun ancêtre mais l'œuvre de Lucrèce constitue, parmi toutes celles de l'Antiquité, un pôle d'attraction ou de répulsion. Ses textes sur l'origine de la vie en société, sur le langage et la sensation nourrissent la réflexion de Rousseau ou de Condillac. Ami de Diderot et précepteur des enfants du baron d'Holbach, La Grange publie en 1768 une traduction en prose claire, énergique, élégante, qui influencera toute la lignée des suivantes. Au tournant du siècle, Goethe déclare que la vision de la nature chez Lucrèce est « grandiose, géniale, sublime », bien qu'il n'admette pas sa conception des « dernières raisons des choses ». Goethe rêve de composer un poème sur la nature et relit, aux heures sombres, le prélude du chant II[2].

Comme on ne peut s'appuyer sur aucune étude générale pour les XIXe et XXe siècles, parler de l'influence littéraire de Lucrèce reviendrait à privilégier telle ou telle lecture. Il convient cependant de rappeler que la découverte du « livre immense » par Victor Hugo fut l'une des plus

1. D'Holbach croit que nous connaissons suffisamment ces lois de la nature par l'attraction, ignorée de Lucrèce.

2. Cf. K. Rapp, « Goethe und Lukrez », *Jahrbuch der Goethegesellschaft*, vol. XII, 1926, p. 47-67.

fécondes[1]. En Allemagne, le premier romantisme, tourné vers la philosophie de la nature, reprend de nombreux thèmes lucrétiens. Ritter, maître de Novalis, les intègre à son système globalisant. Novalis lui-même fera de la volupté, *die Wollust* (mot tombé en désuétude mais rappelant par sa consonance la *voluptas* latine), le moyen de la connaissance. La seconde moitié du XIXe siècle voit le renouveau des études philologiques et critiques. En 1850 paraît l'édition magistrale de Lachmann définissant des principes méthodologiques qui s'imposeront longtemps et dont certains demeurent valides. Un travail d'érudition sans précédent sur les manuscrits lui permit notamment d'évaluer les lacunes du texte, mais ses déplacements de vers et ses corrections paraissent aujourd'hui trop nombreux. Les premières transcriptions des papyrus d'Herculanum suggérèrent de nouvelles interprétations de l'épicurisme dont bénéficièrent les études lucrétiennes : Munro en Angleterre, Giussani en Italie, Merrill aux États-Unis accompagnent leurs éditions du *De rerum natura* de remarquables commentaires philologiques et philosophiques. En France, l'étude littéraire de Patin[2], qui connut un très grand succès, développa la thèse d'une contradiction entre le poète et le philosophe, thèse parfois défendue encore aujourd'hui sous d'autres formes.

Au XXe siècle, le succès des théories atomiques modernes, pourtant très éloignées des intuitions de Démocrite, provoqua un regain d'intérêt pour l'épicurisme. Einstein écrivit une courte préface pour la traduction allemande de H. Diels parue à Berlin en 1924. Dans les années 1950, le texte suscita plusieurs études en U.R.S.S. ; le matérialisme dialectique essaya d'annexer, à travers Lucrèce, ce que l'on appelle, d'après un concept moderne, le « matérialisme » de Démocrite et d'Épicure. En Angleterre, cette tendance fut illustrée par les travaux de B. Farrington ; en France, par les commentaires de G. Cogniot dans son édition de Lucrèce parue en 1954 dans la collec-

1. Cf. J.-F. Marquet, « Victor Hugo et l'infiniment petit », *PO&SIE*, n° 31, 1984, p. 59-77.
2. M. Patin, *Études sur la poésie latine*, Paris, 1868, vol. I.

tion des « Classiques du peuple ». Ces analyses et d'autres, jugées de même obédience, donnèrent lieu à quelques passes d'armes entre latinistes, philologues et tenants du marxisme ou supposés tels. Le journal qui ouvrit ses colonnes à l'un des protagonistes du débat et porta à la connaissance du public cette nouvelle passion pour le poète latin ne pouvait être mieux nommé qu'il ne l'était : *L'Aurore*. Après une ère d'études critiques qui s'achevait avec les grands commentaires de A. Ernout et de L. Robin, de C. Bailey enfin, se levait donc, parmi quelques orages, le temps des synthèses. En 1963, P. Boyancé inaugura avec son *Lucrèce et l'épicurisme*, étude claire et pondérée, une réflexion sur la portée de l'humanisme lucrétien, qui fut poursuivie notamment par M. Conche et par J. Salem. D'autres études relevaient certains aspects de l'œuvre : ainsi, *Horror ac divina voluptas* de Schrijvers (1970) rattachait à une « poétique » ce que le docteur Logre avait défini comme l'« anxiété » de Lucrèce [1]. M. Bollack proposa avec *La Raison de Lucrèce* (1978) une analyse critique de l'ensemble des éditions et commentaires du *De rerum natura* [2]. Ce ne sont là que quelques titres choisis parmi une production très riche que recense et analyse l'ouvrage fondamental de Jean Salem, *Lucrèce et l'éthique* (1990). En France, l'une des contributions philosophiques les plus novatrices fut celle de Gilles Deleuze : « Lucrèce et le naturalisme [3] ». Il affirmait avec beaucoup de force et de clarté la cohérence du naturalisme pluraliste dans la physique et l'éthique du *De rerum natura*. Neuve et stimulante fut aussi l'interprétation déjà mentionnée de Michel Serres qui, en 1977, expliqua la physique de Lucrèce à partir de la mécanique des fluides : cette mécanique, à laquelle Démocrite semble s'être intéressé, fut formulée par Archimède, donc après la mort d'Épicure, en une théorie satisfaisant aux exigences de la science. Les travaux des philologues,

1. Dr Logre, *L'Anxiété de Lucrèce*, Paris, 1946.

2. M. Bollack, *La Raison de Lucrèce. Constitution d'une poétique philosophique avec un essai d'interprétation de la critique lucrétienne*, Paris, Minuit, 1978.

3. *Les Études philosophiques*, t. XVI, 1961, p. 19-29.

accompagnés de la publication régulière des papyrus épicuriens d'Herculanum, permirent d'éclaircir des points obscurs et d'apprécier les différences entre le traité *Sur la nature* d'Épicure et l'œuvre du disciple. Enfin, le renouveau des études sur la « doxographie », néologisme désignant l'ensemble des ouvrages qui dans l'Antiquité classaient par thèmes et résumaient les opinions des philosophes grecs, précisa la méthode d'utilisation de certaines sources secondaires. Historiens de la philosophie, philologues, scientifiques contribuèrent donc à élargir et parfois à modifier les perspectives.

Dans la littérature, les traces de l'influence avouée ou non de Lucrèce sont abondantes, non pas simplement à cause du caractère universel de son poème, mais d'abord en raison de l'ampleur et de la vigueur d'une imagination qui permet, expérience rare, de s'identifier aux « choses » : « Ça suffit. Je me désagrège. Je me plains plus. Mais il faut pas m'en faire davantage. Si les choses nous emportaient en même temps qu'elles, si mal foutues qu'on les trouve, on mourrait de poésie[1]. » Il reste que maintes discussions du *De rerum natura* paraissent, d'après les nombreux échos qu'elles suscitent au XXe siècle, n'avoir rien perdu de leur intérêt. Grâce à Bergson, la « raison » de Lucrèce dirige et conclut, dans l'œuvre de Proust, une longue analyse des rapports entre la mémoire, le sommeil et la mort[2]. Quant à l'entreprise d'explication universelle par la philosophie et la physique unies à la poésie, il semble qu'on ne puisse guère, à notre époque, y répondre autrement que sur le mode de la dérision, comme l'a fait Raymond Queneau dans sa *Petite Cosmogonie portative*, poème riche en thèmes et en expressions lucrétiens.

1. L.-F. Céline, *Mort à crédit.*
2. M. Proust, *A la recherche du temps perdu*, « Sodome et Gomorrhe », II. Bergson publia et commenta des « Morceaux choisis » de Lucrèce.

Édition et traduction présentées.

Les plus anciens manuscrits sur lesquels reposent les éditions modernes du *De rerum natura* sont les manuscrits O (Oblongus) et Q (Quadratus) aujourd'hui conservés à Leyde ; les philologues s'accordent désormais à reconnaître qu'ils datent du IXe siècle. Il existe en outre huit feuillets conservés à Copenhague (G) et dix feuillets conservés à Vienne (V, U). La concordance des fautes prouve que tous ces manuscrits procèdent d'un même archétype, remontant au IVe ou au Ve siècle, en lettres capitales. Les copies italiennes dérivant du manuscrit découvert par Pogge au XVe siècle (cf. *supra*, p. 35) paraissent elles aussi remonter à ce même archétype. Entre celui-ci et les manuscrits les plus anciens, il existe au moins un intermédiaire, en lettres minuscules, que les érudits situent au VIIe ou au VIIIe siècle. Le manuscrit O comporte des corrections contemporaines de sa transcription, puis d'autres datant du XIe siècle qui concordent le plus souvent avec les leçons des copies italiennes du manuscrit de Pogge : l'auteur aurait donc eu accès à O, peut-être aussi à Q (ou à une de ses copies). Ce manuscrit dit « Quadratus » contient d'intéressantes corrections du XVe siècle. Les manuscrits O et Q comportent des titres de chapitres ; ils paraissent provenir de l'archétype, mais on ignore à quelle date ils furent introduits dans le texte. Les éditions modernes reprennent souvent ces titres, parfois aussi elles les complètent ou les modifient à l'intention d'un public nouveau. J'ai suivi ce dernier usage.

Les difficultés auxquelles se heurtèrent les premiers éditeurs étaient graves et multiples : le texte comportait de nombreuses lacunes, seules quelques-unes étaient marquées par des blancs, les autres se manifestaient par l'incohérence des développements ; l'ordre de certains vers ou de certains ensembles de vers paraissait avoir été inverti ; beaucoup de mots ne s'inscrivaient pas de manière compréhensible dans les phrases, quelques-uns même n'étaient pas identifiables en latin ; ils avaient été parfois corrigés, mais ces corrections mêmes étaient souvent suspectes ; des phrases entières paraissaient corrompues ou interpolées ; plusieurs vers étaient faux ou plutôt incomplets. Le travail philologique auquel se livrèrent les éditeurs force l'admiration. Leurs corrections et gloses ainsi que celles que proposèrent les humanistes furent si remarquables que les éditions modernes s'appuient encore sur un certain nombre d'entre elles. Le texte du *De rerum natura* n'est donc pas un bloc qui nous serait parvenu indemne, survivant miraculeusement au désastre de la littérature épicurienne : tel qu'il se lit aujourd'hui, il résulte d'une analyse critique des manuscrits, patiente et continue, dont les efforts, pourtant, ne sont pas toujours appréciés à leur juste valeur. Tel éditeur utilisait en 1975 le latin pour mieux injurier, dans sa propre « version » du *De rerum natura,* le travail d'un grand philologue dont l'édition selon lui ne se distinguait que par ses fantaisies orthographiques, « nombreuses et absurdes ». Il est vrai que la mode des invectives avait été lancée par l'illustre Lambin qui reprochait à Gifanius, éditeur du *De rerum natura* à Anvers, de l'avoir pillé ; ces invectives figurent dans la troisième édition de son Lucrèce en 1570 : *injustissimum, audacissimum, impudentissimum, fallacem, nigrum, infidum,* etc. ; cette liste picrocholine est loin d'être exhaustive. Enfin, s'il est vrai, comme l'a montré M. Bollack, que certains choix des philologues sont orientés par leur conception générale de l'œuvre et présupposent une interprétation philosophique, il conviendrait de s'en réjouir plutôt que de s'en indigner, puisque le plus souvent ces philologues justifient leur interprétation et ne se déchargent pas de leur responsabilité de penseurs sur la spécialisation de leur science.

Le texte latin du *De rerum natura* que je présente est essentiellement tributaire des éditions d'Ernout [1] et de Bailey [2].

1. A. Ernout, *Lucrèce, De la nature,* Paris, Belles Lettres, 1920 (nombreuses rééditions).

2. C. Bailey, *Titi Lucreti Cari De Rerum Natura libri sex,* Oxford, Clarendon Press, 1947, 3 vol.

Dans leurs commentaires, ils ont justifié leur choix de telle leçon ou de telle correction lorsqu'il existe une divergence entre les manuscrits ou que le texte semble corrompu. Bailey, en particulier, dans ses deux forts volumes de commentaires (quelque 1200 pages), compare minutieusement les différentes leçons et corrections, puis explique sans dogmatisme les raisons de ses choix. Le plus souvent ils s'accordent avec ceux d'Ernout et respectent la tradition : les corrections originales sont très rares. Lorsque j'ai choisi une version différente de celle d'Ernout, dont l'apparat critique est en France le plus accessible, je l'indique dans mes notes.

Il est devenu habituel de présenter sa propre traduction, usage d'autant plus périlleux que diverses théories s'affrontent aujourd'hui. Le traducteur, qui ne peut les ignorer, ne saurait pourtant s'en prévaloir ; du reste, les atomes rugueux du mot « traductologie » blessent son oreille et quelques atomes de son âme.

Le poème de Lucrèce étant d'abord une œuvre didactique, il fallait non seulement respecter la valeur logique et la structure des propositions, ce qui fut mon premier souci, mais aussi tenter de rendre accessible au lecteur d'aujourd'hui l'absolue nécessité de cette immense mécanique. Il m'a semblé que cela imposait deux partis formels : respecter l'unité de sens que forme presque toujours le vers de Lucrèce et, tâche plus difficile, trouver une cadence. La prosodie latine repose sur l'opposition entre syllabes longues et brèves et sur une accentuation régulière : l'hexamètre dactylique utilisé par Lucrèce comporte de treize à dix-sept syllabes qui forment six pieds de deux ou de trois syllabes, dont la première est accentuée ; il possède une ou, parfois, deux coupes. J'ai adopté une prose rythmée. Une transposition versifiée, assez souple pour ne pas « franciser » le modèle latin, eût été préférable mais le sens en aurait probablement pâti.

Lucrèce s'est plaint de la pauvreté du latin. Si l'on peut récuser aujourd'hui l'application de cette notion à la langue, il n'en reste pas moins que le latin est, à la différence du grec, mal outillé pour l'abstraction[1] et substitue souvent l'expressif au cognitif. La traduction littérale de certains passages risquait paradoxalement de trahir l'intention de l'auteur ou de gauchir son raisonnement. Ainsi, au vers 339 du chant I, Lucrèce déclare que sans le vide « rien ne donnerait le commencement de céder la place », c'est-à-dire ne prendrait l'initiative de céder la place. Au vers 383, le vide est défini : « ce dont les choses prennent le début de leur mouvement ». Cette expression imagée fait couple avec la première : le vide « donne », les choses « prennent », mais elle est ambiguë en français et peut faire croire que tout mouvement, même volontaire, est causé par le vide, ce que dément le chant II. Il m'a donc semblé préférable de traduire ainsi la définition du vide : « condition première du mouvement des choses ». J'ai recouru à ces sortes d'équivalences uniquement lorsqu'elles seules préservaient la rigueur de l'original.

Francis Ponge, qui construisit une sorte de langage-matière (« langue objeu ») apte à traduire les choses, se reconnaît comme maîtres Lucrèce et Tacite, « parce que chez eux la densité de la langue latine se trouve portée à son comble ». C'est là, je crois, une des définitions les plus pertinentes du style de Lucrèce. Les premières transpositions de vers du *De rerum natura*, notamment celles de Ronsard et de Guillaume du Bartas, rendent admirablement leur économie et leur densité. Préserver cette densité est l'impératif que je me suis fixé. Plus difficile était de rendre au texte la lumière que revendique hautement Lucrèce.

Mais l'essentiel est peut-être ailleurs. Il se joue dans un combat incessant avec la matière des mots et la distribution des phonèmes dans la phrase. Les épicuriens considèrent

1. Le latin n'a pas d'articles, possède très peu d'abstraits, un système de participes incomplet ; les prépositions sont employées en de multiples sens (une vingtaine pour *in*) et substituent aux rapports abstraits des rapports locaux sommaires ; les liens syntaxiques sont à la fois rigides (grammaticalement) et vagues (plusieurs sens indifférenciés). Sur tous ces caractères, cf. R. Poncelet, *Cicéron, traducteur de Platon*, Paris, De Boccard, 1957.

que le vrai s'établit dans la voix elle-même. Pour Épicure, le mot qui désigne la volupté transmet ce qu'elle est, sans l'aide d'aucun concept[1]. Lucrèce offre des exemples de la présence de la « nature » dans le langage et rapproche les mots pour reproduire « quelques étincelles de ce feu qui est la transmission de la vie[2] ». Les transpositions que j'ai obstinément tentées ne suffisent certes pas à rendre le martèlement de la phrase latine ni la grande voix rauque de Lucrèce psalmodiant le monde et l'univers. Pourtant, les anagrammes que Saussure crut retrouver dans certains textes de Lucrèce[3], comme dans ceux de Virgile et de quelques poètes latins, ces mots cachés sous les mots, montrent combien la substance des mots latins peut éveiller d'échos, à quel point cette substance constitue l'arrière-scène, pour ne pas dire l'inconscient, de notre langue. Cette traduction invite donc à entendre la « voix de la nature » à travers le latin de Lucrèce, à la fois si lointain et si familier.

José Kany-Turpin.

1. Cf. Cicéron, *De finibus*, II, 6. Cicéron ajoute qu'« il est impossible de trouver aucun terme qui *montre* mieux que *voluptas* ce que *montre* le terme grec *hēdonē* » ; « il est identique » (*ibid.*, 13). Une telle largeur de vues — ou plutôt d'écoute — autorise le traducteur à bien des transpositions, peut-être…

2. Chateaubriand, *Mémoires d'outre-tombe*, livre II, chap. III ; l'expression précède une référence à Lucrèce. Dans sa préface à sa traduction du *Paradis perdu* de Milton, Chateaubriand a formulé admirablement les impératifs et les affres du traducteur, un traducteur aux théories étrangement modernes.

3. J. Starobinski, *Les Mots sous les mots. Les anagrammes de Ferdinand de Saussure*, Paris, Gallimard, 1971, p. 79-107.

Signes conventionnels

- *** : lacune.
- † † : passage corrompu.
- < > : mot ou groupe de mots ajoutés.
- [ ] : passage suspect qui semble devoir être supprimé ; en marge, indique l'ordre original des vers quand cet ordre a été modifié.

Les lettres italiques signalent des leçons différant du texte des manuscrits. L'apostrophe marque l'élision de *s* à la fin d'un mot pour une raison métrique (maintien d'une voyelle brève, lorsque le mot suivant commence par une consonne). La ponctuation du texte latin correspond à une habitude moderne.

Orthographe du latin

Les archaïsmes et les variantes orthographiques ont été conservés. Diels voyait dans les archaïsmes une marque de la rusticité de Lucrèce. Au sein d'un même manuscrit, les variantes dans l'orthographe d'un mot ne sont pas toujours imposées par la métrique. La plupart des éditeurs les ont cependant maintenues, même s'ils reconnaissaient qu'elles pouvaient correspondre à des fantaisies de copiste.

NOTE SUR CETTE ÉDITION

Note aux vers IV, 26-53

Alfred Ernout, dont l'édition latine a été reproduite (voir introduction p. 45-46), suit Marulle en réorganisant cet ensemble dans l'ordre 45-48, 26-43, 51-53, 44 et en supprimant 49-50 parce qu'ils répètent 29-30. Cependant, comme A. Ernout le précise lui-même dans une note annexée à sa traduction et dans son commentaire III, p. 179-180, l'ordre ainsi proposé et la suppression sont arbitraires et improbables ; il est donc préférable de maintenir le texte des manuscrits et de supposer que les vers 45-53 correspondent à une étape ancienne de la rédaction où Lucrèce pensait que l'exposé du chant IV suivrait celui du chant II ; en effet cet ensemble se réfère au contenu des chants I et II et les vers 45-48 sont presque identiques aux vers 31-34, qui figurent dans l'introduction du chant III. Le fait que les vers 45-53 n'ont pas été supprimés par Lucrèce paraît indiquer que le poète ne put achever la révision de son œuvre.

Voici la traduction du texte latin (vers 45-53 des manuscrits) :

> Puisque j'ai enseigné les principes de l'univers,
> leur nature, l'extrême variété de leurs formes,
> le mouvement éternel et spontané de leur vol,
> l'opération par laquelle ils forment toute chose,
> désormais je t'expose un sujet fort apparenté.
> Il existe des images, comme nous les nommons,
> des membranes en quelque sorte ou des écorces,
> puisque l'image revêt l'aspect, la forme exacte
> de n'importe quel corps dont, vagabonde, elle émane.

De la nature

De rerum natura

LIBER PRIMVS

Aeneadum genetrix, hominum diuomque uoluptas,
alma Venus, caeli subter labentia signa
quae mare nauigerum, quae terras frugiferentis
concelebras, per te quoniam genus omne animantum
concipitur, uisitque exortum lumina solis,
te, dea, te fugiunt uenti, te nubila caeli
aduentumque tuum, tibi suauis daedala tellus
summittit flores, tibi rident aequora ponti,
placatumque nitet diffuso lumine caelum.
Nam simul ac species patefactast uerna diei,
et reserata uiget genitabilis aura Fauoni,
aeriae primum uolucres te, diua, tuumque
significant initum perculsae corda tua ui.
Inde ferae, pecudes persultant pabula laeta,
et rapidos tranant amnis, ita capta lepore
te sequitur cupide quo quamque inducere pergis.
Denique per maria ac montis fluuiosque rapacis,
frondiferasque domos auium camposque uirentis,
omnibus incutiens blandum per pectora amorem,
efficis ut cupide generatim saecla propagent.

LIVRE PREMIER

Hymne à Vénus. — Éloge d'Épicure. — Critique de la religion; sacrifice d'Iphigénie. — Il faut vaincre la peur par la connaissance de la nature. — Rien ne naît de rien. — Rien ne retourne au néant. — Les corps invisibles. — Existence du vide. — Tout se ramène aux corps premiers et au vide. — Statut du temps. — Les corps premiers ou atomes dans la nature. — Constitution de l'atome. — Réfutation de la cosmologie d'Héraclite. — Erreur des autres cosmologies; réfutation d'Empédocle. — Réfutation d'Anaxagore. — Apologie du poème. — L'univers est infini. — Création et destruction des mondes.

Hymne à Vénus

Mère des Énéades[1], volupté des hommes et des dieux,
Alme Vénus qui sous les étoiles glissantes[2]
peuples la mer aux mille nefs, les terres fertiles,
toi par qui toute espèce vivante[3] est conçue
puis s'éveille, jaillie de l'ombre, au clair soleil,
tu parais, Déesse, et les vents, les nuages te fuient,
pour toi la terre ingénieuse parsème le chemin
de fleurs suaves, pour toi l'océan rit en ses flots
et le ciel pacifié brille d'un fluide éclat.
Car sitôt dévoilé le visage printanier du jour,
dès que reprend vigueur le fécondant zéphyr,
dans les airs les oiseaux te signifient, Déesse,
et ton avènement, frappés au cœur par ta puissance;
les fauves, les troupeaux bondissent dans l'herbe épaisse,
fendent les courants rapides, tant, captif de ta grâce,
chacun brûle de te suivre où tu le mènes sans trêve.
Par les mers, les montagnes, les fleuves impétueux,
les demeures feuillues des oiseaux, les plaines reverdies,
plantant le tendre amour au cœur de tous les êtres,
tu transmets le désir de propager l'espèce.

Quae quoniam rerum naturam sola gubernas,
nec sine te quicquam dias in luminis oras
exoritur, neque fit laetum neque amabile quicquam,
te sociam studeo scribendis uersibus esse
quos ego de rerum natura pangere conor
Memmiadae nostro, quem tu, dea, tempore in omni
omnibus ornatum uoluisti excellere rebus.
Quo magis aeternum da dictis, diua, leporem.
Effice ut interea fera moenera militiai
per maria ac terras omnis sopita quiescant.
Nam tu sola potes tranquilla pace iuuare
mortalis, quoniam belli fera moenera Mauors
armipotens regit, in gremium qui saepe tuum se
reicit, aeterno deuictus uolnere amoris,
atque ita suspiciens tereti ceruice reposta
pascit amore auidos inhians in te, dea, uisus,
eque tuo pendet resupini spiritus ore.
Hunc tu, diua, tuo recubantem corpore sancto
circumfusa super, suauis ex ore loquellas
funde, petens placidam Romanis, incluta, pacem.
Nam neque nos agere hoc patriai tempore iniquo
possumus aequo animo, nec Memmi clara propago
talibus in rebus communi desse saluti.

Omnis enim per se diuom natura necessest
inmortali aeuo summa cum pace fruatur,
semota ab nostris rebus seiunctaque longe.
Nam priuata dolore omni, priuata periclis
ipsa suis pollens opibus, nihil indiga nostri,
nec bene promeritis capitur, nec tangitur ira.

Quod superest, uacuas auris <animumque sagacem>
semotum a curis adhibe ueram ad rationem,
ne mea dona tibi studio disposta fideli,
intellecta prius quam sint, contempta relinquas.
Nam tibi de summa caeli ratione deumque
disserere incipiam et rerum primordia pandam,
unde omnis natura creet res auctet alatque,

Et puisque tu es seule à régir la nature,
puisque rien ne s'élève aux rives divines du jour,
rien d'heureux ni d'aimable ne s'accomplit sans toi,
c'est avec toi Vénus que je souhaite m'allier
pour écrire ce poème sur la nature des choses
dédié à Memmius, notre ami[4], que toujours, ô divine,
tu voulus en toutes choses parer de l'excellence.
Aussi donne à mes mots une grâce éternelle.
Cependant, sur les mers et les terres, apaise
et endors les travaux inhumains de la guerre.
Toi seule accordes aux mortels le bonheur de la paix
puisque le dieu des armes, maître des combats féroces,
Mars, vient souvent se réfugier sur ton sein,
vaincu par la blessure éternelle de l'amour.
Il y pose sa belle nuque, puis levant les yeux,
avide, s'enivre d'amour à ta vue, Déesse,
et ployé contre toi suspend son souffle à tes lèvres.
Lorsqu'il reposera, enlacé à ton corps sacré,
fonds-toi en son étreinte et tendrement exhale
pour les Romains, Grande Vénus, tes prières de paix;
car dans un temps où la patrie subit la tourmente[5],
nous ne pourrions bâtir notre œuvre l'âme sereine,
ni l'illustre descendance des Memmius
négliger en telle urgence le salut commun.

La nature absolue des dieux doit tout entière
jouir de l'immortalité dans la paix suprême,
à l'écart, bien loin des choses de notre monde :
exempte de souffrance, exempte de périls,
forte de ses ressources, sans nul besoin de nous,
elle est insensible aux faveurs, inaccessible à la colère[6].

Désormais, tends l'oreille au raisonnement vrai,
montre un esprit sagace et libre de soucis
pour ne pas dédaigner avant de les comprendre
ces présents que mon soin fidèle a disposés pour toi.
Je t'exposerai l'ultime raison du ciel et des dieux,
je te révélerai quels sont les principes des choses,
d'où la nature crée, accroît et nourrit tous les êtres,

quoue eadem rursum natura perempta resoluat,
quae nos materiem et genitalia corpora rebus
reddunda in ratione uocare et semina rerum
appellare suemus et haec eadem usurpare
corpora prima, quod ex illis sunt omnia primis.

Humana ante oculos foede cum uita iaceret
in terris, oppressa graui sub religione
quae caput a caeli regionibus ostendebat,
horribili super aspectu mortalibus instans,
primum Graius homo mortalis tollere contra
est oculos ausus, primusque obsistere contra;
quem neque fama deum nec fulmina nec minitanti
murmure compressit caelum, sed eo magis acrem
inritat animi uirtutem, e*c*fringere ut arta
naturae primus portarum claustra cupiret.
Ergo uiuida uis animi peruicit, et extra
processit longe flammantia moenia mundi,
atque omne immensum peragrauit mente animoque,
unde refert nobis uictor quid possit oriri,
quid nequeat, finita potestas denique cuique
quanam sit ratione atque alte terminus haerens.
Quare religio pedibus subiecta uicissim
opteritur, nos exaequat uictoria caelo.

Illud in his rebus uereor, ne forte rearis
impia te rationis inire elementa, uiamque
indugredi sceleris. Quod contra saepius illa
religio peperit scelerosa atque impia facta.
Aulide quo pacto Triuiai uirginis aram
Iphianassai turparunt sanguine foede
ductores Danaum delecti, prima uirorum.
Cui simul infula uirgineos circumdata comptus
ex utraque pari malarum parte profusast,
et maestum simul ante aras adstare parentem
sensit, et hunc propter ferrum celare ministros,

en quoi elle les résorbe à nouveau après la mort.
Dans notre poème, nous appelons ces principes
matière, corps générateurs, semences des choses,
et nous employons aussi le nom de corps premiers[7]
puisque d'eux les premiers tout vient à l'existence.

Éloge d'Épicure

La vie humaine, spectacle répugnant, gisait
sur la terre, écrasée sous le poids de la religion,
dont la tête surgie des régions célestes
menaçait les mortels de son regard hideux,
quand pour la première fois un homme, un Grec[8],
osa la regarder en face, l'affronter enfin.
Le prestige des dieux ni la foudre ne l'arrêtèrent,
non plus que le ciel de son grondement menaçant,
mais son ardeur fut stimulée au point qu'il désira
forcer le premier les verrous de la nature.
Donc, la vigueur de son esprit triompha, et dehors
s'élança, bien loin des remparts enflammés du monde[9].
Il parcourut par la pensée l'univers infini.
Vainqueur, il revient nous dire ce qui peut naître
ou non, pourquoi enfin est assigné à chaque chose
un pouvoir limité, une borne immuable.
Ainsi, la religion est soumise à son tour,
piétinée, victoire qui nous élève au ciel.

Critique de la religion; sacrifice d'Iphigénie

Mais ici j'éprouve une crainte : tu crois peut-être
apprendre les éléments d'une doctrine impie,
entrer dans la voie du crime quand au contraire
la religion souvent enfanta crimes et sacrilèges.
Ainsi, en Aulide, l'autel de la vierge Trivia[10]
du sang d'Iphigénie fut horriblement souillé
par l'élite des Grecs, la fleur des guerriers.
Dès que sa coiffure virginale fut ceinte du bandeau[11]
dont les larges tresses encadrèrent ses joues,
elle aperçut devant l'autel son père affligé,
les prêtres auprès de lui dissimulant leur couteau,

aspectuque suo lacrimas effundere ciuis,
muta metu terram genibus summissa petebat.
Nec miserae prodesse in tali tempore quibat
quod patrio princeps donarat nomine regem.
Nam sublata uirum manibus tremebundaque ad aras
deductast, non ut sollemni more sacrorum
perfecto posset claro comitari Hymenaeo,
sed casta inceste, nubendi tempore in ipso,
hostia concideret mactatu maesta parentis,
exitus ut classi felix faustusque daretur.
Tantum religio potuit suadere malorum!

Tutemet a nobis iam quouis tempore, uatum
terriloquis uictus dictis, desciscere quaeres.
Quippe etenim quam multa tibi iam fingere possu*nt*
somnia, quae uitae rationes uertere possint,
fortunasque tuas omnis turbare timore!
Et merito. Nam si certam finem esse uiderent
aerumnarum homines, aliqua ratione ualerent
religionibus atque minis obsistere uatum.
Nunc ratio nulla est restandi, nulla facultas,
aeternas quoniam poenas in morte timendum.
Ignoratur enim quae sit natura animai,
nata sit an contra nascentibus insinuetur,
et simul intereat nobiscum morte dirempta,
an tenebras Orci uisat uastasque lacunas,
an pecudes alias diuinitus insinuet se,
Ennius ut noster cecinit, qui primus amoeno
detulit ex Helicone perenni fronde coronam,
per gentis Italas hominum quae clara clueret;
etsi praeterea tamen esse Acherusia templa
Ennius aeternis exponit uersibus edens,
quo neque permanent animae neque corpora nostra,
sed quaedam simulacra modis pallentia miris;
unde sibi exortam semper florentis Homeri
commemorat speciem lacrimas effundere salsas

et le peuple qui répandait des larmes à sa vue.
Muette de terreur, ses genoux ploient, elle tombe.
Malheureuse, que lui servait, en tel moment,
d'avoir la première donné au roi le nom de père[12] ?
Saisie à mains d'hommes, elle fut portée tremblante
à l'autel, non pour accomplir les rites solennels
et s'en retourner au chant clair de l'hyménée,
mais vierge sacrée, ô sacrilège, à l'heure des noces[13]
tomber, triste victime immolée par son père,
pour un départ heureux et béni de la flotte.
Combien la religion suscita de malheurs !

Il faut vaincre la peur par la connaissance de la nature

Toi-même, un jour ou l'autre, tu voudras nous quitter,
vaincu par les paroles terribles des devins[14].
Car ils peuvent forger pour toi de nombreux rêves[15],
capables de bouleverser les normes de ta vie
et de troubler toujours ton bonheur par la crainte !
Et c'est justice : s'ils voyaient un terme à leurs maux,
les hommes parviendraient, d'une manière ou d'une autre,
à braver les croyances et les menaces des devins.
Mais quand la mort fait craindre des peines éternelles,
il n'est aucun moyen, aucun pouvoir de résistance.
On ignore en effet la nature de l'âme.
Naît-elle avec le corps ou s'y glisse-t-elle à la naissance ?
Périt-elle en même temps que nous, dissoute par la mort ?
Hante-t-elle les ténèbres d'Orcus et ses marais désolés
ou s'insinue-t-elle en d'autres espèces animales[16],
par miracle divin, comme l'a chanté l'un des nôtres,
Ennius qui rapporta de l'aimable pays des Muses
la première couronne de feuillage immortel
célébrant sa gloire chez tous les peuples d'Italie[17] ?
Et pourtant, oui, pourtant, en ses vers immortels,
Ennius proclame l'existence de l'Achéron[18],
où s'immergeraient[19] non pas nos âmes ni nos corps,
mais des simulacres étrangement livides[20].
De ces régions, Homère juvénile à jamais
lui serait apparu, comme il le raconte, et le spectre,
s'étant mis à verser des larmes salées,

coepisse, et rerum naturam expandere dictis.
Quapropter bene cum superis de rebus habenda
nobis est ratio, solis lunaeque meatus
qua fiant ratione, et qua ui quaeque gerantur
in terris, tum cum primis ratione sagaci
unde anima atque animi constet natura uidendum,
et quae res nobis uigilantibus obuia mentes
terrificet morbo adfectis somnoque sepultis,
cernere uti uideamur eos audireque coram
morte obita quorum tellus amplectitur ossa.
Nec me animi fallit Graiorum obscura reperta
difficile inlustrare Latinis uersibus esse,
multa nouis uerbis praesertim cum sit agendum
propter egestatem linguae et rerum nouitatem;
sed tua me uirtus tamen et sperata uoluptas
suauis amicitiae quemuis efferre laborem
suadet, et inducit noctes uigilare serenas,
quaerentem dictis quibus et quo carmine demum
clara tuae possim praepandere lumina menti
res quibus occultas penitus conuisere possis.

Hunc igitur terrorem animi tenebrasque necessest
non radii solis neque lucida tela diei
discutiant, sed naturae species ratioque.
Principium cuius hinc nobis exordia sumet,
nullam rem e nihilo gigni diuinitus umquam.
Quippe ita formido mortalis continet omnis,
quod multa in terris fieri caeloque tuentur
quorum operum causas nulla ratione uidere
possunt, ac fieri diuino numine rentur.
[156] Quas ob res ubi uiderimus nil posse creari
[157] de nihilo, tum quod sequimur iam rectius inde
[158] perspiciemus, et unde queat res quaeque creari,
[155] et quo quaeque modo fiant opera sine diuom.
Nam si de nihilo fierent, ex omnibu' rebus
omne genus nasci posset, nil semine egeret.
E mare primum homines, e terra posset oriri
squamigerum genus et uolucres erumpere caelo;
armenta atque aliae pecudes, genus omne ferarum,

lui aurait révélé la nature des choses.
Il faut donc bien saisir les phénomènes célestes,
expliquer les courses du soleil et de la lune,
la force par laquelle tout s'accomplit sur terre,
mais surtout découvrir par un raisonnement subtil
la nature de l'âme et celle de l'esprit[21],
ce qui se présente à lui et nous frappe de terreur,
éveillés et malades ou ensevelis dans le sommeil,
nous donnant la vive impression de voir et d'entendre
après leur mort les êtres dont la terre étreint les os[22].
Non, je n'ignore pas qu'en vers latins il est difficile
d'éclairer les obscures découvertes des Grecs,
d'autant plus qu'elles requièrent bien des néologismes
car notre langue est pauvre[23] et le sujet nouveau.
Mais ta valeur, ton amitié, doux espoir de plaisir[24],
m'incitent aux plus grands efforts :
dans le calme des nuits, je cherche les mots, le poème
qui répandront dans ton esprit une vive lumière,
pour te révéler enfin le profond secret des choses.

Rien ne naît de rien

Ces terreurs, ces ténèbres de l'âme, il faut les dissiper.
Le soleil ni l'éclat du jour ne les transperceront,
mais la vue et l'explication de la nature[25].
Son principe le voici; il nous servira d'exorde.
Rien ne naît de rien, par miracle divin[26].
Si la peur accable ainsi tous les mortels,
c'est qu'ils observent sur la terre et dans le ciel
mille phénomènes dont les causes leur sont cachées
et qu'ils attribuent à la volonté divine.
Dès que nous aurons vu que rien ne peut surgir
de rien, nous percevrons mieux l'objet de notre quête,
d'où chaque créature tire son origine
et comment tout se fait sans nul concours des dieux.
Si de rien les choses se formaient, de n'importe quoi
toute espèce pourrait naître, nul besoin de semence[27].
Les hommes pourraient venir de la mer, les poissons
de la terre; du ciel jailliraient les oiseaux;
les bêtes de trait, le bétail, les fauves de toutes sortes

incerto partu culta ac deserta tenerent.
Nec fructus idem arboribus constare solerent,
sed mutarentur; ferre omnes omnia possent.
Quippe, ubi non essent genitalia corpora cuique,
qui posset mater rebus consistere certa?
At nunc seminibus quia certis quaeque creantur,
inde enascitur atque oras in luminis exit
materies ubi inest cuiusque et corpora prima;
atque hac re nequeunt ex omnibus omnia gigni,
quod certis in rebus inest secreta facultas.

Praeterea cur uere rosam, frumenta calore,
uitis autumno fundi suadente uidemus,
si non, certa suo quia tempore semina rerum
cum confluxerunt, patefit quodcumque creatur
dum tempestates adsunt, et uiuida tellus
tuto res teneras effert in luminis oras?
Quod si de nihilo fierent, subito exorerentur
incerto spatio atque alienis partibus anni,
quippe ubi nulla forent primordia, quae genitali
concilio possent arceri tempore iniquo.
Nec porro augendis rebus spatio foret usus
seminis ad coitum, si e nilo crescere possent.
Nam fierent iuuenes subito ex infantibu' paruis,
e terraque exorta repente arbusta salirent.
Quorum nil fieri manifestum est, omnia quando
paulatim crescunt, ut par est, semine certo,
crescentesque genus seruant; ut noscere possis
quicque sua de materie grandescere alique.
Huc accedit uti sine certis imbribus anni
laetificos nequeat fetus submittere tellus,
nec porro secreta cibo natura animantum
propagare genus possit uitamque tueri;
ut potius multis communia corpora rebus
multa putes esse, ut uerbis elementa uidemus,
quam sine principiis ullam rem existere posse.
Denique cur homines tantos natura parare
non potuit, pedibus qui pontum per uada possent
transire, et magnos manibus diuellere montis,

naîtraient indifféremment dans les champs et les déserts.
Les arbres n'auraient pas toujours les mêmes fruits,
mais ils en changeraient. Tout pourrait tout porter.
Sans corps générateurs, comment les divers êtres
pourraient-ils donc avoir une mère certaine?
Mais puisqu'ils sont formés de germes définis,
aux rives lumineuses chacun naît et surgit
du lieu où résident sa matière et ses corps premiers.
Voici donc pourquoi tout ne peut naître de tout :
les choses définies recèlent un pouvoir distinct.

Pourquoi la rose en mai, les moissons aux chaleurs,
l'abandon de la vigne à l'appel de l'automne,
sinon que, certaines semences à leur saison
confluant, tout éclôt quand les temps sont venus
et que la terre vivace élève sans danger
les tendres créatures jusqu'aux rives du jour?
S'ils se formaient de rien, les êtres soudain surgiraient
à des intervalles incertains, à des moments contraires,
faute de corps premiers qui de l'union créatrice
puissent être détournés par la saison mauvaise.
Et pour grandir enfin, ils ne mettraient nul délai
à rassembler leurs principes, s'ils s'accroissaient de rien[28].
Les petits enfants soudain deviendraient adultes
et du sol brusquement les arbres jailliraient.
Mais rien de tel ne se voit, car tout croît peu à peu,
comme il est normal, à partir de germes spécifiques,
et conserve son espèce. Ainsi donc, tu le sais :
chacun s'accroît et se nourrit d'une matière propre.
La terre, sans certaines pluies saisonnières,
ne réussirait pas à produire ses fruits, notre joie,
et les êtres animés, sans nourriture, ne pourraient
propager leur espèce ni conserver la vie.
Conçois donc plutôt un grand nombre de corps
communs à maintes choses, comme les lettres aux mots[29],
au lieu de croire que rien puisse exister sans principe.
Pourquoi la nature n'a-t-elle pu agencer
des hommes capables de traverser à gué les océans,
d'abattre de leurs mains les hautes montagnes

multaque uiuendo uitalia uincere saecla,
si non materies quia rebus reddita certast
gignundis e qua constat quid possit oriri?
Nil igitur fieri de nilo posse fatendumst,
semine quando opus est rebus quo quaeque creatae
aeris in teneras possint proferrier auras.
Postremo quoniam incultis praestare uidemus
culta loca, et manibus melioris reddere fetus,
esse uidelicet in terris primordia rerum,
quae nos fecundas uertentes uomere glebas
terraique solum subigentes cimus ad ortus.
Quod si nulla forent, nostro sine quaeque labore
sponte sua multo fieri meliora uideres.

Huc accedit uti quicqu*e* in sua corpora rursum
dissoluat natura, neque ad nihilum interemat res.
Nam si quid mortale <e> cunctis partibus esset,
ex oculis res quaeque repente erepta periret.
Nulla ui foret usus enim quae partibus eius
discidium parere et nexus exsoluere posset.
Quod nunc, aeterno quia constant semine quaeque,
donec uis obiit quae res diuerberet ictu
aut intus penetret per inania dissoluatque,
nullius exitium patitur natura uideri.
Praeterea quaecumque uetustate amouet aetas,
si penitus peremit consumens materiem omnem,
unde animale genus generatim in lumina uitae
redducit Venus, aut redductum daedala tellus
unde alit atque auget generatim pabula praebens?
Vnde mare ingenuei fontes externaque longe
flumina suppeditant? unde aether sidera pascit?
Omnia enim debet, mortali corpore quae sunt,
infinita aetas consumpse ante acta diesque.
Quod si in eo spatio atque ante acta aetate fuere
e quibus haec rerum consistit summa refecta,
immortali sunt natura praedita certe;
haud igitur possunt ad nilum quaeque reuerti.
Denique res omnis eadem uis causaque uolgo

et de vaincre en longévité des siècles de vivants,
sinon parce qu'un matériau fixe préside à toute création
et définit ce qui peut naître, invariablement ?
Rien donc ne peut naître de rien, nous devons l'admettre
puisque tout a besoin de semence pour se former
et s'élever dans les tendres souffles de l'air.
Enfin, les sols sont plus fertiles cultivés qu'en friche ;
sous nos mains, nous les voyons donner de meilleurs fruits.
La terre renferme donc des éléments premiers :
lorsque la charrue retourne les glèbes fécondes,
en labourant la terre, nous les faisons éclore.
S'ils n'existaient pas, sans travail de notre part,
nous verrions tout de soi-même s'améliorer.

Rien ne retourne au néant

Inversement, la nature dissout toutes les choses
sans jamais réduire leurs principes à néant.
Car si elles étaient totalement destructibles,
la mort les ravirait brusquement à nos yeux[30].
Il ne serait en effet besoin d'aucune force
pour scinder leurs parties, en défaire les nœuds.
Mais puisque les choses sont de semence éternelle,
jusqu'à l'arrivée d'une force qui les fait éclater
ou pénètre dans leurs vides et les désagrège,
jamais la nature n'en laisse paraître la fin.
D'ailleurs, quand les êtres cèdent à la vieillesse,
si le temps consume et anéantit toute leur matière,
d'où Vénus ramène-t-elle au jour les espèces vivantes ?
Quand elles retournent, où puise la terre ingénieuse
pour leur offrir d'âge en âge nourriture et vigueur ?
Les sources internes, les fleuves lointains, d'où viennent-ils
renouveler la mer ? Et l'éther paître les étoiles[31] ?
Car le temps infini, le passé et les jours
auraient dû consumer toute substance mortelle.
Mais si, durant ce temps, existèrent des corps
par lesquels notre monde s'est constamment refait,
ils sont assurément doués d'immortalité.
Rien donc ne peut jamais retourner au néant.
La même cause enfin, la même force toujours détruirait

conficeret, nisi materies aeterna teneret,
inter se nexus minus aut magis indupedita.
Tactus enim leti satis esset causa profecto,
quippe ubi nulla forent aeterno corpore, quorum
contextum uis deberet dissoluere quaeque.
At nunc, inter se quia nexus principiorum
dissimiles constant aeternaque materies est,
incolumi remanent res corpore, dum satis acris
uis obeat pro textura cuiusque reperta.
Haud igitur redit ad nihilum res ulla, sed omnes
discidio redeunt in corpora materiai.
Postremo pereunt imbres, ubi eos Pater aether
in gremium Matris terrai praecipitauit;
at nitidae surgunt fruges ramique uirescunt
arboribus, crescunt ipsae fetuque grauantur;
hinc alitur porro nostrum genus atque ferarum,
hinc laetas urbes pueris florere uidemus,
frondiferasque nouis auibus canere undique siluas;
hinc fessae pecudes pingui per pabula laeta
corpora deponunt, et candens lacteus umor
uberibus manat distentis; hinc noua proles
artubus infirmis teneras lasciua per herbas
ludit, lacte mero mentes perculsa nouellas.
Haud igitur penitus pereunt quaecumque uidentur,
quando alid ex alio reficit natura, nec ullam
rem gigni patitur nisi morte adiuta aliena.

Nunc age, res quoniam docui non posse creari
de nilo, neque item genitas ad nil reuocari,
nequa forte tamen coeptes diffidere dictis,
quod nequeunt oculis rerum primordia cerni,
accipe praeterea quae corpora tute necessest
confiteare esse in rebus, nec posse uideri.
Principio uenti uis uerberat incita po*n*tu*m*,
ingentisque ruit nauis et nubila differt,
interdum rapido percurrens turbine campos
arboribus magnis sternit, montisque supremos
siluifragis uexat flabris : ita perfurit acri

toutes les choses, si la matière éternelle ne les tenait
dans l'entrave plus ou moins stricte de ses nœuds[32].
En effet, un contact suffirait à causer la mort
car il n'y aurait point d'éléments immortels
dont seule une certaine force peut défaire la trame.
Mais en réalité les nœuds des éléments premiers
diffèrent les uns des autres et leur matière est éternelle;
les choses restent donc intactes le temps qu'advienne
une force capable de corrompre leur tissu propre.
Rien donc ne retourne au néant, mais toute chose
se désagrège et rejoint les éléments de la matière.
Enfin les pluies se perdent quand l'éther leur père
les précipite dans le sein maternel de la terre[33],
mais le blé lève et blondit, les rameaux verdoient,
les arbres grandissent et se couvrent de fruits.
Ainsi se nourrissent à leur tour les hommes et les bêtes.
Ainsi voyons-nous les cités prospères fleurir d'enfants
et les bois feuillus chanter de mille oiseaux nouveaux.
Ainsi, grasses et lasses, dans les riantes pâtures
les brebis posent leurs corps et la blanche liqueur
coule des mamelles gonflées; ainsi la portée nouvelle,
pattes tremblantes, folâtre dans l'herbe tendre
et joue, têtes jeunettes enivrées de lait pur.
Ce qui paraît mourir ne meurt donc tout à fait
car la nature toute chose par une autre reforme,
ne laissant rien naître qu'aux dépens de la mort d'autrui.

Les corps invisibles

Allons! je l'ai montré, rien ne peut du néant
éclore et nulle créature au néant retourner.
Mais de peur que tu n'ailles te défier de mes paroles
parce que les principes des choses échappent à notre vue,
considère enfin les corps dont tu dois admettre
l'existence réelle et pourtant invisible.
Le vent, d'abord : il cingle la mer en rafales,
coule les grands navires et chasse les nuées,
parfois il court en trombe à travers les plaines,
les jonche de grands arbres ou dévaste les hauteurs
d'un souffle, fléau des forêts. Tel en sa rage,

cum fremitu saeuitque minaci murmure *u*entus.
Sunt igitur uenti nimirum corpora caeca,
quae mare, quae terras, quae denique nubila caeli
uerrunt, ac subito uexantia turbine raptant,
nec ratione fluunt alia stragemque propagant
et cum mollis aquae fertur natura repente
flumine abundanti, qu*a*m largis imbribus auget
montibus ex altis magnus decursus aquai,
fragmina coniciens siluarum arbustaque tota;
nec ualidi possunt pontes uenientis aquai
uim subitam tolerare; ita magno turbidus imbri
molibus incurrit ualidis cum uiribus amnis;
dat sonitu magno stragem uoluitque sub undis
grandia saxa, ruit qua quicquid fluctibus obstat.
Sic igitur debent uenti quoque flamina ferri,
quae ueluti ualidum cum flumen procubuere
quamlibet in partem, trudunt res ante ruuntque
impetibus crebris, interdum uertice torto
corripiunt, rapidique rotanti turbine portant.
Quare etiam atque etiam sunt uenti corpora caeca,
quandoquidem factis et moribus aemula magnis
amnibus inueniuntur, aperto corpore qui sunt.

Tum porro uarios rerum sentimus odores,
nec tamen ad naris uenientis cernimus umquam,
nec calidos aestus tuimur, nec frigora quimus
usurpare oculis, nec uoces cernere suemus;
quae tamen omnia corporea constare necessest
natura, quoniam sensus inpellere possunt :
tangere enim et tangi, nisi corpus, nulla potest res.
Denique fluctifrago suspensae in litore uestes
uuescunt, eaedem dispansae in sole serescunt.
At neque quo pacto persederit umor aquai
uisumst, nec rursum quo pacto fugerit aestu.
In paruas igitur partis dispergitur umor,
quas oculi nulla possunt ratione uidere.
Quin etiam multis solis redeuntibus annis,
anulus in digito subter tenuatur habendo,
stilicidi casus lapidem cauat, uncus aratri

sifflant, bruyant, grondant, se déchaîne le vent.
Les vents sont donc assurément des corps aveugles[34]
qui balaient la mer, la terre, les nuages enfin
et les emportent dans un brusque tourbillon.
Ils courent et sèment la ruine tout comme l'eau
dont le cours paisible soudain s'emporte et déferle;
grossie par les pluies torrentielles des hautes montagnes,
elle entraîne des pans de forêts et des arbres entiers.
Les ponts les plus solides ne peuvent soutenir le choc.
Tourbillon gros de pluie, le courant violent
assaille leurs piles, les fait crouler avec fracas,
charrie d'énormes blocs et se rue sur les obstacles.
C'est ainsi que doit courir le souffle du vent :
partout où il s'abat, tel un fleuve puissant,
il pousse et renverse tout à force d'assauts,
ou bien en tourbillon engouffre une proie
et soudain l'emporte dans les vrilles de sa trombe.
Les vents, encore une fois, sont donc des corps aveugles
puisque seules leurs actions et leurs mœurs les révèlent
émules des grands fleuves dont le corps est visible.

Les diverses odeurs, nous les sentons aussi
mais ne les voyons jamais affluer à nos narines.
Nous ne discernons pas la chaleur, le froid ni le son;
pourtant, ils doivent tous posséder une nature
corporelle puisqu'ils émeuvent nos sens.
Toucher, être touché est l'apanage du corps.
Sur le rivage où brisent les flots, le linge suspendu
devient humide; étendu au soleil, il sèche.
Or nous ne voyons pas comment l'eau s'est déposée,
ni à rebours comme elle a fui sous la chaleur.
L'eau se disperse donc en parties minuscules
que les yeux ne peuvent voir d'aucune manière.
Et puis, les retours du soleil multipliant les années,
l'anneau au doigt s'amenuise d'être porté,
la goutte d'eau creuse la pierre, le fer courbé

ferreus occulte decrescit uomer in aruis,
strataque iam uolgi pedibus detrita uiarum
saxea conspicimus; tum portas propter aena
signa manus dextras ostendunt adtenuari
saepe salutantum tactu praeterque meantum.
Haec igitur minui, cum sint detrita, uidemus;
sed quae corpora decedant in tempore quoque,
inuida praeclusit speciem natura uidendi.
Postremo quaecumque dies naturaque rebus
paulatim tribuit, moderatim crescere cogens,
nulla potest oculorum acies contenta tueri,
nec porro quaecumque aeuo macieque senescunt;
nec, mare quae inpendent uesco sale saxa peresa
quid quoque amittant in tempore, cernere possis.
Corporibus caecis igitur natura gerit res.

Nec tamen undique corporea stipata tenentur
omnia natura; namque est in rebus inane.
Quod tibi cognosse in multis erit utile rebus,
nec sinet errantem dubitare, et quaerere semper
de summa rerum, et nostris diffidere dictis.
Quapropter locus est intactus inane uacansque.
Quod si non esset, nulla ratione moueri
res possent; namque officium quod corporis exstat,
officere atque obstare, id in omni tempore adesset
omnibus; haud igitur quicquam procedere posset,
principium quoniam cedendi nulla daret res.
At nunc per maria ac terras sublimaque caeli
multa modis multis uaria ratione moueri
cernimus ante oculos, quae, si non esset inane,
non tam sollicito motu priuata carerent
quam genita omnino nulla ratione fuissent,
undique materies quoniam stipata quiesset.
Praeterea quamuis solidae res esse putentur,
hinc tamen esse licet raro cum corpore cernas.
In saxis ac speluncis permanat aquarum
liquidus umor, et uberibus flent omnia guttis.
Dissipat in corpus sese cibus omne animantum.

de la charrue se ronge secrètement dans les champs,
le pavé des routes, piétiné par la foule,
en présente l'usure et, devant les portes des villes,
les statues de bronze montrent leur main droite amincie
par le toucher fréquent des passants qui les saluent.
Nous voyons donc que ces objets diminuent par usure,
mais le spectacle des corps qui s'en échappent sans cesse,
envieuse, la nature de la vue nous l'interdit.
Ce qu'enfin les jours et la nature attribuent aux êtres,
peu à peu, les forçant à croître avec mesure,
nul regard, si perçant qu'il soit, ne peut le saisir,
et quand ils vieillissent, décrépits par le temps,
non plus que les rochers rongés par le sel marin,
ils ne nous laissent voir leurs pertes de chaque instant.
La nature accomplit donc son œuvre avec des corps aveugles.

Existence du vide

Mais tout n'est pas dense et partout envahi
de matière : le vide existe dans les choses[35].
Ce savoir te sera utile en bien des cas,
il t'empêchera d'errer et d'enquêter sans fin
sur l'univers, faute de croire en nos paroles.
Le vide est donc un lieu intangible et vacant.
Sans lui, les choses ne pourraient du tout se mouvoir,
car la fonction qui est celle de la matière,
résister, faire obstacle, toujours et partout
s'accomplirait et rien ne pourrait avancer,
rien ne commençant jamais à céder la place.
Or par les mers, les terres, les hautes régions du ciel,
maintes choses en tous sens, oui, de mille façons,
se meuvent sous nos yeux et l'absence de vide
les priverait moins de leur mouvement inquiet
que de l'existence : elles n'auraient pu se former
car la matière compacte serait restée au repos.
En outre, si denses que te paraissent les choses,
voici pourtant la preuve que leur substance est rare.
A travers roches et cavernes s'infiltre l'humeur des eaux,
fluide, et tout pleure de gouttes abondantes.
La nourriture se diffuse parmi le corps des vivants.

Crescunt arbusta et fetus in tempore fundunt,
quod cibus in totas usque ab radicibus imis
per truncos ac per ramos diffunditur omnis.
Inter saepta meant uoces et clausa domorum
transuolitant, rigidum permanat frigus ad ossa,
quod, nisi inania sint qua possint corpora quaeque
transire, haud ulla fieri ratione uideres.
Denique cur alias aliis praestare uidemus
pondere res rebus nihilo maiore figura?
Nam si tantundemst in lanae glomere quantum
corporis in plumbo est, tantundem pendere par est,
corporis officiumst quoniam premere omnia deorsum,
contra autem natura manet sine pondere inanis.
Ergo quod magnumst aeque leuiusque uidetur,
nimirum plus esse sibi declarat inanis;
at contra grauius plus in se corporis esse
dedicat et multo uacui minus intus habere.
Est igitur nimirum id quod ratione sagaci
quaerimus, admixtum rebus, quod inane uocamus.

Illud in his rebus ne te deducere uero
possit, quod quidam fingunt, praecurrere cogor.
Cedere squamigeris latices nitentibus aiunt
et liquidas aperire uias, quia post loca pisces
linquant quo possint cedentes confluere undae;
sic alias quoque res inter se posse moueri
et mutare locum, quamuis sint omnia plena.
Scilicet id falsa totum ratione receptumst.
Nam quo squamigeri poterunt procedere tandem,
ni spatium dederint latices? Concedere porro
quo poterunt undae, cum pisces ire nequibunt?
Aut igitur motu priuandumst corpora quaeque,
aut esse admixtum dicundumst rebus inane,
unde initum primum capiat res quaeque mouendi.
Postremo duo de concursu corpora lata
si cita dissiliant, nempe aer omne necessest,
inter corpora quod fiat, possidat inane.

Les arbres poussent et donnent les fruits dans leur saison
parce que depuis leurs racines, à travers troncs et branches,
en eux tout entiers s'épand le suc nourricier.
Les sons passent les murailles et par les portes closes
voltigent, le froid roide nous transit jusqu'à l'os.
Sans l'existence du vide livrant passage à ces corps,
jamais tu ne verrais rien de tel se produire.
Enfin, pourquoi, parmi des objets de même taille,
en voyons-nous certains peser plus que d'autres?
S'il existe vraiment autant de matière élémentaire
dans une balle de laine et dans une balle de plomb,
elles doivent peser autant, la fonction de la matière
étant d'exercer sans cesse une poussée vers le bas
tandis que le vide par nature reste sans poids.
Donc, à grandeur égale, un corps plus léger
montre clairement qu'il contient plus de vide.
Le plus lourd au contraire prouve qu'il renferme
davantage de matière et beaucoup moins de vide[36].
Ce que nous recherchons avec sagacité
existe donc mêlé aux choses; son nom : le vide.

Ici, de peur que tu ne t'éloignes de la vérité,
je préviens en hâte la thèse forgée par certains[37].
Les eaux cèdent, disent-ils, sous la poussée des poissons
et leur ouvrent des chemins liquides, la gent écailleuse
leur laissant derrière elle la place pour refluer.
Les autres choses posséderaient le même mouvement :
elles échangeraient leurs places, bien que tout soit plein.
Or, cela est admis par faux raisonnement.
Où vraiment les poissons pourront-ils avancer
si les ondes ne leur ont pas cédé la place?
Mais elles-mêmes, où donc iront-elles refluer
tant que les poissons ne pourront s'en aller?
Il faut donc refuser le mouvement à tous les corps
ou dire qu'il existe du vide dans l'univers,
condition première du mouvement des choses.
Enfin, si deux larges corps, après s'être heurtés,
s'écartent d'un bond, l'air devra venir occuper
tout l'espace se formant entre eux : du vide, donc.

Is porro quamuis circum celerantibus auris
confluant, haud poterit tamen uno tempore totum
compleri spatium; nam primum que*m*que necessest
occupet ille locum, deinde omnia possideantur.
Quod si forte aliquis, cum corpora dissiluere,
tum putat id fieri quia se condenseat aer,
errat; nam uacuum tum fit quod non fuit ante,
et repletur item uacuum quod constitit ante,
nec tali ratione potest denserier aer,
nec, si iam posset, sine inani posset, opinor,
ipse in se trahere et partis conducere in unum.

Quapropter, quamuis causando multa moreris,
esse in rebus inane tamen fateare necessest.
Multaque praeterea tibi possum commemorando
argumenta fidem dictis conradere nostris;
uerum animo satis haec uestigia parua sagaci
sunt, per quae possis cognoscere cetera tute.
Namque canes ut montiuagae persaepe ferai
naribus inueniunt intectas fronde quietes,
cum semel institerunt uestigia certa uiai,
sic alid ex alio per te tute ipse uidere
talibus in rebus poteris, caecasque latebras
insinuare omnis et uerum protrahere inde.
Quod si pigraris paulumue recesseris ab re,
hoc tibi de plano possum promittere, Memmi :
usque adeo largos haustus e fontibu' magnis
lingua meo suauis diti de pectore fundet,
ut uerear ne tarda prius per membra senectus
serpat, et in nobis uitai claustra resoluat,
quam tibi de quauis una re uersibus omnis
argumentorum sit copia missa per auris.

Sed nunc ut repetam coeptum pertexere dictis,
omnis, ut est, igitur per se natura duabus
constitit in rebus; nam corpora sunt, et inane
haec in quo sita sunt et qua diuersa mouentur.
Corpus enim per se communis dedicat esse

Car, malgré la vitesse de ses courants convergents,
l'air ne pourra remplir tout l'espace à l'instant même :
il lui faut occuper un lieu après un autre
avant que tout l'espace ne tombe en sa possession.
Mais, dira-t-on peut-être, quand les corps s'écartent
il se produit une condensation de l'air[38].
Erreur : il y a évacuation d'un espace
et occupation d'un autre qui était vacant.
Il ne peut s'agir là d'une condensation de l'air
et, fût-elle possible, sans vide l'air ne pourrait, je pense,
se retirer en lui-même et concentrer ses parties.

Quel que soit le temps que tu perdes en objections,
il te faudra donc admettre l'existence du vide.
A force d'arguments, je pourrais emporter ta confiance.
Mais à un esprit subtil ces minces repères suffisent.
Ils te permettront de connaître par toi-même le reste.
De même que les chiens découvrent par leur flair
le gîte caché sous les feuilles d'une bête des montagnes,
dès qu'ils ont repéré des traces sûres de sa piste,
de même pourras-tu poursuivre seul la recherche
et te glisser dans tous les repaires aveugles
pour en faire sortir au jour la vérité.
Mais si tu paresses ou recules un peu, Memmius,
voici sans ambages ce que je te promets :
puisant aux grandes sources de mon cœur généreux,
ma parole suave répandra si largement leur flot
que la lente vieillesse, je le crains, en nos membres
se glissant, brisera les remparts de la vie
avant qu'à ton oreille sur un seul point mes vers
n'aient apporté toute la masse des arguments.

Tout se ramène aux corps premiers et au vide

Mais il faut maintenant reprendre la trame des mots :
la nature entière, donc, telle qu'en soi-même,
est formée de ces deux choses : les corps et le vide
où ils sont placés et se meuvent diversement.
La sensation commune montre que le corps existe en soi.

sensus; cui nisi prima fides fundata ualebit,
haut erit occultis de rebus quo referentes
confirmare animi quicquam ratione queamus.
Tum porro locus ac spatium, quod inane uocamus,
si nullum foret, haut usquam sita corpora possent
esse, neque omnino quoquam diuersa meare;
id quod iam supera tibi paulo ostendimus ante.
Praeterea nihil est quod possis dicere ab omni
corpore seiunctum secretumque esse ab inani,
quod quasi tertia sit numero natura reperta.
Nam quodcumque erit, esse aliquid debebit id ipsum,
augmine uel grandi uel paruo denique, dum sit.
Cui si tactus erit quamuis leuis exiguusque,
corporis augebit numerum summamque sequetur;
sin intactile erit, nulla de parte quod ullam
rem prohibere queat per se transire meantem,
scilicet hoc id erit uacuum quod inane uocamus.
Praeterea per se quodcumque erit, aut faciet quid,
aut aliis fungi debebit agentibus ipsum,
aut erit ut possint in eo res esse gerique.
At facere et fungi sine corpore nulla potest res,
nec praebere locum porro nisi inane uacansque.
Ergo praeter inane et corpora, tertia per se
nulla potest rerum in numero natura relinqui,
nec quae sub sensus cadat ullo tempore nostros,
nec ratione animi quam quisquam possit apisci.
Nam quaecumque cluent, aut his coniuncta duabus
rebus ea inuenies, aut horum euenta uidebis.
Coniunctum est id quod nusquam sine permitiali
discidio potis est seiungi seque gregari,
pondus uti saxis calor ignis*t*, liquor aquai,
tactus corporibus cunctis, intactus inani.
Seruitium contra, paupertas diuitiaeque,
libertas, bellum, concordia, cetera quorum
aduentu manet incolumis natura abituque,
haec soliti sumus, ut par est, euenta uocare.

Si la foi en celle-ci n'est pas première, inébranlable,
dans le domaine de l'invisible aucune référence
jamais ne pourra confirmer la seule théorie[39].
Et sans l'espace ou lieu que nous appelons « vide »,
les corps ne pourraient se situer nulle part,
ni se mouvoir en aucun sens absolument,
comme nous l'avons démontré un peu plus haut.
Autrement, il n'est rien, rien que l'on puisse dire
différent de tout corps et sans rapport avec le vide,
rien qui semble révéler une troisième nature.
En effet, tout être devra posséder sa grandeur,
vaste ou petite, qu'importe, pourvu qu'elle existe[40].
S'il est sensible au toucher même léger, infime,
il viendra grandir le nombre des corps, accroître leur somme ;
s'il est intangible et se laisse partout traverser,
voilà évidemment l'espace libre nommé vide.
En outre, tout ce qui existera par soi-même
agira et devra subir l'action d'autres agents
ou laissera en soi les choses exister et se faire.
Mais rien ne peut être actif ou passif sans corps,
ni fournir un lieu à moins d'être vacant et vide.
Donc, en plus du vide et des corps, il ne demeure
au nombre des choses aucune autre nature
qui tombe jamais sous nos sens ou qu'un esprit
parvienne à découvrir par le raisonnement.
Car, sous les divers noms[41], tout se réfère à ces deux choses,
comme propriété ou événement, tu le verras[42].
Est propriété ce qui ne saurait être détaché
ou isolé sans entraîner une perte totale :
le poids de la pierre, la chaleur du feu, la fluidité de l'eau,
le caractère tangible de tous les corps, intangible du vide.
Au contraire, esclavage, pauvreté et richesse,
liberté, guerre, concorde, et tous les autres faits
dont le va-et-vient laisse la nature intacte,
sont justement nommés chez nous « événements ».

Tempus item per se non est, sed rebus ab ipsis
consequitur sensus transactum quid sit in aeuo,
tum quae res instet, quid porro deinde sequatur;
nec per se quemquam tempus sentire fatendumst
semotum ab rerum motu placidaque quiete.
Denique Tyndaridem raptam, belloque subactas
Troiiugenas gentis cum dicunt esse, uidendumst
ne forte haec per se cogant nos esse fateri,
quando ea saecla hominum, quorum haec euenta fuerunt,
inreuocabilis abstulerit iam praeterita aetas.
Namque aliud terris, aliud regionibus ipsis
euentum dici poterit quodcumque erit actum.
Denique materies si rerum nulla fuisset,
nec locus ac spatium res in quo quaeque geruntur,
numquam Tyndaridis forma conflatus amor*is*
ignis Alexandri Phrygio sub pectore gliscens,
clara accendisset saeui certamina belli,
nec clam durateus Troiianis Pergama partu
inflammasset equos nocturno Graiiugenarum;
perspicere ut possis res gestas funditus omnis
non ita uti corpus per se constare neque esse,
nec ratione cluere eadem qua constet inane,
sed magis ut merito possis euenta uocare
corporis atque loci, res in quo quaeque gerantur.

Corpora sunt porro partim primordia rerum,
partim concilio quae constant principiorum.
Sed quae sunt rerum primordia, nulla potest uis
stinguere; nam solido uincunt ea corpore demum.
Etsi difficile esse uidetur credere quicquam
in rebus solido reperiri corpore posse.
Transit enim fulmen caeli per saepta domorum,
clamor ut a*c* uoces; ferrum candescit in igni,
dissiliuntque fero feruenti saxa uapore;
cum labefactus rigor auri soluitur aestu;

Statut du temps

Ainsi du temps : il n'a pas d'existence propre.
C'est à partir des choses que naît le sentiment
de ce qui est achevé pour toujours,
réellement présent ou encore à venir.
Personne, il faut l'admettre, n'a le sentiment du temps en soi,
abstrait du mouvement ou du paisible repos des choses[43].
Mais, quand certains évoquent l'enlèvement d'Hélène
ou la défaite des peuples troyens, prenons garde
d'être forcés d'admettre leur existence propre
parce que le passé irrévocable a supprimé
les générations pour qui ce fut un événement[44].
Or, tout ce qui est révolu peut être dit
événement de la terre[45] ou des régions de l'espace.
Car enfin, sans la matière des choses,
sans le lieu et l'espace où elles s'accomplissent,
jamais le feu d'un amour inspiré par la beauté d'Hélène
n'eût grandi au fond du cœur phrygien de Pâris,
attisant les combats fameux d'une guerre sauvage,
jamais, dans la nuit perfide, le cheval de bois
n'eût enfanté des Grecs et embrasé Pergame.
Tu peux donc voir que les faits, contrairement aux corps,
n'ont jamais de réalité ni d'être propre
et qu'ils n'existent pas non plus à la manière du vide ;
le nom le plus juste que tu puisses leur donner
est celui d'événements des corps et de l'espace où tout s'accomplit.

Les corps premiers ou atomes dans la nature

Poursuivons ; il n'y a que deux sortes de corps[46] :
les atomes et les composés de ces atomes.
L'atome, aucune force ne parvient à le détruire :
son corps solide lui assure enfin la victoire.
Mais il n'est pas facile de croire qu'entre les choses
il en soit jamais une au corps parfaitement solide.
La foudre du ciel, comme les cris, les sons,
passe les murs des maisons, le fer blanchit au feu,
les roches éclatent sous la brûlure brutale de la chaleur.
La rigidité de l'or cède et fond à la fournaise,

tum glacies aeris flamma deuicta liquescit;
permanat calor argentum penetraleque frigus,
quando utrumque manu retinentes pocula rite
sensimus, infuso lympharum rore superne :
usque adeo in rebus solidi nihil esse uidetur.
Sed quia uera tamen ratio naturaque rerum
cogit, ades, paucis dum uersibus expediamus
esse ea quae solido atque aeterno corpore constent,
semina quae rerum primordiaque esse docemus,
unde omnis rerum nunc constet summa creata.
Principio quoniam duplex natura duarum
dissimilis rerum longe constare repertast,
corporis atque loci, res in quo quaeque geruntur,
esse utramque sibi per se puramque necesset.
Nam quacumque uacat spatium quod inane uocamus,
corpus ea non est; qua porro cumque tenet se
corpus, ea uacuum nequaquam constat inane :
sunt igitur solida ac sine inani corpora prima.
Praeterea quoniam genitis in rebus inanest,
materiem circum solidam constare necessest,
nec res ulla potest uera ratione probari
corpore inane suo celare atque intus habere,
si non, quod cohibet, solidum constare relinquas.
Id porro nihil esse potest nisi materiai
concilium, quod inane queat rerum cohibere.
Materies igitur, solido quae corpore constat,
esse aeterna potest, cum cetera dissoluantur.
Tum porro si nil esset quod inane u*a*caret,
omne foret solidum; nisi contra corpora certa
essent quae loca complerent quaecumque tenerent,
omne quod est spatium uacuum constaret inane.
Alternis igitur nimirum corpus inani
distinctum, quoniam nec plenum nauiter extat
nec porro uacuum. Sunt ergo corpora certa
quae spatium p*le*no possint distinguere inan*e*.
Haec neque dissolui plagis extrinsecus icta
possunt, nec porro penitus penetrata retexi,
nec ratione queunt alia temptata labare;
id quod iam supra tibi paulo ostendimus ante.

même la glace du bronze, domptée par la flamme, se liquéfie.
Le chaud traverse l'argent, tout comme le froid pénétrant;
nous les avons bien sentis en tenant dans la main
la coupe où l'on verse la rosée d'une eau limpide :
tant il semble que rien au monde n'est solide.
Mais la vraie doctrine et la nature l'exigent :
je prouverai donc en quelques vers, écoute bien,
l'existence de corps solides et éternels;
nous tenons là les semences des choses ou atomes
qui forment depuis toujours l'ensemble de la création.
Puisque nous avons découvert une double nature
bien différente en ses deux composants,
le corps et le vide où toute chose s'accomplit,
il faut que chacun d'eux existe par soi, pur.
Là où l'espace que nous nommons le vide est vacant[47],
il n'y a point de corps; en revanche, là où se tient
le corps[48], il n'existe absolument pas de vide.
Les corps premiers sont donc solides et sans vide.
De plus, comme le vide existe dans les choses[49],
il faut de la matière solide tout autour,
car, véritablement, on ne saurait admettre
qu'une chose en son corps cache et retient un vide,
à moins de supposer un contenant solide.
Or il n'est rien d'autre qu'un agrégat de matière
qui soit capable de tenir le vide enclos.
Donc la matière, étant constituée de corps solides,
a le pouvoir d'être éternelle, quand tout se désagrège.
Mais d'autre part, s'il ne s'étendait aucun vide[50],
tout ne formerait qu'un solide et réciproquement,
sans corps définis emplissant la place qu'ils occupent,
tout l'espace existant serait un vide absolu.
Puisqu'il n'est ni tout à fait plein ni tout à fait vacant,
nul doute : matière et vide se délimitent l'un l'autre.
Il existe donc des corps définis ayant pouvoir
de différencier dans l'espace le vide par le plein.
Et ces corps résistent aux assauts extérieurs,
rien ne peut pénétrer leur texture et la défaire,
aucune cause enfin ne les atteint ni ne les ébranle,
comme je l'ai démontré un peu plus haut[51].

Nam neque conlidi sine inani posse uidetur
quicquam, nec frangi, nec findi in bina secando,
nec capere umorem, neque item manabile frigus,
nec penetralem ignem, quibus omnia conficiuntur.
Et quo quaeque magis cohibet res intus inane,
tam magis his rebus penitus temptata labascit.
Ergo si solida ac sine inani corpora prima
sunt ita uti docui, sint haec aeterna necessest.
Praeterea nisi materies aeterna fuisset,
antehac ad nihilum penitus res quaeque redissent,
de nihiloque renata forent quaecumque uidemus.
At quoniam supra docui nil posse creari
de nihilo, neque quod genitum est ad nil reuocari,
esse inmortali primordia corpore debent,
dissolui quo quaeque supremo tempore possint,
materies ut suppeditet rebus reparandis.
Sunt igitur solida primordia simplicitate,
nec ratione queunt alia seruata per aeuom
ex infinito iam tempore res reparare.
Denique si nullam finem natura parasset
frangendis rebus, iam corpora materiai
usque redacta forent aeuo frangente priore,
ut nihil ex illis a certo tempore posset
conceptum summum aetatis peruadere finem.
Nam quidis citius dissolui posse uidemus
quam rursus refici; quapropter longa diei
infinita aetas ante acti temporis omnis
quod fregisset adhuc disturbans dissoluensque,
numquam relicuo reparari tempore posset.
At nunc nimirum frangendi reddita finis
certa manet, quoniam refici rem quamque uidemus,
et finita simul generatim tempora rebus
stare, quibus possint aeui contingere florem.

Huc accedit uti, solidissima materiai
corpora cum constant, possint tamen omnia reddi,
mollia quae fiunt, aer, aqua, terra, uapores,
quo pacto fiant et qua ui quaeque gerantur,
admixtum quoniam semel est in rebus inane.

Sans vide, rien ne peut être écrasé, broyé, coupé, fendu,
rien n'absorbe plus l'eau, ni le froid mordant,
ni le feu pénétrant qui ont raison de tout.
Et plus une chose renferme de vide,
plus elle se laisse pénétrer et ruiner.
Si donc les corps premiers, comme je l'ai enseigné,
sont solides et sans vide, il faut qu'ils soient éternels.
En outre, si la matière n'avait été immortelle,
l'ensemble des choses serait déjà retourné au néant
pour en naître à nouveau tel que nous le voyons.
Et comme j'ai dit que rien ne se crée de rien,
que nulle créature à rien ne se réduit,
il doit donc exister des éléments immortels,
en lesquels chacune se résout à l'instant suprême,
pour que la matière suffise à réparer les choses.
Ces éléments sont donc d'une simplicité solide,
sinon ils n'auraient pu se conserver d'âge en âge
et depuis un temps infini renouveler le monde.
Enfin, si la nature n'avait mis de borne à la division[52],
les corps premiers seraient si fragmentés par le temps
que rien désormais ne pourrait dans un délai fixé
être conçu par eux ni atteindre au terme de sa vie[53].
Nous voyons en effet toute chose au monde se détruire
plus vite qu'elle ne se refait; ainsi, ce que la durée
longue, infinie des jours et de tout le temps passé
aurait jusqu'à présent brisé, détruit, dissous,
jamais le reste du temps ne pourrait le réparer.
Mais, en réalité, une limite de fragmentation
reste fixée puisque nous voyons toute chose se refaire
en conservant toujours un délai limité
pour atteindre en chaque espèce la fleur de son âge.

Enfin, malgré la parfaite solidité des atomes,
on peut rendre compte de tous les corps mous
venant à se former, l'air, l'eau, la terre et le feu,
expliquer le moyen et la cause de leur naissance,
dès lors que le vide existe, mêlé aux choses.

At contra si mollia sint primordia rerum,
unde queant ualidi silices ferrumque creari
non poterit ratio reddi; nam funditus omnis
principio fundamenti natura carebit.
Sunt igitur solida pollentia simplicitate,
quorum condenso magis omnia conciliatu
artari possunt ualidasque ostendere uiris.
Porro si nullast frangendis reddita finis
corporibus, tamen ex aeterno tempore quaeque
nunc etiam superare necessest copora rebus,
quae nondum c*l*ueant ullo temptata periclo.
At quoniam fragili natura praedita constant,
discrepat aeternum tempus potuisse manere
innumerabilibus plagis uexata per aeuom.
Denique iam quoniam generatim reddita finis
crescendi rebus constat uitamque tenendi,
et quid quaeque queant per foedera naturai,
quid porro nequeant, sancitum quandoquidem extat,
nec ccmmutatur quicquam, quin omnia constant
usque adeo uariae uolucres ut in ordine cunctae
ostendant maculas generalis corpore inesse,
inmutabile materiae quoque corpus habere
debent nimirum. Nam si primordia rerum
commutari aliqua possent ratione reuicta,
incertum quoque iam constet quid possit oriri,
quid nequeat, finita potestas denique cuique
quanam sit ratione atque alte terminus haerens,
nec totiens possent generatim saecla referre
naturam, mores, uictum, motusque parentum.

Tum porro quoniam est extremum quodque cacumen
corporis illius quod nostri cernere sensus
iam nequeunt, id nimirum sine partibus extat,
et minima constat natura, nec fuit umquam
per se secretum neque posthac esse ualebit,
alterius quoniamst ipsum pars, primaque et una,
inde aliae atque aliae similes ex ordine partes

Supposons au contraire que les atomes soient mous,
expliquer la création des roches dures et du fer
devient impossible car foncièrement toute
la nature manquera d'un principe fondateur.
Les atomes se prévalent donc d'une solidité parfaite.
Quand leur assemblage est plus serré, toute chose
peut être compacte et offrir une forte résistance.
S'il n'est aucune limite à la fraction des corps,
il faut cependant que de l'infini du temps
à nos jours tous les corps des choses demeurent,
sans avoir encore subi aucun dommage;
mais comme ils seraient de nature fragile[54],
il est absurde qu'ils aient pu durer infiniment,
heurtés de chocs innombrables à travers les âges.
Concluons : puisque les êtres ont, selon leur espèce,
une limite donnée de croissance et de vie,
puisque la capacité de chacun d'eux est fixée
inviolablement par les pactes de la nature
et que, loin de changer, tout demeure constant,
jusqu'aux divers oiseaux qui successivement
présentent sur leur corps les marques de l'espèce,
il leur faut donc aussi un corps de matière immuable.
Oui, c'est l'évidence, car si les éléments premiers
pouvaient se modifier, cédant à quelque cause,
ce qui peut naître ou non ne serait plus fixé,
non plus que le système par lequel toute chose
possède un pouvoir limité, borne profonde et stable,
et les générations n'auraient, en chaque espèce,
tant de fois reproduit la nature et le caractère,
le mode d'existence et les mouvements des parents.

Constitution de l'atome

Et comme il existe toujours une pointe extrême[55]
de ce corps que nos sens ne peuvent plus discerner[56],
elle est évidemment dépourvue de parties
et constitue la nature la plus petite.
Jamais elle ne fut ni ne sera séparée, par soi,
puisqu'elle n'est qu'une partie, unité première
que complètent en ordre d'autres parties égales,

agmine condenso naturam corporis explent;
quae, quoniam per se nequeunt constare, necessest
haerere unde queant nulla ratione reuelli.
Sunt igitur solida primordia simplicitate,
quae minimis stipata cohaerent partibus arte,
non ex ill*a*rum conuentu conciliata,
sed magis aeterna pollentia simplicitate,
unde neque auelli quicquam neque deminui iam
concedit natura, reseruans semina rebus.
Praeterea nisi erit minimum, paruissima quaeque
corpora constabunt ex partibus infinitis,
quippe ubi dimidiae partis pars semper habebit
dimidiam partem, nec res praefiniet ulla.
Ergo rerum inter summam minimamque qu*i*d escit?
Nil erit ut distet; nam quamuis funditus omnis
summa sit infinita, tamen, paruissima quae sunt
ex infinitis constabunt partibus aeque.
Quod quoniam ratio reclamat uera negatque
credere posse animum, uictus fateare necessest
esse ea quae nullis iam praedita partibus extent,
et minima const*e*nt natura. Quae quoniam sunt,
illa quoque esse tibi solida atque aeterna fatendum.
Denique si minimas in partis cuncta resolui
cogere consuesset rerum natura creatrix,
iam nihil ex illis eadem reparare ualeret,
propterea quia, quae nullis sunt partibus aucta,
non possunt ea quae debet genitalis habere
materies, uarios conexus, pondera, plagas
concursus, motus, per qua*e* res quaeque geruntur.

Quapropter qui materiem rerum esse putarunt
ignem atque ex igni summam consistere solo,
magno opere a uera lapsi ratione uidentur.
Heraclitus init quorum dux proelia primus,
clarus ob obscuram linguam magis inter inanis
quamde grauis inter Graios qui uera requirunt.
Omnia enim stolidi magis admirantur amantque

leur groupe serré formant la pleine nature de l'atome[57].
Et comme elles ne peuvent subsister par elles-mêmes,
elles adhèrent forcément en un tout indissociable.
Les atomes sont donc d'une solide simplicité :
ensembles serrés et compacts de parties minimales,
loin d'être des composés issus de leur rencontre,
ils se prévalent plutôt d'une éternelle simplicité,
la nature n'en laissant rien arracher ni soustraire,
ainsi les réservant comme semences des choses.
Et, faute d'un minimum, les éléments les plus petits
seront constitués d'une infinité de parties,
puisque la moitié d'une moitié toujours aura
une moitié, sans limite à la division.
Quelle différence existera-t-il encore
entre l'ensemble et la plus petite des choses?
Aucune : si infini que soit foncièrement
l'ensemble universel, les corps les plus petits
seront constitués de parties tout aussi infinies[58].
Mais la droite raison se révolte et proteste :
l'esprit ne peut le croire, enfin tu dois te rendre.
Admets donc l'existence d'éléments sans parties,
« minima » de la nature, admets en corollaire
des atomes solides, éternels, il le faut.
Enfin, si la nature créatrice des choses avait pour loi
de les réduire toutes à leurs parties minimales,
elle ne réussirait plus à rien refaire avec elles,
car si les principes n'étaient enrichis de parties
ils ne pourraient avoir ce qu'il faut à la matière
génératrice, liaisons, poids, chocs, rencontres
et mouvements divers[59] grâce auxquels se forme toute chose.

Réfutation de la cosmologie d'Héraclite

Ceux donc qui conçurent la matière comme un feu,
et de feu seulement composèrent l'univers,
s'égarèrent évidemment bien loin de la vérité.
Leur champion, Héraclite[60], prit l'initiative des combats,
et brille par son obscur[61] langage auprès des songe-creux
plutôt qu'auprès des Grecs sérieux en quête du vrai.
Toujours, en effet, les imbéciles admirent et préfèrent

inuersis quae sub uerbis latitantia cernunt,
ueraque constituunt quae belle tangere possunt
auris, et lepido quae sunt fucata sonore.
Nam cur tam uariae res possent esse requiro,
ex uno si sunt igni puroque creatae?
Nil prodesset enim calidum denserier ignem
nec rarefieri, si partes ignis eandem
naturam quam totus habet super ignis haberent.
Acrior ardor enim conductis partibus esset,
languidior porro disiectis disque supatis.
Amplius hoc fieri nihil est quod posse rearis
talibus in causis, nedum uariantia rerum
tanta queat densis rarisque ex ignibus esse.
Id quoque, si faciant admixtum rebus inane,
denseri poterunt ignes rarique relinqui.
Sed quia multa sibi cernunt contraria mussant
et fugitant in rebus inane relinquere purum,
ardua dum metuunt, amittunt uera uiai,
nec rursum cernunt exempto rebus inan*i*
omnia denseri fierique ex omnibus unum
corpus, nil ab se quod possit mittere rapt*im*,
aestifer ignis uti lumen iacit atque uaporem;
ut uideas non e stipatis partibus esse.
Quod si forte *al*ia credunt ratione potesse
ignis in coet*u* stingui mu*t*areque corpus,
scilicet ex nulla facere id si parte reparcent,
occidet ad nihilum nimirum funditus ardor
omnis, et <e> nihilo fient quaecumque creantur.
Nam quodcumque suis mutatum finibus exit,
continuo hoc mors est illius quod fuit ante.
Proinde aliquid superare necesse est incolume ollis,
ne tibi res redeant ad nilum funditus omnes,
de nihiloque renata uigescat copia rerum.
Nunc igitur quoniam certissima corpora quaedam
sunt quae conseruant naturam semper eandem,
quorum abitu aut aditu mutatoque ordine mutant
naturam res et conuertunt corpora sese,
scire licet non esse haec ignea corpora rerum.
Nil referret enim quaedam discedere, abire,

ce qu'ils aperçoivent caché sous des paradoxes[62],
ils tiennent pour vrai ce qui flatte leur oreille
et se farde d'une agréable sonorité.
Mais je demande d'où vient la variété des choses
si elles sont le produit d'un feu pur et simple ?
Il ne servirait à rien que le feu brûlant se condensât
ou qu'il se raréfiât[63] si les particules ignées
gardaient la même nature que le feu tout entier.
Car leur concentration aviverait la chaleur,
leur séparation et leur dispersion l'affaibliraient,
c'est tout l'effet imaginable avec de telles causes.
Tant s'en faut qu'une telle diversité de l'univers
puisse être produite par des feux denses et rares !
S'ils admettaient au moins qu'un vide se mêle aux choses,
le feu pourrait se condenser et se raréfier.
Mais voyant maintes objections ils se taisent[64],
évitant de laisser un vide absolu dans le monde.
Faute de courage, ils perdent la vraie route escarpée
sans percevoir l'enjeu : si l'on supprime le vide,
tout se condense et ne forme plus qu'un seul corps,
incapable de rien émettre ni de jaillir
comme un feu ardent qui lance lumière et chaleur,
et prouve qu'il n'est pas fait de particules compactes.
Si jamais, par une autre thèse[65], ils pensent que les feux
peuvent s'éteindre en s'unissant et changer de substance,
faute de rien épargner pour cela, sans nul doute
cette ardeur tout entière va se réduire à rien
et de rien renaîtront les diverses créatures.
Qu'un être se transforme, sorte de ses limites,
aussitôt meurt ce qu'il était auparavant.
Il faut donc qu'un élément des choses reste intact,
à moins de les voir toutes sombrer dans le néant
et du néant refleurir pour former l'univers.
Puisqu'en réalité il est des corps parfaits
qui conservent toujours une égale nature,
mais dont le départ, l'arrivée ou la transposition
transforme la nature et le corps des choses,
nous pouvons donc savoir qu'ils ne sont pas ignés.
A quoi serviraient séparations, départs,

atque ali*a* adtribui, mutarique ordine quaedam,
si tamen ardoris naturam cuncta tenerent;
ignis enim foret omnimodis quodcumque creare*nt*.
Verum, ut opinor, itast : sunt quaedam corpora quorum
concursus, motus, ordo, positura, figurae
efficiunt ignis, mutatoque ordine mutant
naturam, neque sunt igni simulata, neque ulli
praeterea rei quae corpora mittere possit
sensibus et nostros adiectu tangere tactus.
Dicere porro ignem res omnis esse neque ullam
rem ueram in numero rerum constare nisi ignem,
quod facit hic idem, perdelirum esse uidetur.
Nam contra sensus ab sensibus ipse repugnat,
et labefactat eos unde omnia credita pendent,
unde hic cognitus est ipsi quem nominat ignem.
Credit enim sensus ignem cognoscere uere,
cetera non credit, quae nilo clara minus sunt.
Quod mihi cum uanum tum delirum esse uidetur.
Quo referemus enim? Quid nobis certius ipsis
sensibus esse potest, qui uera ac falsa notemus?
Praeterea quare quisquam magis omnia tollat,
et uelit ardoris naturam linquere solam,
quam neget esse ignis, <aliam> tamen esse relinquat?
Aequa uidetur enim dementia dicere utrumque.

Quapropter qui materiem rerum esse putarunt
ignem, atque ex igni summam consistere posse,
et qui principium gignundis aera rebus
constituere, aut umorem quicumque putarunt
fingere res ipsum per se, terramue creare
omnia, et in rerum naturas uertier omnis,
magno opere a uero longe derrasse uidentur.
Adde etiam qui conduplicant primordia rerum,
aera iungentes igni terramque liquori,
et qui quattuor ex rebus posse omnia rentur
ex igni, terra, atque anima procrescere, et imbri.
Quorum A*c*ragantinus cum primis Empedocles est,
insula quem triquetris terrarum gessit in oris,

adjonctions ou changements de position
s'ils gardaient tous leur nature de feu?
Ils ne créeraient de toute manière que du feu.
Voici le vrai, je pense : il existe certains corps
dont les liaisons, mouvements, ordre, place, figures
produisent le feu et, si leur ordre diffère,
une nature différente, mais ils ne sont pas semblables
au feu ni à rien qui émette des corps perceptibles
et frappe de leur contact notre sens du toucher.
Dire que tout est feu et qu'au nombre des choses
seul le feu existe vraiment, comme le veut Héraclite,
voilà apparemment le comble de la folie.
Car, partant des sens, il se retourne contre eux :
il ruine ainsi le fondement de toutes les croyances
et de sa propre connaissance de ce qu'il nomme feu.
Il croit que les sens ont une connaissance vraie du feu
mais non des autres choses pourtant tout aussi claires.
Absurdité, ce me semble, et même folie!
A quoi donc nous référer? Pouvons-nous rien avoir
de plus sûr que les sens pour distinguer le vrai du faux?
Pourquoi d'ailleurs, si l'on supprime tout le reste,
vouloir garder le feu comme seule nature,
au lieu de l'abolir au bénéfice d'une autre?
L'une et l'autre thèse me semblent également folles.

Erreur des autres cosmologies; réfutation d'Empédocle

Ceux donc qui pensèrent que la matière est feu,
et que l'univers peut se composer de feu,
ceux qui pensaient que l'air est principe de génération[66]
ou que l'eau forme à elle seule un monde[67], que la terre
crée tout, et se transforme en toutes les natures[68],
s'égaraient assurément bien loin de la vérité.
Ajoute ceux qui doublèrent le nombre des principes
en joignant l'air au feu[69] ou bien la terre à l'eau[70],
ou qui pensèrent que toutes les choses peuvent naître
de ces quatre : le feu, la terre, l'air et la pluie[71].
Empédocle d'Agrigente est le premier d'entre eux.
Une île l'a vu naître en ses rives triangulaires[72];

quam fluitans circum magnis anfractibus aequor
Ionium glaucis aspargit uirus ab undis,
angustoque fretu rapidum mare diuidit undis
Aeoliae terrarum oras a finibus eius.
Hic est uasta Charybdis, et hic Aetnaea minantur
murmura flammarum rursum se colligere iras,
faucibus eruptos iterum uis ut *uom*at ignis,
ad caelumque ferat flammai fulgura rursum.
Quae cum magna modis multis miranda uidetur
gentibus humanis regio uisendaque fertur,
rebus opima bonis, multa munita uirum ui,
nil tamen hoc habuisse uiro praeclarius in se,
nec sanctum magis et mirum carumque uidetur.
Carmina quin etiam diuini pectoris eius
uociferantur et exponunt praeclara reperta,
ut uix humana uideatur stirpe creatus.
Hic tamen, et supra quos diximus inferiores
partibus egregie multis multoque minores,
quamquam multa bene ac diuinitus inuenientes
ex adyto tamquam cordis responsa dedere
sanctius et multo certa ratione magis quam
Pythia quae tripodi a Phoebi lauroque profatur,
principiis tamen in rerum fecere ruinas,
et grauiter magni magno cecidere ibi casu ;
primum quod motus exempto rebus inani
constituunt, et res mollis rarasque relincunt,
aera, solem, imbrem, terras, animalia, fruges,
nec tamen admiscent in eorum corpus inane ;
deinde quod omnino finem non esse secandis
corporibus faciunt neque pausam stare fragori,
nec prorsum in rebus minimum consistere qui*re* ;
cum uideamus id extremum cuiusque cacumen
esse quod ad sensus nostros minimum esse uidetur,
conicere ut possis ex hoc, quae cernere non quis
extremum quod habent, minimum consistere <in illis>.
Huc accedit item, quoniam primordia rerum
mollia constituunt, quae nos natiua uidemus
esse et mortali cum corpore funditus, utqui
debeat ad nihilum iam rerum summa reuerti,

elle baigne ses grandes criques dans la mer ionienne[73]
dont les eaux vertes l'éclaboussent d'amertume.
Un étroit chenal où s'engouffre le courant
sépare ses confins des rives éoliennes.
Charybde immense est là, c'est là que grommelant
l'Etna menace de réunir les feux de sa colère
pour vomir de sa gorge un nouveau jet de flammes,
lancer encore au ciel des éclairs flamboyants.
Ainsi donc grande et mille fois admirable,
vantée par le genre humain curieux de la connaître,
cette île opulente, armée d'une race vaillante,
n'a pourtant rien connu de plus grand que cet homme,
rien de plus merveilleux, plus cher et plus sacré.
Oui vraiment, les chants de son divin génie
tant clament fort et clair ses belles découvertes
qu'à peine passe-t-il pour créature humaine[74].
Eh bien, lui-même et ceux que j'évoquais (inférieurs
à tant d'égards, si loin d'atteindre à sa grandeur),
malgré toutes leurs découvertes justes et divines,
eux qui firent jaillir du sanctuaire de leur cœur
réponses plus saintes, bien plus sûres que les oracles
lancés par la Pythie du trépied et du laurier de Phébus[75],
parvenus aux principes des choses, ils faillirent.
Grands ils furent, grande et lourde fut leur chute.
Car ils admettent le mouvement mais non le vide
et laissent les choses molles et poreuses,
air, soleil, pluie, terre, animaux et plantes,
sans toutefois mêler le vide à leur matière.
Ils ne mettent aucun terme à la division
des corps, aucune cesse à leur fragmentation,
nient l'existence d'un minimum dans les choses[76],
alors qu'elles présentent une pointe extrême
qui apparaît à nos sens comme la plus petite.
Tu peux donc en induire que l'extrême parcelle
des corps invisibles forme leur minimum.
Et comme à l'origine des choses ils instaurent
des éléments mous que nous voyons tout entiers
soumis aux lois de la naissance et de la mort,
l'univers aurait déjà dû retourner au néant,

de nihiloque renata uigescere copia rerum;
quorum utrumque quid a uero iam distet habebis.
Deinde inimica modis multis sunt atque ueneno
ipsa sibi inter se; quare aut congressa peribunt,
aut ita diffugient ut tempestate coacta
fulmina diffugere atque imbris uentosque uidemus.

Denique quattuor ex rebus si cuncta creantur,
atque in eas rursum res omnia dissoluontur,
qui magis illa queunt rerum primordia dici,
quam contra res illorum retroque putari?
Alternis gignuntur enim mutantque colorem,
et totam inter se naturam tempore ab omni.
Sin ita forte putas ignis terraeque coire
corpus et aerias auras roremque liquoris,
nil in concilio naturam ut mutet eorum,
nulla tibi ex illis poterit res esse creata,
non anima*ns*, non exanimo cum corpore, ut arbos.
Quippe suam quicque in coet*u* uariantis acerui
naturam ostendet, mixtusque uidebitur aer
cum terra simul *a*tqu*e* *ar*do*r* cum rore manere.
At primordia gignundis in rebus oportet
naturam clandestinam caecamque adhibere,
*e*mineat ne quid quod contra pugnet et obstet
quominus esse queat proprie quodcumque creatur.

Quin etiam repetunt a caelo atque ignibus eius,
et primum faciunt ignem se uertere in auras
aeris, hinc i*mbr*em gigni, terramque creari
ex i*mbr*i, retroque *a* terra cuncta reuerti,
umorem primum, post aera, deinde calorem,
nec cessare haec inter se mutare, meare
a caelo ad terram, de terra ad sidera mundi.
Quod facere haud ullo debent primordia pacto.
Immutabile enim quiddam superare necessest,
ne res ad nihilum redigantur funditus omnes.
Nam quodcumque suis mutatum finibus exit,
continuo hoc mors est illius quod fuit ante.
Quapropter quoniam quae paulo diximus ante

puis du néant refleurir en sa diversité;
mais tu sais déjà combien cela est loin du vrai!
De plus ces éléments, mille fois ennemis[77]
et poisons mutuels, ou périront par contact
ou s'en iront, comme chassés par la tempête
on voit fuir les éclairs, les averses et les vents.

Enfin, si tout se forme de ces quatre natures,
puis se résorbe en elles, pourquoi les appeler
principes des choses et non pas à l'inverse
considérer les choses comme leurs principes?
Car elles s'engendrent l'une l'autre, depuis toujours
échangeant leur couleur et leur nature entière.
Mais si tu vas penser que le feu à la terre
unit son corps, ainsi que l'air à la rosée,
sans changer de nature en leur composition[78],
tu ne pourras obtenir aucune créature,
qu'elle soit animée ou, comme l'arbre, inanimée,
car dans cet assemblage en un tas disparate
chacun montrera sa nature et l'on verra demeurer
l'air mêlé à la terre et le feu à la rosée.
Or la création des choses exige des principes
apportant une nature aveugle et clandestine :
nulle dominante pour contrarier ou inhiber
la qualité propre des différentes créatures.

Mais ils[79] remontent jusqu'au ciel et à ses feux,
procédant ainsi : le feu se change en souffles
aériens, de l'air naît la pluie et de la pluie
la terre, et tout à rebours se reforme de la terre,
l'eau d'abord, l'air ensuite, la chaleur enfin,
et ne cesse de se transformer et d'aller
du ciel à la terre, de la terre aux astres du firmament[80].
Mais des éléments ne doivent point procéder ainsi!
Quelque chose d'immuable subsiste, il le faut,
sinon le monde entier est réduit à néant.
Qu'un être se transforme, sorte de ses limites,
aussitôt meurt ce qu'il était auparavant.
Ces quatre natures venant donc à s'échanger,

in commutatum ueniunt, constare necessest
ex aliis ea quae nequeant conuertier usquam,
ne tibi res redeant ad nilum funditus omnes.
Quin potius tali natura praedita quaedam
corpora constituas, ignem si forte crearint,
posse eadem demptis paucis paucisque tributis,
ordine mutato et motu, facere aeris auras,
sic alias aliis rebus mutarier omnis?

« At manifesta palam res indicat, inquis, in auras
aeris e terra res omnis crescere alique;
et nisi tempestas indulget tempore fausto
imbribus, *u*t tabe nimborum arbusta uacillent,
solque sua pro parte fouet tribuitque calorem,
crescere non possint fruges, arbusta, animant*es*. »
Scilicet, et nisi nos cibus aridus et tener umor
adiuuet, amisso iam corpore uita quoque omnis
omnibus e neruis atque ossibus exsoluatur.
Adiutamur enim dubio procul atque alimur nos
certis ab rebus, certis aliae atque aliae res :
nimirum quia multa modis communia multis
multarum rerum in rebus primordia mixta
sunt, ideo uariis uariae res rebus aluntur.
Atque eadem magni refert primordia saepe
cum quibus et quali positura contineantur,
et quos inter se dent motus accipiantque;
namque eadem caelum, mare, terras, flumina, solem
constituunt, eadem fruges, arbusta, animantis;
uerum aliis alioque modo commixta mouentur.
Quin etiam passim nostris in uersibus ipsis
multa elementa uides multis communia uerbis,
cum tamen inter se uersus ac uerba necessest
confiteare et re et sonitu distare sonanti :
tantum elementa queunt permutato ordine solo.
At rerum quae sunt primordia, plura adhibere
possunt unde queant uariae res quaeque creari.

il faut bien qu'elles soient formées d'autres principes
qui ne puissent d'aucune manière se transformer,
sinon tu les verras toutes retourner au néant.
Ne vaudrait-il pas mieux instaurer des corps
dotés d'une nature qui les rende capables,
si leur nombre augmente ou diminue un peu,
si leur ordre et leur mouvement se modifient,
de former après le feu les souffles de l'air,
toute chose pouvant ainsi se muer en une autre?

« Mais, dis-tu, la réalité pourtant est là, manifeste :
tout sort de la terre, croît et s'élève dans les airs;
si le temps ne s'abandonne à la pluie saisonnière
qui fait chanceler les arbres sous la fonte des nues,
si le soleil n'y joint sa chaleur fécondante,
moissons, arbres et animaux ne peuvent croître. »
Bien sûr. Et nous-mêmes? Sans aliments ni eau douce
pour nous soutenir, notre corps dépérirait,
et c'est toute notre vie qui de tous nos tendons,
de tous nos os irait en se décomposant.
Ainsi, certaines choses nous sustentent nous-mêmes,
nul doute, et certaines autres les autres choses,
puisque tant d'atomes communs à tant de corps
sont de mille façons à tant d'autres mêlés.
Avec leur variété varie donc la nourriture.
Et ce qui importe pour les atomes identiques,
c'est la combinaison qu'ils forment avec d'autres
et les mouvements qu'ils se communiquent.
Car ceux qui forment ciel, mer, terre, fleuves, soleil
se trouvent dans les arbres, les moissons, les animaux,
mais unis à d'autres et mus diversement.
Oui, même dans mes vers, tu vois disséminées
de nombreuses lettres communes à bien des mots,
pourtant les vers, les mots, il te faut l'admettre,
diffèrent par leur sens et leur sonorité.
Tel est le pouvoir des lettres par simple transposition,
mais les atomes disposent de pouvoirs plus nombreux
pour créer toutes les choses dans leur diversité.

Nunc et Anaxagorae scrutemur homoeomerian
quam Grai memorant, nec nostra dicere lingua
concedit nobis patrii sermonis egestas,
sed tamen ipsam rem facilest exponere uerbis.
Principio, rerum quam dicit homoeomerian,
ossa uidelicet e pauxillis atque minutis
ossibus hic, et de pauxillis atque minutis
uisceribus uiscus gigni, sanguenque creari
sanguinis inter se multis cœuntibu' guttis,
ex aurique putat micis consistere posse
aurum, et de terris terram concrescere paruis,
ignibus ex ignis, umorem umoribus esse;
cetera consimili fingit ratione putatque.
Nec tamen esse ulla idem parte in rebus inane
concedit, neque corporibus finem esse secandis.
Quare in utraque mihi pariter ratione uidetur
errare atque illi supra quos diximus ante.
Adde quod imbecilla nimis primordia fingit,
si primordia sunt simili quae praedita constant
natura atque ipsae res sunt, aequeque laborant
et pereunt, neque ab exitio res ulla refrenat.
Nam quid in oppressu ualido durabit eorum,
ut mortem effugiat, leti sub dentibus ipsis?
Ignis, an umor, an aura? Quid horum? Sanguen, an ossa?
Nil, ut opinor, ubi ex aequo res funditus omnis
tam mortalis erit quam quae manifesta uidemus
ex oculis nostris aliqua ui uicta perire.
At neque reccidere ad nihilum res posse, neque autem
crescere de nihilo testor res ante probatas.
Praeterea quoniam cibus auget corpus alitque,
scire licet nobis uenas et sanguen et ossa,

***

siue cibos omnis commixto corpore dicent
esse, et habere in se neruorum corpora parua
ossaque et omnino uenas partisque cruoris,
fiet uti cibus omnis, et aridus et liquor, ipse
ex alienigenis rebus constare putetur,

Réfutation d'Anaxagore

Explorons maintenant l'homéomérie d'Anaxagore[81].
C'est le terme grec que nous ne pouvons traduire,
l'indigence du langage de nos pères s'y oppose;
mais il est facile d'exposer la chose elle-même.
Voici tout simplement cette homéomérie :
l'os est fait d'os menus, extrêmement petits,
la chair de chairs menues, minuscules,
le sang naît du concours de maintes gouttelettes
toutes de sang, et l'or vient de l'or en paillettes[82],
la terre de la concrétion de petites terres,
le feu de corps ignés, l'eau de corps aqueux[83];
il imagine le reste d'après le même système.
Pourtant il n'admet aucun vide dans les choses
ni aucune limite à la division des corps.
Sur l'un et l'autre point il me paraît errer,
tout comme ceux dont j'ai déjà parlé.
Ajoute qu'il imagine des principes trop faibles,
s'il s'agit bien de principes, car ils possèdent
même nature que les choses, pareillement souffrent
et trépassent, rien ne freinant leur destruction.
Lors d'une forte agression, lequel résistera
et pourra se sauver sous les crocs de la mort?
Est-ce le feu ou l'air? Le sang ou les os?
Aucun à mon avis, car tous absolument
seront aussi mortels que toute chose au monde
qui périt sous nos yeux, vaincue par une force.
Or rien ne peut jamais retomber au néant
ni du néant surgir, mes preuves l'attestent.
Et puisque la nourriture accroît notre corps,
assurément les veines, le sang et les os

***[84]

ou s'ils disent que tous les aliments sont composites
et renferment des particules de tendons, d'os
ainsi que des veines et des gouttes de sang[85],
cela revient à croire que tout aliment sec ou liquide
se compose de choses d'un genre étranger,

ossibus et neruis sanieque et sanguine mixt*o*.
Praeterea quaecumque e terra corpora crescunt,
si sunt in terris, terram constare necessest
ex alienigenis, quae terris exoriuntur.
Transfer item, totidem uerbis utare licebit.
In lignis si flamma latet fumusque cinisque,
ex alienigenis consistant ligna necessest.
Praeterea tellus quae corpora cumque alit auget

***

ex alienigenis, quae lignis exoriuntur.
Linquitur hic quaedam latitandi copia tenuis,
id quod Anaxagoras sibi sumit, ut omnibus omnis
res putet immixtas rebus latitare, sed illud
apparere unum cuius sint plurima mixta,
et magis in promptu primaque in fronte locata.
Quod tamen a uera longe ratione repulsumst.
Conueniebat enim fruges quoque saepe, minaci
robore cum saxi franguntur, mittere signum
sanguinis aut aliquid, nostro quae corpore aluntur.
Consimili ratione herbis quoque saepe decebat
cum lapide in lapidem terimus, manare cruorem,
et latices dulcis guttas similique sapore
mittere, lanigerae quali sunt ubere lactis,
scilicet, et glebis terrarum saepe friatis
herbarum genera et fruges frondesque uideri
dispertita in*ter* terram latitare minute,
postremo in lignis cinerem fumumque uideri,
cum praefracta forent, ignisque latere minutos.
Quorum nil fieri quoniam manifesta docet res,
scire licet non esse in rebus res ita mixtas,
uerum semina multimodis inmixta latere
multarum rerum in rebus communia debent.

« At saepe in magnis fit montibus, inquis, ut altis
arboribus uicina cacumina summa terantur
inter se, ualidis facere id cogentibus austris,
donec flamma*i* fulserunt flore coorto. »
Scilicet, et non est lignis tamen insitus ignis,
uerum semina sunt ardoris multa, terendo

os et tendon, sérum et sang mélangés.
Et puis, si tous les corps qui sortent de la terre
sont dans ses particules, la terre est donc formée
des corps hétérogènes qui de la terre surgissent.
Passe à d'autres exemples, l'argument est le même.
Si le bois recèle flamme, fumée et cendre,
il doit être formé d'éléments hétérogènes
et tous les corps que la terre nourrit et fait croître

***[86]

Il ne reste plus qu'une mince dérobade,
Anaxagore s'en empare, imaginant ceci :
tout se dérobe en se mêlant à tout et seul paraît
le corps dont les éléments dominent dans le mélange
et s'exposent le plus, postés au premier rang[87].
Mais cela est bien loin du raisonnement vrai.
Sinon, sous l'âpre effort de la meule qui le broie,
le blé même devrait offrir trace du sang
ou des substances que notre corps nourrit.
Semblablement, les herbes que nous écrasons
pierre contre pierre devraient verser du sang,
les eaux des gouttes sucrées tout aussi savoureuses
que le lait abondant des brebis porte-laine[88].
Effritant des mottes de terre, on pourrait voir
toutes sortes d'herbes, céréales, frondaisons
cachées dans la terre et dispersées toutes menues,
enfin dans le bois on décèlerait cendre, fumée
et feux minuscules quand il serait coupé.
Or la réalité prouve qu'il n'en est rien :
les choses ne sont donc pas ainsi dans les choses,
mais des semences diversement entremêlées
et communes à maintes choses doivent s'y cacher.

« Mais souvent, diras-tu, sur les hautes montagnes,
cédant à la poussée des autans impétueux,
de grands arbres voisins entrechoquent leurs cimes
tant qu'enfin ils fulgurent d'une fleur de feu. »
Oui, mais le feu n'est pas implanté dans le bois :
il renferme de multiples semences de chaleur

quae cum confluxere, creant incendia siluis.
Quod si facta foret siluis abscondita flamma,
non possent ullum tempus celarier ignes,
conficerent uolgo siluas, arbusta cremarent.

Iamne uides igitur, paulo quod diximus ante,
permagni referre eadem primordia saepe
cum quibus et quali positura contin*e*antur,
et quos inter se dent motus accipiantque,
atque eadem paulo inter se mutata creare
ignes et lignum? Quo pacto uerba quoque ipsa
inter se paulo mutatis sunt elementis,
cum ligna atque ignes distincta uoce notemus.
Denique iam quaecumque in rebus cernis apertis
si fieri non posse putas, quin materiai
corpora consimili natura praedita fingas,
hac ratione tibi pereunt primordia rerum :
fiet uti risu tremulo concussa cachinnent,
et lacrimis salsis umectent ora genasque.

Nunc age, quod superest cognosce et clarius audi.
Nec me animi fallit quam sint obscura; sed acri
percussit thyrso laudis spes magna meum cor,
et simul incussit suauem mi in pectus amorem
Musarum, quo nunc instinctus mente uigenti
auia Pieridum peragro loca, nullius ante
trita solo. Iuuat integros accedere fontis
atque haurire, iuuatque nouos decerpere flores,
insignemque meo capiti petere inde coronam,
unde prius nulli uelarint tempora Musae;
primum quod magnis doceo de rebus, et artis
religionum animum nodis exsoluere pergo;
deinde quod obscura de re tam lucida pango
carmina, musaeo contingens cuncta lepore.
Id quoque enim non ab nulla ratione uidetur;
sed ueluti pueris absinthia taetra medentes
cum dare conantur, prius oras pocula circum

qui par frottement confluent et créent des incendies.
Car si la flamme toute prête était dans les forêts enfouie,
pas un instant les feux ne pourraient demeurer secrets,
mais partout flamberaient, consumant arbres et forêts.

Je te l'ai déjà dit, mais ne vois-tu pas maintenant
combien importent pour les atomes identiques
la combinaison qu'ils forment avec d'autres
et les mouvements qu'ils se communiquent?
Une petite transposition leur suffit pour créer
corps ignés ou ligneux. C'est comme avec les mots.
Quand nous déplaçons quelque peu les lettres,
nous distinguons expressément ligneux et igné[89].
Enfin, si tu crois que toutes les qualités visibles
ne peuvent s'expliquer à moins d'imaginer
des éléments de même nature que leurs produits,
c'en est fait, les corps premiers sont perdus pour toi!
Ils seront secoués de grands éclats de rire[90],
joues et visage trempés de larmes salées.

Apologie du poème

Allons, apprends le reste, entends plus clairement.
Je n'ignore pas combien le sujet est obscur,
mais d'un coup de son thyrse un grand espoir de gloire
m'a violemment percé le cœur et mon âme
se laissa pénétrer du doux amour des Muses;
ainsi frappé d'enthousiasme, l'esprit vaillant,
des Piérides[91] je parcours les lointaines contrées
que nul n'explora. Joie d'aller aux sources vierges
boire à longs traits, joie de cueillir des fleurs nouvelles,
de glaner pour ma tête la couronne merveilleuse
dont jamais les Muses n'ont paré aucun front.
Car j'enseigne de grandes choses : d'abord je viens
défaire les nœuds dont la religion nous entrave;
et puis, sur un sujet obscur, je compose des vers
si lumineux, imprégnant tout de charme poétique.
Encore ce choix n'est-il pas sans raison :
quand les médecins veulent donner aux enfants
l'absinthe rebutante, auparavant ils enduisent

contingunt mellis dulci flauoque liquore,
ut puerorum aetas inprouida ludificetur
labrorum tenus, interea perpotet amarum
absinthi laticem, deceptaque non capiatur,
sed potius tali *p*acto recreata ualescat,
sic ego nunc, quoniam haec ratio plerumque uidetur
tristior esse quibus non est tractata, retroque
uolgus abhorret ab hac, uolui tibi suauiloquenti
carmine Pierio rationem exponere nostram
et quasi musaeo dulci contingere melle,
si tibi forte animum tali ratione tenere
uersibus in nostris possem, dum perspicis omnem
naturam rerum qua constet compta figura.

Sed quoniam docui solidissima materiai
corpora perpetuo uolitare inuicta per aeuom,
nunc age, summa*i* quaedam sit finis eorum
nec*ne* sit, euoluamus; item quod inane repertumst
seu locus ac spatium, res in quo quaeque gerantur,
peruideamus utrum finitum funditus omne
constet, an immensum pateat uasteque profundum.
Omne quod est igitur nulla regione uiarum
finitumst; namque extremum debebat habere.
Extremum porro nullius posse uidetur
esse, nisi ultra sit quod finiat ut uideatur
quo non longius haec sensus natura sequatur.
Nunc extra summam quoniam nihil esse fatendum,
non habet extremum, caret ergo fine modoque.
Nec refert quibus adsistas regionibus eius,
usque adeo, quem quisque locum possedit, in omnis
tantundem partis infinitum omne relinquit.
Praeterea si iam finitum constituatur
omne quod est spatium, si quis procurrat ad oras
ultimus extremas iaciatque uolatile telum,
i*d* ualidis utrum contortum uiribus ire
quo fuerit missum mauis longeque uolare,
an prohibere aliquid censes obstareque posse?
Alterutrum fatearis enim sumasque necessest.

les bords de la coupe d'un miel doux et blond
pour que cet âge étourdi, tout au plaisir des lèvres,
avale en même temps l'amère gorgée d'absinthe
et, loin d'être perdu par cette duperie,
se recrée au contraire une bonne santé.
Et moi, dont la doctrine paraît d'ordinaire
trop amère à qui ne l'a point pratiquée, odieuse
au vulgaire qui la fuit, de même j'ai voulu
l'exposer dans la langue harmonieuse des Muses
comme pour l'imprégner du doux miel de la poésie,
espérant par mes vers captiver ton esprit
le temps que tu perçoives la figure de toute
la nature des choses en sa belle ordonnance.

L'univers est infini

J'ai donc enseigné que les atomes, parfaits solides,
volent à travers le temps, à jamais invincibles.
Mais dévoilons la suite[92] : leur ensemble est-il limité
ou non? Et le vide que nous avons découvert,
lieu ou espace en lequel s'accomplit toute chose,
examinons s'il est entièrement fini
ou s'ouvre à l'infini en un gouffre abyssal.
Le Tout, donc, n'est fini en aucune direction.
Sinon, il devrait avoir une extrémité.
Or, une extrémité, nulle chose n'en possède
s'il n'est rien au-delà pour la délimiter
en montrant où notre vue cesse de la suivre[93].
Comme il faut admettre que hors de l'ensemble il n'est rien,
le Tout est sans extrémité, donc sans fin ni mesure[94].
Peu importe la position qu'on y occupe,
de tous côtés, à partir de chaque poste,
on laisse toujours l'univers infini[95].
Mais supposons l'univers comme un espace fini :
si quelqu'un courait jusqu'à ses rives extrêmes
pour lancer un javelot, veux-tu que, brandi avec force,
le trait s'envole au loin et qu'il atteigne son but,
ou penses-tu qu'un obstacle puisse l'arrêter?
Oui, c'est l'un ou l'autre, il te faut choisir,

Quorum utrumque tibi effugium praecludit, et omne
cogit ut exempta concedas fine patere.
Nam siue est aliquid quod probeat *o*fficiatque
quominu' quo missum est ueniat finique locet se,
siue foras fertur, non est a fine profectum.
Hoc pacto sequar atque, oras ubicumque locaris
extremas, quaeram quid telo denique fiat.
Fiet uti nusquam possit consistere finis,
effugiumque fugae prolatet copia semper.
Praeterea spatium summa*i* totius omne
undique si inclusum certis consisteret oris
finitumque foret, iam copia materiai
undique ponderibus solidis confluxet ad imum,
nec res ulla geri sub caeli tegmine posset,
nec foret omnino caelum neque lumina solis,
quippe ubi materies omnis cumulata iaceret
ex infinito iam tempore subsidendo.
At nunc nimirum requies data principiorum
corporibus nullas*t*, quia nil est funditus imum
quo quasi confluere et sedes ubi ponere possi*n*t.
Semper in adsiduo motu res quaeque geruntur
partibus <e> cunctis, infernaque suppeditantur
ex infinito cita corpora materiai.
Postremo ante oculos res rem finire uidetur;
aer dissaepit collis atque aera montes,
terra mare et contra mare terras terminat omnis;
omne quidem uero nihil est quod finiat extra.
Est igitur natura loci spatiumque profundi,
quod neque clara suo percurrere fulmina cursu
perpetuo possint aeui labentia tractu,
nec prorsum facere ut restet minus ire meando;
usque adeo passim patet ingens copia rebus
finibus exemptis in cunctas undique partis.
Ipsa modum porro sibi rerum summa parare
ne possit, natura tenet, quae corpus inan*i*,
et quod inane autem est finiri corpore cogit,
ut sic alternis infinita omnia reddat,
aut etiam alterutrum, nisi terminet alterum eorum,

nulle échappatoire ni d'un côté ni de l'autre :
l'univers, tu dois l'admettre, s'ouvre à l'infini.
Soit qu'un obstacle, en effet, empêche le trait
d'arriver à son but et d'y fixer son terme[96],
soit qu'il vole en dehors, il n'est point parti de la fin.
Fixe n'importe où les confins de l'univers,
partout je te poursuivrai de cette question :
eh bien, qu'en est-il de la flèche?
Nulle part ne pourra s'établir une fin.
L'espace toujours fuyant toujours s'ouvre à la fuite.
Et puis, si tout l'espace de l'univers entier
était partout enclos en de certaines rives,
bref, s'il était fini, la masse de la matière
avec son poids solide serait depuis longtemps
venue de toutes parts confluer dans le bas.
Sous la voûte du ciel, plus rien ne se ferait,
il n'y aurait même ni ciel ni clair soleil
puisque la matière tout entière amassée
croupirait au-dessous dès l'infini du temps.
Mais en réalité les corps élémentaires
n'ont trêve ni repos car il n'est pas de fond
où ils puissent confluer pour asseoir leur demeure.
Toujours, de toutes parts, dans un mouvement incessant,
s'accomplissent les choses, et projetés de l'infini
les atomes inférieurs[97] sans fin se renouvellent.
Enfin, sous nos yeux mêmes, un corps en borne un autre :
l'air les collines et les montagnes l'air,
la terre finit la mer et la mer toutes les terres.
Mais l'univers, rien ne le délimite en dehors.
Telle est donc la nature du lieu, de l'espace immense :
s'ils glissaient pour toujours entraînés par le temps,
les éclairs n'en verraient jamais la distance réduite,
tant l'énorme réservoir des choses est ouvert
en toutes directions, sans aucune limite.
Du reste, la nature interdit la mesure
à la somme des choses en forçant la matière
à se limiter par le vide, le vide par la matière.
Ainsi l'une et l'autre alternant font le Tout infini.
Et même un seul, sans la limite de l'autre,

simplice natura pateat tamen immoderatum.

***

Nec mare, nec tellus, neque caeli lucida templa,
nec mortale genus, nec diuom corpora sancta
exiguum possent horai sistere tempus.
Nam dispulsa suo de coetu materiai
copia ferretur magnum per inane soluta,
siue adeo potius numquam concreta creasset
ullam rem, quoniam cogi disiecta nequisset.
Nam certe neque consilio primordia rerum
ordine se suo quaeque sagaci mente locarunt,
nec quos quaeque <darent motus pepigere profecto>,
sed quia multa modis multis mutata per omne
ex infinito uexantur percita plagis,
omne genus motus et coetus experiundo,
tandem deueniunt in talis dispositura
qualibus haec re*rum* consistit summa creata,
et multos etiam magnos seruata per annos
ut semel in motus coniectast conuenientis,
efficit ut largis auidum mare fluminis undis
integrent amnes, et solis terra uapore
fota nouet fetus, summ*issa*que gens animantum
floreat, et uiuant labentes aetheris ignes;
quod nullo facerent pacto, nisi materiai
ex infinito suboriri copia posset,
unde amissa solent reparare in tempore quaeque.
Nam ueluti priuata cibo natura animantum
diffluit amittens corpus, sic omnia debent
dissolui, simul ac defecit suppeditare
materies aliqua ratione auersa uiai.
Nec plagae possunt extrinsecus undique summam
conseruare omnem quaecumque est conciliata.
Cudere enim crebro possunt partemque morari,
dum ueniant aliae ac suppleri summa queatur,
interdum resilire tamen coguntur, et una
principi*is* rerum spatium tempusque fugai

par sa simple nature s'étendrait sans mesure.

***[98]

Création et destruction des mondes

Ni la mer, ni la terre, ni le ciel lumineux,
ni la race des mortels, ni les corps sacrés des dieux
ne pourraient subsister un seul instant,
car la matière arrachée à sa cohésion
irait se dissoudre à travers le grand vide,
ou plutôt jamais elle n'eût formé de créature
ne pouvant revenir de son éparpillement.
Car ce n'est pas après concertation ni par sagacité
que les atomes se sont mis chacun à sa place[99],
ils n'ont point stipulé quels seraient leurs mouvements,
mais de mille façons heurtés et projetés en foule
par leurs chocs éternels à travers l'infini,
à force d'essayer tous les mouvements et liaisons,
ils en viennent enfin à des agencements[100]
semblables à ceux qui constituent notre monde
et qui se perpétuent pendant des millénaires[101],
une fois découverts les mouvements appropriés.
Ainsi les fleuves comblent à grands flots la mer avide,
la terre mûrit au soleil de nouveaux fruits,
ainsi s'épanouissent les races animales
et vivent les feux mobiles de l'éther.
Encore faut-il que la matière en abondance
surgisse constamment de l'infini pour offrir
de quoi réparer à temps toutes les pertes.
Comme les animaux privés de nourriture
perdent leur chair et défaillent, de même un monde
doit se désagréger sitôt que la matière
détournée de sa voie cesse de le pourvoir.
Or les chocs des atomes externes ne peuvent pas
conserver un monde, quelle que soit sa formation.
Ils ont beau le bombarder, maintenir telle partie
jusqu'à ce que d'autres viennent compléter le tout,
ils sont parfois forcés de reculer d'un bond.
C'est donner aux atomes assez d'espace et de temps

largiri, ut possint a coetu libera ferri.
Quare etiam atque etiam suboriri multa necessest,
et tamen ut plagae quoque possint suppetere ipsae,
infinita opus est uis undique materiai.

Illud in his rebus longe fuge credere, Memmi,
in medium summae quod dicunt omnia niti,
atque ideo mundi naturam stare sine ullis
ictibus externis neque quoquam posse resolui
summa atque ima, quod in medium sint omnia nixa
(ipsum si quicquam posse in se sistere credis) :
et quae pondera sunt sub terris omnia sursum
nitier in terraque retro requiescere posta,
ut per aquas quae nunc rerum simulacra uidemus.
Et simili ratione animalia suppa uagari
contendunt, neque posse e terris in loca caeli
reccidere inferiora magis quam corpora nostra
sponte sua possint in caeli templa uolare;
illi cum uideant solem, nos sidera noctis
cernere, et alternis nobiscum tempora caeli
diuidere, et noctes parilis agitare diebus.
Sed uanus stolidis haec <error falsa probauit>
amplexi quod habent peru<ersa rem ratione;>
nam medium nihil esse potest, <quando omnia constant>
infinita. Neque omnino, si iam <medium sit,>
possit ibi quicquam consistere <eam magis ob rem,>
quam quauis alia longe ratione <repelli :>
omnis enim locus ac spatium, quod in<ane uocamus,>
per medium, per non medium, concedere <debet.>
acqu*e* ponderibus, motus quacumque feruntur.
Nec quisquam locus est, quo corpora cum uener*e*
ponderis amissa ui possint stare <in> inani;
nec quod inane autem est ulli subsistere debet,
quin, sua quod natura petit, concedere pergat.
Haud igitur possunt tali ratione teneri
res in concilium medii cuppedine uictae.

Praeterea quoniam non omnia corpora fingunt
in medium niti, sed terrarum atque liquoris,

pour fuir et s'envoler affranchis de l'union.
Oui, il faut un afflux incessant et nombreux,
mais pour que les chocs eux-mêmes y pourvoient
la matière doit être infinie de toutes parts[102].

A ce sujet, Memmius, ne va pas croire avec certains[103]
que toute chose tend vers le centre de l'univers,
qu'ainsi le monde se tient sans impulsions externes,
et qu'en haut comme en bas rien ne se désagrège
puisque vers le centre de toutes parts il tend.
(Mais comment croire que rien prenne appui sur soi?)
Les corps pesants de l'autre côté de la terre
tendraient tous vers le haut, reposant à l'envers,
tels les reflets d'objets que nous voyons dans l'eau.
D'après cette doctrine, les êtres vivants cheminent
la tête en bas, et de la terre aux cieux inférieurs
ils ne peuvent tomber non plus que notre corps
ne vole de lui-même vers la voûte céleste.
Quand ils voient le soleil, les astres de la nuit
nous apparaissent, ils échangent avec nous
les saisons, à nos jours correspondent leurs nuits.
Autant d'absurdités aux sots ***[104]
pour avoir englobé le monde en un système pervers.
Il ne peut y avoir de centre à l'univers infini
et, même s'il en existait, pourquoi un corps
s'y tiendrait-il jamais au lieu de fuir bien loin?
Car tout le lieu, l'espace que nous nommons le vide
doit également céder sous les corps pesants,
quel que soit l'endroit où ils passent, centre ou non.
Il n'est donc aucun lieu où les corps arrivant
puissent perdre leur poids et se tenir dans le vide,
jamais le vide ne doit servir d'assise à rien,
mais il cède aussitôt comme le veut sa nature.
Les choses ne peuvent donc être ainsi tenues
en assemblée, vaincues par un attrait du centre.

D'ailleurs, ils n'imaginent pas que tous les corps
tendent vers le centre, mais seuls la terre et l'eau,

[1086] umorem ponti magnasque e montibus undas,
[1085] et quasi terreno quae corpore contineantur,
at contra tenuis exponunt aeris auras
et calidos simul a medio differrier ignis,
atque ideo totum circum tremere aethera signis
et solis flammam per caeli caerula pasci,
quod calor a medio fugiens s*e* ibi conligat omnis,
nec prorsum arboribus summos frondescere ramos
posse, nisi a terris paulatim cuique cibatum

***

[1102] ne uolucri ritu flammarum moenia mundi
diffugiant subito magnum per inane soluta,
et ne cetera consimili ratione sequantur
neue ruant caeli ton*i*tralia templa superne,
terraque se pedibus raptim subducat, et omnis
inter permixtas rerum caelique ruinas
corpora soluentes abeat per inane profundum,
temporis ut puncto nihil extet reliquiarum
desertum praeter spatium et primordia caeca.
Nam quacumque prius de parti corpora desse
constitues, haec rebus erit pars ianua leti,
hac se turba foras dabit omnis materiai.

Haec sic pernosces parua perductus opella;
namque alid ex alio clarescet, nec tibi caeca
nox iter eripiet quin ultima naturai
peruideas : ita res accendent lumina rebus.

les flots de la mer et les torrents des montagnes,
et ce qui pour ainsi dire se tient dans la terre[105].
Au contraire, ils placent les souffles légers de l'air
à l'écart du centre, comme les feux brûlants,
et si l'éther tout alentour tremble d'étoiles,
si le soleil repaît sa flamme dans l'azur du ciel,
c'est que la chaleur fuyant le centre s'y rassemble,
et les arbres ne pourraient jusqu'au faîte verdir
si du sol en chaque branche la sève peu à peu

★★★[106]

sinon comme un vol de flammes les remparts du monde
iront soudain se désagréger dans le grand vide
et tout le reste suivra pour la même raison,
les régions tonnantes du ciel sur nous s'effondreront,
la terre tout à coup se dérobera sous nos pas
et parmi l'écroulement mêlé du ciel et des choses,
les corps décomposés, elle sombrera dans le vide
si bien qu'en un instant ne restera nulle ruine,
hors l'espace désert et d'aveugles principes.
Que les atomes en un lieu fassent défaut
et ce lieu en effet, où que tu le situes,
ouvrira au monde la porte de la mort.
La matière en désordre s'y engouffrera toute.

Voilà donc à quel savoir tu seras conduit sans grand-peine.
Car la clarté se répandant de proche en proche,
point de nuit aveugle pour te dérober le chemin.
Tu verras les lois ultimes de la nature :
d'une chose à l'autre passera la lumière.

LIBER SECVNDVS

Suaue, mari magno turbantibus aequora uentis,
e terra magnum alterius spectare laborem ;
non quia uexari quemquamst iucunda uoluptas,
sed quibus ipse malis careas quia cernere suaue est.
[6] Suaue etiam belli certamina magna tueri
[5] per campos instructa tua sine parte pericli.
Sed nil dulcius est bene quam munita tenere
edita doctrina sapientum templa serena,
despicere unde queas alios passimque uidere
errare, atque uiam palantis quaerere uitae,
certare ingenio, contendere nobilitate,
noctes atque dies niti praestante labore
ad summas emergere opes rerumque potiri.
O miseras hominum mentes, o pectora caeca !
Qualibus in tenebris uitae quantisque periclis
degitur hoc aeui quodcumquest ! Nonne uidere
nil aliud sibi naturam latrare, nisi utqui
corpore seiunctus dolor absit, men*sque* fruatur

LIVRE II

La sagesse. — Mouvement des atomes. — Vitesse des atomes. — Négation de la providence. — Poids et déviation. — La liberté. — La création continue. — Variété des formes atomiques. — Conséquences diverses. — La variété des atomes n'est pas infinie. — Les atomes semblables sont infinis en nombre. — Combinaisons variées des atomes. — Exemple de la terre. — Cybèle. — Autres exemples de combinaisons. — Les atomes sont incolores. — Absence d'autres qualités dans les atomes. — Polémique sur l'origine de la sensibilité. — Annonce d'une vérité nouvelle. — L'univers et les mondes. — Les dieux ne gouvernent pas le monde. — Le destin naturel du monde.

La sagesse

Douceur, lorsque les vents soulèvent[1] la mer immense,
d'observer du rivage le dur effort d'autrui,
non que le tourment soit jamais un doux plaisir
mais il nous plaît de voir à quoi nous échappons.
Lors des grands combats de la guerre, il plaît aussi
de regarder sans risque les armées dans les plaines.
Mais rien n'est plus doux que d'habiter les hauts lieux
fortifiés solidement par le savoir des sages,
temples de sérénité d'où l'on peut voir les autres
errer sans trêve en bas, cherchant le chemin de la vie,
rivalisant de talent, de gloire nobiliaire,
s'efforçant nuit et jour par un labeur intense
d'atteindre à l'opulence, au faîte du pouvoir.
Pitoyables esprits, cœurs aveugles des hommes!
Dans quelles ténèbres mortelles, quels dangers
passe leur peu de vie! Ne voient-ils l'évidence?
La nature en criant ne réclame rien d'autre[2]
sinon que la douleur soit éloignée du corps,
que l'esprit jouisse de sensations heureuses,

iucundo sensu cura semota metuque?
Ergo corpoream ad naturam pauca uidemus
esse opus omnino, quae demant cumque dolorem,
delicias quoque uti multas substernere possint.
Gratius interdum neque natura ipsa requirit,
si non aurea sunt iuuenum simulacra per aedes
lampadas igniferas manibus retinentia dextris,
lumina nocturnis epulis ut suppeditentur,
nec domus argento fulget auroque renidet,
nec citharae reboant laqueata aurataque templa,
cum tamen inter se prostrati in gramine molli,
propter aquae riuom, sub ramis arboris altae,
non magnis opibus iucunde corpora curant,
praesertim cum tempestas adridet, et anni
tempora conspergunt uiridantis floribus herbas.
Nec calidae citius decedunt corpore febres,
textilibus si in picturis ostroque rubenti
iacteris, quam si in plebeia ueste cubandum est.
Quapropter quoniam nil nostro in corpore gazae
proficiunt, neque nobilitas nec gloria regni,
quod superest, animo quoque nil prodesse putandum;
si non forte tuas legiones per loca campi
feruere cum uideas belli simulacra cientis,
[43] † ornatas<que> armis statuas *p*ariterque animatas
[42] subsidiis magnis *et ecum ui* constabilitas, †
his tibi tum rebus timefactae religiones
effugiunt animo pauidae, mortisque timores
tum uacuum *pect*us lincunt curaque solutum.
Quod si ridicula haec ludibriaque esse uidemus,
re ueraque metus hominum curaeque sequaces
nec metuunt sonitus armorum nec fera tela,
audacterque inter reges rerumque potentis
uersantur, neque fulgorem reuerentur ab auro,
nec clarum uestis splendorem purpureai,
quid dubitas quin omni' sit haec rationi' potestas,
omnis cum in tenebris praesertim uita laboret?
Nam ueluti pueri trepidant atque omnia caecis
in tenebris metuunt, sic nos in luce timemus
interdum nihilo quae sunt metuenda magis quam

délivré des soucis et de crainte affranchi.
Ainsi nous le voyons, bien peu de choses sont nécessaires
à la nature corporelle et tout ce qui ôte la douleur
peut aussi nous donner maintes délices en échange.
Il est parfois plus agréable, et la nature est satisfaite,
si l'on ne possède statues dorées d'éphèbes
tenant en main droite des flambeaux allumés
pour fournir leur lumière aux nocturnes festins,
ni maison brillant d'or et reluisant d'argent,
ni cithares résonnant sous des lambris dorés,
de pouvoir entre amis, couchés dans l'herbe tendre,
auprès d'une rivière, sous les branches d'un grand arbre,
choyer allégrement son corps à peu de frais,
surtout quand le temps sourit et que la saison
parsème de mille fleurs les prairies verdissantes[3].
Et les fièvres ne quittent pas plus vite le corps
si l'on s'agite sur de riches brocarts de pourpre
que si l'on doit coucher sur un drap plébéien.
Les trésors donc à notre corps ne profitant,
non plus que la noblesse ou la gloire d'un trône,
il ne reste qu'à les juger vains pour l'esprit.
A moins qu'à voir tes légions au Champ de Mars[4]
hardiment engager les simulacres de guerre,
† à grand renfort d'escadrons et de cavalerie
tout aussi équipés et tout aussi féroces,[5] †
les superstitions n'abandonnent ton esprit,
effrayées, les terreurs de la mort ne s'enfuient,
laissant ton cœur libre de toute inquiétude.
Mais si l'on ne voit là que simple dérision,
si les peurs, en vérité, et les soucis tenaces
ne craignent ni les coups ni le fracas des armes
et logent hardiment parmi rois et puissants,
sans respect pour l'or ni la pourpre éclatante,
comment douter que seule la raison puisse les vaincre,
surtout quand la vie entière lutte dans les ténèbres?
Car de même que les enfants tremblent et craignent tout
dans les ténèbres aveugles, nous craignons en plein jour
parfois des chimères aussi peu redoutables que
celles dont les enfants s'effraient dans les ténèbres

quae pueri in tenebris pauitant finguntque futura.
Hunc igitur terrorem animi tenebrasque necessest
non radii solis neque lucida tela diei
discutiant, sed naturae species ratioque.

Nunc age, quo motu genitalia materia*i*
corpora res uarias gignant genitasque resoluant,
et qua ui facere id cogantur, quaeque sit ollis
reddita mobilitas magnum per inane meandi,
expediam : tu te dictis praebere memento.

Nam certe non inter se stipata cohaeret
materies, quoniam minui rem quamque uidemus,
et quasi longinquo fluere omnia cernimus aeuo,
ex oculisque uetustatem subducere nostris,
cum tamen incolumis uideatur summa manere;
propterea quia, quae decedunt corpora cuique,
unde abeunt minuunt, quo uenere augmine donant,
illa senescere at haec contra florescere cogunt,
nec remorantur ibi. Sic rerum summa nouatur
semper, et inter se mortales mutua uiuont.
Augescunt aliae gentes, aliae minuuntur,
inque breui spatio mutantur saecla animantum,
et quasi cursores uitai lampada tradunt.
Si cessare putas rerum primordia posse,
cessandoque nouos rerum progignere motus,
auius a uera longe ratione uagaris.
Nam quoniam per inane uagantur, cuncta necessest
aut grauitate sua ferri primordia rerum,
aut ictu forte alterius. Nam <cum> cita saepe
obuia conflixere, fit u*t* diuersa repente
dissiliant; neque enim mirum, durissima quae sint
ponderibus solidis, neque quicquam a terg*o* ibus obstet.
Et quo iactari magis omnia materiai
corpora peruideas, reminiscere totius imum
nil esse in summa, neque habere ubi corpora prima
consistant, quoniam spatium sine fine modoquest,
immensumque patere in cunctas undique partis

et qu'ils s'imaginent prêtes à surgir.
Ces terreurs, ces ténèbres de l'âme, il faut les dissiper.
Le soleil ni l'éclat du jour ne les transperceront,
mais la vue et l'explication de la nature.

Allons! Maintenant, par quel mouvement les atomes
engendrent puis désagrègent les diverses créatures,
quelle force alors les contraint, quelle vitesse
les anime à travers l'immensité du vide,
je te l'explique, et toi n'oublie pas de m'écouter.

Mouvement des atomes

La matière assurément n'est pas un bloc compact
puisque nous voyons les choses diminuer chacune,
s'écouler pour ainsi dire à longueur de temps
et dérober leur vieillesse à nos regards
pour qui l'ensemble n'en demeure pas moins intact.
En effet, les atomes qui se détachent des corps
les dépouillent pour enrichir ceux qu'ils rejoignent,
forçant les uns à vieillir, les autres à prospérer
sans y mettre de cesse. Ainsi le monde se renouvelle
toujours et les mortels vivent d'échanges mutuels.
Certaines lignées augmentent et d'autres diminuent,
en peu de temps les générations se remplacent
et tels des coureurs se passent le flambeau de la vie.
Si tu penses que les atomes peuvent s'arrêter
et produire à l'arrêt de nouveaux mouvements,
tu t'égares bien loin du raisonnement vrai.
Puisqu'ils errent dans le vide, il faut que ces principes
se meuvent par leur poids ou par le choc d'un autre;
oui, lorsque dans leur course ils se sont affrontés,
ils rebondissent aussitôt en divers sens,
ce qui n'est pas étrange pour des corps très durs,
denses et pesants, que rien derrière ne retient.
Et pour mieux comprendre l'agitation des atomes,
souviens-toi que l'univers entier n'a pas de fond,
nul lieu où puissent s'arrêter les corps premiers,
parce que l'espace est sans fin ni mesure
et dans l'immensité s'ouvre de toutes parts,

pluribus ostendi, et certa ratione probatumst.
Quod quoniam constat, nimirum nulla quies est
reddita corporibus primis per inane profundum,
sed magis adsiduo uarioque exercita motu,
partim interuallis magnis confulta resultant,
pars etiam breuibus spatiis uexantur ab ictu.
Et quaecumque magis condenso conciliatu
exiguis interuallis conuecta resultant
indupedita suis perplexis ipsa figuris,
haec ualidas saxi radices et fera ferri
corpora constituunt et cetera <de> genere horum.
Paucula quae porro magnum per inane uagantur
cetera dissiliunt longe longeque recursant
in magnis interuallis, haec aera rarum
sufficiunt nobis et splendida lumina solis.
Multaque praeterea magnum per inane uagantur
conciliis rerum quae sunt reiecta nec usquam
consociare etiam motus potuere recepta.
Cuius, uti memoro, rei simulacrum et imago
ante oculos semper nobis uersatur et instat.
Contemplator enim, cum solis lumina cumque
inserti fundunt radii per opaca domorum :
multa minuta modis multis per inane uidebis
corpora misceri radiorum lumine in ipso,
et uelut aeterno certamine proelia, pugnas
edere turmatim certantia, nec dare pausam,
conciliis et discidiis exercita crebris;
conicere ut possis ex hoc, primordia rerum
quale sit in magno iactari semper inani,
dumtaxat rerum magnarum parua potest res
exemplare dare et uestigia notitiai.
Hoc etiam magis haec animum te aduertere par est
corpora quae in solis radiis turbare uidentur,
quod tales turbae motus quoque materiai
significant clandestinos caecosque subesse.
Multa uidebis enim plagis ibi percita caecis
commutare uiam retroque repulsa reuerti,
nunc huc, nunc illuc, in cunctas undique partis.

je l'ai souvent montré[6] et mes preuves sont sûres.
Puisqu'il en est ainsi, dans le vide infini
aucun repos n'est jamais accordé aux atomes,
mais, animés d'un mouvement incessant et varié,
ils se heurtent et sautent à de grandes distances
ou, faiblement repoussés, s'éloignent de peu.
Tous ceux qui, formant plus denses compagnies,
ne rebondissent qu'à de faibles intervalles
et s'enchevêtrent dans leurs figures complexes
constituent les dures racines de la pierre,
le corps sauvage du fer et tous leurs semblables.
Les autres atomes errent dans le grand vide[7];
quelques-uns[8] sautent bien loin et bien loin s'écartent
à de grands intervalles : ce sont eux qui nous donnent
l'air subtil, la lumière éclatante du soleil;
les plus nombreux enfin errent dans le grand vide,
exclus de l'assemblage des choses car nulle part
ils ne furent admis à joindre leurs mouvements.
L'image ou simulacre[9] du fait que je rapporte,
nous l'avons sans cesse présente à nos yeux.
Quand les lumières, quand les rayons du soleil
se glissent dans l'obscurité d'une chambre, contemple.
Tu verras parmi le vide maints corps minuscules
se mêler de maintes façons dans les rais de lumière
et comme les soldats d'une guerre éternelle
se livrer par escadrons batailles et combats
sans s'accorder de trêve et toujours s'agitant,
au gré des alliances et séparations multiples.
C'est ainsi que tu peux saisir par conjecture
l'éternelle agitation des atomes dans le grand vide[10],
pour autant que de grandes choses[11] une petite
puisse donner l'exemple et tracer le concept.
Il est encore une raison de mieux observer
les corps se bousculant parmi les rayons du soleil :
de telles turbulences signifient qu'au-dessous
la matière est agitée de mouvements obscurs.
Oui, tu verras souvent ces corps changer de route
et retourner en arrière sous d'aveugles chocs,
tantôt ici, tantôt là, partout et en tous sens.

Scilicet hic a principiis est omnibus error.
Prima mouentur enim per se primordia rerum;
inde ea quae paruo sunt corpora conciliatu
et quasi proxima sunt ad uiris principiorum,
ictibus illorum caecis inpulsa cientur,
ipsaque *pro*porro paulo maiora lacessunt.
Sic a principiis ascendit motus, et exit
paulatim nostros ad sensus, ut moueantur
illa quoque in solis quae lumine cernere quimus,
nec quibus id faciant plagis apparet aperte.

Nunc quae mobilitas sit reddita materiai
corporibus, paucis licet hinc cognoscere, Memmi.
Primum aurora nouo cum spargit lumine terras,
et uariae uolucres nemora auia peruolitantes
aera per tenerum liquidis loca uocibus opplent,
quam subito soleat sol ortus tempore tali
conuestire sua perfundens omnia luce,
omnibus in promptu manifestumque esse uidemus.
At uapor is quem sol mittit lumenque serenum
non per inane meat uacuom; quo tardius ire
cogitur, aerias qu*a*si dum diuerberat undas.
Nec singillatim corpuscula quaeque uaporis
sed complexa meant inter se conque globata;
quapropter simul inter se *re*trahuntur et extra
officiuntur, uti cogantur tardius ire.
At quae sunt solida primordia simplicitate,
cum per inane meant uacuom, nec res *r*emora*tur*
ulla foris atque ipsa suis e partibus unum,
unum in quem coepere locum con*i*xa feruntur,
debent nimirum praecellere mobilitate,
et multo citius ferri quam lumina solis,
multiplexque loci spatium transcurrere eodem
tempore quo solis peruolgant fulgura caelum.

***

nec persectari primordia singula quaeque,
ut *ui*deant qua quidque geratur cum ratione.

Cette errance est due aux principes des choses :
ils sont les premiers à se mouvoir d'eux-mêmes,
puis les corps dont l'assemblage est le plus petit,
les plus proches pour ainsi dire de la force des atomes,
se meuvent sous la poussée des chocs aveugles
et frappent à leur tour des corps un peu plus grands.
Ainsi, depuis les atomes, le mouvement s'élève,
peu à peu il parvient à nos sens jusqu'à nous faire voir
l'agitation des corps dans un rayon de soleil,
mais les chocs originels demeurent invisibles.

Vitesse des atomes

Maintenant, quelle est la vitesse des atomes,
tu peux l'apprendre en quelques vers, Memmius[12].
Quand l'aube éclabousse les terres de clarté nouvelle
et qu'au fond des bois les oiseaux diaprés s'envolent,
emplissant l'air subtil de leurs chants limpides,
avec quelle rapidité le soleil qui se lève alors
de sa lumière enrobe et baigne toute chose,
nous en avons chacun le spectacle sous les yeux.
La vapeur, la lumière sereine du soleil
ne traverse pourtant pas un espace vide,
les vagues de l'air à franchir la forcent à ralentir.
Et les corpuscules qui forment la vapeur
ne se déplacent pas seuls mais en groupes complexes.
Tiraillements mutuels, obstacles extérieurs
obligent donc l'ensemble à ralentir sa course.
Mais quand les atomes simples et solides
se meuvent dans le vide où rien ne les retarde,
unités autonomes sans parties distinctes,
volant d'un même essor dans leur direction initiale,
ils doivent sûrement atteindre une vitesse extrême
et, le temps que les rayons solaires traversent le ciel,
franchir plusieurs fois la même distance.

***[13]

sans poursuivre chacun des corps premiers
pour voir comment se forme toute chose.

At quidam contra haec, ignari materiai,
naturam non posse deum sine numine re*ntur*
tanto opere humanis rationibus a*d*moderate
tempora mutare annorum frugesque creare,
et iam cetera mortalis quae suadet adire
ipsaque deducit dux uitae dia uoluptas,
et res per Veneris blanditur saecla propagent,
ne genus occidat humanum. Quorum omnia causa
constituisse deos cum fingunt, omnibu' rebus
magno opere a uera lapsi ratione uidentur.
Nam quamuis rerum ignorem primordia quae sint,
hoc tamen ex ipsis caeli rationibus ausim
confirmare, aliisque ex rebus reddere multis,
nequaquam nobis diuinitus esse creatam
naturam mundi : *tanta* stat praedita culpa.
Quae tibi posterius, Memmi, faciemus aperta;
nunc id quod superest de motibus expediemus.

Nunc locus est, ut opinor, in his illud quoque rebus
confirmare tibi, nullam rem posse sua ui
corpoream sursum ferri sursumque meare;
ne tibi dent in eo flammarum corpora fraudem.
Sursus enim uersus gignuntur et augmina sumunt,
et sursum nitidae fruges arbustaque crescunt,
pondera, quantum in se est, cum deorsum cuncta ferantur.
Nec cum subsiliunt ignes ad tecta domorum,
et celeri flamma degustant tigna trabesque,
sponte sua facere id sine ui subi*gente* putandum est.
Quod genus e nostro cum missus corpore sanguis
emicat exultans alte spargitque cruorem.
Nonne uides etiam quanta ui tigna trabesque
respuat umor aquae? Nam quo magis ursimus alte
derecta, et magna ui multi pressimus aegre,
tam cupide sursum re*u*omi*t* magis atque remittit,

Négation de la providence

Certains[14] au contraire, ignorant ce qu'est la matière,
pensent que la nature sans les dieux ne pourrait,
en si grande harmonie avec les intérêts humains,
alterner les saisons, produire les moissons,
ouvrir aux mortels ces voies où les dirige
le guide même de la vie, la volupté divine,
quand l'attrait des œuvres de Vénus les invite
à se reproduire pour la survie du genre humain.
Mais croire que les dieux ont tout créé pour l'homme,
c'est se tromper en tout et trahir la vérité.
Même si j'ignorais la nature de ses principes,
d'après le système du ciel et bien d'autres choses,
j'oserais soutenir que le monde ne fut pas créé
divinement pour nous, si grand est son défaut,
comme je le montrerai plus tard, ô Memmius!
Pour l'heure, finissons-en avec les mouvements.

Poids et déviation

C'est ici le lieu, je pense, de la preuve suivante :
aucun corps ne peut en vertu de sa force
se porter vers le haut, s'élever dans les airs.
Ne te laisse point abuser par les atomes du feu.
Vers le haut il surgit, prend toute son ampleur,
et les blondes moissons, les arbres poussent vers le haut,
bien que tous les poids tendent par nature vers le bas.
Oui, mais quand le feu s'élance jusqu'aux toits,
léchant de sa flamme rapide poutres et solives,
il ne faut pas croire qu'il agit spontanément,
sans aucune force pour le pousser au-dessous.
Même chose avec le sang qui de notre corps
jaillit et lance bien haut sa pourpre giclée.
Ne vois-tu pas aussi avec quelle vigueur
poutres et solives sont repoussées par l'eau?
Plus nous exerçons une poussée verticale
et peinons à les enfoncer, joignant nos efforts,
plus l'eau s'acharne à les vomir et rejeter,

plus ut parte foras emergant exiliantque.
Nec tamen haec, quantum est in se, dubitamus, opinor,
quin uacuum per inane deorsum cuncta ferantur.
Sic igitur debent flammae quoque posse per auras
aeris expressae sursum succedere, quamquam
pondera, quantum in *s*est, deorsum *de*ducere pugnent.
Nocturnasque faces caeli sublime uolantis
nonne uides longos flammarum ducere tractus,
in quascumque dedit partis natura meatum?
Non cadere in terra*s* stellas et sidera cernis?
Sol etiam <caeli> de uertice dissipat omnis
ardorem in partis et lumine conserit arua;
in terras igitur quoque solis uergitur ardor.
Transuersosque uolare per imbris fulmina cernis;
nunc hinc, nunc illinc, abrupti nubibus ignes
concursant; cadit in terras uis flammea uolgo.

Illud in his quoque te rebus cognoscere auemus,
corpora cum deorsum rectum per inane feruntur
ponderibus propriis, incerto tempore ferme
incertisque locis spatio depellere paulum,
tantum quod momen mutatum dicere possis.
Quod nisi declinare solerent, omnia deorsum,
imbris uti guttae, caderent per inane profundum,
nec foret offensus natus, nec plaga creata
principiis : ita nil umquam natura creasset.
Quod si forte aliquis credit grauiora potesse
corpora, quo citius rectum per inane fer*a*ntur,
incidere ex supero leuioribus atque ita plagas
gignere quae possint genitalis reddere motus,
auius a uera longe ratione recedit.
Nam per aquas quaecumque cadunt atque aera rarum,
haec pro ponderibus casus celerare necessest,
propterea quia corpus aquae naturaque tenuis
aeris haud possunt aeque rem quamque morari,
sed citius cedunt grauioribus exsuperat*a*.
At contra nulli de nulla parte neque ullo
tempore inane potest uacuum subsistere rei,

si bien qu'il en jaillit et ressort plus de la moitié.
Pourtant nous ne doutons pas, je crois, que par nature
ces corps ne tombent de haut en bas dans le vide[15].
Il doit donc en aller de même avec les flammes :
elles peuvent s'élancer dans les brises de l'air
grâce à une poussée s'exerçant vers le haut,
bien que leur poids lutte pour les faire descendre.
Et les nocturnes flambeaux du ciel, ne les vois-tu mener
en leur sublime vol de longues traînées de flammes,
quelque direction que la nature leur ait donnée?
Ne vois-tu les étoiles, les astres tomber sur la terre[16]?
Même le soleil du haut des cieux partout diffuse
la chaleur et sème les champs de sa lumière :
c'est donc vers la terre que penche son ardeur.
Tu vois l'éclair franchir les pluies d'un vol oblique.
Ici ou là perçant les nuées, les feux s'entrechoquent,
mais la foudre tombe communément sur la terre.

En ce domaine je brûle encore de t'apprendre ceci :
dans la chute qui les emporte, en vertu de leur poids,
tout droit à travers le vide, en un temps indécis,
en des lieux indécis, les atomes dévient un peu;
juste de quoi dire que le mouvement est modifié.
Sans cette déclinaison, tous, comme gouttes de pluie,
tomberaient de haut en bas dans le vide infini[17].
Entre eux nulle rencontre, nul choc possible.
La nature n'aurait donc jamais rien créé.
Mais, si l'on pense que les atomes plus lourds,
allant en ligne droite plus vite à travers le vide,
tombent sur les plus légers et produisent ainsi
les chocs à l'origine des mouvements créateurs,
on s'écarte bien loin du raisonnement vrai.
Tout ce qui tombe à travers l'onde ou l'air subtil
doit accélérer sa chute à proportion de son poids,
parce que le corps de l'eau et la nature ténue de l'air
ne peuvent retarder également toutes les choses
mais plus vite cèdent aux plus lourdes, vaincus.
Nulle part au contraire, à nul moment,
le vide ne saurait exister sous un corps

quin, sua quod natura petit, concedere pergat;
omnia quapropter debent per inane quietum
aeque ponderibus non aequis concita ferri.
Haud igitur poterunt leuioribus incidere umquam
ex supero grauiora, neque ictus gignere per se
qui uarient motus per quos natura gerat res.
Quare etiam atque etiam paulum inclinare necessest
corpora; nec plus quam minimum, ne fingere motus
obliquos uideamur et id res uera refutet.
Namque hoc in promptu manifestumque esse uidemus
pondera, quantum in sest, non posse obliqua meare,
ex supero cum praecipitant, quod cernere possis.
Sed nihil omnino <recta> regione uiai
declinare quis est qui possit cernere sese?

Denique si semper motus conectitur omnis,
et uetere exoritur <semper> nouus ordine certo,
nec declinando faciunt primordia motus
principium quoddam quod fati foedera rumpat,
ex infinito ne causam causa sequatur,
libera per terras unde haec animantibus exstat,
unde est haec, inquam, fatis auolsa uolu*n*tas,
per quam progredimur quo ducit quemque uolu*p*tas,
declinamus item motus nec tempore certo
nec regione loci certa, sed ubi ipsa tulit mens?
Nam dubio procul his rebus sua cuique uoluntas
principium dat, et hinc motus per membra rigantur.
Nonne uides etiam patefactis tempore puncto
carceribus, non posse tamen prorumpere *e*quorum
uim cupidam tam de subito quam mens auet ipsa?
Omnis enim totum per corpus materiai
copia conciri debet, concita per artus
omnis ut studium mentis con*i*xa sequatur;
ut uideas initum motus a corde creari,

qu'il ne lui cède aussitôt, comme le veut sa nature.
Ainsi tous les atomes doivent-ils dans le vide inerte
aller à vitesse égale malgré leurs poids inégaux.
Jamais donc les plus lourds ne pourront tomber d'en haut
sur les plus légers ni produire d'eux-mêmes les chocs
qui sont à l'origine des mouvements divers
grâce auxquels la nature accomplit son œuvre.
Oui, encore une fois, il faut que les atomes
dévient un peu, d'un minimum, pas davantage,
ainsi nous n'inventerons pas des mouvements
obliques démentis par la réalité.
Car, nous le voyons bien, c'est un fait d'expérience :
en chute libre les corps pesants ne peuvent d'eux-mêmes
se mouvoir à l'oblique de façon perceptible.
Mais qu'ils ne dévient nullement de la verticale,
qui de soi-même pourrait donc s'en apercevoir ?

La liberté

Enfin, si tout mouvement s'enchaîne toujours,
si toujours d'un ancien un autre naît en ordre fixe[18]
et si par leur déclinaison les atomes ne prennent
l'initiative d'un mouvement qui brise les lois du destin[19]
et empêche les causes de se succéder à l'infini,
libre par toute la terre, d'où vient aux êtres vivants,
d'où vient, dis-je, cette volonté[20] arrachée aux destins
qui nous permet d'aller où nous conduit notre plaisir
et d'infléchir nous aussi nos mouvements,
non pas en un moment ni en un lieu fixés
mais suivant l'intention de notre seul esprit ?
Car, en ce domaine, la volonté de chacun
prend évidemment l'initiative et c'est à partir d'elle
que les mouvements se distribuent dans les membres.
Ne vois-tu pas qu'à l'instant où s'ouvrent les stalles[21]
le désir des chevaux n'arrive pas à s'élancer
aussi vite qu'il se forme dans leur esprit ?
Car toute la masse de matière dans le corps
doit être mise en branle à travers les divers membres
et suivre d'un commun effort l'intention de l'esprit.
Ainsi, vois-tu, la source du mouvement est le cœur[22],

ex animique uoluntate id procedere primum,
inde dari porro per totum corpus et artus.
Nec similest ut cum impulsi procedimus ictu
uiribus alterius magnis magnoque coactu.
Nam tum materiem totius corporis omnem
perspicuum*st* nobis inuitis ire rapique,
donec eam refrenauit per membra uoluntas.
Iamne uides igitur, quamquam uis extera multos
p*e*llat et inuitos cogat procedere saepe
praecipitesque rapi, tamen esse in *p*ectore nostro
quiddam quod contra pugnare obstareque possit?
Cuius ad arbitrium quoque copia materiai
cogitur interdum flecti per membra, per artus,
et proiecta refrenatur retroque resedi*t*.
Quare in seminibus quoque idem fateare necessest,
esse aliam praeter plagas et pondera causam
motibus, unde haec est nobis innata potestas,
de nilo quoniam fieri nil posse uidemus.
Pondus enim prohibet ne plagis omnia fiant
externa quasi ui. Sed ne *men*s ipsa necessum
intestinum habeat cunctis in rebus agendis,
et deuicta quasi cogatur ferre patique,
id facit exiguum clinamen principiorum
nec regione loci certa nec tempore certo.

Nec stipata magis fu*i*t umquam materia*i*
copia, nec porro maioribus interuallis.
Nam neque adaugescit quicquam neque deperit inde.
Quapropter quo nunc in motu principiorum
corpora sunt, in eodem ante acta aetate fuere,
et post haec semper simili ratione ferentur,
et quae consuerint gigni gignentur eadem
condicione, et erunt et crescent uique ualebunt
quantum cuique datum est per foedera naturai.
Nec rerum summam commutare ulla potest uis;
nam neque, quo possit genus ullum materiai
effugere ex omni quicquam est <extra>, neque in omn*e*

c'est de la volonté qu'il procède tout d'abord,
puis il se communique à l'ensemble de l'organisme.
Rien de tel lorsque nous avançons, poussés
par une force étrangère, puissante et contraignante.
Dans ce cas, en effet, toute la matière de notre corps
se trouve évidemment entraînée malgré nous
jusqu'à ce que la volonté la freine en tous nos membres.
Comprends-tu maintenant? Bien qu'une force externe
souvent nous pousse et nous fasse avancer malgré nous,
ravis, précipités, quelque chose en notre poitrine
a le pouvoir de combattre et de résister.
C'est à son arbitre que toute la matière
doit aussi se plier dans le corps et les membres,
se laisser réfréner dans son élan, ramener au repos.
Il faut donc reconnaître que les atomes aussi,
outre les chocs et le poids, possèdent en eux-mêmes
une cause motrice d'où nous vient ce pouvoir
puisque rien, nous le voyons, de rien ne procède.
Oui, le poids empêche que tout arrive par des chocs,
par une sorte de force étrangère, mais si l'esprit[23] n'est pas
régi en tous ses actes par la nécessité interne,
s'il n'est pas, tel un vaincu, réduit à la passivité,
c'est l'effet de la légère déviation des atomes
en un lieu, en un temps que rien ne détermine[24].

La création continue

Jamais en outre la quantité de matière
n'a été plus serrée ni plus éparse.
Aucune augmentation, aucune perte en effet.
Le mouvement des atomes est donc aujourd'hui
le même que jadis, toujours semblablement
il les emportera dans la suite des âges
et ce qui a coutume de naître encore naîtra,
soumis à même loi, vivant et s'épanouissant
durant le temps assigné à chacun par la nature[25].
Nulle force ne peut modifier la somme des choses :
hors du tout il n'est rien où doive jamais
s'enfuir la matière, naître une force inconnue

unde coorta queat noua uis inrumpere, et omnem
naturam rerum mutare et uertere motus.

Illud in his rebus non est mirabile quare,
omnia cum rerum primordia sint in motu,
summa tamen summa uideatur stare quiete,
praeterquam si quid proprio dat corpore motus.
Omnis enim longe nostris ab sensibus infra
primorum natura iacet; quapropter, ubi ips*a*
cernere iam nequeas, motus quoque *s*urpere debent;
praesertim cum quae possimus cernere celent
saepe tamen motus spatio diducta locorum.
Nam saepe in colli tondentes pabula laeta
lanigerae reptant pecudes, quo quamque uocantes
inuitant herbae gemmantes rore recenti,
et satiati agni ludunt blandeque coruscant;
omnia quae nobis longe confusa uidentur,
et uelu*t* in uiridi candor consistere colli.
Praeterea magnae legiones cum loca cursu
camporum complent belli simulacra cientes,
fulgor *i*bi ad caelum se tollit, totaque circum
aere renidescit tellus, supterque uirum ui
excitur pedibus sonitus, clamoreque montes
icti reiectant uoces ad sidera mundi,
et circumuolitant equites mediosque repente
tramittunt ualido quatientes impete campos.
Et tamen est quidam locus altis montibus, <unde>
stare uidentur et in campis consistere fulgor.

Nunc age iam deinceps cunctarum exordia rerum
qualia sint, et quam longe distantia formis
percipe, multigenis quam sint uariata figuris;
non quo multa parum simili sint praedita forma,
sed quia non uolgo paria omnibus omnia constant.
Nec mirum; nam cum sit eorum copia tanta
ut neque finis, uti docui, neque summa sit ulla,
debent nimirum non omnibus omnia prorsum
esse pari filo similique adfecta figura.

qui puisse faire irruption dans l'univers,
bouleverser la nature et détourner ses mouvements[26].

Il est un fait maintenant dont il ne faut pas s'étonner :
bien que chaque atome ne cesse de se mouvoir,
l'ensemble paraît demeurer dans un repos parfait,
hormis les corps animés d'un mouvement propre.
C'est que les atomes sont bien au-delà
de la portée de nos sens : invisibles en eux-mêmes,
ils doivent nous dérober aussi leur mobilité,
d'autant que même les corps visibles à nos yeux
cachent leurs mouvements lorsqu'ils sont à distance.
Souvent sur la colline, tondant les riantes prairies,
les troupeaux porte-laine cheminent où les invitent
les herbes emperlées de rosée matinale,
les agneaux repus et joueurs s'affrontent tendrement,
mais, de loin, l'ensemble nous paraît se confondre,
blancheur immobile sur la verte colline.
Et quand les grandes légions envahissent les plaines,
en leur course agitant les images de la guerre,
l'éclat des armes s'élève jusqu'au ciel,
toute la terre à la ronde reflète l'airain,
le sol s'ébranle sous la charge des guerriers,
leurs pas résonnent, les montagnes frappées de clameurs
renvoient l'écho jusqu'aux astres de l'orbe céleste,
les cavaliers volent alentour puis soudain
s'élancent et les plaines tremblent sous leur assaut.
Pourtant, sur les hautes montagnes, il est un lieu
d'où tout semble au repos, éclair immobile dans la plaine.

Variété des formes atomiques

Mais allons, apprends donc les qualités des atomes,
leurs diverses formes, la variété de leurs figures.
Non qu'ils soient peu nombreux à posséder même forme,
mais ils ne sont pas tous ni d'ordinaire semblables[27].
Rien d'étonnant, si grande est leur quantité
qu'elle n'a ni fin ni somme, comme je l'ai montré.
Ainsi tous les atomes ne peuvent d'ordinaire
avoir même profil ni semblable figure.

Praeterea genus humanum, mutaeque natantes
squamigerum pecudes, et laeta ar*men*ta, feraeque
et uariae uolucres, laetantia quae loca aquarum
concelebrant circum ripas fontisque lacusque,
et quae peruolgant nemora auia peruolitantes;
quorum unum qu*i*duis generatim sumere perge,
inuenies tamen inter se differre figuris.
Nec ratione alia proles cognoscere matrem,
nec mater posset prolem; quod posse uidemus,
nec minus atque homines inter se nota cluere.
Nam saepe ante deum uitulus delubra decora
turicremas propter mactatus concidit aras,
sanguinis expirans calidum de pectore flumen.
At mater uiridis saltus orbata peragrans,
no*sc*it humi pedibus uestigia pressa bisulcis,
omnia conuisens oculis loca, si queat usquam
conspicere amissum fetum, completque querellis
frondiferum nemus adsistens, et crebra reuisit
ad stabulum, desiderio perfixa iuuenci.
Nec tenerae salices atque herbae rore uigentes,
fluminaque illa queunt summis labentia ripis
oblectare animum subitamque auertere curam;
nec uitulorum aliae species per pabula laeta
deriuare queunt animum curaque leuare :
usque adeo quiddam proprium notumque requirit.
Praeterea teneri tremulis cum uocibus haedi
cornigeras norunt matres, agnique petulci
balantum pecudes : ita, quod natura reposcit,
ad sua quisque fere decurrunt ubera lactis.
Postremo quoduis frumentum non tamen omne
quidque suo genere inter se simile esse uidebis,
quin intercurrat quaedam distantia formis.
Concharumque genus parili ratione uidemus
pingere telluris gremium, qua mollibus undis
litoris incurui bibulam pauit aequor harenam.

Conséquences diverses

Et vois le genre humain, les troupes silencieuses
de nageurs porte-écailles, le bétail, les bêtes fauves,
les divers oiseaux qui peuplent les contrées aquatiques
aux riants abords des fleuves, des sources et des lacs
ou qui hantent de leur vol les forêts profondes,
examine tour à tour les individus de même espèce,
tu trouveras pourtant que leurs formes diffèrent.
Sinon les petits ne reconnaîtraient pas leur mère
ni la mère ses petits, ce que dément l'expérience.
Les animaux se connaissent aussi bien que les hommes.
Devant les temples magnifiques, au pied des autels
où fume l'encens, souvent un taurillon tombe immolé,
exhalant de sa poitrine un flot sanglant et chaud.
Cependant la mère désolée parcourt le bocage,
cherche à reconnaître au sol l'empreinte des sabots,
scrute tous les endroits où d'aventure elle pourrait
retrouver son petit, soudain s'immobilise
à l'orée du bois touffu qu'elle emplit de ses plaintes
et sans cesse revient visiter l'étable,
le cœur transpercé du regret de son petit.
Ni les tendres saules ni l'herbe avivée de rosée
ni les fleuves familiers coulant à pleines rives
ne sauraient la réjouir, la détourner de sa peine.
La vue d'autres taurillons dans les gras pâturages
ne peut la distraire ni soulager son chagrin,
tant elle recherche un être singulier, connu.
Les tendres cabris à la voix chevrotante
reconnaissent leurs mères cornues, les agneaux folâtres
leur troupe bêlante : ainsi, obéissant à la nature,
chacun court à la mamelle qui le nourrit.
Enfin, prends n'importe quels grains de même espèce,
tu verras cependant qu'ils ne sont pas semblables
au point de n'offrir aucune différence de forme.
Il en est ainsi des coquillages que nous voyons
colorer le sein de la terre en ces baies où les vagues
viennent battre doucement le sable assoiffé.

Quare etiam atque etiam simili ratione necessest,
natura quoniam constant, neque facta manu sunt
unius ad certam formam primordia rerum,
dissimili inter se quaedam uolitare figura.

Perfacile est <iam> animi ratione exsoluere nobis
quare fulmineus multo penetralior ignis
quam noster fluat e taedis terrestribus ortus.
Dicere enim possis caelestem fulminis ignem
suptilem magis e paruis constare figuris,
atque ideo transire foramina quae nequit ignis
noster hic e lignis ortus taedaque creatus.
Praeterea lumen per cornum transit, at imber
respuitur. Quare? Nisi luminis illa minora
corpora sunt quam de quibus est liquor almus aquarum.
Et quamuis subito per colum uina uidemus
perfluere; at contra tardum cunctatur oliuom,
aut quia nimirum maioribus est elementis,
aut magis hamatis inter se perque plicatis,
atque ideo fit uti non tam diducta repente
inter se possint primordia singula quaeque
singula per cuiusque foramina permanare.
Huc accedit uti mellis lactisque liquores
iucundo sensu linguae tractentur in ore;
at contra taetra absinthi natura ferique
centauri foedo pertorquent ora sapore;
ut facile agnoscas e leuibus atque rutundis
esse ea quae sensus iucunde tangere possunt;
at contra quae amara atque aspera cumque uidentur,
haec magis hamatis inter se nexa teneri,
proptereaque solere uias rescindere nostris
sensibus, introituque suo perrumpere corpus.
Omnia postremo bona sensibus et mala tactu
dissimili inter se pugnant perfecta figura;
ne tu forte putes serrae stridentis acerbum
horrorem constare elementis leuibus aeque
ac musaea mele, per chordas organici quae
*m*obilibus digitis expergefacta figurant;
neu simili penetrare putes primordia forma

C'est ainsi, je le répète, que les corps premiers,
produits de la nature et non faits à la main
d'après la forme exacte d'un modèle unique[28],
doivent voltiger sous des figures diverses.

Notre raison peut désormais expliquer sans peine
pourquoi le feu de la foudre est bien plus pénétrant
que celui qui émane de nos torches terrestres.
Oui, tu peux dire que le feu céleste de la foudre,
subtil composé de plus petites figures[29],
traverse les pores où ne sauraient passer les flammes
qui naissent chez nous du bois ou de la torche.
La lumière traverse la corne[30], mais la pluie
rebondit. Pourquoi? Parce que les corps de la lumière
sont plus petits que ceux de l'eau nourricière.
Et nous voyons que le vin est très vite filtré;
au contraire, paresseuse, l'huile s'attarde,
car ses éléments sont assurément plus grands
ou plus hérissés et donc plus enchevêtrés,
si bien qu'ils ne peuvent se séparer assez vite
pour passer un à un par les différents pores.
Ajoute que le lait et le miel procurent
une agréable sensation à notre langue;
mais la répugnante absinthe, la centaurée féroce
par leur saveur infecte nous font grimacer.
Tu peux donc en conclure aisément ce qui suit :
quand elles peuvent toucher agréablement nos sens,
les choses sont formées d'atomes ronds et lisses,
mais quand elles nous semblent âpres et amères
elles sont formées d'un tissu d'atomes plus hérissés;
voilà pourquoi elles déchirent les voies sensorielles
et pénètrent dans notre corps en le violant.
Enfin, bonnes ou mauvaises, les sensations contraires
résultent de la différence des figures[31].
Ne t'y trompe pas : le son aigre et irritant
d'une scie stridente ne vient pas d'atomes lisses
comme ceux des mélodies que sur la lyre éveillent
et figurent les doigts agiles des musiciens.
Ne t'imagine point que des atomes de même forme

in nares hominum, cum taetra cadauera torrent,
et cum scena croco Cilici perfusa recens est,
araque Panchaeos exhalat propter odores;
neue bonos rerum simili constare colores
semine constituas, oculos qui pascere possunt,
et qui conpungunt aciem lacrimareque cogunt
aut foeda specie di*ri* turpesque uidentur.
Omnis enim, sensus quae mulcet cumque, <figura>
haut sine principiali aliquo leuore creatast;
at contra quaecumque molesta atque aspera constat
non aliquo sine materiae squalore repertast.
Sunt etiam quae iam nec leuia iure putantur
esse neque omnino flexis mucronibus unca,
sed magis angellis paulum prostantibus, <ut quae>
titillare magis sensus quam laedere possint;
fecula iam quo de genere est inu*l*aeque sapores.
Denique iam calidos ignis gelidamque pruinam
dissimili dentata modo conpungere sensus
corporis, indicio nobis est tactus uterque.
Tactus enim, tactus, pro diuom numina sancta,
corporis est sensus, uel cum res extera sese
insinuat, uel cum laedit quae in corpore natast,
aut iuuat egrediens genitalis per Veneris res,
aut ex offensu cum turbant corpore in ipso
semina, confundunt<que> inter se concita sensum;
ut si forte manu quamuis iam corporis ipse
tute tibi partem ferias atque experiare.
Quapropter longe formas distare necessest
principiis, uarios quae possint edere sensus.
Denique quae nobis durata ac spissa uidentur,
haec magis hamatis inter sese esse necessest,
et quasi ramosis alte compacta teneri.
In quo iam genere in primis adamantina saxa
prima acie constant ictus contemnere sueta,
et ualidi silices ac duri robora ferri,
aeraque quae claustris restantia uo*ci*ferantur.
Illa quidem debent *e* leuibus atque rutundis
esse magis, fluuido quae corpore liquida constant;
namque papaueris haustus itemst facilis qua*si* aquarum :

entrent dans nos narines quand brûlent de fétides cadavres
ou quand la scène est fraîchement aspergée de safran[32]
et que l'autel voisin exhale des parfums d'Arabie.
N'attribue pas non plus même composition atomique
aux bonnes couleurs qui peuvent repaître les yeux
et à celles qui les blessent, les forcent à pleurer
ou que leur laideur rend exécrables et infâmes.
Car jamais figure qui flatte les sens
ne fut créée sans quelque poli élémentaire,
mais rien non plus ne les blesse ni ne les rudoie
sans quelque aspérité de sa matière première.
Certains atomes ne sont probablement
ni lisses ni tout à fait pointus et crochus,
ils auraient plutôt de petits angles peu saillants
plus aptes à titiller les sens qu'à les blesser,
tels justement le vinaigre, la savoureuse aunée.
Enfin, le feu brûlant et la gelée glaciale
piquent nos sens d'une dent différente,
comme l'indique le toucher de l'un et de l'autre.
Le toucher, ô sainte puissance des dieux, le toucher
est le sens suprême du corps, soit qu'une chose s'y glisse
de l'extérieur, soit qu'un élément interne le blesse
ou le réjouisse en sortant par l'acte fécond de Vénus,
soit qu'après un choc, troublés dans le corps même,
les atomes se heurtent et confondent les sensations,
comme tu peux en faire toi-même l'expérience
en frappant de ta main une partie du corps.
Il faut donc des atomes aux formes bien différentes
pour ainsi produire la variété des sensations.
Les corps, enfin, qui nous semblent durs et massifs
doivent être formés d'atomes plus hérissés,
dont les rameaux les tiennent profondément serrés[33].
A cette classe appartiennent d'abord les diamants,
toujours en première ligne pour braver les coups,
puis les valeureux silex, le fer rigide et fort,
le bronze qui résiste et crie sous les gonds.
Ce sont au contraire des atomes plus lisses et plus ronds
qui doivent former les liquides au corps fluide;
ainsi les graines de pavot s'avalent comme l'eau

nec retinentur enim inter se glomeramina quaeque,
et perculsus item procliue uolubilis exstat.
Omnia postremo quae puncto tempore cernis
diffugere, ut fumum nebulas flammasque, necessest,
si minus omnia sunt e leuibus atque rutundis,
at non esse tamen perplexis indupedita,
pungere uti possint corpus penetrareque † saxa †
nec tamen haerere inter se; quodcumque uidemus
sensibu' sedatum facile ut cognoscere possis
non e perplexis sed acutis esse elementis.
Sed quod amara uides eadem quae fluuida constant,
sudor uti maris est, minime mirabile debet.
Nam quod fluuidus est, e leuibus atque rutundis
est, et <squalida sunt illis> admixta doloris
corpora; nec tamen haec retiner*i* hamata necessum :
scilicet esse globosa tamen, cum squalida constent,
prouolui simul ut possint et laedere sensus.
Et qu*o* mixta putes magis aspera leuibus esse
principiis unde est Neptuni corpus acerbum,
est ratio secernendi, seorsumque uidendi
umor dulcis, ubi per terras crebrius idem
percolatur, ut in foueam fluat ac mansuescat;
*l*inquit enim supera taetri *pri*mordia uiri,
aspera quo*m* magis in terris haerescere possint.

Quod quoniam docui, pergam conectere rem quae
ex hoc apta fidem ducat, primordia rerum
finita uariare figurarum ratione.
Quod si non ita sit, rursum iam semina quaedam
esse infinito debebunt corporis auctu.
Namque in eadem una cuiusuis i*am* breuitate
corporis inter se multum uariare figurae
non possunt : fac enim minimis e partibus esse
corpora prima tribus, uel paulo pluribus auge;
nempe ubi eas partis unius corporis omnis,
summa atque ima locans, transmutans dextera laeuis,
omnimodi*s* expertus eris, quam quisque det ordo
forma*i* speciem totius corporis eius,

car leurs sphères ne se maintiennent pas ensemble ;
ainsi, au moindre choc, elles roulent suivant la pente.
Quant aux corps que tu vois se dissiper en un instant,
fumée, nuages et flammes, s'ils ne sont entièrement
faits d'atomes polis et ronds, du moins leur faut-il
ne pas s'enchevêtrer en des formes compliquées,
de manière à pouvoir piquer le corps, pénétrer les pierres[34]
et n'être pas très liés ; ainsi peux-tu comprendre
que toute sensation que nous voyons s'apaiser
provient d'atomes aigus mais non pas compliqués.
Mais lorsque tu vois des corps amers et fluides
comme la sueur de la mer, ne t'en étonne pas[35] ;
car leur fluidité vient d'atomes lisses et ronds,
auxquels se mêlent les rugueux atomes de douleur
qui ne se tiennent pas forcément accrochés :
sans doute sont-ils rugueux mais pourtant sphériques ;
ils peuvent rouler, mais aussi blesser nos sens.
Et pour mieux comprendre qu'un mélange d'atomes
âpres et lisses forme le corps amer de Neptune,
il existe un moyen de voir la différence :
quand il a été filtré plusieurs fois par la terre,
eau douce dans la fosse[36] il s'écoule apprivoisé ;
il laisse en effet les principes de son amertume
à la surface de la terre où leur aspérité peut se fixer.

La variété des atomes n'est pas infinie

A ma démonstration, j'ajouterai une chose
qui dépend d'elle et en tire sa crédibilité :
la variété des formes atomiques est finie.
S'il n'en était pas ainsi, certains atomes devraient
posséder à l'inverse une grandeur infinie.
Car dans la petitesse des atomes de même volume
les formes ne peuvent être très différentes.
Suppose en effet qu'ils aient trois parties minimales,
ou un peu plus ; ces parties d'un seul corps premier,
dispose-les en haut et en bas, fais-les passer
de droite à gauche et vois, par tous les essais possibles,
les formes que donnent les diverses combinaisons.

quod superest, si forte uoles uariare figuras,
addendum partis alias erit; inde sequetur,
adsimili ratione alias ut postulet ordo,
si tu forte uoles etiam uariare figuras.
Ergo formarum nouitatem corporis augmen
subsequitur. Quare non est ut credere possis
esse infinitis distantia semina formis,
ne quaedam cogas inmani maximitate
esse, supra quod iam docui non posse probar*i*.
Iam tibi barbaricae uestes, Meliboeaque fulgens
purpura Thessalico concharum *inf*ecta colore,
aurea pauonum rident*i* imbuta lepore
saecla, nou*o* rerum superata colore iacerent,
et contemptus odor smyrnae mellisque sapores,
et cycnea mele, Phoebeaque daedala chordis
carmina consimili ratione oppressa silerent :
namque aliis aliud praestantius exoreretur.
Cedere item retro possent in deteriores
omnia sic partis, ut diximus in melioris :
namque aliis aliud retro quoque taetrius esset
naribus, auribus, atque oculis orisque sapori,
Quae quoniam non sunt, <sed> rebus reddita certa
finis utrimque tenet summam, fateare necessest
materiem quoque finitis differre figuris.
Denique ab ignibus ad gelidas *iter u*sque pruinas
finitumst, retroque pari ratione remensumst.
Omnis enim calor ac frigus, mediique tepores
interutrasque iacent explentes ordine summam.
Ergo finita distant ratione creata,
ancipiti quoniam mucron*e* utrimque notantur,
hinc flamm*i*s, illinc rigidis infes*t*a pruinis.

Quod quoniam docui, pergam conectere rem quae
ex hoc apta fidem ducat, primordia rerum
inter se simili quae sunt perfecta figura,
infinita cluere. Etenim distantia cum sit
formarum finita, necesse est quae similes sint
esse infinitas, aut summam materiai

Finalement, si tu veux encore varier les figures,
il te faudra ajouter d'autres parties et ainsi de suite :
toute série de combinaisons réclamera d'autres parties
si tu veux encore varier les figures de l'atome.
La nouveauté des formes entraîne l'augmentation du corps.
Tu ne saurais donc croire que les atomes
déploient une infinité de formes diverses,
à moins de contraindre certains à une grandeur
monstrueuse et inadmissible, comme je l'ai montré[37].
Les étoffes barbares, la pourpre éclatante de Mélibée[38],
teintes par la couleur des conques thessaliennes,
les races dorées de paons baignés de charme rieur
seraient supplantées par les nouvelles couleurs des choses,
méprisées l'odeur de la myrrhe et les saveurs du miel,
réduites au silence les mélodies des cygnes
et les harmonies inventives de la lyre d'Apollon.
Toujours naîtraient des choses plus prestigieuses.
Mais inversement tout pourrait empirer
et non s'améliorer comme je le disais :
des sensations de plus en plus répugnantes
frapperaient l'odorat, l'ouïe, la vue et le goût.
Puisqu'il n'en est rien et qu'une limite précise
maintient de part et d'autre la somme des choses[39],
il faut reconnaître que les formes de la matière
ne doivent pas non plus varier à l'infini.
Enfin, du feu jusqu'au gel glacial, le parcours
est limité tout comme il l'est en sens inverse :
la chaleur, le froid et les températures moyennes
sont compris entre les deux et forment une gamme complète.
Leur variété est donc limitée dès leur création
puisqu'un double poinçon leur assigne deux bornes,
ici de flammes, là de roides glaces menacés.

Les atomes semblables sont infinis en nombre

A ma démonstration j'ajouterai une chose
qui dépend d'elle et en tire sa crédibilité.
Les atomes de forme semblable sont en nombre infini.
En effet, la diversité des formes étant finie,
il s'ensuit que les atomes semblables sont infinis,
à moins que l'ensemble de la matière ne soit fini,

finitam constare, id quod non esse probaui,
uersibus ostend*en*s corpuscula materiai
ex infinito summam rerum usque tenere,
undique protelo plagarum continuato.
Nam quod rara uides magis esse animalia quaedam,
fecundamque m*inu*s naturam cernis in illis,
at regione locoque alio terrisque remotis
multa licet gener*e* esse in eo numerumque repleri;
sicu*t* quadripedum cum primis esse uidemus
in genere anguimanus elephantos, India quorum
milibus e multis uallo munitur eburno,
ut penitus nequeat penetrari : tanta ferarum
uis est, quarum nos perpauca exempla uidemus.
Sed tamen id quoque uti concedam, quamlubet esto
unica res quaedam natiuo corpore sola,
cui similis toto terrarum non sit in orbi;
infinita tamen nisi erit uis materiai
unde ea progigni possit concepta, creari
non poterit, neque, quod superest, procrescere alique.
Quippe etenim suma*m hoc* <quoque> u*ti* finita per omne
corpora iactari unius genitalia rei,
unde, ubi, qua ui, et quo pacto congressa coibunt
materiae tanto in pelago turbaque aliena?
Non, ut opinor, habent rationem conciliandi;
sed quasi naufragiis magnis multisque coortis
disiectare solet magnum mare transtra, cauernas,
antemnas, prorem, malos, tonsasque natantis,
per terrarum omnis oras fluitantia *a*plustra
ut uideantur, et indicium mortalibus edant
infidi maris insidias uirisque dolumque
ut uitare uelint, neue ullo tempore credant,
subdola cum ridet placidi pellacia ponti,
sic tibi si finita semel primordia quaedam
constitues, aeuom debebunt sparsa per omnem
disiectare aestus diuersi materiai,
numquam in concilium ut possint compulsa coire,
nec remorari in concilio, nec crescere adaucta;

ce qui est impossible comme je l'ai prouvé[40]
en montrant que les corpuscules de la matière
venant de l'infini maintiennent l'ensemble des choses
par leur martèlement continuel, de toutes parts.
Quand tu vois que certains animaux sont plus rares
et que la nature pour eux te paraît moins féconde,
ailleurs pourtant, en des terres lointaines, il se peut
que leur espèce soit riche et leur nombre complet[41].
Ainsi parmi les quadrupèdes nous voyons tout d'abord
la race des éléphants à la trompe serpentine :
leurs myriades arment l'Inde d'un rempart d'ivoire
pour interdire ses profondeurs, si nombreux sont les fauves
dont nos régions ne nous offrent que de rares spécimens.
Mais, pour te faire encore une concession,
supposons une créature seule et unique en son genre,
qui n'ait pas son pareil sur tout l'orbe terrestre[42].
Sans une quantité infinie de matière
dont elle puisse être conçue et engendrée,
jamais elle ne pourra naître, croître et se nourrir.
Car, si j'admets aussi des atomes d'un être unique
épars dans l'univers en nombre limité,
d'où, en quel endroit, par quelle force et comment
viendront-ils, dans le vaste océan de la matière,
se rencontrer et s'unir parmi la foule étrangère?
Non, je ne pense pas qu'ils aient moyen de se rejoindre.
De même qu'après de grands et multiples naufrages
le vaste océan jette bancs, carènes, antennes,
proues, avirons et mâts partout à la dérive
et qu'au long des côtes flottent les aplustres[43]
proposant aux mortels un exemple des pièges,
violences et ruses de l'océan perfide
pour les garder à jamais de se fier au sourire,
au charme trompeur de ses eaux placides,
de même, si tu limites le nombre de certains atomes,
épars dans l'infini du temps, de tous côtés,
au gré des flux de la matière ils seront jetés,
jamais sous aucun choc ils ne pourront s'unir
ni rester unis et grandir ou se développer.

quorum utrumque palam fieri manifesta docet res,
et res progigni, et genitas procrescere posse.
Esse igitur genere in quouis primordia rerum
infinita palam est unde omnia suppeditantur.
Nec superare queunt motus itaque exitiales
perpetuo, neque in aeternum sepelire salutem,
nec porro rerum genitales auctificique
motus perpetuo possunt seruare creata.
Sic aequo geritur certamine principiorum
ex infinito contractum tempore bellum.
Nunc hic, nunc illic superant uitalia rerum,
et superantur item. Miscetur funere uagor
quem pueri tollunt uisent*e*s luminis oras;
nec nox ulla diem, neque noctem aurora secutast,
quae non audierit mixtos uagitibus aegris
ploratus mortis comites et funeris atri.

Illud in his obsignatum quoque rebus habere
conuenit, et memori mandatum mente tenere,
nil esse, in promptu quorum natura uidetur,
quod genere ex uno consistat principiorum,
nec quicquam quod non permixto semine constet;
et qu*od*cumque magis uis multas possidet in se
atque potestates, ita plurima principiorum
in sese genera ac uarias docet esse figuras.

Principio tellus habet in se corpora prima
unde mare immensum uoluentes frigora fontes
adsidue renouent, habet ignes unde oriantur.
Nam multis succensa locis ardent sola terrae,
eximi*i*s uero furit ignibus impetus Aetnae.
Tum porro nitidas fruges arbustaque laeta
gentibus humanis habet unde extollere possit,
unde etiam fluuios, frondes, et pabula laeta
montiuago generi possit praebere ferarum.

L'expérience nous prouve évidemment le contraire :
les choses se créent, les créatures grandissent.
Il est donc évident que, pour n'importe quelle espèce,
infinis sont les atomes qui toujours l'alimentent.
Aussi les mouvements destructeurs ne peuvent-ils
à jamais triompher, ensevelissant toute vie,
ni les mouvements générateurs et nourriciers
préserver à jamais les choses qu'ils ont créées.
Ainsi donc se poursuit à égalité la guerre
que les atomes se livrent de toute éternité.
Tantôt ici, tantôt là, les pouvoirs de vie sont vainqueurs
et vaincus à leur tour; aux funérailles se mêle
le vagissement des nouveau-nés découvrant la lumière,
car jamais la nuit ne succède au jour, l'aube à la nuit
qu'elles n'entendent mêler aux plaintes vagissantes
les pleurs, compagnons de la mort et des noires funérailles.

Combinaisons variées des atomes

Dans ce domaine, il convient encore de consigner
et de garder bien présent à la mémoire ceci :
nul, parmi les corps dont la nature est visible,
n'est formé d'une seule espèce d'atomes,
tous ils sont composés de semences diverses;
et plus ils possèdent de vertus et de propriétés,
plus ils témoignent d'une grande variété
des espèces et des formes atomiques.

Exemple de la terre

Vois surtout la terre : elle contient les corps premiers
où les sources puisent leurs froids tourbillons,
ainsi renouvelant toujours la mer immense;
elle contient les principes d'où naissent les feux,
car en divers endroits le sol s'embrase et brûle,
mais l'Etna furieux lance des flammes prodigieuses[44];
et les blondes moissons, les arbres florissants,
si la terre les fait surgir pour les peuples humains,
c'est qu'elle en contient les germes, et d'autres encore
d'où elle fournit aux bêtes errantes des montagnes
les rivières, feuillages et riantes pâtures.

Quare Magna deum Mater, Materque ferarum,
et nostri genetrix haec dicta est corporis una.

Hanc ueteres Graium docti cecinere poetae
sedibus in curru biiugos agitare leones,
aeris in spatio magnam pendere docentes
tellurem neque posse in terra sistere terram.
Adiunxere feras, quia quamuis effera proles
officiis debet molliri uicta parentum;
muralique caput summum cinxere corona,
eximi*i*s munita locis quia sustinet urbes.
Quo nunc insigni per magnas praedita terras
horrifice fertur diuinae Matris imago.
Hanc uariae gentes antiquo more sacrorum
Idaeam uocitant Matrem, Phrygiasque cateruas
dant comites, quia primum ex illis finibus edunt
per terrarum orbe*m* fruges coepisse creari.
Gallos attribuunt, quia, numen qui uiolarint
matri*s* et ing*r*ati genitoribus inuenti s*i*nt,
significare uolunt indignos esse putandos
uiuam progeniem qui in oras luminis edant.
Tympana tenta tonant palmis et cymbala circum
concaua, raucisonoque minantur cornua cantu,
et Phrygio stimulat numero caua tibia mentis,
telaque praeportant uiolenti signa furoris,
ingratos animos atque impia pectora uolgi
conterrere metu quae possint numine diuae.
Ergo cum primum magnas inuecta per urbes
munificat tacita mortalis muta salute,
aere atque argento sternunt ite*r* omn*e* ui*a*rum,
largifica stipe ditantes, ninguntque rosarum
floribus umbrantes Matrem comitumque cateruas.
Hic armata manus, Curetas nomine Grai
quos memorant, Phrygi*a*s inter se*i* forte cateruas
ludunt in numerumque exultant sanguine l*a*eti,
terrificas capitum quatientes numine cristas,
Dictaeos referunt Curetas qui Iouis illum

Grande Mère des dieux, Mère des animaux,
notre génitrice, voilà comme on l'appelle.

Cybèle

C'est la déesse chantée par les anciens poètes grecs[45],
sur un trône en son char menant deux lions attelés;
ils montraient par là que le vaste monde est dans l'espace
suspendu et que la terre sur la terre ne repose.
Ils ont attelé des fauves car, si sauvage qu'elle soit,
toute lignée doit s'adoucir par les soins des parents.
Une couronne de remparts ceint le sommet de sa tête
car la terre en ses hauteurs est fortifiée de villes[46].
Encore aujourd'hui, quand, terrifiante procession,
sa statue est portée à travers les terres immenses,
la divine Mère est parée de cet emblème.
Divers peuples l'acclament selon le rite ancien
en criant « Mère idéenne » et lui donnent pour cortège
des troupes de Phrygiens[47] parce que la première
au monde leur terre aurait produit les céréales.
Ils lui adjoignent des Galles[48] pour signifier qu'un homme
violant la volonté de la mère et se montrant ingrat
envers ses géniteurs ne doit pas mériter
de produire aux rives du jour engeance et vie.
Les tambourins tendus tonnent sous les paumes,
parmi les cymbales, les cors rauques et menaçants,
les flûtes excitantes en leur rythme phrygien.
Ils brandissent des armes, emblèmes de leur fureur,
et le cœur impie, l'âme mauvaise de la foule
se laissent terrifier par la puissance de la déesse.
Sitôt que, sur son char traversant les grandes villes,
la muette gratifie les mortels d'un salut silencieux,
ils jonchent son parcours de bronze ou bien d'argent[49],
large obole qui l'enrichit, et neigent les roses,
fleurs d'ombre sur la Mère et toute son escorte.
Lors une bande armée, ceux que les Grecs nomment Curètes[50],
vient parfois jouter avec les troupes phrygiennes[51];
ils sautent en cadence, réjouis de voir le sang,
secouant de la tête leurs terribles aigrettes.
Ils évoquent les Curètes du Dicté

uagitum in Creta quondam occultasse feruntur,
cum pueri circum puerum pernice chorea
[637] armat*i* in numerum pulsarent aeribus aera,
ne Saturnus eum malis mandaret adeptus,
aeternumque daret matri sub pectore uolnus.
Propterea Magnam armati Matrem comitantur,
aut quia significant diuam praedicere ut armis
ac uirtute uelint patriam defendere terram,
praesidioque parent decorique parentibus esse.

Quae bene et eximie quamuis disposta ferantur,
longe sunt tamen a uera ratione repulsa.
Omnis enim per se diuom natura necessest
immortali aeuo summa cum pace fruatur,
semota ab nostris rebus seiunctaque longe.
Nam priuata dolore omni, priuata periclis,
ipsa suis pollens opibus, nihil indiga nostri,
nec bene promeritis capitur neque tangitur ira.
Terra quidem uero caret omni tempore sensu,
et quia multarum potitur primordia rerum,
multa modis multis effert in lumina solis.
Hic si quis mare Neptunum, Cereremque uocare
constituet fruges, et Bacchi nomine abuti
mauolt quam laticis proprium proferre uocamen,
concedamus ut hic terrarum dictitet orbem
esse deum Matrem, dum uera re tamen ipse
[680] religione animum turpi contingere par*cat*.

[660] Saepe itaque ex uno tondentes gramina campo,
lanigerae pecudes, et equorum duellica proles,
buceriaeque greges, eodem sub tegmine caeli
ex unoque sitim sedantes flumine aquai,
[664] dissimili uiuont specie, retinentque parentum
naturam, et mores generatim quaeque imitantur.
Tanta est in quouis genere herbae materiai
dissimilis ratio, tanta est in flumine quoque.
Hinc porro quamuis animantem ex omnibus una*m*
[669] ossa, cruor, uenae, calor, umor, uiscera, nerui

qui couvrirent, dit-on, le vagissement de Jupiter[52]
lorsque, enfants, leur ronde agile entoura l'enfant
et qu'ils frappèrent en cadence leurs armes de bronze
pour empêcher Saturne de croquer le marmot
et d'infliger à sa mère une blessure éternelle.
Tel serait donc le sens de cette escorte armée,
à moins qu'elle ne symbolise l'ordre de la déesse :
défendre la patrie par les armes et le courage,
être la sauvegarde et l'honneur de ses parents.

Si beaux et bien construits que soient tous ces récits,
ils sont pourtant fort éloignés de la vérité.
La nature absolue des dieux doit tout entière
jouir de l'immortalité dans la paix suprême,
à l'écart, bien loin des choses de notre monde :
exempte de souffrance, exempte de périls,
forte de ses ressources, sans nul besoin de nous,
elle est insensible aux faveurs, inaccessible à la colère[53].
Depuis toujours la terre est privée de sensibilité,
mais elle possède les atomes de maintes choses
et les produit de maintes façons à la clarté du jour.
Si donc quelqu'un décide d'appeler la mer Neptune,
Cérès le blé, s'il préfère parler de Bacchus
au lieu de désigner le vin par son nom propre[54],
laissons-le dire que la terre est la Mère des dieux
pourvu qu'en vérité il évite à son esprit
d'être contaminé par l'infâme religion.

Autres exemples de combinaisons

Ainsi donc broutant les herbes d'un même pré,
moutons porte-laine, race belliqueuse des chevaux,
troupes cornues des bœufs, sous un ciel identique
tous apaisant leur soif à la même rivière,
mènent vies diverses, gardent la nature des parents,
chacun reproduisant les mœurs de son espèce :
si grande est la diversité de la matière
en toute sorte d'herbe, si grande en chaque rivière !
Et prends n'importe lequel de tous les êtres animés,
os, sang, veines, chaleur, eau, viscères et nerfs

constituunt; quae sunt porro distantia longe,
dissimili perfecta figura principiorum.
Tum porro quaecumque igni flammata cremantur,
si nil praeterea, tamen haec in corpore co*n*dun*t*
unde ignem iacere et lumen submittere possint,
scintillasque agere ac late differre fauillam.
Cetera consimili mentis ratione peragrans,
inuenies igitur multarum semina rerum
corpore celare et uarias cohibere figuras.
Denique multa uides quibus et color et sapor una
reddita sunt cum odore, in primis pleraque dona

***

haec igitur uariis debent constare figuris;
nidor enim penetrat qua *f*ucus non it in artus,
*f*ucus item sorsum, <sorsum> sapor insinuatur
sensibus; ut noscas primis differre figuris.
Dissimiles igitur formae glomeramen in unum
conueniunt, et res permixto semine constant.
Quin etiam passim nostris in uersibus ipsis
multa elementa uides multis communia uerbis,
cum tamen inter se uersus ac uerba necesse est
confiteare alia ex aliis constare elementis;
non quo multa parum communis littera currat,
aut nulla inter se duo sint ex omnibus i*s*dem,
sed quia non uolgo paria omnibus omnia constant.
Sic aliis in rebus item communia multa
multarum rerum cum sint primordia, longe
dissimili tamen inter se consistere summa
possunt; ut merito ex aliis constare feratur
humanum genus et fruges arbustaque laeta.

Nec tamen omnimodis conecti posse putandum est
omnia. Nam uolgo fieri portenta uideres,
semiferas hominum species existere, et altos
interdum ramos egigni corpore uiuo,
multaque conecti terrestria membra marinis,
tum flammam taetro spirantis ore Chimaeras
pascere naturam per terras omn*i*parentis.
Quorum nil fieri manifestum est, omnia quando

le composent, substances très différentes aussi
et formées d'atomes de figure dissemblable.
Et puis tout ce qui s'enflamme et de feu se consume
renferme à tout le moins les éléments nécessaires
pour faire jaillir le feu, émettre la lumière,
envoyer les étincelles, répandre au loin la cendre.
Parcours les autres choses selon la même méthode,
tu découvriras qu'en leur corps elles recèlent
différentes semences et leurs formes variées.
Enfin, tu les vois souvent de couleur, de saveur,
d'odeur tout à la fois pourvues, comme les dons

***[55].

elles doivent donc être faites de diverses figures.
Par une voie l'odeur pénètre en nos organes,
la couleur par une autre, la saveur se glisse à part,
tu comprends ainsi que leurs formes premières diffèrent.
Diverses figures se groupent donc en une seule masse,
de semences mêlées se composent les choses.
Et même dans nos vers tu vois disséminés
beaucoup d'éléments communs à bien des mots;
il te faut pourtant admettre que les vers et les mots
se distinguent grâce à des éléments différents,
non que peu de lettres communes ne courent parmi eux[56]
ou qu'il n'en existe jamais deux identiques,
mais ils ne sont pas tous ni d'ordinaire semblables.
Ainsi des autres choses : bien que beaucoup d'atomes
soient communs à beaucoup d'entre elles, néanmoins
elles peuvent former des ensembles très différents.
Il est donc juste de dire qu'en leur composition
hommes, blondes moissons, arbres florissants diffèrent.

Mais il ne faut pas croire que de toutes les façons
tout peut s'unir, sinon tu verrais naître des monstres,
des créatures mi-hommes mi-bêtes, de hautes
branches s'élancer d'un corps vivant, des organes
terrestres se joindre à des membres d'animaux marins[57]
et la nature, mère de toutes choses, nourrir par le monde
des chimères soufflant le feu de leur horrible gueule.
Or, manifestement, rien de tel ne se produit :

seminibus certis certa genetrice creata
conseruare genus crescentia posse uidemus.
Scilicet id certa fieri ratione necessust.
Nam sua cuique cibis ex omnibus intus in artus
corpora discendunt, conexaque conuenientis
efficiunt motus. At contra aliena uidemus
reicere in terras naturam, multaque caecis
corporibus fugiunt e corpore percita plagis,
quae neque conecti quoquam potuere, neque int*us*
uitalis motus consentire atque imitari.
Sed ne forte putes animalia sola teneri
legibus hisce, *ea*dem ratio *res* terminat omnis.
Nam ueluti tota natura dissimiles sunt
inter se genitae res quaeque, ita *qua*mque necessest
dissimili constare figura principiorum;
non quo multa parum simili sint praedita forma,
sed quia non uolgo paria omnibus omnia const*a*nt.
Semina cum porro distent, differre necessust
interualla, uias, conexus, pondera, plagas,
concursus, motus, quae non animalia solum
corpora seiungunt, sed terras ac mare totum
secernunt, caelumque a terris omne retentant.

Nunc age dicta meo dulc*i* quaesita labore
percipe, ne forte haec albis ex alba rearis
principiis esse, ante oculos quae candida cernis,
aut ea quae nigrant nigro de semine nata;
niue alium quemuis qu*a*e sunt imbuta colorem,
propterea gerere hunc credas, quod materiai
corpora consimili sint eius tincta colore.
Nullus enim color est omnino materiai
corporibus, neque par rebus neque denique dispar.
In quae corpora si nullus tibi forte uidetur
posse animi iniectus fieri, procul auius erras.
Nam cum caecigeni, solis qui lumina numquam
dispexere, tamen cognoscant corpora tactu
ex ineunte aeuo nullo coniuncta colore,

tout être né de mère et de semences définies
garde en grandissant son espèce, nous le voyons.
Mais il faut pour cela un système défini.
En effet, parmi tous les aliments, seuls les corps
propres à chaque espèce se diffusent dans l'organisme,
se combinent et donnent les mouvements appropriés.
Quant aux corps étrangers, nous voyons au contraire
la nature les rendre à la terre et, frappés par les coups
des atomes aveugles, beaucoup[58] s'enfuient du corps
sans avoir pu se combiner ni s'associer nulle part
aux mouvements vitaux pour les reproduire en nous.
Mais ne crois pas que seuls les êtres animés obéissent
à ces lois, le même système détermine tout.
Car, dans la mesure où les créatures diffèrent
les unes des autres par leur nature générale,
leurs atomes doivent avoir diverses figures;
non qu'ils soient peu nombreux à posséder même forme,
mais ils ne sont pas tous ni d'ordinaire semblables.
Or, puisqu'ils sont divers, diffèrent forcément
intervalles, trajets, liaisons, poids, chocs, rencontres,
mouvements qui non seulement distinguent les animaux
mais aussi séparent la terre du monde marin
et tiennent tout le ciel à distance des terres.

Les atomes sont incolores

Or donc recueille les fruits de mon doux labeur;
allons, ne crois pas que d'atomes blancs la blancheur
dont tes yeux perçoivent l'éclat soit le produit
ni que le noir soit créé de noires semences,
et tous les corps baignés d'une autre couleur
ne les crois pas formés d'atomes pareillement teints.
Les corps de la matière n'ont aucune couleur,
semblable à celle des choses ou dissemblable.
Mais penser qu'aucune projection de l'esprit[59]
ne peut les atteindre serait une grave erreur.
Car les aveugles-nés, sans avoir jamais vu
la clarté du soleil, au toucher dès l'enfance
reconnaissent les corps, toute couleur absente.

scire licet nostrae quoque menti corpora posse
uorti in notitiam nullo circumlita fuco.
Denique nos ipsi caecis quaecumque tenebris
tangimus, haud ullo sentimus tincta colore.
Quod quoniam uinco fieri, nunc esse docebo

***

Omnis enim color omnino mutatur in omnis;
quod facere haud ullo debent primordia pacto.
Immutabile enim quiddam superare necessest,
ne res ad nihilum redigantur funditus omnes.
Nam quodcumque suis mutatum finibus exit,
continuo hoc mors est illius quod fuit ante.
Proinde colore caue contingas semina rerum,
ne tibi res redeant ad nihilum funditus omnes.
Praeterea si nulla coloris principiis est
reddita natura, et uariis sunt praedita formis,
e quibus omnigenus gignunt uariantque colores
pr*op*terea magni quod refert semina quaeque
cum quibus et quali positura contineantur,
et quos inter se dent motus accipiantque,
perfacile ex*t*emplo rationem reddere possis
cur ea quae nigro fuerint paulo ante colore,
marmoreo fieri poss*i*nt candore repente :
ut mare, cum magni commorunt aequora uenti,
uertitur in canos candenti marmore fluctus.
Dicere enim possis, nigrum quod saepe uidemus,
materies ubi permixta est illius et ordo
principiis mutatus et addita demptaque quaedam,
continuo id fieri ut candens uideatur et album.
Quod si caeruleis constarent aequora ponti
seminibus, nullo possent albescere pacto.
Nam quocumque modo perturbes caerula quae sint,
numquam in marmoreum possunt migrare colorem.
Sin alio atque alio sunt semina tincta colore
quae maris efficiunt unum purumque nitorem,
ut saepe ex aliis formis uariisque figuris
efficitur quiddam quadratum unaque figura,
conueniebat, u*t* in quadrato cernimus esse
dissimil*i*s formas, ita cernere in aequor*e* ponti

Tu concluras donc que notre esprit peut aussi
acquérir la notion de corps nullement colorés.
Nous-mêmes enfin, lorsque dans les ténèbres aveugles
nous touchons un objet, nous ne percevons nulle teinte.
Triomphant sur ce point, maintenant donc j'enseigne

***[60]

Toute couleur en toute autre peut se changer
mais aucun changement n'est possible aux atomes[61].
Car il faut que subsiste un élément immuable
pour que toutes les choses ne soient réduites à néant.
Qu'un être se transforme, sorte de ses limites,
aussitôt meurt ce qu'il était auparavant.
Garde-toi donc d'attribuer la couleur aux semences des choses
de peur que le monde, vois-tu, ne retourne au néant.
Mais si les corps premiers possèdent une nature
absolument incolore et des formes variées,
par lesquelles ils créent et varient les couleurs,
sachant l'importance pour les divers atomes
de leurs combinaisons et de leurs positions,
des mouvements qu'ils se communiquent,
tu pourras aussitôt expliquer aisément
pourquoi les choses de noires qu'elles étaient à l'instant
peuvent acquérir soudain la blancheur du marbre[62],
comme la mer dont le grand vent tourmente les plaines
se mue en blanches vagues à l'éclat marmoréen.
Tu peux certes dire qu'un objet noir ordinairement,
quand sa matière se mélange et que l'ordre principiel
change par adjonction ou retrait de certains atomes,
apparaît aussitôt éclatant de blancheur.
Mais si de bleus atomes les plaines marines
se composaient, elles ne blanchiraient nullement.
Bouleverse en tous sens des natures céruléennes,
en couleur de marbre jamais elles ne pourront changer.
Si l'on pense que des semences aux couleurs diverses
donnent à la mer son éclat uniforme et pur,
de même qu'une figure unique, un carré par exemple,
s'obtient avec des formes et des figures variées,
il faudrait, comme on distingue en lui diverses formes,

aut alio in quouis uno puroque nitore
dissimilis longe inter se uariosque colores.
Praeterea nil officiunt obstantque figurae
dissimiles quo quadratum minus omne sit extra;
at uarii rerum impediunt prohibentque colores
quominus esse uno possit res tota nitore.
Tum porro quae ducit et inlicit *ut* tribuamus
principiis rerum nonnumquam causa colores,
occidit, ex albis quoniam non alba creantur,
nec quae nigra cluent de nigris, sed uariis ex.
Quippe etenim multo procliuius exorientur
candida de nullo quam nigro nata colore,
aut alio quouis qui contra pugnet et obstet.

Praeterea quoniam nequeunt sine luce colores
esse neque in lucem existunt primordia rerum,
scire licet quam sint nullo uelata colore.
Qualis enim caecis poterit color esse tenebris?
Lumine quin ipso mutatur, propterea quod
recta aut obliqua percussus luce refulget;
pluma columbarum quo pacto in sole uidetur,
quae sita ceruices circum collumque coronat;
namque alias fit uti claro sit rubra pyropo,
interdum quodam sensu fit uti uideatur
inter caeruleum uiridis miscere zmaragdos.
Caudaque pauonis, largo cum luce repleta est,
consimili mutat ratione obuersa colores
Qui quoniam quodam gignuntur luminis ictu,
scire licet, sine eo fieri non posse putandum est.
Et quoniam plagae quoddam genus excipit in se
pupula, cum sentire colorem dicitur album,
atque aliud porro, nigrum cum et cetera sentit,
nec refert ea quae tangas quo forte colore
praedita *s*int, uerum quali magis apta figura,
scire licet nil principiis opus esse colores,
sed uariis formis uariantes edere tactus.
Praeterea quoniam non certis certa figuris
est natura coloris, et omnia principiorum
formamenta queunt in quouis esse nitore,

distinguer dans la mer, dans toute teinte unie et pure
différentes couleurs étrangement variées[63].
Enfin, les diverses figures n'empêchent en rien
que l'ensemble soit à l'extérieur un carré,
mais les couleurs variées composant une chose
l'empêchent d'être tout entière d'une seule teinte.
Et la question insidieuse qui peut nous conduire
à attribuer des couleurs aux principes des choses
tombe, puisque le blanc ne vient pas de la blancheur
ni le noir de la noirceur mais de la variété des atomes.
Oui, le blanc sera beaucoup plus enclin à naître
de l'incolore que du noir ou de toute couleur
qui lui serait opposée et le contrarierait.

Et puis sans lumière les couleurs ne pouvant exister,
comme les atomes ne sortent pas à la lumière,
tu peux savoir qu'ils ne sont voilés d'aucune couleur.
Sinon, laquelle choisir pour des ténèbres aveugles[64] ?
C'est aussi la lumière qui transforme la couleur,
selon qu'elle reflète des rayons droits ou obliques ;
comme on voit au soleil la plume des colombes,
couronne chatoyant sur leur nuque et leur cou :
tantôt elle revêt le rouge éclat du rubis,
tantôt, par une sensation différente, elle semble
mêler au bleu de vertes émeraudes.
La queue d'un paon nimbée d'une lumière intense
change ainsi de couleur au gré de sa pavane.
Ces teintes naissant d'une incidence de la lumière,
tu peux en conclure qu'elles n'existent pas sans elle.
Et puisque les chocs impressionnant la paupière
diffèrent selon qu'elle est censée percevoir
le blanc ou le noir ou toute autre couleur,
mais que pour les objets sentis par le toucher
la couleur est indifférente, seule comptant la forme,
tu peux savoir que les atomes n'ont nul besoin de couleurs :
ils créent des impressions tactiles variant avec leur forme.
Si, du reste, à forme précise nulle teinte précise
ne correspond, si toute conformation d'atomes
peut exister dans n'importe quelle couleur,

cur ea quae constant ex illis non pariter sunt
omnigenus perfusa coloribus in genere omni?
Conueniebat enim coruos quoque saepe uolantis
ex albis album pinnis iactare colorem,
et nigros fieri nigro de semine cycnos,
aut alio quouis uno uarioque colore.
Quin etiam quanto in partes res quaeque minutas
distrahitur magis, hoc magis est ut cernere possis
euanescere paulatim stinguique colorem;
ut fit ubi in paruas partis discerpitur au*st*rum :
purpura poeniceusque color clarissimu' multo,
filatim cum distractum est, disperditur omnis;
noscere ut hinc possis prius omnem efflar*e* colorem
particulas quam discedant ad semina rerum.
Postremo quoniam non omnia corpora uocem
mittere concedis neque odorem, propterea fit
ut non omnibus attribuas sonitus et odores.
Sic oculis quoniam non omnia cernere quimus,
scire licet quaedam tam constare orba colore
quam sine odore quaedam sonituque remota,
ne*c* minus haec animum cognoscere posse sagacem
quam quae sunt aliis rebus priuata notar*e*.

Sed ne forte putes solo spoliata colore
corpora prima manere, etiam secreta teporis
sunt ac frigoris omnino calidique uaporis,
et sonitu sterila, et suco ieiuna feruntur,
nec iaciunt ullum proprium de corpore odorem.
Sicut amaracini blandum stactaeque liquorem,
et nardi florem, nectar qui naribus halat,
cum facere instituas, cum primis quaerere par est,
quod licet ac possis reperire, inolentis oliui
naturam, nullam quae mittat naribus auram,
quam minime ut possit mixtos in corpore odores
concoctosque suo contracta*n*s perdere uiro,
propter eandem <rem> debent primordia rerum
non adhibere suum gignundis rebus odorem,
nec sonitum, quoniam nihil ab se mittere possunt,

pourquoi leurs composés ne sont-ils également
de toute espèce de couleur en toute espèce teints?
Car il serait normal de voir même des corbeaux
lancer en leur vol la blancheur de leur blanc ramage,
des cygnes naître noirs d'une semence noire
ou de toute autre couleur pure ou mélangée.
D'ailleurs, plus un corps en parties menues se divise,
plus on voit la couleur pâlir et peu à peu s'éteindre;
ainsi d'une étoffe teinte que l'on met en charpie :
la pourpre ou l'écarlate, la plus brillante des couleurs,
si l'on tire chaque fil, disparaît tout entière.
Les parcelles donc, vois-tu, expirent toute couleur
avant de se disperser et de rejoindre les atomes.
Enfin tu admets que les corps n'émettent pas tous
des sons et des odeurs, en conséquence de quoi
tu ne leur attribues pas toujours le son et l'odeur.
De même, les corps n'étant pas tous perceptibles,
tu peux être sûr qu'il en existe d'incolores,
comme il en est certains sans odeur et sans bruit.
Ces corps, un esprit subtil peut aussi bien les connaître
qu'il sait distinguer ceux à qui manquent d'autres choses.

Absence d'autres qualités dans les atomes

Mais ne va pas croire que de couleur seulement
les atomes soient frustrés, il leur manque aussi
la tiédeur et toute espèce de froid et de chaleur[65],
ils vont sans bruit et sans saveur, abstinents, stériles,
incapables d'exhaler quelque odeur propre à leur corps.
Les essences délicieuses de marjolaine et de myrrhe,
le bouquet du nard qui se respire comme un nectar,
il faut, pour les composer, chercher une huile
autant que possible inodore et sans effluve
afin qu'en se mêlant à son corps durant la cuisson
ils ne perdent leur parfum au contact de l'amertume.
Pour la même raison, les principes des choses
ne doivent apporter à leurs créations aucune odeur,
ni aucun son, puisqu'ils ne peuvent rien émettre,

nec simili ratione saporem denique quemquam,
nec frigus, neque item calidum tepidumque uaporem,
cetera; quae cum ita sunt tamen ut mortalia constent,
moll*i* lenta, fragosa putri, caua corpore raro,
omnia sint a principiis seiuncta necessest,
immortalia si uolumus subiungere rebus
fundamenta quibus nitatur summa salutis,
ne tibi res redeant ad nihilum funditus omnes.

Nunc ea quae sentire uidemus cumque necessest
ex insensilibus tamen omnia confiteare
principiis constare. Neque id manufesta refutant
nec contra pugnant in promptu cognita quae sunt,
sed magis ipsa manu ducunt et credere cogunt
ex insensilibus, quod dico, animalia gigni.
Quippe uidere licet uiuos existere uermes
stercore de taetro, putorem cum sibi nacta est
intempestiuis ex imbribus umida tellus;
praeterea cunctas itidem res uertere sese.
Vertunt se fluui*i*, *f*rondes, et pabula laeta
in pecudes, uertunt pecudes in corpora nostra
naturam, et nostro de corpore saepe ferarum
augescunt uires et corpora pennipotentum.
Ergo omn*i*s natura cibos in corpora uiua
uertit, et hinc sensus animantum procreat omnis,
non alia longe ratione atque arida ligna
explicat in flammas et <in> ignis omnia uersat.
Iamne uides igitur magni primordia rerum
referre in quali sint ordine quaeque locata,
et commixta quibus dent motus accipiantque?

Tum porro quid id est, animum quod percutit, ipsum
quod mouet et uarios sensus expromere cogit,
ex insensilibus ne credas sensile gigni?
Nimirum lapides et ligna et terra quod una
mixta tamen nequeunt uitalem reddere sensum.
Illud in his igitur *reb*us meminisse decebit,
non ex omnibus omnino, quaecumque creant res

ni saveur donc, ni tiédeur, froideur ou chaleur,
ni rien jamais qui soit de nature périssable.
Oui, mollesse, friabilité, porosité,
tout cela doit être étranger aux atomes
si nous voulons donner aux choses des fondements
immortels sur lesquels asseoir leur salut général :
sans quoi tu les verras toutes retourner au néant.

Quant aux corps sensibles, il te faut reconnaître
qu'ils sont tous composés d'atomes insensibles.
L'évidence et la connaissance immédiate,
loin de réfuter et de combattre cette affirmation,
nous mènent par la main et nous forcent à croire[66]
ce que je dis : la vie provient de l'insensible.
Nous voyons en effet des vers surgir tout vifs
de la fange immonde quand la terre, baignée
de pluies excessives, tombe en putréfaction[67],
et toute chose ainsi se métamorphoser.
Les fleuves, les feuillages, les riants pâturages
en bétail se changent, le bétail à son tour
se transforme en nos corps qui souvent vont accroître
la vigueur des fauves et le corps des grands volatiles.
Transformant donc toute la nourriture en corps vivants,
la nature procrée tous les sens des êtres animés
de la manière, à peu près, dont elle déploie en flammes
les bûches arides et transforme en feu toute chose.
Vois-tu maintenant combien importent pour les atomes
l'ordre selon lequel ils se trouvent rangés,
leurs combinaisons et leurs mouvements réciproques?

Polémique sur l'origine de la sensibilité

Mais qu'est-ce donc qui vient frapper ton esprit,
l'émeut et le pousse à exprimer des sentiments divers,
t'empêchant de croire que le sensible naît de l'insensible?
C'est sans doute que les pierres, le bois et la terre
ont beau se mêler, ils ne peuvent donner le sens vital.
Aussi n'ai-je point dit, il conviendra de t'en souvenir,
que les corps créateurs des choses, étant tous

sensilia, extemplo me gigni dicere sensus,
sed magni referre ea primum quantula constent
sensile quae faciunt, et qua sint praedita forma,
motibus, ordinibus, posituris denique quae sint.
Quarum nil rerum in lignis glaebisque uidemus;
et tamen haec, cum sunt quasi putrefacta per imbres,
uermiculos pariunt, quia corpora materiai,
antiquis ex ordinibus permota noua re,
conciliantur ita ut debent animalia gigni.
Deinde ex sensilibus qui sensile posse creari
constituunt, porro ex aliis sentire sueti,

***

mollia cum faciunt. Nam sensus iungitur omnis
uisceribus, neruis, uenis, quae cumque uidemus
mollia mortali consistere corpore creta.
Sed tamen esto iam posse haec aeterna manere :
nempe tamen debent aut sensum partis habere,
aut similis totis animalibus esse putari.
A*t* nequeant per se partes sentire necesse est;
namque alio sensus membrorum resp*ic*it omnis,
nec manus a nobis potis est secreta, neque ulla
corporis omnino sensum pars sola tenere.
Linquitur ut totis animantibus adsimulentur.
[923] Sic itidem quae sentimus sentire necessest,
[915] uitali ut possint consentire undique sensu.
[916] Qui poterunt igitur rerum primordia dici,
[917] et leti uitare uias, animalia cum sint,
[918] atque animali*a sint* mortalibus una eademque?
[919] Quod tamen ut possint, at coetu concilioque
[920] nil facient praeter uolgum turbamque animantum,
[921] scilicet ut nequeant homines, armenta, feraeque
[922] inter sese ullam rem gignere conueniundo.
Quod si forte suum dimittunt corpore sensum
atque alium capiunt, quid opus fuit adtribui id quod
detrahitur? Tum praeterea, qu*o* fugimus ante,
quat*e*nus in pullos animalis uertier oua
cernimus alituum, uermisque efferuere, terram
intempestiu*o*s qu*o*m putor cepit ob imbris
scire licet gigni posse ex non sensibu' sensus.

sensibles, produisent aussitôt la sensibilité.
D'abord l'extrême petitesse, les mouvements,
la forme, l'ordre, enfin la position de ces corps,
voilà ce qui compte pour former la sensibilité[68].
Dans le bois et la terre, ils n'y satisfont en rien,
mais quand ils sont comme putréfiés par les pluies
ils engendrent des vers parce que leurs atomes,
déplacés de leur ordre ancien par l'apport nouveau,
se combinent de manière à devoir créer des vivants.
Enfin ceux qui supposent que d'éléments sensibles
naît le sensible, accoutumés à sentir par d'autres

★★★[69]

quand ils les rendent mous, car la sensibilité
est tout entière liée aux viscères, nerfs et veines
qui nous apparaissent mous et de nature mortelle.
Admettons néanmoins que de tels corps durent toujours.
Encore faut-il que leur sensibilité soit celle de parties,
à moins de les assimiler à des animaux complets.
Mais des parties ne sauraient sentir par elles-mêmes
car toute sensation des membres se réfère à une autre :
notre main séparée de nous ne peut, non plus qu'aucune
partie seule de notre corps, garder la sensation.
Reste à les assimiler à des animaux complets.
Il faut alors qu'ils sentent ce que nous sentons
pour s'unir totalement à la sensibilité vitale.
Mais comment pourront-ils se dire principes des choses,
éviter les voies de la mort, puisqu'ils seront des vivants,
puisque vivant et mortel sont une seule et même chose?
Le pourraient-ils, leur union et leur assemblage
ne feraient qu'un tohu-bohu d'êtres vivants,
comme évidemment hommes, bétail et fauves
ne sauraient rien produire en se réunissant.
Si jamais ils se dépouillent de leur sensibilité
pour une autre, était-il besoin de leur accorder
ce qu'on leur ôte? A l'autre solution recourons donc :
puisque en oisillons vivants nous voyons les œufs
se changer et les vers grouiller quand la putréfaction
a saisi la terre lors de pluies excessives,
nous voici certains que le sensible naît de l'insensible.

Quod si forte aliquis dicet dumtaxat oriri
posse e*x* non sensu sensu*m* mutabilitate,
aut aliquo tamquam partu quo proditu*r* extra,
huic satis illud erit planum facere atque probare
non fieri partum nisi concilio ante coacto,
nec quicquam commutari sine conciliatu.
Principio nequeunt ullius corporis esse
sensus ante ipsam genitam naturam animantis,
nimirum quia materies disiecta tenetur
aere, fluminibus, terris, terraque creatis,
nec congressa modo uital*i* conuenientes
contulit inter se motus, quibus omn*i*tuentes
accensi sensus animantem quamque tuentur.

Praeterea quamuis animantem grandior ictus,
quam patitur natura, repente adfligit, et omnis
corporis atque animi pergit confundere sensus.
Dissoluontur enim positurae principiorum,
et penitus motus uitales inpediuntur,
donec materies, omnis concussa per artus,
uitalis animae nodos a corpore soluit,
dispersamque foras per caulas eiecit omnis.
Nam quid praeterea facere ictum posse reamur
oblatum, nisi discutere ac dissoluere quaeque?
Fit quoque uti soleant minus oblat*o* *a*criter ictu
reli*c*ui motus uital*e*s uincere saepe,
uincere, et ingentis plagae sedare tumultus,
inque suos quicquid rursus reuocare meatus,
et quasi iam leti dominantem in corpore motum
discutere ac paene amissos accendere sensus.
Nam quare potius leti iam limine ab ipso
ad uitam possint con*l*ecta mente reuerti,
quam quo decursum prope iam siet ire et abire?
Praeterea quoniam dolor est, ubi materia*i*
corpora ui quadam per uiscera uiua, per artus
sollicitata suis trepidant in sedibus intus,
inque locum quando remigrant, fit blanda uoluptas,
scire licet nullo primordia posse dolore

Mais si quelqu'un vient dire qu'il suffit d'une mutation
ou d'une sorte d'accouchement de l'insensible
pour mettre au monde et produire le sensible[70],
il sera facile de lui prouver l'évidence :
point d'accouchement sans union préalable,
nulle transformation sinon par composition.
Et d'abord aucun corps n'a de sensibilité
avant que sa nature de vivant ne soit engendrée.
Sa matière en effet se trouve dispersée
dans l'air, les rivières, la terre et ses produits,
elle n'a pu se combiner de manière vitale
ni coordonner les mouvements harmonieux
grâce auxquels s'allument ces vigies du monde,
les sens qui veillent sur chaque être animé.

En outre, un coup trop fort, insupportable à sa nature,
vient-il soudain frapper un vivant quel qu'il soit,
les sens du corps et de l'âme se troublent tous.
C'est que les positions des atomes sont ruinées,
les mouvements vitaux entravés en profondeur,
tant qu'enfin la matière partout ébranlée
rompt les nœuds vitaux qui relient l'âme au corps,
disperse l'âme et l'éjecte par tous les canaux.
Dès lors, quel pouvoir attribuer à pareil choc
sinon celui de rompre et de désagréger ?
Souvent aussi, après un coup moins violent,
des mouvements vitaux subsistent et vainqueurs,
oui, vainqueurs, apaisent le grand trouble du choc,
ramènent chaque élément à sa marche propre,
brisent le mouvement de mort déjà maître du corps
et rallument les sens en voie de perdition.
Sinon, comment pourraient-ils du seuil de la mort,
quand l'esprit se rassemble, à la vie revenir,
au lieu de poursuivre leur course et s'en aller ?
Puisqu'il y a douleur enfin, quand une force
à travers la chair vive et l'organisme attaque,
agite les atomes dans leurs sièges intimes,
et quand ils reprennent leur place, délicieux plaisir,
il est clair que les atomes ne peuvent jamais

temptari, nullamque uoluptatem capere ex se;
quandoquidem non sunt ex ullis principiorum
corporibus, quorum motus nouitate laborent
aut aliquem fructum capiant dulcedinis almae.
Haut igitur debent esse ullo praedita sensu.
Denique uti possint sentire animalia quaeque
principiis si iam est sensus tribuendus eorum,
quid, genus humanum propritim de quibus auctumst?
Scilicet et risu tremulo concussa cac*h*innant,
et lacrimis spargunt rorantibus ora genasque,
multaque de rerum mixtura dicere callent,
et sibi proporro quae sint primordia quaerunt.
Quandoquidem totis mortalibus adsimulata
ipsa quoque ex aliis debent constare elementis,
inde ali*a* ex aliis, nusquam consistere ut ausis.
Quippe sequar, quodcumque loqui ridereque dices
et sapere, ex aliis eadem haec facientibus ut sit.
Quod si delira haec furiosaque cernimus esse,
et ridere potest non ex ridentibus auctus,
et sapere et doctis rationem reddere dictis
non ex seminibus sapientibus atque disertis,
qui minus esse queant ea quae sentire uidemus
seminibus permixta carentibus undique sensu?

Denique caelesti sumus omnes semine oriundi;
omnibus ille idem Pater est, unde alma liquentis
umoris guttas Mater cum terra recepit,
feta parit nitidas fruges, arbustaque laeta,
et genus humanum, parit omnia saecla ferarum,
pabula cum praebet quibus omnes corpora pascunt,
et dulcem ducunt uitam prolemque propagant;
quapropter merito maternum nomen adepta est.
Cedit item retro, de terra quod fuit ante,
in terras, et quod missu*mst* ex aetheris oris,
id rursum caeli rellatum templa receptant.
Nec sic interemit mors res ut materiai
corpora conficiat, sed coetum dissupat ollis.
Inde aliis aliud coniungit et efficit omnes

éprouver la douleur ni le plaisir eux-mêmes.
En effet, ils ne sont point formés de corps premiers
dont les transports nouveaux puissent les tourmenter
ou leur donner à cueillir la douceur bienfaisante.
Ils ne peuvent donc avoir aucune sensibilité.
Enfin, s'il faut accorder la sensibilité aux éléments
pour que tout être vivant soit capable de sentir,
qu'en est-il des atomes propres au genre humain ?
Sans doute sont-ils secoués de grands éclats de rire,
leurs joues, leur visage s'emperlent de larmes,
ils parlent savamment de la composition des choses,
étudient la nature des principes qui les forment.
Puisqu'on les assimile à de parfaits mortels,
ils devront eux aussi être formés d'autres éléments,
ceux-ci d'autres encore sans que tu oses jamais t'arrêter.
Oui, je serai à tes trousses et tout ce qui, selon tes dires,
parle, rit et raisonne devra toujours être formé
d'autres éléments possédant les mêmes facultés.
Mais si l'on ne voit là que folie furieuse,
si l'on peut rire sans être formé d'atomes rieurs,
philosopher et raisonner en termes savants
sans atomes philosophes et discoureurs,
pourquoi les êtres qui nous apparaissent sensibles
ne seraient-ils pas composés d'insensibles semences ?

Tous enfin, de semence céleste nous sommes issus[71].
Le ciel est notre Père, car ses gouttes limpides
fécondent la Mère accueillante et généreuse,
la terre qui enfante les blondes moissons,
les arbres florissants, les hommes et les bêtes,
fournit à tous la nourriture qui repaît les corps,
permet de mener douce vie et de se reproduire ;
ainsi est-il juste de lui donner le nom de Mère.
De même, tous les fruits de la terre à la terre
retournent et les dons de la rive éthérée
regagnent les cieux qui les recueillent encore.
La mort ne détruit donc rien au point d'abolir
les corps de la matière, mais elle en dissout l'union
puis les joint à d'autres. Ainsi, par son action,

res ita conuertant formas mutentque colores
et capiant sensus et puncto tempore reddant,
ut noscas referre ea*dem* primordia rerum
cum quibus et quali positura contineantur,
et quos inter se dent motus accipiantque;
neue putes aeterna penes residere potesse
corpora prima quod in summis fluitare uidemus
rebus, et interdum nasci subitoque perire.
Quin etiam refert nostris in uersibus ipsis
cum quibus et quali sint ordine quaeque locata.
Namque eadem caelum, mare, terras, flumina, solem
significant, eadem fruges, arbusta, animantis;
si non omnia sint, at multo maxima pars est
consimilis; uerum positura discrepitant res.
Sic ipsis in rebus item iam materiai
interualla, uias, conexus, pondera, plagas,
concursus, motus, ordo, positura, figurae
cum permutantur, mutari res quoque debent.

Nunc animum nobis adhibe ueram ad rationem.
Nam tibi uementer noua res molitur ad auris
acc*i*dere, et noua se species ostendere rerum.
Sed neque tam facilis res ulla est quin ea primum
difficilis magis ad credendum constet, itemque
nil adeo magnum neque tam mirabile quicquam,
quod non paulatim minuant mirarier omnes.
Principio caeli clarum purumque colorem,
quaeque in se cohib*e*t, palantia sidera passim,
lunamque et solis praeclara luce nitorem,
omnia quae nunc si primum mortalibus essent,
ex improuiso si *n*un*c* obiecta repente,
quid magis his rebus poterat mirabile dici,
aut minus ante quod auderent fore credere gentes?
Nil, ut opinor : ita haec species miranda fuisset.
Quam tibi iam nemo, fessus satiate uidendi,
suspicere in caeli dignatur lucida templa.
Desine quapropter nouitate exterritus ipsa
expuere ex animo rationem, sed magis acri

tous les êtres changent de forme et de couleur,
prennent la sensation et la rendent en un instant.
Tu vois donc l'importance, pour les atomes identiques,
des combinaisons qu'ils forment avec d'autres
et des mouvements qu'ils se communiquent.
Garde-toi de prendre pour une qualité foncière
de ces corps éternels ce que nous voyons onduler
à la surface des choses, naître et soudain périr.
Dans nos vers eux-mêmes, ont pareille importance
l'ordre des caractères et leurs combinaisons.
Ceux qui désignent ciel, mer, terre, fleuves, soleil
désignent aussi les arbres, les moissons, les animaux.
Ils sont, sinon tous, du moins en majeure partie,
identiques, mais forment divers sens selon leur place.
Ainsi donc en est-il des corps de la matière :
que leurs intervalles, trajets, liaisons, poids, chocs,
rencontres, mouvements, ordre, position et formes
soient changés et les choses doivent changer aussi.

Annonce d'une vérité nouvelle

Maintenant, prête attention à la vraie doctrine.
Une découverte inouïe va frapper ton oreille,
un nouvel aspect de l'univers à toi se révéler.
Mais il n'est rien de si facile qui d'abord
ne semble difficile à croire et rien en revanche
de si grand et remarquable qui peu à peu
ne cesse d'attirer l'admiration générale.
Le ciel d'abord : si sa couleur éclatante et pure,
si tout ce qu'il contient, les astres vagabonds,
la lune et la clarté splendide du soleil,
soudain surgissant à l'improviste aujourd'hui
commençaient à exister aux yeux des mortels,
que pourraient-ils nommer de plus merveilleux?
Quoi de plus incroyable pour tous les peuples?
Rien, je crois, si prodigieux serait le spectacle!
Or nul désormais, tant son aspect finit par lasser,
ne daigne lever les yeux vers le ciel lumineux[72].
Cesse donc de rejeter un système, de le vomir,
par crainte de la nouveauté, mais pèse les choses

iudicio perpende, et, si tibi uera uidentur,
dede manus; aut, si falsum est, accingere contra.

Quaerit enim rationem animus, cum summa loci sit
infinita foris haec extra moenia mundi,
quid sit ibi porro quo prospicere usque uelit mens,
atque animi *i*actus liber quo peruolet ipse.
Principio nobis in cunctas undique partis
et latere ex utroque <supra> sup*t*erque per omne
nulla est finis, uti docui, res ipsaque per se
uociferatur, et elucet natura profundi.
Nullo iam pacto ueri simile esse putandumst,
undique cum uorsum spatium uacet infinitum,
seminaque innumero numero summaque profunda
multimodis uolitent aeterno percita motu,
hunc unum terrarum orbem caelumque creatum,
nil agere illa foris tot corpora materia*i*;
cum praesertim hic sit natura factus, et ipsa
sponte sua forte offensando semina rerum
multimodis, temere, incassum frustraque coacta,
tandem col*u*erint ea quae coniecta repente
magnarum rerum fierent exordi*a* semper,
terra*i*, maris, et caeli, generisque animantum.
Quare etiam atque etiam talis fateare necesse est
esse alios alibi congressus materia*i*,
qualis hic est auido complexu quem tenet aether.
Praeterea cum materies est multa parata,
cum locus est praesto, nec res nec causa moratur
ulla, geri debent nimirum et confieri res.
Nunc et seminibus si tanta est copia quantam
enumerare aetas animantum non queat omnis,
uis<que> eadem <et> natura manet, quae semina rerum
conicere in loca quae<que> queat simili ratione
atque huc sunt coniecta, necesse est confiteare
esse alios aliis terrarum in partibus orbis
et uarias hominum gentis, et saecla ferarum.
Huc accedit ut in summa res nulla sit una,

plus justement : si elles te paraissent vraies,
rends-toi; si elles sont fausses, fourbis tes armes.

L'univers et les mondes

Oui, puisque l'univers s'étend à l'infini
hors des remparts du monde, la raison se demande
ce qui existe en ce lieu que l'esprit voudrait voir,
où la pensée se projette en son libre essor.
Et d'abord, pour nous, d'aucun côté, d'aucun sens,
gauche ni droite, haut ni bas, dans l'univers
il n'est de limite, je l'ai dit[73], la chose est criante
et la nature du vide en est la preuve éclatante.
Quand de toutes parts s'ouvre un espace infini,
quand les atomes en nombre innombrable et sans borne
voltigent en tous sens d'un mouvement éternel,
il n'est nullement vraisemblable de penser
que seuls notre terre et notre ciel furent créés
et qu'au-dehors tant de corps premiers ne font rien.
D'autant plus que ce monde est l'œuvre de la nature
et que les atomes d'eux-mêmes et spontanément
au gré des rencontres, après toutes sortes d'unions,
vagues, stériles et vaines, se groupèrent enfin
en ces combinaisons qui toujours forment aussitôt
les origines des grandes choses, la terre et la mer,
le ciel et tout le genre des êtres animés.
Ainsi, je le répète, tu es forcé d'admettre
qu'il existe ailleurs d'autres assemblages de matière,
semblables à celui qu'étreint jalousement notre ciel[74].
Et quand la matière se présente en abondance,
quand s'offre l'espace, quand rien, nulle raison
ne s'oppose, un monde doit se faire et se parfaire.
Si donc il existe une foule d'atomes si grande
qu'une génération de vivants ne saurait les compter
et s'il reste un pouvoir, une nature identiques
pour jeter et grouper les atomes en tous lieux
de la même façon qu'ils furent ici précipités,
il faut admettre qu'il existe ailleurs d'autres terres,
diverses races d'hommes et de bêtes sauvages.
Enfin, dans la somme des choses, il ne s'en trouve aucune

unica quae gignatur et unica solaque crescat,
quin aliquoiu' siet saecli, permultaque eodem
sint genere. In primis animalibus in*i*ce ment*em*;
inueni*es* sic montiuagum genus esse ferarum,
sic hominum ge*nit*am prolem, sic denique mutas
squamigerum pecudes et corpora cuncta uolantum.
Quapropter caelum simili ratione fatendumst,
terramque et solem, lunam, mare, cetera quae sunt,
non esse unica, sed numero magis innumerali;
quandoquidem uitae depactus terminus alte
tam manet, haec et tam natiuo corpore constant,
quam genus omne quod hi*c* generatim*st* rebus abundans.

Quae bene cognita si teneas, natura uidetur
libera continuo, dominis priuata superbis,
ipsa sua per se sponte omnia dis agere expers.
Nam pro sancta deum tranquilla pectora pace,
quae placidum degunt aeuom u*i*tamque serenam,
quis regere immensi summam, quis habere profundi
indu manu ualidas potis est moderanter habenas,
quis pariter caelos omnis conuertere, *e*t omnis
ignibus aetheriis terras suffire feracis,
omnibus inue locis esse omni tempore praesto,
nubibus ut tenebras faciat, caelique serena
concutiat sonitu, tum fulmina mittat, et aedis
saepe suas disturbet, et <in> deserta *r*ecedens
saeuiat, exercens telum quod saepe nocentes
praeterit, exanimatque indignos inque merentes?

Multaque post mundi tempus genitale, diemque
primigenum maris et terrae solisque coortum,
addita corpora sunt extrinsecus, addita circum
semina quae magnum iaculando contulit omne,
unde mare et terrae possent augescere, et unde
appareret spatium caeli domus, altaque tecta
tolleret a terris procul, et consurgeret aer.

qui soit seule et unique à naître, seule à grandir,
qui ne s'inscrive avec beaucoup d'autres en quelque espèce[75];
tu le découvriras en observant les êtres vivants :
ainsi en est-il du genre sylvestre des fauves,
ainsi de l'engeance des hommes, des troupes muettes
de porte-écailles, ainsi de tous les volatiles.
De semblable manière, il faut donc admettre que le ciel,
la terre, le soleil, la lune, la mer et tout ce qui existe,
loin d'être uniques, forment un nombre infini
puisque à leur vie un terme immuable est fixé
et qu'ils ont un corps soumis à la naissance,
comme les autres espèces de notre monde
qui présentent toujours des spécimens nombreux.

Les dieux ne gouvernent pas le monde

Si tu possèdes bien ce savoir, la nature t'apparaît
aussitôt libre et dépourvue de maîtres tyranniques,
accomplissant tout d'elle-même sans nul secours divin.
O cœurs sacrés des dieux, pleins d'une paix sereine,
menant vie tranquille et calme éternité[76],
qui donc peut régir le Tout immense, tenir en main
et maîtriser les puissantes rênes de l'abîme?
Qui peut faire tourner de concert tous les cieux[77],
être présent en tous lieux, toujours prêt à fabriquer
les nuées ténébreuses, à frapper de tonnerre
un ciel serein, à lancer la foudre, maintes fois
détruisant ses temples, à se retirer au désert
pour exercer sa rage, essayer un trait qui souvent
épargne les coupables et tue les innocents[78]?

Le destin naturel du monde

Après le temps originaire du monde, l'aurore
première de la mer, de la terre et du soleil,
beaucoup d'atomes vinrent s'ajouter du dehors,
s'ajouter alentour, projetés par le grand Tout;
ainsi la mer et les terres s'accrurent, ainsi
la maison du ciel fit apparaître son espace
et souleva son toit bien au-dessus des terres

Nam sua cuique locis ex omnibus omnia plagis
corpora distribuuntur et ad sua saecla recedunt,
umor ad umorem, terreno corpore terra
crescit, et ignem ignes procudunt aetheraque <aether>,
donique ad extremum crescendi perfica finem
omnia perduxit rerum natura creatrix;
ut fit ubi nihilo iam plus est quod datur intra
uitalis uenas quam quod fluit atque recedit.
Omnibus hic aetas debet consistere rebus;
hic natura suis refrenat uiribus auctum.
Nam quaecumque uides hilar*o* grandescere adauctu,
paulatimque gradus aetatis scandere adultae,
plura sibi adsumunt quam de se corpora mittunt,
dum facile in uenas cibus omnis inditur, et dum
non ita sunt late dispessa ut multa remittant
et plus dispendi faciant quam uescitur aetas.
Nam certe fluere atque recedere corpora rebus
multa, manus dandum est; sed plura accedere debent,
donec alescendi summum tetigere cacumen.
Inde minutatim uires et robur adultum
frangit, et in partem peiorem liquitur aetas.
Quippe etenim quanto est res amplior, augmine adempto,
et quo latior est, in cunctas undique partis
plura modo dispargit et a se corpora mittit,
nec facile in uenas cibus omnis d*i*ditur ei,
nec satis est, pro quam largos exaestuat aestus,
unde que*a*t tantum suboriri ac subpeditare.
Iure igitur pereunt, cum rarefacta fluendo
sunt, et cum externis succumbunt omnia plagis,
quandoquidem grandi cibus aeuo denique defit,
nec tuditantia rem cessant extrinsecus ullam
corpora conficere et plagis infesta domare.

Sic igitur magni quoque circum moenia mundi
expugnata dabunt labem putrisque ruinas.
Omnia debet enim cibus integrare nouando,
et fulcire cibus, <cibus> omnia sustentare,
nequiquam, quoniam nec uenae perpetiuntur

tandis que l'air montait; car, sous l'effet des chocs,
tous les atomes de tout l'univers accourant
se distribuent et rejoignent chacun leur espèce,
l'eau rejoint l'eau, de corps terrestres la terre s'accroît,
de feux le feu est bombardé, de corps éthérés l'éther[79],
tant qu'enfin la nature créatrice achève son œuvre
et mène le monde au terme extrême de sa croissance,
comme il arrive quand les veines de la vie ne reçoivent
aucun élément de plus qu'elles n'en laissent couler et perdre[80].
Pour toute créature, voici l'heure de marquer le pas :
voici que la nature a pouvoir de freiner la croissance.
Les êtres que tu vois grandir en progression joyeuse
et gravir peu à peu les degrés de l'âge adulte
assimilent en effet plus d'atomes qu'ils n'en rejettent,
tant que la nourriture afflue sans peine dans leurs veines,
tant qu'ils ne sont assez distendus pour perdre beaucoup
et dépenser plus que leur âge ne peut absorber.
Car les atomes sont nombreux à s'écouler des corps,
il faut le concéder, mais plus nombreux à les rejoindre,
jusqu'au jour où le faîte de la croissance est atteint.
Lors, insensiblement, force et vigueur adultes
se brisent et la vie s'écoule vers le pire.
Car au terme du progrès, plus un corps est vaste,
plus il s'est amplifié, plus nombreux sont les atomes
qu'il rejette et répand en tous sens alentour.
La nourriture à grand-peine se diffuse dans les veines,
elle ne suffit plus à compenser les pertes,
renouveler ces larges flots qui déferlent des corps.
Il est donc juste qu'ils périssent, par ce flux raréfiés,
tous enfin succombant sous les chocs extérieurs,
puisque au grand âge la nourriture vient à manquer
et que les atomes s'abattant du dehors
ne cessent d'infester et de vaincre toute chose.

Ainsi donc les remparts autour du vaste monde,
vaincus à leur tour, ruine et poussière donneront.
Les aliments devraient tout refaire et renouveler,
c'est à eux d'étayer le monde et de tout soutenir;
illusion, puisque ni les veines ne supportent,

quod satis est, neque quantum opus est natura ministrat.
Iamque adeo fracta est aetas, effetaque tellus
uix animalia parua creat, quae cuncta creauit
saecla, deditque ferarum ingentia corpora partu.
Haud, ut opinor, e*n*im mortalia saecla superne
aurea de caelo demisit funis in arua,
nec mare nec fluctus plangent*e*s saxa crearunt,
sed genuit tellus eadem quae nunc alit ex se.
Praeterea nitidas fruges uinetaque laeta
sponte sua primum mortalibus ipsa creauit,
ipsa dedit dulcis fetus et pabula laeta;
quae nunc uix nostro grandescunt aucta labore;
conterimusque boues et uiris agricolarum,
conficimus ferrum uix aruis suppeditati :
usque adeo parcunt fetus augentque labore*m*.
Iamque caput quassans grandis suspirat arator
crebrius, incassum magnum cecidisse labore*m*,
et cum tempora temporibus praesentia confert
praeteritis, laudat fortunas saepe parentis.
Tristis item uetulae uitis sator atque <uietae>
temporis incusat *m*omen saeclumque fatigat,
et crepat anticum genus ut pietate repletum
perfacile angustis tolerarit finibus aeuom,
cum minor esset agri mult*o* modus ante uiritim;
nec tenet omnia paulatim tabescere et ire
ad c*a*pulum, spatio aetatis defessa uetusto.

ni la nature ne fournit la quantité nécessaire.
Le voici déjà brisé par l'âge, et la terre épuisée
enfante à grand-peine de petites créatures,
elle qui engendra toute espèce et donna
les corps gigantesques des fauves en ses gésines.
Car un câble d'or n'a pas, je pense, descendu
les vivants des hauteurs du ciel en nos campagnes[81];
ni la mer ni les flots brisant sur les rochers[82]
ne les formèrent, mais celle dont la substance
maintenant les nourrit, la terre, en accoucha.
Et les blondes moissons, les vignobles riants
spontanément d'abord furent créés pour les mortels,
les doux fruits, les riches prairies par elle donnés,
qui maintenant poussent à peine malgré nos efforts.
Nous épuisons les bœufs, la force des cultivateurs,
nous usons nos outils, les champs rendent à peine,
si avares de leurs fruits et gourmands de notre effort.
Oui, sans cesse hochant la tête, le vieux laboureur
se plaint du grand labeur fourni en pure perte;
lorsqu'il compare aux temps passés le temps présent,
il célèbre souvent le bonheur de son père.
Triste aussi, le planteur d'une vigne vieille et flétrie
incrimine l'instant, accable son époque :
l'antique race, maugrée-t-il, pleine de piété
supportait aisément la vie en d'étroites limites,
malgré le champ bien moindre assigné à chacun;
il ne voit pas que peu à peu tout se décompose
et va droit à la tombe, épuisé de vieillesse.

LIBER TERTIVS

E tenebris tantis tam clarum extollere lumen
qui primus potuisti inlustrans commoda uitae,
te sequor, o Graiae gentis decus, inque tuis nunc
ficta pedum pono pressis uestigia signis,
non ita certandi cupidus quam propter amorem
quod te imitari aueo; quid enim contendat hirundo
cygnis, aut quidnam tremulis facere artubus haedi
consimile in cursu possint et fortis equi uis?
Tu, pater, es rerum inuentor, tu patria nobis
suppeditas praecepta tuisque ex, inclute, chartis,
floriferis ut apes in saltibus omnia li*b*ant,
omnia nos itidem depascimur aurea dicta,
aurea, perpetua semper dignissima uita.
Nam simul ac ratio tua coepit uociferari
naturam rerum, diuina mente coortam,
diffugiunt animi terrores, moenia mundi

LIVRE III

L'œuvre d'Épicure. — L'âme et l'esprit. — Nature atomique de l'esprit. — Composition de l'âme et de l'esprit. — Les caractères innés. — Unité du corps et de l'âme. — Les mouvements sensitifs. — L'esprit et l'âme naissent et meurent : ils se dissipent dans l'air après la mort. — Ils se développent et souffrent avec le corps. — L'âme agonise avec le corps. — L'âme ne peut subsister sans le corps. — L'âme est divisible et donc mortelle. — L'âme inhérente au corps est mortelle. — L'âme et les vers du cadavre. — La migration des âmes est impossible. — L'âme n'a aucun des caractères de l'immortalité. — Ce qu'est la mort. — Prosopopée de la nature. — L'enfer n'est qu'une allégorie. — La mort est la loi commune. — Le remède au mal de vivre. — Épilogue.

L'œuvre d'Épicure

Toi qui fis jaillir la lumière du fond des ténèbres,
éclairant le premier les biens de l'existence,
toi l'honneur de la Grèce, aujourd'hui je te suis
et j'imprime mes pas dans les traces des tiens.
Non que je désire rivaliser avec toi,
c'est par amour plutôt que je veux t'imiter.
Comment l'hirondelle pourrait défier les cygnes,
et que vaudrait jamais contre un fougueux cheval
la course d'un cabri sur ses pattes tremblantes?
O père, ô découvreur de l'univers, tu nous prodigues
tes préceptes paternels et dans tes livres, ô prince,
pareils à des abeilles dans les vallons en fleurs[1],
nous butinons tes paroles d'or, toutes d'or,
et toujours les plus dignes de la vie éternelle.
Dès que ta doctrine se met à proclamer
la nature des choses conçue par ton esprit divin,
les terreurs de l'âme s'enfuient, les remparts du monde [s'écartent

discedunt, totum uideo per inane geri res.
Apparet diuom numen sedesque quietae,
quas neque concutiunt uenti, nec nubila nimbis
aspergunt, neque nix acri concreta pruina
cana cadens uiolat, semperque innubilus aether
integit, et large diffuso lumine ridet.
Omnia suppeditat porro natura neque ulla
res animi pacem delibat tempore in ullo.
At contra nusquam apparent Acherusia templa,
nec tellus obstat quin omnia dispiciantur,
sub pedibus quaecumque infra per inane geruntur.
His *i*bi me rebus quaedam diuina uoluptas
percipit atque horror, quod si*c* natura tua ui
tam manifesta patens ex omni parte retecta est.

Et quoniam docui, cunctarum exordia rerum
qualia sint et quam uariis distantia formis
sponte sua uolitent a*e*terno percita motu,
quoue modo possint res ex his quaeque creari,
hasce secundum res animi natura uidetur
atque animae claranda meis iam uersibus esse,
et metus ille foras praeceps Acheruntis agendus,
funditus humanam qui uitam turbat ab imo,
omnia suffund*e*ns mortis nigrore, neque ullam
esse uoluptatem liquidam puramque relinquit.
Nam quod saepe homines morbos magis esse timendos
infamemque ferunt uitam quam Tartara leti,
et se scire animi naturam sanguinis esse,
[46] aut etiam uenti, si fert ita forte uoluntas,
[44] nec prorsum quicquam nostrae rationis egere,
[45] hinc licet aduertas animum magis omnia laudis
iactari causa quam quod res ipsa probetur.
Extorres idem patria, longeque fugati
conspectu ex hominum, foedati crimine turpi,
omnibus aerumnis adfecti denique, uiuunt
et quocumque tamen miseri uenere, parentant,
et nigras mactant pecudes, et manibu' diuis
inferias mittunt, multoque in rebus acerbis
acrius aduertunt animos ad religionem.

je vois dans le vide infini s'accomplir toutes choses.
Apparaît la majesté des dieux, en leurs calmes séjours[2].
Nul vent pour les frapper, point de nuées en pluies
les aspergeant ni de neige durcie par l'âpre gel,
chute chenue les profanant, mais un ciel toujours pur
les couvre et leur sourit de sa fluide clarté.
Tout est sans cesse offert aux dieux par la nature,
aucun trouble jamais n'effleure la paix de leur âme.
Les contrées de l'Achéron nulle part n'apparaissent
et la terre n'empêche plus de voir sous nos pieds
tout ce qui s'accomplit dans l'espace inférieur.
A ce spectacle une sorte de volupté divine,
un frisson m'envahit, tant la nature est visible,
par ton génie enfin tout entière dévoilée.

Et puisque j'ai enseigné les principes de l'univers,
leur nature, l'extrême variété de leur formes,
le mouvement éternel et spontané de leur vol,
puisque j'ai dit comment ils forment toutes choses,
c'est enfin la nature de l'esprit et de l'âme[3]
que je dois, semble-t-il, éclairer par mes vers,
précipitant au-dehors cette peur de l'Achéron
qui trouble la vie humaine jusqu'en ses profondeurs,
partout répandant la noirceur de la mort
et jamais ne laissant plaisir limpide et pur[4].
Car les hommes souvent affirment que les maladies,
la honte sont plus à craindre que l'enfer de la mort.
Ils prétendent savoir que l'âme est faite de sang
ou même de vent, au gré de leur fantaisie[5].
Ils n'auraient donc nul besoin de notre doctrine.
Mais comme tu pourras le comprendre par ce qui suit,
c'est là vantardise, non pas chose éprouvée.
Ces mêmes gens, chassés de leur patrie, proscrits
loin de la vue des hommes, frappés d'ignominie,
bref, accablés de tous les maux, vivent encore !
Où qu'ils traînent leur misère, ils sacrifient aux morts,
immolent de noirs animaux, envoient aux dieux mânes[6]
leur tribut infernal, et plus âpre est leur vie,
plus ils s'acharnent à se tourner vers la religion.

Quo magis in dubiis hominem spectare periclis
conuenit, aduersisque in rebus noscere qui sit;
nam uerae uoces tum demum pectore ab imo
eliciuntur, <et> eripitur persona, manet res.
Denique auarities et honorum caeca cupido
quae miseros homines cogunt transcendere fines
iuris, et interdum socios scelerum atque ministros
noctes atque dies niti praestante labore
ad summas emergere opes, haec uolnera uitae
non minimam partem mortis formidine aluntur.
Turpis enim ferme contemptus et acris egestas
semota ab dulci uita stabilique uidetur,
et quasi iam leti portas cunctarier ante;
unde homines dum se falso terrore coacti
effugisse uolunt longe longeque remosse,
sanguine ciuili rem conflant diuitiasque
conduplicant auidi, caedem caede accumulantes;
crudeles gaudent in tristi funere fratris,
et consanguineum mensas odere timentque.
Consimili ratione ab eodem saepe timore
macerat inuidia : ante oculos illum esse potentem,
illum aspectari, claro qui incedit honore,
ipsi se in tenebris uolui caenoque queruntur.
Intereunt partim statuarum et nominis ergo.
Et saepe usque adeo, mortis formidine, uitae
percipit humanos odium lucisque uidendae,
ut sibi consciscant maerenti pectore letum,
obliti fontem curarum hunc esse timorem,
hunc uexare pudorem, hunc uincula amicitiai
rumpere, et in summa pietatem euertere sua*su*.
Nam iam saepe homines patriam carosque parentis
prodiderunt, uitare Acherusia templa petentes.
Nam ueluti pueri trepidant atque omnia caecis
in tenebris metuunt, sic nos in luce timemus
interdum nihilo quae sunt metuenda magis quam
quae pueri in tenebris pauitant finguntque futura.
Hunc igitur terrorem animi tenebrasque necessest

Il faut donc observer l'homme à l'épreuve du danger
et dans l'adversité apprendre à le connaître;
car enfin la vraie voix du fond de sa poitrine
jaillit : tombe le masque, la réalité demeure[7].
Avidité, désir aveugle des honneurs
poussent les malheureux à enfreindre le droit
et les rendent parfois auteurs ou complices d'un crime.
Nuit et jour ils s'efforcent par un labeur intense
d'atteindre à l'opulence, et ces plaies de la vie,
c'est la peur du trépas qui surtout les nourrit.
Car l'ignoble mépris et la dure indigence
paraissent s'opposer à la vie douce et stable,
on croit déjà subir une lente agonie.
Une vaine terreur s'emparant donc des hommes,
ils veulent fuir au loin, bien loin s'en écarter;
du sang des citoyens ils s'engraissent, avides,
ils doublent leur fortune, entassant crime sur crime;
féroces, ils jubilent aux tristes funérailles d'un frère,
ils haïssent et craignent la table de leurs proches.
Ainsi, la même peur souvent les ronge d'envie :
un tel afficherait devant eux sa puissance,
tel autre qui s'avance dans l'éclat des honneurs
attire les regards, geignent-ils, quand eux-mêmes
dans les ténèbres se roulent, et dans la fange.
De statues et d'un nom[8], certains périssent donc.
Et souvent même la peur de mourir inspire
un tel dégoût de vivre et de voir la lumière
que les humains, cœur navré, se donnent la mort,
oubliant que cette peur est source de leurs maux.
Elle viole tout respect, rompt les liens d'amitié,
en un mot c'est la piété qu'elle incite à ruiner.
Car souvent les hommes, pour éviter l'Achéron,
ont trahi leur patrie et des parents chéris.
Car de même que les enfants tremblent et craignent tout
dans les ténèbres aveugles, nous craignons en plein jour
parfois des chimères aussi peu redoutables que
celles dont les enfants s'effraient dans le noir
et qu'ils s'imaginent prêtes à surgir.
Ces terreurs, ces ténèbres de l'âme, il faut les dissiper.

non radii solis neque lucida tela diei
discutiant, sed naturae species ratioque.

Primum animum dico, mentem quam saepe uocamus,
in quo consilium uitae regimenque *lo*catum est,
esse hominis partem nihilo minus ac manus et pes
atque oculei partes animantis totius extant.

***

sensum animi certa non esse in parte locatum,
uerum habitum quendam uitalem corporis esse,
harmoniam Grai quam dicunt, quod *f*aciat nos
uiuere cum sensu, nulla cum in parte siet mens;
ut bona saepe ualetudo cum dicitur esse
corporis, et non est tamen haec pars ulla ualentis.
Sic animi sensum non certa parte reponunt;
magno opere in quo mi diuersi errare uidentur.
Saepe itaque in promptu corpus quod cernitur aegr*et*,
cum tamen ex alia laetamur parte latenti;
et retro fit u*ti* contra sit saepe uicissim,
cum miser ex animo laetatur corpore toto;
non alio pacto quam si, pes cum dolet aegri,
in nullo caput interea sit forte dolore.
Praeterea molli cum somno dedita membra
effusumque iacet sine sensu corpus [h]onustum,
est aliud tamen in nobis quod tempore in illo
multimodis agitatur et omnis accipit in se
laetitiae motus et curas cordis inanis.
Nunc animam quoque ut in membris cognoscere possis
esse, neque harmonia corpus *sent*ire solere,
principio fit uti detracto corpore multo,
saepe tamen nobis in membris uita moretur;
atque eadem rursum, cum corpora pauca caloris
diffugere, forasque per os est editus aer,
deserit extemplo uenas atque ossa relinquit;
noscere ut hinc possis non aequas omnia partis
corpora habere neque ex aequo fulcire salutem,
sed magis haec uenti quae sunt calidique uaporis

Le soleil ni l'éclat du jour ne les transperceront,
mais la vue et l'explication de la nature.

L'âme et l'esprit

D'abord, je dis que l'esprit, souvent nommé intelligence,
où siègent le conseil et le gouvernement de la vie[9],
est une partie de l'homme tout comme la main, le pied,
les yeux sont des parties de l'ensemble d'un vivant.

★★★[10]

<Au contraire, selon certains philosophes,>
la sensibilité n'a pas de siège particulier,
mais il existe une disposition vitale du corps,
une harmonie, disent les Grecs[11], qui nous fait vivre
et sentir, bien que l'esprit nulle part ne réside;
ainsi, l'on parle de la bonne santé du corps
sans qu'elle fasse partie du sujet bien portant.
Ne fixer aucun siège à la sensation de l'esprit,
voilà qui me paraît une très grande erreur :
car le corps externe, apparent, est souvent malade,
bien qu'en une partie cachée nous soyons réjouis;
le contraire se produit à son tour quand un homme
malheureux en esprit a tout le corps allègre,
exactement comme un malade peut souffrir du pied
mais n'avoir cependant aucune douleur dans la tête.
Et puis, quand nos membres se livrent au doux sommeil,
quand le corps inconscient gît étalé, pesant,
il est pourtant autre chose en nous qui dans ce temps
s'agite de mille manières et recueille en soi-même
tous les transports de joie, les vains soucis du cœur.
Apprends-le donc : l'âme aussi loge dans les membres
et ce n'est pas l'harmonie qui rend le corps sensible.
Souvent, malgré une grande perte de substance,
il arrive que la vie s'attarde en nos membres;
à rebours, il suffit de quelques atomes de chaleur
échappés, d'un peu d'air exhalé par la bouche
pour qu'aussitôt elle déserte nos veines et nos os.
Tu peux en conclure que les atomes n'ont pas tous
le même rôle et n'étayent pas également l'existence,
mais ce sont plutôt les atomes de vent et de chaleur

semina curare in membris ut uita moretur.
Est igitur calor ac uentus uitalis in ipso
corpore, qui nobis moribundos deserit artus.
Quapropter quoniam est animi natura reperta
atque animae quasi pars hominis, redde harmoniai
nomen, ad organicos alto delatum Helicon*e*,
siue aliunde ipsi porro traxere et in illam
transtulerunt proprio quae tum res nomine egebat;
quidquid <id> est, habeant : tu cetera percipe dicta.

Nunc animum atque animam dico coniuncta teneri
inter se atque unam naturam conficere ex se,
sed caput esse quasi et dominari in corpore toto
consilium quod nos animum mentemque uocamus.
Idque situm media regione in pectoris haeret.
Hic exultat enim pauor ac metus, haec loca circum
laetitiae mulcent; hic ergo mens animusquest.
Cetera pars animae per totum dissita corpus
paret, et ad numen mentis momenque mouetur.
Idque sibi solum per se sapit, <id> sibi gaudet,
cum neque res animam neque corpus commouet una.
Et quasi, cum caput aut oculus temptante dolore
laeditur in nobis, non omni concruciamur
corpore, sic animus nonnumquam laeditur ipse
laetitiaque uiget, cum cetera pars animai
per membra atque artus nulla nouitat*e* cietur.
Verum ubi uementi magis est commota metu mens,
consentire animam totam per membra uidemus,
sudoresque ita palloremque existere toto
corpore, et infringi linguam, uocemque aboriri,
caligare oculos, sonere auris, succidere artus,
denique concidere ex animi terrore uidemus
saepe homines; facile ut quiuis hinc noscere possit
esse animam cum animo coniunctam, quae cum animi ui
percussast, exim corpus propellit et icit.
Haec eadem ratio naturam animi atque anima*i*
corpoream docet esse : ubi enim propellere membra,
corripere ex somno corpus mutareque uoltum,

qui veillent à maintenir en nos membres la vie.
Il existe donc une chaleur dans le corps même,
un souffle vital qui le désertent, moribond.
Puisque la nature de l'esprit et de l'âme
se révèle en quelque sorte une partie de l'homme,
renonce à ce nom d'harmonie, du haut de l'Hélicon
descendu chez les musiciens[12], à moins qu'ailleurs
ils ne l'aient emprunté pour le transposer
à une chose qui n'avait pas encore de nom.
En tout cas, qu'ils le gardent; toi, écoute la suite.

Maintenant je dis que l'esprit et l'âme se tiennent
conjoints et ne forment qu'une seule nature;
mais ce conseil que nous nommons esprit, intelligence,
en est comme le chef et règne sur tout le corps[13].
Son siège est fixé au centre de la poitrine[14];
c'est la région où tressaillent l'effroi et la peur,
où la joie nous caresse, où règne donc l'esprit.
L'autre partie de l'âme éparse dans tout le corps
obéit, se mouvant par l'impulsion de l'esprit.
Lui raisonne tout seul, et se réjouit tout seul,
sans que rien n'émeuve ni l'âme ni le corps.
De même que la tête, ou l'œil de douleur assailli,
peut souffrir en nous sans que tout notre corps partage
ce tourment, de même l'esprit peut être seul à souffrir,
à s'épanouir de joie, quand l'autre partie de l'âme
dans tout le corps ne subit aucune impulsion nouvelle.
Mais quand l'esprit est agité d'une crainte plus vive,
nous voyons toute l'âme compatir dans les membres,
les sueurs et la pâleur sortent sur tout le corps,
la langue s'embarrasse et la voix disparaît,
les yeux se voilent, les oreilles sifflent, les membres défaillent;
souvent enfin nous voyons des hommes succomber
à leur terreur mentale, preuve accessible à tous
de l'union de l'âme avec l'esprit puisque par l'esprit
l'âme frappée pousse le corps et le meut à son tour.
La même raison prouve la nature corporelle
de l'âme et de l'esprit : ils poussent nos membres,
les arrachent au sommeil, changent notre expression,

atque hominem totum regere ac uersare uidetur,
quorum nil fieri sine tactu posse uidemus,
nec tactum porro sine corpore, nonne fatendumst
corporea natura animum constare animamque?
Praeterea pariter fungi cum corpore, et una
consentire animum nobis in corpore cernis.
Si minus offendit uitam uis horrida *t*eli
ossibus ac neruis disclusis intus adacta,
at tamen insequitur languor terraeque petitus
suauis, et in terra ment*i*s qui gignitur aestus,
interdumque quasi exsurgendi incerta uoluntas.
Ergo corpoream naturam animi esse necessest,
corporeis quoniam telis ictuque laborat.

Is tibi nunc animus quali sit corpore, et unde
constiterit, pergam rationem reddere dictis.
Principio esse aio persubtilem atque minutis
perquam corporibus factum constare. Id ita esse
hinc licet aduertas animum ut pernoscere possis.
Nil adeo fieri celeri ratione uidetur,
quam si*bi* mens fieri proponit et inc*oh*at ipsa.
Ocius ergo animus quam res se perciet ulla
ante oculos qu*a*rum in promptu natura uidetur.
At quod mobile tanto operest, constare rutundis
perquam seminibus debet perquamque minutis,
momine uti paruo possint impulsa moueri.
Namque mouetur aqua et tantillo momine flutat,
quippe uolubilibus paruisque creata figuris.
At contra mellis constantior est natura,
et pigri latices magis et cunctantior actus;
haeret enim inter se magis omnis materia*i*
copia, nimirum quia non tam leuibus extat
corporibus, neque tam suptilibus atque rutundis.
Namque papaueris aura potest suspensa leuisque
cogere ut ab summo tibi diffluat altus aceruus:
at contra lapidum con*l*ectum spicarumque
noenu potest. Igitur paruissima corpora proquam
et leuissima sunt, ita mobilitate fruuntur.

bref, c'est l'homme tout entier qu'ils paraissent régir.
On le voit, sans contact rien de tel n'est possible,
et sans corps nul contact. Ne faut-il pas admettre
la nature corporelle de l'âme et de l'esprit[15] ?
Et puis, tu le vois bien : l'esprit avec le corps pâtit,
à l'intérieur du corps il partage nos sensations.
Que s'abatte la force horrible d'une arme,
brisant os et tendons, même sans atteinte à la vie,
s'ensuit une langueur, une douce attirance
de la terre, puis un trouble submerge l'esprit,
et parfois naît un vague désir de ressurgir.
Il faut donc que l'esprit soit de nature corporelle
puisqu'il souffre des coups et blessures du corps.

Nature atomique de l'esprit

Mais quel est le corps de l'esprit et comment
il s'est formé, je te l'explique maintenant.
D'abord je dis qu'il est extrêmement subtil
et se compose des plus minuscules atomes[16];
pour t'en convaincre, remarque donc ceci :
rien ne paraît si rapide qu'un projet de l'esprit
et sa mise en œuvre par l'esprit lui-même.
Ainsi donc l'esprit est plus prompt à se mouvoir
que tous les corps visibles, à portée de nos sens.
Mais une nature aussi mobile doit se composer
des atomes les plus ronds et les plus minuscules :
qu'à la moindre impulsion ils puissent s'ébranler.
L'eau s'agite et s'écoule sous une légère pulsion
parce qu'elle est formée d'atomes subtils et volubiles.
La nature du miel est au contraire plus stable,
sa liqueur plus paresseuse, plus rétive à se mouvoir,
car toute sa matière a plus grande cohésion
pour la simple raison que d'atomes moins lisses
elle est composée, moins subtils et moins ronds[17].
Vois les graines de pavot, un souffle vague et léger
peut en faire choir et couler un tas haut dressé,
mais contre un amas de pierres ou d'épis,
non, il ne peut rien : plus les atomes sont petits
et lisses, plus grande est donc leur mobilité.

At contra quaecumque magis cum pondere magno
asperaque inueniuntur, eo stabilita magis sunt.
Nunc igitur quoniam <est> animi natura reperta
mobilis egregie, perquam constare necessest
corporibus paruis et leuibus atque rutundis.
Quae tibi cognita res in multis, o bone, rebus
utilis inuenietur et op*p*ortuna cluebit.

Haec quoque res etiam naturam dedicat eius,
quam tenui constet textura, quamque loco se
contineat paruo, si possit conglomerari,
quod simul atque hominem leti secura quies est
indepta, atque animi natura animaeque recessit,
nil ibi libatum de toto corpore cernas
ad speciem, nihil ad pondus : mors omnia praestat
uitalem praeter sensum calidumque uaporem.
Ergo animam totam perparuis esse necessest
seminibus, nexam per uenas, uiscera, neruos;
quatenus, omnis ubi e toto iam corpore cessit,
extima membrorum circumcaesura tamen se
incolumen praestat, nec defit ponderis hilum.
Quod genus est Bacchi cum flos euanuit, aut cum
spiritus unguenti suauis diffugit in auras,
aut aliquo cum iam sucus de corpore cessit;
nil*o* oculis tamen esse minor res ipsa uidetur
propterea, neque detractum de pondere quicquam;
nimirum quia multa minutaque semina sucos
efficiunt et odorem in toto corpore rerum.
Quare etiam atque etiam mentis naturam animaeque
scire licet perquam pauxillis esse creatam
seminibus, quoniam fugiens nil ponderis aufert.

Nec tamen haec simplex nobis natura putanda est.
Tenuis enim quaedam moribundos deserit aura
mixta uapore, uapor porro trahit aera secum,
nec calor est quisquam cui non sit mixtus et aer;
rara quod eius enim constat natura, necessest
aeris inter eum primordia multa moueri.

Plus lourds et plus rugueux, ils sont au contraire plus stables.
Ainsi, puisque la nature de l'esprit s'est révélée
extrêmement mobile, elle doit se composer
d'atomes entre tous petits, lisses et ronds.
Cette connaissance, mon bon Memmius,
se révélera souvent utile et secourable.

Voici qui prouve encore à quel point le tissu de l'âme
est subtil et combien elle occuperait peu d'espace
s'il était possible de grouper ses atomes.
Dès que le calme repos du trépas saisit l'homme,
que la nature de l'esprit et de l'âme s'est retirée,
dans tout le corps on ne constate aucune perte
de forme ni de poids : la mort préserve tout,
hormis la chaleur et la sensibilité vitales.
D'infimes atomes forment donc nécessairement
toute l'âme nouée à nos veines, tendons et chairs,
puisque après sa retraite du corps tout entier
le contour extérieur des membres cependant
se présente indemne; leur poids, sans perte aucune.
Ainsi du vin quand son bouquet s'est évanoui,
du parfum dont l'esprit suave s'est envolé
ou de n'importe quel corps ayant perdu son goût :
à nos yeux néanmoins il ne s'en trouve nullement
amoindri et rien ne semble soustrait à son poids;
c'est donc que des atomes nombreux et minuscules
font l'odeur et le goût dans tout le corps des choses.
Oui, encore une fois, la nature de l'âme et de l'esprit
se révèle formée des atomes les plus menus
puisque dans sa fuite elle n'emporte aucun poids.

Composition de l'âme et de l'esprit

Ne croyons pourtant pas que cette nature soit simple.
Les mourants exhalent en effet un souffle ténu
mêlé de chaleur, chaleur transportant de l'air à son tour,
car il n'est point de chaleur qui ne soit mêlée d'air :
sa nature poreuse implique nécessairement
de nombreux atomes d'air en mouvement.

Iam triplex animi est igitur natura reperta;
nec tamen haec sat sunt ad sensum cuncta creandum,
nil horum quoniam recipit mens posse creare
sensiferos motus † quaedamque mente uolutat. †
Quarta quoque his igitur quaedam natura necessest
adtribuatur. East omnino nominis expers;
qua neque mobilius quicquam neque tenui*us* extat,
nec magis e paruis et leuibus ex elementis;
sensiferos motus quae didit prima per artus.
Prima cietur enim, paruis perfecta figuris;
inde calor, motus, et uenti caeca potestas
accipit, inde aer; inde omnia mobilitantur :
concutitur sanguis, tum uiscera persentiscunt
omnia, postremis datur ossibus atque medullis
siue uoluptas est, siue est contrarius ardor.
Nec temere huc dolor usque potest penetrare neque acre
permanare malum, quin omnia perturbentur
usque adeo <ut> uitae desit locus, atque anima*i*
diffugiant partes per caulas corporis omnis.
Sed plerumque fit in summo quasi corpore finis
motibus : hanc ob rem uitam retinere ualemus.

Nunc ea quo pacto inter sese mixta, quibusque
compta modis uigeant, rationem reddere auentem
abstrahit inuitum patrii sermonis egestas;
sed tamen, ut potero summatim attingere, tangam.
Inter enim cursant primordia principiorum
motibus inter se, nihil ut secernier unum
possit nec spatio fieri diuisa potestas,
sed quasi multae uis unius corporis extant.
Quod genus in quouis animantum uiscere uolgo
est odor et quidam color et sapor, et tamen ex his
omnibus est unum perfectum corporis augmen.
Sic calor atque aer et uenti caeca potestas
mixta creant unam naturam, et mobilis illa
uis, initum motus ab se quae diuidit ollis,
sensifer unde oritur primum per uiscera motus.
Nam penitus prorsum latet haec natura subestque,
nec magis hac infra quicquam est in corpore nostro,

Voilà donc la triple nature de l'esprit découverte[18],
mais ce n'est pas assez pour former la sensibilité
car il est impensable qu'un de ces éléments
puisse créer l'émotion sensitive[19].
Il faut donc leur adjoindre une quatrième nature,
mais cette nature n'a jamais eu de nom[20].
Il n'est rien de plus mobile ni de plus ténu,
rien dont les atomes soient plus petits ni plus lisses.
C'est la première à diffuser les mouvements sensitifs[21],
car formée de petites figures elle s'émeut la première,
puis la chaleur et la puissance aveugle du vent, puis l'air
reçoivent ces mouvements, enfin tout se met en branle.
Le sang reçoit le choc et la sensation pénètre
toutes les chairs, puis les os et les moelles enfin,
qu'il s'agisse du plaisir ou d'une ardeur contraire.
Et la douleur ne perce pas en vain jusque-là,
ni l'aiguillon du mal, mais ils bouleversent tout
au point que la place manque pour la vie, et l'âme
par tous les pores du corps s'enfuit éparpillée.
Mais d'ordinaire les mouvements restent pour ainsi dire
superficiels[22], c'est pourquoi nous conservons la vie.

Maintenant, je brûle d'expliquer comment ces corps
sont mêlés, quelle combinaison préside à leur vigueur.
L'indigence de notre langue freine mon élan,
mais je ferai de mon mieux pour en toucher un mot.
Leurs atomes courent, entrecroisant leurs mouvements,
si bien qu'on ne saurait isoler aucun principe
ni localiser individuellement leurs facultés :
ils sont comme les nombreuses forces d'un seul corps.
De même, les chairs de n'importe quel être animé
possèdent communément odeur, couleur[23], saveur, et pourtant
tout cela ne forme qu'une seule masse avec le corps.
Ainsi la chaleur, l'air et la puissance aveugle du vent
mêlés ne font qu'une nature avec la force mobile[24]
qui crée et divise entre eux l'impulsion initiale
d'où naît en notre chair le mouvement sensitif.
Cette force est profondément enfouie et cachée,
nous n'avons rien de plus intime en notre corps[25],

atque anima est animae proporro totius ipsa.
Quod genus in nostris membris et corpore toto
mixta latens animi uis est animaeque potestas,
corporibus quia de paruis paucisque creatast :
sic tibi nominis haec expers uis facta minutis
corporibus latet, atque animae quasi totius ipsa
proporrost anima, et dominatur corpore toto.
Consimili ratione necessest uentus et aer
et calor inter se uigeant commixta per artus,
atque aliis aliud subsit magis emineatque,
ut quiddam fieri uideatur ab omnibus unum,
ni calor ac uentus seorsum seorsumque potestas
aeris interemant sensum diductaque soluant.

Est et*en*im calor ille animo, quem sumit, in ira
cum feruescit et ex oculis micat acrius ardor.
Est et frigida multa comes formidinis aura,
quae ciet horrorem membris et concitat artus.
Est etiam quoque pacati status aeris ille,
pectore tranquillo qui fit uoltuque sereno.
Sed calidi plus est illis quibus acria corda
iracundaque mens facile efferuescit in ira.
Quo genere in primis uis est uiolenta leonum,
pectora qui fremitu rumpunt plerumque gementes,
nec capere irarum fluctus in pectore possunt.
At uentosa magis ceruorum frigida mens est,
et gelidas citius per uiscera concitat auras,
quae tremulum faciunt membris existere motum.
At natura boum placido magis aere uiuit,
nec nimis irai fax umquam subdita percit
fumida, suffundens caecae caliginis umbram,
nec gelidis torpet telis perfixa pauoris :
interutrasque sita*st*, ceruos saeuosque leones.
Sic hominum genus est. Quamuis doctrina politos
constituat pariter quosdam, tamen illa relinquit
natura*e* cuiusque animi uestigia prima,
nec radicitus euelli mala posse putandumst,
quin procliuius hic iras decurrat ad acris,

l'âme de notre âme entière, vraiment, c'est elle.
De même que dans nos membres et tout notre corps
se mêlent en secret force de l'esprit[26] et pouvoir de l'âme,
parce qu'ils sont formés d'atomes petits et peu nombreux,
de même cette force sans nom faite de minuscules
atomes reste cachée et constitue en quelque sorte
l'âme de toute l'âme, la régente du corps entier.
De semblable façon, le vent, l'air et la chaleur
doivent mêler leurs vigueurs à travers nos membres,
et l'un d'entre eux doit se soumettre ou dominer
pour qu'ils paraissent tous former une certaine unité,
sinon la chaleur, le vent et l'air agissant à part
rompraient la sensibilité par leurs tiraillements.

Les caractères innés

Oui, l'esprit a de la chaleur : c'est elle qu'il rassemble
lorsqu'il bout de colère et que l'œil brille d'ardeur trop âcre.
Il a ce grand vent froid, compagnon de la crainte,
qui donne le frisson et secoue tous les membres.
Il possède encore l'état paisible de l'air
qu'attestent un cœur tranquille, un visage serein.
Mais il règne plus de chaleur dans l'être au cœur féroce,
dont l'esprit coléreux s'enflamme et bout facilement.
Le meilleur exemple est la race rageuse des lions :
à force de rugir ils rompent leur poitrail,
ne pouvant y contenir les flots de leur colère.
Plus venteux au contraire est l'esprit[27] froid des cerfs,
plus prompt à lever dans la chair les souffles glacés
qui provoquent un tremblement parmi leurs membres.
La nature des bœufs vit surtout d'air paisible,
jamais ne perce en elle la torche du courroux
pour répandre l'ombre aveugle de sa fumée,
jamais les dards glacés de la peur ne l'engourdissent,
elle tient le milieu entre le cerf et le lion féroce.
Ainsi des hommes : l'éducation a beau produire
certains individus également policés,
elle préserve les marques de leur nature première.
Il ne faut pas croire que les défauts se laissent extirper
si radicalement que tel homme ne soit trop enclin

ille metu citius paulo temptetur, at ille
tertius accipiat quaedam clementius aequo.
Inque aliis rebus multis differre necessest
naturas hominum uarias moresque sequacis;
quorum ego nunc nequeo caecas exponere causas,
nec reperire figurarum tot nomina quot sunt
principiis unde haec oritur uariantia rerum.
Illud in his rebus uideo firmare potesse,
usque adeo naturarum uestigia linqui
paruola quae nequeat ratio depellere no*b*is,
ut nil inpediat dignam dis degere ui*t*am.

Haec igitur natura tenetur corpore ab omni,
ipsaque corporis est custos et causa salutis;
nam communibus inter se radicibus haerent,
nec sine pernicie diuelli posse uidentur.
Quod genus e thuris glaebis euellere odorem
haut facile est quin intereat natura quoque eius,
sic animi atque animae naturam corpore toto
extrahere haut facile est quin omnia dissoluantur :
implexis ita principiis ab origine prima
inter se fiunt consorti praedita uita.
Nec sibi quaeque sine alterius ui posse uidetur
corporis atque animi seorsum sentire potestas,
sed communibus inter e*a*s conflatur utrimque
motibus accensus nobis per uiscera sensus.
Praeterea, corpus per se nec gignitur umquam,
nec crescit, neque post mortem durare uidetur.
Non enim, ut umor aquae dimittit saepe uaporem
qui datus est, neque ea causa conuellitur ipse,
sed manet incolumis, non, inquam, sic animai
discidium possunt artus perferre relicti,
sed penitus pereunt conuolsi conque putrescunt.
Ex ineunte aeuo sic corporis atque animai
mutua uitalis discunt contagia motus
maternis etiam membris aluoque repost*a*,
discidium <ut> nequeat fieri sine peste maloque;

à dévaler la pente des colères ardentes,
tel autre à se tourmenter un peu vite, un troisième
à prendre certaines choses avec trop d'indulgence.
Bien d'autres différences doivent marquer encore
les diverses natures et leur cortège de mœurs.
Je ne puis pour l'heure exposer leurs causes secrètes
ni trouver de noms pour tant de formes atomiques[28]
qui sont à l'origine de cette diversité.
Mais je vois qu'il m'est possible d'affirmer ceci :
les marques laissées par nos natures et que la raison
ne parvient pas à effacer sont tellement minces
qu'il n'est aucun obstacle à une vie digne des dieux[29].

Unité du corps et de l'âme

Cette âme est donc tenue par le corps tout entier,
elle en est la gardienne, assure son salut;
car des racines communes les lient l'un à l'autre
et l'on ne peut les séparer sans les détruire.
Comme à des grains d'encens tu ne peux arracher
leur parfum sans que meure aussi leur nature,
de même la nature de l'âme et de l'esprit ne peut
se soustraire au corps sans que tout se dissolve :
tant leurs atomes dès l'origine enchevêtrés
leur donnent une vie et un destin communs.
Ni l'âme ni le corps sans le pouvoir de l'autre
n'ont la faculté de sentir isolément,
mais leurs mouvements réciproques en notre chair
allument et attisent la flamme de la sensation.
Et puis le corps jamais ne peut naître tout seul,
non plus que grandir ou survivre à la mort.
Non, il n'est pas comme l'eau qui perd la chaleur
qu'elle a reçue et n'est pour autant bouleversée
mais demeure indemne, non, dis-je, les organes,
quand l'âme se retire, ne supportent pas cet abandon :
bouleversés, ils périssent et tout entiers pourrissent.
Ainsi, dès leur naissance, par leurs contacts mutuels
le corps et l'âme apprennent les mouvements vitaux,
au sein même du corps et du ventre maternels :
leur scission ne peut donc se faire sans mal, sans ruine.

ut uideas, quoniam coniunctast causa salutis,
coniunctam quoque naturam consistere eorum.

Quod superest, siquis corpus sentire refutat,
atque animam credit permixtam corpore toto
suscipere hunc motum quem sensum nominitamus,
uel manifestas res contra uerasque repugnat.
Quid sit enim corpus sentire quis adferet umquam,
si non ipsa palam quod res dedit ac docuit nos?
At dimissa anima corpus caret undique sensu,
perdit enim quod non proprium fuit eius in aeuo,
multaque praeterea perdit cum expellitur aeuo.
Dicere porro oculos nullam rem cernere posse,
sed per eos animum ut foribus spectare reclusis,
difficilest, contra cum sensus ducat eorum;
sensus enim trahit atque acies detrudit ad ipsas,
fulgida praesertim cum cernere saepe nequimus,
lumina luminibus quia nobis praepediuntur.
Quod foribus non fit; neque enim, qua cernimus ipsi,
ostia suscipiunt ullum reclusa laborem.
Praeterea si pro foribus sunt lumina nostra,
iam magis exemptis oculis debere uidetur
cernere res animus sublatis postibus ipsis.

Illud in his rebus nequaquam sumere possis
Democriti quod sancta uiri sententia ponit,
corporis atque animi primordia singula pri*u*is
adposita alternis uariare ac nectere membra.
Nam cum multo sunt animae elementa minora
quam quibus e corpus nobis et uiscera constant,
tum numero quoque concedunt et rara per artus
dissita sunt; dumtaxat ut hoc promittere possis,
quantula prima queant nobis iniecta ciere
corpora sensiferos motus in corpore, tanta
interualla tenere exordia prima anima*i*.
Nam neque pulueris interdum sentimus adhaesum
corpore, nec membris incussam sidere cretam,
nec nebulam noctu neque aran*e*i tenuia fila

Tu le vois : puisque leur vie dépend d'une même cause,
leurs natures elles aussi dépendent l'une de l'autre.

Les mouvements sensitifs

Du reste, dénier au corps la faculté de sentir
et croire que l'âme au corps tout entier mêlée
a charge du mouvement que nous nommons sensation[30],
c'est lutter contre l'évidence et la vérité.
La sensation du corps, qui donc la présentera
sinon le fait lui-même, en sa preuve éclatante ?
Cependant, l'âme enfuie, le corps perd toute sensation.
Assurément, ce qu'il perd n'était pas son bien propre
et, chassé de la vie, combien d'autres pertes il subit !
Prétendre enfin que les yeux ne peuvent rien voir
mais servent de portes ouvertes au regard de l'esprit[31]
est absurde ; le sens de la vue prouve le contraire,
nous ramenant de force aux pupilles, précisément :
souvent même, nous ne voyons pas les objets brillants
parce que nos yeux sont par leur lumière offusqués.
Rien de tel pour les portes : quand par leur baie ouverte
nous regardons, elles n'éprouvent aucune souffrance.
D'ailleurs, si nos yeux jouaient le rôle de simples portes,
l'esprit en perdant les yeux devrait certes mieux voir,
délivré qu'il serait de leur encadrement.

Ici, tu ne saurais nullement accepter
ce que la parole sacrée du grand Démocrite affirme :
les atomes du corps et de l'âme, un à un juxtaposés,
alternent tous et leur tissu forme l'organisme[32] ;
car, si les éléments de l'âme sont bien plus petits
que ceux qui composent notre corps et nos chairs,
ils leur cèdent surtout en nombre, rares et dispersés
parmi les membres ; aussi peut-on juste avancer
que les principes de l'âme observent des intervalles
de la taille des premiers corps capables de venir
déclencher en notre corps les mouvements sensitifs.
Car parfois nous ne sentons pas une poussière
collant à notre peau, un nuage de craie sur nos membres,
un brouillard dans la nuit ; les fils ténus de l'araignée

obuia sentimus, quando obretimur euntes,
nec supera caput eiusdem cecidisse uietam
uestem, nec plumas auium papposque uolantis,
qui nimia leuitate cadunt plerumque grauatim,
nec repentis itum cuiusuiscumque animantis
sentimus, nec priua pedum uestigia quaeque
corpore quae in nostro culices et cetera ponunt.
Vsque adeo prius est in nobis multa ciendum,
quam primordia sentiscant concussa anima*i*
semina corporibus nostris inmixta per artus,
et qua*m in h*is interuallis tuditantia possint
concursare, coire, et dissultare uicissim.

Et magis est animus uitai claustra coercens,
et dominantior ad uitam quam uis anima*i*.
Nam sine mente animoque nequit residere per artus
temporis exiguam partem pars ulla anima*i*
sed comes insequitur facile et discedit in auras
et gelidos artus in leti frigore linquit.
At manet in uita cui mens animusque remansit.
Quamuis est circum caesis lacer undique membris
truncus, adempta anima circum membrisque remota,
uiuit, et aetherias uitalis suscipit auras.
Si non omnimodis, at magna parte anima*i*
priuatus, tamen in uita cunctatur et haeret;
ut, lacerato oculo circum si pupula mansit
incolumis, stat cernundi uiuata potestas,
dummodo ne totum corrumpas luminis orbem,
et circum caedas aciem, solamque relinquas;
id quoque enim sine pernicie non fiet eorum.
At si tantula pars oculi media illa peresa est,
occidit extemplo lumen tenebraeque secuntur,
incolumis quamuis alioqui<st> splendidus orbis.
Hoc anima atque animus uincti sunt foedere semper.

nous prenant en ses rets, nous ne les sentons pas;
la dépouille flétrie qu'elle fait tomber sur nos têtes,
les plumes d'oiseaux et les cotons en vol,
si légers que leur chute s'en trouve embarrassée,
la marche rampante des insectes sur notre corps,
nous ne les sentons pas, ni chacune des pattes
que les moustiques ou d'autres bestioles posent sur nous.
Combien ils sont nombreux, mêlés à tous nos membres,
les atomes de notre corps qu'il faut mettre en branle
avant que ceux de l'âme ne sentent la secousse
et puissent malgré leurs intervalles se rencontrer,
s'unir ou se rejeter en se heurtant à leur tour!

L'esprit, surtout, tient closes les barrières de la vie :
le maître de la vie, plus que l'âme, c'est lui.
Sans l'esprit en effet nulle partie de l'âme
ne peut en nos membres demeurer un seul instant,
mais docile compagne, se dissolvant dans les airs,
l'âme laisse au froid de la mort nos membres glacés.
Reste au contraire en vie celui qui garde son esprit;
amputé des membres tout autour, fût-il un tronc,
l'âme de ses membres tout autour arrachée,
il vit, il respire les souffles éthérés de la vie :
sinon de toute l'âme, au moins d'une grande partie
spolié, il s'attarde pourtant, à la vic soudé[33].
Qu'un œil soit déchiré, mais la pupille intacte,
la faculté de voir lui demeure vivante,
à condition de ne pas abîmer tout le globe
et de ne pas découper la prunelle pour l'isoler,
car cela aussi serait fatal à tous les deux.
Mais le centre minuscule de l'œil est-il détruit,
aussitôt meurt la lumière et montent les ténèbres,
le reste du globe fût-il intact et plein d'éclat.
Tel est le pacte qui toujours lie l'âme et l'esprit.

Nunc age, natiuos animantibus et mortalis
esse animos animasque leuis ut noscere possis,
conquisita diu dulcique reperta labore
digna tua pergam disponere carmina uita.
Tu fac utrumque uno sub iungas nomine eorum,
atque animam uerbi causa cum dicere pergam,
mortalem esse docens, animum quoque dicere credas,
quatenus est unum inter se coniunctaque res est.
Principio quoniam tenuem constare minutis
corporibus docui, multoque minoribus esse
principiis factam quam liquidus umor aqua*i*,
aut nebula aut fumus – nam longe mobilitate
praestat et a tenui causa magis icta mouetur;
quippe ubi imaginibus fumi nebulaeque mou*e*tur :
quod genus in somnis sopiti ubi cernimus alt*e*
ex*h*alare uapore*m* altaria ferreque fumum;
nam procul haec dubio nobis simulacra geruntur –
nunc igitur quoniam quassatis undique uasis
diffluere umorem et laticem discedere cernis,
et nebula ac fumus quoniam discedit in auras,
crede animam quoque diffundi, multoque perire
ocius, et citius dissolui <in> corpora prima,
cum semel ex hominis membris ablata recessit.
Quippe etenim corpus, quod uas quasi constitit eius,
cum cohibere nequit conquassatum ex aliqua re
ac rarefactum detracto sanguine uenis,
aere qui credas posse hanc cobiberier ullo,
corpore qui nostro rarus magis incohibens sit?

Praeterea gigni pariter cum corpore, et una
crescere sentimus, pariterque senescere mentem.
Nam uelut infirmo pueri teneroque uagantur
corpore, sic animi sequitur sententia tenuis.
Inde ubi robustis adoleuit uiribus aetas,
consilium quoque maius et auctior est animi uis.

L'esprit et l'âme naissent et meurent : ils se dissipent dans l'air après la mort

Et maintenant sache que dans l'être animé
l'âme et l'esprit légers souffrent naissance et mort :
voici le fruit d'un doux labeur et de longues recherches
que je continue d'exposer en des vers dignes de toi[34].
Allons, comprends l'âme et l'esprit sous un même nom
et, quand par exemple je dirai que l'âme est mortelle,
crois bien que je parle de l'esprit lui aussi,
car ils ne font qu'un tout et sont indissociables.
D'abord, puisque j'ai montré que l'âme subtile
est composée de corps, d'atomes bien plus petits
que ceux qui forment l'eau, le brouillard ou la fumée
– car l'âme est plus mobile, au moindre choc s'émeut,
les images de brume et de fumée l'émouvant,
comme lorsque en songe nous voyons les autels
exhaler leur chaleur et leur fumée bien haut,
visions sans nul doute formées par des images –,
et puisque tu vois l'eau des vases agités
s'écouler de tous côtés et partout se répandre,
puisque brume et fumée dans les airs se dissipent,
crois donc que l'âme aussi se répand et plus vite,
bien plus vite se perd, se résout en atomes
quand échappant au corps de l'homme elle se retire.
Car si le corps, vaisseau de l'âme en quelque sorte,
ne peut la contenir quand il est trop agité,
ou raréfié par le retrait du sang hors des veines,
comment croire que l'air, incapable de rien tenir
et plus rare que notre corps, contienne jamais l'âme?

Ils se développent et souffrent avec le corps

Et puis nous le sentons : c'est avec notre corps
que l'esprit naît, grandit et subit la vieillesse.
Comme sur leur corps tendre et frêle les enfants
titubent, ainsi va leur pensée sans vigueur.
Quand ils avancent en âge et deviennent robustes,
leur jugement grandit, leur esprit s'affermit.

Post ubi iam ualidıs quassatum est uiribus aeui
corpus, et obtusis ceciderunt uiribus artus,
claudicat ingenium, delirat lingua, <labat> mens,
omnia deficiunt atque uno tempore desunt.
Ergo dissolui quoque conuenit omnem animai
naturam, ceu fumus, in altas a*e*ris auras;
quandoquidem gigni pariter pariterque uidemus
crescere et, <ut> docui, simul aeuo fessa fatisci.
Huc accedit uti uideamus, corpus ut ipsum
suscipere inmanis morbos durumque dolorem,
sic animum curas acris luctumque metumque;
quare participem leti quoque conuenit esse.
Quin etiam morbis in corporis auius errat
saepe animus; dementit enim deliraque fatur,
interdumque graui lethargo fertur in altum
aeternumque soporem, oculis nutuque cadenti,
unde neque exaudit uoces nec noscere uoltus
illorum potis est, ad uitam qui reuocantes
circumstant lacrimis rorantes ora genasque.
Quare animum quoque dissolui fateare necessest
quandoquidem penetrant in eum contagia morbi.
Nam dolor ac morbus leti fabricator uterquest,
[473] multorum exitio perdocti quod sumus ante.
[476] Denique cur, hominem cum uini uis penetrauit
acris et in uenas discessit diditus ardor,
consequitur grauitas membrorum, praepediuntur
crura uacillanti, tardescit lingua, madet mens,
nant oculi, clamor, singultus, iurgia gliscunt,
et iam cetera de genere hoc quaecumque secuntur,
cur ea sunt, nisi quod uemens uiolentia uini
conturbare animam consueuit corpore in ipso?
At quaecumque queunt conturbari inque pediri,
significant paulo si durior insinuarit
causa, fore ut pereant aeuo priuata futuro.
Quin etiam subito ui morbi saepe coactus
ante oculos aliquis nostros, ut fulminis ictu,
concidit et spumas agit, ingemit et tremit artus,
desipit, extentat neruos, torquetur, anhelat
inconstanter et in iactando membra fatigat:

Enfin les durs assauts du temps secouent le corps
et, lorsque les membres perdant vigueur défaillent,
l'intelligence boite, la langue s'affole, l'esprit chancelle,
toutes choses diminuent et manquent tout à coup[35].
Il convient donc aussi que la nature de l'âme
dans les hauteurs de l'air comme fumée se dissipe,
puisque nous la voyons naître et grandir avec le corps
et, comme je l'ai dit, partager son épuisement.
Il est clair encore que, si le corps éprouve
d'affreuses maladies, de cruelles souffrances,
l'esprit connaît le chagrin amer, le deuil et la crainte.
Il convient donc aussi qu'il partage la mort.
Et puis, le corps étant malade, souvent l'esprit s'égare :
il bat la campagne, déraisonne et délire ;
une lourde léthargie plonge parfois les hommes[36],
yeux clos, tête tombante, en un sommeil sans fin
d'où ils ne peuvent entendre ou reconnaître alentour
ceux qui tentent de les rappeler à la vie,
le visage et les joues tout ruisselants de larmes.
Admettons donc que l'âme aussi se désagrège
puisque la contagion de la maladie peut pénétrer en elle :
oui, souffrance et maladie sont ouvrières de mort,
comme tant de trépas nous l'ont déjà montré[37].
Et quand l'esprit du vin en l'homme a pénétré,
et diffuse âprement sa chaleur par les veines[38],
les membres s'alourdissent, les jambes se dérobent,
on titube, la langue s'empâte, l'esprit se noie,
le regard flotte, viennent les cris, les sanglots, les querelles
et tout le cortège de semblables effets.
Pourquoi donc ? N'est-ce pas que dans le corps lui-même
la véhémence du vin vient bouleverser l'âme ?
Mais tout être se laissant bouleverser, entraver
montre qu'il périra, privé de vie future,
quand une cause un peu plus rude s'insinuera.
Souvent même, cédant au brusque accès du mal,
un homme sous nos yeux s'écroule foudroyé,
il écume et gémit, tremble de tout son corps,
délire et se raidit, se tord et, souffle irrégulier,
haletant, il épuise ses membres en convulsions[39].

nimirum quia u*i* morbi distracta per artus
turbat agens anim*a* spum*a*s, <ut> in aequore salso
uentorum ualidis feruescunt uiribus undae.
Exprimitur porro gemitus, quia membra dolore
adficiuntur, et omnio quod semina uocis
eiciuntur et ore foras glomerata feruntur
qua quasi consuerunt et sunt munita uia*i*.
Desipientia fit, quia uis animi atque anima*i*
conturbatur, et, ut docui, diuisa seorsum
disiectatur eodem illo distracta ueneno.
Inde ubi iam morbi reflexit causa, reditque
in latebras acer corrupti corporis umor,
tum quasi uaccillans primum consurgit et omnis
paulatim redit in sensus, animamque receptat.
Haec igitur tantis ubi morbis corpore in ipso
iactentur, miserisque modis distracta laborent,
cur eadem credis sine corpore in aere aperto
cum ualidis uentis aetatem degere posse?

Et quoniam mentem sanari, corpus ut aegrum,
cernimus et flecti medicina posse uidemus,
id quoque praesagit mortalem uiuere mentem.
Addere enim partis aut ordine traiecere aecumst,
aut aliquid prosum de summa detrahere hilum,
commutare animum quicumque adoritur et infit,
aut aliam quamuis naturam flectere quaerit.
At neque transferri sibi partis nec tribui uolt
immortale quod est, quicquam neque defluere hilum.
Nam quodcumque suis mutatum finibus exit,
continuo hoc mors est illius quod fuit ante.
Ergo animus siue aegrescit, mortalia signa
mittit, uti docui, seu flectitur a medicina.
Vsque adeo falsae rationi uera uidetur
res occurrere, et effugium praecludere eunti,
ancipitique refutatu conuincere falsum.

C'est que l'âme, à travers les membres déchirée
par la vigueur du mal, écume comme les flots
que l'on voit bouillonner sous des vents violents.
Le gémissement naît de la douleur des membres,
et parce que les atomes de la voix sont arrachés
et sortent en paquets par la route ordinaire,
la bouche, leur grand chemin en quelque sorte.
Le délire vient du trouble de l'âme et de l'esprit
se divisant et se dispersant, comme je l'ai dit,
sous l'effet du poison qui les déchire aussi.
Puis la cause du mal se replie, l'âcre humeur[40]
du corps infecté regagne ses tanières,
et le malade quasi chancelant se relève,
peu à peu recouvre ses sens, reprend conscience[41].
Si donc ces maladies secouent l'âme et l'esprit,
les déchirent et les tourmentent dans le corps,
comment imaginer que sans corps, à l'air libre,
parmi les vents d'orage, ils puissent subsister?

Et puisque nous voyons que l'esprit se guérit
comme un corps malade et se plie aux médecines,
cela présage aussi de sa mortalité.
Car il faut ajouter ou transposer des parties,
ou bien enlever tant soit peu à leur somme,
si l'on se propose de transformer l'esprit
ou de plier au changement toute autre nature.
Mais l'essence immortelle en ses parties ne souffre
ni transposition, ni ajout, ni perte aucune.
Qu'un être se transforme, sorte de ses limites,
aussitôt meurt ce qu'il était auparavant.
Quand donc l'âme est malade ou se plie aux médecines,
elle offre des signes de mort, comme je l'ai montré.
Tant l'expérience vraie au raisonnement faux
s'oppose et barre la retraite,
le convainquant d'erreur par double réfutation.

Denique saepe hominem paulatim cernimus ire,
et membratim uitalem deperdere sensum :
in pedibus primum digitos liuescere et unguis,
inde pedes et crura mori, post inde per artus
ire alios tractim gelidi uestigia leti.
Scinditur atqu*i* anim*ae* haec quoniam natura, nec uno
tempore sincera existit, mortalis habendast.
Quod si forte putas ipsam se posse per artus
introsum trahere, et partis conducere in unum,
atque ideo cunctis sensum diducere membris,
at locus ille tamen, quo copia tanta anima*i*
cogitur, in sensu debet maiore uideri,
qui quoniam nusquamst, nimirum ut diximus <ante>,
dilaniata foras dispergitur, interit ergo.
Quin etiam si iam libeat concedere falsum,
et dare posse animam glomerari in corpore eorum
lumina qui lincunt moribundi particulatim,
mortalem tamen esse animam fateare necesse,
nec refert utrum pereat dispers*a* per auras
an contracta suis e partibus ob*b*rutescat,
quando hominem totum magis ac magis undique sensus
deficit, et uitae minus et minus undique restat.

Et quoniam mens est hominis pars una, loco qu*ae*
fixa manet certo, uelut aures atque oculi sunt
atque alii sensus qui uitam cumque gubernant,
et ueluti manus atque oculus naresue seorsum
secreta ab nobis nequeunt sentire neque esse,
sed tamen in paruo li*qu*untur tempore ta*be*,
sic animus per se non quit sine corpore et ipso
esse homin*e*, illius quasi quod uas esse uidetur,
siue aliud quid uis potius coniunctius ei
fingere, quandoquidem conexu corpus adhaeret.
Denique corporis atque animi uiuata potestas
inter se coniuncta ualent uitaque fruuntur;
nec sine corpore enim uitalis edere motus

L'âme agonise avec le corps

Enfin l'on voit des hommes s'en aller peu à peu,
perdre la sensibilité membre après membre :
aux pieds d'abord, ongles et doigts blêmissent,
puis pieds et jambes meurent, puis de proche en proche
la mort partout imprime ses traces glacées.
Puisque l'âme se scinde et point ne se retire
tout entière et d'un coup, il faut la croire mortelle.
Si jamais tu penses qu'elle peut se retirer
à l'intérieur du corps, concentrant ses parties
et privant tous les membres de sensibilité,
un lieu où se rassemble telle quantité d'âme
devrait à tout le moins se montrer plus sensible;
nulle part il n'existe, oui, j'ai dit l'évidence :
l'âme en lambeaux s'enfuit, elle trépasse donc.
Et même s'il nous plaisait d'admettre le faux,
d'accorder que l'âme pût se concentrer dans le corps
quand les mourants quittent peu à peu la lumière,
il n'en faudrait pas moins avouer que l'âme est mortelle.
Peu importe qu'elle périsse aux quatre vents éparse
ou qu'elle contracte ses parties et s'engourdisse,
quand l'homme entier subit de tous côtés le déclin,
perdant peu à peu la vie avec la sensation.

L'âme ne peut subsister sans le corps

L'esprit étant d'ailleurs une partie de l'homme,
il reste fixé en un certain lieu comme les oreilles,
les yeux et les autres sens qui gouvernent la vie;
si donc la main, l'œil ou les narines isolés,
séparés de nous, ne peuvent sentir ni exister
mais bien vite au contraire partent en pourriture,
l'esprit non plus ne peut vivre seul, sans le corps
et sans l'homme donc, son vase en quelque sorte,
faute d'un modèle de liaison plus étroite,
puisque le corps à l'esprit par son tissu adhère.
Enfin, la puissance vitale du corps et de l'âme
n'a de force et de vie que s'ils demeurent unis
car sans le corps l'âme, par sa seule nature,

sola potest animi per se natura, nec autem
cassum anima corpus durare et sensibus uti.
Scilicet auolsus radicibus ut nequit ullam
dispicere ipse oculus rem seorsum corpore toto,
sic anima atque animus per se nil posse uidetur.
Nimirum quia <per> uenas et uiscera mixtim,
per neruos atque ossa, tenentur corpore ab omni,
nec magnis interuallis primordia possunt
libera dissultare, ideo conclusa mouentur
sensiferos motus quos extra corpus in auras
aeris haut possunt post mortem eiecta mouer*i*,
propterea quia non simili ratione tenentur.
Corpus enim atque anima*ns* erit aer, si cohibere
sese anima atque in e*o* poterit concludere motus
quos ante in neruis et in ipso corpore agebat.
Quare etiam atque etiam resoluto corporis omni
tegmine, et eiectis extra uitalibus auris,
dissolui sensus animi fateare necessest
atque animam, quoniam coniunctast causa duobus.
Denique cum corpus nequeat perferre animai
discidium quin in taetro tabescat odore,
quid dubitas quin ex imo penitusque coorta
emanarit uti fumus diffusa animae uis,
atque ideo tanta mutatum putre ruina
conciderit corpus, penitus quia mota loco sunt
fundamenta, foras manante anima *us*que per artus,
perque uiarum omnis flexus in corpore qui sunt,
atque foramina? Multimodis ut noscere possis
dispertitam animae naturam exisse per artus,
et prius esse sibi distractam corpore in ipso,
quam prolapsa foras enaret in aeris auras.

Quin etiam finis dum uitae uertitur intra,
saepe aliqua tamen e causa labefacta uidetur
ire anima, ac toto solui de corpore <uelle>,
et quasi supremo languescere tempore uoltus,
molliaque exsangui cadere omnia <corpore> membra.
Quod genus est, animo male factum cum per*h*ibetur
aut animam liquisse; ubi iam trepidatur et omnes,

ne peut produire les mouvements vitaux
ni le corps privé d'âme perdurer ni sentir.
Tout ainsi qu'arraché de ses racines un œil
ne peut rien voir, lui seul, sans le reste du corps,
l'âme et l'esprit par eux-mêmes ne peuvent rien.
La raison en est simple : aux veines et viscères,
aux os et nerfs mêlés, ils sont tenus par le corps entier
et leurs atomes ne peuvent sauter librement
à grande distance; ainsi enfermés ils produisent
les mouvements sensitifs[42] que dans les airs,
hors du corps rejetés, ils ne peuvent mouvoir
parce qu'ils ne sont plus pareillement tenus.
Oui, l'air sera un corps vivant sitôt qu'une âme
pourra s'y concentrer et renfermer en lui
les mouvements qu'elle avait dans les nerfs et le corps!
Ainsi, je le répète, quand du corps l'enveloppe
tout entière est dissoute, le souffle vital expiré,
il faut admettre que les sens de l'esprit et de l'âme
se résolvent comme lui, leurs causes étant liées[43].
Enfin, si le corps ne peut subir le divorce de l'âme
sans se décomposer dans une odeur infecte,
comment douter qu'émanant de ses profondeurs
l'âme comme fumée ne soit allée s'épandre?
Et s'il change tant par ruine et putréfaction,
c'est que ses assises sont toutes bouleversées
quand l'âme s'écoule à travers les membres,
les voies sinueuses et les issues du corps.
Autant de preuves que l'âme est sortie en lambeaux
et qu'elle était déjà disloquée dans le corps
avant de s'envoler dans les souffles de l'air.

Souvent même, sans franchir les limites de la vie,
l'âme, par quelque cause ébranlée, paraît vouloir
s'en aller et se détacher du corps entier :
le visage s'alanguit comme à l'instant suprême
et du corps exsangue tombent les membres flasques,
comme lors d'un « malaise de l'âme » — tel est son nom —
ou perte de conscience, quand chacun s'agite alentour,

extremum cupiunt uitae reprehendere uinclum.
Conquassatur enim tum mens animaeque potestas
omnis, et haec ipso cum corpore conlabefiunt;
ut grauior paulo possit dissoluere causa.
Quid dubitas tandem quin extra prodita corpus,
inbecilla, foras in aperto, tegmine dempto,
non modo non omnem possit durare per aeuom
sed minimum quoduis nequeat consistere tempus?
Nec sibi enim quisquam moriens sentire uidetur
ire foras animam incolumem de corpore toto,
nec prius ad iugulum et supera succedere fauces,
uerum deficere in certa regione locatam;
ut sensus alios in parti quemque sua scit
dissolui. Quod si inmortalis nostra foret mens,
non tam se moriens dissolui conquereretur,
sed magis ire foras uestemque relinquere ut anguis.

Denique cur animi numquam mens consiliumque
gignitur in capite aut pedibus manibusue, sed unis
sedibus et certis regionibus omnibus haeret,
si non certa loca ad nascendum reddita cuique
sunt, et ubi quicquid possit durare creatum,
atque ita multimodis p*ar*t*i*tis artubus esse,
membrorum ut numquam existat praeposterus ordo?
Vsque adeo sequitur res rem, neque flamma creari
fluminibus solita est, neque in igni gignier algor.
Praeterea si inmortalis natura anima*i*st,
et sentire potest secreta a corpore nostro,
quinque, ut opinor, eam faciundum est sensibus auctam.
Nec ratione alia nosmet proponere nobis
possumus infernas animas Acherunte uagar*i*.
Pictores itaque et scriptorum saecla priora
sic animas intro duxerunt sensibus auctas.
At neque sorsum oculi, neque nares, nec manus ipsa
esse potest anima*e*, neque sorsum lingua, neque aures;
*h*aud ig*i*tu*r* per se possunt sentire neque esse.

souhaitant retenir le fil ultime de la vie.
Oui, sous la secousse, l'esprit et la puissance
de l'âme tout entière avec le corps vacillent
au point qu'une cause un peu plus grave les détruirait.
Pourquoi douter enfin que chassée hors des membres,
affaiblie, à l'air libre et privée de son enveloppe,
l'âme soit non seulement incapable de durer
toute l'éternité, mais de tenir un seul instant?
Jamais en effet un mourant n'a l'impression
que son âme se retire intacte du corps entier
et monte d'emblée dans sa gorge et dans son gosier,
mais il la sent défaillir en une certaine région
comme il sait en quel lieu chacun des autres sens
se dissout. Immortel, notre esprit le fût-il,
en mourant il ne se plaindrait pas de se dissoudre
mais de sortir, quittant sa robe comme un serpent[44].

Enfin, pourquoi l'esprit, l'intelligence qui nous gouverne,
ne naît-il jamais dans la tête, les pieds ou les mains,
mais demeure toujours en certaines régions,
sinon que certain lieu est assigné à chaque chose
pour naître et subsister après sa création,
les divers organes et membres étant répartis
de façon que leurs places jamais ne s'invertissent?
Tant les choses s'enchaînent, la flamme n'ayant coutume
de naître dans les flots ni la glace dans le feu.
Si d'ailleurs la substance de l'âme est immortelle
et capable de sentir, même séparée du corps,
il faut à mon avis la doter de cinq sens.
Nous ne pouvons pas imaginer autrement
les âmes des enfers errant au bord de l'Achéron.
Ainsi dotées de sens nous sont-elles présentées
par les peintres et les écrivains du passé[45].
Mais pour l'âme il n'est point d'yeux, de nez ni de mains
séparés, de langue ni d'oreilles à part.
L'âme ne peut donc vivre ou sentir par soi-même.

Et quoniam toto sentimus corpore inesse
uitalem sensum, et totum esse animale uidemus,
si subito medium celeri praeciderit ictu
uis aliqua, ut sorsum partem secernat utramque,
dispertita procul dubio quoque uis animai
et discissa simul cum corpore dissicietur.
At quod scinditur et partis discedit in ullas,
scilicet aeternam sibi naturam abnuit esse.
Falciferos memorant currus abscidere membra
saepe ita de subito permixta caede calentis,
ut tremere in terra uideatur ab artubus id quod
d*e*cidit abscisum, cum mens tamen atque hominis uis
mobilitate mali non quit sentire dolorem.
Et simul in pugnae studio quod dedita mens est,
corpore relicuo pugnam caedesque petessit,
nec tenet amissam laeuam cum tegmine saepe
inter equos abstraxe rotas falcesque rapaces,
nec cecidisse alius dextram, cum scandit et instat.
Inde alius conatur adempto surgere crure,
cum digitos agitat propter moribundus humi pes.
Et caput abscisum calido uiuenteque trunco
seruat humi uoltum uitalem oculosque patentis
donec relliquias anima*i* reddidit omn*i*s.
Quin etiam tibi si lingua uibrante minanti
serpentis cauda *e* procero corpore utrumque
sit libitum in multas partis discidere ferro,
omnia iam sorsum cernes ancisa recenti
uolnere tortari et tarram conspergere tabo,
ipsam seque retro partem petere ore priorem
uolneris ardenti ut morsu premat icta dolore.
Omnibus esse igitur totas dicemus in illis
particulis animas? At ea ratione sequetur
unam animantem animas habuisse in corpore multas.
Ergo diuisast ea quae fuit una simul cum

L'âme est divisible et donc mortelle

Et puisque nous sentons que le corps tout entier
est habité de sensibilité vitale,
puisque nous le voyons tout entier animé,
si, d'un coup rapide, le tranche en son milieu
et le sépare en deux une force soudaine,
il est certain que l'âme elle aussi partagée,
coupée avec le corps, en moitiés tombera.
Or ce qui se fend et se divise en parties
ne peut certes prétendre à l'immortalité.
Les chars armés de faux, tout fumants de carnage[46],
tranchent, à ce qu'on dit, si promptement les membres
que l'on voit sur le sol palpiter les tronçons,
mais l'esprit et l'être de l'homme n'ont pouvoir
de sentir la douleur, car le mal est rapide
et l'ardeur du combat absorbe tant l'esprit
qu'avec le corps restant l'un veut lutter et tuer
sans s'apercevoir que les roues armées de faux rapaces
ont coupé sa main gauche avec son bouclier
et les entraînent au loin parmi les chevaux,
un autre ignore que sa main droite est coupée
quand il monte à l'assaut et presse l'ennemi,
un autre sur sa jambe arrachée tente de se lever
quand près de lui son pied mourant agite les orteils.
Une tête coupée d'un tronc encore chaud et vivant
garde par terre l'expression vive, les yeux ouverts,
avant qu'elle ait rendu tous les restes de l'âme[47].
Et si, menacé par le dard vibrant d'un serpent
au grand corps dressé sur sa queue, il te plaît
de le tailler en plusieurs morceaux avec ton épée,
tu verras tous les segments fraîchement coupés
se tordre, asperger la terre de leur venin,
et la partie antérieure se chercher en arrière
pour se mordre elle-même, tant la douleur la brûle[48].
Dirons-nous donc que ces particules possèdent
des âmes entières? Mais à ce compte il suivra
qu'un seul animal avait dans son corps plusieurs âmes.
Ainsi donc cette âme, qui était seule dans le corps,

corpore; quapropter mortale utrumque putandumst
in multas quoniam partis disciditur aeque.

Praeterea si inmortalis natura animai
constat, et in corpus nascentibus insinuatur,
cur super ante actam aetatem meminisse nequimus,
nec uestigia gestarum rerum ulla tenemus?
Nam si tanto oper*est* anim*i* mutata potestas,
omnis ut actarum exciderit retinentia rerum,
non, ut opinor, id ab leto iam longius errat;
quapropter fateare necessest quae fuit ante
interiisse, et quae nunc est nunc esse creatam.

Praeterea si iam perfecto corpore nobis
inferri solit*ast* anim*i* uiuata potestas,
tum cum gignimur et uitae cum limen inimus,
haud ita conueniebat uti cum corpore et una
cum membris uideatur in ipso sanguine cresse,
sed uelut in cauea per se sibi uiuere solam
conuenit, ut sensu corpus tamen affluat omne.
Quare etiam atque etiam neque originis esse putandumst
expertis animas, nec leti lege solutas.
Nam neque tanto opere adnecti potuisse putandumst
corporibus nostris extrinsecus insinuatas,
quod fieri totum contra manifesta docet res :
namque ita conexa est per uenas, uiscera, neruos,
ossaque, uti dentes quoque sensu participentur
morbus ut indicat et gelid*ai* stringor aqu*ai*,
et lapis oppressus subitis e frugibus asper,
nec, tam contextae cum sint, exire uidentur
incolumes posse et saluas exsoluere sese
omnibus e neruis atque ossibus articulisque.

Quod si forte putas extrinsecus insinuatam
permanare animam nobis per membra solere,
tanto quique magis cum corpore fusa peribit.
Quod permanat enim dissoluitur, interit ergo.

s'est trouvée divisée en même temps que lui.
Il faut donc l'un et l'autre les tenir pour mortels
puisqu'en parts ils se laissent également couper.

L'âme inhérente au corps est mortelle

Du reste, si la nature de l'âme est immortelle
et se glisse dans le corps au temps de la naissance[49],
pourquoi ne pouvons-nous nous rappeler la vie antérieure
ni retenir la moindre trace des actions passées?
Mais si nos facultés mentales se sont altérées
au point de laisser choir toute mémoire des choses,
cela n'est plus très loin, je crois, du trépas.
Il te faut donc l'admettre : âme passée est morte
et celle de ce temps en ce temps fut créée[50].

Si d'ailleurs c'est dans un corps tout achevé
que s'introduit en nous la vivacité de l'esprit,
à l'heure où nous naissons et passons le seuil de la vie,
on ne devrait pas la voir grandir avec le corps,
avec les organes dans le sang, mais comme en cage
elle devrait vivre par elle-même et solitaire,
tout en diffusant la sensation dans le corps entier.
Ainsi, je le répète, il ne faut pas croire les âmes
privées d'origine ni soustraites à la loi du trépas.
Songeons qu'elles ne pourraient fortement se nouer
à nos corps si elles se glissaient de l'extérieur :
or l'évidence nous enseigne tout le contraire.
L'âme se mêle tant aux veines, chairs, nerfs et os
que même les dents partagent la sensation,
comme le prouvent leurs maux, l'eau glacée qui les élance
et cachée dans le pain la pierre qui les taraude.
Enchevêtrée au corps, l'âme ne peut évidemment
en sortir intacte ni se dégager indemne
de tous les os, de tous les nerfs et articulations.

Si jamais tu penses qu'introduite de l'extérieur
l'âme se diffuse en nos membres, elle n'en mourra
que davantage, s'étant fondue avec le corps.
Oui, ce qui se diffuse est dissous, donc périt.

Dispertitu*s* e*nim* per caulas corporis omnis
ut cibus, in membra atque artus cum diditur omnis,
disperit atque aliam naturam sufficit ex se,
sic anima atque animus, quamuis integra recens <in>
corpus eunt, tamen in manando dissoluontur,
dum quasi per caulas omnis diduntur in artus
particulae quibus haec animi natura creatur,
quae nunc in nostro dominatur corpore nata
ex illa quae tu*m* periit partita per artus.
Quapropter neque natali priuata uidetur
esse die natura animae, nec funeris expers.

Semina praeterea linquontur necne animai
corpore in examino? Quod si lincuntur et insunt,
haut erit ut merito inmortalis possit haberi,
partibus amissis quoniam libata recessit.
Sin ita sinceris membris ablata profugit
*u*t nullas partis in corpore liquerit ex se,
unde cadauera rancenti iam uiscere uermes
expirant, atque unde animantum copia tanta
exos et exsanguis tumidos perfluctuat artus?
Quod si forte animas extrinsecus insinuari
uermibus et priuas i*n* corpora posse uenire
credis, nec reputas cur milia multa animarum
conueniant unde una recesserit, hoc tamen est ut
quaerendum uideatur et in discrimen agendum,
utrum tandem animae uenentur semina quaeque
uermiculorum, ipsaeque sibi fabricentur ubi sint,
an quasi corporibus perfectis insinuentur.
At neque cur faciant ipsae quareue laborent
dicere suppeditat. Neque enim, sine corpore cum sunt,
sollicitae uolitant morbis alguque fameque.
Corpus enim magis his uitiis a*d*fine laborat,
et mala multa animus contage fungitur eius.
Sed tamen his esto quamuis facere utile corpus
cu*i* subeant; at qu*a* possint uia nulla uidetur.
Haut igitur faciunt animae sibi corpora et artus.
Nec tamen est utqu*i* perfectis insinuentur

Comme, après son partage entre tous les canaux[51],
la nourriture éparse dans les membres et les organes
périt et se transforme en une autre nature,
ainsi l'âme et l'esprit, même s'ils vont tout entiers
dans le corps nouveau-né, s'y dissolvent par diffusion
quand, pour ainsi dire, par tous les canaux ils s'éparpillent
en particules d'où naît cette nature de l'âme
qui règne désormais dans notre corps, la fille
de celle qui périt, partagée dans l'organisme[52].
Nous voici donc certains que l'âme n'est privée
ni d'anniversaire, ni de funérailles.

L'âme et les vers du cadavre

Et puis reste-t-il ou non des semences de l'âme
dans le corps inanimé? S'il en reste à l'intérieur,
c'est à tort qu'on tiendra l'âme pour immortelle
puisqu'elle s'est retirée mutilée par ces pertes.
Si l'âme a pris son essor, tous ses membres intacts,
sans laisser dans le corps aucune partie d'elle-même,
d'où viennent donc les vers que de leur chair putride
exhalent les cadavres? D'où vient, exsangue et désossée,
la foule d'animaux qui dans le corps gonflé fluctue?
Que des âmes étrangères se glissent dans les vers
pour revêtir chacune un corps, peux-tu le croire
sans te demander pourquoi tous ces milliers d'âmes
s'assemblent en un lieu d'où une seule est partie?
Il faut pourtant bien débattre d'une question :
les âmes enfin pourchassent-elles chaque germe
de vermisseau pour se bâtir leur propre logis
ou se glissent-elles en eux comme en des corps tout prêts?
Pourquoi bâtir elles-mêmes et pourquoi travailler,
on ne peut le dire, puisque sans corps elles volent
insoucieuses des maladies, du froid et de la faim.
Le corps au contraire est en butte à ces souffrances
et l'âme à son contact éprouve bien des peines.
Mais soit! Supposons-leur quelque avantage à bâtir
un corps où se loger, nul moyen pourtant de le faire!
Ainsi donc les âmes ne se fabriquent ni corps ni membres.
Il est pourtant exclu qu'elles revêtent des corps tout prêts,

corporibus; neque enim poterunt suptiliter esse
conexae, neque consensu contagia fient.

Denique cur acris uiolentia triste leonum
seminium sequitur, uolpes dolus, et fuga cerui*s*
a patribus datur et patrius pauor incitat artus,
et iam cetera de genere hoc cur omnia membris
ex ineunte aeuo generascunt ingenioque,
si non certa suo quia semine seminioque
uis animi pariter crescit cum corpore quoque?
Quod si inmortalis foret et mutare soleret
corpora, permixtis animantes moribus essent,
effugeret canis Hyrcano de semine saepe
cornigeri incursum cerui tremeretque per auras
aeris accipiter fugiens ueniente columba;
desiperent homines, saperent fera saecla ferarum.
Illud enim falsa fertur ratione, quod aiunt
inmortalem animam mutato corpore flecti.
Quod mutatur enim dissoluitur, interit ergo.
traiciuntur enim partes atque ordine migrant;
quare dissolui quoque debent posse per artus,
denique ut interant una cum corpore cunctae.
Si*n* animas hominum dicent in corpora semper
ire humana, tamen quaeram cur e sapienti
stulta queat fieri, nec prudens sit puer ullus,
[si non, certa suo quia semine seminioque]
nec tam doctus equae pullus quam fortis equi uis.
Scilicet in tenero tenerascere corpore mentem
confugient. Quod si iam fit, fateare necessest
mortalem esse animam, quoniam mutata per artus
tanto opere amittit uitam sensumque priorem.
Quoue modo poterit pariter cum corpore quoque
confirmata cupitum aetatis tangere florem
uis animi, nisi erit consors in origine prima?
Quidue foras sibi uolt membris exire senectis?
An metuit conclusa manere in corpore putri,

car elles ne pourront s'y mêler subtilement
ni établir les contacts de l'harmonie sensitive.

La migration des âmes est impossible

Enfin, pourquoi la férocité s'attache-t-elle toujours
à la funeste engeance des lions, la ruse aux renards,
aux cerfs l'instinct de fuite hérité de leurs pères,
l'ancestrale terreur qui fait trembler leurs membres,
bref, tous les traits de ce genre, pourquoi s'engendrent-ils
dès le plus jeune âge dans le corps et le caractère
sinon que, définie par le germe et l'espèce,
une sorte d'esprit croît avec le corps de chacun?
Si l'âme était immortelle et changeait de corps,
les mœurs des êtres animés se confondraient.
Souvent le chien de race hyrcanienne fuirait
l'attaque d'un cerf corné, dans les airs l'épervier
s'envolerait de peur à l'approche d'une colombe.
Déraison chez l'homme, bêtes raisonnables.
Dire en effet qu'une âme immortelle s'adapte
en changeant de corps, c'est raisonner à faux.
Oui, tout ce qui change se dissout, donc périt.
Les parties se transposent et quittent leur ordre;
il leur faut donc aussi se dissoudre dans les membres
et finalement mourir toutes avec le corps.
Dira-t-on que les âmes d'hommes toujours émigrent
en des corps humains, je demanderai pourtant
pourquoi celle d'un sage peut devenir stupide,
pourquoi l'enfant n'a point le sens rassis, le poulain
autant d'expérience que le cheval dans sa force.
Bien sûr : « en un corps faible s'affaiblit l'esprit »,
telle sera l'esquive, mais il faut donc admettre
que l'âme est mortelle puisqu'elle change dans le corps
et perd jusqu'à ce point sa vitalité première.
Et comment pourra-t-elle avec le corps s'affermir
pour atteindre la fleur tant désirée de l'âge
si elle n'épouse son sort dès l'origine?
Et pourquoi veut-elle sortir de ses membres vieillis?
Craint-elle de rester prisonnière d'un corps putride

et domus aetatis spatio ne fessa uetusto
obruat? At non sunt immortali ulla pericla.

Denique conubia ad Veneris partusque ferarum
esse animas praesto d*e*ridiculum esse uidetur,
expectare immortalis mortalia membra
innumero numero, certareque praeproperanter
inter se quae prima potissimaque insinuetur;
si non forte ita sunt animarum foedera pacta
ut quae prima uolans aduenerit insinuetur
prima, neque inter se contendant uiribus hilum.

Denique in aethere non arbor, non aequore in alto
nubes esse queunt, nec pisces uiuere in aruis,
nec cruor in lignis, neque saxis sucus inesse.
Certum ac dispositumst ubi quicquid crescat et insit.
Sic animi natura nequit sine corpore oriri
sola, neque a neruis et sanguine longius esse.
Quod si posset enim, multo prius ipsa animi uis
in capite, aut umeris, aut imis calcibus esse
posset, et innasci quauis in parte soleret,
tandem in eodem homine atque in eodem uase manere.
Quod quoniam nostro quoque constat corpore certum
dispositumque uidetur ubi esse et crescere possit
sorsum anima atque animus, tanto magis infitiandum
totum posse extra corpus durare genique.
Quare, corpus ubi interiit, peri*i*sse necessest
confiteare animam distractam in corpore toto.
Quippe etenim mortale aeterno iungere, et una
consentire putare et fungi mutua posse,
desiperest. Quid enim diuersius esse putandumst,
aut magis inter se disiunctum discrepitansque,
quam mortale quod est inmortali atque perenni
iunctum in concilio sa*e*uas tolerare procellas?

Praeterea quaecumque manent aeterna, necessest
aut quia sunt solido cum corpore respuere ictus,
nec penetrare pati sibi quicquam quod queat artas

et de voir son logis s'effronder sous le poids des ans ?
Mais, pour un immortel, il n'est point de danger !

Enfin, qu'une âme assiste aux unions érotiques,
aux délivrances des bêtes, c'est bien évidemment
le comble du ridicule. Quoi ! en foule innombrable,
attendre un corps mortel quand on est immortelle,
et lutter de vitesse pour s'y glisser la première !
A moins que les âmes n'aient fait un pacte entre elles :
la première à voler au but se glissera
la première, sans la moindre contestation[53].

Arbre dans l'éther, nuée au fond des mers
ne peuvent subsister, ni poissons dans les prés,
ni sang au cœur du bois, ni sève en un rocher.
A chacun est fixé un lieu où grandir et loger.
Ainsi donc l'esprit ne peut naître sans corps,
isolé, ni vivre plus loin des nerfs et du sang.
Cela fût-il possible, il serait bien plutôt
capable de naître dans la tête, les épaules, les talons
ou toute autre partie, puisque finalement
il resterait dans le même homme, le même vaisseau.
Mais comme en notre corps il est aussi un lieu
évidemment fixé où l'âme et l'esprit
en place exclusive puissent vivre et grandir,
à plus forte raison faut-il refuser de croire
qu'ils peuvent naître et survivre hors du corps tout entier.
Tu dois donc admettre qu'à l'instant de la mort
l'âme dans le corps déchirée meurt avec lui.
Car coupler mortel et immortel, leur prêtant
sensibilité commune et fonctions réciproques,
quelle folie ! Peut-on rien imaginer
de plus divers, disparate ou discordant
que nature mortelle unie à l'éternelle
pour braver de concert la fureur des tempêtes ?

L'âme n'a aucun des caractères de l'immortalité

Et puis il faut pour demeurer éternellement
avoir un corps solide qui repousse les coups
et ne laisse rien pénétrer qui puisse détruire

dissociare intus partis, *u*t materia*i*
corpora sunt quorum naturam ostendimus ante;
aut ideo durare aetatem posse per omnem,
plagarum quia sunt expertia, sicut inanest,
quod manet intactum neque ab ictu fungitur hilum;
aut etiam quia nulla *f*it copia circum
quo quasi res possint discedere dissoluique,
sicu*t* summarum summas*t* aeterna, neque extra
quis locus est quo diffugiant, neque corpora sunt quae
possint incidere et ualida dissoluere plaga.
Quod si forte ideo magis inmortalis habendast,
quod uitalibus ab rebus munita tenetur,
aut quia non ueniunt omnino aliena salutis,
aut quia quae ueniunt aliqua ratione recedunt
pulsa prius quam quid noceant sentire queamus,

***

praeter enim quam quod morbis cum corporis aegr*e*t,
aduenit id quod eam de rebus saepe futuris
macerat, inque metu male habet, curisque fatigat,
praeteritisque male admissis peccata remordent.
Adde furorem animi proprium atque obliuia rerum,
adde quod in nigras lethargi mergitur undas.

Nil igitur mors est ad nos neque pertinet hilum,
quandoquidem natura animi mortalis habetur.
Et uelut ante acto nil tempore sensimus aegri,
ad confligendum uenientibus undique Poenis,
omnia cum belli trepido concussa tumultu
horrida contremuere sub altis aetheris *o*ris
in dubioque fuere utrorum ad regna cadendum
omnibus humanis esset terraque marique,
sic, ubi non erimus, cum corporis atque animai
discidium fuerit quibus e sumus uniter apti,
scilicet haut nobis quicquam, qui non erimus tum,
accidere omnino poterit sensumque mouere,
non si terra mari miscebitur et mare caelo.
Et si iam nostro sentit de corpore postquam
distractast animi natura animaeque potestas,

l'union étroite de ses parties : ainsi l'atome
dont nous avons précédemment montré la nature.
Est aussi capable de durer toute l'éternité
ce qui n'offre prise aux coups : ainsi le vide
qui demeure intangible et ne pâtit d'aucun choc;
ou bien encore il ne faut point d'espace alentour
dans lequel les choses puissent venir se dissoudre :
ainsi éternel est l'ensemble des ensembles
hors duquel il n'existe ni lieu où s'enfuir, ni atomes
pour venir le bombarder et le désagréger.
Si jamais l'on prétend que l'âme est immortelle
parce qu'elle est à l'abri des choses de la vie,
soit qu'aucun corps ne vienne attenter à ses jours,
soit que pour une raison quelconque ils repartent,
chassés avant que nous puissions sentir aucun mal,

***[54]

Non seulement elle souffre des maladies du corps,
mais souvent aussi la pensée du futur
la ronge, la tourmente et l'épuise en soucis,
ou les fautes passées la déchirent de remords.
Ajoute la folie qui lui est propre et l'oubli,
ajoute la léthargie, onde noire où elle sombre.

Ce qu'est la mort

La mort n'est rien pour nous et ne nous touche en rien[55]
puisque l'esprit révèle sa nature mortelle.
De même qu'autrefois nous n'avons nullement souffert
quand les Carthaginois se lançaient partout au combat,
quand le monde frappé par ce choc effroyable
tremblait d'épouvante sous les hautes rives du ciel
et ne savait auquel des deux camps échoirait
l'empire des humains sur la terre et les mers[56],
de même quand nous ne serons plus, l'âme et le corps
dont l'unité formait la nôtre désormais séparés,
rien, absolument rien, nous qui ne serons plus,
ne pourra nous atteindre ou émouvoir nos sens,
fût-ce le déluge, mer, ciel et terre confondus.
Et si même, après s'être arrachés du corps,
l'âme et l'esprit gardent la sensibilité,

nil tamen est ad nos qui comptu coniugioque
corporis atque animae consistimus uniter apti.
Nec, si materiem nostram collegerit aetas
post obitum rursumque redegerit ut sita nunc est,
atque iterum nobis fuerint data lumina uitae,
pertineat quicquam tamen ad nos id quoque factum,
interrupta semel cum sit repetentia nostr*i*.
Et nunc nil ad nos de nobis attinet, ante
qui fuimus, <neque> iam de illis nos adficit angor.
Nam cum respicias inmensi temporis omne
praeteritum spatium, tum motus materia*i*
multimodi quam sint, facile hoc adcredere possis,
semina saepe in eodem, ut nunc sunt, ordine posta
|865| haec eadem, quibus e nunc nos sumus, ante fuisse,
|858| nec memori tamen id quimus reprehendere mente ;
|859| inter enim lectast uitai pausa, uageque
|860| deerrarunt passim motus ab sensibus omnes.
|861| Debet enim, misere *si* forte aegreque futurumst,
|862| ipse quoque esse in eo tum tempore, cui male possit
|863| accidere. Id quoniam mors eximit, esseque probe*t*
|864| illum cui possint incommoda conciliari,
scire licet nobis nil esse in morte timendum,
nec miserum *fi*eri qui non est posse, neque hilum
differre an nullo fuerit iam tempore natus,
mortalem uitam mors cum inmortalis ademit.

Proinde ubi se uideas hominem indignarier ipsum,
post mortem fore ut aut putes*cat* corpore posto,
aut flammis interfiat malisue ferarum,
scire licet non sincerum sonere, atque subesse
caecum aliquem cordi stimulum, quamuis neget ipse
credere se quemquam sibi sensum in morte futurum.
Non, ut opinor, enim dat quod promittit et unde,
nec radicitus e uita se tollit et eicit,
sed facit esse sui quiddam super inscius ipse.
Viuus enim sibi cum proponit quisque futurum
corpus uti uolucres lacerent in morte feraeque,
ipse sui miseret ; neque enim se diuidit illim,

elle n'est rien pour nous dont l'unité constitutive
repose sur l'union consacrée de l'âme et du corps.
Non, même si le temps recueillait notre matière
après la mort, la plaçant dans son ordre actuel,
la lumière de la vie nous fût-elle rendue,
non, cela ne pourrait nullement nous toucher,
notre propre mémoire étant dès lors brisée.
Même aujourd'hui, ce que nous fûmes auparavant
ne nous importe en rien, ne nous tourmente en rien.
Contemple derrière toi cet espace immense
du temps passé et songe à tous les mouvements
de la matière, ainsi tu t'en convaincras aisément :
les atomes dont nous sommes aujourd'hui formés
se rangèrent souvent dans le même ordre qu'aujourd'hui[57],
mais notre mémoire ne peut ressaisir le passé
car la vie entre-temps a marqué une pause
et tous ses mouvements sont allés çà et là
voguer à l'aventure loin de la sensation.
Oui, s'il doit y avoir maux ou douleurs futurs,
il faut pour en souffrir que l'homme existe encore.
Puisque la mort exclut ce fait, abolissant
l'être en qui les tracas pourraient se concentrer,
assurément la mort n'a rien pour nous de redoutable.
Qui n'existe plus ne peut être malheureux
et il n'importe en rien que l'on soit né un jour,
quand la mort immortelle a pris la vie mortelle.

Si donc tu vois un homme s'indigner de son sort
à l'idée de pourrir après la mort, cadavre abandonné,
de finir dans les flammes ou sous la dent des fauves,
sois certain que ces mots sonnent faux et qu'en son cœur
lui point un aiguillon secret quand bien même il proteste
qu'il ne croit dans la mort garder aucune sensation.
Il trahit, je pense, promesses et principes
et ne s'arrache pas radicalement à la vie,
mais laisse à son insu quelque chose de son être
subsister, car tout vivant imaginant son corps
lacéré dans la mort par les rapaces et les fauves
s'apitoie sur lui-même et ne s'abstrait de là,

nec remouet satis a proiecto corpore, et illum
se fingit, sensuque suo contaminat astans.
Hinc indignatur se mortalem esse creatum,
nec uidet in uera nullum fore morte alium se
qui possit uiuus sibi se lugere peremptum,
stansque iacentem <se> lacerari uriue dolere.
Nam si in morte malumst malis morsuque ferarum
tractari, non inuenio qui non sit acerbum
ignibus impositum calidis torrescere flammis,
aut in melle situm suffocari, atque rigere
frigore, cum summo gelidi cubat aequore saxi,
urgeriue superne ob*tri*tum pondere terrae.

« Iam iam non domus accipiet te laeta, neque uxor
optima, nec dulces occurrent oscula nati
praeripere et tacita pectus dulcedine tangent.
Non poteris factis florentibus esse, tuisque
praesidium. Misero misere, aiunt, omnia ademit
una dies infesta tibi tot praemia uitae. »
Illud in his rebus non addunt : « Nec tibi earum
iam desiderium rerum super insidet una. »
Quod bene si uideant animo dictisque sequantur,
dissoluant animi magno se angore metuque.

« Tu quidem ut es leto sopitus, sic eris aeui
quod superest cunctis priuatu' doloribus aegris.
At nos horrifico cinefactum te prope busto
insatiabiliter defleuimus, aeternumque
nulla dies nobis maerorem e pectore demet. »
Illud ab hoc igitur quaerendum est, quid sit amari
tanto opere, ad somnum si res redit atque quietem,
cur quisquam aeterno possit tabescere luctu.
Hoc etiam faciunt, ubi discubuere tenentque
pocula saepe homines et inumbrant ora coronis,
ex animo ut dicant : « Breuis hic est fructus homullis;
iam fuerit neque post umquam reuocare licebit. »
Tamquam in morte mali cum primis hoc sit eorum,

ne se retire assez du gisant qu'il croit être,
l'infectant de ses sensations, là, debout.
Ainsi s'indigne-t-il de sa condition mortelle,
sans voir qu'en la vraie mort aucun autre lui-même
ne pourra déplorer, vivant, sa propre perte,
debout, souffrant d'être à terre, lacéré ou brûlé.
Car s'il y a douleur dans la mort elle-même
à être malaxé par les mâchoires des fauves,
je ne vois pas pourquoi il n'est pas malheureux
de rôtir à la chaleur des flammes d'un bûcher,
d'étouffer dans du miel, de se roidir de froid
sur la dalle glacée du sépulcre où l'on gît,
d'être pris et broyé sous le poids de la terre[58] !

« Las, las, plus de maison pour t'accueillir gaiement,
plus d'épouse excellente, d'enfants chéris courant
se disputer tes baisers et touchant ton cœur
d'une douceur secrète ! Tu ne pourras plus assurer
le succès de tes affaires, le soutien de ta famille.
Quelle pitié, pauvre homme ! Il a suffi d'un jour funeste
pour t'arracher toutes ces joies, ces présents de la vie[59]. »
Mais à ces paroles ils oublient d'ajouter :
« Nul regret de ces choses ne pèsera sur toi. »
S'ils voyaient bien cela dans leur esprit et parlaient en conséquence,
ils se délivreraient d'une grande angoisse et peur de l'esprit.

« Toi, du moins, tel que tu es dans la mort endormi,
tel à jamais tu seras, exempt de toute souffrance.
Mais nous, près de tes cendres, de ce bûcher horrible,
inlassablement nous pleurons, et ce chagrin
éternel, aucun jour à nos cœurs ne l'arrachera. »
Demandons-nous alors ce qui a tant d'amertume,
si la chose revient au calme et au sommeil,
pour que l'on se consume en un deuil éternel.
Souvent même festoyant une coupe à la main,
le front ombragé de guirlandes, les convives s'écrient,
tout émus : « Brève jouissance pour les petits hommes !
Bientôt enfuie, jamais nous ne pourrons la rappeler. »
Comme s'ils n'imaginaient rien de pire dans la mort

quod sitis exurat miseros atque arida torrat,
aut aliae cuius desiderium insideat rei.
Nec sibi enim quisquam tum se uitamque requirit,
cum pariter mens et corpus sopita quiescunt.
Nam licet aeternum per nos sic esse soporem,
nec desiderium nostri nos ad*fic*it ullum.
Et tamen haudquaquam nostros tunc illa per artus
longe ab sensiferis primordia motibus errant,
cum correptus homo ex somno se colligit ipse.
Multo igitur mortem minus ad nos esse putandumst,
si minus esse potest quam quod nihil esse uidemus;
maior enim turbae disiectus materiai
consequitur leto, nec quisquam expergitus extat,
frigida quem semel est uitai pausa secuta.

Denique si uocem rerum Natura repente
mittat, et hoc alicui nostrum sic increpet ipsa :
« Quid tibi tanto operest, mortalis, quod nimis aegris
luctibus indulges? Quid mortem congemis ac fles?
Nam *si* grat*a* fuit tibi uita ante acta priorque,
et non omnia pertusum congesta quasi in uas
commoda perfluxere atque ingrata interiere,
cur non ut plenus uitae conuiua recedis,
aequo animoque capis securam, stulte, quietem?
Sin ea quae fructus cumque es periere profusa,
uitaque in offens*u*st, cur amplius addere quaeris,
rursum quod pereat male et ingratum occidat omne,
non potius uitae finem *f*acis atque laboris?
Nam tibi praeterea quod machiner inueniamque,
quod placeat, nihil est : eadem sunt omnia semper.
Si tibi non annis corpus iam marcet et artus
confecti languent, eadem tamen omnia restant,
omnia si perg*a*s uiuendo uincere saecla,
atque etiam potius, si numquam sis moriturus. »
Quid respondemus, *n*isi iustam intendere litem
naturam, et ueram uerbis exponere causam?
[955] Grandior hic uero si iam seniorque queratur
[952] atque obitum lamentetur miser amplius aequo,

que d'être dévorés, desséchés par la soif aride,
ô malheureux! ou tenaillés par tout autre désir.
Mais nul n'a nostalgie de soi-même ou de la vie
quand l'esprit et le corps sont tous deux endormis.
Oui, nous accepterions qu'un tel repos fût éternel,
et nul regret de nous ne nous tourmente alors.
Pourtant, les atomes épars dans l'organisme
ne vont pas s'égarer loin des mouvements sensitifs
puisque l'homme au réveil se ressaisit lui-même.
Concluons que la mort nous est bien moins encore,
s'il peut y avoir moins que ce qui n'est vraiment rien.
Plus grands sont en effet la dispersion et le désordre
de la matière après la mort, et nul ne se relève
une fois qu'est venue la froide pause de la vie.

Prosopopée de la nature

Enfin, si tout à coup se mettant à parler
la Nature en personne admonestait l'un de nous :
« Qu'est-ce donc, ô mortel? Pourquoi ces pleurs morbides,
ce goût des lamentations? Pourquoi geindre sur la mort?
Si ta vie antérieure, et passée, te fut agréable,
si tant de bonheurs, comme dans un vase sans fond
engloutis, n'ont point fui sans plaisir ni profit,
pourquoi ne pas t'en aller, tel un convive repu,
et ne pas prendre, pauvre fou, calmement le repos?
Mais si tu as laissé tous ses fruits s'échapper,
si la vie t'importune, pourquoi demander plus,
quand tout finirait mal, à nouveau gaspillé?
Que ne préfères-tu achever tes jours et tes peines!
Car de nouveaux plaisirs que j'inventerais pour toi,
il n'en est plus aucun. Tout est toujours pareil.
Si ton corps n'est déjà flétri par les ans, tes membres
épuisés, languissants, tout demeure pourtant semblable.
Tout, même si tu pouvais vaincre en longévité
toutes les générations et ne mourais jamais. »
Que répondre sinon que la nature intente
un juste procès et défend la vérité?
Si c'est un homme plus âgé, un vieillard qui gémit,
pleurant sans mesure le malheur de mourir,

non merito inclamet magis et uoce increpet acri?
« Aufer abhinc lacrimas, barat*h*re, et compesce querelas.
Omnia perfunctus uitai praemia marces.
Sed quia semper aues quod abest, praesentia temnis,
imperfecta tibi elapsast ingrataque uita,
et nec opinanti mors ad caput adstitit ante
quam satur ac plenus possis discedere rerum.
Nunc aliena tua tamen aetate omnia mitte,
aequo animoque agedum *ia*m a*li*is concede : necessest. »

Iure, ut opinor, agat, iure increpet inciletque.
Cedit enim rerum nouitate extrusa uetustas
semper, et ex aliis aliud reparare necessest;
nec quisquam in barat*h*rum nec Tartara deditur atra.
Materies opus est ut crescant postera saecla;
quae tamen omnia te uita perfuncta sequentur;
nec minus ergo ante haec quam tu cecidere, cadentque.
Sic alid ex alio numquam desistet oriri,
uitaque mancipio nulli datur, omnibus usu.
Respice item quam nil ad nos ante acta uetustas
temporis aeterni fuerit, quam nascimur ante.
Hoc igitur speculum nobis natura futuri
temporis exponit post mortem denique nostram.
Numquid ibi horribile apparet, num triste uidetur
quicquam, non omni somno securius extat?

Atque ea nimirum quaecumque Acherunte profundo
prodita sunt esse, in uita sunt omnia nobis.
Nec miser inpendens magnum timet aere saxum
Tantalus, ut famast, cassa formidine torpens;
sed magis in uita diuom metus urget inanis
mortalis, casumque timent quem cuique ferat fors.
Nec Tityon uolucres ineunt Acherunte iacentem,
nec quod sub magno scrutentur pectore quicquam

ne serait-elle en droit de crier plus violemment :
« Arrête-moi ces pleurs, gouffre béant, ravale ces plaintes!
Les biens de la vie tous épuisés, te voilà décrépit.
Mais à toujours vouloir ce que tu n'as pas,
à mépriser ce que tu as, la vie s'est écoulée,
incomplète et sans joie, et soudain tu t'étonnes :
la mort s'est installée à ton chevet avant
que tu ne puisses prendre congé du monde[60],
content et rassasié. Mais maintenant, allons!
laisse tous ces biens qui ne sont plus de ton âge
et, l'âme sereine, cède la place : il le faut. »

Juste procès à mon sens, justes cris et reproches.
Vieillesse toujours cède au monde nouveau qui la chasse
et toute chose doit en reformer une autre.
Au gouffre ténébreux du Tartare nul n'est livré[61].
Il faut de la matière pour les générations nouvelles
qui, leur vie accomplie, te suivront dans la mort
puisque aussi bien que toi jadis elles moururent.
Ainsi les êtres ne cessent de naître l'un de l'autre.
Nul ne reçoit la vie comme propriété;
usufruit seulement, telle est la loi pour tous.
Et vois derrière toi quel néant fut pour nous
l'éternité du temps avant notre naissance.
Tel est donc le miroir où la nature nous montre
le futur, oui, le temps qui suivra notre mort.
Qu'y perçoit-on jamais d'horrible et de funeste?
N'est-ce point un état plus paisible que le sommeil?

L'enfer n'est qu'une allégorie

Tous les supplices qu'en l'abîme infernal
place la tradition, dans notre vie résident.
Point de malheureux, un roc en suspens sur sa tête,
Tantale dit la légende, glacé d'un vain effroi[62].
Ce sont plutôt les peurs des mortels en leur vie :
vaine crainte des dieux et du sort qui les guette.
Point de Tityos gisant aux enfers, proie d'oiseaux
qui vraiment ne pourraient dans sa vaste poitrine

perpetuam aetatem possunt reperire profecto :
quamlibet immani proiectu corporis extet,
qui non sola nouem dispessis iugera membris
optineat, sed qui terra*i* totius orbem,
non tamen aeternum poterit perferre dolorem,
nec praebere cibum proprio de corpore semper.
Sed Tityos nobis hic est, in amore iacentem
quem uolucres lacerant atque exest anxius angor,
aut alia quauis scindunt cu*p*pedine curae.
Sisyphus in uita quoque nobis ante oculos est,
qui petere a populo fasces saeuasque secures
imbibit et semper uictus tristisque recedit.
Nam petere imperium, quod inanest nec datur umquam,
atque in eo semper durum sufferre laborem,
hoc est aduerso nixantem trudere monte
saxum, quod tamen <e> summo iam uertice rusum
uoluitur, et plani raptim petit aequora campi.
Deinde animi ingratam naturam pascere semper,
atque explere bonis rebus satiareque numquam,
quod faciunt nobis annorum tempora, circum
cum redeunt fetusque ferunt uariosque lepores,
nec tamen explemur uita*i* fructibus umquam,
hoc, ut opinor, id est, aeuo florente puellas
quod memorant laticem pertusum congerere in uas,
quod tamen expleri nulla ratione potestur.
Cerberus et Furiae iam uero et lucis egestas

***

Tartarus horriferos eructans faucibus aestus,
qui neque sunt usquam nec possunt esse profecto.
Sed metus in uita poenarum pro male factis
est insignibus insignis, scelerisque luela,
carcer et horribilis de saxo iactu' *d*eorsum,
uerbera, carnifices, robur, pix, lammina, taedae;
quae tamen etsi absunt, at mens sibi conscia factis
praemetuens adhibet stimulos torretque flagellis,
nec uidet interea qui terminus esse malorum
possit, nec quae sit poenarum denique finis,
atque eadem metuit magis haec ne in morte grauescant.
Hic Acherusia fit stultorum denique uita.

trouver de quoi fouiller durant l'éternité!
Si monstrueuse que soit l'étendue de son corps,
ses membres écartelés couvriraient-ils la terre entière
au lieu d'occuper simplement neuf arpents,
il ne pourrait sentir éternelle douleur
ni fournir de son corps pâture inépuisable[63].
Tityos est parmi nous, c'est l'homme dans l'amour gisant[64],
lacéré par ses vautours, les angoisses dévorantes,
ou celui que déchirent les affres d'autres passions.
Sisyphe existe aussi dans la vie, sous nos yeux :
à demander au peuple faisceaux, haches cruelles[65],
il s'acharne et toujours s'en revient morne et vaincu.
Oui, demander un vain pouvoir qui n'est jamais donné
et supporter pour lui dure et constante fatigue,
c'est pousser à grand-peine en haut d'une montagne
un rocher qui pourtant du sommet toujours roule
et regagne aussitôt l'étendue de la plaine[66].
Et puis toujours repaître une âme ingrate de nature,
la remplir de bonnes choses sans jamais la satisfaire,
à l'instar des saisons dont le retour nous apporte
fruits et charmes divers sans que jamais pourtant
nous soyons comblés par les jouissances de la vie,
voilà, je crois, la fable des jeunes filles en fleur
occupées à verser de l'eau dans un vase percé
qu'aucun effort pourtant ne saurait remplir[67].
Cerbère et les Furies et le manque du jour

***[68]

Tartare dont la gorge vomit d'horribles jets de flammes
qui nulle part n'existent et ne peuvent exister.
Mais il est dans la vie pour les forfaits insignes
insigne peur des châtiments, expiation du crime,
prison, effroyable chute du haut de la roche[69],
fouet, bourreaux, carcan, poix, lames rougies, brandons.
A défaut de ces peines, l'esprit, conscient de ses fautes,
d'anxiété se torture et s'inflige le fouet,
sans voir quel peut être le terme de ses maux,
quelle est finalement des châtiments la fin.
Il craint même que dans la mort ils ne s'aggravent!
Bref, c'est ici-bas que les sots vivent l'enfer.

Hoc etiam tibi tute interdum dicere possis :
« Lumina sis oculis etiam bonus Ancu' reliquit
qui melior multis quam tu fuit, improbe, rebus.
Inde alii multi reges rerumque potentes
occiderunt, magnis qui gentibus imperitarunt.
Ille quoque ipse, uiam qui quondam per mare magnum
strauit, iterque dedit legionibus ire per altum,
ac pedibus salsas docuit super ire lacunas,
et contempsit equis insultans murmura ponti,
lumine adempto animam moribundo corpore fu*d*it.
Scipiadas, belli fulmen, Carthaginis horror,
ossa dedit terrae proinde ac famul infimus esset.
Adde repertores doctrinarum atque leporum,
adde Heliconiadum comites; quorum unus Homerus,
sceptra potitus eadem aliis sopitu' quietest.
Denique Democritum postquam matura uetustas
admonuit memores motus languescere mentis,
sponte sua leto caput obuius optulit ipse.
Ipse Epicurus obit decurso lumine uitae,
qui genus humanum ingenio superauit, et omnis
restinxit, stellas exortus ut aetherius sol.
Tu uero dubitabis et indignabere obire?
Mortua cui uita est prope iam uiuo atque uidenti,
qui somno partem maiorem conteris aeui,
et uigilans stertis, nec somnia cernere cessas,
sollicitamque geris cassa formidine mentem,
nec reperire potes tibi qu*i*d sit saepe m*a*li, cum
ebrius urgeris multis miser undique curis,
atque anim*i* incerto fluitans errore uagaris. »

Si possent homines, proinde ac sentire uidentur
pondus inesse animo quod se grauitate fatiget,
e quibus id fiat causis quoque noscere, et unde
tanta mali tamquam moles in pectore constet,
haud ita uitam agerent, ut nunc plerumque uidemus

La mort est la loi commune

Et parfois toi aussi tu pourrais te dire :
« Même le bon Ancus ferma les yeux sur la lumière[70],
il valait cependant bien mieux que toi, canaille !
Bien d'autres rois depuis et des puissants du monde
moururent qui régnaient sur de vastes nations.
Celui-là même qui jadis à travers la vaste mer
bâtit une route, voie du large ouverte à ses troupes,
celui qui fit passer à gué les abîmes salés
et galopa sur les flots, insultant à leurs grondements,
s'éteignit, son corps moribond exhala son âme[71].
Scipion, ce foudre de guerre, terreur de Carthage,
remit ses os à la terre comme le dernier des esclaves[72].
Ajoute les inventeurs des sciences et des arts,
les compagnons des Muses, Homère, unique entre tous,
qui malgré sa royauté s'endormit comme les autres.
Démocrite enfin, averti par une vieillesse mûre
que les mouvements de sa mémoire défaillaient,
vint au-devant de la mort pour lui offrir sa tête[73].
Épicure acheva le cours lumineux de la vie[74],
lui dont le génie domina le genre humain
et toutes gloires offusqua comme le soleil
éteint les étoiles à son lever dans les airs.
Et toi tu hésiteras, t'indignant de mourir ?
Toi qui vivant et voyant n'as guère qu'une vie morte,
toi qui perds en sommeil le plus clair de ton temps,
ronfles tout éveillé, en proie aux cauchemars,
hanté par les tourments d'une vaine terreur,
toi qui ne réussis à trouver ton mal quand,
accablé de soucis, ivre et malheureux,
tu dérives au gré des erreurs de l'esprit. »

Le remède au mal de vivre

Si les hommes pouvaient, aussi bien qu'ils ressentent
au fond de leur esprit le poids qui les épuise,
en connaître les causes et savoir d'où provient
cette masse énorme, le mal qui tient leur cœur,
ils ne vivraient pas comme on les voit très souvent vivre,

quid sibi quisque uelit nescire, et quaerere semper
commutare locum, quasi onus deponere possit.
Exit saepe foras magnis ex aedibus ille,
esse domi quem pertaesumst, subitoque <reuertit>,
quippe foris nihilo melius qui sentiat esse.
Currit agens mannos ad uillam praecipitanter,
auxilium tectis quasi ferre ardentibus instans.
Oscitat extemplo tetigit cum limina uillae,
aut abit in somnum grauis atque obliuia quaerit,
aut etiam properans urbem petit atque reuisit.
Hoc se quisque modo fugit, at, quem scilicet, ut fit,
effugere haut potis est, ingratis haeret et odit,
propterea morbi quia causam non tenet aeger;
quam bene si uideat, iam rebus quisque relictis
naturam primum studeat cognoscere rerum,
temporis aeterni quoniam, non unius horae,
ambigitur status, in quo sit mortalibus omnis
aetas, post mortem quae restat cumque, manend*a*.

Denique tanto opere in dubiis trepidare periclis
quae mala nos subigit uitai tanta cupido?
Cert*a* quidem finis uitae mortalibus adstat,
nec deuitari letum pote quin obeamus.
Praeterea uersamur ibidem atque insumus usque,
nec noua uiuendo procuditur ulla uoluptas.
Sed dum abest quod auemus, id exsuperare uidetur
cetera; post aliud, cum contigit illud, auemus,
et sitis aequa tenet uitai semper hiantis.
Posteraque in dubiost fortuna*m* quam uehat aetas,
quidue ferat nobis casus, quiue exitus instet.
Nec prorsum uitam ducendo demimus hilum
tempore de mortis, nec delib*a*re ualemus,
quo minus esse diu possimus forte perempti.
Proinde licet quo*t*uis uiuendo condere saecla:
mors aeterna tamen nihilo minus illa manebit,
nec minus ille diu iam non erit, ex hodierno
lumine qui finem uitai fecit, et ille,
mensibus atque annis qui multis occidit ante.

ignorant ce qu'ils veulent et réclamant toujours
un autre lieu, comme pour y déposer leur fardeau.
Tel se précipite hors de sa vaste demeure,
dégoûté d'être à la maison, et soudain rentre,
ne se sentant pas mieux, nullement, au-dehors.
Il court, il vole à sa villa, harcelant sa monture[75],
comme s'il venait secourir les bâtiments en flammes.
Le seuil à peine atteint, il se met à bâiller,
tombe en un lourd sommeil pour tenter d'oublier,
à moins qu'il ne se hâte d'aller revoir la ville.
Ainsi chacun cherche à se fuir, impossible rêve :
on reste fixé à soi-même et l'on se hait,
car la cause du mal échappe à qui en souffre.
Si on la voyait bien, laissant là tout le reste,
on se consacrerait à l'étude de la nature
car son enjeu n'est pas une heure seulement,
mais l'état éternel dans lequel les humains
resteront tout le temps au-delà du trépas.

Épilogue

Enfin, pourquoi trembler si fort dans les dangers?
De quel piètre amour de la vie sommes-nous donc esclaves?
Un terme est pourtant fixé à la vie des mortels :
impossible d'esquiver la mort, il faut se rendre.
Et puis l'on tourne en rond à rester toujours là
et nul plaisir nouveau ne vient frapper la vie.
Mais tant qu'il nous échappe un objet convoité
semble à tous préférable et, quand nous l'obtenons,
vers un autre aussitôt va notre avidité.
Toujours béants, par la même soif de vivre obsédés!
Et le sort qu'entraîne le temps est incertain
comme les coups du hasard ou la fin qui nous guette.
En prolongeant la vie, nous ne retranchons rien
au temps que dure la mort; il est irréductible.
Aucune chance donc de disparaître moins longtemps.
Enclos dans une vie autant de siècles que tu veux,
la mort n'en restera pas moins éternelle.
N'être plus ne dure pas moins, que la vie ait pris fin
à l'aube de ce jour ou depuis des mois, des années.

LIBER QVARTVS

Auia Pieridum peragro loca nullius ante
trita solo. Iuuat integros accedere fontis
atque haurire, iuuatque nouos decerpere flores,
insignemque meo capiti petere inde coronam
unde prius nulli uelarint tempora Musae;
primum quod magnis doceo de rebus, et artis
relligionum animum nodis exsoluere pergo,
deinde quod obscura de re tam lucida pango
carmina, musaeo contingens cuncta lepore.
Id quoque enim non ab nulla ratione uidetur.
Nam ueluti pueris absinthia taetra medentes
cum dare conantur, prius oras pocula circum
contingunt mellis dulci flauoque liquore,
ut puerorum aetas improuida ludificetur
labrorum tenus, interea perpotet amarum
absinthi laticem, deceptaque non capiatur,
sed potius tali *p*acto recreata ualescat,
sic ego nunc, quoniam haec ratio plerumque uidetur

LIVRE IV

Apologie du poème. — Les images des choses. — Leur subtilité. — Rapidité de leur formation. — Leur vitesse. — Tous les corps ont des émanations. — Phénomènes de la vision. — Les miroirs. — Phénomènes divers de la vision. — Illusions visuelles. — Polémique sur les sens. — Les autres sens : l'ouïe. — Effet de la distance ; l'écho. — Le goût. — L'odorat. — Répulsions de la vue. — La vision de l'esprit. — Refus des causes finales : l'organe crée la fonction. — La faim et la soif. — La marche et le mouvement. — Le sommeil. — Les rêves. — La puberté et l'amour. — Malheurs et illusions de la passion. — Réciprocité du plaisir. — Hérédité. — Stérilité et fécondité. — Épilogue.

Apologie du poème

Des Piérides je parcours les lointaines contrées
que nul n'explora. Joie d'aller aux sources vierges
boire à longs traits, joie de cueillir des fleurs nouvelles,
de glaner pour ma tête la couronne merveilleuse
dont jamais les Muses n'ont paré aucun front.
Car j'enseigne de grandes choses : d'abord je viens
défaire les nœuds dont la religion nous entrave.
Et puis, sur un sujet obscur, je compose des vers
si lumineux, imprégnant tout de charme poétique.
Encore ce choix n'est-il pas sans raison.
Quand les médecins veulent donner aux enfants
l'absinthe rebutante, auparavant ils enduisent
les bords de la coupe d'un miel doux et blond
pour que cet âge étourdi, tout au plaisir des lèvres,
avale en même temps l'amère gorgée d'absinthe
et, loin d'être perdu par cette duperie,
se recrée au contraire une bonne santé.
Et moi, dont la doctrine paraît d'ordinaire

tristior esse quibus non est tractata, retroque
uolgus abhorret ab hac, uolui tibi suauiloquenti
carmine Pierio rationem exponere nostram
et quasi musaeo dulci coningere melle,
si tibi forte animum tali ratione tenere
uersibus in nostris possem, dum percipis omnem
naturam rerum ac persentis utilitatem.

[45] Sed quoniam docui cunctarum exordia rerum
[46] qualia sint et quam uariis distantia formis
[47] sponte sua uolitent a*e*terno percita motu,
[48] quoque modo possit res ex his quaeque creari,
[26] atque animi quoniam docui natura quid esset,
et quibus e rebus cum corpore compta uigeret,
quoue modo distracta rediret in ordia prima,
nunc agere incipiam tibi, quod uehementer ad has res
attinet, esse ea quae rerum simulacra uocamus ;
[31] quae, quasi membranae summo de corpore rerum
dereptae, uolitant ultroque citroque per auras,
atque eadem nobis uigilantibus obuia mentes
terrificant atque in somnis, cum saepe figuras
contuimur miras simulacraque luce carentum,
[36] quae nos horrifice languentis saepe sopore
excierunt, ne forte animas Acherunte reamur
effugere, aut umbras inter uiuos uolitare,
neue aliquid nostri post mortem posse relinqui,
cum corpus simul atque animi natura perempta
[41] in sua discessum dederint primordia quaeque.

[42] Dico igitur rerum eff*i*gias tenuisque figuras
[43] mittier ab rebus summo de corp*or*e *re*rum,
[51] quae quasi membranae uel cortex nominitandast,
[52] quod speciem ac formam similem gerit eius imago,
[53] cuiuscumque c*l*uet de corpore fusa uagari.
[44] Id licet hinc quamuis hebeti cognoscere corde.
Principio quoniam mittunt in rebus apertis
corpora res multae, partim diffusa solute,

trop amère à qui ne l'a point pratiquée, odieuse
au vulgaire qui la fuit, de même j'ai voulu
l'exposer dans la langue harmonieuse des Muses
comme pour l'imprégner du doux miel de la poésie,
espérant par mes vers captiver ton esprit
le temps que tu perçoives en sa totalité
la nature des choses et son utilité.

Puisque j'ai enseigné les principes de l'univers,
leur nature, l'extrême variété de leurs formes,
le mouvement éternel et spontané de leur vol,
l'opération par laquelle ils forment toute chose,
puisque j'ai enseigné la nature de l'âme,
quels éléments la font vivre tressée avec le corps,
comment elle s'en extirpe et se résout en atomes,
désormais je t'expose un sujet fort apparenté.
Il existe des images, comme nous les nommons;
sortes de membranes détachées de la surface des corps,
elles voltigent de tous côtés à travers les airs.
Et dans la veille comme dans le rêve ces images
viennent à nous et terrorisent notre esprit
quand nous apercevons des formes étonnantes,
les simulacres d'êtres ravis à la lumière
qui nous réveillent et nous glacent d'effroi[1].
N'en concluons pas que les âmes s'enfuient des enfers
ou que leurs ombres voltigent parmi les vivants,
ni qu'il puisse rester quelque chose de nous
lorsque le corps et l'âme ensemble trépassés
se sont dissociés l'un et l'autre en leurs principes.

Les images des choses

Je dis que les choses envoient de leur surface
des effigies, formes ténues d'elles-mêmes,
des membranes en quelque sorte ou des écorces,
puisque l'image revêt l'aspect, la forme exacte
de n'importe quel corps dont, vagabonde, elle émane[2].
L'esprit le plus obtus va pouvoir le comprendre.
Mainte chose visible émet des corpuscules.
Certains se dissipent et s'évaporent,

robora seu fumum mittunt ignesque uaporem,
et partim contexta magis condensaque, ut olim
cum teretis ponunt tunicas aestate cicadae,
et uituli cum membranas de corpore summo
nascentes mittunt, et item cum lubrica serpens
exuit in spinis uestem; nam saepe uidemus
illorum spoliis uepres uolitantibus auctas.
Quae quoniam fiunt, tenuis quoque debet imago
ab rebus mitti summo de corpore rerum.
Nam cur illa cadant magis ab rebusque recedant
quam quae tenuia sunt, hiscendist nulla potestas,
praesertim cum sint in summis corpora rebus
multa minuta, iaci quae possint ordine eo*de*m
quo fuerint, et forma*i* seruare figuram,
et multo citius, quanto minus indupediri
pauca queunt et <quae> sunt prima fronte locata.
Nam certe iacere ac *la*rgiri multa uidemus,
non solum ex alto penitusque, ut diximus ante,
uerum de summis ipsum quoque saepe colorem.
Et uolgo faciunt id lutea russaque uela
et ferrugina, cum magnis intenta theatris
per malos uolgata trabesque trementia flu*tant* :
namque ibi consessum cauea*i* supter et omnem
scaena*i* speciem, † patrum matrumque deorum †
inficiunt coguntque suo fluitare colore;
et quanto circum mage sunt inclusa theatri
moenia, tam magis haec intus perfusa lepore
omnia conrident correpta luce diei.
Ergo lintea de summo cum corpore fucum
mittunt, effigias quoque debent mittere tenuis
res quaeque, ex summo quoniam iaculantur utraque.
Sunt igitur iam formarum uestigia certa,
quae uolgo uolitant suptili praedita filo,
nec singillatim possunt secreta uideri.
Praeterea omnis odor, fumus, uapor, atque aliae res
consimiles ideo diffusae rebus abundant,
ex alto quia dum ueniunt *in*trinsecus ortae,
scinduntur per iter flexum, nec recta uiarum
ostia sunt qua contendant exire coortae.

la fumée du bois vert ou la chaleur du feu,
d'autres sont plus serrés, plus denses, telles en été
les tuniques rondes que déposent les cigales,
les membranes que les veaux dès leur naissance
abandonnent, la robe dont le serpent furtif
se dévêt dans les ronces; nous voyons souvent
sa dépouille flottante garnir les broussailles.
Mais, puisque cela se produit, une image ténue
doit aussi émaner de la surface des choses.
Car pourquoi ces formes s'échapperaient-elles
et non pas de plus ténues, on ne saurait répondre.
Surtout quand il existe à la surface des choses
maints corps minuscules qui peuvent s'élancer,
sans modifier leur ordre ni leur figure d'ensemble,
d'autant plus vite qu'ils trouvent moins d'obstacles,
étant peu nombreux et placés au premier rang.
Nous voyons maintes choses projeter de larges ondes
non seulement du fond d'elles-mêmes, comme je l'ai dit,
mais de leur surface, la couleur par exemple.
Ainsi, les voiles jaunes, rouges et vertes,
tendues entre les mâts et les traverses,
ondulent et flottent sur les vastes théâtres[3] :
au-dessous, le public assis sur les gradins,
le décor de la scène, †[4]
s'imprègnent et vibrent de leurs fluides couleurs.
Plus le théâtre en ses murs est étroitement clos,
plus les choses s'égaient d'une grâce diffuse
dans la lumière captive qui les inonde.
Si donc la toile émet à sa surface une couleur,
tout objet doit émettre des images ténues
puisque dans les deux cas c'est la surface qui projette.
Il existe donc certaines traces des formes
qui voltigent partout grâce à leur texture subtile
mais jamais ne peuvent être isolément perçues.
Si l'odeur, la fumée, la chaleur ou leurs semblables
s'écoulent des choses en un flux lâche et dispersé,
c'est que depuis les profondeurs où elles naquirent
elles se divisent dans les méandres du parcours,
faute d'issues directes pour s'échapper ensemble.

At contra tenuis summi membrana coloris
cum iacitur, nihil est quod eam discerpere possit,
in promptu quoniam est in prima fronte locata.
Postremo speculis in aqua splendoreque in omni
quaecumque apparent nobis simulacra, necessest,
quandoquidem simili specie sunt praedita rerum,
ex <ea> imaginibus missis consistere *re*rum.
Sunt igitur tenues forma*e* *re*rum similesque
effigiae, singillatim quas cernere nemo
cum possit, tamen adsiduo crebroque repulsu
reiectae reddunt speculorum ex aequore uisum,
nec ratione alia seruari posse uidentur,
tanto opere ut similes reddantur cuique figurae.

Nunc age quam tenui natura constet imago
percipe. Et in primis, quoniam primordia tantum
sunt infra nostros sensus tantoque minora
quam quae primum oculi coeptant non posse tueri,
nunc tamen id quoque uti confirmem, exordia rerum
cunctarum quam sint suptilia percipe paucis.
Primum animalia sunt iam partim tantula, eorum
tertia pars nulla <ut> possit ratione uideri.
Horum intestinum quoduis quale esse putandumst?
Quid cordis globus aut oculi? quid membra? quid artus?
Quantula sunt! Quid praeterea primordia quaeque
unde anima atque animi constet natura necessumst?
Nonne uides quam sint suptilia quamque minuta?
Praeterea quaecumque suo de corpore odorem
expirant acrem, panaces, apsinthia taetra,
habrotonique graues et tristia centaurea,
quorum unum quiduis leuiter si forte duobus

***

quin potius noscas rerum simulacra uagari
multa modis multis nulla ui cassaque sensu?

Sed ne forte putes ea demum sola uagari,
quaecumque ab rebus rerum simulacra recedunt,
sunt etiam quae sponte sua gignuntur, et ipsa

Quand au contraire la couleur superficielle émet
une fine pellicule, rien ne peut la déchirer
puisqu'elle est toute prête, au premier rang placée.
Enfin les images qui nous apparaissent dans les miroirs,
l'eau, tout ce qui luit, sont forcément des simulacres
émanant des objets puisqu'ils offrent le même aspect[5].
Des formes ténues des choses, exactes effigies,
existent donc, que nul ne peut voir isolément,
mais leur flux rapide et continu, réfléchi
par le plan des miroirs, nous en rend la vision ;
sinon, comment pourraient-elles se conserver[6]
au point de reproduire exactement les choses ?

Leur subtilité

Apprends maintenant combien l'image est subtile.
Les atomes sont en effet bien en deçà de nos sens
et bien plus petits que les premiers corps indiscernables.
Mais écoute, je vais te confirmer rapidement
la subtilité des principes de toutes les choses :
d'abord certains animaux sont tellement petits
qu'un tiers de leur corps échappe à notre vue.
Comment imaginer un quelconque intestin,
le globe du cœur ou de l'œil, les membres, les jointures ?
Quelle petitesse ! Que dire alors de chacun des atomes
qui doivent composer leur âme et leur esprit ?
Ne vois-tu pas combien ils sont subtils et menus ?
Quant aux corps exhalant une odeur pénétrante,
panacées, absinthe répugnante, aurones infectes,
amères centaurées, si tu prends l'un d'eux

***[7]

reconnais plutôt que maint simulacre des choses
vagabonde en tous sens, sans qualité ni sensibilité[8].

Mais ne crois pas que ces images émanant des corps
soient finalement les seules à vagabonder.
Il en est d'autres qui naissent spontanément

constituuntur in hoc caelo qui dicitur aer.
[135] Quae multis formata modis sublime feruntur,
[141] nec speciem mutare suam liquentia cessant,
[142] et cuiusque modi formarum uertere in oras;
[133] ut nubes facile interdum concrescere in alto
[134] cernimus, et mundi speciem uiolare serenam
[136] aera mulcentes motu : nam saepe Gigantum
[137] ora uolare uidentur et umbram ducere late,
[138] interdum magni montes auolsaque saxa
[139] montibus anteire et solem succedere praeter,
[140] inde alios trahere atque inducere belua nimbos.

Nunc ea quam facili et celeri ratione ge*n*antur,
perpetuoque fluant ab rebus lapsaque cedant

***

semper enim summum quicquid de rebus abundat
quod iaculentur. Et hoc alias cum peruenit in res,
transit, ut in primis *uitrum*. Sed ubi aspera saxa
aut in materiam ligni peruenit, ibi iam
scinditur, ut nullum simulacrum reddere possit.
At cum splendida quae constant opposta fuerunt
densaque, ut in primis speculum est, nihil accidit horum.
Nam neque uti *uitrum* possunt transire, neque autem
scindi : quam meminit leuor praestare salutem.
Quapropter fit ut hinc nobis simulacra redundent.
Et quamuis subito, quouis in tempore, quamque
rem contra speculum ponas, apparet imago;
perpetuo fluere ut noscas e corpore summo
texturas rerum tenuis tenuisque figuras.
Ergo multa breui spatio simulacra ge*n*untur,
ut merito celer his rebus dicatur origo.
Et quasi multa breui spatio summittere debet
lumina sol ut perpetuo sint omnia plena,
sic ab rebus item simili ratione necessest
temporis in puncto rerum simulacra ferantur
multa modis multis in cunctas undique partis;
quandoquidem speculum quocumque obuertimus oris,
res ibi respondent simili forma atque colore.

et se constituent dans le ciel qu'on nomme l'air[9].
Sous mille figures, elles volent dans les hauteurs
et, fluides, ne cessent de modifier leur aspect,
se transformant en toutes sortes de silhouettes,
tels ces nuages que l'on voit parfois dans le ciel
aisément s'assembler et caressant l'air de leur branle
violer l'harmonie sereine du firmament :
faces volantes de géants portant au loin leur ombre,
montagnes immenses et rocs à leurs flancs arrachés
dont le cortège passe le soleil puis s'éloigne,
monstres enfin traînant et revêtant d'autres nuées.

Rapidité de leur formation

La manière facile et prompte dont se forment
et s'échappent des choses en un flux continu
<les simulacres>, maintenant <je te l'enseigne>[10].
Oui, constamment afflue la surface des choses
par elles projetée. Rencontrant d'autres corps[11]
elle les traverse, le verre[12] surtout, mais pierre dure
ou bois la déchirent : elle ne peut donc rendre l'image.
Mais lorsqu'un corps brillant et compact s'interpose,
un miroir notamment, rien de semblable n'arrive.
Elle ne peut le traverser comme le verre et pourtant
nulle déchirure : le poli[13] est soucieux de la sauver.
Les images refluent donc de ces obstacles vers nous.
Aussi rapidement que tu veux, en n'importe quel temps[14],
mets un objet face au miroir, le simulacre paraît.
C'est la preuve que toujours de la surface des corps
s'écoulent de minces textures, minces formes du monde.
Donc instantanément tant d'images se forment
que l'on parle à bon droit d'une prompte naissance.
Comme le soleil en un instant doit lancer maints rayons
pour que tout s'emplisse constamment de lumière,
de la même façon, en un seul point du temps
une foule d'images doit s'élancer des choses
de mille manières, partout et dans tous les sens,
puisque à toute visée du miroir les choses répondent
par des couleurs et des formes qui leur ressemblent.

Praeterea modo cum fuerit liquidissima caeli
tempestas, perquam subito fit turbida foede,
undique uti tenebras omnis Acherunta rearis
liquisse, et magnas caeli complesse cauernas,
usque adeo taetra nimborum nocte coorta
impendent atrae Formidinis ora superne.
Quorum quantula pars sit imago dicere nemost
qui possit, neque eam rationem reddere dictis.

Nunc age, quam celeri motu simulacra ferantur,
et quae mobilitas ollis tranantibus auras
reddita sit, longo spatio ut breuis hora *t*eratur,
in quem quaeque locum diuerso numine tend*u*nt,
suauidicis potius quam multis uersibus edam,
paruus ut est cycni melior canor, ille gruum quam
clamor in aetheriis dispersus nubibus austri.
Principio persaepe leuis res atque minutis
corporibus factas celeris licet esse uidere.
In quo iam genere est solis lux et uapor eius,
propterea quia sunt e primis facta minutis,
quae quasi cuduntur perque aeris interuallum
non dubitant transire sequenti concita plaga.
Suppeditatur enim confestim lumine lumen,
et quasi protelo stimulatur fulgere fulgur.
Quapropter simulacra pari ratione necesse est
inmemorabile per spatium transcurrere posse
temporis in puncto, primum quod paruola causa
est procul a tergo quae prouehat atque propellat,
quod superest, ubi tam uolucri leuitate ferantur;
deinde quod usque adeo textura praedita rara
mittuntur, facile ut quasuis penetrare queant res,
et quasi permanare per aeris interuallum.
Praeterea si, quae penitus corpuscula rerum
ex altoque foras mittuntur, solis uti lux
ac uapor, haec puncto cernuntur lapsa diei
per totum caeli spatium diffundere sese,
perque uolare mare ac terras caelumque rigare :
quid quae sunt igitur iam prima fronte parata,

Autre preuve encore : le ciel le plus limpide
en un très court instant se trouble horriblement,
à croire que les ténèbres ont quitté l'Achéron
et remplissent du ciel les immenses cavernes,
si terrible est la nuit qui tombe des nuages,
faces de Noire Épouvante en suspens sur nos têtes.
Mais quelle infime part des choses leur image
constitue, nul ne peut le dire ni l'évaluer.

Leur vitesse

Apprends maintenant la vitesse des images,
comme elles sont agiles à traverser les airs
au point qu'un instant suffit pour un long espace,
quel que soit le lieu où tend leur impulsion[15].
Mélodieux, non pas abondants, seront mes vers :
comme le bref chant du cygne, meilleur que les clameurs
dont les grues inondent les hauts nuages de l'auster.
Les choses légères, faites de corps minuscules,
sont très souvent rapides, comme tu peux le voir.
Ainsi la lumière et la chaleur solaires,
car elles sont formées de minuscules principes
qui se poussent les uns les autres à travers l'air,
nul n'hésitant à le franchir sous le choc du suivant.
La lumière succède aussitôt à la lumière,
son éclair stimulé par le dard d'un nouvel éclair.
De semblable manière, les images sont forcément
capables de parcourir en un seul point du temps[16]
un espace indicible, parce que loin derrière elles
une cause infime les pousse et les projette[17] ;
ajoute qu'elles volent, légères en leur course ailée,
que leur texture enfin est lâche dès leur émission,
au point qu'elles pénètrent aisément toutes choses
et coulent pour ainsi dire dans l'étendue de l'air.
Si les corpuscules émis du fond des choses,
comme la lumière et la chaleur du soleil,
paraissent, sitôt échappés, en un instant du jour
se répandre à travers tout l'espace des cieux,
voler par les mers et les terres, inonder le ciel,
que dire des atomes placés au premier rang

cum iaciuntur et emissum res nulla moratur?
Quone uides citius debere et longius ire,
multiplexque loci spatium transcurrere eodem
tempore quo solis peruolgant lumina caelum?
Hoc etiam in primis specimen uerum esse uidetur
quam celeri motu rerum simulacra ferantur,
quod simul ac primum sub diu splendor aquai
ponitur, extemplo caelo stellante serena
sidera respondent in aqua radiantia mundi.
Iamne uides igitur quam puncto tempore imago
aetheris ex oris in terrarum accidat oras?
Quare etiam atque etiam mira fateare necessest

***

corpora quae feriant oculos uisumque lacessant.

Perpetuoque flu*u*nt certis ab rebus odores;
frigus ut a fluuiis, calor ab sole, aestus ab undis
aequoris exesor moerorum litora circum.
Nec uariae cessant uoces uolitare per auras.
Denique in os salsi uenit umor saepe saporis,
cum mare uersamur propter, dilutaque contra
cum tuimur misceri absinthia, tangit amaror.
Vsque adeo omnibus ab rebus res quaeque fluenter
fertur, et in cunctas dimittitur undique partis,
nec mora nec requies interdatur ulla fluendi,
perpetuo quoniam sentimus, et omnia semper
cernere, odorari licet, et sentire sonare.

Praeterea, quoniam manibus tractata figura
in tenebris quaedam cognoscitur esse eadem quae
cernitur in luce et claro candore, necessest
consimili causa tactum uisumque moueri.
Nunc igitur si quadratum temptamus, et id nos
commouet in tenebris, in luci quae poterit res
accidere ad speciem quadrata, nisi eius imago?

dès leur émission et dont rien ne freine l'essor?
Ne vois-tu combien ils doivent aller plus vite, plus loin[18],
et quelle distance supérieure ils peuvent franchir
durant le temps où la lumière parcourt le ciel?
Mais voici une preuve évidente entre toutes
de la vitesse qui emporte les simulacres.
Dès que l'éclat d'une eau s'expose à découvert
sous la voûte étoilée, aussitôt les astres répondent,
calmes fulgurances du ciel au fond de l'eau.
Tu vois donc que l'image en un instant parvient
du céleste rivage aux rives de la terre.
Ainsi, encore une fois, admettons l'étonnante

★★★[19]

les corps frappant nos yeux et provoquant la vision[20].

Tous les corps ont des émanations

Sans cesse un flot d'odeurs émane de certains corps,
comme des rivières le froid, du soleil la chaleur,
des flots l'embrun qui ronge les murs au long des grèves.
Des voix diverses ne cessent de voler dans les airs.
Et puis souvent l'humidité, d'un goût saumâtre,
entre dans notre bouche lorsque au bord de la mer
nous séjournons, et si nous voyons préparer
une infusion d'absinthe son amertume nous saisit.
Tant il est vrai que de tout corps toujours s'écoule
un flux qui se disperse en tous sens et partout,
sans trêve ni repos, intarissable effluve[21],
puisque tout se donne toujours à voir, respirer,
entendre et ne cesse d'exciter nos sensations.

Phénomènes de la vision

En outre, quand nous palpons dans l'obscurité
une forme précise, nous la reconnaissons
comme celle que nous voyons dans la clarté du jour.
La même cause émeut donc le toucher et la vue.
Maintenant, si c'est un carré que nous manipulons
et sentons dans le noir, au jour, comment chose carrée
parviendra-t-elle à notre vue, sinon par son image[22]?

Esse in imaginibus quapropter causa uidetur
cernundi, neque posse sine his res ulla uideri.
Nunc ea quae dico rerum simulacra feruntur
undique, et in cunctas iaciuntur d*i*dita partis;
uerum nos oculis quia solis cernere quimus,
propterea fit uti, speciem quo uertimus, omnes
res ibi eam contra feriant forma atque colore.

Et quantum quaeque ab nobis res absit, imago
efficit ut uideamus et internoscere curat.
Nam cum mittitur, extemplo prot*r*udit agitque
aera qui inter se cumque est oculosque locatus,
isque ita per nostras acies perlabitur omnis,
et quasi perte*r*get pupillas atque ita transit.
Propterea fit uti uideamus quam procul absit
res quaeque. Et quanto plus aeris ante agitatur
et nostros oculos perterget longior aura,
tam procul esse magis res quaeque remota uidetur.
Scilicet haec summe celeri ratione geruntur,
quale sit ut uideamus et una quam procul absit.
Illud in his rebus minime mirabile habendumst,
cur ea quae feriant oculos simulacra, uideri
singula cum nequeant, res ipsae perspiciantur.
Ventus enim quoque paulatim cum uerberat, et cum
acre fluit frigus, non pri*u*am quamque solemus
particulam uenti sentire et frigoris eius,
sed magis unorsum, fierique perinde uidemus
corpore tum plagas in nostro, tamquam aliquae res
uerberet, atque sui det sensum corporis extra.
Praeterea lapidem digito cum tundimus, ipsum
tangimus extremum saxi summumque colorem,
nec sentimus eum tactu, uerum magis ipsam
duritiem penitus saxi sentimus in alto.

Nunc age, cur ultra speculum uideatur imago
percipe; nam certe penitus *s*emota uidetur.
Quod genus illa foris quae uere transpiciuntur,
ianua cum per se transpectum praebet apertum,

Les images sont donc visiblement la cause
de la vision et rien ne peut se voir sans elles.
Ces images dont je parle viennent de toutes parts
et sont projetées dans toutes les directions;
mais puisque nos yeux sont nos seuls moyens de voir,
c'est du côté où nous tournons notre regard
que tout objet le frappe de couleurs et de formes.

Quant à la distance des choses, l'image nous permet
de la voir et se charge de montrer les différences.
Car, sitôt émise, l'image chasse et repousse
tout l'air qui s'interpose entre l'objet et nos yeux :
ainsi la couche d'air à travers eux s'écoule,
balaie en quelque sorte la pupille et disparaît.
Voilà pourquoi nous percevons la distance des choses.
Plus il se trouve d'air poussé, plus longue est la brise
qui balaie nos yeux, et plus lointain nous paraît l'objet.
Sans doute tout cela est-il extrêmement rapide
pour que nous voyions à la fois l'objet et sa distance.
A ce propos, il ne faut nullement nous étonner
si les images frappent nos yeux sans pouvoir
paraître isolément, tandis que les objets sont vus.
Ainsi, quand le vent fouette à coups redoublés, quand
l'âpre froid transperce, nous ne ressentons pas
chaque particule isolée de vent et de froid
mais plutôt leur ensemble, et nous voyons notre corps
se meurtrir comme si quelque chose le fouettait
et lui faisait sentir sa présence au-dehors.
Et puis, quand nous frappons une pierre du doigt,
nous touchons sa couleur superficielle, extérieure;
or ce n'est pas elle que nous sentons par le toucher,
mais bien la dureté tout au fond de la pierre[23].

Les miroirs

Pourquoi l'image apparaît au-delà du miroir,
car elle semble en retrait, allons, tu vas l'apprendre.
C'est le cas des choses vraiment perçues dehors,
quand une porte s'ouvrant sur une vaste perspective

multa facitque foris ex aedibus ut uideantur.
Is quoque enim duplici geminoque fit aere uisus.
Primus enim citra postes tum cernitur aer,
inde fores ipsae dextra laeuaque secuntur,
post extraria lux oculos perte*r*get, et aer
alter, et illa foris quae uere transpiciuntur.
Sic ubi se primum speculi proiecit imago,
dum uenit ad nostras acies, protrudit agitque
aera qui inter se cumquest oculosque locatus,
et facit ut prius hunc omnem sentire queamus
quam speculum. Sed ubi speculum quoque sensimus ipsum,
continuo a nobis in *ide*m quae fertur imago
peruenit, et nostros oculos reiecta reuisit,
atque alium prae se propellens aera uoluit,
et facit ut prius hunc quam se uideamus : eoque
distare a*b* speculo tantum semota uidetur.
Quare etiam atque etiam minime mirarier est par

***

illis quae reddunt speculorum ex aequore uisum,
aeribus binis quoniam res confit utraque.
Nunc ea quae nobis membrorum dextera pars est,
in speculis fit ut in laeua uideatur eo quod,
planitiem ad speculi ueniens cum offendit imago,
non conuertitur incolumis, sed recta retrorsum
sic eliditur, ut siquis, prius arida quam sit
cretea persona, adlidat pilaeue trabiue,
atque ea continuo rectam si fronte figuram
[323] seruet et elisam retro sese exprimat ipsa :
[324] fiet ut, ante oculus fuerit qui dexter, ut idem
nunc sit laeuus, et e laeuo sit mutua dexter.
Fit quoque de speculo in speculum ut tradatur imago,
quinque, etiam sex ut fieri simulacra suerint.
Nam quaecumque retro parte interiore late*bunt*,
[329] inde tamen, quamuis torte penitusque remota,
omnia per flexos aditus educta licebit
pluribus haec speculis uideantur in aedibus esse :
usque adeo <e> speculo in speculum translucet imago,

nous en offre la vue depuis l'intérieur du logis :
la vision se fait aussi par une double couche d'air.
Nous distinguons la première en deçà de la porte,
ensuite les montants à gauche et à droite,
puis la lumière extérieure balaie nos yeux,
et la seconde couche d'air et tout le paysage
que nous percevons véritablement au-dehors.
Ainsi, quand l'image du miroir est projetée,
en venant à nos regards elle chasse et propulse
toute la couche d'air placée entre elle et nos yeux,
et nous en donne la sensation avant celle du miroir.
Mais, dès que nous avons perçu le miroir lui-même,
une image émanant de nous parvient à celui-ci,
puis elle est renvoyée et revient à nos yeux,
repoussant et roulant une seconde couche d'air
que nous voyons d'abord : c'est pourquoi notre image
semble si lointaine, en retrait du miroir.
Encore une fois, il n'est pas juste de s'étonner

***[24]

images que renvoie la surface des miroirs
puisque deux couches d'air produisent les deux faits.
Et voici pourquoi le côté droit de notre corps
apparaît dans le miroir à la place du gauche :
l'image dont la course a heurté le plan du miroir
ne se retourne point ni ne revient indemne
mais elle rejaillit tout droit en arrière,
comme le ferait un masque de plâtre
lancé encore humide contre un pilier ou une poutre;
s'il pouvait conserver le dessin de l'endroit
et jaillissant en arrière exprimer ses traits,
l'œil qui était à droite deviendrait le gauche
et réciproquement le gauche serait à droite.
Parfois l'image est renvoyée de miroir en miroir,
si bien que les simulacres sont cinq ou même six.
Tous les objets cachés au fond d'une maison,
si tortueuse et profonde que soit leur retraite,
pourront être amenés par des voies contournées
et nous apparaître grâce à plusieurs miroirs.
Tant l'image se reflète de miroir en miroir :

et cum laeua data est, fit rursum ut dextera fiat,
[334] inde retro rursum redit et conuertit eodem.
Quin etiam quaecumque latuscula sunt speculorum
adsimili lateris flexura praedita nostri,
dextera ea propter nobis simulacra remittunt,
aut quia de speculo in speculum transfertur imago,
[339] inde ad nos elisa bis aduolat, aut etiam quod
circum agitur, cum uenit, imago propterea quod
flexa figura docet speculi conuertier ad nos.

Indugredi porro pariter simulacra pedemque
ponere nobiscum credas gestumque imitari
[344] propterea quia, de speculi qua parte recedas,
continuo nequeunt illinc simulacra referri;
omnia quandoquidem cogit natura referri,
[347] ac resilire ab rebus ad aequos reddita flexus.

[299] Splendida porro oculi fugitant uitantque tueri;
[300] sol etiam caecat, contra si tendere pergas,
propterea quia uis magnast ipsius, et alte
aera per purum grauiter simulacra feruntur,
et feriunt oculos turbantia composituras.
Praeterea splendor quicumque est acer a*d*urit
[305] saepe oculos, ideo quod semina possidet ignis
multa, dolorem oculis quae gignunt insinuando.
Lurida praeterea fiunt quaecumque tuentur
arquati, quia luroris de corpore eorum
semina multa fluunt simulacris obuia rerum,
[310] multaque sunt oculis in eorum denique mixta,
quae contage sua palloribus omnia pingunt.

Et tenebris autem quae sunt in luce tuemur
propterea quia, cum prop*i*or caliginis aer
ater init oculos prior et possedit apertos,
[315] insequitur candens confestim lucidus aer,
qui quasi purgat eos ac nigras discutit umbras
aeris illius : nam multis partibus hic est
mobilior, multisque minutior, et mage pollens.

que s'offre la main gauche, elle redevient la droite,
à nouveau réfléchie, elle retrouve sa position.
Il existe même des miroirs dont les faces latérales
forment une courbe semblable à celle de nos flancs;
ils nous renvoient les simulacres sans inversion
parce que l'image se transmet d'une face à l'autre[25]
et vole ainsi vers nous par double réflexion[26],
ou parce qu'elle fait volte-face en chemin
et se tourne vers nous, docile à la courbe du miroir.

Enfin l'on croirait que les images s'avancent,
posent le pied avec nous et copient tous nos gestes[27] :
c'est que la partie du miroir que nous quittons
cesse aussitôt de nous renvoyer nos images
car la nature veut que tout simulacre revienne,
rebondisse en gardant l'inflexion d'origine[28].

Phénomènes divers de la vision

Nos yeux fuient les objets brillants : le soleil
regardé fixement peut même nous aveugler
par sa propre puissance et parce que de si haut
les images tombent lourdement à travers l'air pur
et blessent nos yeux en troublant leur organisation.
Du reste, tout éclat vif brûle souvent les yeux
parce qu'il renferme de nombreux atomes ignés
qui provoquent la douleur quand ils se glissent en eux.
Et si tout paraît jaune à ceux qui souffrent d'ictère,
c'est que maints atomes de jaune[29] affluant de leur corps
rencontrent les images et qu'enfin, peuplant leurs yeux,
ils peignent tout ce qu'ils touchent de leur couleur livide.

Des ténèbres nous voyons les objets dans la lumière
parce que l'air sombre de la proche obscurité
pénètre le premier, envahissant nos yeux ouverts,
aussitôt suivi par l'air brillant et limpide
qui les purge en quelque sorte et chasse les ombres noires
de l'autre couche d'air car il est plus rapide,
maintes fois plus rapide, plus subtil et puissant.

Qui simul atque uias oculorum luce repleuit,
[320] atque patefecit quas ante obsederat a*e*r
[321] <ater>, continuo rerum simulacra secuntur
[322] quae sita sunt in luce, lacessuntque ut uideamus.
Quod contra facere in tenebris e luce nequimus,
propterea quia posterior calignis aer
crassior insequitur, qui cuncta foramina complet,
obsiditque uias oculorum, ne simulacra
possint ullarum rerum con*i*ecta mouer*e*.

Quadratasque procul turrıs cum cernimus urbis,
propterea fit uti uideantur saepe rutundae,
angulus optusus quia longe cernitur omnis,
siue etiam potius non cernitur ac perit eius
plaga, nec ad nostras acies *p*er*l*abitur ictus,
aera per multum quia dum simulacra feruntur,
cogit hebescere eum crebris offensibus aer.
Hoc ubi suffugit sensum simul angulus omnis,
fit quasi ut ad t*o*rnum saxorum structa t*er*antur :
non tamen ut coram quae sunt uereque rutunda,
sed quasi adumbratim paulum simulata uidentur.

Vmbra uidetur item nobis in sole moueri,
et uestigia nostra sequi gestumque imitari;
aera si credis priuatum lumine posse
indugredi, motus hominum gestumque sequentem :
nam nihil esse potest aliud nisi lumine cassus
aer id quod nos umbram perhibere suemus.
Nimirum quia terra locis ex ordine certis
lumine priuatur solis quacumque meantes
officimus, repletur item quod liquimus eius,
propterea fit uti uideatur, quae fuit umbra
corporis, e regione eadem nos usque secuta.
Semper enim noua se radiorum lumina fundunt,
primaque dispereunt, quasi in ignem lana trahatur.
Propterea facile et spoliatur lumine terra,
et repletur item nigrasque sibi a*b*luit umbras.

Dès qu'il a rempli de clarté les voies oculaires
et les a libérées de l'air obscur qui les occupait,
les images des choses exposées à la lumière
arrivent à leur tour, excitant notre vue.
Mais depuis la lumière on ne peut voir dans les ténèbres
parce que l'air obscur vient après la clarté :
plus épais, il remplit à son tour les canaux,
obstrue les voies des yeux, si bien que nulle image
ne peut venir frapper ni émouvoir la vue.

Les tours carrées d'une ville dans le lointain
nous paraissent rondes pour la raison suivante :
à grande distance tout angle devient obtus,
ou plutôt disparaît, son impulsion se perd,
les chocs[30] ne peuvent plus parvenir à nos yeux
parce que, à tant frapper ses images qui la traversent,
la grande masse d'air le force à s'émousser.
Quand donc tous leurs angles échappent à nos sens,
ces édifices de pierre semblent modelés sur un tour;
s'ils n'ont l'aspect d'objets arrondis, présents et vrais,
ils leur ressemblent un peu, à la façon d'esquisses.

Notre ombre nous paraît se mouvoir au soleil,
coller à nos semelles, copier tous nos gestes,
si du moins tu crois que l'air privé de lumière
peut marcher et suivre les mouvements d'un homme,
car ce que d'ordinaire nous appelons une ombre
n'est rien d'autre que l'air, de lumière endeuillé.
Oui, de place en place, au gré de notre marche,
le sol perd la lumière que nous interceptons
et la capte à nouveau quand nous la libérons.
Ainsi la même ombre, l'ombre de notre corps,
semble-t-elle partout nous suivre en droite ligne.
Or toujours affluent de nouveaux rayons lumineux
et meurent les anciens comme laine au feu dévidée.
La terre se laisse donc dérober la lumière
comme elle s'en emplit pour se laver des ombres noires.

Nec tamen hic oculos falli concedimus hilum.
Nam quocumque loco sit lux atque umbra tueri
illorum est; eadem uero sint lumina necne,
umbraque quae fuit hic eadem nunc transeat illuc,
an potius fiat paulo quod diximus ante,
hoc animi demum ratio discernere debet,
nec possunt oculi naturam noscere rerum :
proinde animi uitium hoc oculis adfingere noli.
Qua uehimur naui, fertur, cum stare uidetur;
quae manet in statione, ea praeter creditur ire.
Et fugere ad puppim colles campique uidentur
quos agimus praeter nauem uelisque uolamus.
Sidera cessare aetheriis adfixa cauernis
cuncta uidentur, et adsiduo sunt omnia motu,
quandoquidem longos obitus exorta reuisunt,
cum permensa suo sunt caelum corpore claro.
Solque pari ratione manere et luna uidetur
in statione, ea quae ferri res indicat ipsa.
Exstantisque procul medio de gurgite montis
classibus inter quos liber patet exitus ingens,
insula coniunctis tamen ex his una uidetur.
Atria uersari et circumcursare columnae
usque adeo fit uti pueris uideantur, ubi ipsi
desierunt uerti, uix ut iam credere possint
non supra sese ruere omnia tecta minari.
Iamque rubrum tremulis iubar ignibus erigere alte
cum coeptat natura supraque extollere montes,
quos *ti*bi tum supra sol montis esse uidetur
comminus ipse suo contingens feruidus igni,
uix absunt nobis missus bis mille sagittae,
uix etiam cursus quingentos saepe ueruti;
inter eos solemque iacent immania ponti
aequora substrata aetheriis ingentibus oris,
interiectaque sunt terrarum milia multa
quae uariae retinent gentes et saecla ferarum.
At con*l*ectus aquae digitum non altior unum,
qui lapides inter sistit per strata uiarum,

Illusions visuelles

Mais nous n'admettons point qu'alors les yeux se trompent.
Nulle erreur : partout voir l'ombre et la lumière,
voilà leur rôle, mais est-ce ou non la même lumière,
la même ombre passe-t-elle d'un endroit à l'autre
ou n'est-ce pas plutôt comme nous l'avons dit?
A la raison enfin de faire la différence,
l'œil ne peut connaître la nature des choses.
Ainsi n'impute pas aux yeux les défauts de l'esprit.
Le bateau qui nous emporte semble immobile,
celui qui reste au port le croise, nous semble-t-il,
et devant la poupe s'enfuient les monts et les plaines
quand nous les doublons, volant à larges voiles.
Astres sur l'antre du ciel fixés, tous au repos
croyons-nous, et pourtant voyageurs assidus
puisqu'ils se lèvent pour revoir le lointain couchant
et de leurs corps brillants mesurent l'espace du ciel.
Soleil et lune semblent aussi rester à leur poste,
quand la réalité nous montre qu'ils se meuvent.
Surgissant du gouffre marin, les montagnes
aux flottes laissent libre un immense passage
mais on les voit groupées, formant une île au loin.
L'atrium tourne, dansent en rond les colonnes
aux yeux des enfants à peine ont-ils eux-mêmes
cessé de tournoyer : lors, ils sont prêts à croire
que le tout menace de s'écrouler sur eux.
Rouge, voici déjà le disque aux feux tremblants
que la nature lance jusqu'en haut des montagnes :
ces monts que le soleil te semble alors toucher
et lui-même embraser de ses flammes ardentes
se dressent tout au plus à deux mille flèches de nous,
souvent même à cinq cents jets de javelot, tout au plus;
entre eux et le soleil, sous les vastes rives du ciel
s'étendent les plaines immenses de la mer,
les milliers de terres peuplées d'hommes et d'animaux divers.
Mais une flaque d'eau pas plus haute qu'un doigt
logée dans l'interstice des pavés du chemin

despectum praebet sub terras inpete tanto
a terris quantum caeli patet altus hiatus,
nubila despicere et caelum ut uideare uidere, <et>
corpora mirande sub terras abdita caelo.
Denique ubi in medio nobis ecus acer obhaesit
flumine, et in rapidas amnis despeximus undas,
stantis equi corpus transuersum ferre uidetur
uis, et in aduersum flumen contrudere raptim,
et quocumque oculos traiecimus, omnia ferri
et fluere adsimili nobis ratione uidentur.
Porticus aequali quamuis est denique ductu,
stansque in perpetuum paribus suffulta columnis
longa tamen parte ab summa cum tota uidetur,
paulatim trahit angusti fastigia coni,
tecta solo iungens atque omnia dextera laeuis,
donec in obscurum coni conduxit acumen.
In pelago nautis ex undis ortus in undis
sol fit uti uideatur obire et condere lumen;
quippe ubi nil aliud nisi aquam caelumque tuentur;
ne leuiter credas labefactari undique sensus.
At maris ignaris in portu clauda uidentur
nauigia aplustris fractis obnitier und*i*s :
nam quaecumque supra rorem salis edita pars est
remorum, recta est, et recta superne guberna;
quae demersa liquore obeunt, refracta uidentur
omnia conuerti sursumque supina reuerti,
et reflexa prope in summo fluitare liquore.
Raraque per caelum cum uenti nubila portant
tempore nocturno, tum splendida signa uidentur
la*b*ier aduersum nimbos atque ire superne
longe aliam in partem a*c* ue<ra> ratione feruntur.
At si forte oculo manus uni subdita supter
pressit eum, quodam sensu fit ut*i* uideantur
omnia quae tuimur fieri tum bina tuendo :
bina lucernarum florentia lumina flammis,
binaque per totas aedis geminare supellex,
et duplic*e*s hominum facies, et corpora bina.
Denique cum suaui deuinxit membra sopore
somnus, et in summa corpus iacet omne quiete,

ouvre sous terre une perspective aussi vaste
que l'abîme du ciel au-dessus de la terre,
et tu crois voir à tes pieds le ciel, les nuages,
les astres miraculeusement enfouis dans le sol.
Notre cheval fougueux s'arrête au milieu d'un fleuve;
baissons alors les yeux vers les ondes rapides :
il semble qu'une force entraîne à contre-courant
son corps immobile et le pousse en travers;
regardons à l'entour, nous verrons toutes choses
de semblable manière emportées en amont.
Un portique fût-il parfaitement symétrique,
soutenu par des colonnes toujours égales,
s'il est vu tout en long depuis une extrémité,
peu à peu se rétracte et d'un cône prend les dehors,
joignant le toit au sol, le côté droit au gauche,
jusqu'à les confondre en l'obscure pointe d'un cône.
Aux marins en mer, le soleil semble surgir des flots,
dans les flots disparaître et cacher sa lumière.
C'est parce qu'ils ne voient rien que l'onde et le ciel :
ne crois donc pas étourdiment que les sens toujours défaillent.
Pour qui ne connaît pas la mer, les navires au port
semblent boiter et, poupe brisée, s'appuyer sur l'onde,
car droite est la partie des rames surgissant
des flots salés et droit le haut du gouvernail
mais les parties plongées dans l'eau semblent brisées :
leur direction change, tout se dresse à rebours
et retourne presque flotter à la surface.
Quand les vents par le ciel portent des nuages épars,
la nuit nous croyons voir les astres éclatants
glisser à l'encontre des nues et suivre au-dessus d'elles
un cours bien différent de leur course véritable.
La main sous l'œil, si nous pressons le bas du globe,
par quelque sensation voici qu'apparemment
tout objet regardé se double sous notre regard[31] :
double la flamme fleurissant le flambeau,
double le mobilier de toute la maison,
doubles visages des hommes, corps jumeaux.
Quand le sommeil nous tient en sa douce torpeur
et que le corps repose dans un calme parfait,

tum uigilare tamen nobis et membra mouere
nostra uide*m*ur, et in noctis caligine caeca
cernere censemus solem lumenque diurnum,
conclusoque loco caelum, mare, flumina, montis
mutare, et campos pedibus transire uidemur,
et sonitus audire, seuera silentia noctis
undique cum constent, et reddere dicta tacentes.
Cetera de genere hoc mirande multa uidemus,
quae uiolare fidem quasi sensibus omnia quaerunt,
nequiquam, quoniam pars horum maxima fallit
propter opinatus animi quos addimus ipsi,
pro uisis ut sint quae non sunt sensibu' uisa.
Nam nihil aegrius est quam res secernere apertas
ab dubiis animus quas ab se protinus addit.

Denique n*i*l sciri si quis putat, id quoque nescit
an sciri possit, quoniam n*i*l scire fatetur.
Hunc igitur contra mit*t*am contendere causam,
qui capite ipse su*a* in statuit uestigia sese.
Et tamen, hoc quoque uti concedam scire, at id ipsum
quaeram, cum in rebus ueri n*i*l uiderit ante,
unde sciat quid sit scire et nescire uicissi*m*,
notitiam ueri quae res falsique crearit,
et dubium certo quae res differre probarit.
Inuenies primis ab sensibus esse creatam
notitiem ueri, neque sensus posse refelli.
Nam maiore fide debet reperirier illud
sponte sua ueris quod possit uincere falsa.
Quid maiore fide porro quam sensus haberi
debet ? An ab sensu falso ratio orta ualebit
dicere eos contra, quae tota ab sensibus orta est ?
Qui nisi sunt ueri, ratio quoque falsa fit omnis.
An poterunt oculos aures reprehendere, an auris
tactus ? An hunc porro tactum sapor arguet oris,
an confutabunt nares oculiue reuincent ?
Non, ut opinor, ita est. Nam sorsum cuique potestas
diuisast, sua uis cuiquest, ideoque necessest
et quod molle sit et gelidum feruensue *seorsum*

nous croyons cependant veiller, mouvoir nos membres.
Au sein des ténèbres aveugles de la nuit,
nous pensons voir le soleil et la clarté du jour,
échangeant notre chambre close contre ciel, océan,
fleuves et montagnes, traversant les plaines à pied,
entendant des bruits quand l'austère silence nocturne
règne partout, croyant enfin parler, bouche muette.
Nous voyons bien d'autres merveilles de ce genre
qui semblent se liguer pour trahir la sensation.
En vain, puisque l'erreur provient le plus souvent
d'opinions que l'esprit ajoute de lui-même :
on suppose avoir vu ce que les sens n'ont vu,
car le plus difficile est de distinguer les évidences
et les douteuses créations que l'esprit leur adjoint[32].

Polémique sur les sens

Mais celui qui pense qu'on ne sait rien ne sait pas même
si on peut le savoir puisqu'il avoue ne rien savoir[33].
Je négligerai donc de plaider une cause
contre qui a décidé de marcher sur la tête[34].
Même si je lui accorde cet unique savoir
qu'il me dise comment, s'il n'a rien vu de vrai au monde,
il sait ce qu'est savoir et ne pas savoir,
d'où provient la notion du vrai et du faux,
quel est le critère du doute et de la certitude.
Tu découvriras que les sens formèrent les premiers
la notion de vérité et qu'ils sont infaillibles.
Car il faut reconnaître comme plus digne de foi
ce qui peut de soi-même réfuter le faux par le vrai.
Que trouver en ce cas de plus fiable que les sens ?
La raison tout entière issue de la sensation
pourra-t-elle les réfuter si sa source est trompeuse ?
Qu'ils ne soient pas vrais et toute la raison devient fausse.
Ou la vue pourra-t-elle être corrigée par l'ouïe,
l'ouïe par le toucher, le toucher par le goût,
à moins qu'à son tour l'odorat ou la vue ne triomphe ?
Non, je ne le crois pas : chaque sens ayant un pouvoir
particulier et séparé, il est donc nécessaire
de sentir le mou, le froid ou le chaud séparément,

et sorsum uarios rerum sentire colores,
et quaecumque coloribu' sint coniuncta *uidere*.
S*o*rsus item sapor oris habet uim, s*o*rsus odores
nasc*u*ntur, sorsum sonitus. Ideoque necessest
non possint alios alii conuincere sensus.
Nec porro poterunt ipsi reprehendere sese,
aequa fides quoniam debebit semper haberi.
Proinde quod in quoquest his uisum tempore, uerumst.

Et si non poterit ratio dissoluere causam
cur ea quae fuerint iuxtim quadrata procul sint
uisa rutunda, tamen praestat rationis egentem
reddere mendose causas utriusque figurae,
quam manibus manifesta suis emittere quoquam,
et uiolare fidem primam, et conuellere tota
fundamenta quibus nixatur uita salusque.
Non modo enim ratio ruat omnis, uita quoque ipsa
concidat extemplo, nisi credere sensibus ausis
praecipitisque locos uitare, et cetera quae sint
in genere hoc fugienda, sequi contraria quae sint.
Illa tibi est igitur uerborum copia cassa
omnis, quae contra sensus instructa paratast.
Denique ut in fabrica, si prauast regula prima,
normaque si fallax rectis regionibus exit,
et libella aliqua si ex parti claudicat hilum,
omnia mendose fieri atque obstipa necessust,
pr*a*ua, cubantia, prona, supina atque absona tecta,
iam ruere ut quaedam uideantur uelle, ruantque,
prodita iudiciis fallacibus omnia primis,
sic igitur ratio tibi rerum praua necessest
falsaque sit, falsis quaecumque ab sensibus ortast.

Nunc alii sensus quo pacto quisque suam rem
sentiat, haudquaquam ratio scruposa relicta est.
Principio auditur sonus et uox omnis, in auris
insinuata suo pepulere ubi corpore sensum.
Corporea*m* quoque enim <uocem> constare fatendumst

séparément aussi les couleurs variées des choses,
comme les qualités liées aux diverses couleurs.
Le goût possède aussi faculté particulière,
les odeurs et les sons naissent séparément,
ils ne peuvent donc pas se réfuter les uns et les autres,
non plus qu'ils ne pourront se corriger eux-mêmes
puisqu'ils devront toujours être également fiables.
Leur perception de chaque instant est donc vraie.

Et si la raison ne peut expliquer pourquoi
des objets qui de près étaient carrés paraissent
arrondis de loin, mieux vaut, à défaut de son aide,
expliquer incorrectement les deux figures
que laisser échapper de nos mains l'évidence,
que trahir notre foi première et ruiner toute
l'assise de nos vies et de notre salut[35].
Car non seulement ta raison s'écroulerait
mais ta vie périrait dès lors que tu n'oserais plus
te fier aux sens qui te gardent des précipices,
ou d'autres mauvais pas, et te guident à l'opposé.
Considère donc comme un vain amas de paroles
les arguments fourbis pour combattre les sens.
En architecture, si la règle[36] est fausse au départ,
si l'équerre est menteuse et s'écarte des lignes droites,
si le niveau en quelque endroit cloche d'un rien,
il s'ensuit que tout est gauche et de travers,
difforme, affaissé, plongeant en avant, en arrière :
l'édifice discordant semble vouloir s'écrouler,
croule même en partie, tout entier faussé
par la fausseté des premiers jugements.
Ainsi toute raison qui naîtrait de sensations
mensongères serait mensongère et viciée.

Les autres sens : l'ouïe

Il ne reste désormais nul écueil pour montrer
comment les autres sens ont leurs sensations propres.
D'abord l'ouïe : les sons et les voix dans les oreilles
s'étant glissés, de leurs corps ils frappent l'organe.
Que la voix et le son aient nature corporelle,

et sonitum, quoniam possunt inpellere sensus.
Praeterea radit uox fauces saepe, facitque
asperiora foras gradiens arteria clamor,
quippe per angustum turba maiore coorta
ire foras ubi coeperunt primordia uocum,
scilicet expletis quoque ianua raditur oris.
Haud igitur dubiumst quin uoces uerbaque constent
corporeis e principiis, ut laedere possint.
Nec te fallit item quid corporis auferat et quid
detrahat ex hominum neruis ac uiribus ipsis
perpetuus sermo nigrai noctis ad umbram
aurorae perductus ab exoriente nitore,
praesertim si cum summost clamore profusus.
Ergo corpoream uocem constare necessest,
multa loquens quoniam amittit de corpore partem.
[551] Asperitas autem uocis fit ab asperitate
[552] principiorum, et item leuo*r* le*u*ore creatur.
[542] Nec simili penetrant auris primordia forma,
[543] cum tuba depresso grauiter sub murmur*e* mugit,
et re*boa*t raucum retro cita barbara bombum,
et ualidis *cycni* to*rrentibus* ex Heliconis
cum liquidam tollunt lugubri uoce querellam.
Hasce igitur penitus uoces cum corpore nostro
[548] exprimimus rectoque foras emittimus ore,
[549] mobilis articulat *u*er*b*orum daedala lingua,
[550] formaturaque labrorum pro parte figurat.
Hoc ubi non longum spatiumst unde *un*a profecta
perueniat uox quaeque, necessest uerba quoque ipsa
plane exaudiri discernique articulatim :
seruat enim formaturam seruatque figuram.

At si interpositum spatium sit longius aequo,
aera per multum confundi uerba necessest
et conturbari uocem, dum transuolat auras.
Ergo fit sonitum ut possis sentire, neque illam
internoscere uerborum sententia quae sit :
usque adeo confusa uenit uox inque pedita.
Praeterea uerbum saepe unum perciet auris

il faut bien l'admettre puisqu'ils peuvent frapper nos sens.
Souvent d'ailleurs la voix écorche le gosier,
la trachée s'irrite de la clameur qui s'en va.
Oui, passant à l'étroit, en troupe trop nombreuse,
quand les principes des sons se ruent au-dehors,
tu sais qu'ils écorchent aussi les portes de la bouche.
Nul doute alors que pour être capables de blesser
voix et mots ne soient formés de principes corporels.
Tu n'ignores pas non plus tout ce qu'enlève au corps,
ce que soustrait aux nerfs, à l'énergie des hommes
une conversation jusqu'à la nuit obscure
depuis le point du jour sans relâche menée,
surtout quand ils se répandent en vives clameurs.
Ainsi donc corporelle est forcément la voix
puisque, à parler beaucoup, partie du corps se perd.
L'âpreté d'une voix tient d'ailleurs à l'âpreté
des principes, sa douceur de leur douceur provient.
Les atomes pénétrant l'oreille n'ont pas même forme
quand la trompette entonne un meuglement grave et profond
éveillant un écho rauque de barbare bombarde
et quand des fiers torrents[37] de l'Hélicon s'élève
la voix funèbre des cygnes, claire complainte[38].
Lorsque nous extirpons les voix du fond de notre corps
et tout droit au-dehors les jetons par la bouche,
la langue agile ouvrière des mots les articule
et la forme des lèvres aide à les figurer.
Si l'espace que franchit chaque voix depuis sa source
n'est pas trop grand, force est d'entendre clairement
les mots eux-mêmes et d'en distinguer les membres
car la voix en garde la forme et la figure.

Effet de la distance; l'écho

Mais si la distance est plus grande qu'il ne convient,
parmi tant d'air les mots se brouillent forcément
et la voix se trouble dans son vol éthéré.
Voilà pourquoi tu peux percevoir la sonorité
mais non reconnaître quel est le sens des mots :
tant la voix arrive confuse et entravée.
Souvent encore un mot lancé par un crieur public

omnibus in populo, missum praeconis ab ore.
In multas igitur uoces uox una repente
diffugit, in priuas quoniam se diuidit auris,
obsignans formam uerbis clarumque sonorem.
At quae pars uocum non auris incidit ipsas,
praeterlata perit frustra diffusa per auras.
Pars solidis adlisa locis, reiecta sonorem
reddit, et interdum frustratur imagine uerbi.

Quae bene cum uideas, rationem reddere possis
tute tibi atque aliis, quo pacto per loca sola
saxa paris formas uerborum ex ordine reddant,
palantis comites cum montis inter opacos
quaerimus, et magna dispersos uoce ciemus.
Sex etiam aut septem loca uid*i* re*dd*ere uoces,
unam cum iaceres : ita colles collibus ipsi
uerba repulsantes iterabant dicta referre.
Haec loca capripedes Satyros Nymphasque tenere
finitimi fingunt, et *F*aun*os* esse locuntur,
quorum noctiuago strepitu ludoque iocanti
adfirmant uolgo taciturna silentia rumpi,
chordarumque sonos fieri dulcisque querellas
tibia quas fundit digitis pulsata canentum,
et genus agricolum late sentiscere quom Pan,
pinea semiferi capitis uelamina quassans,
unco saepe labro calamos percurrit hiantis,
fistula siluestrem ne cesset fundere Musam.
Cetera de genere hoc monstra ac portenta locuntur,
ne loca deserta ab diuis quoque forte putentur
sola tenere. Ideo iactant miracula dictis,
aut aliqua ratione alia ducuntur, ut omne
humanum genus est auidum nimis auricularum.

Quod superest, non est mirandum qua ratione,
per loca quae nequeunt oculi res cernere apertas,
haec loca per uoces ueniant aurisque lacessant.
Conloquium clausis foribus quoque saepe uidemus,
nimirum quia uox per flexa foramina rerum
incolumis transire potest, simulacra ren*u*tant.

frappe les oreilles de toute une assemblée.
Une voix est soudain en voix nombreuses dispersée
puisqu'elle se partage entre les différentes oreilles
où elle imprime la forme et le son clair des mots.
Une partie des voix qui ne tombe pas dans l'oreille
continue sa route et va se perdre dans les airs.
Se heurtant aux solides qui la rejettent, une autre
revient et parfois nous trompe avec l'écho d'un mot.

Perçois bien ces choses et tu pourras expliquer
à toi-même et aux autres pourquoi, dans les lieux déserts,
les rochers renvoient la forme et l'ordre des mots
quand de tous côtés, parmi les montagnes ombreuses,
nous appelons à grands cris des compagnons égarés.
J'ai même vu des lieux redire six ou sept fois
un seul appel lancé, tant les collines se renvoyant
les mots de l'une à l'autre les répétaient tour à tour.
Les habitants du voisinage imaginent ces lieux
peuplés de nymphes et de satyres aux pieds de bouc.
Ils évoquent des faunes dont les cris et joyeux ébats
viendraient souvent rompre le silence des nuits,
évoquent les harpes et les douces complaintes
qu'épanche la flûte sous les doigts des musiciens;
les paysans à la ronde entendraient jouer Pan[39]
quand sa tête bestiale agitant sa couronne de pin
parcourt son chalumeau d'une lèvre crochue
et ne cesse d'épancher sa muse pastorale.
Ils content ces prodiges et d'autres merveilles
pour que leurs solitudes ne semblent par les dieux mêmes
désertées, de miracles nous rebattant les oreilles,
à moins qu'une autre raison ne les guide, tant avide
est l'espèce humaine de capter l'attention.

Du reste, il ne faut point s'étonner si des lieux
dérobant à nos yeux la présence des choses
laissent les sons venir ébranler nos oreilles.
Souvent, portes closes, nous voyons converser[40];
c'est qu'à travers les canaux sinueux des choses
la voix peut passer indemne, les images s'y refusent :

Perscinduntur enim, nisi recta foramina tranant,
qualia sunt uitri, species qua trauolat omnis.
Praeterea partis in cunctas diuiditur uox,
ex aliis aliae quoniam gignuntur, ubi una
dissiluit semel in multas exorta, quasi ignis
saepe solet scintilla suos se spargere in ignis.
Ergo replentur loca uocibus abdita retro
omnia quae circum fuerunt, sonituque cientur.
At simulacra uiis derectis omnia tendunt
ut sunt missa semel; quapropter cernere nemo
saepe supra potis est, at uoces accipere extra.
Et tamen ipsa quoque haec, dum transit clausa <domorum>
uox optunditur atque auris confusa penetrat,
et sonitum potius quam uerba audire uidemur.

*Ne*c, qui sentimus sucum, lingua atque palatum
plusculum habent in se rationis plus<que> opera*i*.
Principio sucum sentimus in ore, cibum cum
mandendo exprimimus, ceu plenam spongiam aqua*i*
siquis forte manu premere ac siccare coepit.
Inde quod exprimimus per caulas omne palati
diditur, et rarae per *f*lexa foramina linguae.
Hoc ubi leuia sunt manant*is* corpora suci,
suauiter attingunt et suauiter omnia tractant
umid*a* lingua*i* circum sudantia templa.
At contra pungunt sensum lacerantque coorta,
quanto quaeque magis sunt asperitate repleta.
Deinde uoluptas est e suco fine palati;
cum uero deorsum per fauces praecipitauit,
nulla uoluptas est, dum diditur omnis in artus.
Nec refert quicquam quo uictu corpus alatur,
dummodo quod capias concoctum didere possis
artubus, et stomachi um*ect*um seruare tenorem.

Nunc aliis alius qui sit cibus ut uideamus

***

expediam, quareue aliis quod triste et amarumst,
hoc tamen esse aliis possit perdulce uideri.

elles se déchirent quand ils ne sont pas rectilignes
comme ceux du verre que franchit leur espèce entière.
Enfin, de toutes parts se disperse la voix
car les sons s'engendrent tour à tour et quand l'un
paraît il se résout en une foule d'autres,
comme une étincelle peut éclater en une gerbe.
Les voix emplissent donc les lieux cachés et retirés,
toutes régions alentour réveillées par leur son.
Mais les images vont toujours en ligne droite
selon leur direction première : ainsi, par-dessus un mur[41]
nul ne peut voir, mais les sons extérieurs s'entendent.
Pourtant même la voix en passant les murs des maisons
s'émousse et dans l'oreille pénètre confusément :
nous percevons le son plutôt que les paroles.

Le goût

Les organes du goût, la langue et le palais,
ne requièrent ni plus d'explication ni plus de peine.
D'abord nous percevons le goût dans notre bouche,
lorsqu'en mâchant nous exprimons le suc d'un aliment
comme l'eau d'une éponge que presse notre main.
Puis tout l'extrait se distribue dans les conduits du palais,
les canaux sinueux du tissu poreux de la langue.
Quand donc des atomes lisses forment ce suc fluide,
suave est leur contact, suavement ils caressent
l'humide séjour de la langue alentour suintant.
Au contraire, plus ils sont remplis d'aspérités,
plus leur ensemble pique et lacère l'organe.
La volupté du goût se limite au palais :
quand le suc s'est précipité par le gosier,
sa diffusion dans le corps n'apporte aucun plaisir.
Peu importe l'aliment dont le corps se nourrit,
pourvu que l'on puisse le digérer et le répartir
à travers l'organisme en gardant l'estomac humide[42].

Maintenant voyons comment un aliment aux uns

***[43]

pourquoi, s'il est amer, rebutant pour certains,
d'autres, à l'inverse, le trouvent délicieux.

Tantaque *in* his rebus distantia differitasque est
ut quod al*i* cibus est aliis fuat acre uenenum.
Est *uti*que ut serpens, hominis quae tacta saliuis
disperit ac sese mandendo conficit ipsa.
Praeterea nobis ueratrum est acre uenenum,
at capris adipes et cocturnicibus auget.
V*t* quibus *id* fiat rebus cognoscere possis,
principio meminisse decet quae diximus ante,
semina multimodis in rebus mixta teneri.
Porro omnes quaecumque cibum capiunt animantes,
ut sunt dissimiles extrinsecus et generatim
extima membrorum circumcaesura coercet,
proinde et seminibus constant uariant*e* figura.
Semina cum porro distent, differre necessest
interualla uiasque, foramina quae perhibemus,
omnibus in membris et in ore ipsoque palato.
Esse minora igitur quaedam maioraque debent,
esse triquetra aliis, aliis quadrata necessest,
multa rutunda, modis multis multangula quaedam.
Namque figurarum ratio ut motusque reposcunt,
proinde foraminibus debent differre figurae,
et uariare uiae proinde ac textura coercet.
Hoc ubi quod suaue est aliis fit amarum,
illi cui suaue est leuissima corpor*a* debent
contractabiliter caulas intrare palati :
at contra quibus est eadem res intus acerba,
aspera nim*i*rum penetrant hamataque fauces.
Nunc facile est ex his rebus cognoscere quaeque.
Quippe ubi cui febris bili superante coorta est
aut alia ratione aliquast uis excita morbi,
perturbatur ibi iam totum corpus, et omnes
commutantur ibi positurae principiorum;
*u*t prius ad sensum quae corpora conueniebant
nunc non conueniant, et cetera sint magis apta,
quae penetrata queunt sensum progignere acerbum.
Vtraque enim sunt in mellis commixta sapore;
id quod iam supera tibi saepe ostendimus ante.

Si grandes sont ici les distances et différences
que l'aliment de l'un est vif poison pour d'autres;
ainsi le serpent, touché de salive humaine,
se déchire et se tue par ses propres morsures.
Quant à l'ellébore, pour nous poison violent,
il engraisse les chèvres et les cailles.
Pour que tu comprennes la raison de ces faits,
il faut te rappeler ce que j'ai dit plus haut :
divers est le mélange des atomes dans les choses.
Or, si tous les vivants qui prennent nourriture
diffèrent au-dehors et si en chaque espèce
la découpe externe des membres les contraint,
leurs atomes aussi ont diverses figures.
Dès lors qu'ils diffèrent, devront aussi varier
les interstices et voies, que nous nommons canaux,
dans tous les membres, la bouche et le palais.
Ils seront donc forcément plus petits ou plus grands,
triangulaires chez les uns, carrés chez d'autres,
souvent ronds, quelquefois biscornus et pleins d'angles.
Oui, selon les formes et les mouvements des atomes,
les formes des canaux doivent être différentes
et les voies varier, par leur tissu contraintes.
Quand donc chose douce aux uns est amère aux autres,
la douceur est pour qui reçoit les atomes très lisses :
ils doivent caresser les pores du palais;
la même chose au contraire est pour d'autres acerbe,
les corps âpres et crochus pénétrant leur gosier.
Ces différences permettent d'expliquer tous les cas.
Quand la fièvre surgit par un excès de bile
ou quand une autre cause provoque la maladie,
alors le corps entier est perturbé, alors toutes
les positions des atomes sont bouleversées.
Les éléments qui jusque-là convenaient à nos sens
ne leur conviennent plus, d'autres sont mieux adaptés
dont l'ingestion peut créer une sensation amère.
Les deux caractères sont mêlés dans le miel,
comme souvent déjà nous te l'avons montré[44].

Nunc age quo pacto naris adiectus odoris
tangat agam. Primum res multas esse necessest
unde fluens uoluat uarius se fluctus odorum,
et fluere et mitti uolgo spargique putandumst;
uerum aliis alius magis est animantibus aptus
dissimilis propter formas. Ideoque per auras
mellis apes quamuis longe ducuntur odore,
uolturi*i*que cadaueribus; tum fissa ferarum
ungula quo tulerit gressum promissa canum uis
ducit, et humanum longe praesentit odorem
Romulidarum arcis seruator candidus anser.
Sic aliis alius nidor datus ad sua quemque
pabula ducit, et a taetro resilire ueneno
cogit, eoque modo seruantur saecla ferarum.
Hic odor ipse igitur, naris quicumque lacessit,
est alio ut possit permitti longius alter;
sed tamen haud quisquam tam longe fertur eorum
quam sonitus, quam uox, mitto iam dicere, quam res
quae feriunt oculorum acies uisumque lacessunt.
Errabundus enim tarde uenit ac perit ante,
paulatim facilis distractus in aeris auras,
ex alto primum quia uix emittitur ex re :
nam penitus fluere atque recedere rebus odores
significat quod fracta magis redolere uidentur
omnia, quod contrita, quod igni conlabefacta.
Deinde uidere licet maioribus esse creat*u*m
principiis quam uox, quoniam per saxea saepta
non penetrat qua uox uolgo sonitusque feruntur.
Quare etiam quod olet non tam facile esse uidebis
inuestigare in qua sit regione locatum.
Refrigescit enim cunctando plaga per auras,
nec calida ad sensum decurrunt nuntia rerum.
Errant saepe canes itaque et uestigia quaerunt.

L'odorat

Allons ! je vais dire comment le jet des odeurs
touche les narines. Il doit exister maintes choses
d'où les effluves déroulent leurs flots divers.
Certes le flux est partout lancé et répandu,
mais telle odeur convient mieux à tel animal
selon la forme des atomes. Ainsi par les airs
l'odeur lointaine du miel attire les abeilles,
celle des cadavres les vautours ; le flair des chiens
mène sur les traces du sabot fendu des bêtes ;
l'odeur humaine est sentie de loin par le sauveur
de la citadelle romaine[45], l'oie candide.
Les divers effluves guident vers leur pâture
les divers animaux et, du poison infect
les détournant, ainsi préservent les espèces.
Parmi les odeurs qui excitent les narines,
certaines peuvent s'élancer plus loin que d'autres,
mais jamais une odeur ne s'envole aussi loin
que le son, la voix, enfin les choses, faut-il le dire,
qui frappent nos pupilles et provoquent la vision.
Vagabonde, elle tarde et meurt précocement[46],
se laissant peu à peu dans l'air éparpiller.
C'est que du fond des corps elle a peine à surgir :
oui, toute chose brisée, broyée ou réduite par le feu
exhale un parfum plus fort et signifie par là
que le flux des odeurs vient de son être intime.
De plus, l'odeur est formée d'atomes plus grands
que ceux de la voix, comme tu peux le voir :
le mur que les sons franchissent arrête les odeurs.
Ainsi s'explique encore un fait que tu constates :
la source d'une odeur n'est pas facile à découvrir.
Le choc des atomes se refroidit à flâner dans les airs,
ils ne courent pas donner aux sens des nouvelles bien chaudes.
De là vient qu'à l'affût les chiens souvent s'égarent.

Nec tamen hoc solis in odoribus atque saporum
in generest, sed item species rerum atque colores
non ita conueniunt ad sensus omnibus omnes,
ut non sint aliis quaedam magis acria uisu.
Quin etiam gallum, noctem explaudentibus alis
auroram clara consuetum uoce uocare,
noenu queunt ra*b*idi contra constare leones
inque tueri : ita continuo meminere fugai.
Nimirum quia sunt gallorum in corpore quaedam
semina quae, cum sunt oculis immissa leonum,
pupillas interfodiunt, acremque dolorem
praebent, ut nequeant contra durare feroces;
cum tamen haec nostras acies nil laedere possint,
aut quia non penetrant, aut quod penetrantibus illis
exitus ex oculis liber datur, in remorando
laedere ne possint ex ulla lumina parte.

Nunc age quae moueant animum res accipe, et unde
quae ueniunt ueniant in mentem, percipe paucis.
Principio hoc dico, rerum simulacra uagari
multa modis multis in cunctas undique partis
tenuia, quae facile inter se iunguntur in auris,
obuia cum ueniunt, ut aranea bratteaque auri.
Quippe etenim multo magis haec sunt tenuia textu
quam quae percipiunt oculos uisumque lacessunt,
corporis haec quoniam penetrant per *r*ara, cientque
tenuem animi naturam intus sensumque lacessunt.
Centauros itaque et Scyllarum membra uidemus,
Cerbereasque canum facies, simulacraque eorum
quorum morte obita tellus amplectitur ossa;
omnigenus quoniam passim simulacra feruntur,
partim sponte sua quae f*i*unt aere in ipso,
partim quae uariis ab rebus cumque recedunt,
et quae confiunt ex horum facta figuris.
Nam certe ex uiuo Centauri non fit imago,
nulla fuit quoniam talis natura anima*lis*;

Répulsions de la vue

Cependant, les odeurs et les saveurs ne sont pas seules
qui ne conviennent pas également à tous;
je citerai les formes et les couleurs des choses :
pour certains yeux surtout il en est d'agressives.
Qu'un coq chasse la nuit de ses battements d'ailes
et salue l'aurore d'une voix éclatante,
non, les lions féroces ne le supportent pas
et devant ce spectacle ils ne songent qu'à fuir.
Sans nul doute les coqs possèdent certaines semences
qui viennent perforer les pupilles des lions
et font un mal si vif que fierté n'y résiste.
Pourtant ces atomes ne peuvent blesser nos yeux,
soit qu'ils n'y pénètrent, soit que les ayant pénétrés
ils trouvent la voie libre et n'aient pas le loisir
d'infliger une blessure à la moindre partie.

La vision de l'esprit

Maintenant, quelles choses émeuvent notre esprit,
d'où nous vient la pensée, apprends-le brièvement.
D'abord je dis ceci : maintes images des choses
errent de maintes façons en tous sens et partout,
subtiles comme toiles d'araignée ou feuilles d'or
dans les airs s'unissant au hasard des rencontres.
Elles sont d'un tissu bien plus ténu que les images
qui s'emparent des yeux et suscitent la vue :
entrant par les canaux du corps, elles vont de l'âme
ébranler la nature subtile et susciter la sensation.
C'est pourquoi nous voyons Centaures et Scyllas[47],
museaux de Cerbères[48] ou bien fantômes d'hommes
trépassés dont la terre étreint les ossements[49].
Oui, toutes sortes d'images volent de-ci de-là :
les unes se forment spontanément dans l'air,
d'autres s'échappent des différents objets
ou se créent à partir de leurs figures conjointes[50].
Non, l'image d'un Centaure ne vient pas d'un vivant
puisqu'un tel animal n'a jamais existé,

uerum ubi equi atque hominis casu conuenit imago,
haerescit facile extemplo, quod diximus ante,
propter subtilem naturam et tenuia texta.
Cetera de genere hoc eadem ratione creantur.
Quae cum mobiliter summa leuitate feruntur,
ut prius ostendi, facile uno commouet ictu
quaelibet una animum nobis subtilis imago :
tenuis enim mens est et mire mobilis ipsa.
Haec fieri ut memoro, facile hinc cognoscere possis.
Quatenus hoc similest illi quod mente uidemus
atque oculis, simili fieri ratione necessest.
Nunc igitur docui quoniam me forte leon*e*m
cernere per simulacra oculos quaecumque lacessunt,
scire licet mentem simili ratione moueri,
per simulacra leon*e*m, <et> cetera quae uidet aeque
nec minus atque oculi, nisi quod mage tenuia cernit.
Nec ratione alia, cum somnus membra profudit,
mens animi uigilat, nisi quod simulacra lacessunt
haec eadem nostros animos quae cum uigilamus,
usque adeo, certe ut uideamur cernere eum que*m*
re*ll*icta uita iam mors et terra potitast.
Hoc ideo *fi*eri cogit natura, quod omnes
corporis offecti sensus per membra quiescunt
nec possunt falsum ueris conuincere rebus.
Praeterea meminisse iacet languetque sopore,
nec dissentit eum mortis l*e*tique potitum
iam pridem, quem mens uiuom se cernere credit.
Quod superest, non est mirum simulacra moueri;
bra*c*chiaque in numerum iactare et cetera membra.
Nam fit ut in somnis facere hoc uideatur imago;
quippe ubi prima perit alioque est altera nata
inde statu, prior hic gestum mutasse uidetur.
Scilicet id fieri celeri ratione putandumst :
tanta est mobilitas et rerum copia tanta,
tantaque sensibili quouis est tempore in uno
copia particularum, ut possit suppeditare.

Multaque in his rebus quaeruntur, multaque nobis
clarandumst, plane si res exponere auemus.

mais dès que l'image d'un cheval et celle d'un homme
par hasard se rencontrent elles se soudent aisément
car leur nature est subtile, fin tissu, je l'ai dit.
Toute image de ce genre naît de même façon.
Leur extrême légèreté les rendant très mobiles,
comme je l'ai montré, une seule image ténue
peut sans peine émouvoir notre esprit d'un seul choc[51],
car l'esprit est lui-même étonnamment fin et mobile.
Et voici la preuve que mes dires sont justes :
la vue de l'esprit étant semblable à celle des yeux[52],
elle naît forcément d'une cause semblable.
Mais puisque j'ai prouvé que si je vois un lion,
c'est grâce aux images qui stimulent mes yeux,
sois certain que l'esprit est mû semblablement
par des images de lions et par toutes les autres;
il les voit comme l'œil mais il en perçoit de plus fines.
Ainsi quand le sommeil a détendu nos membres,
l'esprit n'est vigile que parce qu'il est stimulé
par les mêmes images que lorsque nous veillons[53],
au point qu'il nous semble vraiment apercevoir
un défunt possédé par la terre et la mort.
Voici pourquoi la nature produit ces illusions :
tous les sens dans le corps entravés se reposent
et ne peuvent donc pas vaincre le faux par le vrai.
En outre, la mémoire gît alanguie de sommeil
et ne proteste pas qu'en son pouvoir la mort détient
depuis longtemps celui que l'esprit pense voir vivant.
Il n'est pas étonnant que les images se meuvent,
lancent les bras et tous les membres en cadence
comme elles paraissent le faire au sein des rêves :
à peine l'une a-t-elle disparu qu'une autre est déjà née
dans une autre attitude et la première semble changer la sienne.
Il faut certes penser que tout cela est rapide.
Si prompts et si nombreux sont les simulacres des choses,
si grand est le nombre, en un seul instant perceptible,
de leurs minces composants[54] qu'ils pourvoient ces visions.

Combien de questions se posent ici, combien il faut
en élucider si nous voulons être exhaustif!

Quaeritur in primis quare, quod cuique libido
uenerit, extemplo mens cogitet eius id ipsum.
Anne uoluntatem nostram simulacra tuentur,
et simul ac uolumus nobis occurrit imago,
si mare, si terram cordist, si denique caelum?
Conuentus hominum, pompam, conuiuia, pugnas,
omnia sub uerbone creat natura paratque?
Cum praesertim aliis eadem in regione locoque
longe dissimulis animus res cogitet omnis.
Quid porro, in numerum procedere cum simulacra
cernimus in somnis et mollia membra mouere,
mollia, mobiliter cum alternis bracchia mittunt,
et repetunt oculis gestum pede conuenienti?
Scilicet arte madent simulacra et docta uagantur,
nocturno facere ut possint in tempore ludos?
An magis illud erit uerum : quia tempore in uno,
cum sentimus, id est, cum uox emittitur una,
tempora multa latent ratio quae comperit esse,
propterea fit uti quouis in tempore quaeque
praesto sint simulacra locis in quisque parata?
Tanta est mobilitas et rerum copia tanta.
Hoc, ubi prima perit alioque est altera nata
inde statu, prior hic gestum mutasse uidetur.
Et quia tenuia sunt, nisi quae contendit, acute
cernere non potis est animus; proinde omnia quae sunt
praeterea pereunt, nisi *si ad* qu*ae* se ipse parauit.
Ipse parat sese porro, speratque futur*u*m
ut uideat quod consequitur rem quamque; fit ergo.
Nonne uides oculos estiam, cum tenuia quae sunt
[809] cernere coeperunt, contendere se atque parare,
nec sine eo fiere posse ut cernamus acute?
Et tamen in rebus quoque apertis noscere possis,
si non aduertas animum, proinde esse quasi omni
tempore semotum fuerit longeque remotum.
Cur igitur mirumst, animus si cetera perdit
praeter*r*quam quibus est in rebus deditus ipse?
Deinde adopinamur de signis maxima paruis,
ac nos in fraudem induimus frustraminis ipsi.

Pourquoi, s'il nous prend fantaisie d'une chose,
l'esprit se la représente-t-il aussitôt?
Les simulacres observent-ils notre volonté?
Dès que nous le voulons, l'image accourt-elle vers nous,
que nous souhaitions voir la mer, la terre ou le ciel?
Assemblées, cortèges, festins, combats, suffit-il d'un mot
pour que la nature forme et propose tant de choses?
Sans compter que divers hommes dans un même lieu
conçoivent en pensée des choses bien dissemblables!
Que dire des rêves où nous voyons des simulacres
s'avancer en mesure et mouvoir leurs membres souples,
si souples qu'ils alternent les mouvements des bras
et les accompagnent sous nos yeux de pas cadencés?
Des artistes pour sûr! Les spectres[55] ont appris la gigue
pour être capables de nous offrir ces jeux nocturnes!
Ou bien la vérité n'est-elle pas plutôt celle-ci :
dans un temps que nous percevons unique,
celui d'une seule émission de voix, se dissimulent
de multiples moments que la raison découvre[56].
Ainsi s'explique donc qu'à tout instant, en tout lieu,
toute espèce d'image soit à notre disposition.
Si prompts et si nombreux sont les simulacres des choses,
à peine l'un a-t-il disparu qu'un autre est déjà né
dans une autre attitude et le premier semble changer la sienne[57].
Mais comme ils sont ténus, l'esprit ne peut bien voir
que ceux auxquels il est attentif : tout simulacre
passe et se perd, sauf celui auquel il s'est préparé[58].
Or l'esprit se tient prêt et toujours il s'attend
à voir la suite d'une chose; elle advient donc.
Quand nos yeux se mettent à fixer des objets ténus,
ne les vois-tu aussi se tendre et se préparer,
condition nécessaire pour bien les observer?
Même pour les objets visibles, tu reconnais
que si tu manques d'attention ils sont pour ainsi dire
par tout le temps distraits, infiniment lointains[59].
Pourquoi donc t'étonner si l'esprit perd tous les simulacres
hormis ceux des choses auxquelles il s'est voué?
Enfin, de faibles signes nous concluons à des merveilles,
nous laissant abuser et frustrer par nous-mêmes.

Fit quoque ut interdum no*n* suppeditetur imago
eiusdem generis, sed femina quae fuit ante,
in manibus uir uti factus uideatur adesse,
aut alia ex alia facies aetasque sequatur.
[826] Quod ne miremur sopor atque obliuia curant.
[822] Illud in his rebus uitium uehementer inesse

***

[823]
[824] effugere, errorem uitareque praemetuenter,
[825] lumina ne facias oculorum clara creata,
prospicere ut poss*i*mus, et ut proferre uiai
proceros passus, ideo fastigia posse
surarum ac feminum pedibus fundata plicari,
b*r*acchia tum porro ualidis ex apta lacertis
esse manusque datas utraque <ex> parte ministras,
ut facere ad uitam possemus quae foret usus.
Cetera de genere hoc inter quaecumque pretantur,
omnia peruersa praepostera sunt ratione,
nil ideo quoniam natumst in corpore ut uti
possemus, sed quod natumst id procreat usum.
Nec fuit ante uidere oculorum lumina nata,
nec dictis orare prius quam lingua creatast,
sed potius longe linguae praecessit origo
sermonem, multoque creatae sunt prius aures
quam sonus est auditus, et omnia denique membra
ante fuere, ut opinor, eorum quam foret usus.
Haud igitur potuere utendi crescere causa.
At contra con*f*erre manu certamina pugnae,
et lacerare artus foedareque membra cruore
ante fuit multo quam lucida tela uolarent,
et uolnus uitare prius natura coegit
quam daret obiectum parma*i* laeua per artem.
Scilicet et fessum corpus mandare quieti
multo antiquius est quam lecti mollia strata,
et sedare sitim prius est quam pocula natum.
Haec igitur possunt utendi cognita causa
credier ex usu quae sunt uitaque reperta.
Illa quidem sorsum sunt omnia quae, prius ipsa
nata, dedere suae post notitiam utilitatis.

Parfois aussi des images différentes se succèdent,
la femme qui était dans nos bras se change en homme,
figures et âges divers paraissent défiler,
mais le sommeil et l'oubli nous dispensent d'étonnement.
A ce sujet signalons un vice violemment[60]

***

Refus des causes finales : l'organe crée la fonction

Évite cette erreur, oui, prémunis-toi bien :
la claire lumière des yeux n'a pas été créée
pour que nous voyions au loin, ce n'est pas davantage
pour marcher à grands pas que les cuisses et les jambes
se plient à leurs extrémités et s'appuient sur les pieds,
les bras ne sont point attachés à de fortes épaules,
les mains des servantes qui flanquent notre corps
pour que nous puissions fournir aux besoins de la vie.
Toute explication de ce genre est à contresens,
inversant les rapports dans le raisonnement
puisque rien dans le corps n'est pour notre usage formé,
mais, lorsqu'un organe s'est formé, il crée l'usage[61].
Point de vision avant la naissance des yeux
ni de parole avant la création de la langue.
L'origine de la langue est bien antérieure
à celle du langage et les oreilles étaient formées
avant d'entendre un son, tous les membres enfin
existaient, à mon sens, avant d'avoir leur fonction.
Ils n'ont donc pu être créés pour un usage.
En revanche, les hommes combattaient corps à corps,
s'entre-déchiraient, souillaient leurs membres de sang
bien avant que ne vole la flèche étincelante
et la nature leur apprit à esquiver les coups
quand l'art n'avait encore armé le bras d'un bouclier.
Reposer ses membres las est certes une coutume
beaucoup plus ancienne que celle des lits moelleux,
on apaisait sa soif avant l'invention des coupes.
Que ces découvertes de l'expérience et de la vie
aient eu pour fin l'utilité, voilà qui est crédible.
Mais tout ce qui naquit de soi-même et fournit ensuite
la notion de son usage forme une classe à part

Quo genere in primis sensus et membra uidemus;
quare etiam atque etiam procul est ut credere possis
utilitatis ob officium potuisse creari.

Illud item non est mirandum, corporis ipsa
quod natura cibum quaerit cuiusque animantis.
Quippe etenim fluere atque recedere corpora rebus
mul*t*a modis multis docui, sed plurima debent
ex animalibu'. <Quae> quia sunt exercita motu,
multaque per sudorem ex alto pressa feruntur,
multa per os exhalantur, cum languida anhelant,
his igitur rebus rarescit corpus, et omnis
subruitur natura; dolor quam consequitur rem.
Propterea capitur cibus ut suffulciat artus,
et recreet uires interdatus, atque patentem
per membra ac uenas ut amorem opturet edendi.
Vmor item discedit in omnia quae loca cumque
poscunt umorem; glomerataque multa uaporis
corpora, quae stomacho praebent incendia nostro,
dissupat adueniens liquor ac restinguit ut ignem,
urere ne possit calor amplius aridus artus.
Sic igitur tibi anhela sitis de corpore nostro
abluitur, sic expletur ieiuna cupido.

Nunc qui fiat uti passus proferre queamus,
cum uolumus, uar*i*eque datum sit membra mouere,
et quae res tantum hoc oneris protrudere nostri
corporis insuerit, dicam : tu percipe dicta.
Dico animo nostro primum simulacra meandi
accidere atque animum pulsare, ut diximus ante.
Inde uoluntas fit; neque enim facere incipit ullam
rem quisquam, <quam> mens prouidit quid uelit ante.
Id quod prouidet, illius rei constat imago.
Ergo animus cum sese ita commouet ut uelit ire
inque gredi, ferit extemplo quae in corpore toto

où nous distinguons d'abord les sens et les organes.
Ainsi, encore une fois, tu n'as nulle raison de croire
qu'ils aient pu être créés dans notre intérêt.

La faim et la soif

Ne t'étonne pas davantage si la nature même
de tout être animé veut qu'il cherche sa nourriture.
En effet j'ai montré que mille corpuscules
émanent et s'enfuient diversement des choses,
mais les vivants doivent perdre plus que les autres :
parce qu'ils sont en mouvement, beaucoup d'atomes
s'extirpent de leur fond et s'en vont en sueur.
Leur bouche en exhale beaucoup, quand ils sont hors d'haleine.
Ainsi leur corps se raréfie et leur nature
se mine entièrement : survient une souffrance.
Ils prennent donc la nourriture pour soutenir leurs membres,
ranimer leurs forces chancelantes et combler, béant
dans les organes et les veines, l'amour de manger.
L'eau se répand aussi dans toutes les parties
qui la réclament, et les atomes de la chaleur,
dont la concentration brûle notre estomac,
se dissipent par l'eau, éteints comme des flammes :
dès lors aride chaleur n'est plus au corps ardente.
Ainsi s'étanche en nous la soif pantelante,
ainsi vois-tu combler l'avidité du jeûne.

La marche et le mouvement

Mais comment nous pouvons marcher quand nous le voulons,
donner à nos membres les divers mouvements,
quelle force déplace tout le poids de notre corps,
je le dirai maintenant, et toi écoute-moi.
Je dis que des images du mouvement viennent d'abord
marteler notre esprit, comme nous l'avons dit plus haut.
Puis naît la volonté, car nul ne commence rien
si l'esprit auparavant n'a vu ce qu'il veut faire.
Cette prévision consiste en l'image de l'acte.
Quand donc l'esprit se meut de manière à vouloir[62]
aller et s'avancer, il frappe aussitôt l'âme

per membra atque anim*a*i dissita uis est;
et facilest factu, quoniam coniuncta tenetur.
Inde ea proporro corpus *f*erit, atque ita tota
paulatim moles protruditur atque mouetur.
Praeterea tum rarescit quoque corpus, et aer
— scilicet ut debet qui semper mobilis exstat —
per patefacta uenit, penetratque foramina largus,
et dispergitur ad partis ita quasque minutas
corporis. Hic igitur rebus fit utrimque duabus,
† corporis ut ac † nauis uelis uentoque feratur.
Nec tamen illud in his rebus mirabile constat,
tantu*l*a quod tantum corpus corpuscula possunt
contorquere et onus totum conuertere nostrum.
Quippe etenim uentus subtili corpore tenuis
trudit agens magnam magno molimine nauem,
et manus una regit quantouis inpete euntem,
atque gubernaclum contorquet quolibet unum,
multaque per trocleas et tympana pondere magno
commouet atque leui sustollit machina nisu.

Nunc quibus ille modis somnus per membra quietem
inriget, atque animi curas e pectore soluat,
suauidicis potius quam multis uersibus edam,
paruus ut est cycni melior canor, ille gruum quam
clamor in aetheriis dispersus nubibus austri.
Tu mihi da tenuis aures animumque sagacem,
ne fieri negites quae dicam posse, retroque
uera repulsanti discedas pectore dicta,
tut*e*met in culpa cum sis neque cernere possis.
Principio somnus fit ubi est distracta per artus
uis animae, partimque foras eiecta recessit,
et partim contrusa magis concessit in altum.
Dissoluuntur enim tum demum membra fluuntque.
Nam dubium non est anim*a*i quin opera sit
sensus hic in nobis; quem cum sopor inpedit, esse,
tum nobis animam perturbatam esse putandumst
eiectamque foras; non omnem, namque iaceret
aeterno corpus perfusum frigore leti.

à travers tout le corps et l'organisme éparse,
chose facile en raison de leur union étroite.
Puis l'âme à son tour frappant le corps, ainsi toute
sa masse est de proche en proche ébranlée.
En même temps le corps se raréfie et l'air,
comme l'exige évidemment sa nature mobile,
s'engouffre et pénètre à flots par les conduits béants,
se dispersant ainsi dans les moindres recoins.
Ces deux facteurs agissant donc de part et d'autre,
le corps est poussé comme un navire par vents et voiles.
Il n'est pas étonnant que d'infimes corpuscules
puissent manœuvrer un corps aussi grand,
mouvoir, faire tourner notre poids tout entier.
Le vent, avec son corps subtil, le vent ténu
pousse un grand navire et son grand chargement
quand une seule main régit sa course impétueuse,
quand un seul gouvernail le fait tourner à son gré;
au moyen de poulies et de grues, une machine
meut et soulève d'un léger effort les plus grands poids.

Le sommeil

Maintenant je dirai comment le sommeil en nos membres
verse le calme et de nos cœurs dissout les peines[63].
Mélodieux, non pas abondants, seront mes vers :
comme le bref chant du cygne, meilleur que les clameurs
dont les grues inondent les hauts nuages de l'auster.
Quant à toi, tends l'oreille, aiguise ton esprit,
pour ne point refuser ce que je déclare possible
et ne point t'éloigner, le cœur répugnant à la vérité :
tu serais seul coupable et ne pourrais le voir.
Or donc le sommeil vient quand l'âme s'est déchirée
à travers l'organisme, une partie jetée dehors,
une autre au contraire chassée au fond du corps[64].
Nos membres alors se relâchent et s'abandonnent.
Or, la sensibilité étant l'œuvre de l'âme,
quand le sommeil l'entrave il nous reste à conclure
que l'âme bouleversée est rejetée dehors.
Jamais tout entière, sinon le corps reposerait,
par le froid de la mort pour toujours envahi.

Quippe ubi nulla latens anima*i* pars remaneret
in membris, cinere ut multa latet obrutus ignis,
unde reconflari sensus per membra repente
poss*e*t, ut ex igni caeco consurgere flamma?

Sed quibus haec rebus nouitas conf*i*at, et unde
perturbari anima et corpus languescere possit,
expediam : tu fac ne uentis uerba profundam.
Principio externa corpus de parte necessum est,
aeriis quoniam uicinum tangitur auris,
tundier atque eius crebro pulsarier ictu;
propterea que fere res omnes aut corio sunt,
aut etiam conchis, aut callo, aut cortice tectae.
Interiorem etiam partem spirantibus aer
uerberat hic idem, cum ducitur atque reflatur.
Quare utrimque secus cum corpus uapulet, et cum
perueniant plagae per parua foramina nobis
corporis ad primas partis elementaque prima,
fit quasi paulatim nobis per membra ruina.
Conturbantur enim positurae principiorum
corporis atque animi. Fit uti pars inde anima*i*
e*i*ciatur, et introrsum pars abdita cedat,
pars etiam distracta per artus non queat esse
coniuncta inter se neque motu mutua fungi;
inter enim saepit coetus natura uiasque;
ergo sensus abit mutatis motibus alte.
Et quoniam non est quasi quod suffulciat artus,
debile fit corpus languescuntque omnia membra,
bracchia palpebraeque cadunt, poplitesque cubanti
saepe tamen submittuntur uirisque resoluunt.
Deinde cibum sequitur somnus, quia, quae facit aer,
haec eadem cibus, in uenas dum diditur omnis,
efficit. Et multo sopor ille grauissimus exstat
quem satur aut lassus capias, quia plurima tum se
corpora conturbant magno contusa labore.
Fit ratione eadem coniectus part*im* anima*i*
altior, atque foras eiectus largior eius,
et diuisior inter se ac distractior intus.

Car s'il ne restait aucune partie de l'âme
dans l'organisme enfouie tel un feu sous la cendre,
d'où notre sensibilité se pourrait donc soudain
ranimer comme flamme surgie d'un feu aveugle ?

Mais comment se produit cette révolution,
d'où viennent ce trouble de l'âme, cette langueur du corps,
voici : ne laisse point mes paroles se perdre aux vents.
D'abord, puisque le corps est en contact avec l'air
dans sa partie externe, il ne peut manquer
d'être frappé, martelé par ses coups répétés.
Aussi la plupart des corps sont-ils enveloppés
de cuir, de coquille, de callosités ou d'écailles.
L'intérieur du corps est également frappé par l'air
que la respiration fait entrer ou sortir.
Quand le corps est ainsi battu de part et d'autre
et que les chocs gagnent par les petits canaux
ses parties premières, ses premiers éléments,
c'est comme si les membres peu à peu défaillaient.
Car la position des atomes du corps et de l'esprit
étant bouleversée, une partie de l'âme est expulsée,
une autre se retire, à l'intérieur cachée,
une autre encore à travers le corps déchirée[65]
ne peut se rassembler ni échanger de mouvements,
la nature bloquant les voies et les contacts.
Les mouvements s'altèrent : le sens se retire au fond.
L'organisme perdant en quelque sorte son soutien,
le corps s'affaiblit, les membres s'alanguissent,
les bras et les paupières tombent, souvent les jambes,
même si l'on est couché, se plient et se relâchent.
Enfin voici pourquoi le sommeil suit les repas :
les aliments produisent les mêmes effets que l'air
quand ils se distribuent parmi toutes les veines.
D'ailleurs le sommeil le plus lourd est celui que l'on goûte
quand on est repu ou fatigué, car plus nombreux
sont les atomes en désordre sous le coup de l'effort.
Pour la même raison, l'âme s'enfuit plus au fond,
se jette à l'extérieur en quantité plus grande,
se divise et disperse davantage dans le corps.

Et quo quisque fere studio deuinctus adhaeret,
aut quibus in rebus multum sumus ante morati,
atque in ea ratione fuit contenta magis mens,
in somnis eadem plerumque uidemur obire;
causidici causas agere et componere leges,
induperatores pugnare ac proelia obire,
nautae contractum cum uentis degere duellum,
nos agere hoc autem, et naturam quaerere rerum
semper, et inuentam patriis exponere chartis.
Cetera sic studia atque artes plerumque uidentur
in somnis animos hominum frustrata tenere.
Et quicumque dies multos ex ordine ludis
adsiduas dederunt operas, plerumque uidemus,
cum iam destiterunt ea sensibus usurpare,
relicuas tamen esse uias in mente patentis
qua possint eadem rerum simulacra uenire.
Per multos itaque illa dies eadem obuersantur
ante oculos, etiam uigilantes ut uideantur
cernere saltantis et mollia membra mouentis,
et citharae liquidum carmen chordasque loquentis
auribus accipere, et consessum cernere eundem
scena*i*que simul uarios splendere decores :
usque adeo magni refert studium atque uolu*p*tas,
et quibus in rebus consuerint esse operati
non homines solum sed uero animalia cuncta.
Quippe uidebis equos fortis, cum membra iacebunt,
in sommis sudare tamen spirareque semper,
et quasi de palm*a* summas contendere uiris,
aut quasi carceribus patefactis † saepe quiete †.
[999] Venantumque canes in molli saepe quiete
[991] iactant crura tamen subito, uoc*e*sque repente
mittunt, et crebro redducunt naribus auras,
ut uestigia si teneant inuenta ferarum,
[994] expergefactique secuntur inania saepe
ceruorum simulacra, fuga*e* quasi d*e*dita cernant,
donec discussis redeant *e*rroribus ad se.
At consueta domi catulorum blanda propago

Les rêves

Les goûts et passions qui nous prennent et nous tiennent,
les sujets sur lesquels nous sommes restés longtemps,
dont l'étude exigea singulière attention,
voilà ce qui nous apparaît le plus souvent en rêve :
les avocats plaident et confrontent les lois,
les généraux guerroient et se lancent à l'attaque,
les marins poursuivent leur lutte contre les vents,
moi, je fais cette œuvre, je cherche la nature des choses,
toujours, et la révèle sur des papiers ancestraux[66].
Ainsi des passions et des métiers divers :
leurs vaines images tiennent l'esprit des hommes.
Ceux qui des jours entiers furent aux jeux du cirque
spectateurs assidus nous le montrent souvent :
alors que leurs sens ont cessé de les observer,
dans leur esprit des voies demeurent ouvertes
par où peuvent affluer les mêmes simulacres[67].
Ainsi, des jours durant, ces images les hantent
au point que même éveillés ils s'imaginent
avoir devant les yeux[68] de souples danseurs,
entendre le chant éloquent et limpide des cithares,
apercevoir les mêmes rangées de spectateurs
et les décors variés et brillants de la scène.
Telle est l'importance des passions, du plaisir
et des occupations auxquels s'adonnent
non seulement les hommes mais tous les animaux.
Tu verras de fiers chevaux, quand leur corps au sommeil
s'abandonne, transpirer, haleter sans arrêt,
tendre tous leurs muscles vers la victoire
ou par les barrières ouvertes[69].
Et les chiens de chasse en leur repos languide
agitent soudain leurs pattes et donnent de la voix,
reniflent l'air comme s'ils tenaient une piste,
la trace des bêtes sauvages enfin découverte.
Souvent ils s'éveillent et continuent de traquer
les vaines images des cerfs qu'ils voient leur échapper,
le temps qu'ils reviennent à eux, toute illusion perdue.
Même les petits chiens de maison si caressants

discutere et corpus de terra corripere instant,
proinde quasi ignotas facies atque ora tuantur.
Et quo quaeque magis sunt aspera seminiorum,
tam magis in somnis eadem saeuire necessumst.
At uariae fugiunt uolucres, pinnisque repente
sollicitant diuom nocturno tempore lucos,
accipitres somno in leni si proelia pugnas
edere sunt persectantes uisaeque uolantes.
Porro hominum mentes magnis quae m*o*tibus edunt
magna, itidem saepe in sommis faciuntque geruntque :
reges expugnant, capiuntur, proelia miscent,
tollunt clamorem, quasi si iugulentur ibidem.
Multi depugnant gemitusque doloribus edunt,
et quasi pantherae morsu saeuiue leonis
mandantur, magnis clamoribus omnia complent.
Multi de magnis per somnum rebu' loquuntur,
indicioque sui facti persaepe fuere.
Multi mortem obeunt. Multi, de montibus altis
ut qui praecipitent ad terram corpore toto,
exterr*e*ntur, et ex somno quasi mentibu' capti
uix ad se redeunt permoti corporis aestu.
Flumen item sitiens aut fontem propter amoenum
adsidet, et totum prope faucibus occupat amnem.
P*aru*i saepe *l*acum propter s*i* ac dolia curta
somno deuincti credunt se extollere uestem,
totius umorem saccatum corpori' fundunt,
cum Babylonica magnifico splendore rigantur.

Tum quibus aetatis freta primitus insinuatur
semen, ubi ipsa dies membris matura creauit,
conueniunt simulacra foris e corpore quoque
nuntia praeclari uoltus pulchrique coloris,
qu*i* ciet inritans loca turgida semine multo,
*u*t, quasi transactis saepe omnibu' rebu', profundant
fluminis ingentis fluctus uestemque cruentent.
Sollicitatur id <in> nobis, quod diximus ante,
semen, adulta aetas cum primum roborat artus.
Namque alias aliud res commouet atque lacessit ;

[999] soudain secouent leur corps et se relèvent en hâte[70]
[1004] comme s'ils voyaient forme ou visage inconnus.
Et plus une espèce a de sauvagerie,
plus elle doit être violente en ses rêves.
Mais les oiseaux diaprés s'enfuient et leurs ailes soudain
troublent des bois sacrés le silence nocturne
lorsque, en leur doux sommeil, ils voient des éperviers
mener luttes et batailles, chasser leur proie au vol.
Les hommes dont l'esprit en grand mouvement accomplit
de grandes prouesses les revivent souvent en songe :
ils triomphent des rois, sont pris, dans la mêlée se jettent
et poussent des cris comme si on les égorgeait.
Beaucoup se débattent, gémissent de douleur
et, croyant qu'une panthère ou quelque lion furieux
les mord, ils emplissent l'espace de grands cris.
Beaucoup discutent en rêve d'affaires importantes
et très souvent dénoncèrent leurs propres forfaits.
Beaucoup vont à la mort, beaucoup d'un haut sommet
se voyant précipités jusqu'à terre
s'effraient éperdument, s'éveillent comme fous,
recouvrent à peine leur sens, tout palpitants d'émoi.
Au bord d'une rivière ou d'une source plaisante,
tel qui a soif s'assied et croit engloutir les eaux.
Les enfants[71] endormis, pensant retrousser leur tunique
devant une fosse ou un bassin d'aisances,
répandent tout le liquide filtré par leur corps,
inondant les riches tissus de Babylone.

La puberté et l'amour

Au détroit fougueux de la vie[72], dès que s'épanche en nous
la semence première[73], le jour de sa maturation,
de l'extérieur confluent les images de divers corps,
promesses d'un beau visage et d'un teint éclatant,
qui excitent les régions gonflées par la semence :
ainsi, dans l'illusion d'avoir consommé l'acte,
on la répand à grands flots, souillant ses vêtements.
Elle est sollicitée en nous, cette semence,
dès que l'âge adulte fortifie nos organes.
Or, la cause d'excitation variant selon les êtres,

ex homine humanum semen ciet una hominis uis.
Quod simul atque suis eiectum sedibus exit,
per membra atque artus decedit corpore toto
in loca conueniens neruorum certa, cietque
continuo partis genitalis corporis ipsas.
Inritata tument loca semine, fitque uoluntas
eicere id quo se contendit dira lubido,
idque petit corpus mens unde est saucia amore.
Namque omnes plerumque cadunt in uolnus, et illam
emicat in partem sanguis unde icimur ictu,
et si comminus est, hostem ruber occupat umor.
Sic igitur Veneris qui telis accipit ictus,
siue puer membris muliebribus hunc iaculatur,
seu mulier toto iactans e corpore amorem,
unde feritur eo tendit, gestitque coire,
et iacere umorem in corpus de corpore ductum;
namque uoluptatem praesagit muta cupido.

Haec Venus est nobis; hinc autemst nomen amoris,
hinc illaec primum Veneris dulcedinis in cor
stillauit gutta, et successit frigida cura.
Nam si abest quod ames, praesto simulacra tamen sunt
illius, et nomen dulce obuersatur ad auris.
Sed fugitare decet simulacra, et pabula amoris
absterrere sibi, atque alio conuertere mentem,
et iacere umorem con*l*ectum in corpora quaeque,
nec retinere, semel conuersum unius amore,
et seruare sibi curam certumque dolorem.
Vlcus enim uiuescit et inueterascit alendo,
inque dies gliscit furor atque aerumna grauescit,
si non prima nouis conturbes uolnera plagis,
uolgiuagaque uagus Venere ante recentia cures,
aut alio possis animi traducere motus.

Nec Veneris fructu caret is qui uitat amorem,
sed potius quae sunt sine poena commoda sumit.

seul l'homme provoque en l'homme l'humaine semence.
A peine chassée de ses propres demeures,
elle descend de tout le corps[74] à travers l'organisme,
dans certaines régions des nerfs vient se concentrer,
excitant aussitôt les parties génitales.
Irritées, elles s'enflent de semence et l'on veut
la lancer vers l'objet auquel tend la passion funeste :
l'esprit vise le corps qui le blessa d'amour.
Car nous tombons toujours du côté de la plaie
et le sang gicle vers celui qui nous porta le coup,
couvrant, s'il est proche, l'ennemi de rouge liqueur.
Ainsi de l'homme atteint par les traits de Vénus
que lui lance le garçon aux membres féminins
ou la femme dont tout le corps darde l'amour :
il tend vers qui le frappe et brûle de l'étreindre,
de jeter la liqueur de son corps dans le sien,
car son désir muet lui prédit le plaisir.

Malheurs et illusions de la passion

Voilà pour nous Vénus, voilà ce qu'on nomme l'amour,
voilà cette douceur qu'en nos cœurs goutte à goutte
Vénus a distillée, puis vient le froid souci :
que l'aimé soit absent, ses images pourtant
sont présentes, son nom hante et charme l'oreille.
Mais il convient de fuir sans cesse les images,
de repousser ce qui peut nourrir notre amour,
de tourner ailleurs notre esprit et de jeter
en toute autre personne le liquide amassé,
au lieu de le garder, au même amour voué,
et de nous assurer la peine et la souffrance.
A le nourrir, l'abcès se ravive et s'incruste,
de jour en jour croît la fureur, le mal s'aggrave
si de nouvelles plaies n'effacent la première,
si tu ne viens confier au cours d'autres voyages
le soin des plaies vives à la Vénus volage[75]
et ne transmets ailleurs les émois de ton cœur.

Fuir l'amour n'est point se priver des joies de Vénus,
c'est au contraire en jouir sans payer de rançon[76].

Nam certe purast sanis magis inde uoluptas
quam miseris. Etenim potiundi tempore in ipso,
fluctuat incertis erroribus ardor amantum,
nec constat quid primum oculis manibusque fruantur.
Quod petiere, premunt arte faciuntque dolorem
corporis, et dentes inlidunt saepe labellis
osculaque adfligunt, quia non est pura uoluptas
et stimuli subsunt qui instigant laedere id ipsum,
quodcumque est, rabies unde illaec germina surgunt.
Sed leuiter poenas frangit Venus inter amorem,
blandaque refrenat morsus admixta uoluptas.
Namque in eo spes est, unde est ardoris origo,
restingui quoque posse ab eodem corpore flammam.
Quod fieri contra totum natura repugnat;
unaque res haec est, cuius quam plurima habemus,
tam magis ardescit dira cuppedine pectus.
Nam cibus atque umor membris adsumitur intus;
quae quoniam certas possunt obsidere partis,
hoc facile expletur laticum frugumque cupido.
Ex hominis uero facie pulchroque colore
nil datur in corpus praeter simulacra fruendum
tenuia, quae uento spes raptast saepe misella.
Vt bibere in somnis sitiens quom quaerit, et umor
non datur, ardorem qui membris stinguere possit,
sed laticum simulacra petit frustraque laborat,
in medioque sitit torrenti flumine potans :
sic in amore Venus simulacris ludit amantis,
nec satiare queunt spectando corpora coram,
nec manibus quicquam teneris abradere membris
possunt, errantes incerti corpore toto.
Denique cum membris conlatis flore fruuntur
aetatis, iam cum praesagit gaudia corpus,
atque in eost Venus ut muliebria conserat arua,
adfigunt auide corpus, iunguntque saliuas
oris, et inspirant pressantes dentibus ora;
nequiquam, quoniam nihil inde abradere possunt,
nec penetrare et abire in corpus corpore toto.
Nam facere interdum uelle et certare uidentur,

Oui! la volupté est plus pure aux hommes sensés
qu'à ces malheureux dont l'ardeur amoureuse
erre et flotte indécise à l'instant de posséder,
les yeux, les mains ne sachant de quoi d'abord jouir.
Leur proie, ils l'étreignent à lui faire mal,
morsures et baisers lui abîment les lèvres.
Impure, leur volupté cache des aiguillons
les incitant à blesser l'objet, quel qu'il soit,
d'où surgissent ces semences de leur fureur.
Mais, légère, Vénus, à l'instant de l'amour,
vient briser la peine, tandis que la volupté
mêlant ses caresses refrène les morsures.
De là vient l'espoir que l'origine de cette ardeur,
le corps qui l'alluma, puisse en éteindre le brasier.
Mais la nature proteste qu'il advient le contraire,
et c'est bien le seul cas où plus nous possédons,
plus notre cœur brûle d'un funeste désir.
Nourriture et boisson absorbées par le corps
peuvent y occuper certaines parties.
Ainsi se comble aisément le désir d'eau et de pain.
Mais d'un beau visage et d'un teint frais, rien ne pénètre
pour réjouir le corps, hormis des simulacres
ténus, espoirs souvent emportés par le vent, pauvrets!
Vois l'homme que la soif en son rêve dévore :
pour éteindre ce feu, aucune eau n'est donnée,
mais il recourt à des images, s'acharne en vain,
mourant de soif au fond du torrent où il boit.
Tels les amants, jouets des images de Vénus :
leurs yeux ne pouvant se rassasier d'admirer,
leurs mains rien arracher aux membres délicats,
ils errent incertains sur le corps tout entier.
Unis enfin, ils goûtent à la fleur de la vie,
leurs corps pressentent la joie, et déjà c'est l'instant
où Vénus ensemence le champ de la femme.
Cupides, leurs corps se fichent, ils joignent leurs salives,
bouche contre bouche s'entrepressent des dents, s'aspirent,
en vain : ils ne peuvent rien arracher ici
ni pénétrer, entièrement dans l'autre corps passer.
Par moments on dirait que c'est le but de leur combat

usque adeo cupide in Veneris compagibus haerent,
membra uoluptatis dum ui labefacta liquescunt.
Tandem ubi se erupit neruis con*l*ecta cupido,
parua fit ardoris uiolenti pausa parumper;
inde redit rabies eadem et furor ille reuisit,
cum sibi qu*i*d cupiant ipsi contingere quaerunt,
nec reperire malum id possunt quae machina uincat :
usque adeo incerti tabescunt uolnere caeco.
Adde quod absumunt u*i*ris pereuntque labore;
adde quod alterius sub nutu degitur aetas.
Labitur interea res et Babylonica fiunt,
languent officia atque aegrotat fama u*a*cillans.
Vnguenta et pulchra in pedibus Sicyonia rident
scilicet, et grandes uiridi cum luce zmaragdi
auro includuntur, teriturque thalassina uestis
adsidue, et Veneris sudorem exercita potat.
Et bene parta patrum fiunt anademata, mitrae,
interdum in pallam atque Alidensia Ciaque uertunt.
Eximia ueste et uictu conuiuia, ludi,
pocula crebra, unguenta, coronae, serta parantur;
nequiquam, quoniam medio de fonte leporum
surgit amari aliquid quod in ipsis floribus angat,
aut cum conscius ipse animus se forte remordet
desidiose agere aetatem lustrisque perire,
aut quod in ambiguo uerbum iaculata reliquit
quod cupido adfixum cordi uiuescit ut ignis,
aut nimium iactare oculos aliumue tueri
quod putat, in uoltuque uidet uestigia risus.

Atque in amore mala haec proprio summeque secundo
inueniuntur; in aduerso uero atque inopi sunt
prendere quae possis oculorum lumine operto,
innumerabilia; ut melius uigilare sit ante,
qua docui ratione, cauereque ne inla*que*aris.
Nam uitare plagas in amoris ne iaciamur
non ita difficilest quam captum retibus ipsis
exire, et ualidos Veneris perrumpere nodos.
Et tamen implicitus quoque possis inque peditus
effugere infestum, nisi tute tibi obuius obstes,

tant ils collent avidement aux attaches de Vénus
et, leurs membres tremblant de volupté, se liquéfient.
Enfin jaillit le désir concentré en leurs nerfs,
leur violente ardeur s'apaise un court instant,
puis un nouvel accès de rage et de fureur les prend
tandis qu'ils se demandent ce qu'ils désirent atteindre
et ne trouvent aucun moyen de terrasser leur mal,
tant les ronge incertains une blessure aveugle.
Ajoute qu'ils se consument et meurent à la peine,
que leur vie est soumise aux volontés d'une autre;
leurs biens vont en fumée, en tapis de Babylone,
leurs devoirs languissent, leur renommée chancelle.
A leurs pieds parfumés rient des merveilles, de Sicyone[77]
bien sûr! De grosses émeraudes dans l'or serties
jettent des feux verdâtres et leur vêtement de pourpre
s'use à toujours boire la sueur de Vénus.
L'honnête patrimoine devient bandeaux et mîtres[78],
se change en robes, tissus d'Élide ou de Céos[79],
festins plantureux, tables richement parées, jeux,
coupes abondantes, parfums, couronnes et guirlandes.
En vain! Surgissant de la source des plaisirs,
parmi les fleurs mêmes, une amertume les point :
tantôt leur conscience éprouve le remords
d'une vie paresseuse et perdue en débauches,
tantôt une parole ambiguë lancée par la belle
s'enfonce en leur cœur passionné, vivante brûlure,
une œillade encore, un regard vers un autre,
la trace d'un sourire, autant d'ardents soupçons.

Voilà quels maux on trouve dans un amour juste et comblé.
S'il est contraire et sans espoir, lors innombrables
tu les découvrirais même les yeux bandés.
Aussi vaut-il mieux, comme je l'ai montré,
être sur ses gardes pour échapper aux pièges.
Car éviter de tomber dans les rets de l'amour
est moins difficile que de s'en dégager
et de briser les nœuds si puissants de Vénus.
Pourtant, même pris et entravé, tu peux encore
échapper au danger[80], si tu n'as de toi-même fait obstacle

et praetermittas animi uitia omnia primum
*a*ut quae corpori' sunt eius quam praepetis ac uis.
Nam faciunt homines plerumque cupidine caeci,
et tribuunt ea quae non sunt his commoda uere.
Multimodis igitur prauas turpisque uidemus
esse in deliciis summoque in honore uigere.
Atque alios alii inrident Veneremque suadent
ut placent, quoniam foedo adflictentur amore,
nec sua respiciunt miseri mala maxima saepe.
Nigra melichrus est, inmunda et foetida acosmos,
caesia Palladium, neruosa et lignea dorcas,
paruula, pumilio, chariton mia, tota merum sal,
magna atque inmanis, cataplexis, plenaque honoris.
Balba loqui non quit, traulizi; muta pudens est;
at flagrans, odiosa, loquacula, Lampadium fit.
Ischnon eromenion tum fit, cum uiuere non quit
prae macie; rhadine uerost iam mortua tussi.
At *tu*mi*d*a et mammosa Ceres est ipsa ab Iaccho;
simula Silena ac Saturast, labeosa philema.
Cetera de genere hoc longum est si dicere coner.

Sed tamen esto iam quantouis oris honore,
cui Veneris membris uis omnibus exoriatur :
nempe aliae quoque sunt; nempe hac sine uiximus ante;
nempe eadem facit, et scimus facere, omnia turp*i*,
et miseram tactris se suffit odoribus ipsa,
quam famulae longe fugitant furtim que cachinnant.
At lacrimans exclusus amator limina saepe
floribus et sertis operit, postisque superbos
unguit amaracino, et foribus miser oscula figit;
quem, si, iam *am*missum, uenientem offenderit aura
una modo, causas abeundi quaerat honestas,
et meditata diu cad*a*t alte sumpta querella,
stultitiaque ibi se damnet, tribuisse quod illi
plus uideat quam mortali concedere par est.
Nec Veneres nostras hoc fallit; quo magis ipsae
omnia summo opere hos uitae postscaenia celant
quos retinere uolunt adstrictosque esse in amore;

en négligeant d'emblée tous les défauts physiques
ou moraux de celle que tu courtises et veux.
Ainsi font les hommes que le désir aveugle :
ils prêtent à celles qu'ils aiment des mérites irréels.
On voit donc des femmes laides et repoussantes
dorlotées et tenues dans le plus grand honneur.
Chacun se rit de l'autre, pourtant, et lui conseille
d'apaiser Vénus[81] qui l'afflige d'un amour honteux.
Malheureux qui ne voient l'excès de leur misère!
Noire, elle est couleur miel[82], sale et puante, naturelle;
yeux glauques, c'est Pallas, nerveuse et sèche, une gazelle;
la naine paraît une des Grâces, à croquer,
la géante une déesse pleine de majesté;
la bègue gazouille, la muette est modeste;
la mégère odieuse et bavarde, ardente flamme;
petite chose adorable, celle qui dépérit
de maigreur; délicate, celle qui tousse à mourir;
la grosse mamelue, Cérès accouchée de Bacchus;
la camarde, Silène et Satyre, pur baiser la lippue.
Mais je serais trop long si je voulais tout dire.

Eh bien soit : son visage a toute la grâce possible,
le charme de Vénus de tout son corps émane.
Est-elle la seule? N'avons-nous donc vécu sans elle?
N'a-t-elle assurément mêmes défauts qu'un laideron?
La malheureuse exhale une odeur repoussante,
ses servantes s'enfuient et se rient en cachette,
mais l'amant éconduit pleurant devant sa porte
souvent couvre le seuil de fleurs et de guirlandes,
parfume de marjolaine les montants implacables
et plante ses baisers, pauvre homme, au cœur du bois!
Toutefois, s'il était reçu, dès le premier effluve
il chercherait pour fuir une excuse honorable.
Adieu, l'élégie profonde et longtemps méditée :
il maudirait sa sottise d'avoir à la belle prêté
plus qu'il ne convient d'accorder à une mortelle.
Et nos Vénus le savent bien, qui mettent tant de soin
à toujours dérober les coulisses de leur vie
aux amants qu'elles veulent maintenir enchaînés.

nequiquam, quoniam tu animo tamen omnia poss*is*
protrahere in lucem, atque omnis inquirere risus;
et, si bello animost et non odiosa, uicissim
praetermittere, <et> humanis concedere rebus.

Nec mulier semper ficto suspirat amore,
quae complexa uiri corpus cum corpore iungit,
et tenet adsuctis umectans oscula labris.
Nam facit ex animo saepe, et communia quaerens
gaudia sollicitat spatium decurrere amoris.
Nec ratione alia uolucres, armenta, feraeque,
et pecudes, et equae maribus subsidere possent,
si non, ipsa quod ill*a*rum subat ardet abundans
natura, et Venerem sal*i*entum laeta retract*at*.
Nonne uides etiam quos mutua saepe uoluptas
uinxit, ut in uinc*l*is communibus excrucientur?
In triuiis qu*a*m saepe canes, discedere auent*e*s,
diuorsi cupide summis ex uiribu' tendunt,
quom interea ualidis Veneris compagibus haerent!
Quod facerent numquam nisi mutua gaudia nossent,
quae iacere in fraudem possent uinctosque tenere.
Quare etiam atque etiam, ut dico, est communi' uoluptas.

Et commiscendo quom semine forte uiril*em*
femina uim u*i*cit subita ui corripuitque,
tum similes matrum materno semine fiunt,
ut patribus patrio. Sed quos utriusque figurae
esse uides, iuxtim miscentes uulta parentum,
corpore de patrio et materno sanguine crescunt,
semina cum Veneris stimulis excita per artus
obuia conflixit conspirans mutuus ardor,
et neque utrum superauit eorum nec superatumst.
Fit quoque ut interdum similes exsistere auorum
possint, et referant proauorum saepe figuras,
propterea quia mult*a* modis primordia multis

En vain, puisque ton esprit est néanmoins capable
de tirer tout au clair, perçant ces ridicules;
mais, quand la femme a bel esprit et n'est pas odieuse,
ferme les yeux et pardonne à l'humaine nature.

Réciprocité du plaisir

Non, elle ne soupire pas toujours d'un amour feint
quand elle tient l'homme corps à corps enlacé
et, suçant ses lèvres, les mouille de baisers.
Souvent femme est sincère et sa quête des joies
mutuelles incite à la course d'amour.
Jamais les oiseaux, les fauves, les bestiaux petits ou gros,
les juments ne pourraient se soumettre aux mâles
si leur nature, brûlant, débordant, n'entrait en rut
et ne jouissait du plaisir donné aux assaillants.
Ne vois-tu quels tourments, dans leurs chaînes communes,
peuvent éprouver ceux qu'un mutuel plaisir étreint?
Que de fois aux carrefours deux chiens voulant se séparer
de toutes leurs forces tirent en sens contraire,
ne pouvant s'arracher aux liens puissants de Vénus!
Jamais d'union s'ils ne connaissaient des joies partagées,
assez fortes pour les leurrer et les tenir au piège.
Oui, encore une fois, la volupté est mutuelle.

Hérédité

Lors du mélange des semences, si, éclatant soudain,
la force de la femme domine la force mâle,
la semence maternelle rend semblable à la mère,
de même qu'au père la semence paternelle[83].
Il en est que tu vois tenir de l'un et de l'autre :
mêlant les traits des deux parents, ils sont formés
du corps de leur père et du sang de leur mère
quand l'ardeur mutuelle a conspiré harmonieusement
à la rencontre des semences stimulées par Vénus
et qu'aucun des parents n'est vainqueur ni vaincu[84].
Parfois aussi les enfants ressemblent à un aïeul,
parfois même ils reproduisent les traits d'un bisaïeul,
parce que maints atomes diversement mêlés

mixta suo celant in corpore saepe parent*e*s,
quae patribus patres tradunt a stirpe profecta;
inde Venus uaria producit sorte figuras,
maiorumque refert uoltus uocesque comasque;
quandoquidem nihilo m*inus* haec <de> semine certo
fiunt quam facies et corpora membraque nobis.
Et muliebre oritur patrio de semine saeclum,
maternoque mares existunt corpore creti.
Semper enim partus duplici de semine constat,
atque utri similest magis id quodcumque creatur,
eius habet plus parte aequa; quod cernere possis,
siue uirum suboles siuest muliebris origo.

Nec diuina satum genitalem numina cuiquam
absterrent p*a*ter a gnatis ne dulcibus umquam
appelletur, et ut sterili Venere exigat aeuom;
quod plerumque putant, et multo sanguine maesti
conspergunt aras adolentque altaria donis,
ut grauidas reddant uxores semine largo.
Nequiquam diuom numen sortisque fatigant.
Nam steriles nimium crasso sunt semine partim,
et liquido praeter iustum tenuique uicissim.
Tenue locis quia non potis est adfigere adhaesum,
liquitur extemplo et reuocatum c*e*dit abortu.
Crassius his porro quoniam concretius aequo
mittitur, aut non tam prolixo prouolat ictu,
aut penetrare locos aeque nequit, aut penetratum
aegre admiscetur mulie*b*ri semine semen.
Nam multum harmoniae Veneris differre uidentur.
Atque alias alii complent magis, ex aliisque
succipiunt aliae pondus magis inque grauescunt.
Et multae steriles Hymenaeis ante fuerunt
pluribus, et nactae pos*t* sunt tamen unde puellos
suscipere, et partu possent ditescere dulci.
Et quibus ante domi fecundae saepe nequissent
uxores parere, inuentast illis quoque compar
natura, ut possent gnatis munire senectam.

se cachent dans le corps des parents, depuis la souche
originelle se transmettant de père en fils.
Ainsi donc Vénus tire au sort[85] les diverses formes
et reproduit les traits, voix et chevelures d'aïeux
puisque tout cela vient d'une semence non moins
certaine[86] que nos faces, nos corps et nos organes.
Et de la semence paternelle une fille peut naître,
comme un mâle se former de substance féminine.
Car sans double semence point d'enfantement,
mais toute créature ressemble davantage
à qui lui en donne plus de la moitié, vois-tu,
que la descendance soit mâle ou femelle.

Stérilité et fécondité

Ce ne sont pas les dieux qui refusent à un homme
la semence féconde et le privent du doux nom de père
pour qu'il passe sa vie en stériles amours,
comme on le croit souvent, témoins ces hommes éplorés
qui de sang aspergent les autels et brûlent des offrandes
pour que d'un sperme abondant ils engrossent leur femme.
En vain fatiguent-ils les dieux et leurs oracles :
la stérilité est due à un sperme trop épais
ou bien au contraire trop liquide et subtil.
Trop subtil, en la place[87] il ne peut rester fiché
mais s'écoule aussitôt et repart infécond.
Trop épais, au contraire, ayant consistance excessive,
dès l'essor il ne vole ni ne frappe assez loin
ou ne peut pénétrer comme il faut et, même s'il pénètre,
à la semence de la femme il se mêle à grand-peine.
Les harmonies de l'amour sont en effet très diverses.
Tel engrosse plutôt telle femme et certaines
deviennent par certains plus aisément gravides.
Beaucoup furent stériles en plusieurs hyménées
mais trouvèrent plus tard l'homme qui leur donna
d'enfanter et de s'enrichir d'une douce lignée.
Des maris à leur tour dont les femmes fécondes
n'avaient pu concevoir rencontrèrent enfin
la nature assortie capable d'assurer
à leur vieillesse le réconfort d'enfants.

Vsque adeo magni refert ut semina possint
seminibus commisceri genitaliter apta,
crassaque conueni*a*nt liquidis et liquida crassis.
Atque in eo refert quo uictu uita colatur;
namque aliis rebus concrescunt semina membris,
atque aliis extenuantur tabentque uicissim.
Et quibus ipsa modis tractetur blanda uoluptas,
id quoque permagni refert; nam more ferarum
quadrupedumque magis ritu plerumque putantur
concipere uxores, quia sic loca sumere possunt,
pectoribus positis, sublatis semina lumbis.
Ne*c* molles opu' sunt motus uxoribus hilum.
Nam mulier prohibet se concipere atque repugnat,
clunibus ipsa uiri Venerem si laeta retractat,
atque exossato ciet omni pectore fluctus;
eicit enim sulcum recta regione uiaque
uomeris, atque locis auertit seminis ictum.
Idque sua causa consuerunt scorta moueri,
ne complerentur crebro grauid*ae*que iacerent,
et simul ipsa uiris Venus ut concinnior esset;
coniugibus quod nil nostris opus esse uidetur,

Nec diuinitus interdum Venerisque sagittis
deteriore fit ut forma muliercula ametur.
Nam facit ipsa suis interdum femina factis
morigerisque mo*d*is et munde corpore culto,
ut facile insuescat <te> secum degere uitam.
Quod superest, consuetudo concinnat amorem;
nam leuiter quamuis quod crebro tunditur ictu,
uincitur in longo spatio tamen atque labascit.
Nonne uides etiam guttas in saxa cadentis
umoris longo in spatio pertundere saxa?

Tant il importe que les semences s'adaptent
aux semences pour se mêler fertilement,
l'épaisse à la fluide et la fluide à l'épaisse.
En cela le régime importe également.
Certains aliments concentrent la semence du corps,
d'autres au contraire l'exténuent et la décomposent.
Mais la manière dont s'obtient la douce volupté
importe aussi beaucoup : on croit communément
qu'en la position des bêtes, des quadrupèdes,
il est plus facile de féconder l'épouse
parce que, poitrine baissée, reins soulevés,
ainsi dans la place se logent les semences.
Nul besoin pour une épouse de mouvements lascifs :
car une femme entrave et combat la grossesse
lorsque, jouant des fesses, joyeuse elle stimule
la jouissance de l'homme et la fait jaillir à flots[88],
tandis qu'elle se démène à s'en désosser la poitrine.
Elle dévie le soc et le jette hors du droit sillon,
empêchant le sperme de se loger au but.
Pour s'agiter ainsi les filles ont leurs raisons :
ne pas être souvent grosses, en gésine alourdies,
et rendre Vénus même aux hommes plus dispose.
Nos épouses n'ont donc nul besoin de cela.

Épilogue

Si l'on aime parfois femmelette assez laide,
nul miracle divin ni flèches de Vénus.
Oui, par sa conduite parfois, sa bonne humeur,
le soin de sa personne, la femme parvient seule
à nous donner le goût de partager sa vie.
De plus, l'habitude nous dispose à l'amour
car les chocs les plus faibles quand ils sont répétés
finissent par triompher de toute résistance.
Vois les gouttes d'eau sur les pierres tombant :
ne percent-elles pas, au long des jours, la pierre ?

LIBER QVINTVS

Quis potis est dignum pollenti pectore carmen
condere pro rerum maiestate *his*que repertis?
Quisue ualet uerbis tantum qui fingere laudes
pro meritis eius possit, qui talia nobis
pectore parta suo quaesitaque praemia liquit?
Nemo, ut opinor, erit mortali corpore cretus.
Nam si ut ipsa petit maiestas cognita rerum
dicendum est, deus ille fuit, deus, inclute Memmi,
qui princeps uitae rationem inuenit eam quae
nunc appellatur sapientia, quique per artem
fluctibus e tantis uitam tantisque tenebris
in tam tranquillo et tam clara luce locauit.
Confer enim diuina aliorum antiqua reperta.
Namque Ceres fertur fruges Liberque liquoris
uitigeni laticem mortalibus instituisse;

LIVRE V

Éloge d'Épicure. — Mortalité du monde. — Les dieux sont étrangers au monde. — Les parties du monde sont mortelles. — Le monde ne remplit aucune des conditions de l'immortalité. — La lutte du feu et de l'eau. — Phaéton. — Naissance du monde. — Mouvement des astres. — Équilibre de la terre. — Grandeur du soleil et de la lune. — Chaleur du soleil. — Cours relatifs du soleil, de la lune et des astres. — La nuit et le jour. — Inégalité des jours et des nuits. — Les phases de la lune. — Les éclipses. — Premières productions de la terre. — Monstres et espèces disparus. — Animaux légendaires. — Les premiers hommes. — Origine du langage. — Découverte du feu. — Origine des cités et de la richesse. — Renversement des rois ; le droit et la justice. — La notion des dieux ; la superstition. — Métaux, armes et outils. — Évolution des techniques de la guerre. — Le tissage. — Progrès dans la culture du sol. — Origine de la musique et des arts. — Progrès des connaissances et des arts.

Éloge d'Épicure

Qui peut d'un souffle assez puissant chanter ces découvertes,
accorder son poème à la majesté du sujet ?
Qui des mots est le maître au point de célébrer
selon ses mérites celui dont le génie
nous légua ce trésor, le fruit de ses recherches ?
Nulle créature mortelle, me semble-t-il.
Respectant des choses la majesté notoire,
oui disons-le, ce fut un dieu, noble Memmius, un dieu
celui qui découvrit cette règle de vie
aujourd'hui nommée sagesse et trouva l'art
d'arracher notre vie à la nuit des tourments
pour l'asseoir dans le calme et le clair absolus.
Compare les divines découvertes du passé.
On dit que Cérès[1] fit connaître le blé aux hommes
et Liber[2] la liqueur née du jus de la vigne.

cum tamen his posset sine rebus uita manere,
ut fama est aliquas etiam nunc uiuere gentis.
At bene non poterat sine puro pectore uiui;
quo magis hic merito nobis deus esse uidetur,
ex quo nunc etiam per magnas didita gentis
dulcia permulcent animos solacia uitae.
Herculis antistare autem si facta putabis,
longius a uera multo ratione ferere.
Quid Nemeaeus enim nobis nunc magnus hiatus
ille leonis obesset, et horrens Arcadius sus?
Denique quid Cretae taurus Lernaeaque pestis
hydra uenenatis posset uallata colubris?
Quidue tripectora tergemini uis Geryonai

***

[30] tanto opere officerent nobis Stymphala colentes,
[29] et Diomedis equi spirantes naribus ignem
Thraci*s* Bistoniasque plagas atque Ismara propter?
Aureaque Hesperidum seruans fulgentia mala,
asper, acerba tuens, immani corpore serpens
arboris amplexus stirpe*m*, quid denique obesset
propter At*l*an*t*eum litus pelagique seuera,
quo neque noster adit quisquam nec barbarus audet?
Cetera de genere hoc quae sunt portenta perempta,
si non uicta forent, quid tandem uiua nocerent?
Nil, ut opinor : ita ad satiatem terra ferarum
nunc etiam scatit, et trepido terrore repleta est
per nemora ac montes magnos siluasque profundas;
quae loca uitandi plerumque est nostra potestas.
At nisi purgatumst pectus, quae proelia nobis
atque pericula tu*ms*t ingratis insinuandum!
Quantae tum scindunt hominem cuppedin*is* acres
sollicitum curae, quantique perinde timores!
Quidue superbia, spurcitia, ac petulantia? Quantas
efficiunt clades! Quid luxus desidiaeque?
Haec igitur qui cuncta subegerit ex animoque
expulerit dictis, non armis, nonne decebit
hunc hominem numero diuom dignarier esse?
Cum bene praesertim multa ac diuinitus ipsis

Pourtant la vie pouvait demeurer sans ces biens
qui de certains peuples semblent encore ignorés.
Mais on ne saurait vivre heureux sans un cœur pur.
Aussi est-il plus digne de nous paraître un dieu
celui dont la doctrine parmi les grandes nations
divulgua les douces consolations de la vie
qui de nos jours encore apaisent les esprits[3].
Si les travaux d'Hercule[4] te semblent supérieurs,
tu t'éloignes bien plus du raisonnement vrai.
Du lion de Némée, gueule béante, ou du sanglier
hérissé d'Arcadie, qu'aurions-nous à craindre aujourd'hui?
Que pourraient contre nous le taureau de Crète ou le fléau
de Lerne, l'hydre au rempart de serpents venimeux,
les trois puissants torses du triple Géryon[5]

***

Quel mal nous feraient les habitants du Stymphale[6],
les chevaux de Diomède soufflant le feu par leurs naseaux,
en Thrace, sur l'Ismère et les plaines bistoniennes[7] ?
Enfin le fier dragon des Hespérides qui, l'œil féroce,
garde les brillantes pommes d'or, enlaçant leur arbre
de son corps monstrueux, comment nuirait-il donc
près des rives d'Atlas[8] et des rigueurs de l'océan
où nul n'ose s'aventurer, ni Romain ni barbare?
Ils ont tous disparu les monstres de ce genre
et, s'ils n'étaient vaincus, quel mal nous feraient-ils vivants?
Aucun, je pense, tant la terre pullule de fauves,
tant l'horreur et l'effroi emplissent encore aujourd'hui
les fourrés, les grandes montagnes, les forêts profondes,
tous lieux que d'ordinaire nous pouvons éviter.
Mais si notre cœur n'est purifié, quels combats,
quels dangers devrons-nous affronter malgré nous?
Quels soucis violents dès lors déchirent l'homme
tourmenté de passions, quelles terreurs aussi!
Combien l'orgueil, la débauche, l'emportement
exercent de ravages! Et le faste, et la paresse!
L'homme qui, sans armes, par ses seules paroles
dompta tous ces monstres, les chassant de notre âme,
ne faudra-t-il l'admettre au nombre des dieux?
Honneur d'autant plus mérité qu'il a divinement

immortalibu' *de* diuis dare dicta suerit,
atque omnem rerum naturam pandere dictis.

Cuius ego ingressus uestigia dum rationes
persequor, ac doceo dictis quo quaeque creata
foedere sint, in eo quam sit durare necessum
nec ualidas ualeant aeui rescindere leges,
quo genere in primis animi natura reperta est
natiuo primum consistere corpore creta
nec posse incolume*m* magnum durare per aeuom,
sed simulacra solere in somnis fallere mentem,
cernere cum uideamur eum quem uita reliquit;
quod superest, nunc huc rationis detulit ordo,
ut mihi mortali consistere corpore mundum
natiuomque simul ratio reddunda sit esse,
et quibus ille modis congressus materia*i*
fundarit terram, caelum, mare, sidera, solem,
luna*i*que globum; tum quae tellure animantes
extiterint, et quae nullo sint tempore natae;
quoue modo genus humanum uariante loquela
coeperit inter se uesci per nomina rerum;
et quibus ille modis diuom metus insinuarit
pectora, terrarum qui in orbi sancta tuetur
fana, lacus, lucos, aras, simulacraque diuom.
Praeterea solis cursus lunaeque meatus
expediam qua ui flectat natura gubernans;
ne forte haec inter caelum terramque reamur
libera sponte sua cursus lustrare perennis
morigera ad fruges augendas atque animantis,
neue aliqua diuom uolui ratione putemus.
Nam bene qui didicere deos securum agere aeuom,
si tamen interea mirantur qua ratione
quaeque geri possint, praesertim rebus in illis
quae supera caput aether*i*is cernuntur in oris,
rursus in antiquas referuntur religiones,
et dominos acris adsciscunt omnia posse
quos miseri credunt, ignari quid quea*t* esse,
quid nequeat, finita potestas denique cuique
quanam sit ratione atque alte terminus haerens.

des divins immortels tant de fois devisé
et nous a révélé l'entière nature des choses[9].

Marchant sur ses traces, je suis ses raisonnements :
j'enseigne le pacte qui préside à toute création,
la nécessité pour chacun de lui rester soumis,
nul ne pouvant briser les strictes lois du temps.
Tel est, découverte première, le cas de l'âme.
Elle est formée d'un corps soumis à la naissance
et ne peut demeurer sauve à longueur de temps;
ce sont des images qui leurrent notre esprit
quand nous croyons revoir en songe un trépassé.
Maintenant l'ordre des raisons me conduit
à expliquer que le monde est fait d'une substance
périssable et soumise aux lois de la naissance,
comment un agrégat de matière a formé
la terre, le ciel, la mer, les astres, le soleil
et le globe de la lune, quels vivants de la terre
sont alors sortis et quels jamais ne naquirent,
comment le genre humain en nommant les choses
se mit à converser dans un langage varié
et comment la crainte des dieux dans les cœurs
s'est glissée, sanctifiant et protégeant de par le monde
temples, lacs, bois[10], autels et images divines.
Puis je dirai par quel effet la nature souveraine
régit le cours du soleil et les phases de la lune,
pour que nous n'allions pas croire qu'entre ciel et terre,
libres et spontanés, ils courent éternellement,
soucieux de faire croître les moissons et les vivants,
ou qu'ils roulent suivant une norme divine.
Car, tout en sachant bien que les dieux n'ont aucun souci,
certains s'étonnent et se demandent par quel système
les phénomènes s'accomplissent, surtout ceux qu'ils observent
au-dessus de leur tête dans les régions de l'éther;
ils reviennent alors aux vieilles religions,
s'inventent des maîtres cruels et tout-puissants,
ô malheureux! ignorant ce qui peut exister
ou non, pourquoi enfin est assigné à toute chose
un pouvoir limité, une borne immuable.

Quod superest, ne te in promissis plura moremur,
principio maria ac terras caelumque tuere;
quorum naturam triplicem, tria corpora, Memmi,
tris species tam dissimilis, tria talia texta,
una dies dabit exitio, multosque per annos
sustentata ruet moles et machina mundi.
Nec me animi fallit quam res noua miraque menti
accidat exitium caeli terraeque futurum,
et quam difficile id mihi sit peruincere dictis;
ut fit ubi insolitam rem adportes auribus ante,
nec tamen hanc possis oculorum subdere uisu,
nec iacere indu manus, uia qua munita fidei
proxima fert humanum in pectus templaque mentis.
Sed tamen effabor. Dictis dabit ipsa fidem res
forsitan, et grauiter terrarum motibus ortis,
omnia conquassari in paruo tempore cernes.
Quod procul a nobis flectat fortuna gubernans,
et ratio potius quam res persuadeat ipsa
succidere horrisono posse omnia uicta fragore.

Qua prius adgrediar quam de re fundere fata
sanctius, et multo certa ratione magis quam
Pythia quae tripode a Phoebi lauroque profatur,
multa tibi expediam doctis solacia dictis;
relligione refrenatus ne forte rearis
terras et solem et caelum, mare, sidera, lunam,
corpore diuino debere aeterna ma*n*ere,
propterea que putes ritu pa*r* esse Gigantum
pendere eos poenas inmani pro scelere omnis
qui ratione sua disturbent moenia mundi,
praeclarumque uelint caeli restinguere solem,
inmortalia mortali sermone notantes;
quae procul usque adeo diuino a numine distent,
inque deum numero quae sint indigna uideri,
notitiam potius praebere ut posse putentur
quid sit uitali motu sensuque remotum.
Quippe etenim non est, cum quouis corpore ut esse

Mortalité du monde

Mais trêve de promesses qui te retarderaient.
Observe d'abord les mers, les terres et le ciel.
Cette triple nature, ces trois corps, Memmius,
trois formes si diverses, trois textures,
un seul jour les détruira et après tant d'années
la masse en suspens, machine du monde, croulera.
Fait inouï et stupéfiant, je le sais bien,
que la ruine à venir de la terre et du ciel !
Mes paroles auront grand-peine à le prouver.
Il en est ainsi de toute annonce insolite
quand on ne peut mettre la chose sous les yeux
ou dans les mains, chemins les plus sûrs et rapides
pour gagner le cœur humain et le temple de l'esprit.
Je parlerai pourtant ; le fait confirmera mes dires
peut-être, et, de graves secousses saisissant les terres,
en un instant le monde éclatera sous tes yeux.
Puisse la fortune souveraine éloigner ce péril
et la raison plutôt que les faits nous convaincre
que tout peut s'abîmer dans un fracas horrible.

Mais avant que je ne révèle en ce domaine
des destins plus sacrés et bien plus sûrs que les oracles
rendus par la Pythie depuis le trépied et le laurier de Phébus,
mes savants discours t'apporteront mainte consolation.
Subjugué par la religion, tu crois peut-être
que terre et ciel, soleil, mer, astres et lune,
grâce à leur corps divin, doivent demeurer éternels
et qu'il est donc juste de châtier à l'instar des Géants[11]
ceux qui commettent l'effroyable crime
d'ébranler par leur doctrine les remparts du monde
et qui veulent éteindre la splendeur du soleil
en flétrissant les immortels par de mortels propos[12].
Mais de la divinité ces corps diffèrent tant
et méritent si peu d'être comptés parmi les dieux
qu'on les croirait plutôt aptes à nous donner la notion
de corps privés de sens et de mouvement vitaux.
Car on ne peut croire qu'à n'importe quel corps

posse animi natura putetur consiliumque;
sicut in aethere non arbor, non aequore salso
nubes esse queunt, neque pisces uiuere in aruis,
nec cruor in lignis, neque saxis sucus inesse.
Certum ac dispositumst ubi quicquid crescat et insit.
Sic animi natura nequit sine corpore oriri
sola, neque a neruis et sanguine longius esse.
Quod si posset enim, multo prius ipsa animi uis
in capite aut umeris aut imis calcibus esse
posset, et innasci quauis in parte soleret,
tandem in eodem homine atque in eodem uase manere.
Quod quoniam nostro quoque constat corpore certum
dispositumque uidetur ubi esse et crescere possit
sorsum anima atque animus, tanto magis infitiandum
totum posse extra corpus formamque animalem
putribus in glebis terrarum, aut solis <in> igni,
aut in aqua durare, aut altis aetheris oris.
Haud igitur constant diuino praedita sensu,
quandoquidem nequeunt uitaliter esse animata.

Illud item non est ut possis credere, sedes
esse deum sanctas in mundi partibus ullis.
Tenuis enim natura deum longeque remota
sensibus ab nostris animi uix mente uidetur;
quae quoniam manuum tactum suffugit et ictum,
tactile nil nobis quod sit contingere debet.
Tangere enim non quit quod tangi non licet ipsum.
Quare etiam sedes quoque nostris sedibus esse
dissimiles debent, tenues de corpore eorum;
quae tibi posterius largo sermone probabo.

Dicere porro hominum causa uoluisse parare
praeclaram mundi naturam, proptereaque
adlaudabile opus diuom laudare decere
aeternumque putare atque inmortale futurum,
nec fas esse, deum quod sit ratione uetusta
gentibus humanis fundatum perpetuo aeuo,

puissent jamais s'allier l'âme et l'intelligence.
De même, arbre dans l'éther, nuée au fond des mers
ne peuvent subsister, ni poissons dans les prés,
ni sang au cœur du bois, ni sève en un rocher :
à chacun est fixé un lieu où grandir et loger.
Ainsi donc l'esprit ne peut naître sans corps,
isolé, ni vivre plus loin des nerfs et du sang.
Cela fût-il possible, il serait bien plutôt capable
de naître dans la tête, les épaules, les talons
ou toute autre partie, car finalement
il resterait dans le même homme, le même vaisseau.
Mais puisqu'en notre corps il est aussi un lieu,
sans conteste fixé, où l'âme et l'esprit
en place exclusive peuvent vivre et grandir,
à plus forte raison faut-il refuser de croire
que, hors du corps entier et d'une forme vivante,
dans les glèbes putrides ou le feu du soleil
ou dans l'onde ils subsistent, ou les hautes rives du ciel.
Le monde n'est donc pas doté de sens divins
puisqu'il ne peut même s'animer et se vivifier.

Les dieux sont étrangers au monde

Tu ne peux croire non plus que le séjour des dieux,
leurs saintes demeures, soit dans une partie du monde[13].
Subtile en effet, bien éloignée de nos sens,
la nature des dieux est à peine vue par l'esprit[14].
Comme elle échappe au toucher, à l'emprise de nos mains,
elle ne peut rien atteindre de ce que nous touchons.
Le toucher en effet manque toujours à l'intangible.
Voilà pourquoi doivent aussi différer des nôtres
les demeures des dieux, subtiles comme leurs corps.
Plus tard je le prouverai amplement[15].

Dire qu'ils ont voulu agencer pour le bien des hommes
la belle nature du monde, en conséquence de quoi
il faut des dieux louanger le louable ouvrage,
le croire éternel, voué à l'immortalité,
dire qu'il est sacrilège de vouloir ébranler
les assises d'un édifice qu'au profit des mortels

sollicitare suis ulla ui ex sedibus umquam
nec uerbis uexare et ab imo euertere summa,
cetera de genere hoc adfingere et addere, Memmi,
desiperest. Quid enim inmortalibus atque beatis
gratia nostra queat largirier emolumenti,
ut nostra quicquam causa gerere adgrediantur?
Quidue noui potuit tanto post ante quietos
inlicere ut cuperent uitam mutare priorem?
Nam gaudere nouis rebus debere uidetur
cui ueteres obsunt; sed cui nihil accidit aegri
tempore in ante acto, cum pulchre degeret aeuom,
quid potuit nouitatis amorem accendere tali?
Quidue mali fuerat nobis non esse creatis?
An, credo, in tenebris uita ac maerore iacebat,
donec diluxit rerum genitalis origo?
Natus enim debet quicumque est uelle manere
in uita, donec retinebit blanda uoluptas.
Qui numquam uero uitae gustauit amorem
nec fuit in numero, quid obest non esse creatum?

Exemplum porro gignundis rebus, et ipsa
notities diuis hominum unde est insita primum,
quid uellent facere ut scirent animoque uiderent,
quoue modost umquam uis cognita principiorum,
quidque inter se*se* permutato ordine possent,
si non ipsa dedit speciem natura creandi?
Namque ita mult*a* modis multis primordia rerum
ex infinito iam tempore percita plagis
ponderibusque suis consuerunt concita ferri,
omnimodisque coire atque omnia pertemptare,
quaecumque inter se poss*e*nt congressa creare,
ut non sit mirum si in talis dispositura
deciderunt quoque, et in talis uenere meatus,
qualibus haec rerum geritur nunc summa nouando.

Quod <si> iam rerum ignorem primordia quae sint,
hoc tamen ex ipsis caeli rationibus ausim
confirmare aliisque ex rebus reddere multis,

l'antique raison des dieux sur l'éternité bâtit,
d'attaquer par des mots, de ruiner tout l'ensemble,
forger de tels arguments est folie, ô Memmius!
Aux bienheureux immortels, quel bénéfice
devrait donc dispenser notre gratitude
pour qu'ils entreprennent en notre faveur la moindre chose?
Après tant d'années de repos, quel attrait nouveau
aurait pu leur donner le désir de changer leur vie?
Pour jouir de la nouveauté, il faut évidemment
souffrir des temps anciens, mais, si l'on ignore la peine,
si le passé ne fut qu'une éternité de beaux jours,
pourquoi donc ce brûlant amour de nouveauté?
Et quel mal serait-ce pour nous de n'être point créés?
Croirais-je que la vie gisait dans le deuil et la nuit
avant que ne pointe l'aube de la création?
Sans doute, une fois né, chacun veut-il en vie
demeurer tant que l'attrait du plaisir le retient.
Mais qui n'a point goûté à l'amour de la vie
et ne compta jamais au nombre des vivants,
en quoi souffrirait-il de n'être point créé?

Le modèle du monde[16], la notion même des hommes,
d'où vinrent-ils s'inscrire pour que les dieux connaissent
et voient en leur esprit ce qu'ils voulaient faire?
Comment ont-ils jamais connu la force des atomes,
les possibilités qu'offrent leurs transpositions
si la nature n'a pas fourni l'exemple de la création[17]?
Mais puisque tous ces principes, de mille manières
ébranlés par les chocs, emportés par leur poids,
depuis un temps infini n'ont cessé de se mouvoir,
de s'unir en tous sens, de tenter toutes les créations
que leurs combinaisons étaient capables de former,
il n'est pas étonnant qu'ils soient aussi tombés
en des ordonnances, aient pris des mouvements
comme ceux qui forment et renouvellent notre monde.

Même si j'ignorais la nature de ses principes,
d'après le système du ciel et bien d'autres choses,
j'oserais soutenir que le monde ne fut pas créé

nequaquam nobis diuinitus esse paratam
naturam rerum tanta stat praedita culpa.
Principio quantum caeli tegit impetus ingens,
inde auidam partem montes siluaeque ferarum
possedere, tenent rupes uastaeque paludes,
et mare quod late terrarum distinet oras.
Inde duas porro prope partis feruidus ardor
adsiduusque geli casus mortalibus aufert.
Quod superest arui, tamen id natura sua ui
sentibus obducat ni uis humana resistat
uita*i* causa ualido consueta *bid*enti
ingemere, et terram pressis proscindere aratris.
Si non fecundas uertentes uomere glebas
terraique solum subigentes cimus ad ortus,
sponte sua nequeant liquidas existere in auras;
et tamen interdum magno quaesita labore,
cum iam per terras frondent atque omnia florent,
aut nimiis torret feruoribus aetherius sol,
aut subiti peremunt imbres gelidaeque pruinae,
flabraque uentorum uiolento turbine uexant.

Praeterea genus horriferum natura ferarum
humanae genti infestum terraque marique
cur alit atque auget? Cur anni tempora morbos
adportant? Quare mors inmatura uagatur?
Tum porro puer, ut saeuis proiectus ab undis
nauita, nudus humi iacet, infans, indigus omni
uitali auxilio, cum primum in luminis oras
nixibus ex aluo matris natura profudit,
uagituque locum lugubri complet, ut aecumst
cui tantum in uita restet transire malorum.
At uariae crescunt pecudes armenta feraeque,
nec crepitacillis opus est, nec cuiquam adhibendast
alm*ae* nutricis blanda atque infracta loquela,
nec uarias quaerunt uestes pro tempore caeli,
denique non armis opus est, non moenibus altis
qui sua tutentur, quando omnibus omnia large
tellus ipsa parit naturaque daedala rerum.

divinement pour nous, si grand est son défaut.
De l'espace que l'immense élan du ciel englobe,
les montagnes, les forêts pleines de fauves occupent
une part dévorante, les rocs, les marais désolés,
la mer qui largement sépare les rives terrestres.
Près des deux tiers sont en outre soustraits aux mortels
par la chaleur torride et les gelées constantes.
Ce qui reste de champs, la nature le couvrirait
de broussailles si l'homme à sa force ne résistait
et pour vivre ne gémissait sur la lourde charrue
à labourer la terre, à peser toujours sur le soc.
Si, retournant à la charrue les glèbes fécondes,
ameublissant le sol, nous ne les faisions éclore,
les germes seuls ne pourraient surgir dans l'air limpide.
Parfois même ces fruits que tant d'efforts promettent,
quand par le monde enfin tout reverdit et fleurit,
le soleil éthéré les brûle d'excessive ardeur,
les averses brusques, le grésil les ravagent,
les vents en leurs trombes sauvages les entraînent.

Et l'engeance redoutable des animaux féroces
ennemie du genre humain sur la terre et les mers,
pourquoi la nature la nourrit-elle, pourquoi les saisons
portent les maladies, pourquoi rôde la mort précoce?
Et l'enfant? Comme un marin par les flots cruellement
rejeté, il gît par terre, nu, incapable de parler,
sans secours pour vivre, dès qu'aux rives du jour
la nature en travail hors du ventre maternel l'a vomi.
De vagissements lugubres il emplit l'espace,
justes plaintes quand la vie lui réserve tant de maux[18]!
Les divers animaux, bétails et fauves, grandissent,
mais ils n'ont pas besoin de hochets ni des soins
d'une tendre nourrice au babil caressant,
de vêtements variant au gré des saisons;
d'armes enfin, ni de hauts remparts ils n'ont besoin
pour défendre leurs biens : la terre, la nature inventive
enfantent pour eux tous toutes choses à foison.

Principio quoniam terra*i* corpus, et umor,
aurarumque leues animae calidique uapores,
e quibus haec rerum consistere summa uidetur,
omnia natiuo ac mortali corpore constant,
debet e*o*dem omnis mundi natura putari.
Quippe etenim quorum partis et membra uidemus
corpore natiu*o* a*c* mortalibus esse figuris,
haec eadem ferme mortalia cernimus esse
et natiua simul. Quapropter maxima mundi
cum uideam membra ac partis consumpta regigni,
scire licet caeli quoque *it*em terraeque fuisse
principiale aliquod tempus clademque futuram.
Illud in his rebus ne corripuisse rearis
me mihi, quod terram atque ignem mortalia sumpsi
esse, neque umorem dubitaui aurasque perire,
atque eadem gigni rursusque augescere dixi,
principio pars terra*i* nonnulla, perusta
solibus adsiduis, multa pulsata pedum ui,
pulueris exhalat nebulam nubesque uolantis,
quas ualidi toto dispergunt aere uenti.
Pars etiam glebarum ad diluuiem reuocatur
imbribus, et ripas radentia flumina rodunt.
Praeterea pro parte sua, quodcumque alit auget,
redditur; et quoniam dubio procul esse uidetur
omniparens eadem rerum commune sepulcrum,
ergo terra tibi libatur et aucta recrescit.

Quod superest, umore nouo mare, flumina, fontes
semper abundare et latices manare perennis
nil opus est uerbis : magnus decursus aquarum
undique declarat. Sed primum quidquid aqua*i*
tollitur, in summaque fit ut nil umor abundet,
partim quod ualidi uerrentes aequora uenti
d*e*minuunt radiisque retexens aetherius sol,
partim quod supter per terras diditur omnis.
Percolatur enim uirus retroque remanat
materies umoris, et ad caput amnibus omnis

Les parties du monde sont mortelles

Observant tout d'abord que le corps de la terre et l'onde,
les souffles légers de l'air et les vapeurs brûlantes
dont nous voyons formé l'ensemble de ce monde
ont tous un corps sujet à naître et à mourir,
pensons qu'il en est ainsi pour la nature du monde
puisque tout composé dont les parties et les membres
sont matières naissantes et figures mortelles
nous apparaît soumis à la mort comme à la naissance.
A voir les grands membres du monde périr et renaître,
oui, je le sais : le ciel et la terre eurent aussi
leur instant premier, et leur ruine viendra.
Ici ne m'accuse pas de m'être moi-même abusé
quand j'ai dit que la terre et le feu sont mortels,
quand je n'ai pas douté que l'eau et l'air périssent
et qu'ils renaissent tous pour grandir à nouveau.
La terre d'abord : une grande partie, brûlée
de soleils assidus, tant foulée, tant battue,
exhale un nuage de poussière, nuées volantes
que les vents impétueux dispersent dans les airs;
une autre part de glèbe est dissoute par les pluies
et les rives s'érodent, par les fleuves rasées;
tout ce qu'enfin elle nourrit et fait croître
lui revient en même part, et puisque sans conteste
la mère universelle est le tombeau commun,
la terre diminue, vois-tu, s'accroît et se recrée.

Pour le reste, la mer, les fleuves et les sources
toujours renouvelés, les flots intarissables,
nul besoin de phrases : le grand afflux des eaux
en est partout la preuve, mais leur perte constante
empêche que l'ensemble déborde aucunement.
Les vents impétueux balaient la plaine des eaux,
les rayons du soleil ravagent leur texture :
ils prélèvent une part, l'autre sous terre se disperse;
l'amertume est filtrée, l'eau s'écoule à rebours
et vient se rassembler à la source des fleuves,

conuenit, inde super terras fluit agmine dulci
qua uia secta semel liquido pede detulit undas.

Aera nunc igitur dicam, qui corpore toto
innumerabiliter priuas mutatur in *h*oras.
Semper enim, quodcumque fluit de rebus, id omne
aeris in magnum fertur mare; qui nisi contra
corpora retribuat rebus recreetque fluentis,
omnia iam resoluta forent et in aera uersa.
Haud igitur cessat gigni de rebus et in res
reccidere, adsidue quoniam fluere omnia constat.

Largus item liquidi fons luminis, aetherius sol,
inrigat adsidue caelum candore recenti,
suppeditatque nouo confestim lumine lumen.
Nam primum quicquid fulgoris disperit ei,
quocumque accidit. Id licet hinc cognoscere possis,
quod simul ac primum nubes succedere soli
coepere et radios inter quasi rumpere lucis,
extemplo inferior pars horum disperit omnis,
terraque inumbratur qua nimbi cumque feruntur;
ut noscas splendore nouo res semper egere,
*e*t primum iactum fulgoris quemque perire,
nec ratione alia res posse in sole uideri,
perpetuo ni suppeditet lucis caput ipsum.
Quin etiam nocturna tibi, terrestria quae sunt
lumina, pendentes lychni, claraeque coruscis
fulguribus pingues multa caligine taedae,
consimili pro*p*erant ratione, ardore ministro,
suppeditare nouom lumen, tremere ignibus instant,
instant, nec loca lux inter quasi rupta relinquit.
Vsque adeo properanter ab omnibus ignibus ei
exitium celeri cel*a*tur origine flammae.
Sic igitur solem, lunam, stellasque putandum
ex alio atque alio lucem iactare subortu,
et primum quidquid flammarum perdere semper
inuiolabilia haec ne credas forte uigere.

puis son flot adouci court à la surface des terres,
suivant la voie que d'un pied limpide l'onde a tracée.

De l'air maintenant je parlerai, qui tout entier,
d'heure en heure, subit d'innombrables changements.
Toujours en effet, toute émanation des choses
se perd dans le vaste océan de l'air, mais inversement,
s'il ne rendait leurs corps aux choses, ne recréait leur flux,
tout serait déjà dissous, évaporé dans les airs.
Ainsi l'air ne cesse de naître des choses
et de leur revenir, car c'est une évidence :
le monde entier s'écoule en un flux permanent[19].

Large source de fluide lumière, le soleil
baigne le ciel d'un éclat toujours renaissant,
et de lumière aussitôt rénove la lumière
puisque tous ses rayons se perdent constamment
où qu'ils tombent; voici comment tu l'apprendras.
Sitôt que les nuages passent devant le soleil
et qu'ils interrompent les rais de sa lumière,
leur partie inférieure tout entière périt,
la terre se couvre d'ombre suivant le vol des nues.
Le monde exige donc toujours nouvelle clarté,
les jets de lumière périssent tour à tour
et les corps au soleil n'auraient nul moyen de paraître
si la source même du jour n'y pourvoyait sans fin.
Nocturnes et terrestres, nos lumières elles-mêmes,
lustres suspendus, claires et grasses torches
à l'éclat vacillant, à l'épaisse fumée,
s'empressent également, servies par leur ardeur,
de renouveler la clarté, hâtent leurs feux tremblants,
oui, hâtent leur éclat qui nulle part ne s'interrompt[20] :
tant les feux sont toujours impatients de cacher
leur mort par la prompte naissance de la flamme.
Ainsi donc le soleil, la lune et les étoiles
doivent-ils émettre lumière après lumière
et perdre constamment les flammes précédentes :
inviolables, non, ne les crois pas en leur vigueur.

Denique non lapides quoque uinci cernis ab aeuo,
non altas turris ruere et putrescere saxa,
non delubra deum simulacraque fessa fatisci,
nec sanctum numen fati protollere finis
posse neque aduersus naturae foedera niti?
Denique non monimenta uirum dilapsa uidemus,
quaerere proporro sibi † cumque senescere credas †
non ruere auolsos silices a montibus altis,
nec ualidas aeui uires perferre patique
finiti? Neque enim caderent auolsa repente,
ex infinito quae tempore pertolerassent
omnia tormenta aetatis, priuata fragore.

Denique iam tuere hoc circum supraque quod omne*m*
continet amplexu terram : si procreat ex se
omnia, quod quidam memorant, recipitque perempta,
totum natiuo *ac* mortali corpore constat.
Nam quodcumque alias ex se res auget alitque,
deminui debet, recreari, cum recipit res.
Praeterea si nulla fuit genitalis origo
terrarum et caeli semperque aeterna fuere,
cur supera bellum Thebanum et funera Troiae
non alias ali*i* quoque res cecinere poetae?
Quo tot facta uirum totiens cecidere, neque usquam
aeternis famae monumentis insita florent?
Verum, ut opinor, habet nouitatem summa, recensque
natura*st* mundi, neque pridem exordia cepit.
Quare etiam quaedam nunc artes expoliuntur,
nunc etiam augescunt; nunc addita nauigiis sunt
multa, modo organici melicos peperere sonores.
Denique natura haec rerum ratioque repertast
nuper, et hanc primus cum primis ipse repertus
nunc ego sum in patrias qui possim uertere uoces.

Quod si forte fuisse antehac eadem omnia credis,
sed periisse hominum torrenti saecla uapore,
aut cecidisse urbis magno uexamine mundi,
aut ex imbribus adsiduis exisse rapaces

Et les pierres mêmes, ne les vois-tu céder au temps,
les hautes tours s'écrouler, les rochers s'effriter,
les temples et statues des dieux s'effondrer de fatigue,
leur sainte volonté ne pouvant repousser
le terme fatal ni défier les lois de la nature?
Ne vois-tu donc les monuments humains tomber en ruine
et se demander †[21]
les rocs arrachés aux grands monts s'ébouler,
incapables de résister aux forces vives d'un temps
fini? Car ils ne tomberaient, s'arrachant tout à coup,
si depuis un temps infini ils avaient résisté
à tous les tourments des âges, sans perte ni fracas.

Lève enfin ton regard, vois l'espace alentour
qui étreint la terre entière : s'il crée toutes les choses,
comme certains le disent, et les recueille à leur mort,
il est entièrement sujet à naître et à mourir;
car tout corps qui nourrit et fait croître les autres
diminue, recréé lorsqu'ils lui reviennent[22].
D'ailleurs, s'il n'y eut aucune origine ou naissance
de la terre et du ciel, s'ils existent de toute éternité,
d'où vient qu'avant la guerre thébaine et la mort de Troie
il n'y eut d'autres poètes pour chanter d'autres gestes?
Où sont donc allés se perdre tant d'exploits,
pourquoi tant de héros nulle part ne laissèrent
d'éternels monuments où fleurirait leur gloire?
En vérité, le monde est dans sa prime nouveauté,
je le crois, sa genèse n'est pas ancienne;
c'est pourquoi aujourd'hui certains arts se perfectionnent
et progressent encore : maints agrès aux bateaux s'ajoutent,
les musiciens ont récemment créé des harmonies.
Trouvaille récente enfin que ce système de la nature,
et moi-même aujourd'hui le tout premier, oui, je me trouve
apte à le traduire dans la langue de nos pères.

Si tu crois que tout exista de même autrefois
mais que l'humanité périt dans un feu dévorant,
ou que les villes sombrèrent dans une convulsion du monde,
ou que les fleuves rapaces ont inondé les terres,

per terras amnes atque oppida coperuisse,
tanto quique magis uictus fateare necessest
exitium quoque terrarum caelique futurum.
Nam cum res tantis morbis tantisque periclis
temptarentur, ibi si tristior incubuisset
causa, darent late cladem magnasque ruinas.
Nec ratione alia mortales esse uidemur
inter nos, nisi quod morbis aegrescimus isdem
atque illi quos a uita natura remouit.

Praeterea quaecumque manent aeterna necessu*m*st
aut, quia sunt solido cum corpore, respuere ictus
nec penetrare pati sibi quicquam quod quea*t* artas
dissociare intus partis, ut materia*i*
corpora sunt, quorum naturam ostendimus ante;
aut ideo durare aetatem posse per omnem,
plagarum quia sunt expertia, sicut inane est
quod manet intactum neque ab ictu fungitur hilum;
aut etiam quia nulla loci *f*it copia circum,
quo quasi res possint discedere dissoluique,
sicut summarum summa est aeterna, neque extra
qui locus est quo dissiliant, neque corpora sunt quae
possint incidere et ualida dissoluere plaga.
At neque, uti docui, solido cum corpore mundi
naturast, quoniam admixtumst in rebus inane,
nec tamen est ut inane, neque autem corpora desunt
ex infinito quae possint forte co*o*rta
corruere hanc rerum uiolento turbine summam,
aut aliam quamuis cladem importare pericli,
nec porro natura loci spatiumque profundi
deficit, exspargi quo possint moenia mundi,
aut alia quauis possunt ui pulsa perire.
Haud igitur leti praeclusa est ianua caelo
nec soli terraeque, neque altis aequoris undis,
sed patet immani et uasto respectat hiatu.
Quare etiam natiua necessumst confiteare
haec eadem; neque enim, mortali corpore quae sunt,

englouti les cités après des pluies incessantes[23],
ta défaite est consommée, tu dois admettre
que la terre et le ciel auront aussi leur fin.
Oui, quand les choses subissaient de tels maux et périls,
si jamais une cause plus funeste les avait assaillies,
au désastre le monde entier eût cédé, grande ruine.
De même nous voyons les uns par les autres
que nous sommes mortels : nos maladies ressemblent
à celles des hommes que la nature a soustraits à la vie.

Le monde ne remplit aucune des conditions de l'immortalité

Et puis il faut, pour demeurer éternellement,
avoir un corps solide qui repousse les coups
et ne laisse rien pénétrer qui puisse détruire
l'union étroite de ses parties : ainsi l'atome,
dont nous avons précédemment montré la nature.
Est aussi capable de durer toute l'éternité
ce qui n'offre prise aux coups : ainsi le vide,
qui demeure intangible et ne pâtit d'aucun choc ;
ou bien encore il ne faut point d'espace alentour
dans lequel les choses puissent aller se dissoudre :
ainsi se révèle immortel l'ensemble des ensembles
hors duquel il n'existe ni lieu où bondir, ni atome
pour venir bombarder et désagréger les corps.
Comme je l'ai montré, le monde n'est pas un tout
compact puisque le vide existe, mêlé aux choses ;
il n'est pourtant pas semblable au vide, et les corps
ne manquent pas qui peuvent surgir de l'infini
et dans un tourbillon jeter à bas notre univers
ou lui infliger toute autre forme de ruine.
Espace, immensité ne manquent pas davantage
où puissent s'abîmer les murailles du monde,
que toute autre cause peut forcer à périr.
La porte de la mort n'est donc pas close pour le ciel,
le soleil, la terre, les vastes flots de l'océan,
mais s'ouvre devant eux, gouffre immense, abyssal.
Ainsi, je le répète, il te faut bien l'admettre :
le monde a pris naissance ; or jamais corps mortel

ex infinito iam tempore adhuc potuissent
inmensi ualidas aeui contemnere uires.

Denique tantopere inter se cum maxima mundi
pugnent membra, pio nequaquam concita bello,
nonne uides aliquam longi certaminis ollis
posse dari finem? Vel cum sol et uapor omnis
omnibus epotis umoribus exsuperarint :
quod facere intendunt, neque adhuc conata patra*runt*;
tantum suppeditant amnes ultraque minantur
omnia diluuiare ex alto gurgite ponti;
nequiquam, quoniam uerrentes aequora uenti
deminuunt, radiisque retexens aetherius sol,
et siccare prius confidunt omnia posse
quam liquor incepti possit contingere finem.
Tantum spirantes aequo certamine bellum,
magnis <inter se> de rebus cernere certant,
cum semel interea fuerit superantior ignis
et semel, ut fama est, umor regnarit in aruis.

Ignis enim super*a*t et lambens multa perussit,
auia cum P*ha*et*h*on*t*a rapax uis Solis equorum
aethere raptauit toto terrasque per omnis.
At Pater omnipotens, ira tum percitus acri,
magnanimum Phaet*h*onta repenti fulminis ictu
deturbauit equis in terram, Solque cadenti
obuius aeternam succepit lampada mundi,
disiectosque redegit equos iunxitque trementes,
inde suum per iter recreauit cuncta gubernans,
scilicet ut ueteres Gra*i*um cecinere poetae.
Quod procul a uera nimis est ratione repulsum.
Ignis enim superare potest ubi materia*i*
ex infinito sunt corpora plura coorta;
inde cadunt uires aliqua ratione reuictae,
aut pereunt res exustae torrentibus auris.
Vmor item quondam coepit superare coortus,

n'aurait pu, de l'éternité jusqu'à nos jours,
braver du temps immense les violents assauts.

La lutte du feu et de l'eau

Alors que les membres gigantesques du monde
se livrent une guerre atroce et sacrilège,
ne vois-tu pas que ce long conflit peut prendre fin,
quand le soleil, par exemple, et toute la chaleur,
buvant toutes les eaux, auront eu la victoire
à laquelle ils tendent, sans succès jusqu'alors.
Tant les courants affluent et du gouffre des mers
menacent de déborder et de tout submerger.
Vaines menaces puisque les eaux diminuent,
balayées par le vent, par le soleil dénouées,
l'un et l'autre espérant dessécher toute chose
avant que l'eau n'atteigne au but de ses efforts.
Ne respirant que la guerre, rivaux de force égale,
ils combattent pour l'empire du vaste monde
puisque le feu, dit-on, fut une fois vainqueur
et qu'une fois les eaux régnèrent sur les plaines.

Phaéton

Oui, le feu triompha, dévorant mainte chose,
quand l'ardeur des coursiers du Soleil s'emporta
et ravit Phaéton à travers cieux et terres.
Mais le Père tout-puissant, ému de noir courroux,
d'un trait de sa foudre frappant l'ambitieux Phaéton,
le précipita de son char sur la terre, et le Soleil
lui prit en sa chute l'éternel flambeau du monde,
ramena sous le joug les coursiers frémissants,
puis les guidant sur leur chemin recréa toutes choses.
Voilà ce qu'ont chanté les anciens poètes de la Grèce[24].
Mais la fable est trop loin du raisonnement vrai.
Le feu, assurément, peut triompher quand ses atomes
surgissent plus nombreux de l'espace infini,
puis ses forces retombent, vaincues par une cause,
ou le monde périt dans les souffles brûlants.
Ainsi rassemblée, l'eau se mit un jour à prévaloir,

ut fama est, hominum multas quando obruit u*rb*is.
Inde ubi uis aliqua ratione auersa recessit
ex infinito fuerat quaecumque coorta,
constiterunt imbres et flumina uim minuerunt.

Sed quibus ille modis coniectus materia*i*
fundarit terram et caelum pontique profunda,
solis, luna*i* cursus, ex ordine ponam.
Nam certe neque consilio primordia rerum
ordine se suo quaeque sagaci mente locarunt,
nec quos quaeque darent motus pepigere profecto,
sed quia multa modis multis primordia rerum
ex infinito iam tempore percita plagis
ponderibusque suis consuerunt concita ferri,
omnimodisque coire atque omnia pertemptare,
quaecumque inter se possent congressa creare,
propterea fit uti magnum uolgata per aeuom,
omn*e* genus coetus et motus experiundo,
tandem conueniant ea quae conuecta repente
magnarum rerum fiunt exordia saepe,
terra*i*, maris, et caeli, generisque animantum.
Hic neque tum solis rota cerni lumine largo
altiuolans poterat, nec magni sidera mundi,
nec mare nec caelum nec denique terra neque aer,
nec similis nostris rebus res ulla uideri,
sed noua tempestas quaedam molesque coorta
[440] omnigenis e principiis, discordia quorum
[441] interualla, uias, conexus, pondera, plagas,
[442] concursus, motus turbabat proelia miscens,
[443] propter dissimilis formas uariasque figuras,
[444] quod non omnia sic poterant conuincta manere,
[445] nec motus inter sese dare conuenientis,
[437] diffugere inde loci partes coepere, paresque
[438] cum paribus iungi res, et discludere mundum,
[439] membraque diuidere et magnas disponere partes :
hoc est, a terris altum secernere caelum,
et sorsum mare, uti secreto umore pateret,
sorsus item puri secretique aetheris ignes.

dit-on, engloutissant mainte cité des hommes,
puis, quand la masse surgie de l'infini
reflua tout entière, soumise à une force,
les pluies cessèrent et les fleuves s'apaisèrent.

Naissance du monde

Mais, de quelle façon la rencontre de la matière
a formé la terre, le ciel, les profondeurs de l'océan,
le soleil, la lune et leur cours, je l'exposerai dans l'ordre[25] :
ce n'est pas après concertation ni par sagacité
que les atomes se sont mis chacun à sa place ;
ils n'ont point stipulé quels seraient leurs mouvements.
Tous ces principes des choses, de mille manières
ébranlés par les chocs, emportés par leur poids,
depuis un temps infini n'ont cessé de se mouvoir,
de s'unir en tous sens, de tenter toutes les créations
que leurs combinaisons étaient capables de former :
ainsi, à force d'errer dans la grande éternité,
d'essayer toutes sortes d'unions et de mouvements,
ils en viennent soudain à des rassemblements
qui forment l'origine de ces grandes choses,
la terre, la mer, le ciel et le genre des vivants.
Ni la roue du soleil, large lumière, sublime vol,
ni les astres du grand monde, ni la mer ni le ciel
n'étaient alors visibles, ni la terre ni l'air,
rien qui ressemblât aux choses d'aujourd'hui ;
c'était une tempête nouvelle, une masse inouïe
d'atomes de toutes sortes dont la discorde confondait
les distances, trajets, liaisons, poids et chocs,
mouvements et rencontres en une mêlée guerrière ;
à cause de leurs formes et de leurs figures variées,
ils ne pouvaient tous rester unis en ce chaos
ni se communiquer des mouvements harmonieux[26],
mais des parties commencèrent à s'échapper,
le semblable à s'unir au semblable pour définir un monde,
en distribuer les membres et les grandes parties.
Ils séparèrent donc la terre et les hauteurs du ciel,
formant à part la mer, qui s'ouvrit en humeur distincte,
et les feux de l'éther, pur et discret, séparés.

Quippe etenim primum terrai corpora quaeque,
propterea quod erant grauia et perplexa, coibant
in medio atque imas capiebant omnia sedes;
quae quanto magis inter se perplexa coibant,
tam magis expressere ea quae mare, sidera, solem,
lunamque efficerent, et magni moenia mundi.
Omnia enim magis haec e leuibus atque rutundis
seminibus, multoque minoribu' sunt elementis
quam tellus. Ideo, per rara foramina, terrae
partibus erumpens primus se sustulit aether
ignifer, et multos secum leuis abstulit ignis,
non alia longe ratione ac saepe uidemus,
aurea cum primum gemmantis rore per herbas
matutina rubent radiati lumina solis,
exhalantque lacus nebulam fluuiique perennes,
ipsaque ut interdum tellus fumare uidetur;
omnia quae sursum cum conciliantur, in alto
corpore concreto subtexunt nubila caelum.
Sic igitur tum se leuis ac diffusilis aether
corpore concreto circumdatus undique *flex*it,
et late diffusus in omnis undique partis,
omnia sic auido complexu cetera saepsit.
Hunc exordia sunt solis lunaeque secuta,
interutrasque globi quorum uertuntur in auris;
quae neque terra sibi adsciuit nec maximus aether,
quod neque tam fuerunt grauia ut depressa sederent,
nec leuia ut possent per summas labier oras,
et tamen interutrasque ita sunt ut corpora uiua
uersent, et partes ut mundi totius extent;
quod genus in nobis quaedam licet in statione
membra manere, tamen cum sint ea quae moueantur.
His igitur rebus retractis terra repente,
maxuma qua nunc se ponti plaga caerula tendit,
succidit, et salso suffudit gurgite fossas.
Inque dies quanto circum magis aetheris aestus
et radii solis cogebant undique terram
uerberibus crebris extrema ad limina *in* art*u*m,
in medio ut propulsa suo condensa coiret,

Les divers atomes de terre furent les premiers
en vertu de leur poids et de leur enchevêtrement
à s'unir tous au centre, à se déposer en bas[27] ;
plus ils se concentraient et s'enchevêtraient,
plus ils sécrétaient ceux qui formeraient la mer, les astres,
le soleil et la lune, les remparts du monde immense.
Car ces corps sont formés de semences plus légères
et plus rondes, d'éléments plus petits que la terre.
Par ses lâches conduits, se dégageant des parties
de la glèbe, premier à jaillir fut donc l'éther,
flamboyant et léger, entraînant de multiples feux.
Un spectacle assez proche s'offre à nous le matin :
quand les premiers rayons de lumière dorée
parmi les perles de rosée dans l'herbe rougeoient,
un nuage s'exhale des lacs et des fleuves pérennes,
parfois même c'est la terre que nous voyons fumer,
puis ces émanations dans les hauteurs s'unissent,
nuées au corps dense tissant leur voile sous le ciel.
De même, en ce temps-là, l'éther léger et fluide,
corps dense devenu, en orbe s'infléchit
et s'étirant au loin, partout alentour,
enferma le reste dans son étreinte avide.
Ensuite naquirent le soleil et la lune
dont les globes aériens roulent dans l'intervalle.
La terre ne les adopta, ni l'éther immense :
ils n'étaient assez lourds pour siéger tout en bas,
assez légers pour glisser par les régions sublimes.
Dans l'entre-deux cependant ils tournent, corps vivants[28],
et forment des parties de l'ensemble du monde.
De même, dans notre corps, certains membres à l'arrêt
peuvent demeurer tandis que d'autres se meuvent.
Après le retrait de ces atomes, soudain la terre,
où s'étend aujourd'hui le vaste azur de l'océan,
s'effondra et des tourbillons salés emplirent les gouffres.
De jour en jour, plus la chaleur de l'éther alentour
et les rais du soleil par leurs chocs incessants
forçaient toute la terre à réduire ses bords externes,
à se condenser, se rejeter en son milieu,

tam magis expressus salsus de corpore sudor
augebat mare manando camposque natantis,
et tanto magis illa foras elapsa uolabant
corpora multa uaporis et aeris, altaque caeli
densabant procul a terris fulgentia templa.
Sidebant campi, crescebant montibus altis
ascensus; neque enim poterant subsidere saxa,
nec pariter tantundem omnes succumbere part*es*.
Sic igitur terrae concreto corpore pondus
constitit, atque omnis mundi quasi limus in imum
confluxit grauis, et subsedit funditus ut faex;
inde mare, inde aer, inde aether ignifer ipse
corporibus liquidis sunt omnia pura relicta;
et leuior*a* aliis alia; et liquidissimus aether
atque leuissimus aerias super influit auras,
nec liquidum corpus turbantibus aeris auris
commisc*et*; sinit haec uiolentis omnia uerti
turbinibus, sinit incertis turbare procellis;
ipse suos ignis certo fert impete labens.
Nam modice fluere atque uno posse aethera nisu
significat Ponto*s*, mare certo quod fluit aestu,
unum labendi conseruans usque tenorem.

Motibus astrorum nunc quae sit causa canamus.
Principio magnus caeli si uortitur orbis,
ex utraque polum parti premere aera nobis
dicendum est extraque tenere et claudere utrimque;
inde alium supra fluere atque intendere eodem
quo uoluenda micant aeterni sidera mundi;
aut alium supter, contra qui subuehat orbem,
ut fluui*os* uersare rotas atque *h*austra uidemus.
Est etiam quoque uti possit caelum omne manere
in statione, tamen cum lucida signa ferantur;
siue quod inclusi rapidi sunt aetheris aestus
quaerentesque uiam circum uersantur, et ignes
passim per caeli uoluunt summania templa;
siue aliunde fluens alicunde extrinsecus aer

plus la sueur salée de son corps s'exprimant
allait accroître la mer et ses plaines noyées[29]
et plus s'échappaient, loin des terres volant,
les atomes d'air et de feu dont l'amoncellement
formait, hautes fulgurances, les temples du ciel.
S'affalaient les plaines, croissaient les montagnes,
grande ascension, les rocs ne pouvant s'affaisser,
ni toutes les parties s'aplanir également.
Ainsi, le corps durci, la terre en son poids se figea :
la vase, en quelque sorte, du monde entier vers le fond
lourdement conflua et se déposa comme lie;
puis la mer, puis l'air, puis l'éther même, porte-feux,
en leurs corps fluides, tous demeurèrent purs,
les plus légers sur les autres, et le plus liquide,
le plus léger, l'éther, coula au-dessus des airs
sans mêler son corps fluide à leur souffle agité.
Il laisse les autres aux trombes violentes,
il les laisse troubler par d'inconstants orages
et glisse, emportant ses feux d'un même élan.
Qu'il puisse avoir un flux uniforme et constant,
le Pont en témoigne par son cours régulier,
mer au glissement monotone et immuable[30].

Mouvement des astres

Chantons maintenant la cause du mouvement des astres.
Tout d'abord, si l'orbe, le grand orbe céleste tournoie[31],
il faut dire que l'air comprime chacun de ses pôles,
les maintient du dehors et les enclôt de part et d'autre,
un autre flux supérieur faisant tourner la sphère
selon la ronde brillante des astres du ciel éternel[32],
à moins qu'un flux inférieur ne l'entraîne inversement
comme les roues à aubes que font tourner les fleuves[33].
Il se peut aussi que tout le ciel demeure immobile
tandis que se meuvent les signes lumineux :
ou bien, enclos, les courants de l'éther sont impétueux[34]
et, tournant à la ronde en quête d'une issue,
roulent les feux parmi les régions nocturnes du ciel[35];
ou, soufflant d'ailleurs, de l'extérieur, l'air fait tourner les
[astres[36];

uersat agens ignis; siue ipsi serpere possunt
quo cuiusque cibus uocat atque inuitat euntis,
flammea per caelum pascentis corpora passim.
Nam quid in hoc mundo sit eorum ponere certum
difficile est; sed quid possit fiatque per omne
in uariis mundis uaria ratione creati*s*
id doceo, plurisque sequor disponere causas
motibus astrorum quae possint esse per omn*e*;
e quibus una tamen si*e*t hic quoque causa necessest
quae u*e*geat motum signis; sed quae sit earum
praecipere haud quaquamst pedetempti*m* progredient*is*.

Terraque ut in media mundi regione quiescat,
euanescere paulatim et decrescere pondus
conuenit, atque aliam naturam subter habere
ex ineunte aeuo coniunctam atque uniter aptam
partibus aeriis mundi quibus insita uiuit.
Propterea non est oneri neque deprimit auras;
ut sua cuique homini nullo sunt pondere membra,
nec caput est oneri collo, nec denique totum
corporis in pedibus pondus sentimus inesse;
at quaecumque foris ueniunt impostaque nobis
pondera sunt, laedunt, permulto saepe minora.
Vsque adeo mag*n*i refert quid quaeque qu*e*at res.
Sic igitur tellus non est aliena repente
allata, atque auris aliunde obiecta alienis,
sed pariter prima concepta ab origine mundi,
certaque pars eius, quasi nobis membra uidentur.
Praeterea grandi tonitru concussa repente
terra supra quae se sunt concutit omnia motu;
quod facere haut ulla posset ratione, nisi esset
partibus aeriis mundi caeloque reuincta.
Nam communibus inter se radicibus haerent
ex ineunte aeuo coniuncta atque uniter a*p*ta.
Nonne uides etiam quam magno pondere nobis
sustineat corpus tenuissima uis anima*i*,
propterea quia tam coniuncta atque uniter apta est?

ou bien spontanément ils peuvent serpenter
pour se rendre chacun à l'appel de sa nourriture,
corps enflammés paissant çà et là dans le ciel[37].
Poser avec certitude laquelle de ces causes
agit dans notre monde est tâche difficile,
mais ce qui peut se faire et se fait parmi l'univers,
dans les divers mondes diversement créés,
je l'enseigne et m'attache à déployer les causes nombreuses
qui parmi l'univers peuvent mouvoir les astres[38].
Entre toutes il n'en est qu'une, dans notre monde aussi[39],
qui les mette en mouvement, mais quelle est-elle ?
Nul ne peut l'enseigner, qui pas à pas progresse.

Équilibre de la terre

Pour que la terre soit en repos au centre du monde,
son poids doit peu à peu décroître et s'évanouir,
sa partie inférieure posséder une nature diverse,
dès l'origine jointe en un seul ensemble aux régions
aériennes du monde en lesquelles sa vie s'enracine[40].
Voilà pourquoi la terre ne charge ni n'écrase l'air.
Il n'est pas non plus d'homme à qui ses membres pèsent :
la tête n'est pas une charge pour le cou, le poids
de tout le corps enfin n'est pas sensible aux pieds.
Mais les poids imposés venant de l'extérieur
nous blessent quand souvent ils sont bien inférieurs :
tant les propriétés de chaque chose importent.
La terre n'est donc pas une étrangère brusquement
importée, rebut d'autre lieu dans un air étranger.
Elle est née comme lui dès l'origine du monde
dont elle est partie distincte, comme un organe en nous.
Quand un grand coup de tonnerre soudain l'ébranle,
la terre à son tour émeut tout l'espace supérieur :
ce qui serait impossible si elle n'était liée
aux parts aériennes ainsi qu'au ciel du monde.
Par des racines communes ils se tiennent fixés,
unis dès leur naissance et formant un ensemble.
Ne vois-tu pas qu'ainsi, malgré son grand poids,
notre corps est soutenu par l'âme si ténue,
parce qu'ils sont joints et forment un ensemble?

Denique iam saltu perni*ci* tollere corpus
qui*d* potis est nisi uis animae quae membra gubernat?
Iamne uides quantum tenuis natura ualere
possit, ubi est coniuncta graui cum corpore, ut aer
coniunctus terris et nobis est animi uis?

Nec nimio solis maior rota nec minor ardor
esse potest nostris quam sensibus esse uidetur.
Nam quibus e spatiis cumque ignes lumina possunt
ad*i*cere, et calidum membris adflare uaporem,
n*i*l *illa his* interuallis de corpore lib*a*nt
flammarum, nil ad speciem est contractior ignis.
[573] Proinde, calor quoniam solis lumenque profusum
[570] perueniunt nostros ad sensus et loca fulgent,
[571] forma quoque hinc solis debet *f*ilumque uideri,
[572] [573] nil adeo ut possis plus aut minus addere uere.
Lunaque siue notho fertur loca lumine lustrans,
siue suam proprio iactat de corpore lucem,
quidquid id est, nilo fertur maiore figura
quam nostris oculis qua cernimus, esse uidetur.
Nam prius omnia, quae longe semota tuemur
aera per multum, specie confusa uidentur
quam mi<nui> filum. Quapropter luna necesse est,
quandoquidem claram speciem certamque figuram
praebet, ut est oris extremis cumque notata,
quant*a*que quantast, hinc nobis uideatur in alto.
Postremo quoscumque uides hinc aetheris ignes,
quandoquidem quoscumque in terris cernimus <ignis>,
dum tremor <est> clarus, dum cernitur ardor eorum,
perparuom quiddam interdum mutare uidentur
alteram utram in partem filum, quo longius absi*nt*,
[584] scire licet perquam pauxillo posse minores
[595] esse uel exigua maiores p*a*rte breuique.

[590] Illud item non est mirandum, qua ratione
[591] tantulus ille queat tantum sol mittere lumen,
[592] quod maria ac terras omnis caelumque rigando

Enfin d'un bond léger soulever notre corps,
qui donc le peut sinon l'âme, régente des membres?
Ne vois-tu pas combien une nature subtile
devient vigoureuse jointe à un corps lourd,
comme l'air à la terre et l'âme à notre chair?

Grandeur du soleil et de la lune

La roue du soleil ne peut être bien plus grande
ni son ardeur moindre qu'à nos sens elles n'apparaissent[41].
En effet, tant qu'un feu, quelle que soit sa distance,
peut atteindre nos yeux et réchauffer nos membres,
cet intervalle n'enlève rien au corps des flammes
et ne réduit en rien notre vision du foyer même.
Ainsi, puisque l'ardeur et la lumière du soleil
parviennent à nos sens, éclairent nos régions,
concluons qu'ici-bas sa forme et sa taille apparaissent
vraiment, sans qu'il faille rien soustraire ni ajouter.
Que la lune baigne le monde d'un éclat emprunté
ou qu'elle projette la lumière de son corps,
sa forme courant dans le ciel n'est en tout cas
nullement plus grande qu'elle ne paraît à nos yeux.
Car tout objet vu de loin à travers beaucoup d'air
apparaît confusément avant de diminuer.
La lune offrant un aspect clair, une forme précise,
de la terre elle doit nous apparaître en ses hauteurs
telle que la dessinent ses contours extérieurs.
Enfin tous les feux de l'éther aperçus d'ici-bas,
puisque tous les feux que nous voyons sur la terre
tant que leur scintillement est clair, leur ardeur visible,
modifient à peine leur grandeur à nos yeux,
en un sens ou l'autre selon leur éloignement[42],
oui, tous les feux célestes sont à peine plus petits
ou plus grands qu'ils ne paraissent, différence infime.

Chaleur du soleil

Il n'est pas étonnant qu'un si petit soleil
ait le pouvoir d'émettre une lumière si grande
qu'elle emplit la mer, les terres, le ciel entiers

[593] compleat, et calido perfundat cuncta uapore.
[597] Nam licet hinc mundi patefactum totius unum
largifluum fontem scatere atque erumpere lumen,
ex omni mundo quia sic elementa uapor*is*
undique conueniunt, et sic coniectus eorum
confluit, ex uno capite hic ut profluat ardor.
Nonne uides etiam quam late paruus aqua*i*
prata riget fons interdum campisque redundet?
Est etiam quoque uti non magno solis ab igni
aera percip*i*at calidis feruoribus ardor,
opportunus ita est si forte et idoneus aer,
ut queat accendi paruis ardoribus ictus;
quod genus interdum segetes stipulamque uidemus
accidere ex una scintilla incendia passim.
Forsitan et rosea sol alte lampade lucens
possideat multum caecis feruoribus ignem
circum se, nullo qui sit fulgore notatus,
aestifer ut tantum radiorum exaugeat ictum.

Nec ratio solis simplex <et> recta patescit,
quo pacto aestiuis e partibus Aegocerotis
brumalis adeat flexus, atque inde reuertens
Canceris ut uertat metas ad solstitialis,
lunaque mensibus id spatium uideatur obire,
annua sol in quo consumit tempora cursu.
Non, inquam, simplex his rebus reddita causast.
Nam fieri uel cum primis id posse uidetur
Democriti quod sancta uiri sententia ponit,
quanto quaeque magis sint terram sidera propter,
tanto posse minus cum caeli turbine ferri.
Euanescere enim rapidas illius et acris
imminui supter uiris, ideoque relinqui
paulatim solem cum posterioribu' signis,
inferior multo quod sit quam feruida signa.
Et magis hoc lunam : quanto demissior eius
cursus abest procul a caelo terrisque propinquat,
tanto posse minus cum signis tendere cursum.
Flaccidiore ete*ni*m quanto iam turbine fertur

et baigne toute chose de sa chaude vapeur :
si du monde entier s'ouvre ici l'unique source
à larges flots jaillissant et prodiguant la lumière,
peut-être tous les éléments ignés du monde,
accourant de partout, confluent-ils d'un tel élan
que d'une source unique ici s'épanche leur ardeur[43].
Ne vois-tu pas de même un mince filet d'eau
baigner au loin les prés et parfois inonder les plaines?
Ou bien, aussi ténu que soit le foyer du soleil,
son ardeur saisit l'air de brûlantes chaleurs
si d'aventure l'air est propice ou enclin
à s'allumer sous le coup de pauvres ardeurs.
Ainsi parfois voyons-nous les moissons et les chaumes
s'enflammer çà et là d'une seule étincelle.
Peut-être encore le soleil, haut flambeau rougeoyant,
est-il environné d'une grande masse de feu
à l'ardeur invisible, par nul éclat signalée,
brasier sans nul effet que de renforcer les rayons.

Cours relatifs du soleil, de la lune et des astres

Et comment expliquer par une raison simple et directe
que le soleil au sortir de ses quartiers d'été
infléchit sa course vers l'hivernal tropique[44]
du Capricorne puis revient à la borne du Cancer,
tandis que la lune semble tous les mois franchir
l'espace que le soleil met un an à parcourir?
Point de cause simple, dis-je, pour expliquer ces faits.
Il se peut tout d'abord que les choses se passent
comme la parole sacrée du grand Démocrite l'affirme[45] :
plus les astres se trouvent proches de la terre,
moins ils sont entraînés par le tourbillon du ciel.
En effet, la vitesse et la force de ce tourbillon
diminuant vers le bas, le soleil est peu à peu
relégué en arrière avec les derniers astres[46]
parce qu'il est bien plus bas que les signes de feu[47].
Pis encore pour la lune : son cours étant plus bas,
plus éloigné du ciel et plus proche de la terre,
elle peut d'autant moins se mesurer aux astres.
Et plus le tourbillon s'alanguit et l'emporte

inferior quam sol, tanto magis omnia signa
hanc adipiscuntur circum praeterque feruntur.
Propterea fit ut haec ad signum quodque reuerti
mobilius uideatur, ad hanc quia signa reuisunt.
Fit quoque ut e mundi transuersis partibus aer
alternis certo fluere alter tempore possit,
qui queat aestiuis solem detrudere signis
brumalis usque ad flexus gelidumque rigorem,
et qui reiciat gelidis a frigoris umbris
aestiferas usque in partis et feruida signa.
Et ratione pari lunam stellasque putandumst,
quae uoluunt magnos in magnis orbibus annos,
aeribus posse alternis e partibus ire.
Nonne uides etiam diuersis nubila uentis
diuersas ire in partis inferna supernis?
Qui minus illa queant per magnos aetheris orbis
aestibus inter se diuersis sidera ferri?

At nox obruit ingenti caligine terras,
aut ubi de longo cursu sol ultima caeli
impulit atque suos efflauit languidus ignis
concussos itere et labefactos aere multo,
aut quia sub terra cursum conuortere cogit
uis eadem supra quae terras pertulit orbem.
Tempore item certo roseam Matu*t*a per oras
aetheris auroram differt et lumina pandit,
aut quia sol idem, sub terras ille reuertens,
anticipat caelum radiis accendere temptans,
aut quia conueniunt ignes, et semina multa
confluere ardoris consuerunt tempore certo,
quae faciunt solis noua semper lumina gigni;
quod genus Idaeis fama est e montibus altis
dispersos ignis orienti lumine cerni,
inde coire globum quasi in unum et conficere orbem.
Nec tamen illud in his rebus mirabile debet
esse, quod haec ignis tam certo tempore possi*nt*
semina confluere et solis reparare nitorem.
Multa uidemus enim certo quae tempore fiunt

au-dessous du soleil, plus les astres alentour
la prennent de vitesse et passent au-delà.
Si donc elle paraît revenir vers chacun des astres,
plus rapide qu'eux tous, c'est qu'ils la rejoignent encore.
Il se peut aussi que des régions opposées du monde
soufflent en alternance et périodiquement
deux flux d'air, l'un poussant le soleil des signes d'été
à son tropique hivernal et aux rigueurs glaciales,
l'autre le rejetant des ombres gelées du froid
jusqu'aux régions estivales et leurs signes de feu[48].
De même on peut expliquer que la lune et les étoiles[49],
qui roulent les grandes années en leurs grandes orbites,
alternent leur course suivant les flots de l'air.
Et puis ne vois-tu pas sous l'action de vents contraires
les nuages bas aller à l'opposé de ceux d'en haut?
Pourquoi les astres en leurs grands orbes célestes
ne seraient-ils emportés par des courants contraires[50]?

La nuit et le jour

La nuit couvre la terre de son immense brume,
soit qu'après sa longue course le soleil, du ciel
touchant l'extrémité, languide exhale ses feux,
rompus par le voyage et défaillant à force d'air[51],
soit que sous la terre détourne le cours du soleil
la force qui mena sa ronde au-dessus des terres[52].
A l'heure précise, Matuta[53] sur les rives du ciel
répand la rose aurore et la lumière éclôt,
soit que le même soleil venant de sous la terre
par ses rayons saisisse le ciel avant de l'enflammer,
soit qu'à l'heure fixe se rassemblent les feux,
confluent en grand nombre les atomes ignés,
engendrant sans cesse les lumières d'un soleil neuf.
Ainsi, d'après la renommée, du sommet de l'Ida[54]
on aperçoit au lever du jour des feux épars,
qui forment ensuite comme un globe, le disque enfin.
Mais que l'on n'aille point maintenant s'étonner
que les atomes de feu confluent et réparent
en un temps si précis la splendeur du soleil.
Dans toute la nature nous voyons tant de choses

omnibus in rebus. Florescunt tempore certo
arbusta, et certo dimittunt tempore florem.
Nec minus in certo dentes cadere imperat aetas
tempore, et impubem molli pubescere ueste,
et pariter mollem malis demittere barbam.
F*ul*mina postremo, nix, imbres, nubila, uenti,
non nimis incertis fiunt in partibus anni.
Namque ubi sic fuerunt causarum exordia prima,
atque ita res mundi cecidere ab origine prima,
conse*cue* quoque iam re*deunt* ex ordine certo.

Crescere itemque dies licet et tabescere noctes,
et minui luces, cum sumant augmina noctes,
aut quia sol idem sub terras atque superne
imparibus currens amfractibus aetheris oras
partit, et in partis non aequas diuidit orbem,
et quod ab alterutra detraxit parte, reponit
eius in aduersa tanto plus parte relatus,
donec ad id signum caeli peruenit ubi anni
nodus nocturnas exaequat lucibus umbras.
Nam medio cursu flatus aquilonis et austri
distinet aequato caelum discrimine metas
propter signiferi posituram totius orbis,
annua sol in quo conc*l*udit tempora serpens,
obliquo terras et caelum lumine lustrans,
ut ratio declarat eorum qui loca caeli
omnia dispositis signis ornata notarunt,
aut quia crassior est certis in partibus aer,
sub terris ideo tremulum iubar haesitat ignis,
nec penetrare potest facile atque emergere ad ortus,
propterea noctes hiberno tempore longae
cessant, dum ueniat radiatum insigne diei;
aut etiam, quia sic alternis partibus anni
tardius et citius consuerunt confluere ignes
qui faciunt solem certa de surgere parte,
propterea fit uti uideantur dicere uerum

***

s'accomplir à date fixe, les arbres fleurir
et défleurir en leur saison, temps défini.
Temps non moins défini où l'âge fait tomber les dents,
revêt la puberté d'une légère toison
et encadre les joues d'une barbe naissante.
Éclairs enfin, neige, pluies, nuages et vents
suivent assez régulièrement le cours des saisons.
Telles que furent les causes en leurs premiers principes,
telles qu'advinrent les choses dès l'origine du monde,
telles encore elles reviennent suivant un ordre régulier.

Inégalité des jours et des nuits

Les jours allongent et les nuits s'étiolent,
les clartés diminuent quand augmentent les nuits;
peut-être le même soleil parcourant l'éther
décrit-il des arcs inégaux sous la terre et au-dessus[55] :
divisant son orbite en portions dissemblables,
il reporte ce qu'il a retranché d'une part
dans la part opposée qui s'augmente d'autant,
jusqu'à ce qu'il parvienne au signe où le nœud de l'année[56]
équilibre les ombres nocturnes et les clartés.
Car à mi-course, entre l'aquilon et l'auster[57],
le ciel tient les bornes du soleil également distantes[58],
à cause de la position de tout le cercle zodiacal
où cet astre serpente[59] et conclut son cycle annuel,
illuminant de rayons obliques[60] la terre et les cieux,
comme le prouvent ceux qui sur une carte céleste
portèrent les constellations en leur belle ordonnance[61].
Il se peut aussi qu'un air plus épais par endroits
retarde sous la terre les feux tremblants du soleil,
qui peine à le franchir pour émerger à l'orient.
De là viendraient en hiver les lenteurs de la nuit
attendant le retour de l'emblème radieux du jour[62];
il se peut même que, suivant l'alternance des saisons,
plus lentement ou plus vite s'assemblent les feux
qui font surgir le soleil d'une certaine région.
Voilà pourquoi semblent dire la vérité

★★★[63]

Luna potest solis radiis percussa nitere,
inque dies magis <hoc> lumen conuertere nobis
ad speciem, quantum solis secedit ab orbi,
donique eum contra pleno bene lumine fulsit,
atque oriens obitus eius super edita uidit;
inde minutatim retro quasi condere lumen
debet item, quanto propius *i*am solis ad ignem
labitur ex alia signorum parte per orbem;
ut faciunt lunam qui fingunt esse pilai
consimilem, cursusque uiam sub sole tenere.
Est etiam quare proprio cum lumine possit
uoluier, et uarias splendoris reddere formas.
Corpus enim licet esse aliud quod fertur, et una
labitur, omnimodis occursans officiensque,
nec potis est cerni, quia cassum lumine fertur.
Versarique potest, globus ut, si forte, pilai
dimidia ex parti candenti lumine tinctus,
uersandoque globum uariantis edere formas,
donique eam partem, quaecumque est ignibus aucta,
ad speciem uertit nobis oculosque patentis;
inde minutatim retro contorquet, et aufert
luciferam partem glomeraminis atque pilai;
ut Babylonica Chaldaeum doctrina refutans
astrologorum artem contra conuincere tendit,
proinde quasi id fieri nequeat quod pugnat uterque,
aut minus hoc illo sit cur amplectier ausis.
Denique cur nequeat semper noua luna creari
ordine formarum certo certisque figuris,
inque dies priuos aborisci quaeque creata,
atque alia illius reparari in parte locoque,
difficilest ratione docere et uincere uerbis,
ordine cum <uideas> tam certo multa creari.
It uer et Venus, et Veneris praenuntius ante
pennatus graditur, Zep*h*yri uestigia propter
Flora quibus mater praespargens ante uia*i*
cuncta coloribus egregiis et odoribus opplet.
Inde loci sequitur calor aridus, et comes una

Les phases de la lune

La lune peut briller sous l'afflux des rayons solaires
et tourner chaque jour davantage sa clarté vers nous
à mesure qu'elle s'éloigne du disque du soleil,
jusqu'à ce qu'elle resplendisse pleinement face à lui
et, se levant bien haut, voie le coucher de cet astre;
puis elle doit peu à peu revenir cacher sa lumière,
glissant vers le soleil par l'autre partie du zodiaque[64].
Tel est l'avis de ceux qui imaginent la lune
comme une boule tenant son cours sous le soleil[65].
Il se peut aussi qu'elle mène sa propre lumière
et donne en sa ronde des formes d'éclat variées.
Oui, peut-être un autre corps glissant de concert
s'interpose et l'offusque de mille manières
mais demeure invisible parce qu'il court sans lumière[66].
Elle peut aussi tourner comme le ferait une boule
dont la moitié serait teinte de lumière éclatante
et, ainsi tournoyant, produire ses diverses formes
jusqu'à ce qu'elle présente à notre pleine vision
toute la face qui d'aventure est dotée de feux,
puis peu à peu revienne, roulant et dérobant
la face lumineuse de sa masse sphérique :
telle est la doctrine babylonienne des Chaldéens[67],
qui essaie de réfuter l'art des astronomes[68];
comme si la thèse que les uns ou les autres combattent
ne pouvait être vraie ou était moins séduisante[69].
Enfin pourquoi ne naîtrait-il une lune toujours nouvelle,
selon un ordre régulier de formes et de phases,
jour après jour s'évanouissant chaque lune formée,
par une autre recréée en ses place et fonction[70]?
Difficile de prouver que cela soit impossible
quand on voit mainte chose naître en ordre réglé!
Voici le printemps et Vénus, et marchant devant eux
le messager ailé de Vénus; sur les pas de Zéphyr,
Flore sa mère ouvre la voie qu'elle parsème
de couleurs précieuses, de parfums à foison.
A leur suite, la chaleur aride et sa compagne,

p*u*lueru*le*nta Ceres, <et> etesia flabra aquilonum.
Inde autumnus adit, graditur simul Euhius Euan.
Inde aliae tempestates uentique secuntur,
altitonans Volturnus et Auster fulmine pollens.
Tandem bruma niues adfert pigrumque rigorem
reddit; hiemps sequitur crepitans ac dentibus alg*us*.
Quo minus est mirum si certo tempore luna
gignitur, et certo deletur tempore rursus,
cum f*i*eri possint tam certo tempore multa.

Solis item quoque defectus lunaeque latebras
pluribus e causis fieri tibi posse putandumst.
Nam cur luna queat terram secludere *sol*is
lumine et a terris altum caput obstruere ei,
obiciens caecum radiis ardentibus orbem;
tempore e*o*dem aliud facere id non posse putetur
corpus, quod cassum labatur lumine semper?
Solque suos etiam dimittere languidus ignis
tempore cur certo nequeat recreareque lumen,
cum loca praeteriit flammis infesta per auras
quae faciunt ignis interstingui atque perire?
Et cur terra queat lunam spoliare uicissim
lumine, et oppressum solem super ipsa tenere,
menstrua dum rigidas coni per*l*abitur umbras;
tempore eodem aliud nequeat succurrere lunae
corpus, uel supra solis perlabier orbem,
quod radios interrumpat lumenque profusum?
Et tamen ipsa suo si fulget luna nitore,
cur nequeat certa mundi languescere parte,
dum loca luminibus propriis inimica per exit?

Quod superest, quoniam magni per caerula mundi
qua fieri quicquid posset ratione resolui,
solis uti uarios cursus lunaeque meatus
noscere possemus quae uis et causa cieret,
quoue modo <possent> offecto lumine obire

la poudreuse Cérès, et les vents étésiens du nord.
Puis vient l'automne, ainsi que Bacchus Évoé[71].
C'est ensuite le tour d'autres temps, d'autres vents,
vulturne tonnant sur les hauteurs, orageux auster.
Enfin brumaire apporte les neiges et le gel paresseux;
surviennent l'hiver et le froid claquant des dents.
Il est donc moins étrange qu'au temps défini
la lune puisse naître et se détruire à nouveau,
tant de choses en temps réglé se produisant.

Les éclipses

Éclipses du soleil, disparitions de la lune,
tu dois aussi penser qu'elles ont plusieurs causes.
Pourquoi la lune pourrait-elle dérober à la terre
l'éclat du soleil et l'intercepter de sa haute face,
masquant par son disque aveugle les rayons lumineux[72]?
Au même instant, ne saurait-on concevoir cet effet
d'un autre corps qui toujours sans lumière glisserait[73]?
Et le soleil, pourquoi ne pourrait-il à certains moments
défaillir et perdre ses feux, puis recréer sa lumière
quand il a franchi les espaces hostiles à ses flammes,
les régions aériennes qui les font périr et s'éteindre[74]?
Pourquoi donc la terre à son tour priverait-elle la lune
de lumière et tiendrait le soleil sous elle opprimé[75]
quand son cours mensuel passe le cône d'ombres roides[76]?
Pourquoi ne serait-ce pas à même date un autre corps
qui courrait sous la lune ou devant l'orbe du soleil,
interrompant ses rayons et son flot de lumière?
Même si la lune brille de son propre éclat,
pourquoi ne pourrait-elle défaillir en certain lieu du monde
quand elle traverse des régions hostiles à ses feux[77]?

Premières productions de la terre

Voici que désormais à travers l'azur du vaste monde
nous découvrons comment toute chose peut s'accomplir :
les divers parcours du soleil, les marches de la lune;
nous pouvons donc savoir quelle cause les anime
et de quelle façon, leur lumière étant interceptée,

et neque opinantis tenebris obducere terras,
cum quasi coniuent, et aperto lumine rursum
omnia conuisunt clara loca candida luce,
nunc redeo ad mundi nouitatem et mollia terrae
arua, nouo fetu quid primum in luminis oras
tollere *e*t incertis cre*ri*nt committere uentis.

Principio genus herbarum uiridemque nitorem
terra dedit circum collis, camposque per omnis
florida fulserunt uiridanti prata colore,
arboribusque datumst uariis exinde per auras
crescendi magnum inmissis certamen habenis.
Vt pluma atque pili primum saetaeque creantur
quadripedum membris et corpore pennipotentum,
sic noua tum tellus herbas uirgultaque primum
sustulit, inde loci mortalia saecla creauit,
multa modis multis uaria ratione coorta.
Nam neque de caelo cecidisse animalia possunt
nec terrestria de salsis exisse lacunis :
linquitur ut merito maternum nomen adepta
terra sit, e terra quoniam sunt cuncta creata.
Multaque nunc etiam existunt animalia terris
imbribus et calido solis concreta uapore;
quo minus est mirum si tum sunt plura coorta
et maior*a*, noua tellure atque aethere adulta.

Principio genus alituum uariaeque uolucres
oua relinquebant exclusae tempore uerno,
folliculos ut nunc teretis aestate cicadae
lincunt sponte sua uictum uitamque petentes,
Tum tibi terra dedit primum mortalia saecla.
Multus enim calor atque umor superabat in aruis.
Hoc ubi quaeque loci regio o*p*portuna dabatur,
crescebant uteri terram radicibus apti;
quos ubi tempore maturo patefecerat ae*t*as
infantum fugiens umorem aurasque petessens,
conuertebat ibi natura foramina terrae,
et sucum uenis cogebat fundere apertis
consimilem lactis, sicut nunc femina quaeque

ils s'éclipsent, couvrant d'ombre les terres étonnées,
comme s'ils fermaient les yeux et les ouvraient à nouveau
pour contempler le monde illuminé par leur clarté.
Je reviens à la jeunesse du monde, aux terres molles.
Quelles créatures voulurent-elles tout d'abord
porter à la lumière et confier au caprice des vents?

Premières, les herbes : d'un éclat verdoyant
la terre entoura les collines et par toutes les plaines
fulgurèrent les prés, virides, fleurissants;
puis les divers arbres reçurent un élan immense
pour grandir à l'envi, à bride abattue dans les airs[78].
Comme les plumes, les poils ou les soies sont les premiers
à pousser sur le corps des quadrupèdes ou des oiseaux,
ainsi la jeune terre porta les herbes et les pousses
avant de produire les espèces vivantes,
nombreuses et variées, de maintes manières formées.
En effet les animaux ne sont pas tombés du ciel[79],
ni les espèces terrestres surgies des gouffres salés[80].
La terre a donc bien mérité son nom de mère,
puisque de la terre toute chose naquit.
Si beaucoup d'animaux en sortent encore aujourd'hui,
formés par les pluies et la chaleur du soleil,
pourquoi s'étonner qu'ils fussent plus nombreux et plus grands
lorsqu'en la nouveauté des champs et du ciel ils croissaient?

D'abord la gent ailée et les divers oiseaux
quittèrent leurs œufs éclos par le temps printanier,
comme en nos jours d'été les cigales abandonnent
leurs tuniques rondes pour chercher nourriture et vie.
Pour la première fois, la terre produisit des hommes[81].
Chaleur, humidité abondaient alors dans les champs;
aussi, dans tous les lieux où le terrain était favorable,
fixées au sol par des racines, des matrices poussaient
qu'en la saison mature ouvraient les nouveau-nés
dont l'âge fuyait l'eau et recherchait les airs,
puis la nature tournait vers eux les canaux de la terre
qu'elle forçait à verser par ses veines ouvertes
un suc semblable au lait; ainsi, aujourd'hui, la femme

cum peperit, dulci repletur lacte, quod omnis
impetus in mammas conuertitur ille alimenti.
Terra cibum pueris, uestem uapor, herba cubile
praebebat multa et molli lanugine abundans.
At nouitas mundi nec frigora dura ciebat,
nec nimios aestus, nec magnis uiribus auras.
Omnia enim pariter crescunt et robora sumunt.

Quare etiam atque etiam maternum nomen adepta
terra tenet merito, quoniam genus ipsa creauit
humanum, atque anima*l* prope certo tempore fudit
omne quod in magnis bacchatur montibu' passim,
aeria*s*que simul uolucres uariantibu' formis.
Sed quia finem aliquam pariendi debet habere,
destitit, ut mulier spatio defessa uetusto.
Mutat enim mundi naturam totius aetas,
ex alioque alius status excipere omnia debet,
nec manet ulla sui similis res : omnia migrant,
omnia commutat natura et uertere cogit.
Namque aliud putrescit et aeuo debile languet,
porro aliud *suc*crescit et <e> contemptibus exit.
Sic igitur mundi naturam totius aetas
mutat et ex alio terram status excipit alter,
quod *quiit ut* nequeat, possit quod non tulit ante.

Multaque tum tellus etiam portenta creare
conatast mira facie membrisque coorta,
androgynem, interutras<que> nec utr*um*, utr*i*mque remotu
orba pedum partim, manuum uiduata uicissim,
m*u*ta sine ore etiam, sine uoltu caeca reperta,
uinctaque membrorum per totum corpus adhaesu,
nec facere ut possent quicquam, nec cedere quoquam,
nec uitare malum, nec sumere quod *for*et usus.
Cetera de genere hoc monstra ac portenta creabat,
nequiquam, quoniam natura abs*t*erruit auctum,
nec potuere cupitum aetatis tangere florem,
nec reperire cibum nec iungi per Veneris res.
Multa uidemus enim rebus concurrere debere,

après l'enfantement s'emplit d'un lait suave,
toute nourriture vers les mamelles s'élançant[82].
La terre aux nourrissons offrait l'aliment, la chaleur
le vêtement, l'herbe une couche fournie en molle toison.
La jeunesse du monde ignorait les froids rigoureux,
les chaleurs excessives et les vents violents.
Car toute chose grandit et prend force également.

Ainsi, je le répète, la terre a bien mérité
le nom de mère puisqu'elle a spontanément créé
le genre humain et comme au temps fixé produit
les races d'animaux par les grands monts s'ébattant,
et les oiseaux aériens en leurs formes diverses.
Mais puisque sa fécondité doit admettre un terme,
elle cessa d'enfanter comme une femme épuisée par l'âge.
Le temps change en effet la nature du monde entier
et toute chose doit prendre un état après l'autre.
Rien ne demeure semblable, tout se transforme.
La nature altère, modifie toute chose.
Un corps se putréfie et languit de vieillesse,
puis un autre à sa place grandit et sort de l'ombre.
Ainsi donc, avec le temps, la nature du monde entier
se transforme et la terre prend un état après l'autre,
ne pouvant plus ce qu'elle a pu, portant de nouveaux êtres.

Monstres et espèces disparus

Nombreux alors furent les monstres que la terre ébaucha,
étranges par leurs traits et leurs membres : l'hermaphrodite,
ni homme ni femme, équivoque, à l'un et l'autre sexe aliéné,
certains êtres dépourvus de pieds ou de mains,
d'autres muets, sans bouche, ou sans regard, aveugles,
ou bien captifs de leurs membres soudés à leur corps
et ne pouvant rien faire, ni avancer nulle part,
ni éviter le danger, ni pourvoir à leurs besoins[83].
Mais tous ces monstres et prodiges la terre les créait
en vain, car, la nature interdisant leur croissance,
ils ne purent toucher à la fleur tant désirée de l'âge,
trouver leur nourriture ou s'unir par l'acte de Vénus.
Oui, nous voyons qu'il faut le concours de maintes choses

ut propagando possint procudere saecla;
pabula primum ut sint, genitalia deinde per artus
semina qua possint membris manare remissis;
feminaque ut mari*b*us coniungi possit, habere
mutua qui m*u*tent inter se gaudia uterque.

Multaque tum interiisse animantum saecla necessest,
nec potuisse propagando procudere prolem.
Nam quaecumque uides uesci uitalibus auris,
aut dolus aut uirtus aut denique mobilitas est
ex ineunte aeuo genus id tuta*ta* reseruans.
Multaque sunt, nobis ex utilitate sua quae
commendata manent, tutelae tradita nostrae.
Principio genus acre leonum saeuaque saecla
tutatast uirtus, uolpes dolus et fuga ceruos.
At leuisomna canum fido cum pectore corda,
et genus omne quod est ueterino semine partum,
lanigeraeque simul pecudes et bucera saecla,
omnia sunt hominum tutelae tradita, Memmi.
Nam cupide fugere feras pacemque secu*t*ae
sunt et larga suo sine pabula parta labore,
quae damus utilitatis eorum praemia causa.
At quis ni*l* horum tribuit natura, nec ipsa
sponte sua possent ut uiuere, nec dare nobis
utilitatem aliquam quare pateremur eorum
praesidio nostro pasci genus esseque tutum,
scilicet haec aliis praedae lucroque iacebant,
indupedita suis fatalibus omnia uinclis,
donec ad interitum genus id natura redegit.

Sed neque Centauri fuerunt, nec tempore in ullo
esse queunt duplici natura et corpore bino
ex alienigenis membris compacta, potestas
hinc illinc † paruis ut non sit pars † esse potissit.
Id licet hinc quamuis hebeti cognoscere corde.
Principio circum tribus actis impiger annis
floret equus, puer haudquaquam; nam saepe etiam nunc
ubera mammarum in somnis lactantia quaeret.

pour que les êtres se reproduisent et se propagent :
des aliments, puis des voies par où les semences génitales
traversent l'organisme et s'écoulent des membres alanguis,
enfin, pour que la femelle puisse au mâle s'unir,
des organes pour échanger et partager leur joie.

Nombreuses aussi les espèces qui durent alors périr
et ne purent se propager en se reproduisant,
car toutes celles que tu vois respirer l'air vital,
c'est leur ruse, leur bravoure ou leur vitesse enfin
qui depuis l'origine ont sauvegardé leur lignée,
ou bien encore leur utilité nous les recommande :
nombreuses elles subsistent sous notre protection.
La bravoure protégea la race cruelle des lions
et les autres fauves, la ruse les renards, la fuite les cerfs.
Mais ces cœurs fidèles, les chiens au sommeil léger,
et toute l'engeance des bêtes de labour,
les troupeaux laineux et les espèces à cornes
sont tous confiés à la garde des hommes, Memmius.
Portés à fuir les fauves, à rechercher la paix,
une pâture abondante obtenue sans fatigue,
ils reçoivent de nous ces biens pour prix de leurs services.
Mais ceux à qui la nature ne donna nul moyen
de vivre par eux-mêmes ou de nous fournir
un service grâce auquel nous leur accorderions
nourriture et sauvegarde sous notre protection
assurément s'offraient aux autres comme proie et butin,
entravés qu'ils étaient dans leurs chaînes fatales,
jusqu'au jour où la nature amena leur espèce à trépas.

Animaux légendaires

Mais les centaures n'existèrent pas, non, jamais
animal ne peut avoir double nature et double corps,
se former de membres hétérogènes †[84]
avec des parties prises çà et là †.
En voici la preuve pour l'esprit le plus obtus.
Sitôt qu'en sa fougue il atteint ses trois ans,
le cheval touche à la fleur de l'âge, mais non l'enfant
qui souvent encore cherche en rêve un sein gonflé de lait;

Post ubi equum ualidae uires aetate senecta
membraque deficiunt fugienti languida uita,
tum demum pueri*s* aeuo florente iuuentas
o*cc*i*p*it, et molli uestit lanugine malas.
Ne forte ex homine et ueterino semine equorum
confieri credas Centauros posse neque esse,
aut ra*b*idis canibus succinctas semimarinis
corporibus Scyllas, et cetera de genere horum,
inter se quorum discordia membra uidemus;
quae neque florescunt pariter, nec robora sumunt
corporibus, neque pro*i*ciunt aetate senecta,
nec simili Venere ardescunt, nec moribus unis
conueniunt, neque sunt eadem iucunda per artus.
Quippe uidere licet pinguescere saepe cicuta
barbigeras pecudes, homini quae est acre uenenum.
<Denique> flamma quidem cum corpora fulua leonum
tam soleat torrere atque urere quam genus omne
uisceris in terris quodcumque et sanguinis extet,
qui fieri potuit triplici cum corpore ut un*a*,
prima leo, postrema draco, media ipsa C*h*im*a*era
ore f*o*ras acrem flaret de corpore flammam?

Quare etiam tellure noua caeloque recenti
talia qui fingit potuisse animalia gigni,
nixus in hoc uno nouitatis nomine inani,
multa licet simili ratione effutiat ore,
aurea tum dicat per terras flumina u*o*lgo
fluxisse, et gemmis florere arbusta suesse,
aut hominem tanto membrorum esse impete natum,
trans maria alta pedum nisus ut ponere posset,
et manibus totum circum se uertere caelum.
Nam quod multa fuere in terris semina rerum
tempore quo primum tellus animalia fudit,
nil tamen est signi mixtas potuisse creari
inter se pecudes compactaque membra animantum,
propterea quia quae de terris nunc quoque abundant,
herbarum genera ac fruges arbustaque laeta,
non tamen inter se possunt complexa creari,
sed *res* quaeque suo ritu procedit, et omnes

et puis quand les forces abandonnent l'animal vieillissant,
quand la vie s'échappe de ses membres languides,
alors enfin la jeunesse en fleur saisit l'enfant
et revêt ses joues d'une molle toison.
Ne va donc pas croire que des semences d'homme et de cheval
puissent former des centaures, ne leur prête point vie,
non plus qu'à des êtres ceints de chiens enragés,
scylles au corps semi-marin[85] et tous monstres semblables
dont nous voyons que les membres ne s'accordent pas :
ils n'atteignent en même temps ni la fleur de l'âge,
ni leur pleine force, ni le déclin de la vieillesse,
ne brûlent d'amours semblables, ne se rencontrent
en leurs mœurs, ne goûtent les mêmes joies du corps.
C'est ainsi que l'on voit des chèvres à longue barbe
s'engraisser de ciguë, violent poison pour l'homme.
Et puisque enfin le feu rôtit et consume
le corps fauve des lions comme toutes les races
de chair et de sang qui existent sur la terre,
comment donc la chimère, à la fois une et triple,
lion par la tête, dragon par la queue, chèvre au milieu,
aurait-elle pu souffler l'ardente flamme de sa gueule ?

Ainsi donc, imaginer qu'en la nouveauté de la terre,
en la jeunesse du ciel de tels animaux aient pu naître,
c'est se fonder sur l'unique et vain mot de nouveauté
pour s'autoriser à débiter maintes fables de ce genre.
Alors, prétendra-t-on, des fleuves d'or communément
par la terre coulaient, des gemmes fleurissaient les arbres[86],
ou encore naquit un homme aux membres si élancés
qu'il pouvait d'un seul pas franchir les mers profondes
et faire de ses mains tourner le ciel entier[87].
S'il y eut certes dans la terre de nombreuses semences
au temps où elle commençait à produire les animaux,
ce n'est aucunement le signe qu'elle ait pu créer
des bêtes hybrides, mêler les membres des vivants.
Car les espèces qui poussent encore à profusion,
les herbes, les céréales et les arbres fertiles,
ne peuvent cependant se former pêle-mêle,
mais toute chose procède selon son propre rite

foedere naturae certo discrimina seruant.

At genus humanum multo fuit illud in aruis
durius, ut decuit, tellus quod dura creasset,
et maioribus et solidis magis ossibus intus
fundatum, ualidis aptum per uiscera neruis,
nec facile ex aestu nec frigore quod caperetur
nec nouitate cibi nec labe corporis ulla.
Multaque per caelum solis uoluentia lustra
uolgiuago uitam tractabant more ferarum.
Nec robustus erat curui moderator aratri
quisquam, nec scibat ferro mo*l*irier arua,
nec noua defodere in terram uirgulta, neque altis
arboribus ueteres decidere falcibu' ramos.
Quod sol atque imbres dederant, quod terra crearat
sponte sua, satis id placabat pectora donum.
Glandiferas inter curabant corpora quercus
plerumque; et quae nunc hiberno tempore cernis
arbita puniceo fieri matura colore,
plurima tum tellus etiam maiora ferebat.
Multaque praeterea nouitas tum florida mundi
pabula dura tulit, miseris mortalibus ampla.
At sedare sitim fluuii fontesque uocabant,
ut nunc montibus e magnis decursus aquai
claricitat *l*ate sitientia saecla ferarum.
Denique nota uag*i* siluestria templa tenebant
nympharum, quibus e scibant umor*i*' fluenta
lubrica proluuie larga lauere umida saxa,
umida saxa, super uiridi stillantia musco,
et partim plano scatere atque erumpere campo.
Necdum res igni scibant tractare, neque uti
pellibus et spoliis corpus uestire ferarum,
sed nemora atque cauos montis siluasque colebant,
et frutices inter condebant squalida membra,
uerbera uentorum uitare imbrisque coacti.
Nec commune bonum poterant spectare, neque ullis
moribus inter se scibant nec legibus uti.

et par une loi naturelle garde ses différences.

Les premiers hommes

La race des hommes était bien plus dure dans les champs,
comme il convenait aux rejetons d'une terre dure :
charpentée par des os plus grands et plus solides[88],
arrimée dans toutes ses chairs par de puissants tendons,
elle ne risquait guère de pâtir du chaud ou du froid,
de la nouveauté des aliments ou d'une défaillance.
Maintes révolutions du soleil s'étaient accomplies
qu'ils menaient encore la vie errante des bêtes.
Nul n'employait sa force à conduire l'araire courbe,
nul ne savait par le fer labourer les champs,
planter les jeunes pousses en terre, ni par la faux
couper des grands arbres les anciennes ramures.
Ce que le soleil et les pluies donnaient, ce que la terre formait,
voilà les dons qui suffisaient à calmer les cœurs.
Le plus souvent parmi les chênes et les glands
ils restauraient leur corps; les fruits qu'en nos hivers
tu vois mûrir et se colorer de pourpre, les arbouses,
la terre les portait alors plus nombreux et plus grands.
La florissante nouveauté du monde prodiguait
une rude pitance, aux malheureux mortels abondance.
Fleuves et sources les invitaient à se désaltérer,
comme aujourd'hui, dévalant les grandes montagnes,
le torrent claironne son appel aux fauves assoiffés.
Enfin dans leurs courses ils avaient des nymphes remarqué
les grottes sylvestres qu'ils gardaient en mémoire,
certains d'y voir jaillir des cascades d'eau vive
lavant à larges flots les humides rochers,
humides rochers aux mousses vertes emperlées de rosée;
ils savaient d'autres sources jaillissant dans les plaines.
Mais ils ignoraient encore comment user du feu,
des peaux de bêtes, se vêtir de leurs dépouilles;
bois, grottes, montagnes et taillis, voilà leurs demeures,
c'est dans les broussailles qu'ils abritaient leurs membres sales
et fuyaient les coups cinglants des vents et des pluies.
Le bien commun, ils ne pouvaient l'envisager, et rien,
ni coutume ni loi, ne réglait leurs rapports.

Quod cuique obtulerat praedae fortuna, ferebat
sponte sua sibi quisque ualere et uiuere doctus.
Et Venus in siluis iungebat corpora amantum;
conciliabat enim uel mutua quamque cupido,
uel uiolenta uiri uis atque inpensa libido,
uel pretium, glandes atque arbita uel pira lecta.
Et manuum mira freti uirtute pedumque
consectabantur siluestria saecla ferarum
[975] missilibus saxis et magno pondere clauae;
[968] multaque uincebant, uitabant pauca latebris;
[969] saetigerisque pares subus siluestria membra
[970] nu<da> dabant terrae nocturno tempore capti,
[971] circum se foliis ac frondibus inuoluentes.
[972] Nec plangore diem magno solemque per agros
[973] quaerebant pauidi palantes noctis in umbris,
[974] sed taciti respectabant somnoque sepulti,
dum rosea face sol inferret lumina caelo.
A paruis quod enim consuerant cernere semper
alterno tenebras et lucem tempore gigni,
non erat ut fieri posset mirarier umquam,
nec diffidere ne terras aeterna teneret
nox in perpetuum detracto lumine solis.
Sed magis illud erat curae quod saecla ferarum
infestam miseris faciebant saepe quietem;
eiectique domo fugiebant saxea tecta
spumigeri suis aduentu ualidique leonis,
atque intempesta cedebant nocte pauentes
hospitibus saeuis instrata cubilia fronde.
Nec nimio tum plus quam nunc mortalia saecla
dulcia linquebant lamentis lumina uitae.
Vnus enim tum quisque magis deprensus eorum
pabula uiua feris praebebat, dentibus haustus,
et nemora ac montis gemitu siluasque replebat,
uiua uidens uiuo sepeliri uiscera busto.
At quos effugium seruarat corpore adeso,
posterius tremulas super ulcera taetra tenentes
palmas, horriferis accibant uocibus Orcum,
d*o*nique eos uita priauarant uermina saeua

Ils saisissaient toute proie que le hasard leur offrait,
ayant appris à vivre et prospérer chacun pour soi[89].
Et Vénus dans les bois unissait les corps des amants.
Nulle qui ne cédât au désir partagé,
ou à la vive violence et à l'élan de l'homme en rut,
ou au gain, arbouses, baies et poires choisies.
Confiants en l'étonnante vigueur de leurs mains et de leurs [pieds,
ils pourchassaient les animaux sauvages des forêts
avec des frondes et de lourdes massues.
Vainqueurs souvent, parfois ils couraient se cacher.
Pareils aux sangliers porte-soies, ils donnaient à la terre
leurs membres nus et sauvages pris par la nuit,
s'enveloppant de feuilles et de branchages.
Ils n'erraient pas en quête du jour et du soleil,
saisis de panique et hurlant dans la nuit,
mais ensevelis dans le sommeil ils attendaient en silence
que le rouge flambeau du soleil porte au ciel la lumière.
Accoutumés dès l'enfance à voir constamment
les ténèbres et le jour renaître tour à tour,
ils n'avaient aucune raison de s'en étonner,
ni de craindre qu'à jamais la terre ne sombrât
dans la nuit, lumière du soleil pour toujours enfuie.
Leur souci était plutôt, malheureux hommes,
les bêtes sauvages qui menaçaient leur sommeil :
chassés de leurs abris de pierre, ils s'enfuyaient
devant un sanglier écumant, un lion féroce,
au plus profond de la nuit ils cédaient épouvantés
à ces hôtes furieux leurs couches de feuillages.
Mais, pas plus qu'aujourd'hui, les hommes ne devaient
quitter dans les larmes les douces lumières de la vie.
Certes, il était plus fréquent que l'un d'eux offrît
vivante pâture, happé, englouti par des crocs,
et remplît de gémissements bosquets, monts et forêts,
à voir ses chairs vives en un vivant tombeau ensevelies.
D'autres encore, que la fuite avait sauvés, corps mutilé,
paumes tremblantes sur leurs plaies infectées,
avec des cris horribles appelaient Orcus[90],
et de cruelles convulsions les achevaient enfin,

expertis opis, ignaros quid uolnera uellent.
At non multa uirum sub signis milia ducta
una dies dabat exitio, nec turbida ponti
aequora lidebant nauis ad saxa uirosque;
sed temere incassum frustra mare saepe coortum
saeui*b*at, leuiterque minas po*n*eba*t* inanis,
nec poterat quemquam placidi pellacia ponti
subdola pellicere in fraudem ridentibus undis.
[Improba nauigii ratio tum caeca iacebat.]
Tum penuria deinde cibi languentia leto
membra dabat, contra nunc rerum copia mersat.
Illi *im*prudentes ipsi sibi saepe uenenum
uergebant, nu*nc* dant <aliis> sollertius ipsi.

Inde casas postquam ac pellis ignemque pararunt,
et mulier coniuncta uiro concessit in unum

***

cognita sunt, prolemque ex se uidere creatam,
tum genus humanum primum mollescere coepit.
Ignis enim curauit ut alsia corpora frigus
non ita iam possent caeli sub tegmine ferre,
et Venus imminuit uiris, puerique parentum
blanditiis facile ingenium fregere superbum.
Tunc et amicitiem coeperunt iungere auentes
finitimi inter se nec laedere nec uiolar*i*,
et pueros commendarunt muliebreque saeclum,
uocibus et gestu cum balbe significarent
imbecillorum esse aecum misererier omni*s*.
Nec tamen omnimodis poterat concordia gigni,
sed bona magnaque pars seruabat foedera caste;
aut genus humanum iam tum foret omne peremptum,
nec potuisset adhuc perducere saecla propago.

At uarios linguae sonitus natura subegit
mittere, et utilitas expressit nomina rerum,
non alia longe ratione atque ipsa uidetur
protrahere ad gestum pueros infantia linguae,
cum facit ut digito quae sint praesentia monstre*nt*.

démunis, ignorants des soins qu'exigeaient leurs blessures.
Mais on ne voyait pas les humains, enrôlés par milliers,
en un jour livrés au trépas, ni les flots tourmentés
briser sur les écueils les navires et leurs équipages.
En vain s'enflait, en vain se déchaînait la mer
et délaissait étourdiment ses menaces vides ;
les traîtres enchantements de l'océan placide
ne prenaient jamais l'homme au piège d'une onde rieuse.
[L'art perfide de la navigation gisait dans les ténèbres[91].]
Alors la famine livrait à la mort leurs corps épuisés,
maintenant au contraire l'abondance les engloutit.
Souvent par ignorance ils se versaient du poison,
maintenant ils sont habiles à le donner aux autres.

Puis, quand ils eurent des huttes, des peaux et du feu,
quand la femme unie à l'homme[92]

***

furent connus et qu'ils se virent une descendance,
l'espèce humaine commença à s'adoucir.
Le feu rendit les corps frileux, incapables
de supporter le froid sous le manteau du ciel.
Vénus énerva leur vigueur, et les caresses des enfants
fléchirent aisément le fier caractère des parents.
Alors, ils commencèrent à se lier d'amitié
en voisins désireux d'éviter le mal et les offenses,
ils se recommandèrent les enfants et les femmes,
signifiant en balbutiant, de la parole et du geste,
qu'il était juste que tous aient pitié des faibles.
Même si la concorde ne pouvait toujours naître,
pour une bonne part ils respectaient les pactes[93],
sinon le genre humain eût dès lors disparu,
les générations n'auraient pu se propager jusqu'à nous.

Origine du langage

La nature fit émettre les divers sons du langage
et l'utilité exprimer le nom des choses.
Un exemple voisin nous est fourni par les enfants :
l'incapacité même de parler les pousse au geste,
leur fait montrer du doigt les objets présents.

Sentit enim uis quisque suas quo*a*d possit abuti.
Cornua nata prius uitulo quam frontibus extent,
illis iratus petit atque infestus inurget.
At catuli pantherarum scymnique leonum
unguibus ac pedibus iam tum morsuque repugnant,
uix *e*tiam cum sunt dentes unguesque creati.
Alituum *p*orro genus alis omne uidemus
fidere et a pinnis tremulum petere auxiliatum.
Proinde putare aliquem tum nomina distribuisse
rebus et inde homines didicisse uocabula prima,
desiperest. Nam cur hic posset cuncta notare
uocibus et uarios sonitus emittere linguae,
tempore eodem alii facere id non quisse putentur?
Praeterea si non alii quoque uocibus usi
inter se fuerant, unde insita notities est
utilita*ti*s, et unde data est huic prima potestas,
quid uellet facere ut sciret animoque uideret?
Cogere item pluris unus uictosque domare
non poterat, rerum ut perdiscere nomina uellent.
Nec ratione docere ulla suadereque surd*i*s,
quid sit opus facto, facile*st*; neque enim paterentur,
nec ratione ulla sibi ferrent amplius auris
uocis inauditos sonitus obtundere frustra.
Postremo quid in hac mirabile tantoperest re,
si genus humanum, cui uox et lingua uigeret,
pro uario sensu uari*a* res uoce notaret?
Cum pecudes mutae, cum denique saecla ferarum
dissimilis soleant uoces uariasque ciere,
cum metus aut dolor est, et cum iam gaudia gliscunt.
Quippe etenim licet i*d* rebus cognoscere apertis.
Inritata canum cum primum magna Molossum
mollia ricta *f*remunt duros nudantia dentes,
longe alio sonitu rabie*s* <re>stricta minatur,
et cum iam latrant et uocibus omnia complent.
At catulos blande cum lingua lambere temptant,
aut ubi eos *i*actant pedibus, morsuque petentes
suspensis teneros imitantur dentibus haustus,
longe alio pacto gannitu uocis adulant,
et cum deserti baubantur in aedibus, aut cum

Car chacun sent à quoi s'emploieront ses pleines facultés[94].
Le veau irrité menace et poursuit de ses cornes
avant qu'elles ne soient apparues sur son front.
Les petits des panthères et les jeunes lionceaux
se battent à coups de griffes, de pattes et de morsures
quand leurs crocs et leurs ongles sont à peine formés.
Tous les oiseaux enfin, nous les voyons se fier à leurs ailes
et demander à leur plumage une aide tremblante.
Penser qu'un homme ait pu donner alors les divers noms
aux choses, les autres apprenant de lui les premiers vocables,
est folie[95]. Pourquoi donc eût-il pu marquer toutes choses
par des noms, émettre les divers sons du langage
en un temps où les autres en étaient incapables?
Et puis, si les autres n'avaient déjà usé entre eux
de la parole, comment s'est inscrite en cet homme
la notion de son usage et d'où lui est venu le privilège
de savoir ce qu'il voulait faire et de le voir en esprit?
Un seul homme, forcer leur multitude et les dompter?
Non, ils n'auraient pas voulu apprendre le nom des choses!
Il n'est du reste aucune façon d'enseigner à des sourds
ce qu'il faudrait faire ni de les en persuader.
Ils s'y refuseraient, ne souffrant d'aucune manière
que leurs oreilles fussent plus longtemps
par les sons inaudibles de la voix frappées en vain.
Mais enfin, pourquoi tant s'étonner
si le genre humain, ayant voix et langue efficaces[96],
nota les choses de sons variant avec la sensation[97]
quand les troupeaux muets, quand les bêtes sauvages
émettent des sons différents et variables
selon qu'ils souffrent ou craignent ou que leur joie éclate,
comme nous l'apprennent des faits évidents?
Lorsque les molosses frémissent de colère,
leurs grandes babines molles dénudant leurs crocs durs,
leur rage contenue[98] fait entendre un bruit menaçant,
fort éloigné des aboiements qui remplissent l'espace.
Et lorsqu'ils cajolent et lèchent leurs petits,
les culbutent entre leurs pattes, les prennent dans leur gueule,
leur jappement d'affection est bien différent
de leur hurlement désolé parmi la maison vide

plorant*e*s fugiunt summisso corpore plagas.
Denique non hinnitus item differre uidetur,
inter equas ubi equus florenti aetate iuuencus
pinnigeri saeuit calcaribus ictus Amoris,
et fremitum patulis sub naribus edit ad arma,
et cum sic alias concussis artubus hinnit?
Postremo genus alituum uariaeque uolucres,
accipitres atque ossifragae mergique, marinis
fluctibus in salso uictum uitamque petentes,
longe alias alio iaciunt in tempore uoces,
et cum de uictu certant praeda*e*que repugnant.
Et partim mutant cum tempestatibus una
raucisonos cantus, cornicum *u*t saecla uetusta
cor*u*orumque greges ubi aquam dicuntur et imbris
poscere et interdum uentos aurasque uocare.
Ergo si uarii sensus animalia cogunt,
muta tamen cum sint, uarias emittere uoces,
quanto mortalis magis aecumst tum potuisse
dissimilis alia atque alia res uoce notare!

Illud in his rebus tacitus ne forte requiras,
fulmen detulit in terram mortalibus ignem
primitus, inde omnis flammarum diditur ardor.
Multa uidemus enim caelestibus insita flammis
fulgere, cum caeli donauit plaga uapor*e*.
*E*t ramosa tamen cum uentis pulsa uacillans
aestuat in ramos incumbens arboris arbor,
exprimitur ualidis extritus uiribus ignis,
e*t* micat interdum flamma*i* feruidus ardor,
mutua dum inter se rami stirpesque teruntur.
Quorum utrumque dedisse potest mortalibus ignem.
Inde cibum coquere ac flammae mollire uapore
sol docuit, quoniam mitescere multa uidebant
uerberibus radiorum atque aestu uicta per agros.
Inque dies magis *hi* uictum uitamque priorem
commutare nouis monstrabant rebus et igni,
ingenio qui praestabant et corde uigebant.

ou de leur plainte quand l'échine basse ils fuient les coups.
Et le hennissement n'apparaît-il pas divers
quand parmi les cavales un jeune et fougueux étalon,
s'emportant sous l'aiguillon de l'amour empenné,
frémit pour livrer le combat[99], les naseaux dilatés,
et quand d'autres fois tout tremblant il hennit encore?
Enfin la gent ailée, tous les oiseaux diaprés,
les éperviers, les orfraies, les plongeons qui parmi les flots
amers de l'océan vont quérir nourriture et vie
lancent à différents moments de tout autres cris
que lorsqu'ils luttent pour manger et disputent leur proie.
Quelques-uns encore modulent selon le temps
leur chant rauque, ainsi les corneilles centenaires,
les bandes de corbeaux qui réclament, dit-on,
l'eau et la pluie, parfois les vents et les tempêtes.
Si donc des sensations variées poussent les animaux,
tout muets qu'ils soient, à émettre des sons variés,
combien il est plus normal que les hommes d'alors
aient pu noter par des sons divers les diverses choses!

Découverte du feu

Pour prévenir ici tes muettes inquiétudes,
c'est la foudre qui sur la terre aux mortels apporta
le feu primordial d'où naquit l'ardeur de toute flamme.
Que de corps voyons-nous fulgurer de flammes célestes
quand un coup du ciel leur a transmis sa chaleur!
Si pourtant un arbre branchu vacille sous les vents
et ployant s'échauffe contre les branches d'un autre arbre,
une étincelle jaillit par le frottement violent
et parfois éclate la ferveur ardente des flammes,
tandis que les branches et les troncs s'entrechoquent.
Le feu par ces deux moyens a pu venir aux hommes.
Ensuite le soleil leur apprit à cuire les aliments,
à les amollir au feu, parce qu'ils voyaient maintes choses
mûrir à travers champs sous ses rayons et sa chaleur.
De jour en jour ils modifiaient leur nourriture et leur vie
par la découverte de nouvelles choses et par le feu
suivant le modèle des plus ingénieux et des plus sages.

Condere coeperunt urbis arcemque locare
praesidium reges ipsi sibi perfugiumque,
et pecu*a* atque agros diuiser*e* atque de*d*ere
pro facie cuiusque et uiribus ingenioque ;
nam facies multum ualuit uiresque uigebant.
Posterius res inuentast aurumque repertum
quod facile et ualidis et pulchris dempsit honorem ;
diuitioris enim sectam plerumque secuntur
quanlubet et fortes et pulchro corpore creti.
Quod si quis uera uitam ratione gubernet,
diuitiae grandes homini sunt uiuere parce
aequo animo neque enim est umquam penuria parui.

At claros homines uoluerunt se atque potentes,
ut fundamento stabili fortuna maneret
et placidam possent opulenti degere uitam,
nequiquam, quoniam ad summum succedere honorem
certante*s* *i*ter infestum fecere uia*i*,
et tamen e summo, quasi fulmen, deicit ictos
inuidia interdum contemptim in Tartara taetra ;
[1131] inuidia quoniam, ceu fulmine, summa uaporant
[1132] plerumque et quae sunt al*i*is magis edita cumque ;
[1127] ut satius multo iam sit parere quietum
[1128] quam regere imperio res uelle et regna tenere.
[1127] Proinde sine incassum defessi sanguine sudent,
[1130] angustum per iter luctantes ambitionis ;
quandoquidem sapiunt alieno ex ore, petuntque
res ex auditis potius quam sensibus ipsis,
nec magis id nunc est neque erit mox quam fuit ante.

Ergo regibus occisis subuersa iacebat
pristina maiestas soliorum et sceptra superba,
et capitis summi praeclarum insigne cruentum
sub pedibus uolgi magnum lugebat honorem ;
nam cupide conculcatur nimis ante metutum.
Res itaque ad summam faecem turbasque redibat,

Origine des cités et de la richesse

Les rois fondèrent les premières villes et citadelles
pour se défendre et se réfugier dans ces places fortes.
Les troupeaux et les champs, ils les distribuèrent
selon la beauté, la force et l'esprit de chacun.
La beauté et la force étaient grandement prisées.
Plus tard on inventa la richesse, on découvrit l'or,
qui ravirent la palme à la bravoure, à la beauté.
Car très souvent le riche est suivi du cortège
des plus vaillants et des plus beaux parmi les hommes.
Or, si l'on gouverne sa vie d'après la vraie raison,
la plus grande richesse humaine est une vie frugale,
une âme sereine, car de peu il n'est jamais manque.

Mais les mortels se sont voulus illustres et puissants
pour bâtir leur destin sur des bases solides
et par leur opulence mener paisible vie.
En vain! Pour parvenir au faîte des honneurs
ils engagent des luttes qui rendent la voie périlleuse;
arrivent-ils au faîte, la foudre de l'envie les frappe,
les précipite honteusement dans l'horrible Tartare.
Car l'envie, comme la foudre, embrase d'abord
les sommets et tout ce qui dépasse l'ordinaire.
Mieux vaut mille fois obéir paisiblement
que vouloir régir le monde et obtenir le trône.
Laisse-les donc suer le sang et s'épuiser en vain
à lutter sur le chemin étroit de l'ambition
puisque leur goût dépend de la bouche d'autrui,
leurs désirs de l'opinion plus que de leur sensation,
aujourd'hui et demain tout ainsi qu'autrefois.

Renversement des rois; le droit et la justice

Les rois assassinés, l'ancienne majesté des trônes
et les sceptres orgueilleux gisaient donc renversés,
le brillant emblème ensanglanté de la tête souveraine
sous les pieds de la foule pleurait son grand honneur,
car on piétine avidement ce que l'on a trop craint.
Ainsi les choses tournaient à la boue et au désordre extrêmes,

imperium sibi cum ac summatum quisque petebat.
Inde magistratum partim docuere creare
iuraque constituere ut uellent legibus uti.
Nam genus humanum, defessum ui colere aeuom,
ex inimicitiis languebat ; quo magis ipsum
sponte sua cecidit sub leges artaque iura.
Acrius ex ira quod enim se quisque parabat
ulcisci quam nunc concessumst legibus aequis,
hanc ob rem est homines pertaesum ui colere aeuom.
Inde metus maculat poenarum praemia uitae.
Circumretit enim uis atque iniuria quemque,
atque unde exortast ad eum plerumque reuertit,
nec facilest placidam ac pacatam degere uitam
qui uiolat factis communia foedera pacis.
Etsi fallit enim diuom genus humanumque,
perpetuo tamen id fore clam diffidere debet ;
quippe ubi se multi per somnia saepe loquentes
aut morbo d*e*lirantes protraxe ferantur
et celata <diu> in medium *p*eccata dedisse.

Nunc quae causa deum per magnas numina gentis
peruolgarit, et ararum compleuerit urbis,
suscipiendaque curarit sollemnia sacra,
quae nunc in magnis florent sacra rebu' locisque,
unde etiam nunc est mortalibus insitus horror
qui delubra deum noua toto suscitat orbi
terrarum, et festis cogit celebrare diebus,
non ita difficilest rationem reddere uerbis.
Quippe etenim iam tum diuom mortalia saecla
egregias animo facies uigilante uidebant,
et magis in somnis mirando corporis auctu.
His igitur sensum tribuebant propterea quod
membra mouere uidebantur uocesque superbas
mittere, pro facie praeclara et uiribus amplis.
Aeternamque dabant uitam, quia semper eorum
subpeditabatur facies et forma manebat,
et tamen omnino quod tantis uiribus auctos
non temere *u*lla ui conuinci posse putabant.

chacun voulant pour soi le pouvoir et le rang suprême.
Puis certains professèrent la création de magistrats,
instaurèrent le droit pour amener l'usage des lois.
Oui, le genre humain, lassé d'une vie de violence,
épuisé de discordes, se soumit de lui-même,
d'autant plus volontiers, aux lois, à la stricte justice[100].
La colère inspirant à chacun vengeance plus âpre
que ne le permettent aujourd'hui des lois équitables,
les hommes prirent en dégoût ce temps de violence.
La peur du châtiment gâta dès lors les profits de la vie.
Car la violence et l'injustice comme des rets
retombent d'ordinaire sur qui les a tendus;
mener vie calme et paisible est donc bien difficile
à qui viole par ses méfaits les pactes communs de la paix.
Même si son crime échappe aux hommes et aux dieux,
il ne peut espérer qu'il restera toujours secret.
Bien des hommes, dit-on, en parlant dans leurs rêves
ou dans le délire de la maladie, ont relaté
et trahi des fautes depuis longtemps enfouies.

La notion des dieux; la superstition

Maintenant, quelle cause répandit à travers les nations
les puissances divines, remplit les villes d'autels,
recueillit avec soin les rites solennels,
encore célébrés dans les grands États[101], les grands lieux,
d'où vient, encore implantée chez les mortels, la terreur
qui fait ériger des temples sur toute la terre
et contraint à les fréquenter aux jours de fête,
il n'est pas si difficile d'en donner la raison.
Alors déjà, les mortels voyaient en effet des dieux
les figures merveilleuses quand leur esprit veillait,
et plus encore en rêve les corps à la taille étonnante[102].
Ils leur attribuaient la sensibilité
parce qu'ils les voyaient se mouvoir, lancer des paroles
hautaines en accord avec leur beauté, leur grande force.
Ils leur prêtaient l'immortalité parce que leur visage
se présentait toujours et que sa forme demeurait[103],
mais aussi parce qu'ils étaient si vigoureux
qu'aucune force, pensaient-ils, ne pouvait les vaincre.

Fortunisque ideo longe praestare putabant,
quod mortis timor haud quemquam uexaret eorum,
et simul in somnis quia multa et mira uidebant
efficere et nullum capere ipsos inde laborem.
Praeterea caeli rationes ordine certo
et uaria annorum cernebant tempora uerti,
nec poterant quibus id fieret cognoscere causis.

Ergo perfugium sibi habebant omnia diuis
tradere et illorum nutu facere omnia flecti.
In caeloque deum sedes et templa locarunt,
per caelum uolui quia nox et luna uidetur,
luna, dies et nox, et noctis signa seuera,
noctiuagaeque faces caeli flammaeque uolantes,
nubila, sol, imbres, nix, uenti, f*ul*mina, grando,
et rapidi fremitus et murmura magna minarum.
O genus infelix humanum, talia diuis
cum tribuit facta atque iras adiunxit acer*b*as !
Quantos tum gemitus ipsi sibi, quantaque nobis
uolnera, quas lacrimas peperere minoribu' nostris !
Nec pietas ulla*st* uelatu*m* saepe uideri
uertier ad lapidem, atque omnis accedere ad aras,
nec procumbere humi prostratum et pandere palmas
ante deum delubra, nec aras sanguine multo
spargere quadrupedum, nec uotis nectere uota,
sed mage placata posse omnia mente tueri.
Nam cum suspicimus magni caelestia mundi
templa super, stellisque micantibus aethera fixum,
et uenit in mentem solis lunaeque uiarum,
tunc aliis oppressa malis in pectore cura
illa quoque expergefactum caput erigere infit,
ne qu*a*e forte deum nobis inmensa potestas
sit, uario motu quae candida sidera uerset.
Temptat enim dubiam mentem rationis egestas,
ecqu*a*enam fuerit mundi genitalis origo,
et simul ecqu*a*e sit finis, quoad moenia mundi
*solli*citi motus hunc possint ferre laborem,
an diuinitus aeterna donata salute
perpetuo possint aeui labentia tractu

Ils pensaient aussi que leur sort était bien plus heureux
parce que la peur de la mort point ne les tourmentait
et qu'ils les voyaient en songe accomplir mille et une
prouesses merveilleuses sans éprouver fatigue aucune.
Et puis ils admiraient le système ordonné du ciel
et le cycle des diverses saisons de l'année,
dont ils ne pouvaient connaître les causes.

Le recours était donc de tout confier aux dieux
et de tout soumettre au signe de leur tête[104].
Dans le ciel ils placèrent demeures et séjours divins
parce que dans le ciel on voit rouler la nuit et la lune,
la lune, le jour et les ténèbres, les astres sévères de la nuit,
les flambeaux nocturnes du ciel, les flammes volantes,
les nues, le soleil, les pluies, neige, vent, éclairs et grêle,
les grondements soudains et les grands murmures de menace.
O race infortunée des hommes, dès lors qu'elle prêta
de tels pouvoirs aux dieux et les dota d'un vif courroux!
Que de gémissements avez-vous enfantés pour vous-mêmes,
que de plaies pour nous, de larmes pour nos descendants!
La piété, ce n'est pas se montrer souvent voilé[105]
et, tourné vers une pierre[106], s'approcher de tous les autels,
ni se prosterner à terre, tendre ses mains ouvertes
devant les temples des dieux, inonder leurs autels
du sang des quadrupèdes, aux vœux enchaîner les vœux[107],
la piété, c'est tout regarder l'esprit tranquille.
Or, quand nous levons les yeux vers les régions célestes
du grand monde, l'éther clouté d'étoiles brillantes,
et que nous pensons au cours du soleil et de la lune,
une angoisse en nos cœurs sous d'autres maux étouffée
se réveille et commence à redresser la tête :
n'y aurait-il face à nous un pouvoir immense et divin
entraînant les rondes variées des astres candides?
L'ignorance de la cause assaille notre esprit de doutes :
le monde eut-il une origine, aura-t-il une fin,
jusques à quand les murailles du monde pourront-elles
supporter la fatigue d'un mouvement inquiet
ou, dotées par les dieux d'une vie éternelle,
glisseront-elles toujours sous la traction du temps,

inmensi ualidas aeui contemnere uiris.
Praeterea cui non animus formidine diuom
contrahitur, cui non correpunt membra pauore,
fulmini*s* horribili cum plaga torrida tellus
contremit, et magnum percurrunt murmura caelum?
Non populi gentesque tremunt, regesque superbi
corripiunt diuom percussi membra timore,
ne quod ob admissum foede dictumue superbe
poenarum graue sit soluendi tempus ad*a*ctum?
Summa etiam cum uis uiolenti per mare uenti
induperatorem classis super aequora uerrit
cum ualidis pariter legionibus atque elephantis,
non diuom pacem uotis adit, ac prece quaesit
uentorum pauidus paces animasque secundas?
Nequiquam, quoniam uiolento turbine saepe
correptus nihilo fertur minus ad uada leti.
Vsque adeo res humanas uis abdita quaedam
opterit et pulchros fascis saeuasque securis
proculcare ac ludibrio sibi habere uidetur.
Denique sub pedibus tellus cum tota uacillat,
concussaeque cadunt urbes dubiaeque minantur,
quid mirum si se temnunt mortalia saecla,
atque potestatis magnas mirasque relinquont
in rebus uiris diuom, quae cuncta gubernent?

Quod superest, ae*s* *at*que aurum ferrumque repertumst,
et simul argenti pondus plumbique potestas,
ignis ubi *in*gentis siluas ardore cremarat
montibus in magnis, seu caeli fulmine misso,
siue quod inter se bellum siluestre gerentes
hostibus intulerant ignem formidinis ergo,
siue quod inducti terrae bonitate uolebant
pandere agros pinguis et pascua reddere rura,
siue feras interficere et ditescere praeda:
nam fouea atque igni prius est uenarier ortum
quam saepire plagis saltum canibusque ciere.
Quicquid id est, quacumque e causa flammeus ardor
horribili sonitu siluas exederat altis

bravant les violents assauts des siècles immenses ?
Et quel homme par la crainte des dieux n'a le cœur
serré, tous les membres contractés de frayeur
quand la terre tremble et brûle d'un coup de foudre terrifiant
et que des grondements parcourent le vaste ciel ?
Ne voit-on peuples et nations trembler, rois despotiques
frappés de crainte religieuse et tout paralysés
à l'idée que pour un acte vil, une fière parole,
voici désormais l'heure accablante du châtiment ?
Quand les vents déchaînent leur fureur sur la mer,
balayant à travers les flots les puissantes légions
et leurs troupes d'éléphants, le commandant de l'escadre
n'invoque-t-il la paix des dieux, oui, plein d'effroi,
n'implore-t-il une accalmie et des vents favorables ?
En vain, puisque saisi par un fort tourbillon
au gouffre de la mort il n'en est pas moins jeté :
tant quelque force obscure broie les destinées humaines,
renverse sous nos yeux les glorieux faisceaux,
les haches cruelles, jouets de son caprice.
Enfin, quand sous nos pieds la terre entière vacille,
quand les villes ébranlées tombent, menacent ruine,
comment s'étonner si les mortels s'humilient,
abandonnant le monde au grand pouvoir des dieux,
à leur force étonnante pour qu'ils gouvernent tout ?

Métaux, armes et outils

Poursuivons : le cuivre[108], l'or et le fer furent découverts,
comme le poids de l'argent et la puissance du plomb,
lorsque l'ardeur du feu eut consumé d'immenses forêts
sur les grandes montagnes, soit par un coup de la foudre,
soit parce que les hommes dans une guerre sylvestre
avaient semé le feu pour effrayer l'ennemi,
soit parce qu'ils voulaient, séduits par la bonté du sol,
s'ouvrir de gras labours, créer des pâturages
ou tuer les fauves et s'enrichir de leur proie,
car on chassait avec des pièges et du feu avant de savoir
tendre des filets autour d'un bois pour y lancer les chiens.
Bref, quelle que fût sa cause, quand l'ardeur de la flamme
dans un fracas horrible eut dévoré les forêts

a*b* radicibus, et terram percoxerat igni,
manabat uenis feruentibus in loca terrae
concaua conueniens argenti riuus et auri,
aeris item et plumbi. Quae cum concreta uidebant
posterius claro in terr*a* splendere colore,
tollebant nitido capti leuique lepore,
et simili formata uidebant esse figura
atque lacunarum fuerant uestigia cuique.
Tum penetrabat eos posse haec liquefacta calore
quamlibet in formam et faciem decurrere rerum,
et prorsum quamuis in acuta ac tenuia posse
mucronum duci fastigia procudendo,
ut sibi tela *d*arent, siluasque *u*t caedere poss*e*nt
materiemque dolare *e*t leu*ia* radere tigna,
et terebrare etiam ac pertundere perque forare.
Nec minus argento facere haec auroque parabant
quam ualidi primum uiolentis uiribus aeris,
nequiquam, quoniam cedebat uicta potestas,
nec poterant pariter durum sufferre laborem.
*T*um fuit in pretio magis <aes>, aurumque iacebat
propter inutilitatem hebeti mucrone retusum.
Nunc iacet aes, aurum in summum successit honorem.
Sic uoluenda aetas commutat tempora rerum.
Quod fuit in pretio, fit nullo denique honore;
porro aliud succedit et <e> contemptibus exit,
inque dies magis adpetitur floretque repertum
laudibus, et miro est mortalis inter honore.

Nunc tibi quo pacto ferri natura reperta
sit, facilest ipsi per te cognoscere, Memmi.
Arma antiqua manus, ungues, dentesque fuerunt,
et lapides, et item siluarum fragmina rami,
et flamma atque ignes, postquam sunt cognita primum.
Posterius ferri uis est aerisque reperta.
Et prior aeris erat quam ferri cognitus usus,
quo facilis magis est natura et copia maior.
Aere solum terrae tractabant, aereque belli
miscebant fluctus et uolnera uasta serebant,
et pecus atque agros adimebant; nam facile ollis

en leur souche profonde et calciné le sol,
par les veines brûlantes de la terre s'écoula,
rejoignant ses cavités, un fleuve d'or et d'argent,
de plomb et de cuivre, puis on vit ces métaux durcis
resplendir dans la terre de leurs vives couleurs
et les hommes, charmés par leur éclat et leur poli,
les prirent, observant que chacun gardait la forme,
l'empreinte de la fosse dans laquelle il se trouvait.
Alors l'idée leur vint que ces métaux fondus au feu
pouvaient se couler en toutes formes et figures,
être aiguisés et amincis par le martèlement
pour former des pointes aussi fines que possible
et leur servir d'armes, d'outils pour tailler les forêts,
équarrir le bois, raboter et polir les poutres,
ou bien encore percer, creuser et perforer.
A ces fins ils essayèrent d'abord l'or et l'argent
ainsi que le bronze, puissant et vigoureux;
en vain puisqu'ils pliaient, résistance vaincue,
ne pouvant comme le bronze supporter un dur effort.
Le bronze fut alors prisé, l'or négligé
comme inutile, car s'émoussant et flexible.
Maintenant le bronze est négligé, l'or occupe le premier rang.
Ainsi les saisons des choses tournent avec le temps.
Ce qui avait du prix perd finalement tout prestige :
une autre chose prend sa place et sort de l'ombre;
de jour en jour plus convoitée, sa conquête applaudie,
elle jouit d'un prestige étonnant auprès des mortels.

Maintenant il t'est facile d'apprendre par toi-même
comment fut découverte la nature du fer, Memmius.
Les anciennes armes furent les mains, les ongles, les dents,
les pierres, les branches arrachées aux arbres,
puis la flamme et le feu dès qu'ils furent connus.
Plus tard les hommes découvrirent la force du fer et du bronze.
L'usage du bronze précéda celui du fer,
sa matière étant plus abondante et malléable.
Avec le bronze ils labouraient le sol, avec le bronze
ils semaient le carnage et les grandes plaies de la guerre,
ils pillaient troupeaux et terres, car à ces gens armés

omnia cedebant armatis nuda et inerma.
Inde minutatim processit ferreus ensis,
uersaque in obprobrium species est falcis ahenae,
et ferro coepere solum proscindere terrae,
exaequataque sunt creperi certamina belli.

Et prius est armatum in equi conscendere costas,
et moderarier hunc frenis dextraque uigere
quam biiugo curru belli temptare pericla.
Et biiugo*s* prius est quam bis coniungere binos
et quam falciferos armatum escendere currus.
Inde boues lucas, turrito corpore, taetr*as*,
anguimanus, belli docuerunt uolnera Poeni
sufferre et magnas Martis turbare cateruas.
Sic alid ex alio peperit discordia tristis,
horribile humanis quod gentibus esset in armis,
inque dies belli terroribus addidit augmen.
Temptarunt etiam tauros in moenere belli,
expertique sues saeuos sunt mittere in hostis.
Et ualidos partim prae se misere leones
cum doctoribus armatis saeuisque magistris,
qui moderarier his possent uinclisque tenere,
nequiquam, quoniam permixta caede calentes
turbabant saeui nullo discrimine turmas,
terrificas capitum quatientes undique cristas,
nec poterant equites fremitu perterrita equorum
pectora mulcere et frenis conuertere in hostis.
Inritata leae iaciebant corpora saltu
undique, et aduersum uenientibus ora petebant,
et nec opinantis a tergo deripiebant,
deplexaeque dabant in terram uolnere uictos,
morsibus adfixae ualidis atque unguibus uncis.
Iactabantque suos tauri pedibusque terebant
et latera ac uentres hauribant supter equorum
cornibus, et terram minitanti mente ruebant.
Et ualidis socios caedebant dentibus apri,
tela infracta suo tinguentes sanguine saeui,

tout ce qui était nu et sans armes cédait facilement.
Ensuite l'épée de fer peu à peu l'emporta
et la faux de bronze tomba en discrédit;
c'est avec le fer qu'ils se mirent à fendre le sol
et que s'équilibrèrent les chances des combats.

Évolution des techniques de la guerre

On sut monter en armes sur la croupe des chevaux,
les guider avec le mors, batailler de la dextre
avant d'affronter sur un bige les périls de la guerre,
car on attelait deux chevaux avant d'inventer le quadrige
pour monter tout armé sur des chars garnis de faux.
Puis ce furent les bœufs de Lucanie[109], corps garnis de tours,
hideuses bêtes aux trompes de serpent que les Carthaginois[110]
dressèrent à supporter les blessures guerrières,
à jeter le trouble parmi les grands bataillons de Mars.
Ainsi la triste discorde enfanta tour à tour
les moyens de terroriser les peuples humains en armes,
et chaque jour elle augmenta les horreurs de la guerre.
Pour ces travaux guerriers, on essaya même les taureaux,
des sangliers féroces jetés sur l'ennemi.
Certains lancèrent devant eux des lions puissants
avec leurs dompteurs en armes, leurs maîtres féroces
pour les contrôler et les tenir enchaînés.
En vain, car échauffées par le carnage et la mêlée
les bêtes furieuses semaient le trouble dans les deux camps,
les terribles crinières s'agitaient de tous côtés,
les cavaliers ne pouvaient calmer ni ramener sur l'ennemi
les chevaux effrayés par les rugissements.
Irritées, les lionnes bondissaient de toutes parts,
attaquaient au visage ceux qu'elles rencontraient
ou les surprenaient par-derrière et les agrippaient,
les jetaient par terre, blessés et vaincus sous l'étreinte,
crocs puissants, griffes rapaces en leur chair enfoncés.
Les taureaux bousculaient et piétinaient leurs guides,
dans les flancs et le ventre des chevaux ils plongeaient
leurs cornes et raclaient la terre, menaçants.
A grands coups de boutoir les sangliers frappaient les alliés
et, teignant de leur sang les traits qui se brisaient en eux,

permixtasque dabant equitum peditumque ruinas.
Nam transuersa feros exibant dentis ad*a*ctus
iumenta aut pedibus uentos erecta petebant,
nequiquam, quoniam ab neruis succisa uideres
concidere, atque graui terram consternere casu.
Si quos ante domi domitos satis esse putabant,
efferuescere cernebant in rebus agundis
uolneribus, clamore, fuga, terrore, tumultu,
nec poterant ullam partem redducere eorum;
diffugiebat enim uarium genus omne ferarum,
ut nunc saepe boues lucae ferro male mactae
diffugiunt, fera facta suis cum multa dedere.
Si fuit ut facerent. Sed uix adducor, ut ante
non quierint animo praesentire atque uidere
quam commune malum fieret foedumque, futurum.
Et magis id possis factum contendere in omni,
in uariis mundis uaria ratione creatis
quam certo atque uno terrarum quolibet orbi.
Sed facere id non tam uincendi spe uoluerunt,
quam dare quod gemerent hostes, ipsique perire,
qui numero diffidebant armisque uacabant.

Nexilis ante fuit uestis quam textile tegmen,
textile post ferrumst, quia ferro tela paratur,
nec ratione alia possunt tam leuia gigni
insilia ac fusi, radii, scapique sonantes.
Et facere ante uiros lanam natura coegit
quam muliebre genus; nam longe praestat in arte
et sollertius est multo genus omne uirile;
agricolae donec uitio uertere seueri,
ut muliebribus id manibus concedere uellent,
atque ipsi pariter durum sufferre laborem
atque opere in duro durarent membra manusque.

At specimen sationis et insitionis origo
ipsa fuit rerum primum natura creatrix,
arboribus quoniam bacae glandesque caducae

aveuglés par la rage, massacraient cavaliers et fantassins.
Pour échapper à l'emprise féroce de leurs dents,
les chevaux se jetaient de travers ou se cabraient au vent.
En vain, car on pouvait les voir, jarrets tranchés,
s'affaisser et lourdement venir joncher le sol.
Ces animaux qu'ils avaient crus domptés, domestiqués,
ils les voyaient s'exciter dans le feu de l'action,
les coups, les clameurs, la fuite, la terreur, la confusion,
incapables qu'ils étaient d'en ramener aucun;
car tous ces fauves, toutes ces races diverses fuyaient
comme aujourd'hui les éléphants par une arme blessés
s'enfuient après avoir frappé sauvagement leurs maîtres.
Si tels furent les faits... Mais j'ai peine à croire
que les hommes n'aient pu pressentir et prévoir[111]
quel mal abominable en surgirait pour tous.
Mieux vaudrait prétendre qu'il advint dans l'univers,
dans les divers mondes diversement formés,
que de le restreindre à quelque monde unique[112].
Mais ils agissaient ainsi moins dans l'espoir de vaincre
que pour faire gémir l'ennemi, fût-ce au prix de leur mort,
s'ils se défiaient de leur nombre, si les armes manquaient.

Le tissage

Les vêtements furent tressés avant d'être tissés;
le tissage vint après le fer, la toile exigeant le fer,
seul moyen de créer des instruments si fins :
baguettes et fuseaux, navettes et peignes chantants[113].
Au travail de la laine la nature occupa les hommes
avant les femmes, car bien plus ingénieux,
bien plus habile aussi est le genre masculin.
Mais vint le jour où les rudes laboureurs les blâmèrent,
les priant de confier ce soin aux mains des femmes
pour prendre aussi leur part des durs travaux champêtres
et dans ce dur labeur endurcir leurs membres et leurs mains.

Progrès dans la culture du sol

Le modèle des semailles, l'origine de la greffe,
ce fut la nature elle-même, créatrice des choses,
puisque les baies et les glands tombés des arbres

tempestiua dabant pullorum examina supter;
unde etiam libitumst stirpis committere ramis,
et noua defodere in terram uirgulta per agros.
Inde aliam atque aliam culturam dulcis agelli
temptabant, fructusque feros mansuescere terra
cernebant indulgendo blandeque colendo.
Inque dies magis in montem succedere siluas
cogebant infraque locum concedere cultis,
prata, lacus, riuos, segetes, uinetaque laeta
collibus et campis ut haberent, atque olearum
caerula distinguens inter plaga currere posset
per tumulos et conuallis camposque profusa;
ut nunc esse uides uario distincta lepore
omnia, quae pomis intersita dulcibus ornant
arbustique tenent felicibus opsita circum.

At liquidas auium uoces imitarier ore
ante fuit multo quam leuia carmina cantu
concelebrare homines possent aurisque iuuare.
Et zephyri, caua per calamorum, sibila primum
agrestis docuere cauas inflare cicutas.
Inde minutatim dulcis didicere querellas
tibia quas fundit digitis pulsata canentum,
auia per nemora ac siluas saltusque reperta,
per loca pastorum deserta atque otia dia.
[Sic unumquicquid paulatim protrahit aetas
in medium, ratioque in luminis erigit oras.]
Haec animos ollis mulcebant atque iuuabant
cum satiate cibi; nam tum sunt omnia cordi.
Saepe itaque inter se prostrati in gramine molli,
propter aquae riuom, sub ramis arboris altae,
non magnis opibus iucunde corpora habebant,
praesertim cum tempestas ridebat et anni
tempora pingebant uiridantis floribus herbas.
Tum ioca, tum sermo, tum dulces esse cachinni
consuerant : agrestis enim tum Musa uigebat.
Tum caput atque umeros plexis redimire coronis
floribus et foliis lasciuia laeta monebat,

donnaient en leur saison des essaims de rejetons.
C'est d'elle aussi qu'ils apprirent à enter de jeunes tiges,
à marcotter de nouvelles pousses dans les champs.
Et puis ils tentèrent une culture après l'autre
sur leur cher lopin de terre, et l'on vit des fruits sauvages
s'adoucir par les soins d'un tendre jardinage.
Chaque jour ils forçaient les bois à reculer plus haut
dans la montagne pour céder la place aux cultures.
Ainsi, par les monts et les champs, ils conquéraient
prairies, lacs, rivières, moissons, riants vignobles,
et la note bleutée des oliviers put courir
par les coteaux, les vallons, les plaines s'épanchant,
comme tu vois encore une charmante variété
relever tout un paysage quand il s'orne çà et là
de beaux arbres fruitiers, de riches taillis alentour.

Origine de la musique et des arts

On imitait avec la bouche les voix limpides des oiseaux
bien avant de savoir répéter en chantant
les poèmes mélodieux qui charmèrent l'oreille.
Le sifflement du zéphir dans les tiges des roseaux
apprit aux hommes des champs à souffler dans des pipeaux.
Puis insensiblement s'exprimèrent les douces plaintes
que répand le chalumeau rythmé par les doigts des musiciens :
il fut inventé dans les bois profonds, bosquets et prairies,
lieux solitaires des bergers en leurs divins loisirs.
[Ainsi le temps produit peu à peu chaque chose
que la raison élève au royaume de la lumière[114].]
Voilà ce qui charmait et réjouissait nos ancêtres
quand ils étaient rassasiés car tout alors séduit les cœurs.
Souvent donc entre amis couchés sur l'herbe tendre,
ils choyaient allégrement leur corps à peu de frais,
surtout quand le temps souriait et que la saison
parsemait de mille fleurs les prairies verdoyantes.
Alors ils s'adonnaient aux jeux, devisaient et riaient,
c'était alors vraiment que s'épanouissait la muse agreste.
Alors leur gaieté folâtre les invitait à ceindre
leur tête et leurs épaules de fleurs et feuilles tressées,

atque extra numerum procedere membra mouentes
duriter, et duro terram pede pellere matrem;
unde oriebantur risus dulcesque cachinni,
omnia quod noua tum magis haec et mira uigebant.
Et uigilantibus hinc aderant solacia somno,
ducere multimodis uoces et flectere cantus,
et supera calamos unco percurrere labro;
unde etiam uigiles nunc haec accepta tuentur,
et numerum seruare genus didicere neque hilo
maiorem interea capiunt dulcedin*i'* fructum
quam siluestre genus capiebat terrigenarum.
Nam quod adest praesto, nisi quid cognouimus ante
suauius, in primis placet et pollere uidetur,
posteriorque fere melior res illa reperta
perdit, et immutat sensus ad pristina quaeque.
Sic odium coepit glandis, sic illa relicta
strata cubilia sunt herbis et frondibus aucta.
Pellis item cecidit uestis contempta ferina*e*,
quam reor inuidia tali *t*unc esse repertam,
ut letum insidiis qui gessit primus obiret,
et tamen inter eos distractam sanguine multo
disperiisse neque in fructum conuertere quisse.

Tunc igitur pelles, nunc aurum et purpura curis
exercent hominum uitam belloque fatigant;
quo magis in nobis, ut opinor, culpa resedit.
Frigus enim nudos sine pellibus excruciabat
terrigenas, at nos nil laedit ueste carere
purpurea atque auro signisque ingentibus apta,
dum plebeia tamen sit quae defendere possit.
Ergo hominum genus incassum frustraque laborat
semper, et <in> curis consumit inanibus aeuom,
nimirum quia non cognouit quae sit habendi
finis et omnino quoad crescat uera uoluptas.
Idque minutatim uitam prouexit in altum,
et belli magnos commouit funditus aestus.

ils s'avançaient sans rythme, remuaient lourdement
leur corps et d'un pied lourd frappaient la terre mère.
Ainsi naissaient les rires, les doux éclats de joie :
tout alors était neuf et donc plus merveilleux.
S'ils avaient à veiller, pour se consoler du sommeil
ils modulaient leur voix sur les tons variés du chant,
parcouraient un chalumeau d'une lèvre crochue,
traditions qu'aujourd'hui même conservent les veilleurs
mais, bien qu'ils aient appris l'art d'observer un mode,
non, ils ne goûtent pas jouissance plus grande
que n'en goûtait la race sylvestre des fils de la terre.
Car un usage nous plaît et nous semble excellent
si nous n'avons rien connu de plus agréable,
mais quand nous découvrons une chose meilleure
elle chasse l'ancienne et change notre goût.
Ainsi le gland fut abhorré, ainsi l'on délaissa
les couches d'herbes et de feuillages empilés;
on méprisa le vêtement en peau de bête :
or sa découverte fut, je pense, tant jalousée
que son premier possesseur périt dans un guet-apens,
mais comme on s'arrachait cette dépouille sanglante
elle dut finir en lambeaux sans profit pour personne.

Comme les peaux jadis, aujourd'hui l'or et la pourpre
tourmentent la vie des hommes, l'épuisent dans les guerres.
C'est donc sur nous, je crois, que pèse la plus grande faute,
car sans peaux, nus comme ils étaient, le froid torturait
ces fils de la terre et pour nous il n'est souffrance aucune
à n'avoir habit de pourpre aux grands ramages d'or,
pourvu que nous protège une étoffe plébéienne.
Le genre humain peine donc en vain, en pure perte,
toujours consumant son âge en futiles soucis.
C'est qu'il ne connaît pas de limite à la possession,
il ne sait pas jusqu'où le vrai plaisir peut croître.
Tel est le mal qui peu à peu nous entraînant au large
déchaîna sur nos vies les grands orages de la guerre.

At uigiles mundi magnum uersatile templum
sol et luna suo lustrantes lumine circum
perdocuere homines annorum tempora uerti,
et certa ratione geri rem atque ordine certo.
Iam ualidis saepti degebant turribus aeuom,
et diuisa colebatur discretaque tellus,
*ia*m mar*i’* ueliuolis florebat *nauibu’ pontus*,
auxilia ac socios iam pacto foedere habebant,
carminibus cum res gestas c*o*epere poetae
tradere; nec multo priu’ sunt elementa reperta.
Propterea quid sit prius actum respicere aetas
nostra nequit, nisi qua ratio uestigia monstrat.
Nauigia atque agri culturas, moenia, leges,
arma, uias, uestes <et> cetera de genere horum
praemia, delicias, quoque uitae funditus omnis,
carmina, picturas, et daedala signa polire,
usus et impigrae simul experientia mentis
paulatim docuit pedetemptim progredientis.
Sic unumquicquid paulatim protrahit aetas
in medium, ratioque in luminis erigit oras.
Namque alid ex alio clarescere corde uidebant
artibus ad summum donec uenere cacumen.

Progrès des connaissances et des arts

Mais ces vigies du monde, le soleil et la lune,
dont la lumière parcourt la grande voûte tournante,
ont appris aux hommes que les saisons tour à tour reviennent
et qu'un système régulier gouverne la nature.
Désormais ils vivaient à l'abri de tours solides
et cultivaient un sol divisé et mis en partage.
Déjà la mer était fleurie de voltigeants voiliers[115],
déjà les traités assuraient alliances et secours
quand les poètes confièrent les exploits à leurs chants;
ce n'est guère plus tôt que l'on inventa l'écriture.
Aussi les faits antérieurs échappent-ils à notre époque,
sauf pour les traces que la raison nous fait entrevoir.
Navigation, culture des champs, murailles et lois,
armes, routes, vêtements et autres biens de ce genre,
tous les réconforts, toutes les délices de la vie,
poèmes et peintures, statues d'un art achevé,
l'usage mais aussi l'effort et l'invention de l'esprit
l'enseignèrent aux hommes suivant leurs lents progrès.
Ainsi le temps produit peu à peu les diverses choses
que la raison élève aux rivages de la lumière.
Les voyant l'une après l'autre s'éclairer dans leur cœur,
ils parvinrent enfin à la perfection de tous les arts.

LIBER SEXTVS

Primae frugiparos fetus mortalibus aegris
dididerunt quondam praeclaro nomine Athenae,
et recreauerunt uitam legesque rogarunt,
et primae dederunt solacia dulcia uitae,
cum genuere uirum tali cum corde repertum,
omnia ueridico qui quondam ex ore profudit;
cuius et extinct*i* propter diuina reperta,
diuolgata uetus iam ad caelum gloria fertur.
Nam cum uidit hic ad uictum quae flagitat usus
omnia iam ferme mortalibus esse parata,
et, proquam possent, uitam consistere tutam,
diuitiis homines et honore et laude potentis
adfluere, atque bona gnatorum exc*e*llere fama,
nec minus esse domi cuiquam tamen anxia cord*a*,
atque animi ingratis uitam uexare <sine ulla>
pausa, atque infestis cog*i* saeuire querellis,
intellegit ibi uitium *u*as efficere ipsum,
omniaque illius uitio corrumpier intus
quae conlata foris et commoda cumque uenirent;
partim quod fluxum pertusumque esse uidebat,
ut nulla posset ratione explerier umquam;

LIVRE VI

Éloge d'Athènes. — Le tonnerre. — L'éclair. — La foudre. — Vitesse et force de la foudre. — La foudre n'est pas divine. — La trombe marine. — Les nuages. — La pluie et l'arc-en-ciel. — Les séismes. — Le niveau de la mer. — L'Etna. — Les crues du Nil. — Les Avernes. — Température de l'eau des puits. — La fontaine d'Hammon. — Sources incendiaires. — L'aimant. — Maladies et épidémies. — Peste d'Athènes.

Éloge d'Athènes

La première, Athènes, la fameuse Athènes,
donna le blé fertile aux malheureux mortels,
renouvela leur condition, institua les lois,
puis offrit à leur vie réconfort et douceur
quand elle fit naître le héros magnanime
dont la bouche véridique révéla toute chose.
Mort, il triompha par ses divines découvertes
et sa gloire universelle vole enfin jusqu'aux cieux[1].
Il vit que les choses utiles à leur subsistance
étaient, pour la plupart, déjà assurées aux mortels;
leurs vies étaient sûres, autant qu'il est possible;
regorgeant de richesses, d'honneurs et de gloire,
les hommes étaient puissants et s'enorgueillissaient
du bon renom de leurs enfants, mais retirés chez eux
ils n'en gardaient pas moins un cœur plein d'anxiété
qui tourmentait leur vie en dépit de leur volonté,
sans trêve les forçant à se révolter et se plaindre.
Il comprit dès lors que le mal venait du vase même
dont le défaut gâtait de l'intérieur toute chose,
tout apport extérieur, fût-ce le plus précieux.
Il lui apparaissait poreux et fissuré :
incapable de se remplir d'aucune manière;

partim quod taetro quasi conspurcare sapore
omnia cernebat, quaecumque receperat, intus.
Veridicis igitur purgauit pectora dictis,
et finem statuit cuppedinis atque timoris,
exposuitque bonum summum quo tendimus omnes
quid foret, atque uiam monstrauit tramite paruo
qua possemus ad id recto contendere cursu,
quidue mali foret in rebus mortalibu' passim,
quod f*iere*t naturali uarieque uolaret
seu casu seu ui, quod sic natura parasset,
et quibus e portis occurri cuique deceret,
et genus humanum frustra plerumque probauit
uol*u*ere curarum tristis in pectore fluctus.
Nam ueluti pueri trepidant atque omnia caecis
in tenebris metuunt, sic nos in luce timemus
interdum nihilo quae sunt metuenda magis quam
quae pueri in tenebris pauitant finguntque futura.
Hunc igitur terrorem animi tenebrasque necessest
non radii solis nec lucida tela diei
discutiant, sed naturae species ratioque.
Quo magis inceptum pergam pertexere dictis.

Et quoniam docui mundi mortalia templa
esse, <et> natiuo consistere corpore caelum,
et quaecumque in eo fiunt fierique necessest,
pleraque dissolui, quae restant percipe porro,
quandoquidem semel insignem conscendere currum

***

uentorum existant placentur <ut> omnia rursum
† quae fuerint sint placato conuersa f*ur*ore †.
Cetera quae fieri in terris caeloque tuentur
mortales, pauidis cum pendent mentibu' saepe,
et faciunt animos humilis formidine diuom,
depressosque premunt a*d* terram, propterea quod
ignorantia causarum conferre deorum
cogit ad imperium res et concedere regnum.

il corrompait encore par sa pestilence
tout ce qu'à l'intérieur il avait pu recueillir.
Par ses paroles de vérité purifiant donc les cœurs,
il fixa une borne au désir comme à la crainte
et du bien suprême auquel nous aspirons tous
il exposa la nature et montra le chemin,
la sente par laquelle on y parvient tout droit.
Il désigna le mal qui hante les choses humaines,
mal naturel naissant et volant sous diverses formes,
par hasard ou par nécessité, comme l'a voulu la nature;
il nous apprit par quelles portes[2] nous élancer contre lui
et prouva que les hommes en leur cœur très souvent
agitent vainement la triste houle des soucis.
Car de même que les enfants tremblent et craignent tout
dans les ténèbres aveugles, nous craignons en plein jour
parfois des chimères aussi peu redoutables que
celles dont les enfants s'effraient dans les ténèbres
et qu'ils s'imaginent prêtes à surgir.
Ces terreurs, ces ténèbres de l'âme, il faut les dissiper.
Le soleil ni l'éclat du jour ne les transperceront,
mais la vue et l'explication de la nature.
Je m'empresse donc de nouer la trame de mon œuvre.

Puisque j'ai enseigné que les régions du monde sont mortelles,
que le ciel est un corps soumis aux lois de la naissance,
puisque j'ai expliqué la plupart des phénomènes
qui s'accomplissent dans le ciel et leur nécessité,
écoute encore ce qui me reste à démontrer
car une fois monté sur le char éclatant[3]

***

<j'expliquerai> comment <les tempêtes>
des vents se soulèvent, s'apaisent, comment à nouveau[4]
† changèrent, leur fureur s'étant apaisée[5] †;
tout ce que les mortels voient sur la terre et dans le ciel,
ces phénomènes qui les tiennent suspendus d'effroi
humilient leur âme par la crainte des dieux,
les écrasent et les ploient jusqu'au sol, parce que
l'ignorance des causes les force à tout rapporter
à l'empire des dieux pour leur donner la royauté[6].

[Quorum operum causas nulla ratione uidere
possunt ac fieri diuino numine rentur.]
Nam bene qui didicere deos securum agere aeuom,
si tamen interea mirantur qua ratione
quaeque geri possint, praesertim rebus in illis
quae supera caput aetheriis cernuntur in oris,
rursus in antiquas referuntur religion*e*s,
et dominos acris ad*s*ciscunt omnia posse
quos miser*i* credunt, ignari quid queat esse,
quid nequeat, finita potestas denique cuique
quanam sit ratione atque alte terminus haerens;
quo magis errantes c*ae*ca ratione feruntur.
Quae nisi respuis ex animo longeque remittis
dis indigna putare alienaque pacis eorum,
delibata deum per te tibi numina sancta
saepe o*b*erunt; non quo uiolari summa deum uis
possit, ut ex ir*a* poenas petere imbibat acris,
sed quia tute tibi placida cum pace quiet*o*s
constitues magnos irarum uoluere fluctus,
nec delubra deum placido cum pectore adibis,
nec de corpore quae sancto simulacra f*e*runt*ur*
in mentes hominum diuinae nuntia formae,
suscipere haec animi tranquilla pace ualebis.
Inde uidere licet qualis iam uita sequatur.
Quam quidem ut a nobis ratio uerissima longe
reiciat, quamquam sunt a me multa profecta,
multa tamen restant et sunt ornanda, politis
uersibus; e*s*t ratio cael*i* <species>que tenenda,
sunt tempestates et f*ul*mina clara canenda,
quid faciant et qua de causa cumque ferantur;
ne trepides caeli diuisis partibus amens,
unde uolans ignis peruener*i*t, aut in utram se
uerterit hinc part*e*m, quo pacto per loca saepta
insinuarit, et hinc dominatus ut extulerit se.
[Quorum operum causas nulla ratione uidere
possunt ac fieri diuino numine rentur.]
Tu mihi supremae praescri*p*ta ad candida cal*c*is
currenti, spatium praemonstra, callida Musa,

[Ils ne peuvent trouver les causes de ces faits
et les attribuent à la puissance divine[7].]
Même s'ils ont bien appris que les dieux n'ont aucun souci,
certains s'étonnent et se demandent par quel système
les choses s'accomplissent, surtout celles qu'ils voient
au-dessus de leur tête dans les régions de l'éther;
ils retombent alors dans les vieilles religions,
s'inventent des maîtres cruels et tout-puissants,
ô malheureux! ignorant ce qui peut exister
ou non, pourquoi enfin est assigné à chaque chose
un pouvoir limité, une borne immuable.
Leur raison aveuglée, ils errent plus encore.
Vomis ces croyances, car si tu ne rejettes bien loin
ces pensées indignes des dieux, contraires à leur paix,
leur sainte puissance outragée souvent te nuira,
non que la perfection divine soit sensible aux offenses
ni que le courroux lui inspire de cruels châtiments,
mais ces dieux tranquilles, vivant dans la paix suprême,
si tu les imagines roulant de grands flots de colère,
tu n'aborderas plus leurs temples d'un cœur paisible,
et ces images émises par leurs corps sacrés,
annonçant à l'esprit humain la forme divine[8],
tu ne pourras les accueillir dans une âme apaisée.
Il est facile de voir quelle vie s'ensuivra!
Le raisonnement le plus vrai nous en préservera;
nombreuses sont les questions que j'ai déjà traitées,
mais bien d'autres encore attendent de beaux vers.
Il faut saisir le système du ciel et ***[9]
chanter les orages et les brillants éclairs,
leurs effets et les causes de leurs mouvements
pour que tu n'aies pas la folie de diviser le ciel[10],
tremblant de savoir d'où le feu volant est parti,
vers quelle région il allait, comment à travers des lieux clos
il s'est glissé et s'échappe après son règne tyrannique.
[Ils ne peuvent trouver les causes de ces faits
et les attribuent à la puissance divine[11].]
Et toi, tandis que je m'élance vers la blanche ligne,
terme de ma course, dirige-moi, Muse inventive,

Calliope, requies hominum diuomque uoluptas,
te duce ut insigni capiam cum laude coronam.

Principio tonitru quatiuntur caerula caeli
propterea quia concurrunt sublime uolantes
aetheriae nubes contra pugnantibu' uentis.
Nec fit enim sonitus caeli de parte serena,
uerum ubicumque magis denso sunt agmine nubes,
tam magis hinc magno fremitus fit murmure saepe.
Praeterea neque tam condenso corpore nubes
esse queunt quam sunt lapides ac *l*igna, neque autem
tam tenues quam sunt nebulae fumique uolantes.
Nam cadere aut bruto deberent pondere pressae
ut lapides, aut ut fumus constare nequirent,
nec cohibere niues gelidas et grandinis imbris.
Dant etiam sonitum patuli super aequora mundi,
carbasus ut quondam magnis intenta theatris
dat crepitum ma*l*os inter iactata trabesque,
interdum perscissa furit petulantibus auris,
et fragilis <sonitus> chartarum commeditatur.
Id quoque enim genus in tonitru cognoscere possis,
aut ubi suspensam uestem chartasque uolantis
uerberibus uenti uersant plang*u*ntque per auras.
Fit quoque enim interdum <ut> non tam concurrere nubes
frontibus aduersis possint quam de latere ire
diuerso motu radentes corpor*a* tractim,
aridus unde auris terget sonus ille diuque
ducitur, exierunt donec regionibus artis.
Hoc etiam pacto tonitru concussa uidentur
omnia saepe graui tremere et diuolsa repente
maxima dissiluisse capacis moenia mundi,
cum subito ualidi uenti conlecta procella
nubibus intorsit sese conclusaque ibidem
turbine uersanti magis ac magis undique nubem
cogit uti fiat spisso caua corpore circum,
post ubi comminuit uis eius et impetus acer,
tum perterricrepo sonitu dat s*c*issa fragorem.
Nec mirum, cum plena animae u*e*sicula parua

repos des hommes, volupté des dieux, ô Calliope[12] !
Puissé-je, guidé par toi, obtenir les lauriers de la gloire.

Le tonnerre

Tout d'abord, si le tonnerre ébranle l'azur du ciel,
c'est que s'entrechoquent durant leur vol sublime
les nuages éthérés soumis aux vents contraires.
Car le bruit ne vient pas d'une calme région du ciel,
mais celle où la troupe des nuages est la plus dense
renvoie les plus grands coups, les plus forts grondements.
Les nuages pourtant ne peuvent égaler en densité
les pierres ou le bois ni se montrer aussi subtils
que les brouillards et les fumées en leur vol ;
sinon, comme pierres, ils tomberaient de tout leur poids,
ou n'auraient pas plus de consistance que la fumée,
incapables de retenir les neiges, les pluies de grêle.
Parfois ils font entendre sur les vastes plaines du monde
un claquement, comme les toiles sur les grands théâtres,
quand elles s'agitent entre les mâts et les travées.
D'autres fois, la nue déchirée par des vents effrontés
imite en sa fureur le fracassement du papier[13] ;
dans le tonnerre on peut reconnaître une telle sonorité,
ou celle d'étoffes flottantes, de papiers envolés
que les vents fouettent et font claquer dans les airs.
Parfois aussi les nuages ne peuvent se heurter
de front mais s'abordent plutôt par le côté
et dans leur élan contraire ils raclent tout leur corps[14] :
leur bruit sec balaie donc nos oreilles et longuement
résonne jusqu'à leur sortie de ces passes étroites.
Ainsi encore, ébranlé par un tonnerre effroyable,
le monde entier paraît trembler, les remparts immenses
du ciel qui l'englobe semblent soudain voler en éclats :
dès qu'un vif ouragan, brusquement amassé,
s'est engouffré en trombe et renfermé dans un nuage,
par son incessant tourbillon il le contraint de partout
à se creuser toujours plus, condensé vers l'extérieur.
Puis, affaiblie par la force et l'âpre élan de la trombe,
la nue se déchire dans un fracas épouvantable[15].
Rien d'étrange puisqu'une pauvre vessie remplie d'air

saepe ita dat *magn*um sonitum displosa repente.
Est etiam ratio, cum uenti nubila perflant,
ut sonitus faciant. Etenim ramosa uidemus
nubila saepe modis multis atque aspera ferri;
scilicet ut, crebram siluam cum flamina cauri
perflant, dant sonitum frondes ramique fragorem.
Fit quoque ut interdum ualidi uis incita uenti
perscindat nubem perfringens impete recto.
Nam quid possit ibi flatus manifesta docet res,
hic, ubi lenior est, in terra cum tamen alta
arbusta euoluens radicibus haurit ab imis.
Sunt etiam fluctus per nubila, qui quasi murmur
dant in frangendo grauiter; quo item fit in altis
fluminibus magnoque mari, cum frangitur aestus.
Fit quoque, ubi e nubi in nubem uis incidit ardens
fulminis, haec multo si forte umore recepit
ignem, continuo <ut> magno clamore trucid*e*t;
ut calidis candens ferrum e fornacibus olim
stridit, ubi in gelidum prop*e*re demersimus imbrem.
Aridior porro si nubes accipit ignem,
uritur ingenti sonitu succensa repente;
lauricomos ut si per montis flamma uagetur
turbine uentorum comburens impete magno;
nec res ulla magis quam Phoebi Delphica laurus
terribili sonitu flamma crepitante crematur.
Denique saepe geli multus fragor atque ruina
grandinis in magnis sonitum dat nubibus alte.
Ventus enim cum confercit, franguntur, in artum,
concreti montes nimborum et grandine mixti.

Fulgit item, nubes ignis cum semina multa
excussere suo concursu; ceu lapidem si
percutiat lapis aut ferrum; nam tum quoque lumen
exilit, et claras scintillas dissipat ignis.
Sed tonitrum fit uti post auribus accipiamus,
fulgere quam cernant oculi, quia semper ad auris
tardius adueniunt quam uisum quae moueant res.
Id licet hinc etiam cognoscere, caedere si quem

fait, elle aussi, grand bruit quand soudain elle explose[16].
Le bruit des nuages quand le vent souffle en eux
peut encore s'expliquer ainsi : on voit souvent passer
des nuages aux ramures diverses, tout hérissés;
comme une épaisse forêt par les souffles du noroît
balayée, bruissent les feuilles, craquent les branches[17].
Parfois aussi se déchaînant, un vent impétueux
crève et déchire la nue qu'il attaque de front.
Le pouvoir de son souffle là-bas, l'expérience le montre,
puisque ici, sur la terre où pourtant il s'apaise,
tordant les grands arbres, il les happe jusqu'aux racines.
Par les nuages vont même des flots : quand ils se brisent
lourdement, ils grondent comme sur les hauts fleuves,
sur la mer immense, la vague déferlant.
Quand la foudre ardente tombe de nuage en nuage,
le feu est parfois reçu par un nuage gorgé d'eau,
lequel sans attendre l'assassine à grands cris :
ainsi sortant des forges brûlantes, le fer chauffé à blanc
siffle dans l'eau glacée où nous le plongeons sans tarder[18].
Mais si la nue qui recueille le feu est plus sèche,
elle s'embrase soudain et brûle à grand fracas :
par les monts ceints de lauriers quand se répand la flamme,
sous le tourbillon des vents, de même elle fait rage[19];
il n'est rien comme l'arbre de Phébus, le laurier delphique,
pour flamber et crépiter dans un bruit terrifiant.
Enfin, le bris du gel, la chute de la grêle
font souvent retentir les grands nuages, là-haut.
Car, lorsque le vent les empile, à l'étroit se fracassent,
durcies et mêlées de grêle, ces montagnes des nues[20].

L'éclair

L'éclair[21] jaillit quand les nuages s'entrechoquant
lancent maints atomes ignés, comme une pierre
qui frappe la pierre ou le fer : de même la lumière
jaillit alors et le feu répand de claires étincelles[22].
Mais le bruit du tonnerre est par les oreilles perçu
après que les yeux ont vu l'éclair, car toujours à l'ouïe
les choses parviennent plus lentement qu'à la vue.
Tu pourras t'en rendre compte quand tu verras de loin

ancipiti uideas ferro procul arboris auctum,
ante fit ut cernas ictum quam plaga per auris
det sonitum : sic fulgorem quoque cernimus ante
quam tonitrum accipimus, pariter qui mittitur igni
e simili causa, concursu natus eodem.
Hoc etiam pacto uolucri loca lumine tingunt
nubes, et tremulo tempestas impete fulgit.
Ventus ubi inuasit nubem, et uersatus ibidem
fecit ut ante cauam docui spissescere nubem,
mobilitate sua feruescit; ut omnia motu
percalefacta uides ardescere, plumbea uero
glans etiam longo cursu uoluenda *li*qu*e*scit.
Ergo feruidus hic nubem cum perscidit atram,
dissipat ardoris quasi per uim expressa repente
semina quae faciunt nictantia fulgura flammae;
inde sonus sequitur qui tardius ad*f*icit auris
quam quae perueniunt oculorum ad lumina nostra.
Scilicet hoc densis fit nubibus et simul alt*e*
extructis aliis alias super impete miro;
ne tibi sit frudi quod nos inferne uidemus
quam si*n*t lata magis quam sursum extr*u*cta quid extent.
Contemplator enim, cum montibus adsimulata
nubila portabunt uenti transuersa per auras,
aut ubi per magnos montis cumulata uidebis
insuper esse aliis alia atque urgere supern*e*
in statione locata sepultis undique uentis :
tum poteris magnas moles cognoscere eorum,
speluncasque uelut saxis pendentibu' structas
cernere, quas uenti cum tempestate coorta
complerunt, magno indignantur murmure clausi
nubibus in caueisque ferarum more minantur;
nunc hinc nunc illinc fremitus per nubila mittunt,
quaerentesque uiam circum uersantur, et ignis
semina conuolu*o*nt <e> nubibus atque ita cogunt
multa, rotantque cauis flammam fornacibus intus,
donec diuolsa fulserunt nube corusci.
Hac etiam fit uti de causa mobilis ille
deuolet in terram liquidi c*o*lor aureus ignis,

un bûcheron frappant de sa hache le fût d'un arbre :
tu apercevras le coup avant que le choc en tes oreilles
produise le son; ainsi voit-on l'éclair avant
d'entendre le tonnerre qui part avec le feu,
naît de la même cause et de la même collision[23].
Voici encore pourquoi les nues colorent l'espace d'une lumière
ailée, pourquoi l'orage brille de ses dards tremblants.
Quand le vent a forcé un nuage et, tournoyant en lui,
a creusé, comme je l'ai dit, et condensé ce nuage,
il s'échauffe par sa vitesse ainsi que tous les corps :
tu les vois devenir ardents par le mouvement,
la balle de plomb à force de tourner sur elle-même
allant jusqu'à fondre durant une longue course.
Quand donc ce vent brûlant a déchiré le sombre nuage,
il disperse d'un coup, comme en les extirpant de force,
les atomes de feu qui forment l'éclair tressaillant.
S'ensuit un bruit plus lent à frapper nos oreilles
que l'image à gagner la clarté de nos yeux.
Cela se produit évidemment quand les nuages sont épais
et bien haut s'amoncellent en un prodigieux élan.
Ne cède point à l'illusion que nous avons d'en bas,
où nous les voyons larges plutôt que haut dressés;
observe donc lorsque, semblables à des montagnes,
les nuages sont par les vents portés à travers les airs
ou quand, aux flancs des grandes montagnes accumulés,
ils sont les uns sur les autres et se pressent d'en haut,
les vents alentour demeurant à leur place, ensevelis :
alors tu pourras connaître leurs grandes masses
et voir comme des cavernes formées de rochers suspendus.
Puis, la tempête s'étant levée, sitôt qu'ils les emplissent,
les vents par leurs grondements s'indignent, prisonniers
des nues, et dans leur cage menacent comme des fauves.
De-ci de-là parmi la nue, ils poussent des rugissements,
tournent en quête d'une issue et dans leur ronde entraînent
les atomes ignés des nuages, les rassemblent en nombre
et roulent la flamme dans le creux des fournaises,
tant qu'enfin déchirant la nue bondissent les éclairs[24].
Voici par quelle autre cause, rapide vers la terre,
peut s'envoler la couleur dorée du feu liquide :

semina quod nubes ipsas permulta necessust
ign*i*s habere; etenim cum sunt umore sine ullo,
flammeus <est> plerumque colos et splendidus ollis.
Quippe etenim solis de lumine multa necessest
concipere, ut merito rubeant ignesque profundant.
Hasce igitur cum uentus agens contrusit in unum
compressitque locum cogens, expressa profundunt
semina quae faciunt flammae fulgere colores.
Fulgit item, cum rarescunt quoque nubila caeli.
Nam cum uentus eas leuiter diducit euntis
dissoluitque, cadant ingrat*i*s illa necessest
semina quae faciunt fulgorem. Tum sine taetro
terrore et sonitu fulgit nulloque tumultu.

Quod superest, <quali> natura praedita constent
fulmina, declarant ictus et inusta uaporis
signa notaeque grauis halant*e*s sulpuris aur*a*s.
Ignis enim sunt haec non uenti signa neque imbris.
Praeterea sae<pe> accendunt quoque tecta domorum,
et celeri flamma dominantur in aedibus ipsis.
Hunc tibi subtilem cum primis ignibus ignem
constituit natura minutis mo*bil*ibusque
corporibus, cui nil omnino obsistere possit.
Transit enim ualidum fulmen per saepta domorum,
clamor ut ac uoces, transit per saxa, per aera,
et liquidum puncto facit aes in tempore et aurum,
curat item uasis integris uina repente
diffugiant, quia nimirum facile omnia circum
conlaxat rareque facit lateramina uasis
adueniens calor eius, *e*t insinuatus in ipsum
mobiliter soluens differt primordia uini.
Quod solis uapor aetatem non posse uidetur
efficere usque adeo *p*ollens feruore corusco :
tanto mobilior uis et dominantior haec est.

Nunc ea quo pacto gignantur et impete tanto
fiant ut possint ictu discludere turris,
disturbare domos, auellere *t*igna trabesque,

les nuages mêmes doivent contenir bien des atomes
ignés, car, lorsqu'ils n'ont aucune humidité,
flamboyante est d'ordinaire leur couleur, radieuse.
Il leur faut en prendre beaucoup à l'éclat du soleil
pour rougir comme ils font et répandre leurs feux.
Quand donc la poussée du vent accule en un seul lieu
et comprime les nuages, ils expriment et répandent
les semences qui font briller des couleurs de flamme[25].
L'éclair fulgure aussi quand les nuages se raréfient :
car, si la brise doucement les disperse en chemin
et les dissout, il faut qu'à regret tombent les atomes[26]
qui forment la foudre; dès lors, sans l'épouvante
atroce, sans bruit, sans trouble aucun, elle fulgure.

La foudre

Il reste à dire la nature de la foudre :
ses coups la révèlent par les traces de brûlure[27],
les marques exhalant la forte odeur du soufre.
Ce sont là signes de feu, non de vent ou de pluie.
Souvent même elle incendie le toit des maisons
et sa flamme rapide sévit jusqu'en nos murs.
Car il s'agit, vois-tu, d'un feu subtil entre tous :
la nature l'a formé de corps menus et rapides,
et rien absolument ne peut lui résister.
La foudre puissante traverse les murs des maisons
comme les cris et les voix, elle traverse pierre et bronze,
elle fond instantanément le cuivre et l'or.
Laissant la jarre intacte, elle évapore aussitôt le vin,
simplement parce que la chaleur dilate sans peine
et raréfie tout alentour la poterie du vase;
puis, se glissant dans le vin même, rapidement
elle en désagrège et disperse tous les principes[28].
Même avec le temps, la chaleur du soleil n'y parvient pas,
quelle que soit la force de sa ferveur bondissante.
Combien la foudre est plus rapide et tyrannique!

Maintenant, comment naît-elle, d'où lui vient tant de fougue
qu'elle peut d'un seul coup disjoindre les tours,
renverser les maisons, arracher poutres et chevrons,

et monimenta uirum commoliri atque ciere,
exanimare homines, pecudes prosternere passim,
cetera de genere hoc qua ui facere omnia possint
expediam, neque <te> in promissis plura morabor.
Fulmina gigni*er* e crassis alteque putandumst
nubibus extructis; nam caelo nulla sereno
nec leuiter densis mittuntur nubibus umquam.
Nam dubio procul hoc fieri manifesta docet res;
quod tunc per totum concrescunt aera nubes,
undique uti tenebras omnis Acherunta reamur
liquisse et magnas caeli complesse cauernas.
Vsque adeo taetra nimborum nocte coorta
inpendent atrae Formidinis ora superne,
cum commoliri tempestas fulmina coeptat.
Praeterea persaepe niger quoque per mare nimbus,
ut picis e caelo d*e*missum f*lu*men, in undas
sic cadit e*f*fertus tenebris procul et trahit atram
fulminibus grauidam tempestatem atque procellis,
ignibus ac uentis cum primis ipse repletus,
in terra quoque ut horrescant ac tecta requirant.
Sic igitur supera nostrum caput esse putandumst
tempestatem altam. Neque enim caligine tanta
obruerent terras, nisi inaedificata superne
multa forent multis exempto nubila sole;
nec tanto possent uenientes opprimere imbri,
flumina abundare ut facerent camposque natare,
si non extructis foret alte nubibus aether.
Hic igitur uentis atque ignibus omnia plena
sunt; ideo passim fremitus et fulgura fiunt.
Quippe etenim supra docui permulta uaporis
semina habere cauas nubes, et multa necessest
concipere ex solis radiis ardoreque eorum.
Hoc ubi uentus eas idem qui cogit in unum
forte locum quemuis, expressit multa uaporis
semina, seque simul cum eo commiscuit igni,
insinuatus ibi uertex uersatur in a*r*to,
et calidis acuit fulmen fornacibus intus.
Nam duplici ratione accenditur, ipse sua cum
mobilitate calescit et e contagibus ignis.

ébranler et ruiner les monuments des grands hommes,
ôter la vie aux gens, abattre partout les troupeaux?
Quelle force la rend capable de tels méfaits,
je l'explique, sans plus t'amuser par des promesses.
La foudre naît de nuages épais, amassés en hauteur,
force est de l'admettre, puisque d'un ciel serein
ou de nuées peu denses jamais elle ne jaillit,
comme l'évidence l'enseigne, irréfutablement.
Les nuages alors s'épaississent dans tout le ciel,
à croire que les ténèbres ont quitté l'Achéron
et remplissent du ciel les immenses cavernes,
si terrible est la nuit qui tombe des nuages,
faces de Noire Épouvante en suspens sur nos têtes
quand l'orage commence à machiner ses foudres.
Très souvent encore, par les mers, un nuage noir,
tel un fleuve de poix venu du ciel, dans les flots
s'abat, tout gonflé de ténèbres, et traîne, obscure,
la tempête grosse d'éclairs et d'ouragans.
Sur la terre même, l'on tremble et cherche abri,
tant à lui seul de vents il regorge, et de feux.
Au-dessus de nos têtes, il faut donc concevoir ainsi
la tempête altière, car les terres ne sombreraient
en telle obscurité si ne s'étageaient au-dessus
les nuages sur les nuages, dérobant le soleil;
ils ne pourraient venir les écraser de telles pluies,
faisant déborder les fleuves, noyant les plaines,
si le ciel ne tenait bien haut dressé leur édifice.
Là donc tout est plein de vents et de feux :
ainsi naissent partout le tonnerre et les foudres.
Car le creux des nuages renferme, comme je l'ai dit[29],
maints atomes de chaleur qu'il leur faut en grande part
recevoir[30] des rayons du soleil et de leur ardeur.
Si donc le même vent qui les rassemble en certain lieu
a exprimé des nuages maints atomes de chaleur
et qu'en même temps il s'est mélangé avec ce feu,
son tourbillon se glisse alors et, tournant à l'étroit,
aiguise la foudre dans ces ardentes fournaises.
Il s'enflamme de deux façons, en s'échauffant
par sa propre vitesse et par le contact du feu.

Inde ubi percaluit uenti uis, <et> grauis igni*s*
impetus incessit, maturum tum quasi fulmen
perscindit subito nubem, ferturque coruscis
omnia luminibus lustrans loca percitus ardor.
Quem grauis insequitur sonitus, displosa repente
opprimere ut caeli uideantur templa superne.
Inde tremor terras grauiter pertemptat, et altum
murmura percurrunt caelum; nam tota fere tum
tempestas concussa tremit fremitusque mouentur.
Quo de concussu sequitur grauis imber et uber,
omnis ut*i* uideatur in imbrem uertier aether
atque ita praecipitans ad diluuiem reuocare :
tantus discidio nubis uentique procella
mittitur, ardenti sonitus cum prouolat ictu.
Est etiam cum uis extrinsecus incita uenti
incidit in *grau*idam maturo *f*ulmine nubem;
quam cum perscidit, extemplo cadit igneus ille
uertex quem patrio uocitamus nomine fulmen.
Hoc fit idem in partis alias, quocumque tulit uis.
Fit quoque ut interdum uenti uis missa sine igni
igniscat tamen in spatio longoque meatu,
dum uenit, amittens in cursu corpora quaedam
grandia, quae nequeunt pariter penetrare per auras;
atque alia ex ipso conradens aere portat
paruola quae faciunt ignem commixta uolando;
non alia longe ratione ac plumbea saepe
feruida fit glans in cursu, eum multa rigoris
corpora dimittens ignem concepit in auris.
Fit quoque ut ipsi*u*s plagae uis excitet ignem,
frigida cum uenti pepulit uis missa sine igni,
nimirum quia, cum uehementi perculit ictu,
confluere ex ipso possunt elementa uaporis
et simul ex illa quae tum res excipit ictum;
ut, lapidem ferro cum caedimus, euolat ignis,
nec, quod frigida uis ferrist, hoc setius ill*i*
semina concurrunt calidi fulgoris ad ictum.
Sic igitur quoque res accendi fulmine debet,
opportuna fuit si forte et idonea flammis.
Nec temere omnino plane uis frigida uenti

Quant le vent est tout échauffé et que d'un choc sévère
le feu l'a pénétré, le trait mûri, en quelque sorte,
déchire soudain la nue et son ardeur jaillit,
parcourant l'espace de lumières vibrantes.
Un bruit sévère lui succède et l'on croirait soudain
que la voûte du ciel explose et vient tout écraser.
Puis une secousse ébranle fortement la terre
et des grondements parcourent les hauteurs du ciel[31].
Car l'orage s'ébranle, tremblant et frémissant.
Après la secousse, tombe une pluie lourde et riche;
on croirait que le ciel entier est transformé en eau
et se précipitant ramène le déluge :
tant la pluie est vive sous le déchirement de la nue,
la bourrasque et le vol du tonnerre au trait brûlant.
Il tonne aussi lorsque le vent surgi de l'extérieur
fond sur une nuée grosse[32] d'un éclair déjà mûr :
sitôt qu'il l'a déchirée, tombe le tourbillon de feu
que dans la langue de nos pères nous nommons foudre.
Il frappe tous les lieux divers où l'entraîne sa force.
Il arrive aussi que le vent d'orage parte sans feu
mais s'enflamme en son long trajet parmi l'espace;
à venir ainsi courant, il perd certains atomes,
grands corps qui ne peuvent le suivre dans les airs,
mais il en prend d'autres à l'air lui-même, minuscules,
qui se mêlent à son vol et produisent le feu.
De manière presque semblable, la balle de plomb
s'échauffe en sa course quand, perdant abondamment
ses atomes de froid, elle reçoit le feu dans les airs[33].
Il arrive que le seul choc du vent produise le feu
lorsque, n'emportant aucun feu, sa force a frappé, froide :
c'est assurément que par la violence du coup
des atomes de chaleur peuvent jaillir du vent lui-même
et tout à la fois du corps qui reçoit le choc.
Ainsi, quand nous battons la pierre avec le fer, s'envole
le feu et, pour froide que soit la nature du fer,
les atomes de l'éclair chaud n'accourent pas moins à lui.
De même, tout corps doit s'embraser sous la foudre
si d'aventure sa matière est propice à la flamme.
Et le vent ne peut être tout simplement froid

esse potest, e*a* quae tanta ui missa supernest,
quin, prius in cursu si non accenditur igni,
at tepefacta tamen ueniat commixta calore.

Mobilitas autem fit fulminis et grauis ictus,
et celeri ferme percu*rru*nt fulmina lapsu,
nubibus ipsa quod omnino prius incita se uis
colligit et magnum conamen sumit eundi;
inde ubi non potuit nubes capere impetis auctum,
exprimitur uis atque ideo uolat impete miro,
ut ualidis quae de tormentis missa feruntur.
Adde quod e paruis et leuibus est elementis,
nec facilest tali naturae opsistere quicquam.
Inter enim fugit ac penetrat per rara uiarum,
non igitur multis offensibus in remorando
haesitat, hanc ob rem celeri uolat impete labens.
Deinde, quod omnino natura pondera deor*s*um
omnia nituntur, cum plagas*t* addita uero,
mobilitas duplicatur et impetus ille grauescit,
ut uementius et citius quaecumque morantur
obuia discutiat plagis itinerque sequatur.
Denique quod longo uenit impete, sumere debet
mobilitatem etiam atque etiam, quae crescit eundo
et ualidas auget uiris et roborat ictum.
Nam facit ut quae sint illius semina cumque
e regione locum quasi in unum cuncta ferantur,
omnia coniciens in eum uoluentia cursum.
Forsitan ex ipso ueniens trahat aere quaedam
corpora quae plagis incendunt mobilitatem.

Incolumisque uenit per res atque integra transit
multa, foraminibus liquidus quia transuiat ignis.
Multaque perfigit, cum corpora fulminis ipsa
corporibus rerum inciderunt, qua texta tenentur.
Dissoluit porro facile aes aurumque repente
conferuefacit, e paruis quia facta minute
corporibus uis est et leuibus ex elementis,
quae facile insinuantur, et insinuata repente

car il se lance d'en haut avec une telle force
que, s'il ne s'est déjà enflammé durant sa course,
du moins arrive-t-il tiède et mêlé de chaleur[34].

Vitesse et force de la foudre

Mais si la foudre est rapide, si ses coups sont violents,
ses éclairs toujours prompts à parcourir leur route,
c'est qu'au sein du nuage elle s'active aussitôt,
se concentre et fournit un grand effort pour s'échapper;
puis, quand la nue ne peut plus contenir sa fougue croissante,
elle jaillit et s'envole avec un élan prodigieux,
comme ces projectiles lancés par des engins puissants[35].
Ajoute qu'elle est formée d'éléments petits et lisses :
à telle nature, rien ne saurait guère résister.
Car elle se faufile et passe à travers les interstices.
Peu d'obstacles donc pour l'attarder et l'arrêter :
ainsi vole-t-elle, filant sur son élan rapide.
De plus, tous les poids sans exception vers le bas
tendent par nature, mais quand s'ajoute une impulsion
la vitesse d'un corps redouble, son élan s'alourdit,
si bien que, frappant plus fort, plus rapidement,
il franchit tout obstacle et poursuit son chemin.
Enfin, s'élançant de si loin, l'éclair doit acquérir
vitesse toujours plus grande, qui s'accroît dans la course,
augmente sa puissance et fortifie son choc.
La vitesse a cet effet que tous les atomes de l'éclair
directement convergent comme en un lieu unique,
les jetant et roulant tous dans une même course[36].
Peut-être la foudre en son vol arrache-t-elle à l'air
certains atomes dont les chocs enflamment sa vitesse.

Indemnes sont les corps qu'elle franchit, oui, souvent intacts,
parce que son feu liquide passe à travers leurs pores.
Souvent aussi elle les perce, quand ses propres atomes
tombent sur ceux d'autres corps, là où tient leur tissu.
Si elle fond sans peine le bronze, rend soudain l'or
bouillant, c'est parce que d'atomes minuscules
sa nature est faite, comme d'éléments lisses
qui se glissent aisément et glissés dans les corps

dissoluont nodos omnis et uincla relaxant.
Autumnoque magis stellis fulgentibus a*p*ta
concutitur caeli domus undique totaque tellus,
et cum tempora se ueris florentia pandunt.
Frigore enim desunt ignes, uentique calor*e*
deficiunt, neque sunt tam denso corpore nubes.
Interutrasque igitur cum caeli tempora constant,
tum uariae causae concurrunt fulminis omnes.
Nam fretus ipse anni permiscet frigus <et> aestum,
quorum utrumque opus est fabricanda ad fulmina n*u*b*i*
ut discordia <sit> rerum, magnoque tumultu
ignibus et uentis furibundus fluctuet aer.
Prima caloris enim pars e*t* postrema *r*igoris,
tempus id est uernum; quare pugnare necessest
dissimilis <res> inter se turbareque mixtas.
Et calor extremus primo cum frigore mixtus
uoluitur, autumni quod fertur nomine tempus,
hic quoque confligunt hiemes aestatibus acres.
Propterea <freta> sunt haec anni nominitanda,
nec mirumst, in eo si tempore plurima fiunt
fulmina tempestasque cietur turbida caelo,
ancipiti quoniam bello turbatur utrimque,
hinc flammis, illinc uentis umoreque mixto.

Hoc est igniferi naturam fulminis ipsam
perspicere, et qua ui faciat rem quamque uidere,
non Tyrrhena retro uoluentem carmina frustra
indicia occultae diuom perquirere mentis,
unde uolans ignis peruenerit, aut in utram se
uerterit hi*nc* part*e*m, quo pacto per loca saepta
insinuarit, et hinc dominatus ut extulerit se,
quidue nocere queat de caelo fulminis ictus.
Quod si Iuppiter atque alii fulgentia diui
terrifico quatiunt sonitu caelestia templa,
et iaciunt ignem quo cuiquest cumque uoluntas,
cur quibus incautum scelus auersabile cumquest
non faciunt icti flammas ut fulguris halent

soudain dénouent tous les nœuds, relâchent tous les liens.
A l'automne surtout, sertie d'étoiles fulgurantes,
la maison du ciel est partout frappée, et la terre entière,
puis en ces temps fleuris où le printemps éclôt[37].
Aux frimas manquent les feux, les vents sous la chaleur
défaillent, les nuages n'ont le corps assez dense.
Quand donc les saisons du ciel sont intermédiaires,
les diverses causes de la foudre se conjuguent.
Ces détroits de l'année mêlent le froid et le chaud
que le nuage requiert pour fabriquer la foudre
et sèment partout la discorde quand, parmi le tumulte
des flammes et des vents, l'air furieux agite ses flots.
Les premières chaleurs et la fin des temps rigoureux
signifient le printemps, l'inéluctable lutte
des éléments contraires, jetant le trouble en leur mêlée.
Et quand vient le tour de l'ultime chaleur
mêlée au premier froid, en ce temps nommé l'automne,
naît un autre conflit, celui de l'âpre hiver et de l'été.
Il faut donc appeler ces temps les détroits de l'année.
Et ce n'est point merveille si les éclairs se multiplient,
si la tempête se déchaîne et tournoie dans le ciel,
puisque de part et d'autre se mène une guerre indécise,
ici contre les flammes, là contre vents et flots mêlés.

La foudre n'est pas divine

Voilà comment pénétrer la nature même de l'éclair
et voir par quelle force il accomplit toutes ses actions
sans dérouler en vain les formules étrusques[38],
cherchant des indices de la pensée cachée des dieux,
d'où est parti le feu volant, de quel côté ensuite
il s'est dirigé, comment à travers des lieux clos
il s'est glissé puis s'échappe après son règne tyrannique
et quel tort peut causer le coup de foudre céleste.
Si vraiment Jupiter et les autres dieux ébranlent
de ces bruits terribles les temples lumineux du ciel
et lancent partout le feu, selon leur volonté,
pourquoi ceux qui osent le crime abominable
ne sont-ils tous frappés, pourquoi les dieux ne font-ils
que les scélérats exhalent les flammes de l'éclair,

pectore perfixo, documen mortalibus acre,
et potius nulla sibi turpi conscius in re
uoluitur in flammis innoxius inque peditur,
turbine caelesti subito correptus et igni?
Cur etiam loca sola petunt frustraque laborant?
An tum bracchia consuescunt firmantque lacertos?
In terraque patris cur telum perpetiuntur
optundi? Cur ipse sinit neque parcit in hostis?
Denique cur numquam caelo iacit undique puro
Iuppiter in terras fulmen sonitusque profundit?
An simul ac nubes successere, ipse in e*a*s tum
descendit, prope ut hinc teli determinet ictus?
In mare qua porro mittit ratione? Quid undas
arguit et liquidam molem camposque natantis?
Praeterea si u*o*lt caueamus fulminis ictum,
cur dubitat facere ut possimus cernere missum?
Si nec opinantis autem uolt opprimere igni,
cur tonat ex illa parte, ut uitare queamus,
cur tenebras ante et fremitus et murmura concit?
Et simul in multas partis qui credere possis
mittere? An hoc ausis numquam contendere factum,
ut fierent ictus uno sub tempore plures?
At saepest numero factum fierique necessest,
ut pluere in multis regionibus et cadere imbris,
fulmina sic uno fieri sub tempore multa.
Postremo cur sancta deum d*e*lubra suasque
discutit infesto praeclaras fulmine sedes,
et bene facta deum frangit simulacra, suisque
demit imaginibus uiolento uolnere honorem?
Altaque cur plerumque petit loca, plurimaque *ei*us
montibus in summis uestigia cernimus ignis?

Quod superest, facilest ex his cognoscere rebus,
presteras Graii quos ab re nominitarunt,
in mare qua missi ueniant ratione superne.
Nam fit ut interdum tamquam demissa columna
in mare de caelo descendat, quam freta circum

poitrine transpercée, dure leçon pour les mortels?
Pourquoi au contraire celui dont la conscience est pure
roule-t-il dans les flammes, innocent entraîné soudain
dans le tourbillon céleste et par le feu happé[39]?
Pourquoi visent-ils des lieux déserts où ils perdent leur peine?
Est-ce pour exercer leurs bras et fortifier leurs muscles?
Contre terre pourquoi souffrent-ils que le trait du Père
vienne s'émousser? Pourquoi lui-même le permet-il
et ne réserve-t-il sa foudre à ses ennemis?
Enfin, pourquoi le ciel n'est-il jamais totalement pur
quand Jupiter lance sur terre la foudre et le tonnerre?
Attend-il les nuages pour y descendre en personne
et régler de plus près la direction de ses traits?
Pour quelle raison les envoie-t-il dans la mer? A ses ondes,
à la masse liquide, aux plaines flottantes, que reproche-t-il?
D'ailleurs, s'il veut que nous prenions garde à la foudre,
pourquoi hésiter à nous laisser voir partir le coup?
Mais s'il veut par surprise nous frapper de son feu,
pourquoi tonner par-là, nous permettant de l'éviter?
Ténèbres, frémissements, grondements, pourquoi donc?
Et peux-tu croire qu'il vise tant de régions à la fois?
Ou bien aurais-tu le front de prétendre que jamais
plusieurs coups de foudre n'ont éclaté en même temps?
Mais souvent cela s'est produit, inévitablement :
tout comme la pluie tombe en de nombreux endroits,
ainsi beaucoup d'éclairs se produisent en même temps.
Enfin, pourquoi d'un trait funeste Jupiter renverse-t-il
les temples sacrés des dieux et ses demeures superbes?
Pourquoi brise-t-il des œuvres d'art, les statues divines,
outrageant ses propres images par d'affreuses blessures?
Pourquoi a-t-il coutume de viser les lieux élevés,
offrant les traces de ses feux sur la cime des monts[40]?

La trombe marine

Il est désormais facile de comprendre pour quelle raison
du haut des cieux viennent en mer s'abattre les trombes,
que les Grecs ont nommées « presters » d'après leurs effets[41].
Il arrive parfois qu'une sorte de colonne verticale
descende du ciel jusque dans la mer tandis qu'alentour,

feruescunt grauiter spirantibus incita flabris;
et quaecumque in eo tum sint deprensa tumultu
nauigia in summum ueniunt uexata periclum.
Hoc fit ubi interdum non quit uis incita uenti
rumpere quam coepit nubem, sed deprimit, ut sit
in mare de caelo tamquam demissa columna,
paulatim, quasi quid pugno bracch*i*que superne
coniectu trudatur et extendatur in undas.
Quam cum discidit, hinc prorumpitur in mare uenti
uis et feruorem mirum concinnat in undis.
Versabundus enim turbo descendit et illam
deducit pariter lento cum corpore nubem;
quam simul ac grauidam detru*s*it ad aequora ponti,
ille in aquam subito totum se inmittit et omne
excitat ingenti sonitu mare feruere cogens.
Fit quoque ut inuoluat uenti se nubibus ipse
uertex, conradens ex aere semina nubis,
et quasi demissum caelo prestera imitetur.
Hic ubi se in terras demisit dissoluitque,
turbinis inmanem uim prouomit atque procellae.
Sed quia fit raro omnino montisque necessest
officere in terris, apparet crebrius idem
prospectu maris in magno caeloque patenti.

Nubila concrescunt, ubi corpora multa uolando
hoc super in caeli spatio coiere repente
asperiora, modis quae possint indupedita
exiguis tamen inter se compre*n*sa teneri.
Haec faciunt primum paruas consistere nubes;
inde ea comprendunt inter se conque gregantur,
et coniungendo crescunt uentisque feruntur,
usque adeo donec tempestas saeua coortast.
Fit quoque uti montis uicina cacumina caelo
quam sint quaeque magis, tanto magis edita fument
assidue fuluae nub*i*s caligine crassa,
propterea quia, cum consistunt nubila primum,
ante uidere oculi quam possint, tenuia, uenti
portantes cogunt ad summa cacumina montis.

vivement frappés de rafales, bouillonnent les flots,
et les navires pris alors dans la tempête,
tous balayés, courent le plus terrible danger.
Cela se produit parfois quand le vent déchaîné
ne réussit pas à rompre la nue mais la refoule,
telle une colonne qui descendrait du ciel dans la mer
lentement, comme si un poing frappant d'en haut
poussait une masse qui s'allongerait jusqu'aux flots.
Quand le vent a déchiré la nue, jaillissant jusqu'à la mer,
il provoque dans l'onde un prodigieux bouillonnement.
Car, tournant sans cesse, le tourbillon descend,
entraînant avec lui la nue au corps flexible.
A peine l'a-t-il poussée, gravide, à la surface de l'eau
qu'il s'y plonge entièrement, soulève toute la mer
et dans un grand mugissement fait bouillonner ses flots.
Le tourbillon parfois de nuées s'enveloppe
quand il rafle dans l'air des atomes de nuage :
il imite alors une trombe qui descendrait du ciel.
Lorsqu'il s'est abattu sur la terre et se désagrège,
il vomit un cyclone d'une prodigieuse violence[42].
Mais c'est un phénomène très rare et, les montagnes
nous le masquant sur les terres, il apparaît d'ordinaire
sur le vaste horizon des mers, l'immensité du ciel.

Les nuages

Les nuages se forment quand maints atomes voltigeant
dans les hauteurs du ciel se rassemblent soudain :
hérissés de manière à s'entraver faiblement
mais suffisamment pour se tenir comprimés,
ils composent d'abord de petites nuées
qui se réunissent, s'agrègent entre elles,
par leur union s'accroissent et s'envolent aux vents
jusqu'à l'instant où se déchaîne la tempête.
Il se trouve aussi que les sommets des montagnes,
plus ils avoisinent le ciel, plus leur hauteur exhale
assidûment l'épaisse fumée d'un nuage fauve;
car, lorsque les nuées commencent à se former,
avant que l'œil puisse les voir, ténues, les vents
les portent et les assemblent au plus haut de la cime.

Hic demum fit uti turba m*ai*or*e* coorta
et condens*a* quea*n*t ap*p*arere, et simul ipso
uertice de montis uideantur surgere in aethram.
Nam loca declarat sursum uentosa patere
res ipsa et sensu*s*, montis cum ascendimus altos.
Praeterea permulta mari quoque tollere toto
corpora naturam declarant litore uestes
suspensae, cum concipiunt umoris adhaesum.
Qu*o* magis ad nubes augendas multa uidentur
posse quoque a salso consurgere momine ponti;
nam ratio consanguineas*t* umoribus omnis.
Praeterea fluui*i*s ex omnibus et simul ipsa
surgere de terra nebulas aestumque uidemus,
quae uelut halitus hinc ita sursum expressa feruntur,
suffunduntque sua caelum caligine, et altas
sufficiunt nubis paulatim conueniundo.
Vrget enim quoque signiferi super aetheris aestus,
et quasi densendo subtexit caerula nimbis.
Fit quoque ut huc ueniant in caelum extrinsecus illa
corpora quae faciunt nubis nimbosque uolantis.
Innumerabilem enim numerum, summamque profundi
esse infinitam docui, quantaque uolarent
corpora mobilitate ostendi, quamque repente
inmemorabile <per> spatium transire solerent.
Haud igitur mirumst si paruo tempore saepe
tam magnis *nimb*is tempesta*s* atque tenebrae
coperiant maria ac terras inpensa superne,
undique quandoquidem per cau*l*as aetheris omnis,
et quasi per magni circum spiracula mundi,
exitus introitusque elementis redditus extat.

Nunc age, quo pacto pluuius concrescat in altis
nubibus umor, et in terras demissus ut imber
decidat, expediam. Primum iam semina aqua*i*
multa simul uincam consurgere nubibus ipsis,
omnibus ex rebus pariterque ita crescere utrumque,
et nubis et aquam quaecumque in nubibus extat,
ut pariter nobis corpus cum sanguine crescit,

C'est là qu'enfin réunies en troupe plus nombreuse
et plus dense elles peuvent apparaître tout à coup,
s'élançant du pic montagneux dans l'empyrée.
Que les sommets s'offrent au vent, l'expérience sensible
nous le prouve quand nous escaladons une haute montagne.
Et puis la nature prélève sur toute la mer
maints éléments, comme le montrent sur le rivage
les linges suspendus qui prennent l'humidité.
Il est d'autant plus clair que pour accroître les nuages
maints atomes peuvent surgir du flux salé de l'océan :
il existe une parenté entre les deux humeurs.
Et de tous les fleuves ainsi que de la terre même
nous voyons des brumes et des vapeurs surgir :
comme leur haleine expirée, elles s'envolent bien haut,
dispersent leur ténèbre, obnubilant le ciel
à mesure qu'elles se fondent en nues altières[43].
Car la chaleur de l'éther étoilé ajoute sa pression
et, comme les condensant, voile l'azur de leur nimbe.
Il arrive aussi que le ciel reçoive de l'extérieur[44]
les atomes qui forment nuées et nuages volants.
Innombrable est en effet leur nombre, infini
l'ensemble de l'espace, comme je l'ai montré[45].
Quelle vitesse anime le vol des atomes, quelle distance
impensable ils franchissent d'un trait, je l'ai montré[46].
Il n'est donc pas étonnant qu'en peu de temps, souvent,
la tempête et les ténèbres couvrent de si grandes nuées
les mers et les terres, d'en haut les oppressant,
puisque de tous côtés, par tous les pores de l'éther,
par des sortes de soupiraux autour du vaste monde[47],
la sortie et l'entrée s'offrent aux particules.

La pluie et l'arc-en-ciel

Maintenant, allons, comment l'eau de pluie s'amasse
dans les hautes nuées, comment lâchée sur les terres
l'averse tombe, je l'explique et triomphe d'emblée :
bien des semences d'eau s'élèvent avec les nuages,
nées de toutes choses; ainsi vont s'accroissant de pair
et les nuages et l'eau qui stagne dans les nuages,
comme notre corps s'accroît en même temps que le sang,

sudor i*t*em atque umor quicumque est denique membris.
Conci*p*iunt etiam multum quoque saepe marinum
umorem, ueluti pendentia uellera lanae
cum supera magnum mare uenti nubila portant.
Consimili ratione ex omnibus amnibus umor
tollitur in nubes. Quo cum bene semina aquarum
multa modis multis conuenere undique adaucta,
confertae nubes <umorem> mittere certant
dupliciter; nam uis uenti contrudit, et ipsa
copia nimborum turb*a* m*ai*ore coacta
urget, et e supero premit ac facit effluere imbris.
Praeterea cum rarescunt quoque nubila uentis
aut dissolu*o*ntur, solis super icta calore,
mittunt umorem pluuium stillantque, quasi igni
cera super calido tabescens multa liquescat.
Sed uemens imber fit, ubi u*e*menter utraque
nubila ui cumulata premuntur et impete uenti.
At retinere diu pluuiae longumque morari
consuerunt, ubi multa *c*ientur semina aquarum,
atque aliis aliae nubes nimbique rigantes
insuper atque omni uolgo de parte feruntur,
terraque cum fumans umorem tota red*h*alat.
Hic ubi sol radiis tempestatem inter opacam
aduersa fulsit nimborum aspargine contra,
tum color in nigris existit nubibus arqui.
Cetera quae sursum crescunt sursumque creantur,
et quae concrescunt in nubibus, omnia, prorsum
omnia, nix, uenti, grando, gelidaeque pruinae,
et uis magna geli, magnum duramen aquarum,
et mora quae fluuios passim refrenat euntis,
perfaciles*t* tamen haec reperire animoque uidere
omnia quo pacto fiant quareue creentur,
cum bene cognoris elementis reddita quae sint.

Nunc age quae ratio terra*i* motibus extet
percipe. Et in primis terram fac ut esse rearis
subter item ut super*a* uent*o*sis undique plenam
speluncis, multosque lacus multasque lucunas

la sueur et toutes les humeurs de l'organisme.
Souvent aussi, comme des toisons suspendues,
les nuées recueillent beaucoup d'humidité marine,
quand les vents les portent au-dessus de la vaste mer.
De même, les vapeurs qu'exhalent tous les fleuves
s'élèvent jusqu'aux nues et, quand sont dûment réunis
tous ces atomes d'eau de cent façons multipliés,
les nuages gonflés se hâtent d'envoyer la pluie,
doublement : le vent les frappe et la troupe même
des nuages réunis en une mêlée trop grande,
pesant et poussant depuis le haut, précipite l'averse[48].
Enfin, quand les nuages se raréfient au vent
ou se désagrègent sous les coups du soleil ardent,
ils versent leur humeur pluvieuse et gouttent comme la cire,
placée sur un feu ardent, se défait et coule d'abondance.
Mais dure est l'averse quand durement les deux forces
accablent les nuages, leur masse et la fureur du vent.
Les pluies se prolongent et s'attardent longtemps
quand les semences d'eau affluent en grand nombre,
quand les nues se déversent les unes sur les autres,
venant de toutes parts s'accumuler sans fin,
tandis que la terre fume et renvoie l'humidité.
Si le soleil alors, perçant la tempête obscure,
éclaire de plein fouet l'aspersion des nuages,
en leur noirceur jaillit la couleur de l'arc-en-ciel[49].
Tous les autres phénomènes qui se développent là-haut,
et là-haut s'engendrent, et dans les nuages se concentrent,
tous, la neige et les vents, les grêles et les gelées blanches,
la puissance du gel, grand durcisseur des eaux,
dont le frein retarde les fleuves impatients,
tu trouveras sans peine et tu verras en ton esprit
comment ils adviennent et pourquoi ils s'engendrent
dès que tu auras bien compris les lois de leurs éléments.

Les séismes

Voici maintenant la cause des tremblements de terre.
Allons, écoute, et d'abord songe que dans les profondeurs
comme à la surface la terre partout regorge
de venteuses cavernes et porte en ses entrailles

in gremio gerere, et rupes deruptaque saxa;
multaque sub tergo terr*a*i flumina tecta
uoluere ui fluctus summersaque saxa putandumst :
undique enim simile*m* esse *s*ui res postulat ipsa.
His igitur rebus subiunctis subpositisque,
terra superne tremit magnis concussa ruinis,
subter ubi ingentis speluncas subruit aetas;
quippe cadunt toti montes magnoque repente
concussu late disserpunt inde tremores.
Et merito, quoniam plaustris concussa tremescunt
tecta uiam propter non magno pondere tota,
nec minus † exultantes dupuis † cumque ui*ai*
ferratos utrimque rotarum succutit orbes.
Fit quoque, ubi in magnas aquae uastasque lucunas
gleba uetustate e terra prouoluitur ingens,
ut iactetur aquae fluctu quoque terra uacillans;
ut uas inter<dum> non quit constare, nisi umor
destitit in dubio fluctu iactarier intus.
Praeterea uentus cum per loca subcaua terrae
collectus parte ex una procumbit et urget,
obnixus magnis speluncas uiribus altas,
incumbit tellus quo uenti prona premit uis.
Tum supera terram quae sunt extructa domorum
ad caelumque magis quanto sunt edita quaeque,
inclinata minent in ea*n*dem prodita partem,
protractaeque trabes inpendent ire paratae.

Et metuunt magni naturam credere mundi
exitiale aliquod tempus clademque manere,
cum uideant tantam terrarum incumbere molem!
Quod nisi respirent uenti, *ui*s nulla refrenet
res neque ab exitio possit reprehendere euntis.
Nunc quia respirant alternis inque grauescunt,
et quasi collecti redeunt ceduntque repulsi,
saepius hanc ob rem minitatur terra ruinas
quam facit; inclinatur enim retroque recellit,
et recipit prolapsa suas in pondere sedes.
Hac igitur ratione uacillant omnia tecta,
summa magis mediis; media imis, ima perhilum.

mille lacs et marais, roches et précipices;
maints fleuves sous le dos de la terre cachés
doivent rouler dans leurs flots des rochers engloutis,
car les faits exigent que la terre soit partout semblable.
Ainsi donc, reposant sur ce réseau souterrain,
la terre tremble au-dessus, secouée par de grandes chutes
quand le temps fait sombrer d'immenses cavernes enfouies[50].
Oui, ce sont des montagnes entières qui tombent soudain,
et le grand choc répercute au loin les tremblements.
Rien de plus naturel, puisque les maisons tremblent toutes
le long des rues où passent des chariots peu chargés
et que tressautent †[51]
secoue de chaque côté les jantes ferrées des roues.
Il arrive aussi que dans les grands et profonds marais
roule un immense bloc de terre miné par la vieillesse :
le remous de l'onde agite alors la terre vacillante,
de même qu'un vase ne peut trouver son aplomb
si l'eau qu'il contient s'agite de remous incertains[52].
En outre, quand le vent qui hante les lieux souterrains
se concentre et s'abat d'un seul côté, accablant
les hautes cavernes du poids de ses grandes rafales,
la terre s'incline selon la direction du vent[53].
Alors les édifices construits sur la terre,
surtout quand ils s'élèvent haut dans le ciel,
penchent et menacent ruine, entraînés du même côté,
et les poutres étirées pendent, prêtes à partir.

Et qu'un temps de désastre, un temps de mort attende
la nature du vaste monde, on n'ose pas le croire,
bien que l'on voie s'incliner une telle masse de terre!
Mais si les vents ne reprenaient haleine, nulle force
ne freinerait le monde dans sa course à la mort.
Comme tour à tour ils respirent puis redoublent de violence,
reviennent à la charge et repoussés battent en retraite,
la terre risque plus souvent la ruine qu'elle ne la subit :
elle s'incline en effet, puis bascule en arrière,
se penche en avant et rétablit son équilibre[54].
Voilà donc pourquoi toutes les maisons vacillent
en haut plus qu'au centre, au centre plus qu'en bas, en bas très [peu.

Est haec eiusdem quoque magni causa tremoris,
uentus ubi atque animae subito uis maxima quaedam
aut extrinsecus aut ipsa tellure coorta
in loca se caua terra*i* coniecit, ibique
speluncas inter magnas fremit ante tumultu
uersabunda<que> portatur, post incita cum uis
exagitata foras erumpitur, et simul altam
diffindens terram magnum concinnat hiatum.
In Syria Sidone quod accidit, et fuit Aegi
in Peloponneso, qua*s* exitus hic anima*i*
disturbat urbes et terrae motus obortus.
Multaque praeterea ceciderunt moenia magnis
motibus in terris, et multae per mare pessum
subsedere suis pariter cum ciuibus urbes.
Quod nisi prorumpit, tamen impetus ipse anima*i*
et fera uis uenti per crebra foramina terrae
dispertitur ut horror, et incutit inde tremorem;
frigus uti nostros penitus cum uenit in artus,
concutit inuitos cogens tremere atque mouere.

Ancipiti trepidant igitur terrore per urbis,
tecta superne timent, metuunt inferne cauernas
terra*i* ne dissoluat natura repente,
neu distracta suum late dispandat hiatum
idque suis confusa uelit complere ruinis.
Proinde licet quamuis caelum terramque reantur
incorrupta fore aeternae mandata saluti;
et tamen interdum praesens uis ipsa pericli
subdit et hunc stimulum quadam de parte timoris,
ne pedibus raptim tellus subtracta feratur
in barathrum, rerumque sequatur prodita summa
funditus et fiat mundi confusa ruina.

Principio mare mirantur non reddere maius
natura*m*, quo sit tantus decursus aquarum,
omnia quo ueniant ex omni flumina parte.
Adde uagos imbris tempestatesque uolantes,

Voici une autre cause de ce grand tremblement :
parfois le vent, un souffle énorme, tout à coup
venu de l'extérieur ou de la terre elle-même,
se jette dans les cavités souterraines, et ici,
dans ces grandes cavernes, il gronde et fait rage,
s'emporte en tourbillons, puis sa force déchaînée
jaillissant au-dehors éclate et dans le même temps
déchire la terre et creuse un gouffre immense[55].
En Syrie, à Sidon, cela s'est produit; à Égium[56],
dans le Péloponnèse. Ces villes furent détruites
par l'éruption du vent et la commotion de la terre.
Et bien des murailles par le monde s'écroulèrent
lors de grandes secousses, bien des cités au fond des mers
furent englouties avec leurs habitants.
Sans même éclater ainsi, l'élan de l'air, la force
sauvage du vent, par les nombreux canaux de la terre,
se répand comme un frisson et l'agite de tremblements.
Ainsi le froid qui envahit nos membres les secoue,
nous faisant trembler et frémir malgré nous.

Une double terreur agite donc les villes;
on redoute en haut les toits, les cavernes en bas :
la nature de la terre ne va-t-elle pas les disjoindre
soudain, se déchirant pour s'ouvrir en un vaste abîme,
et confuse vouloir le combler de ses ruines?
Ainsi, nous pouvons bien imaginer le ciel et la terre
inaltérables, placés sous une éternelle sauvegarde,
parfois la présence réelle d'un grand danger
introduit par quelque voie l'aiguillon de la peur :
las! à nos pieds soudain la terre pourrait sombrer
dans l'abîme, entraînant tout l'ensemble des choses,
et le monde ne serait plus qu'une ruine confuse.

Le niveau de la mer

Avant tout l'on s'étonne que la nature ne fasse point
grandir la mer malgré le grand déferlement des eaux
et tous les fleuves qui de partout s'y précipitent[57].
Ajoute les ondées vagabondes, les tempêtes volantes

omnia quae maria ac terras sparguntque rigantque;
adde suos fontis; tamen ad maris omnia summan
guttai uix instar erunt unius adaugmen :
quo minus est mirum mare non augescere magnum.
Praeterea magnam sol partem detrahit aestu.
Quippe uidemus enim uestis umore madentis
exsiccare suis radiis ardentibu' solem;
at pelage multa et late substrata uidemus.
Proinde licet quamuis ex uno quoque loco sol
umoris paruam delibet ab aequore partem,
largiter in tanto spatio tamen auferet undis.
Tum porro quoque uenti magnam tollere partem
umoris possunt uerrentes aequora, uenti*s*
una nocte uias quoniam persaepe uidemus
siccari, mollisque luti concrescere crustas.
Praeterea docui multum quoque tollere nubes
umorem magno conceptum ex aequore ponti,
et passim toto terrarum spargere in orb*i*,
cum pluit in terris et uenti nubila portant.
Postremo quoniam raro cum corpore tellus
est, et coniunctast oras maris undique cingens,
debet, ut in mare de terris uenit umor aqua*i*,
in terras itidem manare ex aequore salso.
Percolatur enim uirus retroque remanat
materies umoris, et ad caput amnibus omnis
confluit, inde super terras redit agmine dulci
qua uia secta semel liquido pede detulit undas.

Nunc ratio quae sit, per fauces montis ut Aetnae
expirent ignes interdum turbine tanto,
expediam : neque enim medi*o*cr*i* *cl*ade coorta
flamme*a* tempestas Siculum dominata per agros
finitimis ad se conuertit gentibus ora,
fumida cum caeli scintillare omnia templa
cernentes pauida complebant pectora cura,
quid moliretur rerum natura nouarum.

Hisce tibi in rebus latest alteque uidendum

qui aspergent et baignent toutes les mers, toutes les terres,
ajoute les sources marines : pour l'ensemble, néanmoins,
tout cela représente à peine une goutte d'eau.
Rien d'étonnant donc si la mer point ne s'accroît.
Et la chaleur solaire en prélève une grande part.
Nous voyons en effet les linges trempés d'eau
sécher sous le soleil aux rayons ardents.
Mais bien des océans s'étalent à notre vue.
Dès lors, pour infime que soit la portion d'eau
que le soleil aspire en chaque point de la mer,
sur un si grand espace il prend largement à ses flots.
Et les vents eux-mêmes en balayant ses plaines
prélèvent une part importante, les vents
que nous voyons dans la nuit assécher les chemins
et durcir en croûte la boue molle de leurs ornières.
Et puis j'ai montré que les nuages enlèvent aussi
beaucoup d'humidité aux vastes plaines de la mer
et la répandent çà et là sur tout l'orbe des terres
quand il pleut sur les régions où les vents portent les nues.
Enfin, puisque la terre, formée d'un corps poreux,
est unie à la mer dont elle ceint partout les rives,
comme l'humeur des eaux va des terres à la mer,
elle doit couler aussi des océans jusques aux terres.
L'amertume est filtrée, l'eau s'écoule à rebours
et va se rassembler à la source des fleuves,
puis son flot adouci revient à la surface des terres,
suivant la voie que d'un pied limpide l'onde a tracée.

L'Etna

Maintenant, pour quelle raison les gorges de l'Etna
exhalent parfois de tels tourbillons de flammes,
il me faut l'expliquer car ce n'est pas un fléau médiocre,
cet ouragan de feu qui s'empara de la Sicile[58]
et capta les regards des peuples alentour
quand, toute fumante, la voûte du ciel étincelait
et qu'ils se demandaient, le cœur empli d'effroi,
quelle révolution fomentait la nature.

C'est ici que tu dois avoir une vue large et profonde,

et longe cunctas in partis dispiciendum,
ut reminiscaris summam rerum esse profundam,
et uideas caelum summai totius unum
quam sit paruola pars et quam multesima constet,
nec tota pars homo terrai quota totius unus.
Quod bene propositum si plane contueare
ac uideas plane, mirari multa relinquas.
Numquis enim nostrum miratur, siquis in artus
accepit calido febrim feruore coortam
aut alium quemuis morbi per membra dolorem?
Opturgescit enim subito pes, arripit acer
saepe dolor dentes, oculos inuadit in ipsos,
existit sacer ignis et urit corpore serpens
quamcumque arripuit partem, repitque per artus,
nimirum quia sunt multarum semina rerum,
et satis haec tellus morbi caelumque mali fert,
unde queat uis immensi procrescere morbi.
Sic igitur toti caelo terraeque putandumst
ex infinito satis omnia suppeditare,
unde repente queat tellus concussa moueri,
perque mare ac terras rapidus percurrere turbo,
ignis abundare Aetnaeus, flammescere caelum.
Id quoque enim fit, et ardescunt caelestia templa,
et tempestates pluuiae grauiore coortu
sunt, ubi forte ita se tetulerunt semina aquarum.
« At nimis est ingens incendi turbidus ardor. »
Scilicet et fluuius qui uisus*t* maximus ei
qui non ante aliquem maiorem uidit, et ingens
arbor homoque uidetur, et omnia de genere omn*i*
maxima quae uidit quisque, haec ingentia fingit,
cum tamen omnia cum caelo terraque marique
nil sint ad summam summa*i* totius omnem.

Nunc tamen illa modis quibus inritata repente
flamma foras uastis Aetnae fornacibus efflet,
expediam. Primum totius subcaua montis
est natura, fere silicum suffulta cauernis.
Omnibus est porro in speluncis uentus et aer.
Ventus enim fit ubi est agitando percitus aer.

et porter tes regards au loin, de tous les côtés,
pour te souvenir que l'univers est infini
et voir quelle part minime, quelle infime fraction
de cet ensemble universel représente un seul ciel,
moins qu'un seul homme à l'égard de la terre entière.
Ce principe dûment établi, observe-le bien,
garde-le bien en vue, tu n'auras plus guère à t'étonner.
Qui d'entre nous s'étonne si un homme a la fièvre,
si l'ardeur brûlante se diffuse en ses membres
ou si de tout autre mal il ressent l'atteinte ?
Le pied enfle soudain, une douleur aiguë
saisit souvent les dents, envahit les yeux mêmes,
le feu sacré[59] fait irruption et dans le corps serpentant
brûle les parties qu'il attaque et gagne tous les membres.
La cause en est certaine : il existe de nombreux germes ;
maux ou maladies, terre et ciel en portent suffisamment
pour faire éclater une immense épidémie.
Ainsi donc il faut penser que notre ciel et notre terre
reçoivent de l'infini tous les éléments qui suffisent
à ébranler le monde et soudain le secouer :
parcourir la mer et la terre de violents tourbillons,
répandre le feu de l'Etna, enflammer le ciel.
Car cela même arrive, embrasement des cieux
et tempêtes de pluies s'amassant lourdement
quand le hasard concentre les atomes de l'eau.
« Mais par trop gigantesque est cette trombe ardente ! »
Sans doute ! Un fleuve aussi, pour qui n'en a vu de plus grand,
paraît immense, gigantesque, un arbre ou un homme,
bref, toute chose de toute espèce, la plus grande
que l'on ait jamais vue, prend un aspect prodigieux
quand le monde, ciel, terre et mer compris, n'est rien
à la somme entière de l'universelle somme.

Je vais cependant expliquer comment, soudain furieuse,
la flamme s'exhale des vastes fournaises de l'Etna.
D'abord, toute la montagne est creuse à l'intérieur,
par nature, et repose sur des arches de basalte[60].
De plus, les cavernes sont partout emplies d'air et de vent,
car le vent se forme par une agitation de l'air[61].

Hic ubi percaluit calefecitque omnia circum
saxa furens qua contingit terramque, et ab ollis
excussit calidum flammis uelocibus ignem,
tollit se ac rectis ita faucibus eicit alte.
Fert it*a*que ardorem longe longeque fauillam,
differt et crassa uoluit caligine fumum,
extruditque simul mirando pondere saxa;
ne dubites quin haec animai turbida sit uis.
Praeterea magna ex parti mare montis ad eius
radices frangit fluctus aestumque resorbet.
Ex hoc usque mari speluncae montis ad altas
perueniunt subter fauces. Hac ire fatendumst,

***

et penetrare mari penitus res cogit aperto,
atque efflare foras ideoque extollere flammam,
saxaque subiectare et arenae tollere nimbos.
In summo sunt uertice *enim* crateres, ut ipsi
nominitant, nos quod fauces perhibemus et ora.

Sunt aliquot quoque res quarum unam dicere causam
non satis est, uerum pluris, unde una tamen sit;
corpus ut exanimum siquod procul ipse iacere
conspicias hominis, fit ut omnis dicere causas
conueniat leti, dicatur ut illius una.
Nam neque eum ferro nec frigore uincere possis
interiisse neque a morbo neque forte ueneno,
uerum aliquid genere esse ex hoc quod contigit e*i*
scimus. Item in multis hoc rebus dicere habemus.

Nilus in aestatem crescit campisque redundat
unicus in terris, Aegypti totius amnis.
Is rigat Aegyptum medium per saepe calorem,
aut quia sunt aestate aquilones ostia contra,
anni tempore eo qui etesiae esse feruntur,
et contra fluuium flantes remorantur, et undas
cogentes sursus replent coguntque manere.
Nam dubio procul haec aduerso flabra feruntur
flumine, quae gelidis ab stellis axis aguntur.

Quand, devenu très chaud, il a tout alentour échauffé
les roches et la terre, où que sa rage les atteigne,
et qu'il en a tiré le feu aux flammes rapides,
il s'élève et surgit tout droit par les gorges du volcan.
Il lance donc au loin le feu, au loin disperse les cendres
et roule une fumée de ténèbres épaisses,
tout en jetant des pierres d'un poids prodigieux;
ainsi, tu n'en peux douter : c'est bien un tourbillon de vent.
Enfin, la mer baigne largement la montagne,
elle brise ses vagues puis reflue à ses pieds.
Depuis la mer jusqu'aux gorges hautes du volcan
s'étendent les grottes souterraines : par là, il faut admettre

***[62]

et le fait pénétrer profondément depuis le large,
s'échapper en soufflant et donc lancer des flammes,
projeter des pierres, soulever des nuages de sable.
Le sommet de la montagne forme en effet des cratères,
disent les indigènes[63], gorges et bouches, les nommons-nous.

Pour quelques faits encore, il ne suffit point de dire une cause,
il en faut plusieurs, parmi lesquelles une seule existe.
De même, si tu vois de loin un corps inanimé,
il te faut énumérer toutes les causes de mort
pour que soit dite celle qui frappa cet homme-là.
Car tu ne saurais décider s'il a péri par le fer,
le froid, la maladie, ou, sait-on jamais, par le poison;
mais qu'il lui arriva un accident de ce genre,
nous le savons; il faut, dans bien des cas, tenir ce langage.

Les crues du Nil

Le Nil, fleuve de l'Égypte entière, est le seul au monde
dont la crue submerge les plaines quand vient l'été[64].
Il inonde l'Égypte à l'époque des grandes chaleurs,
peut-être parce que les vents, lors nommés étésiens[65],
les aquilons, se trouvent face à l'embouchure du fleuve :
soufflant à contre-courant, ils le retardent et les ondes
qu'ils chassent en amont obstruent son cours et l'arrêtent.
Car il est certain que les vents soufflent face au courant
puisqu'ils arrivent des constellations glacées du pôle.

Ille ex aestifera parti uenit amnis ab austro,
inter nigra uirum percocto saecla colore
exoriens penitus media ab regione diei.
Est quoque uti possit magnus congestus harenae
fluctibus aduersis oppilare ostia contra,
cum mare permotum uentis ruit intus harenam;
quo fit uti pacto liber minus exitus amnis,
et procliuis item fiat minus impetus undis.
Fit quoque uti pluuiae forsan magis ad caput ei
tempore eo fiant quo etesia flabra aquilonum
nubila coniciunt in eas tunc omnia partis.
Scilicet ad mediam regionem eiecta diei
cum conuenerunt, ibi ad altos denique montis
contrusae nubes coguntur uique premuntur.
Forsitan Aethiopum penitus de montibus altis
crescat, ubi in campos albas de*s*ce*n*dere ningues
tabificis subigit radiis sol omnia lustrans.

Nunc age, Auerna tibi quae sint loca cumque lacusque
expediam, quali natura praedita constent.
Principio, quod Auerna uocantur nomine, id ab re
inpositumst, quia sunt auibus contraria cunctis,
e regione ea quod loca cum uenere uolantes,
remig*i* oblitae pennarum uela remittunt,
praecipitesque cadunt molli ceruice profusae
in terram, si forte ita fert natura locorum,
aut in aquam, si forte lacus sub*st*ratus Auerni.
Is locus est Cumas apu*d*, *a*cri su*l*p*u*re montes
oppleti calidis ubi fumant fontibus aucti.
Est et Athenaeis in moenibus, arcis in ipso
uertice, Palladis ad templum Tritonidis almae,
quo numquam pennis appellunt corpora raucae
cornices, non cum fumant altaria donis :
usque adeo fugitant non iras Palladis acris
peruigili causa, Graium ut cecinere poetae,
sed natura loci opus efficit ipsa suapte.
In Syria quoque fertur item locus esse uideri,
quadripedes quoque quo simul ac uestigia primum

Le fleuve, lui, vient des régions brûlantes de l'auster.
C'est parmi les races noires d'hommes au teint brûlé
qu'il prend sa source, dans les profondeurs du midi[66].
Peut-être aussi un grand amoncellement de sable
se forme-t-il face au courant, juste à l'embouchure,
quand la mer agitée par les vents y chasse le sable[67].
De cette manière, l'issue du fleuve est moins libre
et ses flots sont moins enclins à s'y précipiter.
Peut-être encore les pluies vers la source du Nil
augmentent-elles quand de leurs souffles étésiens
les aquilons jettent par là tous les nuages.
Sans doute ces nuages, chassés vers les régions du midi
où ils s'amoncellent, contre les hautes montagnes
sont-ils enfin refoulés et violemment écrasés[68].
Peut-être enfin la crue vient-elle des montagnes d'Éthiopie,
lorsque leurs neiges blanches dans les vallées descendent
pour fondre aux rayons du soleil illuminant le monde[69].

Les Avernes

Maintenant, passant aux contrées et lacs avernes,
allons, je vais expliquer leur composition.
D'abord leur nom, Avernes, c'est de la réalité
qu'ils le tiennent, étant funestes à tous les oiseaux[70].
Lorsque leur vol les mène au-dessus de ces lieux,
ils oublient leur rames empennées, lâchent les voiles
et, plongeant la tête en avant, le cou flasque, ils s'écrasent
sur la terre, si d'aventure c'est la nature du lieu,
dans l'eau, si un lac averne s'étale au-dessous d'eux.
Ce lieu existe près de Cumes où fument les montagnes
remplies de soufre amer, riches en sources chaudes[71] ;
il existe dans les murs d'Athènes, près du temple de Pallas,
l'Alme tritonienne[72], au sommet de la citadelle
où jamais en leur vol ne descendent les rauques
corneilles, même quand les autels fument d'offrandes :
tant elles cherchent à fuir, non l'amer courroux de Pallas
causé par leur vigilance, comme l'ont chanté les poètes[73],
mais la nature du lieu suffit à produire cet effet.
De même en Syrie il est, dit-on, un lieu semblable :
sitôt que les quadrupèdes y portent leurs pas,

intulerint, grauiter uis cogat concidere ipsa,
Manibus ut si sint diuis mactata repente.
Omnia quae naturali ratione geruntur,
et quibus e fiant causis apparet origo;
ianua ne pote <in> *h*is Orci regionibus esse
credatur, post hinc animas Acheruntis in oras
ducere forte deos Manis infern*e* reamur,
naribus alipedes ut cerui saepe putantur
ducere de latebris serpentia saecla ferarum.
Quod procul a uera quam sit ratione repulsum
percipe; nam de re nunc ipsa dicere conor.

Principio hoc dico quod dixi saepe quoque ante,
in terra cuiusque modi rerum esse figuras;
multa, cibo *qua*e sunt, uitalia, multaque, morbos
incutere et mortem quae possint adcelerare.
Et magis esse aliis alias animantibus aptas
res ad uita*i* rationem ostendimus ante,
propter dissimilem naturam dissimilisque
texturas inter sese primasque figuras.
Multa meant inimica per aur*i*s, multa per ipsas
insinuant naris infesta atque aspera tactu,
nec sunt multa parum tactu uitanda, neque autem
aspectu fugienda, saporeque tristia quae sint.
Deinde uidere licet quam multae sint homini res
acriter infesto sensu spurcaeque grauesque.
Arboribus primum certis grauis umbra tributa
usque adeo, capitis faciant ut saepe dolores,
siquis eas subter iacuit prostratus in herbis.
Est etiam magnis Heliconis montibus arbos
floris odore hominem taetro consueta necare.
Scilicet haec *i*deo te*r*ris ex omnia surgunt,
multa modis multis multarum semina rerum
quod permixta gerit tellus discretaque tradit.
Nocturnumque recens extinctum lumen ubi acr*i*
nidore offendit nares, consopit ibidem
concidere et spumas qui morbo mittere sueuit.
Castoreoque graui mulier sopita recumbit,
et manibus nitidum teneris opus effluit ei,

sa seule force les entraîne en une lourde chute
comme s'ils étaient soudain sacrifiés aux dieux mânes.
Or tous ces faits se produisent naturellement
et leurs causes efficientes en montrent l'origine.
Il ne faut point placer en ces lieux la porte d'Orcus,
ni croire que par là les Mânes attirent les âmes
pour les faire descendre aux rives de l'Achéron,
comme avec leurs naseaux les cerfs aux pieds ailés
sont censés aspirer les serpents hors de leurs repaires[74].
Vois combien ces fables sont éloignées de la vraie raison,
car je vais m'efforcer de dire la réalité.

D'abord, je répète ce que j'ai souvent dit[75] :
la terre contient les formes des choses de toutes espèces.
Beaucoup sont nourricières, vitales, beaucoup aussi
peuvent frapper de maladie et hâter notre mort.
Certaines conviennent mieux que d'autres à certains êtres
selon leur mode d'existence, comme je l'ai montré[76],
car leurs natures sont différentes, différentes aussi
leurs textures et leurs figures premières.
Beaucoup dans les oreilles se glissent en ennemies,
beaucoup offensent les narines de leur âpre contact;
non moins nombreuses celles que le toucher doit fuir
ou dont la vue est repoussante, le goût funeste.
Et l'on peut voir combien de choses donnent à l'homme
des sensations nocives, lui sont infectes et pesantes.
Certains arbres possèdent une ombre si pénible
qu'elle provoque souvent des douleurs à la tête
quand on reste au-dessous, allongé dans les herbes.
Il est même un arbre sur les hauteurs de l'Hélicon
dont la fleur peut tuer par son odeur infecte[77].
Assurément ces miasmes surgissent de la terre
car elle renferme maints atomes de maintes choses
sous maintes formes mêlés et les produit séparément.
Un flambeau nocturne à peine éteint blesse l'odorat
par son âcre senteur et aussitôt endort
l'homme sujet à tomber en écumant du haut mal[78].
Le lourd castoréum[79] plonge la femme dans le sommeil,
et son bel ouvrage glisse de ses mains délicates

tempore eo si odoratast quo menstrua soluit.
Multaque praeterea languentia membra per artus
soluont, atque animam labefactant sedibus intus.
Denique si calidis etiam cunctere lauabris
plenior e*t fu*eris, solio feruentis aqua*i*
quam facile in medio fit uti de*s* saepe ruinas!
Carbonumque grauis uis atque odor insinuatur
quam facile in cerebrum, nisi aquam praecepimus ante!
At cum membra dom*an*s percepit feruida fe*br*is,
tum fit odor uini plagae mactabilis instar.
Nonne uides etiam terra quoque sulpur in ipsa
gignier, et taetro concrescere odore bitumen;
denique ubi argenti uenas aurique secuntur,
terra*i* penitus scrutantes abdita ferro,
qualis expiret Scaptensula subter odores?
Quidue mali fit ut exhalent aurata metalla!
Quas hominum reddunt facies, qualisque colores!
Nonne uides audisue perire in tempore paruo
quam soleant, et quam uitai copia desit
quos opere in tali cohibet uis magna necess*i*s?
Hos igitur tellus omnis exaestuat aestus,
expiratque foras in apertum promptaque caeli.

Sic et Auerna loca alitibus summittere debent
mortiferam uim, de terra quae surgit in auras,
ut spatium caeli quadam de parte uenenet;
quo simul ac primum pennis delata sit ales,
impediatur ibi caeco correpta ueneno,
ut cadat e regione loci, qua derigit aestus;
Quo cum conruit, hic eadem uis illius aestus
relliquias uitae membris ex omnibus aufert.
Quippe etenim primo quasi quendam conciet aestum.
Posterius fit uti, cum iam cecidere ueneni
in fontis ipsos, ibi sit quoque uita uomenda
propterea quod magna mali fit copia circum.
Fit quoque ut interdum uis haec atque aestus Auerni
aera, qui inter auis cumquest ter*r*amque locatus,
discutiat, prope uti locus hic linquatur inanis.

si elle en respire l'odeur quand s'écoulent ses règles.
Bien d'autres substances font défaillir nos membres
alanguis, vaciller notre âme en ses retraites.
Enfin, que l'on s'attarde à prendre un bain chaud
le ventre trop rempli, combien l'on risque
de s'effondrer dans la baignoire d'eau bouillante!
Et les odeurs, les lourdes vapeurs du charbon,
combien elles se glissent aisément dans le cerveau,
à moins qu'auparavant nous n'ayons pris de l'eau[80]!
Et quand l'ardeur de la fièvre dompte nos membres[81],
l'odeur du vin agit comme un coup fatal.
Ne vois-tu pas que dans la terre encore naît le soufre
et durcit le bitume à l'odeur pestilentielle?
Enfin, lorsqu'on suit les filons d'or et d'argent,
fouillant du pic les profondeurs cachées de la terre,
quelles odeurs s'exhalent sous Scaptensula[82]!
Qu'elles sont nocives les émanations des mines d'or!
Quel visage et quel teint elles donnent aux hommes!
Ne vois-tu pas, ne sais-tu pas à quel point les mineurs
meurent rapidement et combien précaire est l'existence
quand la grande nécessité force à pareille besogne?
Ces vapeurs émanent donc toutes de la terre,
qui les exhale à l'air libre, dans le vaste ciel.

Ainsi les Avernes doivent envoyer aux oiseaux
un miasme mortel qui montant de la terre
empoisonne le ciel sur un certain espace.
Ses ailes ont-elles porté dans ces lieux un oiseau,
aussitôt pris au piège du poison invisible
il tombe tout droit où l'entraîne cette vapeur.
Quand il s'est abattu, la même force méphitique
enlève à son corps les derniers restes de vie.
Tout d'abord, elle provoque des sortes de vapeurs,
puis, quand ils ont plongé aux sources mêmes du poison,
les oiseaux doivent aussitôt vomir la vie même,
si grande est la quantité de mal qui les encercle!
Il arrive parfois que les vapeurs de l'Averne
aient la force de chasser l'air entre les oiseaux
et la terre, ne laissant qu'un espace presque vide.

Cuius ubi e regione loci uenere uolantes,
claudicat extemplo pinnarum nisus inanis,
et conamen utrimque alarum proditur omne.
Hic ubi nixari nequeunt insistereque alis,
scilicet in terram delabi pondere cogit
natura, et uacuum prope iam per inane iacentes
dispergunt animas per caulas corporis omnis.

*F*rigidior porro in puteis aestate fit umor,
*r*arescit quia terra calore, et semina si qua
forte uaporis habet propri*i*, dimittit in auras.
Quo magis est igitur tellus effeta calore,
fit quoque frigidior qui in terrast abditus umor.
Frigore cum premitur porro omnis terra coitque
et quasi concrescit, fit scilicet *ut* coeundo
exprimat in puteos si quem gerit ipsa calorem.

Esse apud Hammonis fanum fons luce diurna
frigidus, et calidus nocturno tempore fertur.
Hunc homines fontem nimis admirantur, et acri
sole putant subter terras feruescere *rap*tim,
nox ubi terribili terras caligine texit.
Quod nimis a uerast longe ratione remotum.
Quippe ubi sol nudum contractans corpus aqua*i*
non quierit calidum supera de reddere parte,
cum superum lumen tanto feruore fruatur,
qui queat hic su*b*ter tam crasso corpore terram
percoquere umorem et calido satiare uapore?
Praesertim cum uix possit per saepta domorum
insinuare suum radiis ardentibus aestum.
Quae ratiost igitur? Nimirum terra magis quod
*r*ara tenet circum fontem quam cetera tellus,
multaque sunt ignis prope semina corpus aqua*i*.
Hoc ubi roriferis terram nox obruit undis,
extemplo *pe*nitus frigescit terra coitque.

Quand leur vol les a menés droit sur ce lieu,
claudicantes leurs ailes cherchent un vain appui,
dans leur double effort tout aussitôt trahies.
Comme ils perdent l'équilibre et le soutien des ailes,
de tout leur poids vers la terre les précipite
la nature et, gisant dès qu'ils abordent le vide,
ils versent leur âme par tous les canaux de leur corps.

Température de l'eau des puits

L'eau dans les puits se fait plus froide en été[83]
parce que la terre se dilate[84] sous la chaleur;
tous les atomes de vapeur qu'elle peut posséder,
elles les abandonne et les diffuse dans les airs.
Plus la terre est donc épuisée par la chaleur,
plus se refroidit l'humidité cachée dans le sol.
Et quand la terre pressée par le froid se contracte
et se condense en quelque sorte, par contraction
elle exprime dans les puits la chaleur qu'elle porte.

La fontaine d'Hammon

Près du temple d'Hammon il est une fontaine[85],
froide pendant le jour, chaude durant la nuit.
Les hommes s'en étonnent trop et croient que le soleil,
dardant ses rayons sous la terre, fait bouillir la source
dès que la nuit couvre les terres d'ombres effrayantes[86].
Mais cette croyance est bien loin de la vérité.
Si le soleil, frappant à nu le corps de l'eau,
n'a pas même réussi à réchauffer sa surface
malgré l'ardeur dont jouit sa lumière d'en haut,
une fois sous la terre dont le corps a tant d'épaisseur,
comment ferait-il bouillir l'eau, la gorgeant de chaleur,
alors même qu'à travers les murs de nos maisons
il glisse à peine la chaleur de ses rayons ardents?
Quelle est donc l'explication? Tout simplement la terre
est moins dense autour de la source que partout ailleurs
et maints atomes de feu côtoient le corps de l'eau.
Quand donc la nuit submerge la terre de rosée,
saisie de froid, la terre se contracte profondément.

Hac ratione fit ut, tamquam compressa manu sit,
exprimat in fontem quae semina cumque habet ignis,
quae calidum faciunt laticis tactum atque uaporem.
Inde ubi sol radiis terram dimouit obortus,
et rarefecit calido miscente uapore,
rursus in antiquas redeunt primordia sedes
ignis, et in terram cedit calor omnis aqua*i*.
Frigidus hanc ob rem fit fons in luce diurna.
Praeterea solis radiis iactatur aquai
umor, et in lucem tremulo rarescit ab aestu.
Propterea fit uti quae semina cumque habet ignis
dimittat; quasi saepe gelum quod continet in se
mittit, et exsoluit glaciem nodosque relaxat.

Frigidus est etiam fons, supra quem sita saepe
stuppa *i*acit flammam concepto protinus igni,
taedaque consimili ratione accensa per undas
conlucet, quocumque natans impellitur auris.
Nimirum quia sunt in aqua permulta uaporis
semina, de terraque necessest funditus ipsa
ignis corpora per totum consurgere fontem,
et simul expirare foras exireque in auras,
non ita mu*l*ta tamen calidus queat ut fieri fons;
praeterea dispersa foras erumpere cogit
uis per aquam subito sursumque ea conciliar*i*.
Quod genus endo maris*t* Ara*di* fons, dulcis aqua*i*
qui scatit et salsas circum se dimouet undas;
et multis aliis praebet regionibus aequor
utilitatem opportunam sitientibu' nautis,
quod dulcis inter salsas interuomit undas.
Sic igitur per eum possunt erumpere fontem
et scatere illa foras, in stuppam semina qu*a*e cum
conueniunt aut in *ta*eda*i* corpore adhaerent,
ardescunt facile extemplo, quia multa quoque in se
semina habent ignis stuppae taedaeque tenentes.
Nonne uides etiam, nocturna ad lumina linum
nuper ubi extinctum admoueas, accendier ante
quam tetigit flammam, taedamque pari ratione?

Pour cette raison, comme pressée par une main,
elle exprime dans la source tous ses atomes ignés,
lui donnant le toucher et la vapeur d'une eau chaude[87].
Quand le soleil levant ouvre de ses rayons
et dilate la terre, y mêlant son ardeur,
vers leurs anciens séjours s'en vont les principes du feu
et dans la terre descend toute la chaleur de l'eau.
C'est pourquoi la source devient froide à la lumière du jour.
L'eau elle-même, frappée par les rais du soleil,
sous leurs feux ondoyants se dilate à la lumière.
Elle abandonne donc toutes ses semences de feu;
ainsi de la glace qu'elle renferme souvent
et perd en dénouant et dissolvant son tissu.

Sources incendiaires

Froide est une autre source, mais si l'on tient au-dessus d'elle
une étoupe, aussitôt elle prend feu et lance des flammes[88];
une torche, semblablement allumée, parmi les ondes
brille et va partout nageant où la poussent les airs.
Rien d'étrange : l'eau contient beaucoup d'atomes ignés
et des profondeurs de la terre montent forcément
à travers toute la fontaine des éléments de feu;
ensemble ils s'exhalent au-dehors et gagnent les airs
sans être assez nombreux pour échauffer la source :
une force les pousse à franchir l'onde, épars,
avant de jaillir soudain et de s'unir au-dessus.
De même une source d'eau douce en la mer d'Aradie[89]
jaillit, écartant autour d'elle les flots salés.
En bien d'autres régions encore, la mer fournit
une ressource opportune aux marins altérés,
en vomissant l'eau douce parmi les flots amers.
Ainsi donc ces atomes de feu peuvent surgir
à travers la fontaine et jaillir au-dehors.
Assemblés sur l'étoupe, adhérant au corps de la torche,
ils s'embrasent sans peine puisque maints atomes de feu
sont également contenus dans l'étoupe et la torche.
Ne vois-tu pas aussi que, si l'on approche d'un flambeau
une mèche tout juste éteinte, elle s'embrase
avant d'avoir touché la flamme? De même une torche.

Multaque praeterea prius ipso tacta uapore
eminus ardescunt quam comminus imbuat ignis.
Hoc igitur fieri quoque in illo fonte putandumst.

Quod superest, agere incipiam quo foedere fiat
naturae lapis hic ut ferrum ducere possit,
quem magneta uocant patrio de nomine Grai,
Magnetum quia fit patriis in finibus ortus.
Hunc homines lapidem mirantur; quippe catenam
saepe ex anellis reddit pendentibus ex se.
Quinque etenim licet interdum pluresque uidere
ordine demisso leuibus iactarier auris,
unus ubi ex uno dependet supter adhaerens,
ex alioque alius lapidis uim uinclaque noscit :
usque adeo permananter uis perualet eius.
Hoc genus in rebus firmandumst multa prius quam
ipsius rei rationem reddere possis,
et nimium longis ambagibus est adeundum;
quo magis attentas auris animumque reposco.
Principio omnibus ab rebus, quascumque uidemus,
perpetuo fluere ac mitti spargique necessest
corpora quae feriant oculos uisumque lacessant.
Perpetuoque fluunt certis ab rebus odores;
frigus ut a fluuiis, calor ab sole, aestus ab undis
aequoris exesor moerorum litora propter.
Nec uarii cessant sonitus manare per auras.
Denique in os salsi uenit umor saepe saporis,
cum mare uersamur propter, dilutaque contra
[934] cum tuimur misceri absinthia, tangit amaror.
[935] Vsque adeo omnibus ab rebus res quaeque fluenter
[930] fertur, et in cunctas dimittitur undique partis,
[931] nec mora nec requies interdatur ulla fluendi,
[932] perpetuo quoniam sentimus, et omnia semper
[933] cernere, odorari licet et sentire sonare.

Nunc omnis repetam quam raro corpore sint res
commemorare; quod in primo quoque carmine claret.

Et bien d'autres corps, au seul contact de la chaleur,
s'enflamment de loin, avant que le feu les imbibe.
Sur cette fontaine cela doit se passer ainsi.

L'aimant

Je vais désormais expliquer par quel pacte de la nature
le pouvoir d'attirer le fer appartient à la pierre
que les Grecs appellent magnès, du nom de sa patrie,
car c'est de Magnésie qu'elle est originaire[90].
Les hommes s'en émerveillent : oui, souvent elle donne
une chaîne d'anneaux de fer suspendus à sa base.
Parfois, on peut voir cinq anneaux et plus encore
en file verticale se balancer au moindre souffle :
chacun pendu à l'autre auquel il adhère par-dessous
apprend alors la nature liante de la pierre,
si vif est le courant de la force qu'elle transmet[91] !
Pour des cas semblables, il faut asseoir bien des principes
avant de pouvoir rendre compte du fait lui-même;
d'assez longs détours sont nécessaires pour l'aborder :
je réclame donc une attention d'autant plus grande.
Pour commencer, de tous les corps que nous voyons
doit forcément surgir un flux, une émanation
qui frappe nos yeux et provoque la vision.
Sans cesse un flot d'odeurs émane de certains corps,
comme des rivières le froid, du soleil la chaleur,
des flots l'embrun qui ronge les murs au long des grèves.
Des voix diverses ne cessent de voler dans les airs.
Enfin l'humidité, d'une saveur saumâtre,
nous entre dans la bouche lorsque nous séjournons
au bord de la mer et, si nous voyons préparer
une infusion d'absinthe, son amertume nous saisit.
Tant il est vrai que de tout corps toujours s'écoule
un flux qui se disperse en tous sens et partout,
sans trêve ni repos, intarissable effluve[92],
puisque tout se donne toujours à voir, respirer,
entendre et ne cesse d'exciter nos sensations.

Je rappellerai ici combien toute chose est poreuse,
question élucidée dans le premier chant[93].

Quippe etenim, quamquam multas hoc pertinet ad res
noscere, cum primis hanc ad rem protinus ipsam,
qua de disserere adgredior, firmare necessest
nil esse in promptu nisi *m*ixtum *c*orpus inani.
Principio fit ut in speluncis saxa superna
sudent umore et guttis manantibu' stillent.
Manat item nobis e toto corpore sudor,
crescit barba pilique per omnia membra, per artus.
Diditur in uenas cibus omnis, auget alitque
corporis extremas quoque partis unguiculosque.
Frigus item transire per aes calidumque uaporem
sentimus, sentimus item transire per aurum
atque per argentum, cum pocula plena tenemus.
Denique per dissaepta domorum saxea uoces
peruolitant, permanat odor frigusque uaposque
ignis, qui ferri quoque uim penetrare sueuit.
Denique qua circum caeli lorica coercet

***

morbida uisque simul, cum extrinsecus insinuatur
et tempestate*s* terra caeloque coorta*e*,
in caelum terrasque remotae iure facessunt
quandoquidem nihil est nisi raro corpore nexum.
Huc accedit uti non omnia, quae iaciuntur
corpora cumque ab rebus, eodem praedita sensu
atque eodem pacto rebus sint omnibus apta.
Principio terram sol excoquit et facit are,
at glaciem dissoluit, et altis montibus altas
extructas<que> niues radiis tabescere cogit.
Denique cera liquefit in eius posta uapore.
Ignis item liquidum facit aes aurumque resoluit,
at coria et carnem trahit et conducit in unum.
Vmor aquae porro ferrum condurat ab igni,
at coria et carnem mollit durata calore.
Barbigeras oleaster eo iuuat usque capellas,
effluat ambrosi*a* quasi uero et nectare tinctus;
qu*om* nihil est homini quod amariu' fronde hac extet.
Denique *a*maracinum fugitat sus, et timet omne
unguentum; nam saetigeris subus acre uenenumst,
quod nos interdum tamquam recreare uidetur.

En effet, s'il est vrai que ce principe explique
un grand nombre de faits, affirmons-le avant tout
pour bien comprendre ce dont je vais traiter :
tout corps perçu est mélange de matière et de vide.
Et d'abord les grottes : les pierres de la voûte
laissent suinter l'eau qu'elles distillent goutte à goutte.
De même la sueur s'écoule de tout notre corps,
la barbe et les poils poussent sur tous nos membres,
dans toutes nos veines s'épand l'aliment qui fait croître
jusqu'aux extrémités du corps, jusqu'aux ongles eux-mêmes.
Nous sentons le froid et le chaud traverser le bronze,
nous les sentons aussi traverser l'or et l'argent
lorsque nous tenons dans nos mains des coupes pleines.
Enfin, par les cloisons de pierre des maisons
voltigent les voix, passent l'odeur, le froid, la chaleur
du feu, lequel pénètre la force du fer lui-même.
Par la cuirasse enfin dont le ciel enserre

***[94]

avec la maladie, quand elle se glisse du dehors ;
les tempêtes nées de la terre ou du ciel s'en éloignent
pour finir justement dans le ciel ou la terre
puisqu'il n'est rien dont la texture ne soit poreuse.
A cela s'ajoute que les corps émis par chaque chose
ne sont pas tous dotés du même caractère[95]
et ne conviennent pas à toute chose également.
Le soleil recuit et dessèche la terre,
mais il dissout la glace et sur les hautes montagnes
il fond à ses rayons les hautes couches de neige;
enfin la cire exposée à sa chaleur devient liquide.
De même le feu liquéfie le bronze et dissout l'or,
mais il resserre et contracte le cuir et la chair.
L'eau durcit le fer qui sort de la fournaise
mais amollit le cuir et la chair, durcis par la chaleur.
L'olivier sauvage régale les chèvres barbues,
à croire qu'il distille l'ambroisie, qu'un nectar l'embaume,
quand pour l'homme rien n'est plus amer que ce feuillage.
Enfin le porc fuit la marjolaine et redoute les onguents,
tous poisons violents pour l'animal porte-soies,
alors qu'ils sont capables de nous ranimer.

At contra nobis caenum taeterrima cum sit
spurcities, eadem subus haec iucunda uidetur,
insatiabiliter toti ut uoluantur ibidem.

Hoc etiam superest, ipsa quam dicere de re
adgredior quod dicendum prius esse uidetur.
Multa foramina cum uariis sint reddita rebus,
dissimili inter se natura praedita debent
esse, et habere suam naturam quaeque uiasque.
Quippe etenim uarii sensus animantibus insunt,
quorum quisque suam proprie rem percipit in se.
Nam penetrare alio sonitus alioque saporem
[987] cernimus e sucis, alio nidoris odores.
[991] Praeterea manare aliud per saxa uidetur,
[992] atque aliud *l*ignis, aliud transire per aurum,
[993] argentoque foras aliud uitroque meare.
[994] Nam fluere hac species, illac calor ire uidetur,
[995] atque aliis aliud citius transmitere eadem.
[996] Scilicet id fieri cogit natura uiarum
[997] multimodis uarians, ut paulo ostendimus ante,
[990] propter dissimilem naturam textaque rerum.
Quapropter, bene ubi haec confirmata atque locata
omnia constiterint nobis praeposta parata,
quod superest, facile hinc ratio reddetur, et omnis
causa patefiet quae ferri pelliciat uim.

Principio fluere e lapide hoc permulta necessest
semina, siue aestum qui discutit aera plagis
inter qui lapidem ferrumque est cumque locatus.
Hoc ubi inanitur spatium multusque uacefit
in medio locus, extemplo primordia ferri
in uacuum prolapsa cadunt coniuncta, fit utqu*e*
anulus ipse sequatur eatque ita corpore toto;
nec res ulla magis primoribus <ex> elementis
indupedita suis arte conexa cohaeret
quam ualidi ferri natura *et* frigidus horror.
Quo minus est mirum, quod d*u*citur ex elementis
corpora si nequeunt e ferro plura coorta
in uacuum ferri, quin anulus ipse sequatur :

Au contraire la fange, qui nous est le plus infect
immondice, apparaît si délicieuse aux porcs
qu'ils s'y vautrent, inlassablement.

Reste encore un point que je dois évidemment
traiter avant d'entrer dans le vif du sujet.
De nombreux conduits étant assignés aux divers corps,
ces corps doivent être doués de natures variées,
posséder chacun sa nature et ses voies propres.
Dans les êtres vivants il existe ainsi différents sens
et chacun d'eux ne reçoit que ses impressions spécifiques.
Car nous voyons que le son pénètre ici, là le goût
des saveurs, ailleurs encore le fumet des odeurs[96].
Et puis l'on voit une chose s'écouler par la pierre,
une autre traverser le bois, une autre l'or,
une autre s'échapper de l'argent et du verre.
A travers l'une afflue l'image, à travers l'autre la chaleur,
tel corps passe plus vite qu'un autre par la même voie.
Assurément ces effets sont dus à la nature des pores
qui varie de mille façons, comme je l'ai montré,
selon la différence de substance et de texture des choses.
Ainsi, ces principes étant confirmés et posés,
tous ces préliminaires bien présents à l'esprit,
il sera facile d'expliquer le reste et tout entière
se dévoilera la cause qui attire la force du fer.

Il est nécessaire qu'il émane de cette pierre
un grand nombre de semences, un courant dont les chocs
dispersent tout l'air entre la pierre et le fer.
Quand cet espace est vide, quand une large zone
au milieu se libère, aussitôt les principes du fer
se précipitent dans ce vide, tous ensemble réunis,
entraînant l'anneau qui s'élance de tout son corps;
car rien ne possède des éléments premiers
plus enchevêtrés et plus étroitement unis
que le robuste fer et son frisson glacé.
Puisqu'il est mené par ses principes, il est donc moins étrange
que plusieurs particules du fer ne puissent s'échapper
pour aller dans le vide sans que tout l'anneau suive :

quod facit, et sequitur, donec peruenit ad ipsum
iam lapidem, caecisque in eo compagibus haesit.
Hoc fit idem cunctas in partis, unde uacefit
cumque locus, siue e transuerso siue superne
corpora continuo in uacuum uicina feruntur.
Quippe agitantur enim plagis aliunde, nec ipsa
sponte sua sursum possunt consurgere in auras.
Huc accedit item, quare queat id magis esse,
haec quoque res adiumento, motu*s*que iuuatur,
quod, simul a fronte est anelli rarior aer
factus, inanitusque locus magis ac uacuatus,
[1033] continuo fit uti qui post est cumque locatus
[1026] *a*er a tergo quasi prouehat atque propellat.
[1027] Semper enim circumpositus res uerberat aer;
[1028] sed tali fit uti propellat tempore ferrum,
[1029] parte quod ex una spatium uacat et capit in se.
[1030] Hic, tibi quem memoro, per crebra foramina ferri
[1031] paruas ad partis suptiliter insinuatus,
[1032] trudit et inpellit, quasi nauem uelaque uent*us*.
Denique res omnes debent in corpor*e* habere
aera, quandoquidem raro sunt corpore, et aer
omnibus est rebus circumdatus adpositusque.
Hic igitur, penitus qui in ferrost abditus aer,
sollicito motu semper iactatur, eoque
uerberat anellum dubio procul, et ciet intus
scilicet : ill*e* eodem fertur quo praecipitauit
iam semel, et partem in uacuam conamina sumpsit.
Fit quoque ut a lapide hoc ferri natura recedat
interdum, fugere atque sequi consueta uicissim.
Exsultare etiam Samothracia ferrea uidi,
et ramenta simul ferri furere intus ahenis
in scaphiis, lapis hic Magnes cum subditus esset :
usque adeo fugere a saxo gestire uidetur.
Aere interposito discordia tanta creatur,
propterea quia nimirum prius aestus ubi aeris
praecepit ferrique uias possedit apertas,
posterior lapidis uenit aestus, et omnia plena
inuenit in ferro neque habet qua tranet ut ante.
Cogitur offensare igitur pulsareque fluctu

c'est bien ce qu'il fait, il suit, jusqu'à ce qu'enfin
il atteigne la pierre et s'attache par des liens aveugles.
Ce phénomène a lieu dans toutes les directions;
où que se produise un vide, en face ou bien en haut,
les corps avoisinants s'y précipitent aussitôt :
ils sont poussés par les chocs frappant à l'opposé[97]
et ne pourraient d'eux-mêmes s'élever dans les airs.
Car, pour rendre la chose plus facile encore,
il est une aide nouvelle à ce mouvement :
dès que l'air devant l'anneau s'est raréfié,
dès que cet espace se libère et se vide,
toute la couche d'air placée derrière l'anneau
le pousse comme par le dos et le projette en avant.
Sans cesse en effet l'air bat les objets qu'il entoure,
mais dans ces circonstances il propulse le fer
parce que d'un côté l'espace est vide et l'accueille :
cet air dont je te parle, par les nombreux pores du fer
s'étant glissé subitement jusqu'en ses moindres parties,
frappe et pousse le fer, comme le vent un navire et ses voiles.
Enfin toutes les choses contiennent de l'air
en leur corps, il le faut, puisque leur corps est poreux
et que l'air les entoure et les enserre toutes.
Cet air donc, profondément caché dans le fer,
ne cesse d'être animé d'un mouvement inquiet;
c'est ainsi qu'il frappe sans nul doute l'anneau, le pousse
de l'intérieur, faisant qu'il se précipite doublement
dans la même zone vide où il s'élançait déjà.
Parfois encore le fer s'éloigne de la pierre,
s'accoutume à la fuir et la suivre tour à tour.
J'ai même vu des anneaux de Samothrace bondir,
la limaille de fer s'affoler dans des coupes de bronze
sous lesquelles se trouvait la pierre de Magnésie :
tant ils semblaient impatients de fuir cette pierre.
Si le bronze interposé crée si vive discorde,
c'est évidemment que le courant de l'airain,
prenant les devants, occupe les voies libres du fer;
ensuite arrive l'émanation de la pierre qui, trouvant
tout rempli dans le fer, n'a plus où passer comme avant.
Elle est donc réduite à heurter et battre de son flux

ferrea texta suo; quo pacto respuit ab se,
atque per aes agitat sine eo quod saepe resorbet.
Illud in his rebus mirari mitte, quod aestus
non ualet e lapide hoc alias impellere item res.
Pondere enim fretae partim stant : quod genus aurum;
at partim raro quia sunt cum corpore, ut aestus
peruolet intactus, nequeunt inpellier usquam;
lignea materies in quo genere esse uidetur.
Interutrasque igitur ferri natura locata
aeris ubi accepit quaedam corpuscula, tum fit
inpellant ut e*a*m Magnesia flumine saxa.

Nec tamen haec ita sunt aliarum rerum aliena,
ut mihi multa parum genere ex hoc suppeditentur
quae memorare queam inter se singlariter apta.
Saxa uides primum sola colescere calce.
Glutine materies taurino iungitur una,
ut uitio uenae tabularum saepius hiscant
quam laxare queant compages taurea uincla.
Vitigeni latices aqua*i* fontibus audent
misceri, cum pix nequeat grauis et leue oliuom.
Purpureusque colos conchyli iungitur una
corpore cum lanae, dirimi qui non queat usquam,
non si Neptuni fluctu renouare operam des,
non mare si totum uelit eluere omnibus undis.
Denique non *a*uro *re*s aurum copulat una
aer*i*que <aes> plumbo fit uti iungatur ab albo?
Cetera iam quam multa licet reperire! Quid ergo?
Nec tibi tam longis opus est ambagibus usquam,
nec me tam multam hic operam consumere par est,
sed breuiter paucis praestat comprendere multa.
Quorum ita texturae ceciderunt mutua contra,
ut caua conueniant plenis haec illius, illa
huiusque inter se, iunctura haec optima constat.
Est etiam quasi ut anellis hamisque plicata
inter se quaedam possint coplata teneri;
quod magis in lapide hoc fieri ferroque uidetur.

les tissus du fer, ainsi repoussant et agitant
à travers le bronze ce qu'elle attire en son absence.
Ici, ne t'étonne point que le flux émanant de la pierre
ne parvienne pas à repousser d'autres corps que le fer :
il en est que leur poids maintient immobiles, tel l'or,
mais d'autres sont tellement poreux que, le courant
les franchissant intact[98], ils n'en reçoivent nulle impulsion;
la matière du bois est évidemment de cette espèce.
Comme le fer tient le milieu entre ces deux natures,
lorsqu'il a reçu quelques particules de bronze,
la pierre magnétique par son courant le pousse.

Mais ces faits ne sont pas étrangers au reste du monde :
je peux fournir beaucoup d'exemples analogues
d'un corps se liant à un autre exclusivement.
Tu vois que seule la chaux peut tenir les pierres,
la colle de taureau unir très fortement le bois :
les veines des planches sont réduites à s'ouvrir
plus souvent que les liens de taureau ne lâchent prise.
Le jus né de la vigne se mêle à l'eau des fontaines,
ce que n'osent point faire la lourde poix, l'huile légère.
La couleur empourprée du murex s'allie seulement
au corps de la laine dont tu ne saurais la séparer,
même si les flots de Neptune venaient à ton secours
pour le restaurer dans son état originel
ou si toute la mer voulait le laver dans ses ondes.
Enfin n'est-ce point un seul corps qui soude l'or
à l'or et le seul étain qui lie le bronze au bronze?
Combien d'autres cas peut-on trouver! Mais à quoi bon?
Pour toi il n'est besoin d'aussi longs détours,
pour moi il est excessif d'y consumer tant de peine.
Mieux vaut résumer tous ces faits en quelques mots.
Les corps dont les textures s'opposent et se correspondent,
les creux de l'un s'adaptant aux pleins de l'autre
et réciproquement, forment la meilleure union.
Certains corps peuvent aussi se tenir assemblés
par une sorte d'enlacement d'anneaux et de crochets :
tel semble plutôt le cas de cette pierre et du fer.

Nunc ratio quae sit morbis, aut unde repente
mortiferam possit cladem conflare coorta
morbida uis hominum generi pecudumque cateruis,
expediam. Primum multarum semina rerum
esse supra docui quae sint uitalia nobis,
et contra quae sint morbo mortique necessest
multa uolare. Ea cum casu sunt forte coorta
et perturbarunt caelum, fit morbidus aer.
Atque ea uis omnis morborum pestilitasque
aut extrinsecus ut nubes nebulaeque superne
per caelum ueniunt, aut ipsa saepe coorta
de terra surgunt, ubi putorem umida nactast
intempestiuis pluuiisque et solibus icta.
Nonne uides etiam caeli nouitate aquarum
temptari procul a patria quicumque domoque
adueniunt, ideo quia longe discrepitant res?
Nam quid Brittannis caelum differre putamus,
et quod in Aegypto est qua mundi claudicat axis,
quidue quod in Ponto est differre, et Gadibus atque
usque ad nigra uirum percocto saecla colore?
Quae cum quattuor inter se diuersa uidemus
quattuor a uentis et caeli partibus esse,
tum color et facies hominum distare uidentur
largiter, et morbi generatim saecla tenere.
Est elephas morbus qui propter flumina Nili
gignitur Aegypto in media, neque praeterea usquam.
Atthide temptantur gressus, oculique in Achaeis
finibus. Inde aliis alius locus est inimicus
partibus ac membris : uarius concinnat id aer.
Proinde ubi se caelum quod nobis forte alienum
commouet, atque aer inimicus serpere coepit,
ut nebula ac nubes paulatim repit, et omne
qua graditur conturbat et immutare coactat.
Fit quoque ut, in nostrum cum uenit denique caelum,
corrumpat, reddatque sui simile atque alienum.
Haec igitur subito clades noua pestilitasque
aut in aquas cadit, aut fruges persidit in ipsas,

Maladies et épidémies

Maintenant je dirai la cause de l'épidémie,
d'où peut soudain surgir cette force morbide
soufflant ravage et mort sur les hommes et les troupeaux.
Tout d'abord existent, comme je l'ai montré plus haut,
des atomes de maintes choses qui nous sont salutaires,
mais il faut bien aussi que volent mille germes
de maladie et de mort; quand par hasard ils s'unissent
et perturbent le ciel, l'air devient morbide.
Et tout ce pouvoir de maladie, cette pestilence
nous vient soit de l'extérieur[99], comme nues et brouillard
tombant à travers ciel, soit de la terre elle-même
d'où ce mal surgit quand le sol humide se putréfie,
battu de pluies et de soleils intempestifs.
Ne vois-tu aussi que la nouveauté du climat et des eaux
éprouve tous ceux qui, loin de leur patrie, de leur demeure,
s'en vont à l'étranger, tant les réalités s'opposent?
Quelle différence impensable entre le climat breton[100]
et celui de l'Égypte où s'incline l'axe du monde[101],
entre le ciel du Pont et celui qui s'étend
de Gadès aux races noires dont le teint est brûlé!
Non seulement nous voyons ces quatre climats opposés
occuper les quatre régions du vent et du ciel[102],
mais encore les teints, les visages diffèrent
grandement, les races ont leur maladie spécifique[103] :
tel l'éléphantiasis qui naît sur les bords du Nil,
au centre de l'Égypte, et nulle part ailleurs.
En Attique, les pieds sont touchés; les yeux, aux confins
de l'Achaïe. Chaque lieu est ainsi pernicieux à d'autres
parties du corps : la variété de l'air en est la cause.
Quand donc un climat qui par hasard nous est contraire
s'avance et qu'un air pernicieux commence à se glisser,
tel un brouillard ou un nuage il serpente lentement
et répand en chemin troubles et bouleversements.
Quand enfin il arrive dans notre propre climat,
il le corrompt, il l'assimile et nous le rend contraire.
Aussitôt donc ce fléau de l'épidémie nouvelle
ou tombe sur les eaux, ou se dépose sur les moissons,

aut alios hominum pastus pecudumque cibatus,
aut etiam suspensa manet uis aere in ipso;
et, cum spirantes mixtas hinc ducimus auras,
illa quoque in corpus pariter sorbere necessest.
Consimili ratione uenit bubus quoque saepe
pestilitas, et iam pigris balantibus aegror.
Nec refert utrum nos in loca deueniamus
nobis aduersa et caeli mutemus amictum,
an caelum nobis u*l*tro natura cor*u*ptum
deferat, aut aliquid quo non consueuimus uti,
quod nos aduentu possit temptare recenti.

Haec ratio quondam morborum et mortifer ae<stus>
finibus in Cecropis funestos reddidit agros,
uastauitque uias, exhausit ciuibus urbem.
Nam penitus ueniens Aegypti finibus ortus,
aera permensus multum camposque natantis,
incubuit tandem populo Pandionis omn*i*.
Inde cateruatim morbo mortique dabantur.
Principio caput incensum feruore gerebant,
et duplicis oculos suffusa luce rubentes.
Sudabant etiam fauces intrinsecus atrae
sanguine, et ulceribus uocis uia saepta coib*a*t,
atque animi interpres manabat lingua cruore
debilitata malis, motu grauis, aspera tactu.
Inde ubi per fauces pectus complerat et ipsum
morbida uis in cor maestum confluxerat aegris,
omnia tum uero uita*i* claustra lababant.
Spiritus ore foras taetrum uoluebat odorem,
rancida quo perolent proiecta cadauera ritu.
Atque animi prorsum uires totius <et> omne
languebat corpus leti iam limine in ipso.
Intolerabilibusque malis erat anxius angor
adsidue comes et gemitu commixta querella.
Singultusque frequens noctem per saepe diemque
corripere adsidue neruos et membra coactans
dissoluebat eos, defessos ante, fatigans.
Nec nimio cuiquam posses ardore tueri

sur d'autres nourritures des hommes et des bêtes,
ou même reste en suspens dans l'atmosphère
et, lorsque nous respirons cet air mélangé,
il nous faut bien absorber aussi ces pestilences.
C'est ainsi que souvent la maladie frappe les bœufs
et se propage même aux lents troupeaux bêlants.
Mais nulle différence, que nous allions en des lieux
qui nous sont contraires et changions d'enveloppe céleste,
ou que la nature nous apporte d'elle-même un ciel
vicié ou toute chose étrangère à notre usage
et capable de nous attaquer brusquement.

Peste d'Athènes

Telle est la cause de la peste[104], du souffle mortel
qui sur la terre de Cécrops répandit un jour le deuil[105],
rendit les chemins déserts, priva la ville de citoyens.
Venu du fond de l'Égypte qui lui donna naissance[106],
après une longue course par l'air et les plaines flottantes,
le fléau s'abattit sur le peuple de Pandion.
Tous étaient livrés en bataillons au mal et à la mort.
D'abord ils avaient la tête brûlante, toute en feu,
les deux yeux envahis d'un éclat rougeoyant.
Leur gorge noire à l'intérieur transpirait aussi
le sang, des ulcères obstruaient le canal de la voix ;
l'interprète de l'esprit, la langue, dégouttait de sang,
affaiblie par le mal, alourdie, âpre au toucher.
Puis, par la gorge, la maladie emplissait leur poitrine,
affluait en masse vers le cœur douloureux[107]
et toutes les barrières de la vie s'effondraient.
Leur haleine charriait au-dehors une odeur infecte,
pareille à celle des charognes abandonnées.
Puis l'esprit perdait ses forces et tout entier
le corps défaillait, désormais au seuil de la mort.
Ces maux intolérables, une angoisse anxieuse
et des gémissements les accompagnaient sans répit.
Un hoquet persistant la nuit comme le jour
secouait de spasmes sans fin les nerfs et les membres,
brisait les malades, achevait de les épuiser.
Mais chez aucun d'eux la surface du corps

corporis in summo summam feruescere partem,
sed *p*otius tepidum manibus proponere tactum,
et simul ulceribus quasi inustis omne rubere
corpus, ut est per membra sacer dum diditur ignis.
Intima pars hominum uero flagrabat ad ossa,
flagrabat stomacho flamma ut fornacibus intus.
Nil adeo posses cuiquam leue tenueque membris
uertere *in* utilitatem, a*t* uentum et frigora semper.
In fluuios partim gelidos ardentia morbo
membra dabant, nudum iacientes corpus in undas.
[1178] Multi praecipites lymphis putealibus alte
[1174] inciderunt ipso uenientes ore patente :
[1175] insedabiliter sitis arida, corpora mersans,
[1176] aequabat multum paruis umoribus imbrem.
[1177] Nec requies erat ulla ma*li* : defessa iacebant
corpora. Mussabat tacito medicina *t*imore,
quippe patentia cum totiens ardentia morbis
lumina uersarent oculorum expertia somno.
Multaque praeterea mortis tum signa dabantur :
perturbata animi mens in maerore metuque,
triste supercilium, furiosus uoltus et acer,
sollicitae porro plenaeque sonoribus aures,
creber spiritu*s* aut ingens raroque coortus,
sudorisque madens per collum splendidus umor,
tenuia sputa minuta, croci contacta colore
salsaque, per fauces rauca uix edita tussi.
In manibus uero nerui trahere et tremere artus
a pedibusque minutatim succedere frigus
non dubitabat. Item ad supremum denique tempus
compressae nares, nasi primoris acumen
tenue, cauati oculi, caua tempora, frigida pellis
duraque, in ore iacens r*ic*tum, frons tenta tumebat.
Nec nimio rigida post artus morte iacebant.
Octauoque fere candenti lumine solis
aut etiam nona reddebant lampade uitam.
Quorum si quis, ut est, uitarat funera leti,
u*l*ceribus taetris et nigra proluuie alui
posterius tamen hunc tabes letumque manebat,

ne paraissait brûler d'une chaleur extrême :
de la main, on aurait plutôt senti une tiédeur.
En même temps, des ulcères pareils à des brûlures
rougissaient tout le corps comme cela se produit
lorsque le feu sacré se répand parmi tous les membres.
Mais l'intérieur de l'homme était embrasé jusqu'aux os,
une flamme brûlait dans l'estomac comme dans une forge.
Rien n'était assez mince et léger pour être appliqué
sur aucun malade, sauf le vent et le froid, toujours.
Dans les fleuves glacés certains plongeaient leurs membres
brûlants de fièvre et se jetaient nus dans les flots.
Beaucoup tombèrent, la tête la première, au fond des puits
alors qu'ils se penchaient, la bouche ouverte, jusqu'à l'eau.
La soif dévorante, inextinguible, qui submergeait les corps
faisait d'un large flot à peine quelques gouttes.
Nul répit dans le mal : leurs corps gisaient épuisés.
La médecine était muselée par sa terreur muette
tandis qu'ils ne cessaient de rouler des yeux hagards,
enflammés de maladie et privés de sommeil.
Beaucoup d'autres signes de mort s'offraient à ce moment :
l'esprit troublé, plongé dans l'affliction et la crainte,
le sourcil farouche, le regard acerbe et furieux,
les oreilles affectées elles aussi, bourdonnantes,
la respiration précipitée ou profonde et ralentie,
une sueur luisante baignant le cou, des crachats
ténus, minuscules, couleur de safran et salés,
qu'une toux rauque arrachait avec peine au gosier.
Les nerfs des mains se contractaient, le corps tremblait,
des pieds peu à peu le froid sans hésiter
montait et, quand approchait le moment suprême,
on leur voyait les narines pincées, l'extrémité du nez
amincie, les yeux caves, les tempes creuses, la peau froide
et dure, la bouche en rictus, le front tendu et gonflé.
Peu après, les membres se raidissaient dans la mort[108].
Au huitième retour de l'éclatant soleil
ou à la neuvième aurore, ils rendaient la vie.
Si l'un d'eux, comme il arrive, évitait le trépas,
c'étaient d'affreux ulcères, un flux noir des intestins :
le pourrissement et la mort peu après l'attendaient;

aut etiam multus capitis cum saepe dolore
corruptus sanguis expletis naribus ibat :
huc hominis totae uires corpusque fluebat.
Profluuium porro *qui* taetr*i* sanguinis acre
exierat, tamen in neruos huic morbus et artus
ibat, et in partis genitalis corporis ipsas.
Et grauiter partim metuentes limina leti
uiuebant ferro priuati parte uirili,
et manibus sine nonnulli pedibusque manebant
in uita tamen, et perdebant lumina partim :
usque adeo mortis metus his inc*e*sserat acer.
Atque etiam quosdam cepere obliuia rerum
cunctarum, neque se possent cognoscere ut ipsi.
Multaque humi cum inhumata iacerent corpora supra
corporibus, tamen alituum genus atque ferarum
aut procul absiliebat, ut acrem ex*i*ret odorem,
aut, ubi gustarat, languebat morte propinqua.
Nec tamen omnino temere illis solibus ulla
comparebat auis, nec <tris>tia saecla ferarum
exibant siluis. Languebant pleraque morbo
et moriebantur. Cum primis fida canum uis
strata uiis animam ponebat in omnibus aegre;
extorquebat enim uitam uis morbida membris.
Incomitata rapi certabant funera uasta.
Nec ratio remed*i* communis certa dabatur;
nam quod ali dederat uitalis aeris auras
uoluere in ore licere et caeli templa tueri,
hoc aliis erat exitio letumque parabat.
Illud in his rebus miserandum magnopere unum
aerumnabile erat, quod ubi se quisque uidebat
implicitum morbo, morti damnatus ut esset,
deficiens animo maesto cum corde iacebat,
funera respectans animam amittebat ibidem.
Quippe etenim nullo cessabant tempore apisci
ex aliis alios auidi contagia morbi,
[1245] lanigeras tamquam pecudes et bucera saecla.
[1237] Idque uel in primis cumulabat funere funus.
[1238] Nam quicumque suos fugitabant uisere ad aegros,
[1239] uita*i* nimium cupidos mortisque timentis

ou bien un flot de sang vicié, souvent accompagné
de maux de tête, jaillissait de ses narines engorgées :
là donc affluaient toute la force et le corps de l'homme.
Si l'on réchappait de cet âcre flux de sang corrompu,
la maladie néanmoins dans les nerfs et les membres
se portait, jusqu'à gagner les parties génitales.
Certains, gravement effrayés par le seuil de la mort,
vivaient amputés par le fer de leurs parties viriles,
d'autres sans mains ou sans pieds persistaient
à vivre, d'autres encore restaient sans yeux :
tant l'âcre peur de la mort les avait envahis!
L'oubli de toutes choses saisit même certains
au point qu'ils ne pouvaient se reconnaître eux-mêmes.
Par terre, sans sépulture, les cadavres gisaient
sur les cadavres, mais les oiseaux et bêtes rapaces
s'en écartaient bien loin, fuyaient l'odeur atroce
ou, dès qu'ils en goûtaient, défaillaient de mort prochaine.
Du reste, ces jours-là aucun oiseau ne se risquait
à paraître, les animaux farouches et sauvages
ne quittaient pas les bois; languissant de la peste,
ils mouraient presque tous. La race fidèle des chiens
souffrit plus que toute autre, rendant l'âme sur les routes,
les membres tordus par le mal qui leur extorquait la vie.
Funérailles se pressant à l'envi, désolées, sans cortège;
il n'était aucune forme de remède commun :
si tel soin à l'un d'eux faisait respirer pleinement
les souffles vivifiants de l'air et contempler le ciel,
il était funeste aux autres et les vouait à la mort.
Mais voici la chose la plus pitoyable de toutes,
la plus affligeante : l'homme qui se voyait
agrippé par l'épidémie, tel un condamné à mort,
perdait tout courage et, prostré dans son chagrin,
obsédé par les funérailles, rendait l'âme sur place.
C'est que jamais la contagion du mal insatiable
ne cessait de les atteindre les uns après les autres,
comme des bêtes porte-laine ou des troupeaux de bœufs.
Cela surtout entassait funérailles sur funérailles.
Car ceux qui évitaient de visiter leurs propres malades,
par désir excessif de vivre et par terreur devant la mort,

poeni*b*at paulo post turpi morte malaque,
desertos, opis expertis, incuria mactans.
Qui fuerant autem praesto, contagibus ibant
atque labore, pudor quem tum cogebat obire
blandaque lassorum uox mixta uoce querellae.
Optimus hoc leti genus ergo quisque subibat.

***

inque aliis alium, populum sepelire suorum
certantes : lacrimis lassi luctuque redibant;
inde bonam partem in *l*ectum maerore dabantur.
Nec poterat quisquam reperiri quem neque morbus,
nec mors nec luctus temptaret tempore tali.
Praeterea iam pastor, et armentarius omnis
et robustus item curui moderator aratri
languebat, penitusque casa contrusa iacebant
corpora paupertate et morbo dedita morti.
Exanimis pueris super exanimata parentum
corpora nonnumquam posses retroque uidere
matribus et patribus natos super edere uitam.
Nec minimam partem ex agris *is m*aeror in urbem
confluxit, languens quem contulit agricolarum
copia conueniens ex omni morbida parte.
Omnia conp*l*ebant loca tectaque; quo magis aest*u*
confertos ita aceruatim mors accumulabat.
Multa siti prostrata uiam per proque uoluta
corpora silanos ad aquarum strata *i*acebant,
interclusa anima nimia ab dulcedine aquarum,
multaque per populi passim loca prompta uiasque
languida semanimo cum corpore membra uideres
horrida paedore et pannis cooperta perire
corporis inluuie : pellis super ossibus una,
u*l*ceribus taetris prope iam sordeque sepulta.
Omnia denique sancta deum delubra replerat
corporibus mors exanimis, onerataque passim
cuncta cadaueribus caelestum templa manebant,
hospitibus loca quae complerant aedituentes.
Nec iam religio diuom nec numina magni
pendebantur : enim praesens dolor exsuperabat.

l'indifférence meurtrière les punissait bientôt
d'une fin vile et misérable, sans amis ni secours.
Mais ceux qui les assistaient cédaient à la contagion,
aux fatigues que leur imposaient leur honneur,
les voix suppliantes et les plaintes harassées :
telle était donc la mort subie par les meilleurs.

***

rivalisant de hâte pour enterrer le peuple
de leurs morts, ils rentraient, las des deuils et des larmes,
puis, pour une bonne part, s'alitaient de chagrin.
On ne pouvait trouver personne que la maladie,
la mort ou le deuil n'éprouvât en un tel moment.
Les pâtres désormais, tous les gardiens de troupeaux,
les robustes laboureurs étaient frappés de langueur :
au fond des cabanes, ils gisaient entassés,
corps livrés à la mort par l'indigence et la maladie.
Sur des enfants inanimés on pouvait voir
les corps inanimés des parents, parfois au contraire
sur leur mère et leur père les enfants rendre l'âme.
En majeure partie, ce désastre afflua des champs
vers la ville, apporté par la foule des paysans
venue de toutes parts, languissante et malade.
Ils emplissaient tous les lieux, toutes les maisons,
mais plus ils s'entassaient dans la chaleur étouffante,
plus aisément la mort par monceaux les amassait.
Beaucoup, terrassés par la soif, jonchaient les rues,
leurs cadavres roulaient aux abords des fontaines,
suffoqués par la douceur excessive des eaux;
beaucoup erraient parmi les lieux publics et les rues,
languides, à moitié morts, et l'on pouvait les voir,
le corps horriblement souillé, couverts de haillons,
mourir de saleté, tout décharnés, la peau
déjà ensevelie sous la crasse et d'affreux ulcères.
Il n'est jusqu'aux divins sanctuaires que la mort n'ait comblés
de corps inanimés; et ces temples des dieux célestes
partout demeuraient chargés de cadavres,
hôtes dont leurs desservants les avaient encombrés.
Ni la religion désormais, ni les puissances divines
ne pesaient plus guère, la douleur présente les dépassait.

Nec mos ille sepulturae remanebat in urbe,
quo prius hic populus semper consuerat humari;
perturbatus enim totus trepidabat, et unus
quisque suum pro re <praesenti> maestus humabat.
Multaque <res> subita et paupertas horrida suasit.
Namque suos consanguineos aliena rogorum
insuper extructa ingenti clamore locabant,
subdebantque faces, multo cum sanguine saepe
rixantes potius quam corpora desererentur.

Plus ne subsistaient dans la ville les rites de sépulture
que ce peuple toujours observait pour l'inhumation.
Tout à son trouble il s'agitait, et solitaire chacun,
comme il pouvait, enterrait les siens dans l'affliction.
L'urgence et la misère inspirèrent bien des horreurs.
Sur des bûchers dressés pour d'autres,
des hommes plaçaient à grands cris ceux de leur sang,
approchaient la torche, engageaient des luttes
sanglantes plutôt que d'abandonner les corps.

NOTES

La traduction des *Lettres et Maximes* d'Épicure à laquelle je renvoie est celle de Marcel Conche, Éditions de Mégare, 1977; rééd. P.U.F., 1987.

L'édition de référence pour les textes présocratiques est celle de Diels-Kranz, *Fragmente der Vorsokratiker*, Berlin, 1951, 6e éd. (éd. H. Diels, Berlin, 1903, revue et augmentée par W. Kranz), indiquée par D.K. suivi de A pour les témoignages, de B pour les fragments.

LIVRE PREMIER

1. *Aeneadum genetrix* : « génitrice des Énéades »; les Énéades représentent ici les descendants d'Énée, les Romains. Selon la légende qu'illustrera Virgile, le héros troyen, fils d'Aphrodite et d'Anchise, fuyant sa ville prise par les Grecs, aborda sur le rivage du Latium et fonda la dynastie d'où devait naître Romulus. La Vénus latine, assimilée à Aphrodite, incarne d'abord la *uoluptas*, le plaisir, but ultime de la vie selon Épicure, mais elle est aussi la déesse qui, grâce au désir sexuel, assure la procréation et la continuité des espèces (sur l'utilisation symbolique de la mythologie, cf. note 6). Avril (*aprilis*) est étymologiquement et rituellement le mois d'Aphrodite; Vénus signifie la grâce. L'invocation aux Muses ou à un dieu au début d'un poème est une tradition grecque et latine (cf. Tite-Live dans sa préface de l'*Histoire romaine*, 13; un autre exemple fameux en est l'ouverture du poème de Parménide).

2. *Alma* : épithète cultuelle qui s'applique principalement à Vénus et signifie littéralement « nourricière »; *caeli labentia signa*, litt. : « les signes glissants du ciel »; dans le prologue, j'ai tenté quelques approximations pour en suggérer l'étonnant dynamisme.

3. *Genus omne animantum* : pour une raison stylistique, je maintiens un participe, mais l'expression n'englobe que les êtres animés.

4. Memmius, d'illustre famille patricienne, est identifié depuis Lambin à l'orateur et homme de lettres (cf. Cicéron, *Brutus*, 247) qui fut préteur en 58 et mourut en exil à Athènes, sans doute peu avant 46; on ne sait rien de ses relations d'amitié avec Lucrèce. Cicéron, sur la

demande d'épicuriens, intervint auprès de lui en 52 pour le dissuader de construire un édifice à la place de la maison d'Épicure (*Ad fam.*, XIII, 1) en des termes qui laissent à penser qu'il n'était plus alors, s'il le fut jamais, épicurien (cf. *supra*, introduction, p. 8-9, et surtout P. Boyancé, *Lucrèce et l'épicurisme*, Paris, 1963, p. 29). Dans le poème, la référence à Memmius est essentiellement formulaire.

5. Ce vers a souvent été sollicité pour dater le poème (cf. P. Grimal, « Le poème de Lucrèce en son temps », *Lucrèce*, Genève, Fondation Hardt, 1978, p. 233-270) ; il faut alors donner à *neque possumus* la valeur indicative : « nous ne pouvons ». Rien n'assure cependant que l'ensemble du paragraphe reflète une peur de Lucrèce face aux luttes qui agitèrent la République romaine de son temps ; s'il est vrai qu'il témoigne d'un sentiment d'horreur chaque fois qu'il évoque la guerre, au-delà d'un sentiment personnel, cette invocation à la paix est liée à l'idéal d'ataraxie, l'absence de trouble (évoquée par l'expression *aequo animo*) qui définit le bonheur selon la philosophie du Jardin. Enfin, la paix civile procède du pacte qui doit régir les rapports des hommes, selon les épicuriens (cf. livre V).

6. Cf. la première *Maxime capitale* d'Épicure : « L'être bienheureux et incorruptible n'a pas lui-même de soucis et n'en cause pas à autrui ; de sorte qu'il n'est sujet ni à la colère ni à la bienveillance : car tout ce qui est tel est le propre d'un être faible. » Ces six vers de Lucrèce, exactement repris au chant II (v. 646-651), ont souvent été considérés comme interpolés. Pourtant leur fonction paraît claire : en affirmant dès le prologue que les dieux n'interviennent pas dans le monde humain, Lucrèce non seulement annonce une doctrine fondamentale des épicuriens qu'il justifiera ensuite, mais encore avertit le lecteur de la fonction purement symbolique de ses propres évocations de Vénus et de Mars sous la forme des divinités de la mythologie. Comme l'écrit J. Salem (*Lucrèce et l'éthique*, Paris, 1990, p. 32) : « Vénus n'est nullement une divinité qui serait par bonheur entrée dans le monde : elle est notre propre béatitude », identique à celle des dieux épicuriens quand nous conformons notre vie « aux règles de notre nature » ; « Vénus est au principe de cette divine indifférence aussi bien que des frémissements des bêtes » envahies par le désir. Sur le rôle didactique des doublets, nombreux dans le poème et souvent abrupts, cf. M. Bollack, *La Raison de Lucrèce*, Paris, 1978, p. 24-52. Ils visent sans doute aussi à donner à l'œuvre un caractère « oral », imité de la poésie épique grecque.

7. Ce sont les atomes, terme qui signifie « insécables » et que Cicéron, fidèle à l'étymologie, traduit par *indiuidua* ; pour la clarté de la traduction, j'utiliserai souvent ce terme d'« atome » par la suite.

8. Épicure n'est appelé par son nom qu'une seule fois dans le poème (III, 1042). Bailey voit là une sorte de tabou à nommer celui que Lucrèce vénère comme un héros (cf. V, 8). Sur Épicure et son œuvre, cf. J. Brunschwig, article « Épicure » du *Dictionnaire des philosophes*, éd. D. Huisman, Paris, 1984, t. I, p. 866-873).

9. Dans la cosmologie épicurienne, quand se crée un monde, les particules les plus légères s'échappent pour former une enveloppe ignée, les « remparts enflammés » selon l'expression de Lucrèce (cf. V, 454 *sq.*).

10. Diane-Artémis (« Trivia » est son nom latin de « déesse des carrefours »), que le sacrifice d'Iphigénie devait apaiser : selon une légende fameuse, illustrée par la pièce d'Euripide *Iphigénie à Aulis*, elle retenait la flotte grecque par des vents défavorables pour se venger du meurtre de sa biche ; ainsi l'armée ne pouvait se lancer à l'attaque de Troie.

11. *Infula* désigne la tresse de laine ceignant la tête des prêtres ainsi que celle des victimes ; Iphigénie, pour la cérémonie de son mariage (cf. v. 96-97), devait porter la couronne nuptiale.

12. Iphigénie est la première fille d'Agamemnon, chef de l'armée grecque, ce « peuple » présent autour de lui.

13. Iphigénie avait été amenée à Aulis pour épouser Achille.

14. La mode s'était répandue chez les Romains de consulter les devins (étrusques mais aussi chaldéens). Sur cette divination, cf. la critique de Cicéron, *De diuinatione*, II, 119-147.

15. On a parfois pris le terme *somnia* comme une métaphore désignant des « légendes », mais la référence aux devins devient alors obscure. La peur de la mort est un des principaux obstacles à l'ataraxie, l'absence de trouble qui définit la vie heureuse. Lucrèce montre au chant III que les châtiments après la mort n'existent pas.

16. L'alternative posée au vers 113 résume la question de la nature mortelle ou immortelle de l'âme qui sera traitée au chant III : mortelle, non seulement elle naît mais aussi meurt (v. 114) avec le corps, ce qui est la thèse épicurienne ; en revanche, l'immortalité peut supposer la métempsychose, ou plus exactement la métasomatose, la migration de l'âme dans diverses espèces d'êtres animés (v. 116), thèse attribuée par la tradition à Pythagore et présentée notamment par Platon au livre X de sa *République* ; la survie de l'âme est aussi liée à la croyance aux enfers qu'évoque le vers 115, Orcus étant une vieille divinité latine ou étrusque assimilée à Pluton, le dieu grec des enfers. La religion romaine, rituelle, ne comportait pas de mythologie de l'Enfer, séjour souterrain des morts, mais ces croyances se répandirent notamment sous l'influence des religions étrusque et grecque (cf. livre III, où les doctrines et superstitions liées à l'immortalité de l'âme sont présentées et réfutées).

17. Litt. : « Ennius qui le premier rapporta... » Ennius est le grand poète épique et tragique (239-169) considéré comme le fondateur de la poésie latine ; il composa des *Annales* en hexamètres dactyliques, des tragédies et un poème philosophique perdu, *Épicharme*. Le style de son œuvre, dont il ne subsiste que des fragments, semble avoir inspiré Lucrèce, chez qui on trouve des formules ou des tournures voisines de celles d'Ennius. Dans le songe des *Annales* qu'évoque Lucrèce (v. 125), Homère apparaît au poète et déclare avoir été un paon puis s'être

incarné dans la personne d'Ennius (cf. livre I, fragment 9, éd. Skutsch, Oxford, 1985, joint aux témoignages anciens, p. 152, et aux commentaires, p. 164); les œufs ne posséderaient pas d'âme : elle serait introduite « divinement » dans les poulets (*ibid.*, fragment 8).

18. L'Achéron est un des fleuves du monde souterrain des enfers dans la mythologie grecque.

19. J'adopte la correction de Politien : *permanent*, « (où) s'écouleraient », que justifie l'emploi du relatif de mouvement *quo*; mais la leçon des manuscrits : *permaneant*, « (où) résideraient », est défendue par Ernout dans son commentaire.

20. Pour désigner ces sortes de fantômes qu'évoque déjà l'*Odyssée*, Lucrèce emploie le terme d'« image » qu'il explicitera au chant IV.

21. Cette distinction sera explicitée au chant III, v. 136 *sq*.

22. Les vers 127-135 résument les sujets des chants V et VI, III et IV.

23. La pauvreté de la langue latine est un leitmotiv des écrivains latins; il est vrai qu'elle est impropre à l'abstraction, comme l'a montré R. Poncelet dans *Cicéron, traducteur de Platon*, Paris, 1957. Mais, si les archaïsmes sont assez nombreux dans le poème, les néologismes sont très rares. Lucrèce s'est efforcé de transposer les concepts philosophiques dans le vocabulaire usuel (cf. M. Bollack, *op. cit.*, p. 152-160).

24. Litt. : « et le plaisir espéré d'une douce amitié »; sur les diverses interprétations de ce passage, cf. P. Boyancé, *Lucrèce..., op. cit.*, p. 30-31. Épicure a célébré l'amitié (*Maximes capitales*, 27; *Sentences vaticanes*, 23, 28, 34, 39, 52, 66), qu'il place au-dessus de tous les biens; cf. J. Bollack, « Les maximes de l'amitié » (1968), repris dans *La Pensée du plaisir*, Paris, 1975, p. 565-582, et G. Arrighetti, « Philia e Phisiologia : i fondamenti dell' amicizia epicurea », *Materiali e discussioni per l'analisi dei testi classici*, Pise, 1978, n° 1, p. 49-63.

25. La connaissance de la nature doit supprimer la peur; pour les épicuriens, la physique a une destination morale.

26. Le principe selon lequel rien ne naît de rien est affirmé par Épicure (*Lettre à Hérodote*, 38) et Démocrite (d'après Diogène Laërce, IX, 44). Selon Aristote (*Métaphysique*, K 6, 1062 b, 24-26), il est admis en Grèce par tous les philosophes de la nature. Mais l'originalité de Lucrèce est, comme le remarque Ernout, dans l'adjonction de l'adverbe *diuinitus* qui permet de lier la démonstration physique au but moral premier : délivrer de la crainte des dieux.

27. Cf. *Lettre à Hérodote*, 38 : « Tout d'abord rien ne naît du non-étant : car tout naîtrait de tout, n'ayant en rien besoin de semence. » Lucrèce, à la suite d'Épicure, pose donc implicitement que refuser la thèse « rien ne naît de rien » équivaut à accepter la thèse contradictoire « tout peut naître de tout » qu'il rejette comme une absurdité, « tout » étant pris au sens de « n'importe quoi ». Lucrèce parvient ainsi à la conclusion qu'une semence définie est nécessaire pour chaque être. Selon Anaxagore au contraire, l'observation nous apprend

que « n'importe quoi peut naître de n'importe quoi » (Aristote, *Phys.*, III, 4, 203 a, 19 = D.K. A, 45; cf. les vers 866-874 où Lucrèce montre comment Anaxagore pouvait soutenir que « tout naît de tout »). Dès le début du poème, Lucrèce a préparé son lecteur à l'identification de cette semence aux atomes, en les appelant « semences des choses ». Lactance juge sophistique l'ensemble du raisonnement et, citant les vers 159-160 et 205-207 (*De ira Dei*, 10, 16-17), assure que leur conclusion vaut aussi contre la théorie des atomes puisque ceux-ci créent toute chose. Gassendi répondra à l'objection en supposant un intermédiaire entre les atomes et les choses, la « molécule ».

28. La nutrition et la génération sont conçues par Épicure sur le même modèle (cf. livre II, v. 661-666).

29. La comparaison entre les lettres de l'alphabet et les corps premiers remonte aux anciens atomistes (Aristote, *De gen. et corr.*, I, 1, 315 b, 6); Lucrèce s'appuie en outre sur le double sens d'*elementum* en latin : « lettre » et « élément », comme le terme grec équivalent, *stoicheion*. On retrouve cette illustration au chant I, vers 824 et 912 (où elle est plus développée), et au chant II, vers 688 et 1013.

30. Ce développement correspond en partie au début du paragraphe 39 de la *Lettre à Hérodote* : « Et si ce qui disparaît était réduit, par destruction, au non-étant, toutes choses auraient péri, ce en quoi elles se sont dissoutes n'étant pas »; mais les différences sont également importantes : Lucrèce actualise et dramatise la thèse par la représentation visuelle, il y ajoute le caractère instantané de la destruction qu'il explique aux vers suivants.

31. La substance de l'éther fournit la nourriture des étoiles.

32. La matière est formée d'atomes plus ou moins « noués » ou enchevêtrés selon sa densité; les atomes ne sont cependant pas fixes, mais animés d'un mouvement incessant. *Indupedita* (« enchevêtrés », neutre pluriel) doit logiquement qualifier *res* (féminin pluriel); il arrive qu'un neutre pluriel se réfère chez Lucrèce à un genre animé; on a parfois corrigé en un accusatif féminin pluriel : *indupeditas*, qui s'accorde alors avec *res*; *nexus*, « nœuds », est accusatif de relation.

33. Le mythe (d'origine indo-européenne et fréquent dans la poésie grecque) de l'accouplement du ciel et de la terre évoqué dans ces deux vers sera repris et amplifié au livre II, vers 991-998.

34. Cette hypallage, figure de rhétorique fréquente chez Lucrèce, qualifie les atomes invisibles.

35. *In rebus* : « dans les choses et dans l'univers », *res* ayant les deux acceptions; Épicure appelle espace non tangible ou vide : 1° l'espace en général; 2° tout lieu qui, au niveau de la sensation, n'apparaît pas occupé par un corps; 3° un vide absolu, quand le vide est opposé à l'atome (cf. Sextus Empiricus, *Adv. Math.*, 10, 2; sur le vide « absolu », cf. *Lettre à Hérodote*, 44). Si l'existence d'éléments à la base de la matière était en général admise par les présocratiques, les premiers atomistes, en assumant l'existence du vide (que Démocrite qualifiait de non-être), s'opposaient à leurs prédécesseurs, notamment les Éléates;

ainsi Parménide considérait que le monde était une masse compacte de matière, le mouvement une simple apparence. Sur le concept de vide chez Épicure, cf. notamment F. Solmsen, « Epicurus on void, matter and genesis », *Phronesis*, t. XXII, 1977, p. 263-281, et B. Inwood, « The origin of Epicurus' concept of void », *Classical Philology*, t. LXXVI, 1981, p. 273-285.

36. Cette explication de la différence de poids des composés se trouve déjà exprimée par Démocrite (Théophraste, *De sens.*, 61 = D.K. A, 135; cf. aussi D.K. A, 60, où cette théorie est opposée à celle de Platon).

37. La théorie du mouvement dans le plein, par substitution d'un corps à un autre qui lui cède la place, apparaît pour la première fois chez Platon (*Timée*, 79 b); elle fut adoptée notamment par Aristote (cf. *Phys.*, IV, 8, 216 a, 27-29) et par les stoïciens. L'exemple des poissons se trouve chez Straton de Lampsaque (Wehrli, *Die Schule des Aristoteles*, Stuttgart, 1969, 2e éd., *Heft* 5, *Fragm.* 63); c'est peut-être cet aristotélicien, son contemporain, qu'Épicure visait spécialement dans cette argumentation reprise par Lucrèce.

38. Tout ce passage sur la rencontre de deux corps est assez obscur dans le détail de la démonstration, même si la thèse se comprend; l'expression est elliptique et heurtée; au vers 392, on attendrait non pas « condensation », mais « dilatation »; s'il ne s'agit pas d'un simple lapsus, ou d'une faute de copiste, le point de vue de l'observateur a changé : il considère non plus l'intervalle entre les deux corps mais le nouvel espace où ils s'enfuient après s'être heurtés; cette interprétation semble préférable puisque le vers 394 fait référence à l'occupation nouvelle de l'espace vacant.

39. Lucrèce évoque pour la première fois le principe d'Épicure qu'il rappellera souvent (cf. notamment livre II, v. 121-125 et note) : la sensation est le critère fondamental de la vérité, c'est sur elle que s'appuie l'induction scientifique concernant l'invisible, comme les atomes et le vide (cf. *Lettre à Hérodote*, 39). Pour Démocrite au contraire, la sensation peut être trompeuse.

40. En gardant l'ordre des manuscrits pour ce vers et le suivant, inversés par Lachmann que suivirent la plupart des éditeurs, dont Ernout.

41. Litt. : « tout ce qui est dit ».

42. Cf. *Lettre à Hérodote*, 40 : « En dehors de ces choses [les atomes et le vide], on ne peut rien concevoir, ni insensiblement, ni par analogie au sensible, que l'on prenne comme des natures complètes, et non comme ce que l'on appelle accidents ou propriétés de ces natures. » Pour traduire *sumbebēkota*, Lucrèce emploie le terme *coniuncta*; pour *sumptōmata*, qui désigne les accidents, *euenta*.

43. Sur le temps, cf. Épicure, *Lettre à Hérodote*, 72-73. Selon l'interprétation d'un de ses disciples du IIe siècle avant notre ère, Démétrius Lacon, le temps est pour Épicure « un accident des accidents » puisqu'il dépend de la sensation, du mouvement ou du repos et

d'autres accidents (Sextus Empiricus, *Adv. Math.*, 10, 219). Dans le papyrus d'Herculanum 1413 (édité et commenté par C. Cantarella et G. Arrighetti, *Cronache Ercolanesi*, t. II, 1972, p. 6-46), Épicure réfute (col. 3, IV et note) la définition aristotélicienne du temps comme nombre du mouvement (*Phys.*, IV, 219 b, 1 *sq.*) et refuse d'admettre que le temps soit connaissable par induction comme les « invisibles » (col. 11, II et note) : il nie donc l'utilité d'une recherche spécifique sur le temps ; il suffirait de prendre acte d'une réalité du temps donnée par l'appréhension de phénomènes comme le jour et la nuit ; mais cette connaissance intuitive du temps, loin d'être une réalité en soi, est intrinsèquement liée aux « mouvements » dont elle constitue un mode d'être, ces mouvements étant des mouvements particuliers, comme ceux des astres, puisque Épicure ne souscrit pas plus qu'Aristote à la définition platonicienne du temps comme « mouvement du tout » (*Timée*, 38 a).

44. Certains adversaires des épicuriens devaient tirer argument du fait que l'on parle d'événements passés longtemps après la disparition des « corps » dont ils furent les attributs pour conclure à l'existence propre de ces événements ; l'argument est plus frappant en latin parce qu'au passif on emploie pour traduire le passé l'auxiliaire être au *présent* suivi du participe passé, comme le souligne Lucrèce par une disjonction : *Tyndaridem raptam* [...] *esse*, Hélène « est » enlevée. Cette discussion d'école n'est connue que par ce texte (cf. D.J. Furley, « Lucretius and the Stoics », *Bulletin of Classical Studies*, n° 13, 1966, p. 13-14). Les événements évoqués ici se réfèrent à la guerre de Troie chantée dans l'*Iliade* par Homère, le « prince des poètes » (cf. livre III, v. 1037).

45. Je traduis le terme des manuscrits, *terris*, qui a été parfois corrigé, alors qu'il n'offre pas de difficulté : la terre est le corps auquel les événements passés peuvent être référés.

46. Cf. Épicure, *Lettre à Hérodote*, 40-41 : « Et de plus, parmi les corps, il y a les composés, et ceux dont les composés sont faits. Ceux-ci sont insécables [*atoma*] et immuables, si toutefois tout ne doit pas se résoudre dans le non-étant, mais que, dans la dissolution des composés, des choses résistantes restent, compactes quant à la nature, et n'ayant ni par où ni comment être décomposées. De sorte que, nécessairement, les principes insécables sont les natures des corps. » Selon une scolie, Épicure abordait cette question aux livres I, XIV et XV de son traité *Sur la nature* et dans le *Grand Abrégé*. Comme souvent, Lucrèce commence son exposé par une assertion dogmatique, ici sur l'atome. Mais on ne saurait pour autant confronter dans ce passage sa méthode à celle d'Épicure, comme le font A.A. Long et D.N. Sedley (*The Hellenistic Philosophers*, Cambridge, 1987, vol. II, p. 30-31) qui opposent le « dogmatisme » de Lucrèce à l'« élégance » et à la « force » de la formulation d'Épicure. A cet endroit du *De rerum natura*, l'existence de l'atome est en effet supposée démontrée. En outre, de semblables comparaisons, assez fréquentes chez les commentateurs modernes,

peuvent laisser croire, en dépit même de l'intention de leurs auteurs, que tel passage d'une lettre ou d'un fragment d'Épicure est le modèle direct de Lucrèce, ce qui est loin d'être établi, étant donné l'état de nos sources. Enfin, la cohérence du *De rerum natura* ne doit évidemment pas être jugée uniquement en termes de logique formelle, mais aussi et surtout selon des critères ressortissant à la « poétique ».

47. Cette précision est nécessaire du fait de la triple valeur du nom « vide »; cf. note 35.

48. Au sens d'atome, comme au vers précédent.

49. Litt. : « les choses créées », les composés.

50. En acceptant la correction de Lambin, *uacaret*, litt. : s'il n'y avait rien qui « fût vacant », au lieu de *uocaret*, « s'appelât », des manuscrits Q et G (O : *ucaret*).

51. Cf. vers 234-237 et 242-245.

52. Cette hypothèse est celle d'Anaxagore, pour qui la matière est divisible à l'infini, sans que pour autant ses particules soient périssables. Anaxagore sera expressément critiqué à partir du vers 829.

53. Les traducteurs comprennent généralement : « rien (de) conçu par eux ne pourrait », etc. ; mais *conceptum*, étant donné sa place, paraît inclus dans la négative (cf. I, v. 551, et II, v. 111 où la construction est semblable et le participe évidemment de sens négatif). Pour la fin du vers, j'adopte la leçon *finem* qu'Ernout a justifiée dans son commentaire. Bailey comprend *summum finem* comme le plein développement de l'âge, correspondant à l'expression du vers 564, la fleur de l'âge.

54. *Fragili* répond à *frangendi* (gérondif de *frangere*, « briser ») du vers 577, les deux mots ayant même étymologie. L'argumentation est très proche de la *Lettre à Hérodote*, 56.

55. Cette « pointe » correspond à ce qu'Épicure nomme *akron* de l'atome (*ibid.*, 57); dans un passage parallèle, la même expression, « pointe extrême », se réfère à tout corps visible (v. 749), l'expression « parcelle extrême » à l'atome (v. 751). L'*akron* est l'« extrême » de l'atome; bien que la forme de cette partie minimale ne soit pas précisée, la plupart des interprètes la supposent cubique (cf. G. Vlastos, « Minimal parts in Epicurean Atomism », *Isis*, n° 56, 1965, p. 121-147, reproduit dans C.J. Classen, *Probleme der Lukrezforschung*, Hildesheim, 1986, en particulier notes 86, 87 et 114).

56. L'atome; aux vers 749-752, Lucrèce infère à partir du minimum dans les choses l'existence d'un minimum dans l'atome; pour faire correspondre les deux textes, certains éditeurs ont souvent supposé une lacune de deux vers, mais le sens ne l'exige pas.

57. Le texte d'Épicure sur les parties minimales (*Lettre à Hérodote*, 59) comporte des difficultés absentes de l'exposé de Lucrèce (cf. D. Furley, *Two Studies in the Greek Atomists*, Princeton, 1967, p. 7-43); un résumé clair de la question est présenté par A.A. Long et D.N. Sedley, *The Hellenistic Philosophers*, *op. cit.*, vol. I, p. 41-44). La définition aristotélicienne et euclidienne de la grandeur (*megethos*)

comme quelque chose en quoi l'on puisse distinguer des parties convainquit sans doute Épicure que l'atome, faute de parties, ne serait plus une « grandeur ». Selon G. Vlastos, la partie minimale ne constituait pas une unité mathématique de référence pour d'improbables mesures d'atomes, mais permettait à Épicure, en tenant compte d'un paradoxe soulevé par Zénon (cf. note suivante), de fixer une loi naturelle que Vlastos formule ainsi : « Les atomes sont constitués de manière que les variations de leur grandeur soient uniquement des multiples entiers de la plus petite grandeur atomique » (*op. cit.*, p. 114).

58. Argument reposant sur le raisonnement selon lequel tous les infinis sont égaux (Munro dans son commentaire cite la réfutation de Newton qui voit dans ce raisonnement un préjugé commun de l'humanité; la première réfutation est due à Galilée). Le premier paradoxe de Zénon d'Élée sur le multiple, auquel fait sans doute écho le texte de Lucrèce et qu'Épicure dut prendre en compte pour formuler sa théorie des « minima » (cf. Vlastos, *op. cit.*, p. 117-118), montre quelles apories soulevait le concept d'infini : « donc, si les existants sont multiples, il est nécessaire qu'ils soient à la fois petits et grands, petits au point de ne pas avoir de grandeur, et grands au point d'être illimités » (Simplicius, *Comm. sur la Physique d'Aristote*, 140, 34 = D.K. B, I); « il démontrait, par la dichotomie, le caractère illimité consécutif à la multiplicité » (*ibid*, 140, 27 = D.K. B, III, trad. J.-P. Dumont), alors même que dès le ve siècle des mathématiciens grecs connaissaient les incommensurables et le calcul infinitésimal (cf. Vlastos, *op. cit.*, p. 101-102).

59. *Varios* s'applique à tous les termes : l'existence de différentes parties dans les atomes rend compte non seulement de la variété des liaisons mais de celle des poids, des chocs qu'ils subissent et donnent, des rencontres et mouvements, toutes différences qui permettent la génération dans un monde donné; toutefois, dans le vide, cette variété ne produirait aucune de ces différences et les atomes ne se rencontreraient pas (cf. II, v. 217-224).

60. Héraclite d'Éphèse, dont la période de plus grande activité se situe, d'après Diogène Laërce, entre 504 et 502, est l'auteur d'un livre sur la nature dont il aurait fait l'hommage au temple d'Artémis à Éphèse. Pour Héraclite, « toutes choses sont convertibles en feu et le feu en toutes choses, tout comme les marchandises en or et l'or en marchandises » (D.K. B, 90, trad. J.-P. Dumont).

61. Héraclite était surnommé « l'obscur ». Épicure l'appelait par dérision *kuketēs* (Diogène Laërce, X, 8), terme diversement interprété (« trublion » ou « mélangeur »?) mais qui se réfère à un fragment de l'œuvre d'Héraclite (D.K. 125 : « Même le cycéon [*kukeōn*, sorte de potion] se décompose quand il n'est pas mélangé ») qu'Épicure semble avoir précisément étudiée (cf. M. Capasso, « Epicureismo e Eraclito », *Atti del Symposium Heracliteum*, 1981, p. 423-457).

62. Nombre de fragments d'Héraclite contiennent des paires (parfois

deux mots juxtaposés) antithétiques ou des oxymores ; cf. B 26 : « vivant, il touche le mort, [en] dormant ; éveillé, il touche [le] dormant », ou B 1 : « La mort est tout ce que nous voyons endormis ; toutes choses quand nous sommes éveillés [sont] rêve. » La raison de ces paradoxes est ontologique ; les contraires ne sont tels qu'en apparence : la vie et la mort ne font qu'un puisque la terre vit la mort de l'eau, l'eau la mort de la terre, etc.

63. Cette interprétation de Lucrèce paraît difficilement conciliable avec les fragments d'Héraclite B 30, 31 et 90 où le feu, loin de se concentrer ou de se dilater, se transforme soudain. Lucrèce aurait utilisé une doxographie, vraisemblablement les *Opinions physiques* de Théophraste (successeur d'Aristote à la tête du Lycée), recueil dans lequel la thèse de la condensation et de la raréfaction est aussi attribuée à Héraclite (W. Rösler, « Lukrez und die Vorsokratiker », *Hermes*, n° 101, 1973, p. 48-64). Il convient aussi de noter que pour Aristote la génération à partir d'un seul principe suppose nécessairement condensation et raréfaction (*De gen. et corr.*, II, 3 b, 9-13). Au livre XV de *Sur la nature*, Épicure conclut une polémique contre les philosophes qui font naître toutes les choses d'un seul élément (cf. col. 27) en affirmant que « les choses ne se forment pas par condensation ou raréfaction, mais des différences de formes [des atomes] vient la force de la diversité [dans les choses] » (papyrus d'Herculanum 1148, col. 33 ; cf. G. Leone, « Epicuro, 'Della Natura', Libro XV », *Cronache Ercolanesi*, XIV, 1984, p. 59 et commentaire p. 86). Il semble donc que la raréfaction et la condensation forment un argument topique dirigé contre tous les monistes. De fait, plusieurs philosophes présocratiques ont expliqué la variété des choses par un processus de condensation / raréfaction d'une matière originaire. Une des tendances actuelles est de considérer que la présentation des doctrines d'Héraclite, d'Empédocle et d'Anaxagore par Lucrèce et Diogène d'Œnoanda, épicurien du IIe siècle ap. J.-C. (auteur d'une remarquable inscription murale résumant l'épicurisme pour ses concitoyens), s'adapte à un contexte philosophique nouveau. Et puisque, selon les stoïciens, le feu constitue le monde et l'amène cycliquement à la conflagration, et que du principe séminal igné, qui seul subsiste, renaît un monde identique, ce sont eux sans doute les premiers visés derrière leur « champion » Héraclite. Plus généralement, même s'il ne reste que de minces fragments d'Épicure concernant les présocratiques, certains interprètes pensent que la présentation de Lucrèce n'est pas exclusivement tributaire d'analyses d'Épicure (cf. K. Kleve, « The Philosophical Polemics in Lucretius », *Entretiens sur l'Antiquité classique*, XXIV, 1978, p. 39-71, et M. Capasso, *op. cit.*). Elle est souvent en contradiction avec les textes originaux et paraît surtout dépendre de doxographies.

64. En suivant la leçon d'un manuscrit italien : *mussant,* « ils gardent le silence » ou « marmonnent ». Certains éditeurs interprètent la leçon du manuscrit Q, *muse*, comme une graphie de *musae,* les Muses, y décelant une allusion au sous-titre *Les Muses* de l'œuvre d'Héraclite *Sur*

la nature (d'après Diogène Laërce, IX, 12). L'hypothèse est séduisante mais elle soulève plusieurs objections : notamment, il n'est pas uniquement question ici d'Héraclite, mais aussi de ses sectateurs, sans doute les stoïciens; le sous-titre même de l'œuvre est contesté; enfin, *et* devant *fugitant* appelle à cette place de préférence un verbe.

65. *Alia* est une correction de Lachmann pour l'incompréhensible *mia*. Cette autre hypothèse, quoique déformée, est plus proche de l'original. Selon Héraclite en effet, d'après un témoignage de Clément d'Alexandrie, « le feu, éternel vivant, s'allume par portions et s'éteint par portions » (D.K. B, 30; en traduisant le grec *métra* par « portions » — litt. : « quantités mesurées » —, je me fonde sur le sens de *metréetai* dans la suite du texte de Clément = D.K. B, 31); à partir du feu, Héraclite conçoit une transformation cyclique des différents éléments les uns dans les autres.

66. Ces théories concernant les principes sont pour la plupart présocratiques; celle de l'air remonte à Anaximène et au dernier de ces inventeurs de cosmogonie, Diogène d'Apollonie.

67. Théorie de Thalès.

68. Selon Aristote (*Met.*, A 8, 989 a, 5-12), il s'agit d'une opinion populaire empruntée aux poètes.

69. Théorie dont l'origine est incertaine; son auteur pourrait être Hippase de Métaponte.

70. Théorie de Xénophane.

71. Cette théorie des quatre éléments, la plus répandue, est consacrée comme classique par Aristote.

72. Empédocle, originaire de Sicile, province de la Grande-Grèce, vécut durant la première moitié du Ve siècle. Il composa deux ouvrages en vers : *De la nature* et *Catharmoi* (*Purifications*), titres sans doute posthumes; de son œuvre, souvent commentée par les auteurs anciens, il nous reste d'importants fragments. Sa théorie des quatre éléments, dont Lucrèce ne nous donne qu'une version déformée et très édulcorée puisqu'on ne trouve aucune référence, du moins explicite, aux principes de génération et de destruction, la haine et l'amitié (cf. Aristote, *De gen. et corr.*, II, 6, 333 b, 10-15), s'inscrit dans une cosmologie complexe qui a donné lieu à différentes interprétations, notamment celles de J. Bollack (*Empédocle*, vol. I : *Introduction à l'ancienne physique*, Paris, 1965; vol. II : *Les Origines, édition des fragments et des témoignages*, et vol. III, 1 et 2 : *Les Origines, commentaire*, Paris, 1969) et de D. O' Brien (*Pour interpréter Empédocle*, Paris-Leiden, 1981).

73. La mer « ionienne » désigne la mer Méditerranée de la Sicile à la Crète; Empédocle semble ainsi plus proche des philosophes ioniens, Héraclite et Anaxagore.

74. Épicure, généralement très critique vis-à-vis des présocratiques, semble estimer Empédocle, considérant notamment sa doctrine des éléments comme supérieure à celle du *Timée* de Platon (cf. *Sur la nature*, XIV, 14 I et 15 III = pap. Herc. 1148).

75. La Pythie de Delphes rendait les oracles d'Apollon (Phébus) sur

un trépied, la tête couronnée de laurier. D'après une tradition célèbre dans l'Antiquité, des pêcheurs ayant trouvé un trépied consultèrent Apollon à Delphes et l'oracle leur enjoignit de le remettre « au premier des sages » ; le trépied fut donné à Thalès, qui le donna à un autre, qui à un autre, jusqu'à ce qu'il parvînt à Solon qui le remit au même Apollon, premier en sagesse. L'affirmation de Lucrèce est encore plus virulente si elle vise cette tradition.

76. L'opinion prêtée à Empédocle sur la division infinie de la matière n'est attestée que pour Anaxagore et ne s'accorde pas avec sa théorie des éléments ; elle semble uniquement là pour réaffirmer le point de vue épicurien (cf. v. 599-600). En revanche, le refus du vide et la théorie des pores sont largement attestés.

77. Ce caractère est suggéré à Lucrèce par l'action de la haine dans la cosmologie d'Empédocle. Le vers 769, identique au vers 762, n'est pas reproduit.

78. Pour Empédocle, la réalité phénoménale est produite par les différentes unions et séparations de parties des quatre éléments.

79. Empédocle et les tenants de sa doctrine des éléments.

80. Il semble pourtant que les éléments d'Empédocle ne naissent pas les uns des autres ; cf. un texte d'Aristote qui montre la complexité de cette doctrine des quatre éléments dans sa relation avec le cycle de la cosmogonie : « en même temps qu'il [Empédocle] refuse d'admettre qu'aucun des éléments puisse naître l'un de l'autre et prétend qu'au contraire ils sont les composants de tout le reste, en ce même temps, ayant réuni en un seul tout la nature entière à l'exception de la haine, de cet Un, à nouveau, il fait naître toutes choses » (*De gen. et corr.*, I, 1, 315 a, 5-7, trad. J. Tricot). Cette complexité de la théorie d'Empédocle peut en partie expliquer l'interprétation erronée de Lucrèce ou de son modèle. Une des sources possibles de l'interprétation de Lucrèce serait, comme pour Héraclite, la doxographie de Théophraste (cf. W. Rösler, art. cité, p. 63-66).

81. Anaxagore (499/8-428/7), né à Clazomènes (Ionie), séjourna à Athènes de 456/7 à 437/6 où il fut l'ami de Périclès ; à la suite d'un procès pour impiété, il dut s'exiler à Lampsaque. Le terme d'« homéomérie » (cf. note suivante), dont Lucrèce attribue la paternité à Anaxagore (litt. : « voici ce qu'il appelle homéomérie »), ne se trouve pas dans ses fragments. La compréhension de cette théorie est d'autant plus difficile que nous ne possédons pas de citations à son sujet, mais des interprétations d'auteurs bien postérieurs qui, le plus souvent, reposent sur des commentaires. Beaucoup d'interprètes anciens rapprochaient les noms de Démocrite et d'Anaxagore, non seulement sur la cosmographie mais sur les principes mêmes, les deux philosophes admettant l'existence de particules de la matière en nombre infini et refusant le finalisme. Cf. Diogène Laërce : « Parmi les anciens, selon Dioclès, c'est Anaxagore qu'il [Épicure] préférait, bien qu'il l'ait contredit dans ses écrits, et Archélaos, le maître de Socrate » (*Vie d'Épicure*, X, 12, trad. A. Laks).

82. Lucrèce comprend cette homéomérie comme l'identité (*homoia* : « identiques ») qualitative des parties (*merē*) d'un corps entre elles ainsi qu'avec tout le corps. Sa première présentation laisse supposer que ces particules infinitésimales constituent à elles seules un corps donné. Or les vers 859 à 896 démentent cette interprétation. Les différentes choses possèdent d'autres éléments (ce qui est confirmé par divers témoignages), mais seuls les homéomères qui dominent donnent leur nom et leur nature au composé, comme le montre un passage d'Aristote : « Anaxagore pose comme éléments les homéomères, tels l'os, la chair, la moelle, et pour les autres choses chacune des parties synonymes du tout » (D.K. A, 46 = *De gen. et corr.*, I, 1, 314 a, 18). Chez Aristote, la synonymie signifie un nom commun exprimant une communauté de nature. L'os, la chair, la moelle illustrent donc une synonymie de certaines particules d'un corps avec ce corps, mais toutes sortes d'éléments sont mêlés dans toutes les choses; seul l'intellect (*noūs*), principe « ordonnateur de toutes choses », est pur. Les mélanges que constituent les choses se défont mais leurs éléments sont éternels et forment à nouveau des mélanges par un processus sans fin.

83. Selon Aristote, Anaxagore opposait les quatre « éléments » aux « homéomères » : « les disciples d'Anaxagore disent au contraire [d'Empédocle pour qui les éléments, eau, etc., sont simples] que les homéomères sont des corps simples et des éléments, tandis que c'est la terre, le feu, l'eau et l'air qui sont des natures composées, car chacun d'eux serait une universelle réserve séminale de tous les homéomères » (*De gen. et corr.*, I, 1, 313 b, 28, et 314 a, 1, trad. Tricot). Sur les nombreuses difficultés que soulève l'interprétation d'Anaxagore, cf. M. Schofield, *An Essay on Anaxagoras*, Cambridge, 1980.

84. Brève lacune, sans doute d'un seul vers, dont le sens paraît être : « et les tendons (cf. v. 862) doivent être formés d'éléments hétérogènes ».

85. Même explication dans la doxographie (composée vraisemblablement à la fin du Iᵉʳ siècle ap. J.-C.) d'Aétius (I, 3, 5 = D.K. A, 46) et le commentaire de Simplicius (VIᵉ siècle) sur la *Physique* d'Aristote (460, 4 = D. K. A, 45). Le pain contient en lui-même la chair qu'il nourrit dans la partie de l'homme où domine la chair (cette interprétation est toutefois contestée par M. Schofield, *op. cit.*, p. 133-144 et 166, note 59).

86. Brève lacune suivie d'un vers incompréhensible : « des hétérogènes qui naissent du bois ». Ce vers est conservé dans les fragments de papyri du *De rerum natura* découverts en 1987 à Herculanum (cf. K. Kleve, « Lucretius in Herculaneum », *Cronache Ercolanesi*, Naples, 1989, t. XIX, p. 10), mais il y précède le vers 873, ce qui rend la construction des deux vers impossible; le vers 873 est lui-même suivi d'un fragment manquant dans les manuscrits : (E)X VIR(IBUS), mais il ne permet pas de reconstruire un sens.

87. L'explication selon laquelle les particules homéomères sont les seules visibles dans un corps parce qu'elles sont les plus nombreuses est

attestée par un fragment d'Anaxagore (D.K. B, 12 D) et un texte d'Aristote (*Phys.*, I, 4, 187 b, 1-7). L'existence de toutes sortes d'éléments hétérogènes dans les corps est conforme à la doctrine d'Anaxagore, comme on l'a vu, mais la présentation polémique sous forme d'alternative qu'offre Lucrèce invite à comprendre qu'Anaxagore ou ses disciples expliquaient indifféremment les corps comme des homéomères parfaits, tout étant identique dans un corps donné (v. 832-841), ou des anhoméomères parfaits, tout se mêlant dans tout (v. 875-879). Il est donc difficile de reconnaître, derrière les déformations de Lucrèce, la subtilité d'Anaxagore. La présentation des trois théories des éléments (un, quatre, infinis quantitativement) sert essentiellement à valoriser le point de vue épicurien contre la doctrine « matérialiste » dominante, le stoïcisme, qui offre un point commun avec chacune des thèses présocratiques, du moins telles qu'elles sont présentées par Lucrèce (monisme du feu, transformation des éléments les uns dans les autres, mélange total).

88. Je traduis *ubere* des manuscrits (corrigé en *ubera* par Ernout); litt. : « que l'abondance du lait de la [brebis] porte-laine ».

89. Le latin dit *ligna* et *ignes* : il s'agit donc bien d'une simple transposition de lettres dans le radical de ces deux termes.

90. Sans doute est-ce le rire fameux du grand Démocrite, fondateur de l'atomisme, qui résonne dans ce vers (cf. D.K. A, 40); contemporain de Socrate, il est né, selon Apollodore, en 460.

91. C'est-à-dire les Muses.

92. Litt. : « déroulons », allusion au déroulement du papyrus portant le texte.

93. L'argument est celui d'Archytas de Tarente, pythagoricien du IVe siècle av. J.-C. (D.K. A, 24; cf. Aristote, *Phys.*, III, 4, 203 b, 20-23). On le retrouve notamment dans la *Lettre à Hérodote*, 49, dont le texte de Lucrèce est très proche. Son application à l'atome soulevait une aporie (toute limite supposant un au-delà, ce principe conduisait normalement à accepter l'infiniment petit comme l'infiniment grand), qu'Épicure résout avec une grande subtilité (*ibid.*, 57) mais que Lucrèce n'aborde pas (cf. v. 599-606 et note 52).

94. Cette conclusion empruntée à Épicure est l'objet de moqueries de la part de Cicéron (*Div.*, II, 103), qui voit là une preuve de la stupidité de son auteur.

95. Litt. : « tout de tous côtés infini ».

96. A.A. Long et D.N. Sedley (*op. cit.*, vol. I, p. 45, et vol. II, p. 40), interprétant *finique locet se* comme une proposition coordonnée aux deux subjonctifs du vers 977, comprennent : « et [l'obstacle] se fixe comme terme ».

97. C'est-à-dire les atomes au-dessous de la terre.

98. Il est difficile d'estimer la longueur de la lacune (d'après Diels, 3 vers qu'il reconstitue avec aisance). Quant à sa teneur, l'hypothèse la plus vraisemblable me semble celle que propose Robin (commentaire I, p. 185) après Giussani : 1° « la quantité de matière ne peut être infinie

par rapport à un vide de grandeur finie » ; 2° « les atomes en nombre fini ne se rassembleraient jamais dans un vide infini ».

99. Cf. Le résumé doxographique de la cosmologie atomiste : « le mouvement des atomes n'est pas prémédité et il se produit sans cesse par le hasard » (Aétius, I, 4, 1), correspondant ici à la doctrine d'Épicure.

100. Ces agencements proviennent d'une affinité des atomes semblables. Sur ce point, Épicure suit Démocrite qui admettait le principe selon lequel le semblable s'unit au semblable. La formation des mondes sera amplement expliquée au chant V.

101. Litt. : « pendant de nombreuses grandes années » ; l'expression « grande année », si elle est technique, désigne, dans un contexte non stoïcien, une révolution complète des planètes, variant selon les computs (15 000 ans selon Macrobe, *Commentaire au Songe de Scipion,* II, 11, 15).

102. Les vers 1042-1051 sont difficiles à interpréter. On ne trouve aucun texte semblable dans la littérature épicurienne. La description s'applique à tout nucléus formant un monde : Bailey, à la suite de Giussani, comprend que la cohésion des atomes d'un monde, atomes en perpétuel mouvement, ne peut être assurée, surtout vers l'extérieur, que par le continuel martèlement des atomes de l'univers. Mais, hors de cette zone limite poreuse qui n'est pas mentionnée dans le texte, le cycle de renouvellement des atomes les uns par les autres à l'intérieur d'un monde ne se fait pas sans déperdition ni sans que certains atomes s'échappent ; or la venue des atomes de l'univers ne peut, en raison de délais accidentels, empêcher ou compenser sans cesse cette fuite. L'organisation d'un monde ne parvient donc pas à se maintenir telle quelle, ainsi le monde lui-même se désagrège (cf. II, v. 1122-1145).

103. Les stoïciens sont visés en raison de leur théorie d'un monde ou cosmos sphérique au centre de l'espace infini (Plutarque, *Stoic. Repugn.*, 1054 d) ; ils défendaient en outre une théorie de l'« attraction » (ce mot que Lucrèce emploie ironiquement eut une grande fortune) dans le sens où les corps tendent naturellement vers le centre ; comme le centre est aussi le point le plus bas de la sphère cosmique, cette attraction avait pour conséquence l'équilibre de la terre en ce centre (cf. Cicéron, *De natura deorum*, II, 115-116) ; la théorie stoïcienne ne saurait cependant être considérée comme le « germe de l'idée de la gravitation » (Bailey, *ad loc.*), celle-ci supposant l'action à distance qu'aucune des théories n'avait formulée avant Newton.

104. Le vers 1068 est très mutilé, mais le sens général en est évident : Lucrèce juge stupide la théorie de l'équilibre de la terre au centre du monde et celle des antipodes, théories que les épicuriens ne pouvaient admettre étant donné leur conception d'un univers infini, sans haut ni bas. Lucrèce explique au chant V (v. 534-563) comment la terre se tient immobile dans l'univers. Le texte des manuscrits jusqu'au vers 1075 est abîmé, mais les vers ont été restaurés par Munro, à la suite de Marulle, de manière convaincante ; c'est la version que j'ai reproduite et traduite (à l'exception du vers 1068).

105. Les vers 1085-1086 sont présentés dans l'ordre inverse de celui des manuscrits; je suis l'ordre de l'édition de Bailey (déjà proposé par Marulle et Giussani) qui explicite dans son commentaire (p. 789) le vers 1086 : la terre englobe les animaux, les plantes et les métaux, toutes choses assignées à la terre dans la théorie des quatre éléments.

106. La lacune est estimée à huit vers, huit lignes étant ici laissées en blanc par le manuscrit O. (Deux fragments appartenant à deux vers du passage perdu : *ondam* = *quondam* et un *i*, ont été retrouvés dans les papyri du *De rerum natura* découverts à Herculanum; cf. K. Kleve, *op. cit.*, p. 11.) La restitution la moins arbitraire pour la première partie de la lacune est celle qui fut proposée par Bailey : Lucrèce rappellerait la théorie stoïcienne expliquant la poussée verticale des plantes par la présence interne du feu, puis la critiquerait; mais la reconstitution de l'argument qui précède l'« apocalypse » finale est trop aléatoire et on ne peut guère aller au-delà, me semble-t-il, d'une alternative : Lucrèce présenterait soit une théorie stoïcienne rejetée parce qu'elle entraînerait, selon lui, la destruction du monde (v. 1095-1114), soit au contraire un principe épicurien qui expliquerait le maintien du monde et dont l'abolition signifierait de même sa disparition.

LIVRE II

1. Le terme *turbant* est de même origine que *turbo*, « trombe » ou « tourbillon » : les vents « troublent » la mer en y formant des tourbillons; cf. l'exégèse de l'ensemble de ce passage par M. Serres, *La Naissance de la physique dans le texte de Lucrèce. Fleuves et turbulences*, Paris, 1977, p. 170; voir aussi p. 14, 104 et 114 *sq*.

2. Litt. : « la nature n'aboie pour rien d'autre ». Cf. Épicure, *Sentences vaticanes*, 33 : « Le cri de la chair : ne pas avoir faim, ne pas avoir soif. Celui qui a ces choses, et l'espoir de les avoir, peut rivaliser [avec Zeus] en bonheur. » L'idée épicurienne s'exprime, comme souvent chez Lucrèce, par une métaphore, ici sans doute inspirée par l'expression d'Ennius, *Ann.*, 584, éd. Vahlen.

3. Ce passage, du vers 23 au vers 33, a été diversement interprété. Voici la construction que je retiens et qui, sans entorse à la syntaxe latine, offre un sens compatible avec la doctrine épicurienne des plaisirs. *Gratius interdum* est une principale nominale (sur le modèle de *suaue*, vers 1 et 5) : « il est parfois plus agréable », en corrélation avec *neque natura ipsa requirit*, litt. : « et la nature elle-même ne réclame pas »; ces deux propositions gouvernent *cum tamen* [...] *corpora curant* : « quand du moins [...] l'on s'occupe de son corps », qui joue donc le rôle de complétive après la restrictive *si non sunt* signifiant exactement : « s'il n'y a pas ». Lucrèce oppose ainsi les désirs non naturels et vains, parce qu'ils ne comportent pas de limite et n'apportent donc pas une entière satisfaction (cf. *Lettre à Ménécée*, 131-132), aux désirs naturels et nécessaires, qui suffisent à produire l'ataraxie et le plaisir : celui de

nourrir son corps et de fréquenter des amis, d'être « entre soi », *inter se*. La frugalité n'est pas une fin en soi, mais Épicure se dit persuadé que « ceux-là jouissent de l'abondance avec le plus de plaisir qui ont le moins besoin d'elle » (*ibid.*, 130 ; cf. aussi 131). Sur la classification des désirs, cf. *ibid.*, 127, et *Maximes*, 29 ; sur la nécessité de l'amitié, cf. *Maximes*, 27, et Cicéron, *De finibus*, I, 66-70. Les plaisirs naturels et non nécessaires, telles la musique et la danse, sont évoqués par Lucrèce au livre V, vers 1379-1433.

4. *Campus* semble désigner, comme souvent, le Champ de Mars, où avaient lieu les revues et exercices militaires ; Memmius commanda des légions ; César, en 58, avant de partir pour la Gaule, resta durant trois mois avec ses légions aux portes de Rome et, comme le note Giussani, les citoyens durent voir à loisir les déploiements de l'armée au Champ de Mars.

5. Pour ces deux vers, je suis la restauration de Bailey. Cette description sans outrance de l'activité militaire et des jeux guerriers en relation avec l'inanité de leur but constitue par elle-même la justification de l'idéal épicurien : paix de l'âme et paix civile (sur cet idéal, cf. J. Salem, *op. cit.*, p. 57-66).

6. Cf. I, 951-1051.

7. Le « grand vide », dans ce passage, désigne l'espace en général. Sur le mouvement des atomes dans le vide, cf. *Lettre à Hérodote*, 43 et 62.

8. Le texte est ici peu sûr ; je suis l'interprétation de A. Barigazzi.

9. Les images ou simulacres sont des émanations des choses (sur la nature de l'image, cf. livre IV).

10. Puisque, selon Épicure, les sens ne sont pas trompeurs, il est possible d'obtenir à partir de l'image proposée celle du mouvement des plus petits composés d'atomes, une inférence correcte (sur le critère de validité, cf. note 59) au sujet du mouvement des atomes.

11. Le qualificatif « grandes » doit s'entendre ici au sens d'« importantes ». La méthode de connaissance par conjecture qu'évoque Lucrèce est celle que recommande Épicure : « C'est à partir des phénomènes qu'il faut inférer au sujet des choses invisibles » (Diogène Laërce, X, 32). Pour Épicure, les sensations sont vraies et permettent une inférence au sujet des choses non perceptibles grâce à la méthode analogique appelée *metabasis kath' homoiotēta*, défendue notamment par l'épicurien Zénon de Sidon contre les attaques des stoïciens ; cf. Philodème, texte et trad. de Ph. et E. De Lacy, *On the Methods of Inference*, Naples, 1978, 2e éd., § 20 et 23-24 ; cf. aussi note 59.

12. Sur la vitesse des atomes, cf. l'exposé beaucoup plus complexe de la *Lettre à Hérodote*, 46-47 et 61-62, et l'excellent commentaire de A.A. Long et D.N. Sedley, *op. cit.*, vol. I, p. 50-52, et vol. II, p. 41-49. Ce sujet est aussi traité par Épicure au livre II de *Sur la nature*, pap. Herc. 1149/993, 16, IV *sq.* (éd. Isnardi Parente, p. 224 *sq.* = Arrighetti, 24-36).

13. L'importance de la lacune n'a pas pu être établie ; l'abrupt

développement sur les dieux (repris au livre V, v. 195-199) interrompt la présentation du mouvement des atomes et, plutôt qu'un accident matériel, il semblerait indiquer, comme d'autres passages, que Lucrèce n'a pu mettre la dernière main à son œuvre.

14. Lucrèce se conforme à l'habitude qu'avait Épicure de ne pas nommer ses adversaires (cf. D.N. Sedley, « Epicurus and his Professional Rivals », *in* A. Laks (éd.), *Études sur l'épicurisme antique*, Lille, 1976, p. 121-159). Il s'agit ici au premier chef des stoïciens, qui défendaient à la suite de Platon une conception téléologique de la création (cf. Cicéron, *De natura deorum*, II, 120-132).

15. Haut et bas par rapport à la terre. Épicure justifie en ce cas (*Lettre à Hérodote*, 60) l'emploi de ces termes, bien qu'il admette que l'univers n'a ni haut ni bas. Sur le problème distinct de la chute des atomes dans l'univers, cf. note 17.

16. Bailey interprète ce passage comme se référant au coucher apparent des astres. Mais Lucrèce évoque peut-être les étoiles filantes (*stellae*), que la *Lettre à Pythoclès*, 114, définit comme « les étoiles que l'on dit tomber », et les météores (*sidera*).

17. Pourtant l'univers, étant infini, n'a ni haut ni bas (cf. note 15). Le texte de Lucrèce ne porte pas pour autant la trace d'un mode de pensée mythique, comme on l'a supposé (cf. J. Chomarat, « La mythologie de Lucrèce », *in* « La mythologie, clef de lecture du monde classique », *Caesarodunum*, XXI, Tours, 1986, vol. I, p. 62, note 21). S'il y a « mythologie », ou plutôt « fiction », elle ne réside pas dans cette conception du haut et du bas, mais dans l'invention de la déclinaison des atomes, puisqu'il s'agit d'un mouvement sans cause; c'est précisément en raison de cette absence de cause que Cicéron la qualifie de fictive, *commenticia* (*De fato*, 23). L'originalité d'Épicure est en effet d'avoir osé préférer cette déclinaison à la nécessité de tous les physiciens de la nature (cf. *Lettre à Ménécée*, 134, citée dans la note suivante). Démocrite admettait une différence de poids des atomes proportionnelle à leur grosseur, mais ce poids ne déterminait pas le mouvement des atomes : il eut recours à une impulsion existant de toute éternité, d'où résulte le mouvement tourbillonnaire (*dinē*) formant un monde. Non seulement cette solution se heurte à l'objection formulée par Aristote contre Démocrite, à savoir qu'elle relègue la cause naturelle du mouvement dans un infini au-delà de toute origine (*Phys.*, VIII, 1, 252 a, 32-35), mais surtout elle a pour conséquence une nécessité absolue (confirmée par tous les témoignages anciens sur Démocrite, cf. D.K. A, 66 et 83), nécessité que précisément Épicure refuse. « Épicure trouva le moyen de se soustraire à la nécessité qui semble bien avoir échappé à Démocrite : il dit que l'atome, lorsqu'il est entraîné de haut en bas par son poids, dévie un peu » (Cicéron, *Nat.*, I, 69; voir aussi Diogène d'Œnanda, 32, 1, 14-3, 14). La chute parallèle et uniforme des atomes dans l'espace infini (le vide) est donc assumée par Épicure (*Lettre à Hérodote*, 61); ce mouvement est logiquement requis par la déviation, tout autre mouvement la rendant superflue et impliquant la

rencontre des atomes par un déterminisme interne (variété de leur poids) ou externe (les « impulsions ou chocs ») qu'Épicure condamne, notamment dans la formation d'un monde telle que la conçoit Démocrite (cf. *Lettre à Pythoclès*, 90). Aristote avait déjà avancé la thèse que dans le vide, dont il nie l'existence à l'intérieur du monde, les corps iraient à vitesse égale (*Phys.*, IV, 8, 217 a, 10), avec une conclusion autre que celle d'Épicure : il n'y aurait pas de mouvement car le mouvement implique une différence. L'explication physique est donc celle que rapporte Lucrèce (v. 235-239, confirmés par la *Lettre à Hérodote*, 61) : le « vide » cède également à tous les atomes, il les happe en quelque sorte, entraînant un mouvement qui ne peut être conçu que de haut en bas et ne saurait être brisé ou prévenu que par une déviation.

18. On a souvent considéré que les stoïciens étaient visés, mais, dans la *Lettre à Ménécée*, 134, Épicure affirmant qu'« il vaudrait mieux suivre le mythe sur les dieux que de s'asservir au destin des physiciens », Lucrèce s'oppose ici à tous les philosophes de la nature. La condamnation du déterminisme dans tout le paragraphe 134 de cette lettre d'Épicure, comme dans les fragments de son livre sur la liberté, semble indiquer que, lors de leur rédaction (postérieure à 296/295), Épicure avait conçu la déviation des atomes, même s'il ne la nomme pas explicitement (cf. note suiv.), comme un recours contre le déterminisme.

19. La théorie de la déviation ou déclinaison des atomes (*clinamen*) ne nous est pas directement connue par les écrits d'Épicure mais elle est attestée notamment par ce texte de Lucrèce, le plus développé des témoignages, par Cicéron, qui l'attribue expressément à Épicure (*De natura deorum*, I, 69, et *De fato*, 23), et par Philodème (*De signis*, 36). Dans son article « Epicurus' Refutation of Determinism » (*Suzētēsis*, Naples, 1983, p. 13), D.N. Sedley suggère une explication (déjà proposée par Bignone dans un article de 1940, « La dottrina epicurea del clinamen », *Atene e Roma*, III, 8, p. 159-198) au fait que la déviation n'apparaît pas dans la lettre à Hérodote sur la physique, épitomé que l'on suppose écrit après l'exposé des principales théories cosmologiques (*Sur la nature*, livres I-XIII) : Épicure n'aurait pris conscience du danger du nécessitarisme qu'en abordant la psychologie (livre XXXVII); la déviation des atomes, appliquée d'abord à l'esprit, aurait été ensuite « greffée » sur le schéma cosmologique. Mais cette explication ne semble pas s'accorder avec le fait que la conception canonique du vide s'exprime dans les premiers écrits d'Épicure : en effet, puisque sa théorie du vide implique dès l'origine la chute verticale et uniforme des atomes (cf. *Lettre à Hérodote*, 61, et note 17), elle implique aussi le recours à une déviation, ne serait-ce que pour expliquer la rencontre des atomes. Cependant, il n'est pas impossible qu'Épicure ait formellement thématisé la déviation comme une « liberté mécanique » seulement lorsqu'il aborda la liberté dans la psychologie. D'autres interprètes, à la suite d'Usener, ont supposé une lacune dans la *Lettre à Hérodote*, 43, sur le mouvement des atomes dans le vide, lacune

qui supprimerait la référence à la déviation; cette hypothèse paraît d'autant plus vraisemblable que ce texte, tel qu'il nous est transmis, est en cet endroit incohérent. Mais la discussion sur l'époque de l'invention de ce concept ne doit pas masquer le fait essentiel : cette déclinaison est, selon l'ordre des raisons, sans commencement dans le temps infini, tandis que, selon l'ordre des choses et de la physique, elle apparaît seconde par rapport au mouvement uniforme et vertical des atomes à travers le vide dans un temps défini. La conséquence est capitale : les atomes déclinent de toute éternité, mais les déclinaisons particulières, passées, présentes et à venir, ne sont pas *ab aeterno* et ne sont liées à aucune chaîne causale. Ainsi Épicure échappe-t-il au déterminisme de Démocrite et de tous les physiciens anciens (cf. l'exégèse de Giussani, *op. cit.*, p. 125-141, qui rend un bel hommage à Épicure « métaphysicien »).

20. Les manuscrits portent ici *uoluptas* et au vers suivant *uoluntas*; pour la plupart des éditeurs, il s'agit d'une inversion de copiste. M. Bollack (« Momen mutatum : la déviation et le plaisir », *in* J. Bollack et A. Laks, « Études sur l'épicurisme antique », *Cahiers de philologie de Lille*, vol. I, 1976, p. 161-201) défend l'ordre ancien; l'adjectif « libre », qui qualifie la volonté, est ainsi mis en relief par Lucrèce.

21. *Carceres* désigne les enclos du cirque où les chevaux étaient maintenus avant les jeux et dont les portes de bois peint étaient brusquement ouvertes.

22. Pour Épicure, l'esprit a son siège dans toute la poitrine (Soranus, *apud* Tertullien, *De anim.*, 15, 5). La localisation de la volonté dans le cœur, qui n'est pas attestée chez Épicure, est peut-être une innovation de Lucrèce. Pour le stoïcien Chrysippe, la partie dominante (*hēgemonikon*) est située dans le cœur.

23. Les manuscrits portent *res ipsa*, « la chose elle-même », corrigé par Lambin dans son édition de 1563 en *mens ipsa*, litt. : « l'intelligence elle-même »; cette correction a été généralement adoptée.

24. Si l'application à la cosmologie épicurienne de ce principe de hasard qu'introduit la déviation minimale de la matière ne pose guère de problèmes (cf. A.A. Long, « Chance and Natural Law in Epicureanism », *Phronesis*, XXII, 3, 1977, p. 63-67; l'interprétation traditionnelle du rôle du hasard dans le « clinamen », contestée par G. Deleuze, *Logique du sens*, Paris, 1969, p. 312 *sq.*, est défendue sur la base du rapport d'Épicure à la pensée de Démocrite par M. Conche, *Épicure : Lettres et Maximes*, Paris, 1977, p. 82-83) et si la plupart des physiciens, depuis que Heisenberg publia en 1927 son *Principe d'incertitude*, acceptent un élément d'indétermination dans les particules de la matière, le processus même de la déclinaison est l'objet de nombreuses et subtiles discussions parmi lesquelles je retiendrai l'une des plus stimulantes, celle de M. Serres, pour qui l'atomisme s'explique dans le cadre d'une dynamique des fluides. Le « clinamen » serait une différentielle, proprement une fluxion, l'amorce d'un mouvement tourbillonnaire qui non seulement rendrait compte de la création du monde mais

régirait toute la nature dans son incessante transformation. Cette interprétation est une des rares qui rende compte des catastrophes et de la fin naturelle d'un monde. Une des objections serait que le tourbillon se trouve déjà chez Démocrite, auquel Épicure s'opposait sur le problème de la nécessité (cf. note 17) ; mais l'objection tombe si, comme le veut M. Serres, on suppose qu'Épicure a formulé avec la déclinaison des atomes le modèle d'explication qui manquait à Démocrite. En dehors de sa fonction « cosmogonique », la déviation a surtout une application en psychologie. Et c'est bien dans le contexte d'une discussion sur la liberté humaine que Cicéron et Plutarque introduisent cette déviation. Dans le texte de Lucrèce, c'est sur l'expérience d'une volonté libre que se fonde le refus du déterminisme absolu en physique. Plus encore que du processus de la déclinaison, les commentateurs se sont donc inquiétés de l'application à la psychologie d'un principe d'indétermination : comment les mouvements spontanés des atomes peuvent-ils garantir la liberté et non pas introduire une simple incohérence dans la conduite humaine ? D. Furley (*Two Studies in the Greek Atomists*, Princeton, 1967, p. 169-237, incluant une analyse des textes de Lucrèce) affirme, en s'appuyant notamment sur des textes parallèles d'Aristote, que la déviation est seulement une condition négative pour éviter le déterminisme et assumer que nos actions ne sont pas causées par l'environnement — la « force externe » mentionnée par Lucrèce — ni par notre hérédité — la « nécessité interne » (p. 232-235). La déviation n'interviendrait pas dans tout acte de la volonté ; l'aporie d'actions aventureuses serait donc levée. Ainsi cette étude participe d'une vue assez largement partagée selon laquelle les Anciens n'avaient pas le concept de la volonté comme fonction autonome de l'esprit (cf. cependant A. Dihle, « The Theory of the Will in Classical Antiquity », *Sather Classical Lectures*, vol. XXXXVIII, Berkeley, 1982) ; la position d'Épicure ne différerait donc guère de celle d'Aristote. Mais D.N. Sedley, grâce à l'analyse de deux fragments du traité *Sur la nature* d'Épicure (*Epicurus' Refutation of Determinism, op. cit.*, p. 11-51), a renouvelé l'interprétation de ce problème en montrant qu'Épicure rejette fermement tout « réductionnisme » : le niveau phénoménologique, celui de la conduite humaine, est transcendant (Épicure évoque une séparation) au niveau microscopique des particules élémentaires, même s'il ne peut exister sans elles. Le moi, selon Épicure, n'est pas le jouet de ses atomes constitutifs, mais un pouvoir capable de les contrôler. Ainsi, Épicure introduisit en philosophie le concept transcendantal de liberté, qu'il appliqua d'une part à l'épistémologie par le biais de l'intuitionnisme et de la pluralité des hypothèses (cf. J. Vuillemin, *Nécessité ou contingence, l'aporie de Diodore et les systèmes philosophiques*, Paris, 1984, p. 220-221), d'autre part à l'ontologie, la déviation permettant un facteur minimal de hasard qui, sans bouleverser la régularité des processus naturels, suffit à empêcher les atomes de suivre un trajet prédéterminé. /

25. Litt. : par les « pactes de la nature », *foedera naturai*, qui

s'opposent aux *fati foedera*, les « pactes du destin » (v. 254) ; cf. introduction, p. 22-23.

26. Les vers 303-307 présentent un étroit parallèle avec la *Lettre à Hérodote*, 39.

27. Formule que l'on rencontre deux autres fois dans ce chant (v. 337 et 724) ; *volgo* peut signifier « partout », mais je le prends ici dans son sens le plus fréquent : « d'ordinaire ». Lucrèce dit de manière plus frappante : « ils ne sont pas d'ordinaire tous à tous identiques ».

28. Lucrèce vise sans doute ici la théorie platonicienne des formes géométriques constituant les quatre éléments du monde (*Timée*, 50 a, 53 b-53 c) ; en effet, dans un long passage du livre XIV de son traité *Sur la nature*, Épicure attaque cette théorie (pap. Herc. 1148, 14 III-16 II).

29. L'expression « de plus petites figures » désigne par synecdoque les atomes dont les formes sont les plus petites, c'est-à-dire les atomes sphériques.

30. La corne d'une lanterne qui « recrache » la pluie.

31. L'ensemble de l'explication des qualités sensibles par la forme des atomes est très proche de celle de Démocrite (cf. Théophraste, *De sensibus*, 49-83, et en particulier, pour la saveur des aliments, 65-72).

32. Litt. : « de safran de Cilicie » (province romaine d'Asie Mineure). La « scène » est celle d'un théâtre.

33. Dans tous les cas, les atomes restent libres et sont agités de mouvements.

34. Le mot *saxa* paraît étrange ici, mais les corrections proposées ne sont guère meilleures ; de même, au vers 462, le terme *sedatum* fait difficulté.

35. A la suite d'Ernout, j'ai supposé une ellipse du verbe être après *debet.* D'autres éditeurs corrigent le texte ou supposent une lacune d'un vers.

36. *Fouea* désigne littéralement une fosse, où s'écoulerait, une fois filtrée par la terre, l'eau de mer (le corps de Neptune) ; il peut s'agir d'un trou creusé pour l'expérience ou d'une sorte de puits salant. Pour Démocrite, le sel de la mer est produit par une cause analogue à celle qui produit le sel terrestre, sel des minerais et de la potasse (D.K. A, 99 a).

37. Cf. *Lettre à Hérodote*, 55. Leucippe et Démocrite admettaient un nombre infini de formes atomiques. Un témoignage doxographique du Ier siècle rapporte qu'un atome peut, selon Démocrite (Aétius, I, 12, 6 = D.K. A, 47), atteindre n'importe quelle grandeur, y compris celle d'un monde ; cependant D. O' Brien (*Theories of Weight in Ancient World*, Leyde, 1981, vol. I, p. 282-298) a exposé les raisons de rejeter ce témoignage contredit par un texte d'Aristote (*De gen. et corr.*, I, 8, 325 a, 24-29).

38. Ville de la Thessalie où l'on trouve le murex qui donne la pourpre.

39. Les *foedera naturai*, les « lois naturelles », impliquent une limitation, comme Lucrèce l'a montré au chant I. Selon Ph. De Lacy (« Limit and Variation in the Epicurean Philosophy », *Phoenix*, t. XXIII, 1969,

p. 104-113), Lucrèce est le premier auteur à exprimer si clairement cette notion de limite, dont il rappelle qu'elle est tout d'abord formulée dans le *Philèbe* de Platon (16 d-17 e).

40. Cf. I, v. 1035-1037.

41. Ch. Mugler (« L'isonomie des atomistes », *Revue de philologie*, XXX, 1956, p. 231-232) a donné la raison de cette constance : « Il n'y a qu'un nombre fini d'espèces d'êtres et de phénomènes, et cette réalité limitée sera régie par un nombre fini de lois de la nature. Mais chacune des espèces d'atomes comprenant un nombre infini d'atomes individuels et l'espace étant, d'autre part, illimité, êtres et phénomènes seront distribués dans l'espace de manière que, à tout instant donné $t = t^o$ du temps infini, chaque espèce est représentée avec la même densité, que le nombre de phénomènes ou d'êtres individuels d'une espèce donnée reste sensiblement constant à travers le temps et que, enfin, un nombre fini de lois de la nature invariables [...] restent à l'œuvre dans l'univers. » D'après l'auteur, l'exposé de Lucrèce s'appuie sur le principe épicurien d'isonomie, impliquant l'égale distribution des êtres dans l'univers, principe qui n'est explicitement évoqué que par le seul Cicéron (*De natura deorum*, I, 50 et 109). Il s'agirait d'une loi générale par laquelle Épicure aurait notamment fixé une limite au hasard démocritéen qui accordait un même droit d'existence à tout ce qui est possible. Elle suppose aussi que les forces de préservation équilibrent dans l'univers les forces de destruction.

42. L'expression stéréotypée renvoie à la représentation ancienne de l'ensemble des régions terrestres, conçues comme encerclées par le fleuve Océanos.

43. Sortes de figures de proue.

44. J'ai traduit *eximiis*, une correction ancienne; mais le texte des manuscrits, *ex imis*, est défendable et signifierait : « des profondeurs » (de la terre).

45. Cybèle ou la « Grande Mère », dont le culte fut introduit à Rome en 204 avant notre ère sous la forme d'une pierre noire. Ce culte chtonien était originaire du mont Ida en Phrygie. Un temple fut consacré à Cybèle sur le Palatin. Des fêtes qui s'achevaient par les jeux mégalésiens la célébraient au début du mois d'avril. Le premier jour défilait le cortège orgiastique décrit par Lucrèce.

46. Ces divers symboles de la statue de Cybèle sont également attestés par Varron, d'après Augustin, *Civ. Dei*, VII, 24.

47. Les desservants du culte étaient originaires de Phrygie et la langue rituelle était le grec.

48. Les Galles sont les eunuques qui desservent ce culte et dont la légende se rattache à celle d'Attis. Tout au long du cortège, ils se flagellaient. D'après Ovide (*Fastes*, v. 255 *sq.*), Attis s'était engagé à se consacrer au culte de la déesse; après avoir manqué à son vœu de chasteté, il s'émascula.

49. Les quêtes étaient interdites dans les autres cultes romains; cette description de la procession de Cybèle est évidemment marquée d'iro-

nie. Si la déesse est qualifiée de « muette », c'est aussi en référence à la théologie épicurienne qui nie toute intervention des dieux dans les affaires humaines.

50. Les Curètes de Crète ou Corybantes sont vraisemblablement associés au culte de Cybèle parce que Rhéa (cf. note 52) est une figure de la Terre-Mère correspondant à Cybèle. De plus, un mont Ida existe aussi en Crète.

51. Le texte des manuscrits O et Q ne pouvant se comprendre, j'adopte la correction minimale de Diels : *sei* (= *si*) au lieu de *se* et *Phrygias* au lieu de *Phrygios*.

52. Jupiter, l'enfant de Rhéa ; sur cette légende, cf. Ovide, *Fastes*, IV, v. 197-215. Le vers 636 est unanimement rejeté.

53. Ces vers sur la nature des dieux reproduisent ceux du chant I, 44-49.

54. Lucrèce fait sans doute allusion à un usage répandu par les stoïciens qui se servaient des noms des différents dieux de la religion populaire pour désigner, à l'intérieur de la Nature totale, identifiée à Zeus, certaines réalités (cf. Cicéron, *De natura deorum*, II, 56 *sq.*, qui cite les mêmes divinités que Lucrèce et quelques autres).

55. *Dona* des manuscrits est incompréhensible ; plusieurs éditeurs supposent une lacune d'un vers.

56. Même comparaison qu'au chant I, vers 823-826.

57. Évocation peut-être inspirée d'Empédocle, selon qui, dans le cycle de la zoogonie, d'abord des membres séparés sortirent de la terre, puis naquirent des membres unis d'animaux divers, monstres formés de parties hétérogènes (D.K. B., 57-62). Le fragment d'Empédocle est cité par Aristote qui refuse l'existence de monstres pour la raison alléguée par Lucrèce.

58. Beaucoup d'atomes du premier type, c'est-à-dire propres à une espèce.

59. Cette méthode de connaissance fondée sur les données des sens est recommandée par Épicure sous le nom d'*epibolē tēs dianoias*. C. Bailey, en appendice à son *Epicurus*, p. 259-274, a proposé une étude de ce difficile concept d'*epibolē* (cf. aussi le commentaire que D. N. Sedley a joint à son édition des fragments de la canonique d'Épicure, « Epicurus, "On Nature", Book XXVIII », *Cronache Ercolanesi*, III, 1973, p. 23-34). La méthode requiert la non-infirmation, c'est-à-dire « la conformité entre la chose invisible, posée par hypothèse et conjecture, et le phénomène », selon la définition de Sextus Empiricus (*Adv. Math.*, VII, 213), illustrée par un exemple épicurien : l'hypothèse du vide par le mouvement. Sur la méthode scientifique d'Épicure, voir E. Asmis, *Epicurus' Scientific Method*, Cornell University Press, 1984.

60. La construction paraissant très elliptique, la plupart des éditeurs depuis Munro supposent une lacune d'un vers.

61. Cf. *Lettre à Hérodote*, I, 54, où Épicure dit que les atomes n'ont aucune des qualités des phénomènes, puisque toute qualité change et

que le changement est impossible aux atomes ; sur l'absence de couleur, cf. la scolie de I, 44 : « quant à la couleur, elle change selon la position des atomes, dit-il dans les *Douze Éléments* ».

62. C'est déjà l'explication de Démocrite (Aristote, *De gen. et corr.*, I, 2, 316 a, 36). L'explication de la couleur par des formes géométriques se retrouve dans le *Ménon* de Platon : elle est exposée par Socrate, qui a promis de la définir « dans le style du sophiste Gorgias », puis réfutée ; sur les enjeux de cette discussion, cf. Ch. Mugler, *Platon et la recherche mathématique de son temps*, Strasbourg, 1948, p. 375-387.

63. Au-delà de la polémique liée à la nature des atomes, tout ce passage apparaît également fondé sur le refus d'un mélange des couleurs, peut-être en écho à la thèse exposée par Socrate dans le *Philèbe* (53 b) : « si donc nous affirmons qu'un peu de blanc pur est à la fois plus blanc, plus vrai et plus beau que beaucoup de blanc mélangé, notre affirmation sera entièrement juste ». J. Vuillemin a montré l'importance d'une telle esthétique pour la morale qui place le souverain bien dans le plaisir : cette morale n'est possible que si ce plaisir est pur (« Une morale est-elle compatible avec le scepticisme ? » dans *Philosophie*, 7, 1985, p. 31).

64. Litt. : « Quelle couleur pourront avoir les ténèbres aveugles ? » Ce raisonnement se trouve chez Épicure (Plutarque, *Adv. Colot.*, 7, 1110 c) qui partage l'opinion d'Aristote sur le rôle de la lumière (mais non sur sa nature).

65. Démocrite déniait également toute qualité aux atomes, sauf peut-être la chaleur aux atomes sphériques (cf. Aristote, *De gen. et corr.*, I, 8, 326 a, 4). Mais la chaleur n'est pas nécessairement une qualité de ces atomes ; elle peut être un effet de leur aptitude au rebondissement.

66. Nouvelle confirmation de la méthode scientifique d'Épicure (cf. v. 124 et note) qui part de l'expérience immédiate, toujours vraie, sur laquelle se fonde l'évidence de la prénotion.

67. Un passage du *Phédon* montre que la création de vivants à partir de la putréfaction de la terre est une théorie déjà reconnue à l'époque de Platon ; on la trouve chez Empédocle (D.K. B, 105) mais aussi chez Archélaos d'Athènes, un des rares « physiciens » non méprisé par Épicure (texte cité par Robin dans son commentaire ; ce rapprochement est d'autant plus fondé que pour Archélaos l'âme est corporelle mais composée d'homéomères comme pour Anaxagore : cf. Alexandre d'Aphrodise, *De mixt.*, 213, 18 *sq.*, et le commentaire de J. Mansfeld, « Doxography and Dialectic », *A.N.R.W.*, 1990, II, 36, 4, p. 3113). Selon le témoignage de Censorinus, Démocrite croyait qu'« au commencement les hommes furent créés par de l'eau et de la boue » (*De die nat.*, IV, 9 = D.K. 139).

68. Démocrite liait la sensibilité à la chaleur : « Démocrite dit que toutes choses participent d'une âme d'une certaine qualité, même les cadavres, étant donné qu'il est clair qu'ils participent toujours d'un certain principe chaud et sensitif, même si sa plus grande partie s'est dissipée » (Aétius, IV, 4, 7 = D.K. A, 117). Sur la genèse de la

sensibilité chez Démocrite, cf. l'essai de reconstruction de Ch. Mugler, « Les théories de la vie et de la conscience chez Démocrite », *Revue de philologie*, 1959, p. 7-38.

69. Le raisonnement reste en suspens; Munro a proposé de compléter ainsi : *ipsi sensilibus, mortalia semina reddunt*, « organes sensibles, rendent les éléments mortels » (puisque...). Toute cette polémique sur l'origine de la sensibilité est menée selon un schéma dialectique que l'on retrouvera dans le chant III : l'élimination successive d'hypothèses présentées à l'intérieur d'un catalogue donné comme exhaustif permet d'imposer finalement la thèse choisie. Sans doute Épicure, sinon Lucrèce, utilisait-il un manuel doxographique; malgré quelques textes parallèles, notamment dans le *De anima* d'Aristote, il paraît impossible d'assigner à un auteur précis chaque hypothèse rejetée (cf. les textes parallèles du chant III où l'utilisation d'un manuel est manifeste).

70. Un texte de Plutarque attribue l'argument de la mutation aux stoïciens (*Stoic. Repugn.*, 41), mais, plutôt qu'une doctrine précise, c'est sans doute la croyance commune en la génération spontanée qui se trouve ridiculisée par ce type d'explication; l'argument suivant, tiré de l'expérience d'un choc, amène en conclusion le rejet violent de l'hypothèse d'atomes doués de sensibilité (v. 973-990), hypothèse fictive (les atomes chez Démocrite ne sont pas individuellement doués de sensibilité) mais qui a l'avantage d'être contradictoire à la thèse que souhaite imposer Lucrèce. Ainsi la progression de l'ensemble de la démonstration sur l'origine de la sensibilité montre-t-elle une parfaite maîtrise de la doxographie.

71. Image traditionnelle du *hiéros gamos*, union sacrée de la terre et du ciel; elle est peut-être déjà utilisée par Épicure : en effet, au témoignage d'Aétius, Épicure cite un passage du *Chrysippe* d'Euripide exposant la thèse qu'illustre Lucrèce, celle de la transformation des éléments les uns dans les autres; or ce passage du *Chrysippe* fait immédiatement suite à une évocation du *hiéros gamos* en des termes très voisins de ceux de Lucrèce (cf. le commentaire de Robin, I, p. 343).

72. Argument traditionnel que l'on retrouve chez Cicéron, *De natura deorum*, II, 96.

73. Cf. I, v. 958-1013.

74. La thèse de la pluralité des mondes se trouve notamment chez les atomistes Démocrite et Leucippe; mais, alors que pour Démocrite les mondes se forment à partir d'un tourbillon, par un groupement nécessaire d'atomes (D.K. 68, A 40 et 84), Épicure introduit les notions de hasard et d'affinité entre les atomes (cf. *Lettre à Hérodote*, 73-74 : les mondes n'ont pas tous la même forme, et surtout *Lettre à Pythoclès*, 88-89, où Épicure définit ce qu'est un monde, affirme que le nombre des mondes est illimité, enfin s'oppose à la conception démocritéenne de la formation d'un monde « sous l'effet de la nécessité »).

75. Cf. II, v. 535 et note 41, et V, v. 541-546.

76. Les dieux épicuriens vivent dans les « intermondes », « à l'écart des choses de notre monde »; cf. I, 44-49 = II, 649-654, et III, 18-24 et note.

77. Vraisemblablement les cieux des différents mondes.

78. Cf. VI, v. 379-422, où Lucrèce montre longuement que la foudre ne peut être d'origine divine.

79. En vertu d'un principe admis par un grand nombre des anciens « physiciens » grecs, le semblable s'unit au semblable.

80. Une analogie entre la nutrition d'un monde et celle d'un organisme vivant était déjà proposée par Épicure, si l'on en croit le témoignage doxographique d'Hippolyte (Diels, *Doxogr. Graec.*, 589, 9 *sq.*, cité par Bignone, *Epicuro*, p. 258.)

81. Les interprètes rattachent cette idée à l'*Iliade*, VIII, 19, où les dieux proposent de descendre Zeus au moyen d'une corde d'or; cf. P. Levêque, *Aurea Catena Homeri*, Besançon, 1959. C. Bailey rappelle que les stoïciens interprétaient allégoriquement ce passage en référence à leur théorie de l'*eimarmenē*, selon laquelle le destin consiste en l'« enchaînement » des causes; il cite un passage de Themistius suggérant par la même image du câble d'or une représentation allégorique de l'origine céleste de la vie.

82. Peut-être est-ce là une allusion ironique à la théorie d'Anaximandre qui faisait naître les premiers vivants de la mer.

LIVRE III

1. Cette comparaison s'applique chez Platon aux poètes inspirés par les Muses (*Ion*, 534 a).

2. Litt. : « Apparaissent la majesté des dieux et leurs calmes séjours. » Les dieux épicuriens vivent dans les espaces au-delà des mondes, les « intermondes » (cf. Cicéron, *Nat.*, I, 18, *Fin.*, II, 75, *Div.*, II, 40; l'exposé le plus complet de la théologie épicurienne se trouve dans le *De natura deorum*, I, 43-124; sur le bonheur des dieux, cf. *ibid.*, 55-56). Cette description de Lucrèce ressemble beaucoup à celle de l'Olympe chez Homère, *Odyssée*, VI, 42-46.

3. La distinction entre l'âme (*anima*) et l'esprit (*animus*) sera reprise aux vers 94-117 et explicitée en 136-146.

4. La religion romaine n'enseignait rien quant à la survie individuelle, mais les croyances grecque et étrusque relatives aux enfers s'étaient diffusées à Rome. Cependant Cicéron ironise sur la prétention des épicuriens à délivrer les hommes de croyances auxquelles, pense-t-il, plus grand monde n'adhère; elles sont devenues des superstitions incapables d'effrayer même une vieille femme (*Tusculanes*, I, 48). Si l'opinion de Cicéron est juste, il est vraisemblable que Lucrèce exagère l'importance de ces croyances, moins par fidélité à Épicure que parce qu'elles lui fournissent l'occasion de développements dramatiques ou pittoresques. Mais on a récemment lié les diatribes de la fin du chant III à l'influence grandissante des « religions à mystères » favorisées par les nombreux troubles de la première moitié du Ier siècle (cf. le résumé de J. Salem, *op.cit.*, p. 104-120, visant ainsi à montrer la pertinence et l'actualité de la critique lucrétienne des mythes de l'au-delà).

5. La première théorie est celle d'Empédocle, la seconde celle de Diogène d'Apollonie et d'Anaximène : Lucrèce paraît dépendre ici de la même doxographie que Cicéron dans son exposé du premier livre des *Tusculanes* (cf. J. Mansfeld, « Doxography and Dialectic », *A.N.R.W.*, 1990, II, 36, 4, p. 3145-3146).

6. Les Mânes représentent primitivement la foule des morts, sans qu'ils soient incarnés dans aucun substrat, « âme » ou « image ». Leur nom vient de *manis* qui signifie « bon », euphémisme désignant cette « foule » que les Romains ressentaient comme malfaisante et qu'ils devaient se concilier par diverses pratiques rituelles. Une étymologie fantaisiste liait aussi leur nom au verbe *manare* (« couler »), ces Mânes « coulant » sous la terre. Sur la conception des morts à Rome, cf. le résumé de G. Dumézil, *La Religion romaine archaïque*, Paris, 1974, p. 369-374.

7. Montaigne, dans le chapitre XIX des *Essais*, introduit la citation en latin de ces deux vers célèbres par la formule non moins célèbre : « Mais à ce dernier rôle de la mort et de nous, il n'y a plus que feindre, il faut parler français, il faut montrer ce qu'il y a de bon et de net dans le fond du pot. »

8. Lucrèce dit ici « périr de statue », comme on pourrait dire « périr de maladie ».

9. L'esprit, *animus*, est identique chez l'homme à la partie « rationnelle », l'intellect, *mens* : il correspond à l'*hēgemonikon* des stoïciens, c'est-à-dire la partie « gouvernante » de l'âme.

10. La lacune est sans doute d'un vers, dont le sens est généralement établi ainsi : « Certains philosophes s'opposent à cela, prétendant que »...

11. La thèse de l'âme-harmonie (le latin *harmonia* transcrit le mot grec), vraisemblablement d'origine pythagoricienne, est présentée et critiquée par Platon dans le *Phédon* (85 b-86 d, 92 a-95 a) et par Aristote dans le *De anima* (I, 4, 407 b, 30-408 a, 17) ; enfin Cicéron l'expose dans les *Tusculanes* (I, 21, 24, 41, 51) en l'attribuant à deux péripatéticiens, Dicéarque et Aristoxène. L'exposé de Lucrèce ne correspond pas au texte d'Aristote ; il se réfère tout à la fin, comme celui de Simmias dans le *Phédon*, à l'origine musicale du nom (v. 133, cf. 85 b), mais de manière si vague que l'on ne saurait reconnaître une influence de Platon : notamment, Lucrèce ne propose aucune de ses explications, pas même celle d'une composition, d'un accord de tensions, qui permettrait de comprendre ce qu'est l'âme-harmonie. Son argumentation semble surtout viser, comme celle de Cicéron, les deux disciples d'Aristote qui niaient formellement que l'âme eût une partie « gouvernante » localisable dans le corps (cf. Tertullien, *De anima*, 15, 1-2). La définition de l'âme comme un « état du corps » (Lucrèce dit ici : « disposition vitale du corps ») était attribuée par Sextus à Dicéarque ; Lucrèce semble donc avoir choisi parmi toutes les thèses disponibles celle qui est la plus contraire à la conception de l'âme qu'il veut imposer : non seulement l'âme-harmonie n'a pas de siège dans l'homme

ou l'animal, mais elle est incorporelle, deux points qu'il réfutera par l'expérience (v. 106-129 et 161-176). Cf. J. Mansfeld, art. cité, p. 3148.

12. Cicéron rapporte qu'Aristoxène était à la fois musicien et philosophe (*Tusc.*, I, 19); parmi d'autres fragments de ses œuvres, on a conservé ses *Éléments d'harmonie* (édités par R. Da Rios, Rome, 1964); cf. A. Bélis, *Aristoxène de Tarente et Aristote : le Traité d'harmonique*, Paris, 1986. L'Hélicon était traditionnellement le séjour des Muses.

13. La *Lettre à Hérodote*, dans le passage sur l'âme (63-67), ne mentionne pas cette distinction mais elle est donnée par une scolie au paragraphe 67 et par la doxographie d'Aétius : « Selon Démocrite et Épicure, l'âme est formée de deux parties, une partie rationnelle dans la poitrine et une partie irrationnelle, disséminée dans tout le composé du corps » (Aétius, IV, 4, 6). Aristote affirme au contraire que Démocrite identifiait âme et intellect (*De anima*, I, 2, 404 a, 28-29).

14. Bailey comprend *media regione in pectoris* comme une sorte de brachylogie signifiant : « dans la partie qui est au milieu de notre corps, la poitrine ». Sur la localisation de l'esprit, cf. chant II, note 22.

15. Cf. *Lettre à Hérodote*, 67 : « Ceux qui disent que l'âme est incorporelle parlent pour ne rien dire. Car, si elle était telle, elle ne pourrait en rien agir ni subir », argument commun aux « matérialistes » hellénistiques, stoïciens et épicuriens.

16. Cf. *ibid.*, 63 : « L'âme est un corps formé de fines particules. » Chez Démocrite déjà, l'âme était formée d'atomes lisses, ronds, plus petits et plus mobiles que les autres, capables de pénétrer dans les « membranes » des corps pour les animer.

17. Cela ne signifie pas que Lucrèce, contre le principe d'Épicure, n'englobe qu'une sorte d'atomes dans tous ces corps : il n'y a donc pas lieu de supposer avec Giussani que *semina* désigne ici les molécules.

18. La doxographie atteste la source épicurienne de ces trois composants : vent, feu, air. Ils n'en demeurent pas moins assez obscurs, le souffle ou vent étant de l'air en mouvement; peut-être les atomes de la molécule de vent ont-ils une autre disposition que dans la molécule de l'air (cf. commentaire de Heinze). Mais, dans la présentation de Lucrèce, l'air mêlé à la chaleur est lui-même en mouvement : les trois éléments se réduiraient donc à deux... Cet air sans mouvement ne prendra sa fonction que dans la psychologie des caractères (v. 292-293 et 303).

19. La fin du vers est incompréhensible.

20. Épicure ajoute également un quatrième élément bien plus subtil que les trois autres, et donc « plus capable de sentir en connexion avec le reste de l'agrégat » (*Lettre à Hérodote*, 63). Un texte d'Aétius confirme que ce quatrième élément appartient également à l'âme — la composition de l'esprit est donc la même que celle de l'âme. (Cela a été bien mis en évidence par Giussani, contre l'interprétation de Woltjer et de Brieger, dans son appendice au chant III, v. 136-416, *Psicologia Epicurea*, p. 183-217 du vol. I de son édition de Lucrèce.) Ainsi l'on ne voit guère par quoi l'esprit diffère de l'âme, sinon par sa fonction. La

réticence d'Épicure à préciser la composition de l'âme (cf. *Lettre à Hérodote*, 63 : la référence aux sensations et aux affections donne « la confiance la plus forte », non une prénotion de cette composition) serait due, selon A.A. Long et D.N. Sedley (*Hellenistic Philosophers, op. cit.*, p. 71), au fait qu'Épicure entend surtout indiquer la possibilité d'une analyse physique de l'âme.

21. Cette conception des sensations et des émotions comme des mouvements paraît généralement admise au temps d'Aristote (*De anima*, I, 4, 408 b, 1-4), mais l'interprétation de ce mouvement donnait lieu à controverses (*ibid.*, 408 b, 5-18).

22. Il semble que Lucrèce corrige ici sa première description qui laissait entendre que toute impulsion gagne la moelle : seul un choc violent pénètre jusque-là.

23. *Color* est la correction de Lambin pour *calor* (« chaleur ») des manuscrits.

24. L'esprit n'est donc pas formé de « molécules » de feu, etc.

25. Ce passage concernant l'ultime composant est difficile à interpréter. Sans doute faut-il entendre les termes « enfouie », « cachée », « intime » non comme des localisations de cette quatrième nature, mais comme des métaphores indiquant un degré ultime dans la petitesse des atomes (cf. Giussani, *op. cit.*, I, p. 192).

26. La force en quelque sorte « centrifuge » de l'esprit qui se communique depuis son siège, la poitrine, à l'ensemble du corps par les mouvements qu'elle imprime au reste de l'âme.

27. Lucrèce emploie ici *mens*, alors que pour Épicure les bêtes n'ont pas de principe rationnel (Aétius, V, 26, 3) mais un *animus*, capable d'émotion.

28. C'est-à-dire non les formes des atomes eux-mêmes mais la configuration de leurs différentes combinaisons. Ce passage donne à penser que la source épicurienne comportait d'autres précisions sur la composition de l'esprit, mais Lucrèce ne reviendra pas sur ce sujet.

29. La « vie digne des dieux », c'est-à-dire la vie sans trouble, l'« ataraxie », but de la philosophie d'Épicure, est donc accessible à tous. Plusieurs papyri du *Sur la nature* d'Épicure traitent du rôle de l'éducation et de la raison en liaison avec le problème de la morale. La responsabilité humaine est vigoureusement établie; ces papyri ont été transcrits, traduits et analysés par D.N. Sedley (*Epicurus' Refutation of Determinism, op. cit.*).

30. Le « mouvement » qui constitue la sensation pour les atomistes et les épicuriens a été décrit plus haut (v. 245-277).

31. Théorie défendue notamment par les stoïciens; cf. Cicéron, *Tusc.*, I, 46.

32. Que Démocrite concevait le mélange du corps et de l'âme comme la juxtaposition d'un atome de corps et d'un atome d'âme alternativement est confirmé par le témoignage d'Alexandre d'Aphrodise (*De mixt.*, 2 = D. K. 64).

33. Cf. *Lettre à Hérodote*, 65, où Épicure affirme que si une partie du

corps est enlevée nous sentons encore, pourvu que l'âme continue à demeurer dans le corps.

34. La démonstration du caractère mortel de l'âme (v. 417-829) comporte, comme le note Bailey, vingt-neuf preuves que les différents éditeurs ont essayé de classer, mais dont l'enchaînement semble rhétorique plutôt que logique. A partir d'un ensemble de topiques dont certains se retrouvent dans les *Tusculanes* de Cicéron et dans des ouvrages grecs, notamment le *Phédon* de Platon et le *De anima* d'Aristote (ces topiques liés à l'âme ont été présentés et analysés par J. Mansfeld dans son article déjà cité, « Doxography and Dialectic », qui tend à prouver qu'ils étaient réunis dans des catalogues d'opinions philosophiques dont les premiers existaient au temps de Platon), Lucrèce met face à face, dans un étonnant kaléidoscope, les différents arguments en faveur de la survie et de la mort de l'âme, obéissant toujours aux lois de la triade rhétorique définie par Cicéron dans le *De oratore* : « Convaincre, émouvoir et plaire. »

35. Sur ce point, Lucrèce, à la suite d'Épicure, va contre presque toute la tradition philosophique antérieure. Ainsi, pour Aristote, « l'intellect n'est pas sujet à la corruption » et « la vieillesse ne consiste pas en une passion subie par l'âme mais par le sujet, comme dans le cas de l'ivresse et des maladies » (*De anima*, I, 4, 408 b, 18-19 et 22-24, trad. Barbotin). Lucrèce peut en revanche chercher des appuis théoriques dans la tradition médicale, comme on le voit dans la suite du texte. En effet, les médecins anciens considèrent que les troubles de la pensée et de l'intelligence ont des causes physiques, et notamment humorales (cf. J. Pigeaud, *Folie et cures de la folie chez les médecins de l'Antiquité gréco-romaine. La manie*, Paris, 1987).

36. Le médecin Celse oppose le délire, où l'esprit a toutes les audaces, et la léthargie (III, 20, cité par Ernout, II, p. 77); cf. J. Pigeaud, *La Maladie de l'âme. Étude sur la relation de l'âme et du corps dans la tradition médico-philosophique antique*, Paris, 1981, p. 200.

37. Je n'ai pas reproduit les vers 474 et 475, considérés comme interpolés.

38. Robin relève une citation de Plutarque selon laquelle Épicure, dans une discussion de son *Banquet*, se demandait si le vin en se mêlant au corps l'échauffe ou le refroidit.

39. Description du « mal sacré » : l'épilepsie. Selon le traité hippocratique du même nom, elle a sa source dans l'esprit.

40. La théorie des humeurs, qui avait été développée sous plusieurs formes par la médecine hippocratique, était largement acceptée, même hors du champ médical. Ainsi Platon explique que, lorsqu'une partie de la chair est corrompue, l'humeur du corps devient âcre et corrosive (cf. *Timée*, 82 e).

41. Tous ces exemples montrent l'intérêt des épicuriens pour les théories médicales (cf., *in* J. Pigeaud, *La Maladie de l'âme*, *op. cit.*, le chapitre II consacré aux atomismes). Selon Démétrius Lacon, Épicure, pour déterminer le siège de la partie rationnelle de l'âme, comparait les

vues des médecins à celles des philosophes (Usener, *Epicurea*, p. 217, 16-20).

42. Litt. : « ils se meuvent en mouvements sensitifs » (accusatif de relation).

43. Cf. *Lettre à Hérodote*, 66 : « Il n'est pas possible de concevoir l'âme sentant si elle n'est pas dans cette association [avec le corps] et n'est pas douée de ces mouvements, quand ce qui l'abrite et l'enveloppe n'est pas tel que, y étant maintenue, elle a ces mouvements. »

44. Les éditeurs ont supposé une brachylogie ; le passage sous-entendrait : « mais *se réjouirait* de sortir » ; pourtant le texte, sans doute teinté d'ironique critique à l'égard de la tradition philosophique spiritualiste « classique », est acceptable tel qu'il est.

45. Comme peintre, on cite notamment Polygnote qui représenta sur une fresque de Delphes certains supplices infernaux de la mythologie ; le cadre en est une traditionnelle consultation des morts, ici celle de Tirésias par Ulysse (Pausanias, X, 31, 9 ; cf. le commentaire de J. Salem, *Lucrèce et l'éthique, op. cit.*, p. 152). Pour les écrivains, la description des enfers par Homère *(Odyssée,* XI) est demeurée la plus célèbre.

46. Ces chars n'étaient utilisés ni par les Romains ni par les Grecs. Xénophon les attribue aux Perses (*Anab.*, I, 8 ; cf. aussi Quinte-Curce, *Hist. Alex.*, IV, 9, 5) et Tite-Live décrit ceux d'Antiochus (XXXVII, 41, 7).

47. Diogène d'Œnoanda (fragm. 37, Smith) observe de même que « la section des mains et souvent celle des bras et des jambes entiers par le feu et le fer ne peuvent défaire les liens de la vie ; si grand est le pouvoir sur la vie de la part régente de notre âme ». Ce parallèle, relevé par J. Mansfeld (art. cité, p. 3111), fait supposer que l'argument était utilisé dans l'école épicurienne ; le cadre, celui de la bataille, paraît cependant lucrétien.

48. De même Aristote observe que, dans le cas de certains animaux sectionnés vivants, chaque segment conserve la sensation et le mouvement local (*De anima*, II, 2, 413 b, 19-24) ; il en conclut que ces parties de l'âme ne peuvent être séparées du corps, « seul l'intellect peut être séparé, comme l'éternel du corruptible ». Ces sortes de vivisections sont aussi pratiquées par des médecins (par exemple Asclépiade de Bithynie, pour prouver que l'âme n'a pas de partie régente, selon Tertullien, *De anima*, 15, 6).

49. Allusion à la métempsycose, ou plus exactement « métensomatose », doctrine traditionnellement attribuée à Pythagore, mais dont on trouve aussi l'écho chez Empédocle. Un passage de Diogène d'Œnoanda, qui mentionne précisément Empédocle et sans doute Pythagore (le passage est corrompu) au sujet de la métempsycose, prouve que le thème de la transmigration des âmes était débattu dans l'école épicurienne (cf. M. F. Smith, *Diogenes of Œnoanda : The Epicurean Inscription,* fragm. 40-42, incluant les nouveaux fragments, et le commentaire de J. Mansfeld sur les sources doxographiques de ce débat, art. cité, p. 3154-3155).

50. Il y a évidemment là une attaque contre la théorie platonicienne de la réminiscence. Les fragments de Diogène d'Œnoanda sur ce thème se réfèrent aussi à Platon.

51. Pour ce vers difficile, j'adopte la correction ancienne *dispertitus* à la place de *dispertitur* des manuscrits (l'âme « se disperse ») ; ce participe est alors apposé à *cibus,* ce qui évite la pétition de principe et rend la comparaison plus claire.

52. Il y a peut-être ici trace d'une polémique contre Démocrite pour lequel tout ce qui se mélange conserve sa nature propre (D.K. A, 64). Selon Épicure au contraire, le changement de position des atomes entraîne une désagrégation et la perte de la nature du corps qu'ils composaient auparavant.

53. Cette réduction à l'absurde conclut de manière burlesque les divers arguments contre la migration des âmes. On y retrouve les répétitions et les allitérations, procédés fréquents de l'ironie lucrétienne.

54. S'il y a une lacune (mais l'anacoluthe suggérée par Heinze n'est pas impossible), elle ne doit pas dépasser un vers.

55. Cf. Épicure, *Maximes capitales,* 2 : « La mort n'est rien par rapport à nous, car ce qui est dissous ne sent pas, et ce qui ne sent pas n'est rien par rapport à nous. » Cf. aussi *Lettre à Ménécée,* 125-126. Ce vers 830 : *Nil igitur mors est ad nos neque pertinet hilum,* conclut les deux premières parties et introduit la fin du chant III ; il témoigne de l'*ingenium* de Lucrèce, de cette forme de « génie » que Cicéron lui reconnaissait (*Quint. fratr.*, II, 9, 3). On le voit par le démembrement du terme *nihilum* (« rien », le néant) : l'accusaif de relation *hilum* (terme qui, de même que « mie », « goutte » dans des expressions comme « je n'y vois goutte », n'est pas normalement utilisé seul) ne prend son sens qu'en relation avec la négation *neque* ; mais il forme aussi avec *nil* une sorte de tmèse, reconstituant avec l'achèvement de l'hexamètre le néant, *nihilum* : ce signifiant finit donc par englober tout le vers. De plus, *hilum* représente étymologiquement le hile, le point noir que laisse sur la fève le funicule apparu au début de la germination : ainsi la mort efface toute trace non seulement de notre vie mais aussi de notre genèse, rendant nos atomes à d'autres germinations. C'est ainsi que parfois le latin, « langue de paysan », vient non seulement illustrer mais enrichir la réflexion philosophique et que peut-être sur ce point, dans son expression, l'élève Lucrèce dépasse le maître Épicure.

56. Référence à la deuxième guerre Punique (219-201 ; Carthage fut détruite par ordre du Sénat romain en 146). Selon un vers d'Ennius qui a pu inspirer Lucrèce, la guerre secoua l'Afrique comme un tremblement de terre *(Ann.,* 310, éd. Vahlen : *Africa terribili tremit horrida terra tumultu,* « La terre horrifiée d'Afrique trembla d'un terrible tremblement »). A la suite de Lucrèce, Tite-Live considérera que le sort du monde entier était alors en jeu (cf. XXIII, 33, 1-2, référence à l'année 215 ; XXIX, 17, 6, référence à 204). Au-delà d'un topique ancien : nous n'existons pas plus après la mort qu'avant la naissance

(sur ce topique et sur les indignations qu'il a pu soulever, cf. J. Salem, *op. cit.*, p. 122-124), l'originalité de Lucrèce est de présenter notre néant, dans le passé non seulement romain mais universel, comme le « miroir » (le terme *speculum* est employé au vers 974) de notre néant futur après la mort.

57. La même idée se trouvait exprimée par Épicure, si l'on en croit un texte de Justin (*De resur.*, 6 = Usener, 283 a). Il est possible que Lucrèce combatte ici la croyance en la palingénésie, l'« éternel retour » que le cycle cosmique des stoïciens pouvait alimenter (après la conflagration universelle, le cosmos renaît identique à lui-même et recommence son cycle, avec les mêmes êtres et les mêmes événements).

58. Une mort sans sépulture paraissait plus malheureuse pour la conscience du fidèle parce que la religion romaine, comme la religion grecque, exigeait un rituel funéraire qui comportait la crémation (plus fréquente à l'époque de Lucrèce) ou l'inhumation; l'expression hyperbolique « étouffer dans du miel » se réfère sans doute à l'embaumement, la conservation dans le miel étant attestée chez Démocrite, selon un fragment de Varron (*Menip.*, 81); l'embaumement semble avoir été pratiqué à Rome dans la famille des Scipions.

59. J. Salem a montré, en s'appuyant notamment sur le commentaire du chant III par E.J. Kenney, l'importance de la diatribe chez Lucrèce et ses origines (*op. cit.*, p. 117-119); alors que s'y mêle souvent un élément épique qui renouvelle ce genre mineur, ici la présentation, sous une forme qui pousse jusqu'à l'hyperbole les clichés des lamentations et des formules de regret et de deuil en usage à Rome, fait brusquement basculer le pathétique dans le grotesque.

60. Cf. *Sentences vaticanes*, 14 : « Nous sommes nés une fois, il n'est pas possible de naître deux fois, et il faut n'être plus pour l'éternité : toi, pourtant, qui n'as pas de lendemain, tu ajournes la joie; la vie périt par le délai, et chacun de nous meurt affairé. »

61. Selon la mythologie grecque, le Tartare est la région du monde la plus au-dessous de la terre, sous les enfers eux-mêmes; c'est le lieu réservé au châtiment des criminels. Au vers 955, j'ai maintenu la forme *barat(h)re*, litt. : « gouffre », souvent corrigée en *balatro*, « vaurien »; les échos de ce genre sont fréquents chez Lucrèce.

62. Tantale, selon Homère, est dévoré par la faim et la soif (*Odyssée*, XI, 582-592). Lucrèce suit ici la même tradition qu'Euripide (*Oreste*, 5 *sq.*), tradition qui, d'après Pausanias, aurait été introduite dans la poésie grecque par Archiloque.

63. Ce supplice du géant Tityos est décrit par Homère (*Odyssée*, XI, 576-581); son corps dans l'Hadès couvrait neuf arpents.

64. Tityos était puni, d'après Homère, pour avoir assailli l'épouse de Zeus, Léto.

65. Les faisceaux et les haches portés par les licteurs (le fer de la hache sortant à mi-hauteur du faisceau de verges) sont les insignes du pouvoir des consuls romains. L'interprétation de la « passion » de Sisyphe comme une avidité de pouvoir politique est évidemment

lucrétienne ; les épicuriens refusaient de participer au gouvernement de la cité (cf. Diogène Laërce, X, 119).

66. Dans cette description de Sisyphe, comme dans celle de Tityos, Lucrèce suit fidèlement Homère (*Odyssée*, XI, 593-600), mais l'évocation se termine par une « pointe » puisque la plaine d'Homère devient le Champ de Mars, où se tenaient les comices centuriates pour les élections des magistrats : il est en effet communément appelé *campus*

67. Il s'agit des Danaïdes, qui figuraient notamment sur la fresque célèbre de Polygnote. Un commentateur ancien de Virgile, après avoir rappelé les explications allégoriques données par Lucrèce à propos des légendes de Tantale, Tityos et Sisyphe, ajoute que celui-ci montrait Ixion sur sa roue (Servius, *Ad Aen.*, VI, 596). En ce cas, cette description devait suivre celle des Danaïdes.

68. Certains éditeurs, dont Heinze, Martin et Bailey, pensent qu'il est possible de maintenir le texte sans lacune en supposant une asyndète et une anacoluthe. Bailey admet que cela est rude !

69. La roche Tarpéienne, près du Capitole romain, d'où l'on précipitait certains condamnés à mort.

70. Selon la légende, Ancus est le 4e roi de Rome. Lucrèce semble s'être souvenu d'un vers d'Ennius : *Postquam lumina sis oculis bonus Ancu' reliquit*, « Après que le bon Ancus eut perdu la lumière de ses yeux » (livre III, fragm. 1, Skutsch = 149, Vahlen ; la valeur de datif de *sis oculis* est confirmée par une glose ancienne).

71. D'après la tradition, Xerxès, fils de Darius, roi de Perse, couvrit d'un pont, vraisemblablement formé par des navires, l'Hellespont pour attaquer la Grèce (Eschyle, *Les Perses*, v. 745-748). Dans sa consolation à Apollonius (15, 110 d), Plutarque mentionne quatre vers d'un poète grec inconnu rappelant que Xerxès, dont il cite l'exploit, dut, comme d'autres héros, rejoindre l'Hadès. L'injonction à accepter la mort comme un sort que connurent même les héros est fréquente depuis Homère (*Iliade*, XXI, 106 *sq.*).

72. Scipion l'Africain mourut en 184 ; il avait battu Hannibal à Zama en 202.

73. Démocrite mourut, selon Hipparque, à l'âge de 109 ans (probablement en 400 ou en 380). La version du suicide n'est pas corroborée par toutes nos sources.

74. Selon Diogène Laërce (X, 15), Épicure mourut à 72 ans, en 271/270, « d'un calcul qui l'empêchait d'uriner ».

75. Les *manni* étaient des petits chevaux de race gauloise, réputés pour leur vitesse.

LIVRE IV

1. La vision de prétendus fantômes des morts sera expliquée aux vers 734-767. Pour éclairer le contexte culturel et religieux dans lequel Lucrèce, à la suite d'Épicure, présente son explication des images, cf. J.-P. Vernant, *Figures, idoles, masques*, Paris, 1990.

2. Épicure a repris la théorie des images de Démocrite en y introduisant d'importantes différences, notamment concernant la vision ; cf. *Lettre à Hérodote*, 46 : « Il y a des répliques [litt. : des empreintes] de même forme que les corps solides, mais qui, par leur finesse, sont loin au-delà de ce qui se manifeste aux sens. Il n'est pas impossible, en effet, que se produisent dans le milieu environnant des émanations de telle sorte [...] que les effluves conservent, dans leur succession, la forme et la structure qu'ils avaient dans les corps solides. Ces répliques, nous les appelons simulacres. » (Ce nom d'*eidōlon* était déjà utilisé par Démocrite. Lucrèce emploie indifféremment *imago* et *simulacrum*.) Sur les simulacres, cf. aussi les fragments du livre II de *Sur la nature*, pap. Herc. 1149/993, 1010 = Arrighetti, 24, p. 190-218, et commentaire p. 577-588.

3. Les théâtres romains pouvaient être recouverts de grands vélums, de la forme des voiles de bateau : protégeant du soleil, ils étaient fixés d'une part à un mât, d'autre part à des perches transversales.

4. La dernière partie du vers, telle qu'elle est transmise par les manuscrits, est incompréhensible.

5. Je n'ai pas reproduit les vers 102-103 (= 65-66), considérés comme interpolés et omis par les manuscrits italiens.

6. Le miroir fournit la preuve qu'il existe un flux continu d'images : comme elles sont constituées d'un tel flux, non seulement les images « rebondissent » sur le miroir pour arriver jusqu'à l'œil en conservant leur forme pendant le transport de l'objet au miroir et du miroir à l'œil, mais elles existent aussi simultanément dans le miroir et l'œil, ce qui serait impossible si elles étaient constituées d'une forme unique émanée de l'objet.

7. La lacune, non marquée par les manuscrits, est vraisemblablement assez longue, d'une page selon Lachmann (25 lignes et titre).

8. Voir Diogène d'Œnoanda, fr. 10, IV, 11-14 Smith.

9. L'autre partie du ciel étant l'éther.

10. Après le vers 144, la lacune n'est sans doute que d'un vers, dont j'ai suppléé le sens en déplaçant « maintenant », qui appartient au vers 144.

11. Je traduis *alias* des manuscrits : « d'autres » (choses), souvent corrigé en *raras*, « poreuses ».

12. J'adopte, avec quelque hésitation, ici et au vers 152, à la place de *uestem* des manuscrits, signifiant « étoffe », la correction *uitrum* proposée par Oppenrieder, sur le modèle de IV, 602. Il convient de se rappeler que le verre des Anciens, n'étant ni brillant ni tout à fait lisse, ne réfléchissait pas l'image.

13. Les miroirs étaient faits de métal poli, le plus souvent du bronze.

14. Cf. *Lettre à Hérodote*, 48 : « Rien n'infirme non plus que les idoles se forment à la vitesse de la pensée » (trad. J. Bollack ; cf. aussi *ibid.*, 47).

15. Les images vont dans toutes les directions, cf. vers 226 ; je traduis *numen* par « impulsion », comme le suggère Bailey dans son commentaire (cf. III, 144, où *numen* est glosé par *momen*).

16. Ce point du temps est non seulement plus petit que le minimum de temps sensible, mais même plus petit que le minimum de temps concevable par l'esprit (cf. note 18).

17. Cette cause infime est l'incessante vibration des atomes constituant les corps : elle se transmet aux images (cf. *Lettre à Hérodote*, 48).

18. Sur la vitesse des images, cf. *ibid.*, 47 : « Leur mouvement à travers le vide, se produisant sans aucune rencontre de corps qu'elles heurteraient, accomplit tout parcours imaginable en un temps inconcevable. » Le vide désigne ici l'espace en général (cf. aussi pap. Herc. 1010 = Arrighetti [24], 36-46, p. 202-212).

19. La lacune est vraisemblablement d'un seul vers.

20. Les simulacres viennent constamment frapper nos yeux. Le phénomène de la vision sera expliqué à partir du vers 230. Épicure, par sa théorie du simulacre, s'oppose à la conception adoptée par tous les « physiciens » anciens, à l'exception des atomistes, d'Empédocle (qui du moins ne l'adoptait pas exclusivement, cf. note suiv.) et d'Aristote (on la trouve jusque dans les traités d'optique d'Euclide et de Ptolémée), conception selon laquelle la vision résulte d'un rayon partant de l'œil vers l'objet (cf. G. Simon, *Le Regard, l'être et l'apparence dans l'Optique de l'Antiquité*, Paris, 1988). La raison principale du rejet de l'explication de la vision par des simulacres était l'impossibilité de « faire correspondre terme à terme point d'émission et point de réception pour obtenir dans l'organe le double réduit de ce qu'il vise » (G. Simon, *op. cit.*, p. 37). L'objection d'une montagne immense ne pouvant pénétrer par la pupille se retrouve jusqu'au Xe siècle. Lucrèce ne soulève pas ce problème majeur de sa théorie de la vision. Épicure, dans sa *Lettre à Hérodote*, 49, lui donne une solution purement verbale : « les empreintes des objets pénètrent dans nos yeux ou dans notre esprit à la faveur de la taille appropriée », formule que la plupart des commentateurs interprètent comme signifiant qu'elles y pénètrent « selon des grandeurs proportionnellement réduites », sans pouvoir fournir plus ample explication de ce phénomène. Pour Bailey, Épicure évoquerait seulement la différence entre l'image oculaire et l'image mentale, différence qui sera expliquée par Lucrèce aux vers 722-776 (cf. *Greek Atomists*, *op. cit.*, p. 412-413).

21. La théorie des effluves était déjà celle d'Empédocle (D.K. B, 84). Sur sa conception de l'œil et de la vision, cf. J. Bollack, *Empédocle*, II, p. 131-159, et III, p. 309-370. L'œil émet un feu mais il comporte aussi des pores adaptés à la réception d'effluves.

22. La comparaison entre le contact d'un objet et la vision d'une image fait appel à un des principes fondamentaux des atomistes, pour qui toute sensation est tactile (cf. livre II, en particulier vers 434-443).

23. Ce second exemple de la relation entre caractères perceptibles non perçus et caractères perceptibles effectivement perçus apporte une précision de plus. La vue est la saisie d'une enveloppe superficielle de l'objet, composée d'atomes qui font la couleur, alors que le toucher prend en compte la « profondeur » de l'objet, les couches successives et

non une seule pellicule d'atomes. Néanmoins, les atomes des couleurs sont bien présents à la surface de l'objet et le doigt les rencontre, même s'il ne les perçoit pas parce qu'ils ne sont pas adaptés à ce type de perception tactile. En revanche, le toucher perçoit « la dureté tout au fond de la pierre » par la vibration des couches d'atomes internes de la pierre.

24. A la suite de Giussani, il faut supposer une lacune, sans doute rappelant la vision à travers la porte, puisque le développement, après la mention de la vue dans le miroir, se conclut par l'analogie entre les deux phénomènes.

25. L'expression *de speculo in speculum*, déjà utilisée au vers 308, signifie littéralement « de miroir en miroir », mais semble ici employée par synecdoque.

26. Les réflexions successives dans un nombre pair de miroirs, ou de face(tte)s et « côtés » d'un même miroir, restituent l'objet « à l'endroit ».

27. Une valeur magique était attribuée aux images spéculaires. Apulée, au IIe siècle de notre ère, dut se défendre d'une accusation de magie fondée sur le fait qu'il possédait un miroir. Son plaidoyer s'appuie sur certains arguments d'Épicure pour expliquer le phénomène de la vision (*De magia*, 15).

28. Litt. : « toutes [les images...] rendues selon les mêmes inflexions à partir des choses ». Cette expression elliptique signifie sans doute que les images sont réfléchies par le miroir selon le même angle qu'elles avaient quand elles l'ont frappé en venant des choses ; cet angle produit par l'« inflexion » de l'image doit se concevoir par rapport au miroir (et non à sa perpendiculaire comme l'angle de réflexion défini par Ptolémée). En vertu de cette symétrie, sa propre image suit le sujet qui se déplace : les deux angles sont alors droits (cf. schéma 1) ; mais, lorsqu'il formule la « loi de la nature », Lucrèce étend son observation à tout objet vu dans un miroir : c'est parce que l'image se meut symétriquement au déplacement d'un observateur donné qu'elle semble le suivre (schéma 2). Pour bien saisir le raisonnement, il faut se rappeler qu'une seule série d'images, celle qui se trouve dans la direction de l'œil de

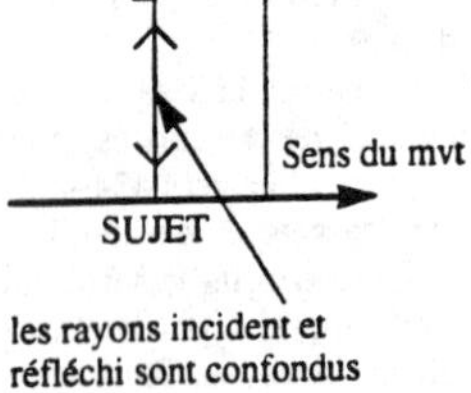

Schéma 1

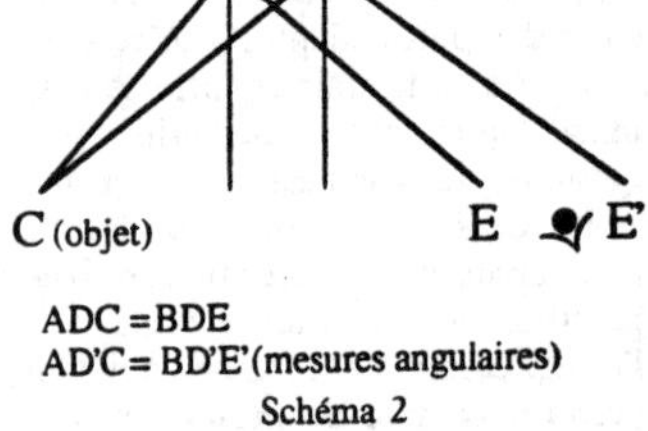

Schéma 2

l'observateur, peut venir le frapper : dès lors, les épicuriens peuvent adopter la même loi de réflexion que les physiciens expliquant la vision à partir d'un rayon issu de l'œil.

29. Les « atomes de jaune » et non les « atomes jaunes » car, dans la doctrine épicurienne, les atomes sont incolores et la couleur n'est produite que par certaines combinaisons atomiques (II, 757 *sq.*); cf. Alexandre d'Aphrodise, *De sensu*, 2 (= Usener, 319).

30. Les chocs des atomes de l'image sur l'œil.

31. Il s'agit d'un topique souvent utilisé pour prouver l'erreur des sens; cf. Cicéron, *Acad.*, II, 80.

32. Cf. *Lettre à Hérodote*, 51 : « Le faux et l'erreur résident toujours dans ce qui est ajouté par l'opinion [...]. Mais l'erreur n'existerait pas si nous n'éprouvions en plus [de l'image] quelque autre mouvement en nous-mêmes lié [à l'appréhension de l'image], mais qui s'en écarte : en vertu de ce mouvement, s'il n'est pas confirmé, ou s'il est infirmé, se produit le faux, s'il est confirmé, ou n'est pas infirmé, le vrai. »

33. D'après D. Sedley, les sceptiques réfutés ici par Lucrèce sont principalement les démocritéens du IVe siècle comme Métrodore de Chio, Anaxarque (« maître » de Pyrrhon) et celui qui passe pour le maître d'Épicure, Nausiphane (*Epicurus' Refutation...*, *op. cit.*, p. 33). Métrodore de Chio, renchérissant sur la formule de Socrate, déclarait, selon Cicéron, « que nous ne savons pas si nous savons quelque chose ou si nous ne savons rien, et que nous ne savons pas même ce qu'est savoir ou ne pas savoir » (*Acad.*, II, 73).

34. M. Burnyeat a montré que Lucrèce traduit ici une expression propre à Épicure (« The upside-down back-to-front sceptic of Lucretius », *Philologus*, nº 122, 1978, p. 197-206).

35. Cf. *Lettre à Pythoclès*, 87 : « Notre vie n'a pas besoin de déraison ni d'opinions vides mais de se dérouler sans trouble. » Cependant Épicure poursuit en recommandant d'adopter, dans le cas d'explications multiples, ce qui est « vraisemblable ».

36. Cette règle symbolise la « canonique » d'Épicure (le latin *regula* traduit le grec *kanōn*), c'est-à-dire sa théorie des critères de la connaissance vraie : en plus des sensations, les prolepses (sensations auxquelles s'ajoute la raison) et les affections (plaisir ou douleur) sont critères de vérité; cf. Diogène Laërce, X, 31, et Cicéron, *Acad.*, II, 142.

37. En suivant, bien qu'elle n'offre pas un sens satisfaisant, la correction de Vossianus, *cycni torrentibus*, adoptée avec hésitation par Ernout, à la place de l'incompréhensible *necti tortis*.

38. Sur le mythe du chant du cygne avant la mort, cf. *Phédon*, 84 e-85 c.

39. Pan est le dieu grec des bergers et des troupeaux; selon la mythologie grecque, il courtise la nymphe Écho. Les Satyres, mi-hommes mi-bêtes comme Pan, sont parfois représentés dans son cortège. Faunus, ancienne divinité romaine, a été assimilé à ces sortes de démons agrestes.

40. Litt. : « nous voyons une conversation », pour « nous entendons », tant est grande la prééminence de la vue chez Lucrèce.

41. Je traduis le texte des manuscrits : *saepe supra*, souvent corrigé. Lucrèce opposerait le parcours droit des images aux courbes du son, mais il faut convenir que l'expression est elliptique et doit se compléter : au-dessus d'un mur, d'un obstacle.

42. La digestion est en effet conçue communément sur le modèle d'une combustion (le terme latin qui la désigne est *concoctio*), laquelle doit cependant préserver une humidité.

43. Lacune vraisemblablement d'un vers.

44. Lucrèce a parlé de la composition atomique de cet aliment sucré qu'est le miel (II, 398; III, 191) sans faire référence à ses deux « composants ». Le mélange des atomes rugueux et lisses était l'une des difficultés traditionnelles que les théories atomistes de la perception entendaient résoudre.

45. Litt. : « de la citadelle de Romulus »; selon la tradition, en 390, les oies gardées au Capitole auraient prévenu par leurs cris de l'invasion des Gaulois.

46. C'est-à-dire avant d'avoir atteint les sens.

47. Centaure, mi-homme mi-cheval (né des amours d'Ixion et d'une nuée, à qui Zeus donna la forme d'Héra), est une figure de la mythologie grecque comme Scylla, monstre marin hybride, supposé hanter le détroit de Messine en compagnie de Charybde (cf. I, 722). Les pluriels sont « poétiques ».

48. Cerbère est le chien à trois gueules gardant, selon la mythologie grecque, l'entrée des Enfers.

49. Ce passage est difficile à interpréter et les exégèses en sont rares. Faut-il penser que les épicuriens supposaient que des images des vivants continuaient à perdurer après leur mort? Cette thèse est assumée surtout à partir d'un texte où Cicéron, dialoguant avec son frère Quintus, prétend se faire expliquer, à la manière de Démocrite, pourquoi il a rêvé de Marius, mort depuis longtemps (*De divinatione*, II, 137) : « Quel Marius, selon toi, ai-je vu? Son apparence et son image, je suppose, comme le pense Démocrite. D'où est venue l'image? Car Démocrite soutient que les images s'écoulent de corps et de formes précis; quel était donc le corps de Marius? — L'image venait du corps qui avait été le sien. » Et Quintus de rappeler que tout est plein d'images. Cette explication semble confirmée par un texte de Plutarque (*De orac. def.*, 19, 420 b-c), où les images sont supposées, d'après les épicuriens, provenir aussi bien de vivants que de morts brûlés depuis longtemps, ces images demeurant « d'infinies révolutions d'années ». Le premier texte fait référence au seul Démocrite, mais dans le *De natura deorum*, I, 106, Cicéron fait une brève allusion à des images qui, selon la thèse épicurienne « remontant à Démocrite », subsisteraient après la mort. S'il ne s'agit pas d'une confusion ou d'un amalgame, la théorie d'Épicure est donc sur ce point la même que celle de Démocrite. Cette rémanence d'images après la mort va par ailleurs dans le même sens que la thèse stoïcienne selon laquelle l'âme (corporelle) persiste un certain temps après la mort avant de se désagréger tout à fait. Elle

persiste d'autant plus longtemps qu'elle était « bien harmonisée », c'est-à-dire qu'elle était l'âme d'un individu vertueux (cf. J. von Arnim, *Stoicorum Veterum Fragmenta*, t. II, p. 809). Selon des témoignages, Démocrite avait en outre une conception « magique » de certaines images, conçues comme bonnes ou mauvaises envers l'homme, ou identifiées à des divinités (D.K. A, 75, et B, 166). Si Épicure a rejeté ce type de qualification « morale » des images, il a sans doute inclus la théorie démocritéenne des images des morts dans sa doctrine de la pensée, qui comporte bien d'autres explications « fantastiques ». Mais le texte de Lucrèce n'étaie pas cette théorie et, pour que le vers 43 (ne concluons pas d'après les « fantômes » « qu'il puisse rester quelque chose de nous » malgré notre décomposition) ne la contredise pas, il faut admettre que, s'il subsiste une image d'un être, toujours fugitive, elle ne « reste » pas et n'a plus rien à voir avec le moi qui constituait la personne ; les atomes du simulacre ont en effet même statut que ceux de l'âme « enfuie du corps » (cf. livre III). En tout état de cause, le réalisme lucrétien ne s'intéresse pas à la fantasmagorie des morts.

50. Cf. *Lettre à Hérodote*, 48.

51. Cette précision est capitale pour comprendre la théorie de l'image mentale : il suffit d'une seule image, alors que, pour la vision de l'œil, il faut une série d'images.

52. Cf. *Lettre à Hérodote*, 50 : « L'image que nous saisissons par une appréhension de la pensée ou par les organes des sens, qu'elle touche la forme ou ses accidents, est la forme même du solide, qui se constitue suivant une succession dense, ou celle d'un résidu que laisse l'idole » (traduction de J. Bollack ; on peut aussi comprendre « celle d'une image restante », qui correspondrait à l'image mentale isolée).

53. La *Lettre à Hérodote*, 51, atteste cette origine des rêves, la même que celle qu'on trouve chez Démocrite (d'après Aristote, *De divinatione per somnum*, 2, 464 a, 5 *sq*). La théorie la plus répandue dans l'Antiquité était celle des rêves comme résidus des images de la veille (cf. Cicéron, *Div.*, II, 128 et 140).

54. Je comprends *particularum* au sens de « particules », unités d'images ou d'atomes constituant une image. Des unités différentes s'accolent, donnant l'impression du mouvement. Cette vision cinétique sera explicitée aux vers 779-801.

55. *Simulacra* est aussi le nom des « fantômes » des morts (cf. I, 123).

56. La raison conçoit des temps inférieurs au minimum sensible, mais les simulacres parcourent l'espace en un temps plus petit que le minimum conçu par l'esprit.

57. Ces trois vers, reprenant les vers 774 et 771-772, parfois considérés comme interpolés, ont été justifiés par Giussani. Ils constituent la conclusion, sans laquelle il faut supposer une lacune.

58. Comme l'explique Bailey, cela signifie que, si l'on voit (en pensée ou en rêve) un homme passer le bord d'une falaise, on se prépare à voir un corps tomber et, parmi les images infinies, on sélectionne et on prête attention à celle-là.

59. *Omni* tempore porte sur *semotum* dont le sujet neutre se déduit de *rebus apertis* (v. 811), litt. : « par tout le temps éloignés et loin reculés » ; la traduction « infiniment lointains » vise à rendre le parallélisme entre le temps et l'espace.

60. Litt. : « A ce sujet, qu'il existe un vice violemment... » La fin du vers étant corrompue, il faut suppléer : « je le proclame » ou toute autre formule justifiant la complétive antéposée. Ernout suppose ensuite une lacune ; différentes émendations ont été proposées pour lier ce vers au suivant, dont j'ai traduit, à la suite d'Ernout, les infinitifs par des impératifs, suppléant au verbe d'obligation manquant.

61. La conception téléologique ici critiquée était notamment défendue par Aristote et par les stoïciens.

62. La volonté apparaît ici comme la suite de l'image ; ce passage a été rapproché d'un texte d'Aristote sur le mouvement (*De motu anim.*, 9, 701 b, 2-30) où la liberté, postulée par Lucrèce au chant II (v. 256), n'intervient pas.

63. P. H. Schrijvers a montré que le « désordre » des parties de l'exposé, souvent dénoncé par la critique, n'est tel que pour un lecteur moderne. Lucrèce suit un schéma traditionnel d'exposition (cf. « La pensée d'Épicure et de Lucrèce sur le sommeil », *in* J. Bollack et A. Laks, « Études sur l'épicurisme antique », *Cahiers de philologie de Lille,* I, p. 231-239.

64. En donnant à *magis* le sens adversatif qu'il a souvent chez Lucrèce ; mais peut-être faut-il le lier à *altum,* ce qui signifierait « plus au fond ». Une partie de l'âme reste à sa place, mais ne peut exécuter les mouvements de la sensibilité ; cf. v. 946-947 et note suivante.

65. Cf. la scolie de la *Lettre à Hérodote,* 67 : « Le sommeil se produit quand les parties de l'âme disséminées dans le composé tout entier se ramassent en un point, ou perdent leur cohésion, ou sont expulsées par les chocs. »

66. Sans doute l'allusion est-elle ironique : la nouveauté de la doctrine se transmet par la forme ancestrale, le papier et la langue des « pères ».

67. Un fragment de Diogène d'Œnoanda atteste aussi qu'après le choc des premières images demeurent en nous « des passages ouverts de sorte que, même quand les objets que nous voyions ne sont plus présents, notre esprit reçoit des images semblables aux premières ». « Nous devons retenir que cela arrive aussi quand nous dormons : en fait les simulacres et les impressions s'écoulent également vers nous » (M. F. Smith, *Diogenes of Œnoanda : The Epicurean Inscription,* fragm. 9, III-IV).

68. En prenant l'expression *ante oculos,* « devant les yeux », comme le complément de *uideantur cernere,* « ils semblent voir », ce qui me semble offrir un sens plus satisfaisant que si on la construit avec *obuersantur* ; en effet, si l'on opte pour cette dernière construction, les images « s'offrent aux yeux », mais Lucrèce vient de dire que les yeux ne sont plus les véhicules des images. Dans la construction que je

retiens, toute la première partie du vers, et non plus seulement *etiam uigilantes,* est en prolepse et *ante oculos cernere* correspond à *auribus accipere* (v. 982).

69. La fin du vers : *saepe quiete,* n'offre aucun sens et n'est que la copie de la fin du vers suivant.

70. Les vers 1000-1003 reproduisant les vers 992-995 sont exclus par les éditeurs.

71. Les manuscrits portent *puri,* « purs », qu'on comprend, de manière insolite mais en rapport avec le contexte, par « pudiques ». J'ai suivi la correction de M. L. Clarke, *Class. Quart.*, t. XXXIV, 1984, p. 240.

72. *Fretus,* « détroit », désigne par métaphore un passage agité ainsi, au chant VI, v. 364, *fretus anni* désigne le passage entre deux saisons, moment de tempêtes.

73. Litt. : « pour la première fois ».

74. La scolie de la *Lettre à Hérodote,* 67, dit : « Le sperme provient des corps tout entiers. » C'était la théorie de Démocrite (D.K. A, 141) et sans doute d'Anaxagore (D.K. A, 107).

75. *Volgiuaga Venus* est une transposition d' « Aphrodite Pandémos ».

76. Selon la recension de Diogène Laërce (X, 27), Épicure avait écrit un livre sur l'amour, mais nous n'avons pas d'autres témoignages sur cet ouvrage. Les rares aphorismes qui nous sont parvenus ne permettent guère d'éclairer le texte de Lucrèce. Épicure dit tout à la fois qu'il ne conçoit pas la vie sans plaisir sexuel (Diogène Laërce, X, 6) et que « l'acte sexuel n'a jamais fait de bien à personne : encore est-on heureux s'il ne fait pas de mal » ; « le sage ne doit pas tomber amoureux » ; « l'amour n'est pas un don du ciel » (*ibid.*, X, 118). La passion amoureuse empêche évidemment l'ataraxie, l'intérêt exclusif porté à l'amant(e) nuit à l'amitié. Le long développement de Lucrèce sur l'amour a suscité de nombreux commentaires ; une analyse critique en est proposée par J. Salem, *op. cit.*, p. 169-185. Sur le problème des passions dans la psychologie épicurienne, cf. C. Diano, « La psicologia d'Epicuro e la teoria delle passioni », 1939-1942, repris dans *Scritti epicurei,* Florence, 1974, p. 129-280.

77. Ces chaussures merveilleuses qui « rient » aux pieds des élégants sont fabriquées à Sicyone, près de Corinthe.

78. La mitre est surtout portée par les courtisanes (cf. Juvénal, 3,66).

79. *Alidensia,* d'Élide, province du Péloponnèse ; Munro pense qu'il s'agit plutôt d'Alindes (en Carie, l'Asie Mineure étant célèbre pour ses étoffes). Les tissus de Céos ne sont pas autrement connus et l'on pense qu'il s'agit d'une erreur de Lucrèce, qu'on retrouve chez Pline, pour Cos, île réputée pour ses étoffes (cf. le commentaire de Bailey).

80. En prenant *infestum* comme un neutre plutôt que comme un masculin (dans ces développements, l'objet de la passion amoureuse est féminin).

81. *Placare* signifie proprement « apaiser », propitier la divinité par des prières et des offrandes.

82. *Melichrus* transcrit un terme grec que l'on trouve déjà chez Platon, cité dans un contexte semblable de dérision (*Rep.*, 474 d-475 a ; les teints foncés ne correspondaient pas aux canons de la beauté). L'ensemble du passage, qui a été très librement imité par Molière (*Le Misanthrope*, II, 5), ne comprend pas moins de neuf expressions grecques simplement transcrites en latin : sans doute est-ce par dérision des poèmes d'amour et des élégies dans le goût non seulement de Sappho, mais aussi des poètes alexandrins.

83. Cette théorie est attribuée à Parménide (D.K. A, 54), à Anaxagore (D.K. A, 111) et à Démocrite (D.K. A, 143), auquel Épicure l'a sans doute empruntée : Aristote expose en effet la théorie de Démocrite dans des termes très voisins de ceux de Lucrèce (D.K. A, 143 = *De gen. anim.*, IV, 1, 764 a). L'origine mâle ou femelle de la semence était discutée par les anciens médecins (cf. les traités hippocratiques, *Régime*, 28, *Génér.*, 6). Aristote niait l'existence d'une semence femelle (*De gen. anim.*, I, 17, 727 a, 26).

84. Cf. Aristote, *ibid.*, IV, 3, 769 a, 9.

85. L'expression ne signifie sans doute pas que les ressemblances obéissent au seul hasard mais simplement qu'elles ne proviennent pas d'une semence déterminée, parmi un « stock » constitué par les « patrimoines génétiques » des différents membres de la lignée (cf. Long, *Chance and Natural Law, op. cit.*, p. 65 et note 5).

86. Litt. : « puisqu'ils se forment d'une semence en rien moins certaine » ; le texte des manuscrits, *nihilo magis* (« en rien plus »), est généralement corrigé en *nihilo minus*, comme au vers 533 du chant II. La semence est définie parce qu'elle provient de tel ou tel ancêtre de la lignée. Munro a proposé de déplacer ces vers 1225-1226 après le vers 1228, *haec* reprenant *saeclum et mares*, et comprend : « puisque les sexes ne sont en rien plus déterminés que les faces ».

87. C'est-à-dire la matrice.

88. *Ciet fluctus* peut signifier aussi : « elle provoque des vagues », *i.e.* « elle ondule » ; voir M. F. Smith, *Lucretius, De rerum natura*, 1992, note, *ad loc.*

LIVRE V

1. Déesse romaine de la végétation et des moissons (son nom vient de la même racine que le verbe *crescere*, « croître, pousser »), qui correspond à la Déméter de la mythologie grecque.

2. Divinité romaine correspondant à Bacchus.

3. Cf. *Lettre à Ménécée*, 132, où Épicure définit la vie heureuse, et *Maximes capitales* : « Il n'est pas possible de vivre avec plaisir sans vivre avec prudence, honnêteté et justice, [ni de vivre avec prudence, honnêteté et justice] sans vivre avec plaisir. Celui à qui manque ce à partir de quoi vivre avec prudence, honnêteté et justice, il n'est pas possible que celui-là vive avec plaisir. »

4. Hercule, dont le nom transcrit en latin celui d'Héraclès, est sans doute choisi parce qu'il représente pour les stoïciens le héros par excellence, sa bravoure se manifestant par l'accomplissement de douze

travaux réputés impossibles; la doctrine évhémériste, explication rationaliste selon laquelle les dieux mythologiques sont des hommes que la crainte ou l'admiration des peuples a divinisés, lui accordait une importance particulière. Huit des monstres vaincus par Hercule sont évoqués.

5. Géant monstrueux qu'Hercule tua pour lui voler ses bœufs. La plupart des éditeurs supposent une lacune après ce vers, la phrase semblant inachevée en latin.

6. Lac d'Arcadie au bord duquel les oiseaux s'étaient multipliés, ravageant le pays.

7. Région du sud de la Thrace; l'Ismère est une montagne près de la côte sud de la Thrace. Je suis la correction proposée par Munro de *Thracia* en *Thracis*.

8. Litt. : « des rivages atlantiques », première attestation de l'adjectif qui transcrit le grec *atlantos*; l'océan Atlantique emprunta très tôt son nom aux « colonnes d'Atlas » (du nom du Titan supposé soutenir le ciel), désignant la région montagneuse située de part et d'autre du goulet par lequel la Méditerranée s'ouvre sur l'Océan.

9. Comme le dit J. Salem (*Lucrèce...*, *op. cit.*, p. 187-192) en s'appuyant sur ce prologue et les autres éloges d'Épicure, pour Lucrèce, la préhistoire de l'humanité finit véritablement à l'avènement d'Épicure.

10. Dans la religion romaine, certains lacs et certains bois étaient consacrés à une divinité.

11. Allusion à la légende des Géants : enfants de la Terre et du sang coulant de la blessure d'Ouranos, châtré par Zeus, ils étaient montés à l'assaut du Ciel et furent défaits et punis par les dieux.

12. L'accusation d'impiété sera notamment formulée contre Épicure par le stoïcien Posidonius, contemporain de Cicéron (*De natura deorum*, I, 123; voir aussi l'ensemble de la discussion sur ce thème, *ibid.*, I, 85 et 115-124). Cette accusation est reprise par Balbus, porte-parole des stoïciens dans le même traité, pour la raison qu'Épicure nie la providence et l'intervention des dieux dans le monde (*ibid.*, II, 44). Les stoïciens pensaient que les divers éléments étaient des émanations de la divinité, principe igné, assimilé par Cléanthe au soleil. Peut-être Lucrèce vise-t-il surtout les stoïciens lorsqu'il dénonce la croyance en la divinité du monde.

13. Selon Cicéron, les dieux épicuriens vivent dans les « intermondes », les espaces entre les mondes; cf. chant III, v. 18 *sq.* et note 2.

14. Le témoignage le plus complet sur la théologie épicurienne est le premier livre du *De natura deorum*; dans un passage où il prétend citer Épicure (I, 49), Cicéron dit notamment que les images des dieux sont si fines qu'elles ne peuvent être vues que par l'esprit; quant à la nature même des dieux, le texte de Cicéron est obscur et très controversé. Les dieux sont formés par un flux continuel d'atomes renouvelant leurs corps éternellement (cf. J. Kany-Turpin, « Les images divines. Cicé-

ron, lecteur d'Épicure », *Revue philosophique*, CLXXVI, n° 1, p. 39-58) ; pour un résumé des problèmes et une bibliographie, cf. J. Salem, *Tel un dieu parmi les hommes. L'éthique d'Épicure*, Paris, 1989, p. 197-204.

15. Lucrèce fera deux mentions des dieux (V, 1168-1183, et VI, 68-78) qui n'éclairent guère leur nature.

16. Litt. : « pour la création des choses », c'est-à-dire du monde. Dans le *Timée* de Platon (29 a-c), le démiurge façonne le monde d'après un modèle.

17. La correction de *speciem* en *specimen* est inutile puisqu'un des sens de *species* est « idée », ce qui confirmerait la référence au *Timée*. M. Bollack défend *species* au sens de « spectacle » (*op. cit.*, p. 155).

18. Certains interprètes ont cru (cf. notamment Lactance, *De opificio Dei*, 3, 1-2) et croient encore découvrir dans ce vers le fond de la pensée d'Épicure sur la condition humaine, ce que contredit expressément la *Lettre à Ménécée*, 125-127 ; ou, à l'inverse, ils considèrent que Lucrèce oppose ici sa propre doctrine à celle d'Épicure. Le mot de la fin revient sans doute à Giussani : « Lucrèce était un épicurien de mauvaise humeur ; et la mauvaise humeur est certainement contraire à la doctrine épicurienne mais n'est pas une doctrine. »

19. Formule qui rappelle celle d'Héraclite : *panta rheî*, « tout s'écoule ».

20. Je comprends la négation comme portant à la fois sur le participe *rupta* et le verbe *relinquit* (cf. I, v. 555 et note 54) : « et la lumière non interrompue ne quitte pas les endroits ».

21. Ce vers paraît corrompu ; la correction la plus vraisemblable est celle de Munro : *sene* au lieu de *cumque* ; le vers signifierait dès lors : « et se demander en outre si tu ne crois pas qu'ils vieillissent ».

22. Les vers 318-323 sont très proches d'un fragment du poète latin Pacuvius (*Chryses*, fragm. 86), qui a pu être influencé par les stoïciens ; cf. la discussion de Bailey (commentaire III, p. 1368 ; le fragment est cité).

23. Ces catastrophes paraissent liées à des fables comme celles de Phaéton et de Deucalion, ou, dans le cas du déluge ensevelissant une cité, au mythe de l'Atlantide du *Timée* de Platon.

24. La légende de Phaéton, qui voulut conduire le char du soleil, sera amplement racontée par Ovide (*Métamorphoses*, II, 1-400).

25. Une théorie de la genèse du monde était traditionnellement proposée par les « physiciens » grecs. Les atomistes s'accordaient à reconnaître la pluralité des mondes. Selon Leucippe, qui considérait la matière comme une masse solide dans le vide absolu, un groupe d'atomes s'échappait parfois de ce « plein » et, tombant dans le « grand vide », était pris dans un tourbillon et se transformait en un monde. Selon Démocrite, les atomes, qu'il supposait épars dans l'espace infini, étaient réunis en un tourbillon « par nécessité » et formaient ainsi un monde qui croissait jusqu'à ce qu'il se heurte à un autre monde et soit détruit. La *Lettre à Pythoclès*, 89, réfute ces deux genèses et propose une

théorie dont le schéma correspond à celui de Lucrèce : « Un monde peut naître soit dans un monde, soit dans un intermonde, comme nous appelons l'intervalle entre des mondes, dans un espace en grande partie vide mais non dans une vaste étendue de vide pur, comme certains [sans doute Leucippe] le disent, certains germes [*spermata*] appropriés ayant afflué, venant d'un monde, ou intermonde, ou de plusieurs qui peu à peu réalisent des adjonctions, des répartitions, des déplacements vers un autre lieu à l'occasion, reçoivent, des régions qui en contiennent, des courants d'atomes appropriés, jusqu'à l'achèvement et la stabilité, dans toute la mesure où les bases de l'édifice peuvent admettre ces adjonctions. Car il ne suffit pas qu'il y ait un rassemblement d'atomes et un tourbillon dans le vide, où, comme on le croit, un monde peut, sous l'effet de la nécessité, naître et se développer jusqu'à ce qu'il se heurte à un autre, comme le dit un de ceux qu'on appelle "physiciens" [*i. e.* Démocrite]. Car cela est en contradiction avec les phénomènes. »

26. Pour traduire les vers 437-445, j'ai choisi l'ordre proposé par Lachmann, suivi par la plupart des éditeurs (les vers 437-439 des manuscrits transposés à la fin du passage devenant 443-445). Cependant J. Bollack, se fondant sur un fragment d'Empédocle (D.K. B, 27, 1-2), justifie l'ordre des manuscrits (*Empédocle*, *op. cit.*, I, p. 174-177).

27. Le centre d'un monde sphérique est aussi son point le plus bas (cf. livre I, note 103). Mais le fait que la terre vienne par son poids occuper le centre n'est guère justifié dans cette cosmogonie puisque le « rempart » du monde, la limite qui définit ce monde sphérique, se forme après la terre (v. 459); peut-être ce centre est-il conçu plus vaguement en relation avec la masse primitive de matière tourbillonnante.

28. Il s'agit d'une métaphore poétique puisque Lucrèce a nié que les astres fussent doués de vie (V, 556-560). Sur la genèse des astres, cf. Épicure, *Lettre à Pythoclès*, 90 : « Le soleil, la lune et les autres astres ne se sont pas formés séparément pour ensuite être englobés dans le monde avec tout ce qu'il conserve en lui, mais ils ont été formés en même temps et ont reçu leur croissance à la faveur d'apports et de tourbillons de certaines substances aux parties menues, de la nature du soufre, ou du feu, ou des deux à la fois : car c'est là ce que suggère la sensation. » Pour Démocrite, la terre est née avant le soleil et les astres (D.K. A, 40); le feu a pénétré dans le soleil seulement après sa naissance, due « à une certaine disposition du monde » (D.K. A, 39).

29. La doxographie atomiste d'Aétius (I, 4, 4) fournit un étroit parallèle à cette explication : la terre, sous la pression des flux (d'atomes) qui viennent notamment du soleil et des étoiles, se condense et donne naissance à la mer.

30. Selon la tradition, les eaux du Pont (la mer Noire) se déversaient dans la Méditerranée par le Bosphore sans jamais refluer. L'éther n'est pas mentionné dans la cosmologie atomiste d'Aétius, non plus que dans les textes d'Épicure, mais il est un élément essentiel d'autres cosmologies dans lesquelles Lucrèce a pu puiser, notamment celle d'Empé-

docle (cf. D.K. B, 38 : « Éther, le Titan qui tient le monde dans son cercle », trad. J. Bollack). Selon Platon (*Cratyle*, 410 b), suivi par Aristote (*De caelo*, I, 3, 270 b, 22), le nom de l'éther vient de ce qu'il court éternellement (*aei theî*, « court toujours »).

31. Le platonicien Eudoxe avait proposé une théorie des différentes sphères mobiles dont la terre était le centre et qui entraînaient les astres, les différentes planètes, enfin le soleil et la lune. La combinaison des mouvements réguliers de ces sphères permettait de rendre compte de l'apparente irrégularité des mouvements des planètes, problème déjà rencontré, selon la tradition, par les pythagoriciens, qui les premiers auraient tenté de « sauver les phénomènes », c'est-à-dire de trouver un système permettant de rendre les apparences célestes à la régularité ; le modèle des sphères se répandit et perdura vingt siècles. Épicure, et c'est là une différence fondamentale avec ses prédécesseurs, nie que le cosmos se conforme à un ordre régulier et divin. Il peut ainsi assumer l'irrégularité des mouvements des corps célestes (soulignée dans notre texte par l'emploi répété de *passim*, « çà et là »). Il faut noter que Lucrèce, en proposant ses différentes hypothèses comme également valides pour tous les astres, ne tient pas compte de la différence de mouvement entre les étoiles « fixes » et les planètes (les astres qui « serpentent »). Une astronomie aussi peu élaborée traduit peut-être avant tout l'intérêt très relatif que ces questions ont pour les épicuriens (cf. note 38).

32. *Mundus* est sans doute employé ici au sens attesté de « ciel », et non pas de « cosmos » (l'épithète « éternel » n'est pas à prendre littéralement, Lucrèce ayant montré que le ciel, comme le monde, est périssable) ; cf. Épicure, *Lettre à Pythoclès*, 88 : « Un monde [*kosmos*] est une certaine enveloppe de ciel entourant les astres, la terre et tous les phénomènes, enveloppe découpée dans l'infini, et se terminant en une zone limite rare ou dense — laquelle dissoute, tout ce qui est en elle connaîtra la ruine —, en rotation ou en état stationnaire, de forme ronde, triangulaire ou quelconque : tous ces cas sont en effet possibles, car aucun phénomène n'y contredit en ce monde-ci, dans lequel il n'est pas possible d'apercevoir la ligne qui le limite. » Lucrèce assume cependant que la forme de notre cosmos est sphérique, son enveloppe peu dense.

33. Dans cette première hypothèse présentée par Lucrèce, selon laquelle des courants extérieurs font tourner le ciel et entraînent les astres dans leur mouvement uniforme, un flux inférieur doit tourner en sens inverse d'un flux supérieur pour obtenir le même mouvement (cf. schéma) ; ce flux se meut selon un plan perpendiculaire à l'axe du cosmos dont les pôles sont maintenus par deux masses d'air (v. 511-512). W. Lück (*Die Quellenfrage im 5 und 6 Buch des Lukrez*, Breslau, 1932, p. 39-41) a fait remarquer que les moulins à eau sont mentionnés pour la première fois par Strabon (cf. aussi *Anthologie palatine*, IX, nº 418, texte vraisemblablement du Iᵉ siècle av. J.-C. et comportant une description de ces moulins) et ne furent sans doute connus par les

Romains qu'au Ier siècle avant notre ère. L'illustration est donc de Lucrèce ou repose sur des textes épicuriens récents.

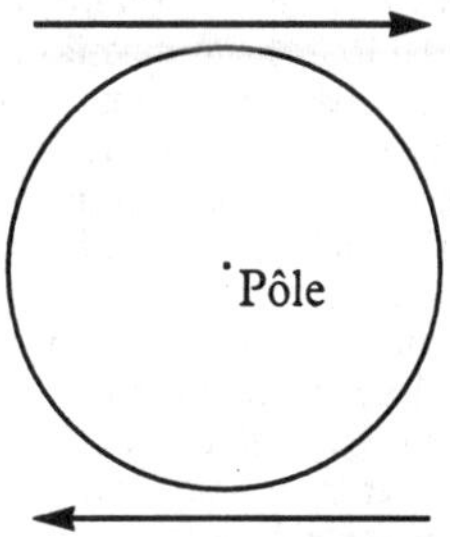

Schéma

34. Le second terme de l'alternative est que la sphère du cosmos est immobile ; dès lors, trois hypothèses sont proposées pour expliquer le mouvement des astres. La première est la plus controversée : avant L. Robin, la plupart des exégètes (Munro, Woltjer, Giussani, Usener) ont compris que des courants d'éther sont enclos *dans les astres.* Ils ont notamment allégué un fragment d'Anaximandre (D.K. A, 18) : les astres sont des « portions d'air compressé, en forme de roues, remplies de feu, qui soufflent des flammes en certain endroit par des orifices » (orifices qui nous permettent de les voir). Mais, alors que pour Anaximandre les astres sont mus par des sphères, dans l'explication de Lucrèce ils tourneraient, non certes par l'énergie du feu, ce qui en ferait de surprenantes « anticipations » de la machine à vapeur (comme le suppose Bailey), mais par la transmission du mouvement tourbillonnaire des courants de l'éther enfermés dans chaque astre. Cette interprétation du mouvement des astres n'a pas de garant ancien et paraît bien complexe pour le schématisme épicurien en ce domaine ; elle est difficilement conciliable avec la grandeur des étoiles, qui sont, d'après Épicure, aussi petites qu'elles nous apparaissent (v. 590-591). Robin, que suit Bailey, préfère comprendre que les courants d'éther *enclos dans le ciel* entraînent les étoiles dans leurs mouvements divers. J'adopte cette interprétation qui me semble confortée par le vers 200 du chant VI, où la même expression s'applique aux vents faisant tourner les atomes de la foudre dans les nuages, par l'hypothèse de tourbillons d'air entraînant les astres énoncée par Épicure (*Lettre à Pythoclès*, 113), enfin par la cosmologie atomiste d'Aétius (I, 4, 3) : « La multitude des corps aspirés vers le haut [les étoiles] modela l'air et le comprima. Celui-ci acquit, en fonction du mouvement, la consistance du souffle et du vent et, embrassant les étoiles, les mena ensemble circulairement et maintint dans la région céleste leur actuelle révolution » (trad. J.-P. Dumont). De même chez Anaximène, les astres sont poussés par

l'air (Aétius, II, 20, 2). Puisque les astres, à l'exception du soleil et de la lune, sont situés, selon Lucrèce, dans l'éther, la référence à des courants d'*éther* est ici pleinement justifiée, mais l'explication du mouvement des astres qui était présentée comme une réalité dans la cosmogonie (v. 505) devient, sous une forme légèrement modifiée, une simple hypothèse.

35. *Summania* est un hapax. Summanus est le dieu du ciel nocturne auquel les Romains attribuaient les éclairs de la nuit, Jupiter régnant sur ceux du jour; l'adjectif paraît employé au sens de « nocturne » (sens étymologique), ce qui s'expliquerait par le fait que les observations astronomiques se font la nuit.

36. Dans cette seconde hypothèse, de l'air viendrait, de l'extérieur du monde, provoquer des courants qui entraîneraient le mouvement des corps célestes. Il faut souligner qu'il s'agit là d'un air différent de celui qui est confiné sous l'éther et ne peut se mélanger à lui (cf. v. 502-504).

37. Concernant l'ensemble de la doctrine de Lucrèce sur le mouvement des astres, on ne trouve dans la *Lettre à Pythoclès* (92) que l'alternative du mouvement ou de l'immobilité du ciel autour d'une terre immobile, alternative qui est aussi celle d'Aristote (*De caelo*, II, 8, 289 b, 4-7). Épicure écrit : « Quand aux mouvements [des astres], il n'est pas impossible qu'ils soient dus à un tournoiement du ciel tout entier, ou, celui-ci étant immobile, à un tournoiement propre engendré par la nécessité dès l'origine, à la naissance du monde quand ils se levèrent dans le ciel; et aussi, par l'effet de la chaleur, à une propagation du feu allant continuellement d'un lieu à un autre. » L'ultime hypothèse de Lucrèce s'apparente à cette dernière théorie d'Épicure, peut-être aussi à l'une de ses explications des retours du soleil aux solstices : « parce que la matière qui s'enflamme continuellement de proche en proche fait défaut » (*Lettre à Pythoclès*, 93); cette hypothèse rappelle la théorie prêtée par Aristote à Héraclite (D.K. B, 6), celle d'un soleil s'éteignant et se rallumant continûment.

38. Sur la pluralité des hypothèses, liée à la méthode d'inférence d'Épicure, cf. J. Vuillemin, *Nécessité ou contingence, l'aporie de Diodore et les systèmes philosophiques* (Paris, 1984, p. 189-229), qui analyse et éclaire la démarche scientifique d'Épicure. En s'appuyant notamment sur deux textes de Cicéron (*Acad.*, II, 97, et *De fato*, 37), l'auteur montre comment Épicure peut refuser d'appliquer le « tiers exclu » (règle logique déjà rejetée par Anaxagore, selon laquelle toute énonciation est nécessairement vraie ou fausse) aux principes qui gouvernent les invisibles et fonder ainsi sa méthode « intuitionniste » qui permet la pluralité des hypothèses. Le début de la *Lettre à Pythoclès* (86) définit la fonction morale de cette méthode : « Notre vie n'a pas besoin de déraison ni d'opinions vides mais de se dérouler sans trouble. Or l'on obtient la sérénité la plus grande au sujet de toutes les choses qui s'expliquent d'une façon multiple en accord avec les phénomènes quand on laisse subsister, comme il convient, ce qui est dit de vraisemblable à leur propos; mais lorsqu'on admet une explication et qu'on en rejette une autre qui est également en accord avec le phénomène, il est évident

que l'on se met en dehors de toute science de la nature pour tomber dans le mythe. » Cf. aussi *Lettre à Hérodote*, 78-80, qui conclut : « Il ne faut pas croire que notre manière de traiter ces phénomènes n'a pas atteint l'exactitude telle qu'elle importe à notre tranquillité et à notre bonheur. »

39. De toutes les causes possibles concues par l'esprit, une seule est vraie dans ce monde (pour les éclipses, Épicure, *Lettre à Pythoclès*, 96, admet pourtant que diverses « modalités » peuvent se combiner). Mais les causes peuvent-elles varier selon les mondes ? Le texte ne permet pas de trancher ; on peut comprendre qu'une seule et même cause agit dans tous les mondes, ou qu'une seule cause agit par monde, interprétation qui paraît plus vraisemblable puisque le vers 527 semble signifier qu'Épicure accepte la thèse présentée par Aristote (sans doute soutenue par Démocrite ; cf. Mugler, « Isonomie », art. cité), selon laquelle tout possible s'actualise dans l'éternité et dans l'infini (*Phys.*, III, 4, 203 b, 30).

40. Cette explication de l'équilibre de la terre se trouve attestée dans un long fragment du livre XI du traité *Sur la nature* d'Épicure (pap. Herc. 154, col. 42-45 ; cf. Arrighetti [26], *Epicuro*, 2e éd., p. 246-251).

41. Cf. *Lettre à Pythoclès*, 91 : « La grandeur du soleil et des autres astres est, relativement à nous, telle qu'elle paraît : en elle-même, elle est ou plus grande que ce que l'on voit ou un peu plus petite ou égale. Car c'est ainsi aussi que nos feux terrestres aperçus à distance sont vus d'après la sensation. Et toute objection sur ce point sera facilement résolue si l'on s'attache aux évidences, ce que nous montrons dans notre ouvrage *Sur la Nature*. » Selon Héraclite, le soleil a la grandeur d'un pied humain (D.K. B, 3). Pour D. N. Sedley, qui se fonde notamment sur des fragments du livre XI de *Sur la nature*, Épicure, contrairement à Lucrèce, n'affirmait pas dogmatiquement que le soleil a la grandeur qu'il paraît avoir ou peu s'en faut ; c'était pour lui une conjecture non infirmée (mais non point confirmée), étant donné que nous ne pouvons avoir aucune vision objective des phénomènes célestes, lesquels ne nous apparaissent pas en eux-mêmes mais relativement à notre position d'observation. C'est en raison du statut épistémologique de ces phénomènes qu'Épicure refusait l'utilisation d'*organa*, c'est-à-dire de modèles réduits du cosmos : ils représentent en effet le cosmos comme un objet (*hupokeimenon*) doté de propriétés, alors qu'en réalité seuls les accidents (*sumptōmata*, ou *euenta*, cf. I, vers 467 et note 42) des corps célestes nous sont accessibles (D. N. Sedley, « Epicurus and the Mathematicians of Cyzicus », *Cronache Ercolanesi*, VI, 1976, p. 23-54 ; cf. aussi C. Romeo, « Demetrio Lacone, Sulla grandezza del sole » [pap. Herc. 1013], *Cronache Ercolanesi*, IX, 1979, p. 11-35).

42. Une scolie de la *Lettre à Pythoclès* (91) confirme cet argument : « Cela il le dit aussi dans le livre XI de l'ouvrage *Sur la Nature* : "Si les astres avaient perdu de leur grandeur à cause de la distance, cela serait encore plus vrai de leur éclat : car aucune autre distance [que celle des astres] n'est plus propre à cela." »

43. Cette première explication est confirmée par Diogène d'Œnanda (fragm. VIII, col. 3-4, cité par Bailey), ainsi que, sans doute, la suivante (texte mutilé).

44. Le latin *flexus* (litt. « inflexion ») transcrit le mot grec *tropē* qui désigne le « tropique », l'endroit où le soleil semble tourner, infléchir sa course. Au vers suivant, le tropique est appelé « borne ». Cette notion de borne est importante puisque, selon un fragment de Diogène d'Œnanda, Épicure « maudissait tous les philosophes et profanes qui [...] portent le soleil obliquement hors du cosmos, le ramenant ensuite toujours par un chemin oblique » (cf. Arrighetti, *Epicuro*, 2e éd., p. 596-597).

45. De l'explication que Démocrite proposait du cours du soleil, nous ne conservons que la brève attestation d'Aétius : « [il est produit] par le tourbillon qui l'entraîne circulairement » (D.K. A, 89), mais l'explication de Vitruve (*De arch.*, IX, I, 15), qui prétend emprunter ses théories astronomiques à Démocrite (Préface, 14, et V, 4), correspond à celle de Lucrèce. L'exposé d'Épicure qui se réfère au tourbillon est différent de celui de Lucrèce : « Que certains astres errent çà et là — si toutefois leurs mouvements sont bien en réalité errants —, tandis que d'autres ne se meuvent pas ainsi, cela peut provenir de ce qu'ils ont été forcés dès l'origine de se mouvoir en cercle de façon telle que les uns sont emportés par le même tourbillon tournant avec régularité, les autres par un autre qui présente certaines irrégularités » (*Lettre à Pythoclès*, 113).

46. C'est-à-dire les astres qui se trouvaient derrière lui. Le soleil semble donc se mouvoir en sens inverse de ces astres, contrairement au sens réel, du moins selon la doctrine des Anciens, de sa révolution annuelle autour de la terre (Aristarque de Samos formula l'hypothèse héliocentriste).

47. Les signes « brûlants » paraissent désigner ici les constellations du zodiaque.

48. Cette autre explication qui vise la rétrogradation apparente du soleil au moment des solstices, et accessoirement son parcours dans le cercle du zodiaque, est à rapprocher d'une des hypothèses de la *Lettre à Pythoclès*, 93 : « Les mouvements de retour du soleil et de la lune peuvent se produire [...] par l'opposition de courants d'air » ; le mouvement est donc conçu comme réel, contrairement aux explications d'Eudoxe puis d'Hipparque.

49. Les étoiles désignent ici les planètes, lesquelles « alternent » le sens de leur course du fait de leur rétrogradation apparente. La *Lettre à Pythoclès* (113) évoque des « courants irréguliers, tels que se produisent les changements de direction [des planètes] que l'on voit ». Les révolutions de certaines planètes étant plus grandes que la révolution apparente du soleil autour de la terre, elles déterminent des « années » (v. 644) plus longues.

50. Si l'opposition des nuages *bas* et *hauts* est signifiante, les vers 646-649 introduisent une explication supplémentaire (*etiam* : « de

plus ») fondée sur l'hypothèse de courants contraires et portant cette fois sur l'opposition des planètes et des astres (*sidera*) : ces courants produiraient leurs mouvements opposés, mouvements que Lucrèce avait décrits comme simplement apparents aux vers 625-635 en suivant une autre interprétation, celle du tourbillon de Démocrite.

51. Cf. Épicure, *Lettre à Pythoclès*, 92 : « Les levers et les couchers du soleil, de la lune et des autres astres peuvent se produire par inflammation et par extinction, le milieu ambiant étant tel, et en chacun des deux lieux, que ce que l'on vient de dire s'accomplisse : car aucun des phénomènes n'y contredit. » C'est la théorie d'Héraclite (D.K. A, 12) et de Xénophane (D.K. A, 38), adoptée aussi par Métrodore de Chio (D.K. A, 4).

52. Cette théorie du soleil passant sous la terre est celle qui était le plus généralement adoptée par les astronomes. (La tradition la fait remonter à Anaximandre ou même à Thalès.)

53. Matuta (brillante correction de l'humaniste Pontanus pour l'incompréhensible *matura*), ancienne divinité romaine, représente l'aurore.

54. Sans doute le mont Ida d'Anatolie, berceau du culte de Cybèle, plutôt que le mont Ida de Crète; même observation chez Diodore de Sicile, XVII, 7, 4.

55. Le cercle apparent décrit par le soleil en un jour est divisé en deux arcs non par la terre elle-même, mais par le plan de l'horizon; Lucrèce ne précise jamais la forme de la terre et seul un fragment mutilé d'Épicure semblerait attester que cette forme équivaut à une « section de cylindre » (pap. Herc. 1042, 8, II = Arrighetti [27], p. 231, si du moins ce fragment ne présente pas une simple hypothèse ou une doctrine d'un autre philosophe), ce que les exégètes avaient, malgré l'absence de témoignage, généralement supposé. Les anciens atomistes, d'après la doxographie, s'opposaient à la conception sphérique des physiciens grecs : Leucippe aurait décrit la terre comme un tambourin (D.K. A, 26), Démocrite comme un disque creusé en son milieu (D.K. A, 94). L'exposé de Lucrèce est beaucoup plus développé que celui qui lui correspond dans la *Lettre à Pythoclès*, 98 : « Les variations dans la longueur des jours et des nuits peuvent se produire [...] soit parce que [deuxième et dernière hypothèse] la longueur des espaces à parcourir — au-dessus de la terre — est variable. » Si cette explication d'Épicure s'applique à une terre plate, elle ne tient pas compte de la différence de durée des jours sur l'ensemble de la terre. Mais aucun de ces deux textes, malgré l'apparente confusion entre la terre et le plan de l'horizon chez Lucrèce, n'implique nécessairement une terre plate. Vitruve pourra concilier le même type de description (« au lever des Pléiades, le soleil s'élève davantage au-dessus de la terre et augmente la durée des jours », *De arch.*, IX, III, 3) avec la sphéricité de la terre et avec l'explication de la durée des jours et des nuits par l'inclinaison du plan de l'écliptique (*ibid.*, VII, 6), explication qui est celle de Lucrèce aux vers 691-693 (cf. note 58).

56. Le « nœud » de l'année désigne le point équinoxial, c'est-à-dire le point où l'écliptique coupe l'équateur. Ce nom est expliqué par Cicéron traduisant Aratus : à l'équinoxe de printemps, le soleil atteint l'extrémité de la constellation des Poissons qui ressemble à un nœud (*Aratea*, éd. J. Soubiran, v. 12-17); ce « nœud » a son correspondant à l'équinoxe d'automne.

57. Litt. : « car à mi-course du vent aquilon et [du vent] auster ». Les vents du nord et du sud pouvant désigner en poésie les deux pôles de la sphère céleste, la plupart des éditeurs ont interprété ce vers difficile comme signifiant : à la mi-course (du soleil) entre le pôle nord et le pôle sud (cette valeur du génitif après *medio* est largement attestée), c'est-à-dire quand le soleil est à l'équateur. Bailey (qui suit Robin) comprend cette course comme celle de vents du nord et du sud poussant en alternance le soleil depuis les tropiques du Cancer et du Capricorne (cf. v. 637-645, où deux vents contraires expliquent le mouvement apparent de rétrogradation du soleil) : à mi-chemin de leur course, au moment de l'équinoxe (celle du printemps correspondant à la mi-course du vent du sud, celle de l'automne à la mi-course du vent du nord), ils auraient en effet « poussé » le soleil à l'équateur.

58. Ce n'est qu'au moment des équinoxes que les tropiques du Cancer et du Capricorne (les « bornes du soleil ») sont à égale distance du cercle formé par le soleil dans son apparente révolution diurne. La différence des jours et des nuits, selon cette explication, est due à l'inclinaison par rapport à l'équateur céleste de toute la zone zodiacale (cf. v. 691) que le soleil semble décrire durant son parcours annuel, parcours dont les tropiques forment précisément les points extrêmes, déterminant le plan de l'écliptique. Puisque le soleil décrit lors de l'équinoxe un cercle dans le plan même de l'équateur céleste, ce cercle n'est pas incliné par rapport à ce plan et les jours sont donc égaux aux nuits. Ainsi, le point de vue a changé à partir du vers 687 : la durée du jour à l'équinoxe est expliquée par la position du soleil dans la sphère céleste, dont la terre occupe le centre, et non plus par rapport à l'horizon. On notera que la relation d'exacte symétrie entre la position du soleil aux solstices et sa position à l'équinoxe, symétrie que Lucrèce tient à souligner, permettait de construire le cadran solaire, utilisé en Grèce et en Italie, dont la ligne médiane représente le jour d'équinoxe (cf. Vitruve, *De arch.*, IX, VII, 1, ainsi que le commentaire d'A. Szabo et E. Maula dans *Les Débuts de l'astronomie et de la trigonométrie chez les Grecs*, trad. franç., Paris, 1986, p. 38-45 et 122-123). Enfin, cette théorie de l'écliptique, sans doute formulée par Œnopide de Chio au Ve siècle av. J.-C., est liée, chez les astronomes, à celle de la sphéricité de la terre. Elle rend compte de la variation de la durée des jours et des nuits à la même date selon les régions de la terre.

59. Cette image traduit le mouvement annuel sinusoïdal du soleil à travers le zodiaque, mouvement que devait indiquer le « système » des astronomes auquel Lucrèce fait allusion au vers 694.

60. Cette obliquité des rayons du soleil est due à l'inclinaison du

zodiaque et du plan de l'écliptique par rapport à l'équateur, inclinaison que Lucrèce vient de signaler.

61. Litt. : « comme le démontre le système [ou bien le raisonnement, ou le calcul] de ceux qui notèrent tous les lieux du ciel ornés des constellations diversement placées ». La représentation figurée, carte du ciel ou planétarium, n'est pas mentionnée par Lucrèce; elle me semble implicite, mais on peut comprendre aussi que Lucrèce ne vise qu'une observation raisonnée du ciel.

62. Cf. la première hypothèse de la *Lettre à Pythoclès*, 98 : « soit parce que les mouvements du soleil au-dessus de la terre sont plus rapides et de nouveau plus lents ».

63. Les éditeurs supposent une lacune d'un seul vers, probablement la conclusion du développement sur la nécessité de plusieurs hypothèses.

64. Après avoir été en conjonction avec le soleil (et donc cachée par lui), la lune s'en éloigne jusqu'à ce qu'elle arrive face à lui, c'est-à-dire en opposition; elle est alors, du point de vue d'un observateur sur la terre, pleinement illuminée par le soleil, puis décroît au fur et à mesure qu'elle le rejoint.

65. C'est la théorie des « astronomes » du vers 728, théorie dont la paternité était traditionnellement attribuée à Anaxagore (Platon, *Cratyle*, 409 a). La lettre d'Épicure à Pythoclès dit simplement (94-95) : « il est possible que la lune ait sa lumière propre, possible aussi qu'elle la reçoive du soleil ». La théorie complexe et correcte qu'expose Lucrèce n'est pas valide, comme l'a fait remarquer Robin après Giussani, dans le cas où le soleil et la lune ne sont pas plus grands qu'ils ne paraissent, étant donné l'immensité de la terre. Il se peut que Lucrèce n'ait pas emprunté cette explication détaillée à Épicure, lequel, s'il ne mentionnait que le principe, n'aurait pas vu l'incompatibilité de cette hypothèse avec celle de la petitesse du soleil et de la lune. Mais la critique adressée à Épicure est caduque si, comme l'a soutenu D.N. Sedley, la petitesse du soleil n'est qu'une hypothèse (cf. note 41).

66. Mince allusion à cette théorie dans la *Lettre à Pythoclès*, 94 : « [les phases de la lune] peuvent se produire par des occultations ».

67. Anaximandre et Xénophane (12 et D.K. A, 22) pensaient que la lune avait une lumière propre. Lucrèce se réfère aux Chaldéens (cf. v. 727) : sa théorie semble empruntée à l'astronome Bérose qui s'installa dans l'île grecque de Cos en 270 avant notre ère et qui, selon la tradition, transmit aux astronomes grecs une grande part des connaissances chaldéennes (cf. pour ce passage Aétius, II, 28, 1, et Vitruve, *De arch.*, IX, II, 1, qui fournit un étroit parallèle). Il est à noter que, pour des raisons chronologiques, Lucrèce ne pouvait connaître Bérose à travers Épicure.

68. Beaucoup des premiers « philosophes de la nature » grecs, comme Thalès, Pythagore, Parménide, Empédocle, Anaxagore, considéraient que la lumière de la lune était empruntée au soleil. La conclusion générale que tire Lucrèce paraît historiquement contestable,

puisque les théories des Chaldéens sont antérieures à celles des « astronomes » grecs, qu'elles ont parfois influencées (cf. J. Bottero, dans *Divination et rationalité*, Paris, 1974), mais elle semble confirmer l'importance des Chaldéens récents, comme Bérose.

69. Litt. : « ou qu'il y ait moins de raisons pour oser embrasser celle-ci plutôt que l'autre ». Sur le statut épistémologique de ces diverses explications, dont aucune ne peut, selon Épicure, être confirmée, cf. note 38.

70. Sur cette hypothèse formulée par la *Lettre à Pythoclès*, 92, cf. note 35.

71. *Euhius Euan*, appellation issue du cri des bacchantes, *euoï!*

72. Cf. *Lettre à Pythoclès*, 96 : « Les éclipses du soleil et de la lune peuvent être dues [...] à l'occultation par certains corps — la terre ou quelque corps céleste de ce genre. » Une scolie atteste qu'Épicure proposait ces hypothèses au livre XII de son traité *Sur la nature*, « et en outre disait que le soleil s'éclipse parce que la lune lui fait de l'ombre, et la lune par suite de l'ombre de la terre mais aussi par retrait ». L'explication correcte des éclipses avait été proposée par Empédocle (D.K. B, 42).

73. Cf. Épicure, *ibid.* Anaxagore admettait (D.K. A, 42) que des corps pouvaient se déplacer sous les astres et intercepter leur lumière. Pour certains pythagoriciens, la lune est éclipsée par des corps invisibles ou par la seule « anti-terre », planète supplémentaire.

74. Cf. Épicure, *ibid.* : « Les éclipses du soleil et de la lune peuvent être dues à leur extinction. »

75. L'adverbe *super* signifie « au-dessus » et s'applique à la terre : elle tient le soleil « sous » elle, interceptant ainsi sa lumière pour la lune située de l'autre côté de son disque (cf. schéma ci-dessous) ; dans le cas de l'éclipse du soleil, la lune est au contraire au-dessus de la terre (v. 754 : *altum caput*).

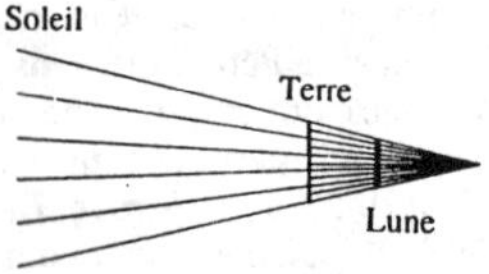

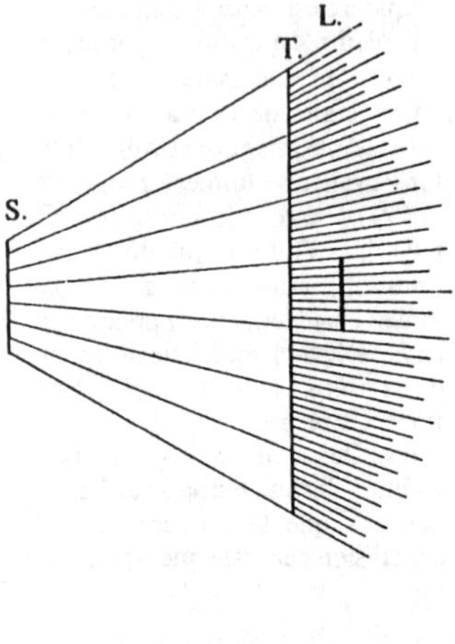

76. Quand la lune passe dans l'ombre projetée de la terre, cette dernière intercepte la lumière du soleil et provoque l'éclipse de la lune ; comme l'a fait remarquer Munro, l'ombre projetée ne peut être un cône que si le soleil est plus grand que la terre (s'il était plus petit, comme le suppose Épicure, l'ombre serait en éventail. Voir figure p. 524). J'ai reproduit le schéma proposé par Bailey.

77. Je n'ai pas reproduit le vers 771, identique au vers 764 et communément rejeté par les éditeurs.

78. Ce passage a souvent été rapproché d'Empédocle (D.K. A, 70 = Aétius, V, 26, 4) : « De tous les êtres vivants, les arbres ont surgi de la terre les premiers [...]. Ils sont des parties de la terre, tout comme les embryons qui sont dans le ventre sont une partie de la matrice » (trad. J. Bollack, *op. cit.*, n° 571, p. 215-216). Mais Empédocle imagine cette genèse « avant que le soleil se fût répandu autour et avant que jour et nuit fussent distincts » (*ibid.*).

79. Cf. I, 162 ; II, 1154 et note.

80. C'était l'opinion d'Anaximandre, D.K. A, 30.

81. *Mortalia saecla* signifie en général « les hommes » et ce sens semble corroboré par une allusion au vêtement (v. 816) ; mais pour beaucoup de commentateurs l'expression désigne ici les espèces animées qui vivent sur la terre, à l'exception des oiseaux déjà mentionnés.

82. L'étrange conception de Lucrèce (v. 805-815) se trouve exprimée au IIIe siècle de notre ère en des termes très voisins par Censorinus qui la rapporte à Épicure (*De die nat.*, IV, 9), mais cet auteur peut avoir été influencé par Lucrèce qu'il cite quelques lignes auparavant. Elle s'apparente aussi à la description de Diodore de Sicile (I, 7, 3-7) et de quelques auteurs plus tardifs qui semblent s'être inspirés de Démocrite (cités par Diels, D.K. 68, B 5, 1-3). En effet, d'après le témoignage de Censorinus, Démocrite fait naître les vivants de l'eau et de la fange (*De die nat.*, IV, 9). Selon Lactance, Démocrite pensait que « les hommes sont sortis de terre comme de petits vers » (*Inst. div.*, VII, 7, 9 = D.K. A, 139). Diogène d'Œnoanda évoque les hommes « nés de la terre » (Smith, fragm. 12). Cette théorie de l'origine des êtres animés est commune à d'autres présocratiques (cf. l'étude de W. Spoerri, *Späthellenistische Berichte über Welt, Kultur und Götter*, Bâle, 1959, p. 123-126).

83. Pour Empédocle, dans la seconde étape de la zoogonie, les membres nés isolés, les têtes sans cou, les bras sans épaules (D.K. B, 57) s'assemblent au hasard. Élien cite ces vers (*Nat. anim.*, XVI, 29) :

> En nombre, ils croissaient, doubles de face et de torse,
> Races de bœufs à proue d'homme. D'autres poussaient à rebours,
> Sortes d'hommes à tête de bœuf, mixtes, tenant ici du mâle,
> Et là, ce sont des femmes aux membres d'ombre.

(D.K. B, 61, trad. J. Bollack, *op. cit.*, n° 508, p. 181). Si la théorie des monstres de Lucrèce a pu s'inspirer de celle d'Empédocle (cf. A. A. Long et D. N. Sedley, *The Hellenistic Philosophers*, vol. II, p. 63-64), elle en diffère aussi notablement puisque Lucrèce n'admet pas les êtres hybrides (cf. v. 878-881) et qu'aucun des monstres n'est supposé viable.

84. La fin de ce vers et le vers suivant ne sont pas intelligibles.

85. Le Scylle (Scylla) est un monstre légendaire au corps entouré de chiens, supposé séjourner dans le détroit de Messine en compagnie de Charybde ; le pluriel est « poétique ».

86. Sans doute allusion au Pactole et au jardin des Hespérides.

87. Mission du géant Atlas.

88. Rompant avec le mythe de l'âge d'or chanté au VIIIe siècle par Hésiode et repris par Platon (*Politique*, 268 d *sq.*), Lucrèce, en une vaste fresque, présente les étapes progressives du développement de l'humanité. Le schéma n'est pas original puisqu'on le retrouve en grande partie dans la *Bibliothèque historique* de Diodore de Sicile (I, 8, 9-12, texte écrit entre 56 et 30 av. J.-C.) ; d'autres auteurs du Ier siècle, notamment le stoïcien Posidonius, contemporain de Lucrèce, traitent du même sujet. A partir de quelques développements parallèles chez Lucrèce, Posidonius, Diodore, Vitruve et Tzétzès, Th. Cole a tenté d'esquisser les grands traits de l'anthropologie démocritéenne qui a sans doute influencé Épicure (« Democritus and the Sources of Greek Anthropology », *American Philological Association*, XXV, 1967, surtout p. 15-46 et 170-173). Pour une étude littéraire de cette présentation que Lucrèce a voulue rationnelle et qui, par son dynamisme et son économie, porte sa marque, cf. J. Salem, *Lucrèce et l'éthique*, chap. VI, « L'anthropologie lucrétienne », p. 187-221.

89. Litt. : « chacun pour soi, selon sa propre décision » ; c'est la nécessité que chaque être éprouvait qui lui faisait rechercher de manière autonome son intérêt et son plaisir propres.

90. Orcus, dieu des enfers, personnifiait la mort.

91. Ce vers, très plat, est sans doute interpolé, comme le suppose Lachmann (la forme en *-ii* n'étant pas utilisée par Lucrèce pour les noms, on devrait avoir *nauigi* et non *nauigii*).

92. Après ce vers, il existe sans doute une lacune d'un vers.

93. Cf. Épicure, *Maximes capitales*, 31 : « Le droit de la nature est le moyen de reconnaître ce qui est utile pour ne pas se faire du tort les uns aux autres et ne pas en subir » (cf. aussi 32 et 33).

94. Cf. P.H. Schrijvers, « La pensée de Lucrèce sur l'origine du langage », *Mnemosyne*, 27, 1974, p. 337-364, où l'auteur explicite ce vers et soutient qu'il n'y a pas là téléologie.

95. L'hypothèse d'un « nomothète » enseignant aux autres le nom des choses est en particulier proposée dans le *Cratyle* de Platon, 389 d.

96. L'organe crée en effet la fonction (cf. IV, v. 823-857).

97. La sensation cependant, selon Épicure, est inexprimée (c'est-à-dire sans *logos*, au sens de « langage ») et n'admet aucune mémoire (Diogène Laërce, X, 31). La théorie épicurienne du langage n'est donc pas un sensualisme, comme l'a montré J. Brunschwig (« Épicure et le problème du langage privé », *Revue des sciences humaines*, CLXV, 1967, p. 157-177) : « Le langage, dans sa forme originaire, ne saurait être la

pure expression de la sensation, car lorsque la sensation parle, ce n'est plus la sensation qui parle. » L'auteur conclut (p. 176) : « L'identité du milieu pour les habitants d'une même zone géographique et la similitude des réactions naturelles chez les membres d'un même groupe ethnique sont vraisemblablement les facteurs dont la combinaison était jugée nécessaire et suffisante pour expliquer l'apparition, de place en place, de codes linguistiques communs à un groupe d'individus, avant toute coordination consciente entre eux. » Sur l'origine du langage selon Épicure, cf. la mise au point de J. Salem, *Lucrèce...*, p. 209-215.

98. En acceptant la correction minimale de Diels : *rabies* au lieu de *rabie*, qui permet de conserver le verbe *minatur* au singulier et rend la construction plus aisée.

99. Litt. : « pour les armes », pour le combat amoureux.

100. Cf. Épicure, *Maximes capitales*, 33 : « La justice n'est pas un quelque chose en soi, mais, quand les hommes se rassemblent en des lieux, peu importe, chaque fois, lesquels et leur grandeur, un certain contrat sur le point de ne pas se faire tort ou de ne pas en subir. » Sur la conception épicurienne du droit, cf. V. Goldschmidt, *La Doctrine d'Épicure et le droit*, Paris, 1977, et J. Salem, *op. cit.*, p. 212-215.

101. *Rebus* peut signifier ici « faits », « circonstances », ou, selon l'interprétation défendue par Giussani, « États ».

102. Un texte de Sextus Empiricus (*Adv. Math.*, IX, 25) confirme que la vision dans le rêve de « grandes images » de forme humaine donna aux hommes, selon Épicure, la notion des dieux.

103. Vers 1175-1176 : Robin pense que *subpeditari* désigne le renouvellement physique du visage des dieux par « l'incessante réparation des atomes » (commentaire III, p. 160); mais, étant donné que Lucrèce explique dans ce passage l'origine commune de la croyance en l'immortalité, plutôt que d'interpréter ces vers en référence à la constitution du corps des dieux (cf. v. 148-149 et note 14), qui n'est pas donnée dans la prénotion mais s'acquiert par une « projection de l'esprit » (cf. J. Kany-Turpin, « Les images divines... », art. cité, p. 55-56), je crois qu'il est préférable de comprendre : « Ils leur donnaient la vie immortelle parce que leur visage était sans cesse fourni et que sa forme demeurait »; à partir d'images toujours renouvelées dans leurs rêves et immuables, les hommes inféraient que les dieux étaient immortels.

104. *Nutus*, le signe de la tête qui indique la volonté, est lié étymologiquement au nom *numen*, qui, associé à *deorum*, désigna d'abord la volonté des dieux et finit par signifier la divinité. La croyance en une volonté divine se rapportant au monde est une opinion mensongère qui s'oppose à la notion vraie des dieux (cf. note 107).

105. Les fidèles romains priaient la tête voilée, à la différence des Grecs qui restaient tête nue.

106. Il peut s'agir d'une allusion ironique à toute statue cultuelle en pierre ou bien plus particulièrement aux *termini*, bornes sacrées vénérées au bord des routes ou dans les champs.

107. Le sage épicurien ne rejette pas les rites traditionnels (Épicure

les respectait et demandait à ses disciples de les respecter, cf. Diogène Laërce, X, 18, et Philodème, *De piet.*, éd. Gomperz, p. 128 = Usener, 13), mais les manifestations de la croyance superstitieuse en la reconnaissance ou la vengeance des dieux. Un passage de la *Lettre à Ménécée* (124) oppose la prénotion des dieux telle qu'on peut l'acquérir par la perception mentale de leurs images (cf. v. 1169-1182) aux conceptions fausses : « Car les dieux sont; en effet la connaissance qu'on en a est évidente; mais ils ne sont pas tels que la foule se les représente; car la foule ne garde pas intacte la notion qu'elle en a. L'impie n'est pas celui qui rejette les dieux de la foule, mais celui qui attache aux dieux les opinions de la foule. Car ce ne sont pas des prénotions mais des présomptions fausses que les assertions de la foule au sujet des dieux. A partir de là viennent des dieux les plus grands dommages et les plus grands avantages » — dommages causés par la peur, avantages procurés par la contemplation de leur béatitude (cf. M. Conche, *Épicure : Lettres et Maximes*, *op. cit.*, p. 48). L'anticipation ou prénotion que l'homme obtient à partir d'images (cf. Diogène Laërce, X, 32-33, et le commentaire de M. Conche, *ibid.*, p. 32-34) requiert l'élaboration philosophique pour devenir une notion universelle (cf. V. Goldschmidt, « Remarques sur l'origine épicurienne de la prénotion », *Les Stoïciens et leur logique*, ouvrage collectif, Paris, 1978, p. 155-169).

108. En latin, *aes* a le double sens de cuivre et de bronze; l'alliage qui forme le bronze ne se trouvant pas dans la terre, j'ai traduit ici *aes* par « cuivre ».

109. Les éléphants auraient été pour la première fois employés par Pyrrhus lorsqu'il envahit la Lucanie, dans le sud de l'Italie (Pline, *Nat. Hist.*, VIII, 16).

110. Les Carthaginois, sous la conduite d'Hannibal, passèrent les Alpes avec des éléphants durant la deuxième guerre Punique. Lucrèce a déjà évoqué (livre III, v. 833 *sq.*) la violence de cette guerre. Sur la fonction de tout ce passage (v. 1308-1349), cf. J. Salem, *Lucrèce...*, « La férocité de la bête comme métaphore de celle de l'homme », p. 215-221).

111. Litt. : « et voir avant qu'il n'advienne », et donc prévenir.

112. Ce passage (v. 1341-1346) est considéré comme apocryphe par Ernout à la suite de Munro (Lachmann ne rejetait que les vers 1344-1346), pour une raison non stylistique mais doctrinale; or, les condamner, c'est aussi refuser *a priori* la liberté que prend Lucrèce dans la narration, comme le dit M. Bollack (*op. cit.*, p. 24), et la paternité d'une idée qui a trouvé un grand écho chez les modernes : la force abominable (*foedum* signifie à la fois horrible et honteux, criminel) de certaines armes interdirait leur utilisation (H. Reeves, *L'Heure de s'enivrer. L'univers a-t-il un sens?* Paris, 1986, p. 229, fait même référence à ce passage de Lucrèce).

113. *Insilia* semble désigner les supports de lisse, *scapi* les ensouples qui tendent les fils de chaîne.

114. Les vers 1388-1389, identiques aux vers 1454-1455, paraissent ici interrompre le développement et sont en général considérés comme suspects.

115. Les manuscrits portent à la fin du vers : *propter odores*, « à cause des odeurs », apparemment une glose insérée à la place du texte ; je reproduis la correction de Housman (1897) qui s'appuie sur un commentaire de Servius (*Ad Aen.*, VII, 804) citant Lucrèce : *florebat nauibus pontus* ; elle a été défendue avec vigueur par S. Timpanaro, *Contributi di filologia e di storia della lingua latina*, Rome, 1978, p. 155-193, le pléonasme *maris pontus* ayant des équivalents notamment chez Homère. La mer « était fleurie de navires volant à la voile ».

LIVRE VI

1. Athènes est la patrie de Triptolème qui, selon la légende, fit connaître le blé et l'agriculture, grâce à Déméter ; la patrie du législateur Solon ; enfin celle d'Épicure, qui naquit en 341 à Samos, mais que ses biographes disent « athénien, du dème de Gargette », parce que son père y était colon d'Athènes et que les colons et leurs fils gardaient la citoyenneté d'origine ; il vint en 306 y installer son école qu'il avait fondée à Mytilène vers 311.

2. Métaphore militaire se référant aux portes des villes fortifiées à partir desquelles les soldats font leur sortie ou donnent l'assaut.

3. Ce vers a été rapproché de l'ouverture du poème de Parménide : « Les cavales qui m'emportent m'ont conduit aussi loin que mon cœur pouvait le désirer » (trad. J. Beauffret). L'image du poète monté sur des chevaux ailés et guidé par la Muse se trouve également chez Empédocle (D.K. B, 3). Après ce vers, les éditeurs supposent que Lucrèce commençait à exposer le sujet du chant, mais la longueur de la lacune est difficile à estimer.

4. En acceptant l'adjonction de Munro : *ut*, sans laquelle un pied manque au vers.

5. On a souvent supposé une nouvelle lacune après le vers 48 parce que le vers 49, tel qu'il est donné par les manuscrits, ne peut se construire, mais, comme il est très improbable qu'un seul vers ait subsisté entre deux lacunes, Bailey a proposé de corriger *quae fuerint* en *quae furerent*. Si paléographiquement la correction peut se justifier, elle introduit une répétition qui n'est guère satisfaisante, litt. : « toutes les choses qui étaient en fureur changèrent, leur fureur s'étant apaisée » (*furore* est une correction de Lambin pour *fauore*).

6. La finalité du livre VI est conforme à celle de l'œuvre : procurer l'ataraxie. Ce chant est dans sa majeure partie celui des phénomènes du monde sublunaire, auxquels les Grecs donnaient le nom de « météores ». Ces phénomènes du ciel, de l'atmosphère et de la terre forment le sujet de la *Lettre à Pythoclès* (sur la méthode de cette lettre, son traitement de la doxographie et le problème de son authenticité, le

plus souvent admise aujourd'hui, cf. J. Bollack et A. Laks, « Épicure à Pythoclès », *Cahiers de philologie de Lille*, III, 1978, p. 11-55). Lucrèce a repris la plupart des hypothèses d'Épicure pour le tonnerre, l'éclair, la trombe, les nuages et la pluie, les séismes. Cependant, son texte est beaucoup plus ample que la *Lettre à Pythoclès* et repose vraisemblablement sur le *Grand Abrégé* ou sur certains passages du traité *Sur la nature*. Les commentateurs ont relevé d'autres textes parallèles : le résumé de météorologie dans la doxographie d'Aétius (Diels, *Doxogr. Graec.*, III, 3) et certaines citations, notamment dans les *Questions naturelles* de Sénèque, montrent que Lucrèce, à la suite d'Épicure, a repris bon nombre d'hypothèses non seulement des atomistes mais aussi des autres présocratiques. Épicure avait dû également puiser dans la *Météorologie* de Théophraste (contre lequel il avait écrit un traité, dont seul le nom est conservé), connue par deux traductions, l'une syriaque, l'autre arabe, désormais accessibles dans leur version complète (H. Daiber, « The Meteorology of Theophrastus in Syriac and Arabic Translation », *in* W.W. Fortenbaugh et D. Guthas, « Theophrastus; His Psychological, Doxographical and Scientific Writings », *Rutgers Studies in the Classical Humanities*, vol. V, 1992, p. 166-293); en effet, de nombreux passages de cette œuvre offrent d'étroites correspondances avec la *Lettre à Pythoclès* et le texte de Lucrèce; la plupart de ces parallèles ont été cités et commentés par Ernout et Robin, puis par Bailey (qui reproduit en appendice, p. 1745-1748, une traduction de la version arabe du texte météorologique de Théophraste); M. Bollack (*La Raison de Lucrèce*, *op. cit.*, p. 279-570) a montré le travail d'élaboration que Lucrèce accomplit à partir de la doxographie : la plupart des hypothèses sont mises en relation avec les principes de l'atomisme, tels qu'ils ont été définis au chant I. Enfin, alors que ce chant aurait pu n'être qu'un vaste catalogue de faits et d'hypothèses, à l'instar d'une doxographie ou de la *Lettre à Pythoclès*, Lucrèce actualise, dans une vision cosmique, les diverses possibilités de la nature dans le champ traditionnellement dévolu aux prodiges.

7. Ces deux vers, identiques aux vers 90-91, reproduisent les vers 153-154 du chant I et sont souvent considérés depuis Munro comme interpolés dans ce chant VI.

8. Les images sont annonciatrices (*nuntia*) de la forme divine : cela signifie sans doute que cette forme ne peut être pleinement appréhendée et comprise que par une « projection de l'esprit » (*epibolē tēs dianoias*) qui permet d'obtenir la notion universelle; cf. le texte de Cicéron déjà évoqué sur les images divines (*Nat.*, I, 49) et la note 107 du chant V.

9. Dans les manuscrits O et Q, il manque un mot de deux syllabes après *coelisque* corrigé en *coeli*; j'ai reproduit mais non traduit la leçon d'un manuscrit italien : *speciesque*, « et l'aspect »; Bailey restaure *terrae* (« de la terre ») devant *coelique* (« et du ciel »); Smith a proposé *coelique ignisque* (« du ciel et du feu »).

10. Référence à la divination étrusque qui divisait le ciel en seize parties. Attus Navius, que la tradition donne comme le premier augure

romain, pratique cette division du ciel (Cicéron, *Div.*, I, 31-32); l'observation de l'éclair faisait partie de la science augurale romaine (Cicéron, *Leg.*, II, 21), mais le Sénat fait souvent appel aux haruspices étrusques (cf. J. Linderski, « The Augural Law », *A.N.R.W.*, II, 16, 3, 1986, p. 2150 et 2230). Sur la valeur divinatoire de la foudre, cf. Sénèque, *Nat. Quaest.*, II, 32-51.

11. Vers identiques à 56-57, sans doute interpolés; cf. note 7.

12. Invocation traditionnelle (cf. Empédocle, D.K. B, 131) à Calliope, muse de la poésie et de l'éloquence; la « blanche ligne », tracée primitivement à la chaux (*calcis*, correction ancienne pour *callis* de O et Q), est la ligne d'arrivée.

13. Les papyri étaient passés à la colle et suspendus pour sécher.

14. Cette première explication, reposant sur la collision des nuages poussés par les vents, se trouve déjà chez Héraclite (Aétius, III, 3, 9 = D.K. A, 14); Lucrèce l'a développée selon quatre modalités; deux d'entre elles, la rupture de la masse des nuages et leur frottement latéral, sont mentionnées dans la *Lettre à Pythoclès*, 100.

15. Cette explication par le tourbillon interne correspond à la première explication de la *Lettre* (100) : « Les coups de tonnerre peuvent se produire par suite soit du tourbillon du vent dans les cavités des nuages, ainsi que cela a lieu dans nos récipients... » Les différentes explications proposées dans ce chant correspondent à différentes variétés du même phénomène et non, comme au chant V, à des hypothèses dont une seule est cause dans notre monde.

16. La version arabe de la *Météorologie* de Théophraste comporte cet exemple de la vessie, illustrant la même explication (§ 3 et 7).

17. Les ramifications des nuages sont évoquées dans le texte arabe (§ 6).

18. Cette explication correspond au texte arabe où l'on trouve aussi la comparaison, remontant à Homère (*Od.*, IX, 391-393), du fer bouillant plongé dans l'eau.

19. La *Lettre à Pythoclès* (100) mentionne comme cause du tonnerre « le grondement dans les nuages du feu mêlé de vent ». L'explication générale par la rencontre du feu et des nuages est proposée par Leucippe et Démocrite.

20. « Les coups de tonnerre peuvent se produire par suite du frottement latéral et de la brisure des nuages ayant pris la consistance de la glace » (*ibid.*). Robin cite un texte parallèle d'Aristote (*Meteor.*, I, 12, 348 a, 23-25); cette explication se trouve dans le texte arabe (§ 5).

21. Le latin observe une distinction héritée de la tradition étrusque entre un éclair qui apparaît seulement dans le ciel, *fulgur*, et celui qui frappe un lieu, *fulmen*.

22. Cette explication par la friction des nuages remonte à Démocrite (Aétius, III, 3, 11 = D.K. A, 93). Elle correspond à la première hypothèse de la *Lettre à Pythoclès*. L'image de la pierre frottée (jointe à celle du bois et non du fer) se retrouve chez Sénèque, *Nat. Quaest.*, II, 22, 1.

23. La *Lettre à Pythoclès* (102 et 103) donne deux causes possibles de l'audition du tonnerre après la vision de l'éclair, dont la dernière correspond à celle de Lucrèce : « L'éclair se meut vers nous avec une vitesse plus grande tandis que le tonnerre suit plus lentement comme dans le cas de personnes vues à distance frappant des coups. » Aristote avait déjà noté que « la vue est plus prompte que l'ouïe » (*Meteor.*, II, 9, 369 b, 8-12).

24. La *Lettre à Pythoclès* définit sept types de production de l'éclair à partir des nuages ; l'avant-dernier semble correspondre à cette première explication par le tourbillon : « ou le vent [dans les nuages] entre en combustion par suite de l'intensité du mouvement et de la violente rotation » (101), la rupture étant envisagée comme un dernier type de production de l'éclair : « ou les nuages étant rompus par les vents, les atomes producteurs de feu sont expulsés, provoquant l'apparition de l'éclair » (102).

25. Cette explication combine la deuxième hypothèse de la *Lettre à Pythoclès* : « ou ils [les éclairs] sont exprimés à la suite de la compression des nuages soit les uns sur les autres, soit par les vents », et la quatrième : « ou la lumière répandue par les astres [le soleil, selon Lucrèce] et emprisonnée par les nuages, comprimée ensuite par le mouvement des nuages et des vents, s'échappe à travers les nuages » (101).

26. Les atomes tombent « involontairement » (*ingratis*, correction généralement adoptée au lieu du comparatif *ingratius*), par opposition sans doute au tourbillon de feu précédemment décrit. Démocrite parle de particules de feu filtrées à travers les interstices des nuages (Aétius, III, 3, 11 = D.K. A, 93). Même explication, plus développée, chez Sénèque, *Nat. Quaest.*, II, 18.

27. En acceptant *ictus et*, correction ancienne pour *ictu et* des manuscrits ; *ictus et signa* est alors un hendiadys : « les traces brûlées de ses coups la révèlent ».

28. Le texte arabe de la *Météorologie* (§ 20-23) déduit la nature de la foudre à partir d'arguments semblables ; il note la différence de l'effet d'un éclair tombant sur du bois ou sur du métal ; sa texture plus fine que le feu terrestre explique qu'on ne le voie pas pénétrer dans les substances. Cependant, comme le remarque Bailey, Lucrèce se conforme aux principes de la canonique d'Épicure, qui prend tous les effets comme des *signes* de la nature atomique de la foudre.

29. Cf. v. 206-210.

30. Le verbe *concipere* signifie à la fois « recevoir » et « concevoir » (cf. aussi v. 308). Tout ce passage (v. 271-298) est révélateur de la symbolique érotique du feu et *du* foudre, que sert encore l'opposition des genres de la nuée (*nubila*, féminin ; Lucrèce n'emploie pas ici le masculin *nimbus*) et de la foudre (*fulmen*, neutre, et *ignis*, masculin) dans la langue dite « des pères », la langue maternelle.

31. Cf. *Lettre à Pythoclès*, 103 : « La foudre peut se produire par suite de nombreux rassemblements de vents, de leur tourbillonnement

violent, de leur embrasement, par la rupture d'une partie de la masse et sa chute très violente vers les lieux inférieurs, rupture due au fait que les lieux successivement atteints sont plus denses par la compression des nuages. Elle peut aussi se produire par la chute même du feu tourbillonnant — de la façon dont le tonnerre aussi peut se produire —, feu devenu plus abondant, attisé plus fortement par le vent et brisant le nuage par le fait de ne pouvoir reculer vers les lieux voisins à cause de la compression continuelle — le plus souvent contre une montagne élevée, car c'est là que les foudres tombent le plus — des nuages les uns contre les autres. » (Trad. M. Conche modifiée.) Les deux causes distinguées dans cette lettre sont décrites par Lucrèce comme les deux moments d'un seul phénomène.

32. *Grauidam*, « gravide », est une correction de Bentley pour *ualida* des manuscrits, qui ne peut se construire.

33. Le texte arabe présente un étroit parallèle : « le vent a une texture fine et en raison de sa friction avec les nuages, de son expansion violente et entravée, et de sa course vers la terre, il prend feu, tout comme la balle de plomb envoyée avec une catapulte s'enflamme et fond en raison de sa friction avec les nuages » (§ 25-26).

34. La dernière explication, celle d'un vent froid s'enflammant uniquement par le choc (sans parallèle connu), se trouve donc démentie par cette remarque.

35. La comparaison se trouve chez Aristote (*Meteor.*, I, 4, 342 a, 9), Théophraste (texte cité à la note 33) et Sénèque (*Nat. Quaest.*, II, 16).

36. De ces trois causes, relevant toutes des théories atomistes — finesse des atomes (caractéristique de la foudre dans la description de Démocrite, D.K. A, 93), force de l'impulsion première (argument déjà invoqué pour les atomes de l'âme), chute directe de l'éclair —, la dernière est la plus élaborée : les collisions internes des atomes dans les composés retardent leur chute (II, 155 *sq.*); dans le cas de l'éclair, elles sont pour ainsi dire annulées et la vitesse augmente.

37. Un texte parallèle, manquant dans la version arabe de la *Météorologie* de Théophraste traduite par Bailey, est présenté par la nouvelle édition de Daiber (68-74) : au printemps, les éclairs sont plus nombreux.

38. Ces formules sont peut-être celles des *fulgurales libri* (Cicéron, *Div.*, I, 72), « livres des éclairs » utilisés dans l'art divinatoire étrusque.

39. L'argument, souvent invoqué, se trouve déjà chez Aristophane, *Les Nuées*, 398-402.

40. Un nouveau fragment de la *Météorologie* offre d'étroits parallèles à ce développement contre l'origine divine de la foudre : « Ni les éclairs ni rien de ce qui a été mentionné n'a son origine en Dieu » (§ 14). « Pourquoi la foudre tombe-t-elle sur les montagnes inhabitées, sur les mers, sur les arbres et sur les êtres vivants irrationnels ? Dieu n'est pas fâché contre eux ! Plus étonnant encore devrait être le fait que la foudre peut frapper les hommes les meilleurs et ceux qui craignent Dieu, mais non ceux qui commettent l'injustice et répandent le mal. Il n'est donc

pas juste de dire que les orages viennent de Dieu » (§ 21-26). Quelques-uns de ces arguments se retrouvent chez Cicéron (*Div.*, II, 43-45) et chez Sénèque (*Nat. Quaest.*, II, 13). La *Lettre à Pythoclès* (103) note que « les foudres tombent le plus souvent sur les lieux élevés » et ajoute : « La foudre peut être produite de beaucoup d'autres façons : que seulement le mythe soit exclu ! »

41. *Prēstēr* a même étymologie que le verbe grec *prēthō* qui signifie « enflammer ». L'explication d'Anaxagore (Aétius, III, 4 = D.K. A, 84) est proche de celle des épicuriens.

42. Cf. *Lettre à Pythoclès*, 104-105 : « Les cyclones [*prēstēres*] peuvent être produits par un nuage qui, poussé par un vent intense, descend en changeant de forme vers les lieux inférieurs, et est emporté par la violence du vent, cependant qu'un vent extérieur le pousse de côté ; ou encore par un vent qui se met à tourner en cercle tandis que l'air est poussé du haut vers le bas et que se produit un flux abondant de vents qui ne peut s'écouler latéralement à cause de la compression de l'air à l'entour. Lorsque c'est sur la terre que descend le cyclone, il se forme des tornades, de toutes les diverses façons dont leur génération a lieu d'après le mouvement du vent ; lorsque c'est sur la mer, il se forme des trombes [*dinoi*]. »

43. Cf. *Lettre à Pythoclès*, 99 : « Les nuages peuvent se former et se rassembler par suite soit du foulage de l'air sous la pression des vents, soit d'enchevêtrements d'atomes s'entre-retenant et propres à obtenir ce résultat, soit de la réunion de courants [*rheumatōn*] issus de la terre et des eaux ; et il n'est pas impossible que les formations nuageuses se produisent encore de beaucoup de manières. » La première explication de Lucrèce (v. 451-458) correspondant à la deuxième de la *Lettre* paraît propre aux atomistes ; la deuxième (v. 459-468) repose sur une théorie de la condensation par laquelle Anaxagore (D.K. A, 85) puis Aristote expliquent les nuages et remonte sans doute à Anaximène (D.K. A, 17) ; la troisième (v. 470-480), celle des émanations ou courants, est donnée par Xénophane (D.K. A, 46).

44. C'est-à-dire « de l'extérieur du monde », de tout l'univers. On ne trouve nulle part, dans les textes épicuriens, l'écho de cette explication qui sera reprise pour l'origine de la peste (VI, 955-958 et 1098-1100) ; selon Bailey, elle pourrait être une innovation de Lucrèce. Pourtant, elle correspond au principe plusieurs fois énoncé de la perméabilité de l'enveloppe céleste et de l'entrée des atomes dans l'univers.

45. Cf. I, 1008-1050 sur le nombre infini des atomes, 988-1007 sur l'infinité de l'espace.

46. Cf. II, 142-164.

47. Ces « soupiraux » correspondent aux « pores » de l'éther, orifices qui font communiquer notre monde avec l'univers.

48. Cf. *Lettre à Pythoclès*, 99-100 : « Les eaux qui tombent des nuages peuvent résulter soit d'une pression des uns sur les autres, soit d'une altération en eux, et encore d'un apport des vents venus, à travers l'air, des lieux appropriés, l'averse plus forte se produisant à partir de

certains amas nuageux propres à produire de telles précipitations. » La première explication de Lucrèce est parallèle à celle des vers 470-478 concernant les nuages; Lucrèce développe et parfois même reprend plusieurs fois dans ce chant l'explication qui s'accorde avec un principe de la doctrine, ici l'existence d'émanations (cf. chant IV).

49. Cf. *Lettre à Pythoclès*, 109, dont la première explication correspond à celle de Lucrèce : « L'arc-en-ciel se produit par l'éclairement, sous l'effet du soleil, de l'air chargé d'eau, ou par une combinaison particulière de la lumière et de l'air, capable de donner naissance aux qualités distinctives de ces couleurs. » Le phénomène avait été amplement traité par Aristote (*Meteor.*, III, 2, 4 et 5).

50. Cette première explication par des mouvements souterrains correspond à la seconde de la *Lettre à Pythoclès* (105-106) : « Les tremblements de terre peuvent encore être produits par la propagation du mouvement dû à la chute de nombreuses masses de terre et à leur rebond quand elles viennent à heurter des parties plus compactes et plus solides de la terre », et au texte arabe (§ 62). Elle correspond aussi à une des explications que Sénèque (*Nat. Quaest.*, VI, 20, 6) emprunte à Épicure : « Peut-être telle partie de la terre est-elle supportée par des colonnes ou des piliers; quand ils s'érodent et s'écroulent, la charge qu'ils supportaient tremble. »

51. La fin du vers est corrompue et aucune des corrections proposées ne paraît satisfaisante.

52. Cette explication par une masse de terre tombant dans un lac souterrain prolonge la première; elle ne se trouve pas dans la *Lettre à Pythoclès*. Dans la doxographie de Sénèque, qui lui prête six hypothèses, Épicure explique aussi les séismes par le mouvement souterrain de l'eau, mais il donne à ce mouvement une autre cause : le vent (*Nat. Quaest.*, VI, 20, 7). L'explication de Lucrèce correspond à l'une de celles de Démocrite, qui invoquait comme cause générale l'eau ou le vent : « Quand l'eau [souterraine] est délogée par une masse pesante qui vient la charger, elle est jetée violemment contre la terre et l'ébranle » (*Nat. Quaest.*, VI, 20, 1, trad. P. Oltromare); de même, selon la *Météorologie* de Théophraste (§ 64), « quand l'eau [souterraine] est agitée [...], la terre est agitée elle aussi, comme un navire est ballotté par les vagues », ce qui paraît remonter à Anaximène dont la théorie générale était celle de l'écroulement de la terre par usure (cf. v. 555) et qui ajoutait : « Et si les débris sont précipités dans une eau tranquille, leur chute même ébranle le voisinage à cause du flot énorme et soudain qu'a chassé la masse de matière lancée de haut » (Sénèque, *ibid.*, VI, 10, 2).

53. De cette explication par des vents souterrains déséquilibrant la terre latéralement, le parallèle le plus proche est un texte d'Aétius (III, 15, 11) : « Selon Épicure, la terre est secouée quand elle est frappée et entraînée vers le bas par un air souterrain, dense et chargé d'humidité. » Mais, à la différence de celle de Lucrèce, l'explication d'Épicure fait intervenir l'eau. Le mouvement d'oscillation de la terre jusqu'à ce

qu'elle retrouve son équilibre est attesté chez le pseudo-Aristote (*De mundo*, 396 a, 8-11).

54. Litt. : « et rétablit son assise dans son poids » ; sur l'équilibre de la terre en son poids, cf. V, 495.

55. Cette explication correspond, par certains aspects seulement, à la première de la *Lettre à Pythoclès* (105) : « Les tremblements de terre peuvent être produits par l'emprisonnement du vent dans la terre et son contact avec elle disloquée en petites masses auxquelles il imprime un mouvement continuel, ce qui provoque l'ébranlement de la terre ; et ce vent provient ou du dehors, ou, dans les cavernes souterraines, de l'écroulement des assises du sol chassant en forme de vent l'air comprimé. » La conclusion de la riche analyse de Robin (III, p. 283) éclaire la méthode de Lucrèce : « Entre l'explication que donne Lucrèce des tremblements de terre par l'action des vents souterrains et celle qu'il a donnée du tonnerre, de l'éclair et de la foudre par l'effort des souffles intérieurs aux nuages, il y a une remarquable analogie (cf. 121-131, 137-144, 189-203, 274-289, 295-299). De même, Aristote (*Meteor.*, II, 9 fin) considérait le vent, la foudre, le tonnerre d'une part et, de l'autre, les tremblements de terre comme des modalités différentes d'un même phénomène, en des lieux différents, là dans les nuages, ici à l'intérieur de la terre. »

56. Ces tremblements de terre sont attestés chez différents auteurs ; Lucrèce cite Égium, mais ce sont deux cités proches de cette ville côtière de l'Achaïe, Boura et Hélicé, qui furent détruites en 373/4 (cf. Sénèque, *Nat. Quaest.*, VI, 23, 4).

57. Ni la *Lettre à Pythoclès* ni la *Météorologie* de Théophraste ne traitent de la mer. Mais dans la doxographie d'Aétius ce sujet suit les tremblements de terre et les *Météorologiques* d'Aristote (II, 1-3) lient l'étude de la mer à celle des vents et des fleuves.

58. L'éruption est probablement celle qui détruisit Catane en 122 avant notre ère.

59. Isidore de Séville pense que le « feu sacré » est ainsi appelé par antiphrase parce qu'il doit être conjuré, mais *sacer* a aussi en latin le sens d'« interdit ». Ce feu est habituellement identifié à l'érysipèle (Isidore, *Orig.*, IV, 8, 4) ; *serpens* semble transposer le grec « herpès », forme d'érysipèle.

60. Cette première partie de l'explication de l'éruption (v. 680-684) est étroitement liée à l'une des théories des tremblements de terre (v. 557-584). L'ensemble a un correspondant étroit dans la description de l'Etna par Justin (IV, 1, 2-7 et 14-15), dont la source pourrait être le stoïcien Posidonius, contemporain de Lucrèce.

61. Le vent est de l'air en mouvement (théorie remontant probablement à Anaximène, D.K. A, 7), dont la structure atomique est sans doute modifiée du fait de ce mouvement (cf. III, 231-236 et note).

62. Le vers 697 se termine ainsi : « par là il faut admettre que passe » ; l'infinitif *ire* n'a pas de sujet, non plus que les infinitifs des vers 698-699 que commande *cogit*. Il faut donc supposer une lacune

dont un texte parallèle de Justin peut aider à reconstituer le sens global (IV, 14-15) : « La même cause rend éternels les feux de l'Etna, car le concours des eaux entraîne jusqu'à l'extrême fond [des cavernes précédemment décrites par Justin] le vent qu'elles ont saisi et l'y tiennent étouffé jusqu'à ce qu'il se répande par les soupiraux de la terre et enflamme les aliments du feu. » Le sujet des infinitifs doit donc être « la force du vent »; Diels suggère la solution la plus économique, un seul vers manquant, qu'il restaure ainsi : *fluctibus admixtum uentum, quem surgere saepe*, « le vent mêlé de flots, que souvent la circonstance [*res* du vers 698 que je n'ai pas traduit] force à surgir et à pénétrer profondément depuis le large »; *aperto mari* me semble avoir ce sens usuel. M. Bollack comprend : « quand la mer est ouverte » (*op. cit.*, p. 342-347); l'explication s'accorde avec celle de Justin. Il ne s'agit pas d'une alternative à la première théorie mais d'un complément expliquant l'abondance de l'éruption et la présence du sable (cf. Bailey, III, p. 1657).

63. *Crateres* est le terme technique grec désignant l'orifice d'un volcan; en Sicile, province romaine, les « indigènes » parlent encore le grec.

64. Le phénomène de la crue du Nil suscitait la curiosité des Grecs depuis Hérodote (II, 20-25). Parmi l'abondante littérature consacrée au sujet (cf. la recension de M. Bollack, *op. cit.*, p. 539-540), on retiendra un traité attribué à Aristote (mais plus vraisemblablement dû à Nicolas de Damas), traité dont on ne possède qu'une traduction latine du XIIIe siècle, *De inundatione Nili*, et le chapitre consacré au Nil dans les *Questions naturelles* de Sénèque (IV A, texte mutilé qui s'interrompt au cœur de l'exposé des théories de la crue); la doxographie (Aétius, IV, 1, mais aussi les diverses citations des auteurs anciens) montre que le sujet avait été abordé par les présocratiques. La première hypothèse par les vents étésiens correspond à celle que de nombreux auteurs depuis Hérodote (II, 20 = D.K. A, 16) attribuent à Thalès, ainsi Aétius (IV, 1, 1) : « Thalès estime que les vents étésiens qui soufflent face à l'Égypte gonflent la masse des eaux du Nil, parce que ses flots se trouvent retenus par le gonflement des eaux de la mer qui s'opposent à son débit. »

65. C'est-à-dire « annuels ».

66. Litt. : « de la région médiane du jour » (donc au sud), « au fond » (*penitus*) de l'Afrique (de fait, l'Abyssinie).

67. Cette seconde explication, sans parallèle connu, dépend de la première.

68. Explication de Démocrite; cf. notamment Aétius (IV, 1, 4 = D.K. A, 99) : « Démocrite dit que, lorsque la neige qui se trouve dans les régions septentrionales fond au solstice d'été et se déverse, des nuages se forment par évaporation. Ces nuages, repoussés ensemble vers le sud et vers l'Égypte par les vents étésiens, produisent des pluies torrentielles qui remplissent les marais et le Nil. » Cela correspond à la théorie de la condensation des nuages contre une montagne, exposée aux vers 459-469.

69. Explication d'Anaxagore; cf. Aétius (IV, 1, 3 = D.K. A, 91) : « Anaxagore dit qu'elle provient de la fonte, pendant l'été, de la neige qui se trouve en Éthiopie, alors que, l'hiver, la neige demeure gelée. » Selon Sénèque (*Nat. Quaest.*, IV, 2, 17), cette opinion, « partagée par toute l'Antiquité », était rapportée par Eschyle, Sophocle et Euripide.

70. Selon certains témoignages anciens, *auernus* est l'équivalent du grec *aornos*, « sans oiseaux ».

71. C'est à quelques kilomètres de ce lieu qu'une tradition attestée depuis le VIe siècle plaçait l'entrée des enfers (cf. R.J. Clark, *Catabasis, Vergil and the Wisdom Tradition*, Amsterdam, 1979, chap. VII et p. 205).

72. Le nom cultuel d'Athéna, auquel Lucrèce a joint l'épithète décernée à Vénus, *alma*.

73. On ne connaît la légende que par la narration postérieure d'Ovide (*Met.*, II, 552 *sq.*) : les filles de Cécrops, désobéissant à Athéna, avaient ouvert le coffre contenant le bébé Érichtonius; une corneille qui les vit raconta la chose à Athéna qui, pour la punir de son zèle indiscret, interdit l'Acropole aux corneilles.

74. On trouve un semblable récit chez Élien (*Nat. anim.*, II, 9).

75. Cf. II, 589-599.

76. Cf. *ibid.*, 398-477.

77. Plusieurs auteurs anciens, dont Pline (XVI, 51), attribuent un pouvoir semblable à différents arbres, mais on ne trouve pas mention de l'Hélicon.

78. Cf. Aristote, *Hist. anim.*, VII, 24, 604 b, 29 *sq.*

79. Le castoréum est une sécrétion du castor utilisée en médecine.

80. Même remarque chez Aristote, *De sensu et sensibili*, 5, 444 b, 31.

81. En acceptant *domans* (« domptant »), correction de Marulle pour l'incompréhensible *domnu*, et *febris* (« fièvre »), correction de Lambin pour *seruis* (O) ou *feruis* (Q et U); la nocivité du vin en cas de fièvre est signalée dans les *Problèmes* (III, 5 et 23) attribués à Aristote.

82. Ville minière de Thrace.

83. Ce nouveau phénomène est introduit par la liaison assez vague *porro*, « de plus ». Un commentaire de Servius (Virgile, *Georg.*, IV, 51) suggère que Lucrèce traitait des puits en relation avec les saisons aux antipodes; Lachmann a donc supposé qu'il manquait une feuille du manuscrit, soit 52 lignes. Bailey, bien qu'émettant des réserves de principe sur les calculs de Lachmann, admet la lacune; Ernout la rejette par un argument de poids : les titres placés en tête du livre ne mentionnent pas d'autres phénomènes. De plus, ce sujet est parfois lié au précédent dans la tradition doxographique, puisque l'anomalie des puits était alléguée par certains auteurs pour expliquer la fraîcheur du Nil en été (cf. Aristote, *De inundatione Nili*, fragm. 248, Rose) ou même la crue elle-même (Œnopide de Chio, d'après Senèque, *Nat. Quaest.*, IV A, II, 26).

84. *Rarescit*, « se dilate », est une correction de Lambin pour *arescit*, « se dessèche », défendu par M. Bollack, *op. cit.*, p. 363.

85. Cette fontaine attestée depuis Hérodote (IV, 181) se trouve en

Cyrénaïque, près du temple du dieu égyptien Hammon, identifié à Zeus et Jupiter. Aristote la décrit dans le texte de ses *Constitutions* consacré aux cités de Cyrénaïque. Plusieurs auteurs latins rapportent ce phénomène, notamment Quinte-Curce (IV, 7, 22) et Pline l'Ancien (V, 5, 36).

86. Cette explication que Lucrèce présente comme la plus usuelle n'est pas autrement connue.

87. Litt. : « lui donnent le toucher et la vapeur chauds d'un liquide »; « chaud » qualifie implicitement le liquide; *uapor*, qui est souvent employé par Lucrèce comme un équivalent de *calor*, a ici le sens propre de « vapeur », « exhalaison » (cf., sur le champ sémantique de la chaleur, M. Bollack, *op. cit.*, p. 369-370).

88. Sans doute est-ce la « source de Jupiter » à Dodone, signalée par Pline, *Nat. Hist.*, II, 228.

89. Le phénomène est signalé par Pline (II, 227), qui le situe entre l'île d'Aradus et la côte phénicienne (V, 128).

90. Vraisemblablement la ville appelée Magnésie en Lydie. Le phénomène d'aimantation des « anneaux » de fer (la forme en anneau est due à la structure du champ de force entre deux pôles) suspendus à cette pierre est décrit de semblable manière par Platon, *Ion*, 533 d, dont le texte peut être une des sources de Lucrèce; cf. aussi Pline, XXXIV, 42, 137.

91. Sur ce « courant », cf. *infra*, vers 1003 *sq*.

92. Cf. IV, vers 217-229.

93. Cf. I, vers 348-355.

94. Lacune vraisemblablement d'un ou deux vers contenant le complément du verbe « enserrer » et une proposition principale explicitant notamment ce qui pénètre (« de l'extérieur ») « avec l'épidémie », sans doute des germes nouveaux.

95. *Sensus* signifie proprement « sens », « sensation »; s'il ne s'agit pas d'une erreur de copiste, le terme est employé ici, comme au vers 144 du chant V, au sens de « nature », « caractère »; *corpora* ne peut désigner les atomes, lesquels ne diffèrent pas de nature.

96. Les vers 988-989, identiques aux vers 995-996, sont exclus par les manuscrits italiens et semblent interpolés. Je ne les ai pas reproduits.

97. Les chocs sont ceux des atomes de l'air (cf. v. 1026-1027) : pour bien comprendre l'ensemble de la démonstration, il convient de se souvenir de la vibration (*palsis*) incessante des atomes dans les composés. L'attraction de cette pierre, considérée comme prodigieuse (cf. Platon, *Timée*, 80 c), fut interprétée de diverses manières à partir de Thalès qui supposait une âme à l'aimant (D.K. A, 1 et 22). Empédocle (D.K. A, 89), dont l'argumentation est la plus proche de celle de Lucrèce, et Démocrite (D.K. A, 165) l'expliquaient par la théorie des émanations. Galien a préservé une explication d'Épicure (qui n'exclut pas d'autres hypothèses), différente de celle de Lucrèce : les atomes de l'aimant et du fer, étant apparentés, s'entrelacent (Usener, 293). W. Lück (*op. cit.*, p. 158-160) pense que la démonstration de Lucrèce est en partie (v. 998-1041) empruntée à des épicuriens postérieurs s'inspi-

rant du médecin Asclépiade de Bithynie, qui expliquait le phénomène par une théorie dérivée de la respiration.

98. Le courant de la pierre ne se mêle pas à eux.

99. Soit de l'extérieur du monde (cf. v. 483-494 et 955-958), soit de l'extérieur d'un climat ou d'un ciel donnés (*caelum* a ce double sens), comme Lucrèce le montrera aux vers suivants.

100. C'est-à-dire de la « Grande Bretagne », à la limite nord-est du monde connu.

101. Litt. : « l'Égypte où boite l'axe du monde » (*i.e.* de notre cosmos); cet axe est la droite qui joint les deux pôles célestes autour desquels se produit la révolution apparente des astres. A mesure que l'on se déplace vers le nord, les astres paraissent s'élever au-dessus de l'horizon; si l'on va au contraire dans des régions plus au sud, ils paraissent s'incliner sur l'horizon et la terre, comme le ferait un boiteux. Geminos (*Introduction aux phénomènes*, chap. VI) explique longuement la position des pôles célestes et de l'axe de l'« univers » (de notre cosmos) par rapport aux différentes régions de la terre sphérique. Ainsi, dans une région (celle des Cimmériens de l'*Odyssée*, XI, 14-19), le pôle nord est à l'aplomb, « vertical », et « le jour le plus long dure six mois » (VI, 15-16). Enfin, il existe une « région limite, située au midi par rapport à nous, nommée équateur, où les pôles tombent sur l'horizon », le résultat étant une éternelle équinoxe (VI, 23). Cléomède (*De motu circulari*, I, 42) précise que le « pôle paraît le moins [haut] à Syène [Assouan] et en Éthiopie, le plus [haut] en Grande Bretagne ». Ce vers de Lucrèce pose donc avec acuité le problème de la forme de la terre. Même s'il ne fait que renouveler la métaphore stéréotypée de l'axe du monde qui « s'incline », on voit mal comment celle-ci pourrait s'accommoder de la conception de la terre comme une section de cylindre (cf. livre V, note 55). Épicure proposait son explication de la différence des jours et des nuits comme étant universellement valide, ou du moins il n'envisageait pas, d'après les textes qui nous sont parvenus, de différence selon les diverses régions de la terre; il ne pouvait le faire s'il supposait que la terre est plate. Peut-être le silence de Lucrèce sur ce point s'explique-t-il par la difficulté, voire l'impossibilité à son époque, de souscrire à une telle hypothèse.

102. Ces régions symbolisent les quatre points cardinaux; la « Grande Bretagne » et peut-être le pays désigné vaguement au sud de Gadès comme celui des « races au teint brûlé » (*Æthiopes* des cartes anciennes?) correspondent aux confins du monde connu à l'époque d'Ératosthène (env. 275-193) et sans doute déjà au temps d'Épicure.

103. L'influence des climats sur la physiologie et la santé est notée dans des termes voisins par Cicéron (*Nat.*, II, 16; *Div.*, I, 79 et II, 96; *Fat.*, 7). Selon Robin (commentaire III, p. 346), la source de Lucrèce et de Cicéron pourrait être le traité hippocratique *Sur les eaux, les airs, les lieux*.

104. La « peste » désigne génériquement toute épidémie (cf. M. Grmek, *Les Maladies de l'âme à l'aube de la civilisation occidentale*,

Paris, 1983, p. 252; la description de Lucrèce semble correspondre au choléra, que Démocrite avait particulièrement étudié. Il importe de noter que l'étude de la peste ne fait pas partie de la « météorologie ». Toutes sortes d'hypothèses ont été proposées, depuis l'inachèvement du poème jusqu'à la prétendue folie de Lucrèce, pour expliquer la fin du *De rerum natura*. Celle de Victor Hugo, grand admirateur de Lucrèce, est peu citée et a du moins le mérite d'être celle d'un poète :

Ont-ils des Spinoza qui frappent aux murailles,
Des Lucrèce niant tout ce qu'on a rêvé,
Qui du noir infini feuilletant les registres
Ont écrit : Rien, au bas de ses pages sinistres,
Et penchés sur l'abîme ont dit : L'œil est crevé.
(*Les Contemplations*, XXX, *Magnitudo parvi*.)

105. Cécrops est, selon la mythologie, le premier roi d'Attique; il surgit du sol. Cette épidémie dévasta Athènes en 430 avant notre ère et fut décrite par Thucydide (II, 47-52), dont Lucrèce paraît s'être directement inspiré (cf. l'analyse comparée de M. Bollack, *op. cit.*, p. 417-448 et 457-459).

106. Thucydide (II, 48), sans se référer aux climats, dit seulement qu'elle vint d'Éthiopie, puis contamina l'Égypte et la Lybie, enfin Athènes par Le Pirée.

107. Ce vers a été abondamment commenté (voir la recension des interprétations par M. Bollack, *op. cit.*, p. 439-444). Thucydide dit en effet : *hopote es tēn kardian stēritizeien* (II, 49, 3), « quand le mal se fixait dans [le cœur] »; dès le XVIe siècle, certains érudits se référèrent à un commentaire de ce passage par Galien, qui comprend *kardia* comme l'orifice stomacal (sens également attesté); l'acception de *kardia* au sens ordinaire de « cœur » fut de ce fait contestée et Lucrèce, ou la source latine qu'on lui supposait, accusé de « contresens ». M. Bollack a montré le caractère arbitraire de cette critique et justifié dans son ensemble la « traduction » de Lucrèce (p. 417-467).

108. La plupart de ces signes de la mort (v. 1182-1196) sont empruntés à des traités hippocratiques (cf. la recension de M. Bollack, *op. cit.*, p. 448-455).

ORIENTATION BIBLIOGRAPHIQUE

Cette bibliographie est volontairement limitée. Elle cite les principaux ouvrages et articles auxquels j'ai eu recours pour présenter le texte latin, préparer la traduction et établir les notes. Je n'ai retenu que les titres auxquels le lecteur peut souhaiter se référer pour avoir des précisions sur les aspects les plus importants du poème et de sa doctrine. Parmi les nombreux articles sur Épicure, je ne cite que ceux qui éclairent certains points difficiles du texte de Lucrèce (par exemple, la déviation des atomes ou la vision des dieux). En dehors des commentaires d'ensemble du *De rerum natura*, je ne signale ni les travaux d'analyse ni les exégèses philologiques (sur ceux-ci, cf. M. Bollack, *La Raison de Lucrèce*). Le beau livre de J. Salem, *La mort n'est rien pour nous. Lucrèce et l'éthique* (Paris, Vrin, 1990), présente une excellente bibliographie raisonnée qui ne se limite pas à l'éthique mais recense l'ensemble des ouvrages consacrés à Lucrèce et les principales études sur Épicure ; elle privilégie les ouvrages postérieurs à 1968. Pour la période antérieure, le lecteur peut consulter P. Boyancé, *Lucrèce et l'épicurisme,* Paris, Belles Lettres, 1963 ; A. Dalzell, « A Bibliography of Work on Lucretius, 1945-1972 », *The Classical World,* 1973, n° 66, p. 389-427, et n° 67, p. 65-112 ; P. Grimal, « L'épicurisme romain », *Actes du VIII*[e] *congrès de l'association Guillaume Budé* (1968), Paris, Belles Lettres, 1970, p. 139-168 ; C. A. Gordon, *A Bibliography of Lucretius* (Londres, Rupert Hart-Davis, 1962), 2e éd. avec annotations de l'auteur et une introduction et des notes bibliographiques de E. J. Kenney, St Paul's Bibliographies, Winchester, 1985.

La présentation est alphabétique, sauf pour la première rubrique qui propose un choix d'éditions, de commentaires et de traductions.

Éditions, commentaires et traductions du De rerum natura :

Éditions princeps par T. Ferrandus, Brescia, *circa* 1473.

Avancius, première édition Aldine (1500).

J. B. Pius, texte avec commentaire en latin, Bologne, 1511 ; Paris, 1514.

Pontano et Marulle ont fourni des notes et corrections pour la *Juntine* de Candidus (1512).

D. Lambin, texte avec commentaire en latin, Paris, 1563-1564.

Abbé de Marolles, *Lucrèce, De la nature des choses*, Paris, première traduction française complète.

Baron des Coutures, *Lucrèce, De la nature des choses*, Paris, 1685.

T. Creech, traduction anglaise en vers, Oxford, 1682 ; texte et commentaire, Oxford, 1695.

A. Marchetti, traduction italienne, Londres, 1717.

M. La Grange, texte et traduction, Paris, 1768.

G. Wakefield, Londres, 1796-1797, 3 vol. avec des remarques de R. Bentley et un « index criticus » comportant une liste impressionnante de rapprochements avec Virgile (dont certains purement imaginaires).

K. Lachmann, 1 vol. d'édition et 1 vol. de commentaire, Berlin, 1850.

J. Bernays, Leipzig, 1852, 1re éd. Teubner.

H. A. J. Munro, Cambridge, éd. et trad. anglaise avec commentaire, 1864, 1re éd, 2 vol. ; 1866, 2e éd. ; 1873, 3e éd. ; 1886, 4e éd. en 3 vol.

J.-B.-S. de Pongerville, trad. française en vers, 1823 ; trad. en prose, 1829.

Sully Prudhomme, Paris, 1869, trad. en vers du premier chant.

A. Brieger, Leipzig, 1894, 2e éd. Teubner.

C. Giussani, Turin, 1896-1898, éd. du *De rerum natura* avec une introduction et un commentaire remarquables en italien ; reprod. Garland, New York et Londres, 1980, 2 vol. incluant les *Studi Lucreziani*.

A. Lefèvre, trad. française en vers, 1876.

R. Heinze, Leipzig, 1897, éd. commentée du livre III.

W. A. Merrill, New York, 1907, 1re éd. annotée ; Berkeley, 1917, texte sans commentaire.

A. Ernout, *Lucrèce, De la nature*, éd. avec apparat critique et traduction, Paris, Belles Lettres, 1920, 2 vol. ; nombreuses rééd.

H. Diels, éd. et trad. allemande en vers, Berlin, 1923-1924, 2 vol.

W. Lück, *Die Quellenfrage im 5. und 6 Buch des Lukrez*, Breslau, 1932.

J. Martin, Leipzig, 1934, 3e éd. Teubner.

A. Ernout et L. Robin, *De rerum natura*, éd. avec commentaire exégétique et critique, Paris, 1925-1928, 3 vol. ; rééd. 1962.

C. Bailey, *Titi Lucreti Cari De Rerum Natura libri sex*, éd. et trad. anglaise avec commentaire, Oxford, Clarendon Press, 1947, 3 vol.

R. Waltz, *Lucrèce, De la nature,* Paris, Belles Lettres, 1954 (trad. seule).

E. J. Kenney, Cambridge, 1971, éd. commentée du livre III.

W. H. D. Rouse et M. F. Smith, Cambridge, Mass., et Londres, 1975 (coll. Loeb) ; rééd. 1982, 1992.

C. Müller, Zurich, 1975 (éd. seule).

B. Pinchetti, éd. Ernout et trad. italienne, Milan, Rizzoli, 1976.

Lucrezio, *La natura.* Introduzione, testo criticamente riveduto, traduzione et commento di Francesco Giancotti, Milan, 1994.

Épicure, éditions et traductions :

G. Arrighetti, *Epicuro. Opere,* Turin, Einaudi, 1960, 1re éd. ; 1973, 2e éd. revue (comprenant le texte et la traduction de nombreux fragments de papyri).

C. Bailey, *Epicurus. The Extant Remains,* texte, traduction et notes, Oxford, Clarendon Press, 1926 ; reprographie : Hildesheim, Olms, 1970.

C. Bailey, *The Greek Atomists and Epicurus*, Oxford, 1928 ; réimpression : New York, 1964.

J. et M. Bollack, H. Wismann, *La Lettre d'Épicure*, Paris, Éditions de Minuit, 1971 (*Lettre à Hérodote).*

J. Bollack, *La Pensée du plaisir, Épicure. Textes moraux, commentaires,* Paris, Éditions de Minuit, 1975.

J. Bollack et A. Laks, *Épicure à Pythoclès, Cahiers de philologie de Lille*, vol. III, 1978, éd. et trad. avec un remarquable commentaire critique.
M. Conche, *Épicure : Lettres et Maximes*, Éditions de Mégare, 1977 ; rééd. P.U.F., 1987.
M. Isnardi Parente, *Opere di Epicuro*, Turin, 1974 ; 2ᵉ éd. 1983.
H. Usener, *Epicurea*, Leipzig, Teubner, 1887 ; réimpressions : Rome, 1963 ; Stuttgart, 1966.
H. Usener, *Glossarium Epicureum*, Rome, 1977, publié par M. Gigante et W. Schmid.

Anthologie :

A. A. Long et D. N. Sedley, *The Hellenistic Philosophers*, Cambridge, 1987 (choix d'extraits pour les trois philosophies dominantes de cette période : stoïcisme, épicurisme, scepticisme, classés par thèmes) ; vol. I : textes traduits et commentaires ; vol. II : textes grecs ou latins avec apparat critique.

Éditions de fragments de papyri d'Épicure :

R. Cantarella et G. Arrighetti, « Il libro 'Sul tempo' (pap. Herc. 1413) dell'opera di Epicuro 'Sulla Natura' », *Cronache Ercolanesi*, t. II, 1972, p. 5-46.
G. Leone, « Epicuro, 'Della Natura', libro XIV », *Cronache Ercolanesi*, t. XIV, 1984, p. 17-107.
C. Millot, « Épicure, 'De la nature', livre XV », *Cronache Ercolanesi*, t. VII, 1977, p. 9-39.
D. N. Sedley, « Epicurus, 'On Nature', Book XXVIII », *Cronache Ercolanesi*, t. III, 1973, p. 5-83.

Études sur Épicure et son école :

G. Arrighetti, « L'opera 'Sulla natura' di Epicuro », *Cronache Ercolanesi*, t. I, 1971, p. 41-56.
G. Arrighetti, « L'opera 'Sulla natura' e le lettere di Epicuro a Erodoto e a Pitocle », *Cronache Ercolanesi*, t. V, 1975, p. 39-51.

G. Arrighetti, « Épicure et son école », *Histoire de la philosophie,* Paris, Gallimard (La Pléiade), vol. I, 1974, p. 752-772.

G. Arrighetti, « Philia a Physiologia : i fondamenti dell' amicizia epicurea », *Materiali e discussioni per l'analisi dei testi classici,* Pise, n° 1, 1978, p. 49-63.

E. Asmis, *Epicurus' scientific method,* Ithaca, New York, Cornell University Press, 1984.

E. Bignone, *L'Aristotele perduto e la formazione filosofica di Epicuro,* Florence, 1936, 2 vol. ; 2e éd. 1973.

O.-R. Bloch, « État présent des recherches sur l'épicurisme grec », *Actes du VIIIe congrès de l'association Guillaume Budé,* 1970, p. 93-138.

J. Brun, *Épicure et les épicuriens,* Paris, P.U.F., 1971 (choix de textes traduits).

J. Brunschwig, « Épicure », *Dictionnaire des philosophes* (éd. D. Huisman), Paris, P.U.F., 1984, t. I, p. 866-873.

J. Brunschwig, « Épicure et le problème du "langage privé" », *Revue des sciences humaines,* t. XLIII, n° 166, avril-juin 1977, p. 157-177.

M. Capasso, « Epicurismo e Eraclito », *Atti del Symposium Heracliteum* (1981), Rome, 1983-1984, vol. I, p. 423-457.

C. Diano, « Épicure. La philosophie du plaisir et la société des amis », *Les Études philosophiques,* t. XXII, n° 2, 1967, p. 173-186.

C. Diano, *Scritti epicurei,* Florence, 1974.

W. G. Englert, *Epicurus on the swerve and voluntary action,* Atlanta, Georgia, 1987 (essai d'interprétation à partir des textes d'Aristote).

B. Farrington, *The Faith of Epicurus,* Londres, 1967.

A.-J. Festugière, *Épicure et ses dieux,* Paris, P.U.F., 1946, 1re éd. ; 1968, 2e éd.

D. J. Furley, *Two Studies in the Greek Atomists* (« Indivisible magnitudes » et « Aristotle and Epicurus on voluntary action »), Princeton, 1967 (étude fondamentale, centrée sur le texte de Lucrèce, II, 216-293).

M. Gigante, *Ricerche filodemee,* Naples, 1983, 2e éd.

M. Guyau, *La Morale d'Épicure et ses rapports avec les doctrines contemporaines,* Paris, 1878 (nombreuses rééd.).

B. Inwood, « The origin of Epicurus' concept of void », *Classical Philology*, t. LXXVI, 1981, p. 273-285.

J. Kany-Turpin, « Les images divines. Cicéron, lecteur d'Épicure », *Revue philosophique,* t. CLXXVI, n° 1, 1986, p. 39-58.

K. Kleve, *Gnosis theon. Die Lehre von der natürlichen Gotteserkenntnis in der epikureischen Theologie, Symbolae Osloenses,* suppl. XIX, Oslo, 1963 ; recension de J. Brunschwig, *Revue des Études grecques*, LXXVII, 1964, p. 352-356.

D. Konstan, *Some Aspects of Epicurean Psychology*, Leyde, 1973 (comparaisons entre Lucrèce et Épicure).

J. Lachelier, « Les dieux d'Épicure d'après le *De natura deorum* de Cicéron », *Revue de philologie*, I, 1877, p. 264-267.

Ph. De Lacy, « Limit and Variation in the Epicurean Philosophy », *Phoenix*, t. XXIII, 1969, p. 104-113.

D. Lemke, *Die Theologie Epikurs. Versuch einer Rekonstruktion*, Munich, Beck, 1973 (*Zetemata,* 57) ; recension de A. Laks, *Gnomon*, 1977, t. XLIX, p. 123-127.

A. A. Long, « Chance and Natural Law in Epicureanism », *Phronesis*, t. XXII, n° 3, 1977, p. 63-68.

F. Longo Auricchio, « La scuola di Epicuro », *Cronache Ercolanesi*, t. VIII, 1978, p. 21-37.

J. Moreau, « Le mécanisme épicurien et l'ordre de la nature », *Les Études philosophiques*, vol. XXX, n° 4, 1975, p. 467-486 ; repris dans *Stoïcisme — Épicurisme. Tradition hellénistique*, Paris, Vrin, 1979, p. 109-128.

J. Moreau, « Épicure et la physique des dieux », *Revue des Études anciennes,* t. LXX, 1968, p. 386-294 ; repris dans *Stoïcisme…, op. cit.*, p. 129-137.

J. Moreau, « Le naturalisme d'Épicure », *Giornale di Metafisica,* Torino, t. VI, 1951, p. 301-317 ; repris dans *Stoïcisme…, op. cit.*, p. 139-155.

P.-M. Morel, *Démocrite et la recherche des causes*, Paris, 1996.

Ch. Mugler, « Sur quelques particularités de l'atomisme ancien », *Revue de philologie*, t. XXVII, 1953, p. 141-174.

Ch. Mugler, « L'isonomie des atomistes », *Revue de philologie*, t. XXX, 1956, p. 231-250.

G. Rodis-Lewis, *Épicure et son école*, Paris, Gallimard, 1976 ; 2e éd. 1993.

J. Salem, *Tel un dieu parmi les hommes. L'éthique d'Épicure,* Paris, Vrin, 1989.
J. Salem, *Démocrite. Grains de poussière dans un rayon de soleil.* Paris, Vrin, 1996.
D. N. Sedley, « The structure of Epicurus' 'On Nature' », *Cronache Ercolanesi*, t. IV, 1974, p. 89-92.
D. N. Sedley, « Epicurus and the Mathematicians of Cyzicus », *Cronache Ercolanesi*, t. VI, 1976, p. 23-54.
D. N. Sedley, « Epicurus' refutation of determinism », ΣΥΖΗΤΗΣΙΣ, *Studi sull'epicureismo greco e romano offerti a Marcello Gigante,* Naples, 1983, vol. I, p. 11-51.
M. F. Smith, *Diogenes of Œnoanda. The Epicurean Inscription*, Naples, 1993.
M. F. Smith, *The Philosophical Inscription of Diogenes of Œnoanda, Ergänzungsbände zu den Tituli Asiae Minoris,* n° 20, Österreichischen Akademie der Wissenschaften, Vienne, 1996.
F. Solmsen, « Epicurus on void, matter and genesis », *Phronesis,* t. XXII, 1977, p. 263-281.
G. Vlastos, « Minimal parts in Epicurean atomism », *Isis*, n° 56, 1965, p. 121-147.
J. Vuillemin, *Nécessité ou contingence. L'aporie de Diodore et les systèmes philosophiques,* Paris, Éditions de Minuit, 1984, p. 189-229 (sur l'intuitionnisme d'Épicure).

Anthologies d'articles :

Association Guillaume Budé, *Actes du VIIIe congrès* (« Épicurisme », 1968), Paris, 1970.
J. Bollack et A. Laks (éd.), *Études sur l'épicurisme antique, Cahiers de philologie de Lille,* vol. I, 1976.
ΣΥΖΗΤΗΣΙΣ, *Studi sull' epicureismo greco e romano offerti a Marcello Gigante,* Naples, 1983, 2 vol.

Lucrèce ; l'épicurisme en Italie

E. Ackermann, « *Lukrez und der Mythos, Palingenesia,* Wiesbaden, 1979, vol. XIII, p. 137 *sq.*
J. André, *La Philosophie à Rome*, Paris, P.U.F., 1977.
M. Bollack, *La Raison de Lucrèce. Constitution d'une poétique*

philosophique avec un essai d'interprétation de la critique lucrétienne, Paris, Éditions de Minuit, 1978.

M. Bollack, « Momen mutatum », *in* « Études sur l'épicurisme antique », *Cahiers de philologie de Lille*, vol. I, 1976, p. 161-201.

P. Boyancé, *Lucrèce et l'épicurisme*, Paris, P.U.F., 1963.

J. Brunschwig, « Lucrèce », *Dictionnaire des philosophes* (éd. D. Huisman), Paris, P.U.F., 1984, t. II, p. 1641-1648.

C. J. Classen (ed.), *Probleme der Lukrezforschung*, Hildesheim, Olms, 1986 (reprise d'articles majeurs sur Lucrèce).

D. Clay, *Lucretius and Epicurus*, Ithaca, Cornell University Press, 1983.

G. Cogniot, *Lucrèce, De la nature des choses*, Paris, Éditions sociales, 1954, 1er éd. (préface et notes).

Th. Cole, *Democritus and the sources of Greek anthropology*, American Philological Association (Philological Monographs, XXV), 1967 (textes de Lucrèce p. 15-46 et 170-173).

M. Conche, *Lucrèce et l'expérience*, Éditions de Mégare, 1981.

G. Deleuze, « Lucrèce et le naturalisme », *Les Études philosophiques*, t. XVI, 1961, p. 19-29 ; remanié dans *Logique du sens* (« Lucrèce et le simulacre »), Paris, 1969, p. 307-324.

M. Erler, « Lukrez », *Grundriss der Geschichte der Philosophie : die Philosophie der Antike*, vol. IV : H. Flashar (ed.), *Die hellenistische Philosophie*, Bâle, Schwabe, 1994, p. 381-490.

S. Fraisse, *Une conquête du rationalisme. L'Influence de Lucrèce en France au XVIe siècle*, Paris, Nizet, 1962.

C. A. Fusil, « Lucrèce et les philosophes du XVIIIe siècle », *Revue d'histoire littéraire de la France*, XXXV, 1928, p. 194-210.

C. A. Fusil, « Lucrèce et les littérateurs, poètes et artistes du XVIIIe siècle », *Revue d'histoire littéraire de la France*, XXXVII, 1930, p. 161-176.

M. R. Gale, *Myth and Poetry in Lucretius*, Cambridge, 1994.

M. Gigante, *Ricerche filodemee*, Naples, 1983, 2e éd.

M. Gigante, *La Bibliothèque de Philodème et l'épicurisme romain*, Paris, Belles Lettres, 1987.

O. Gigon (éd.), *Lucrèce*, Genève, Fondation Hardt, 1978 (*Entretiens sur l'Antiquité classique*, vol. XXIV).

P. Grimal, « l'épicurisme romain », *Actes du VIIIe congrès de l'association Guillaume Budé*, Paris, 1970, p. 139-168.
G. D. Hadzsits, *Lucretius and his Influence*, New York, 1935.
G. R. Hocke, *Lukrez in Frankreich von der Renaissance bis zur Revolution*, Bonn, 1935 (nombreuses indications sur le courant libertin).
K. Kleve, « Id facit exiguum clinamen », *Symbolae Osloenses*, LV, Oslo, 1980, p. 27-31.
K. Kleve, « Lucretius in Herculaneum », *Cronache Ercolanesi*, t. XIX, 1989, p. 5-27.
C. Lévy (éd.), *Le Concept de nature à Rome. La physique*, Paris, Presses de l'École normale supérieure, 1996.
J.-B. Logre, *L'Anxiété de Lucrèce*, Paris, 1946.
C. Martha, *Le Poème de Lucrèce*, Paris, 1867 (nombreuses rééd.).
E. Paratore, *Lucrezio*, Rome, 1946.
H. Patin, *Études sur la poésie latine*, Paris, 1868, vol. I.
L. Perelli, *Lucrezio, poeta dell'angoscia*, Florence, 1969.
W. Rösler, « Lukrez und die Vorsokratiker », *Hermes*, n° 101, 1973, p. 48-64.
J. Salem, *La mort n'est rien pour nous. Lucrèce et l'éthique*, Paris, Vrin, 1990.
K. Sallman, « Studien zum philosophischen Naturbegriff der Römer mit besonderer Berücksichtigung des Lukrez », *Archiv für Begriffsgeschichte*, vol. VII, 1962, p. 140-284 (dans cette étude fondamentale du concept de nature, on trouvera aussi un remarquable exposé sur le *clinamen*, chap. v. p. 218-234).
T. J. Saunders, « Free will and the atomic swerve in Lucretius », *Symbolae Osloenses*, LIX, 1984, p. 37-59.
J. Schmidt, *Lukrez, der Kepos und die Stoiker : Untersuchungen zur Schule Epikurs und zu den Quellen von « De rerum natura »*, Francfort-sur-le-Main, 1990.
P. H. Schrijvers, *Horror ac divina voluptas. Études sur la poétique et la poésie de Lucrèce*, Amsterdam, 1970.
P. H. Schrijvers, « La pensée d'Épicure et de Lucrèce sur le sommeil », *in* « Études sur l'épicurisme antique », *Cahiers de philologie de Lille*, vol. I, 1976, p. 229-259.

M. Serres, *La Naissance de la physique dans le texte de Lucrèce*, Paris, Éditions de Minuit, 1977.

D. West, *The Imagery and Poetry of Lucretius*, Edimbourg, 1969 ; 2e éd. Londres, 1994.

F. Wolff, *Logique de l'élément. Clinamen*, Paris, P.U.F., 1982.

J. Woltjer, *Lucretii philosophia cum fontibus comparata*, Groningue, 1877 ; réimpr. Garland, New York et Londres, 1987.

TABLE

GF Flammarion

98/10/67396-XII-1998 – Impr. MAURY Eurolivres, 45300 Manchecourt.
N° d'édition FG099316. – Mai 1997. – Printed in France.